D1796515

DIE ALTTÜRKISCHEN INSCHRIFTEN DER MONGOLEI

Die Alttürkischen Inschriften der Mongolei

Wilhelm Radloff

Volume 1

Gorgias Press
2008

First Gorgias Press Edition, 2008

Published in the United States of America by Gorgias Press LLC, New Jersey

This edition is a facsimile reprint of the
original edition published in St. Petersburg, 1894-1899

ISBN 978-1-59333-901-2 (Set)

ISBN 978-1-59333-902-9 (Volume 1)

ISBN 978-1-59333-903-6 (Volume 2)

GORGIAS PRESS
180 Centennial Ave., Piscataway, NJ 08854 USA
www.gorgiaspress.com

The paper used in this publication meets the minimum requirements of the
American National Standards.

Printed in the United States of America

VORWORT.

Diese Ausgabe «der alttürkischen Inschriften der Mongolei» ist nicht eine einheitliche Bearbeitung der uns vorliegenden Denkmäler, sondern die Zusammenstellung von vier gesonderten Abhandlungen, die gleichsam ein Bild davon geben, wie es mir gelungen ist, allmählich in das Verständniss der alttürkischen Texte einzudringen. Es sind dies: 1) die Denkmäler von Koscho-Zaidam, die in zwei Heften im Anfang des vorigen Jahres erschienen sind; 2) eine neue Durcharbeitung derselben Inschriften; 3) die übrigen Inschriften aus dem Orchongebiete; 4) die Inschriften aus dem Gebiete des oberen Jenissei. Die letzten drei Abhandlungen sollten gesondert erscheinen, die Herausgabe hat sich aber verzögert, da ich auf das Erscheinen der Uebersetzung des Prof. Thomsen wartete. Da es Herrn Thomsen, wie er ankündigt, gelungen ist durch ein genaues Studium der Photographien meine Uebersetzung vielfach zu verbessern, so hätte ich natürlich gern Einsicht in seine Auffassung genommen, ehe ich die Resultate meiner späteren Durcharbeitung veröffentlichte. Leider ist die versprochene neue Uebersetzung im Laufe eines Jahres nicht erschienen, und da während dieser Zeit die Bearbeitung des übrigen Inschriften-Materials vollendet ist, so hat es keinen Sinn, die Herausgabe weiter hinauszuschieben.

Von den meisten Jenissei-Inschriften lagen mir vortreffliche, nach meiner Methode gefertigte Kattunabklatsche vor, die mir von den

Herren Klementz, Oschurkoff, Martianoff und Jewstifejeff zugestellt worden sind. Von einigen dieser Inschriften waren aber neue Abklatsche nicht zu beschaffen und ich musste mich daher nach Helsingfors begeben, um die Papier-Abklatsche der finnischen Expedition zu Rathe zu ziehen. Durch die gütige Hülfe des Herrn Dr. A. Heikel, der zur Feststellung der alttürkischen Inschriften so viel beigetragen, indem er in selbstloser Hingabe jahrelange beschwerliche Reisen unternommen, war es mir möglich, diese Arbeit in kürzester Zeit vollenden zu können und ich sage dafür diesem Herrn meinen aufrichtigsten Dank.

Inhaltsverzeichniss.

Alphabetisches Verzeichniss der Steine.

Dem Scharfsinn des Professor Wilh. Thomsen in Kopenhagen ist es zuerst gelungen, das Geheimniss der räthselhaften Runeninschriften der Mongolei vollständig zu lösen. Dadurch ist es uns möglich gemacht, der Entzifferung der alttürkischen Inschriften näher zu treten. Zum besseren Verständniss will ich das von Professor Thomsen in seinem vorläufigen Berichte[1]) aufgestellte Alphabet mit den mir nöthig scheinenden unbedeutenden Zusätzen dieser meiner Bearbeitung der Inschriften vorausschicken. Ich werde zuerst jede Inschrift in der Urschrift der Denkmale[2]) wiedergeben und dann eine Transscription jedes einzelnen Schriftzeichens durch lateinische Buchstaben (wie ich sie in der beifolgenden Tabelle des Alphabets in Klammern hinzufüge) mit einer interlinearen Wiedergabe der einzelnen Wörter in dem von mir in den «Proben der Volkslitteratur der türkischen Stämme» angewendeten Alphabete. Darauf wird eine Uebersetzung folgen und zuletzt ein Glossar.

Das Alphabet.

1) Vocalzeichen:

𐰀 (a) a, ä, 𐰃 (i) i, ы, ä, 𐰆 (o) o, u, 𐰇 (ö) ö, ÿ.

Das Vocalzeichen 𐰀 wird im Anfange der Wörter und zwischen Consonanten meist fortgelassen. Im Auslaute der Wörter wird 𐰀 fast immer geschrieben, und muss die Auslassung dieses Zeichens hier stets als eine Unachtsamkeit des Schreibers aufgefasst werden.

Das Vocalzeichen 𐰃 steht nicht nur für i und ы, sondern auch im Anlaute und in der ersten Silbe des Wortes für ä. Wie in mit uigurischer und mit arabischer Schrift geschriebenen türkischen Wörtern wird das I-Zeichen, wenn es für ä steht, bald gesetzt, bald fortgelassen, so wird z. B. äl bald 𐰞𐰃, bald 𐰞 geschrieben, ebenso jäp bald 𐰯𐰃𐰘, bald 𐰯𐰘. Wenn 𐰃 für i und ы in der ersten Silbe ausgelassen wird, so ist dies als Nachlässigkeit des Schreibers aufzufassen, in den folgenden Silben ist der Ausfall der Schriftzeichen 𐰃 für i und ы häufiger, besonders wenn es als Bindungsvocal in Affixsilben steht.

1) Déchiffrement des Inscriptions de l'Orkhon et de l'Jénisséi notice préliminaire par Vilh. Thomsen. Extrait du Bulletin de l'académie royale. Copenhague. 1894.

2) Die Typen zur Wiedergabe desselben habe ich genau nach den Formen der Abklatsche schneiden lassen.

Die die labialen Vocale wiedergebenden Schriftzeichen 𐰆 und 𐰇 werden in allen Silben genau gestellt, ein Ausfall dieser Vocalzeichen kommt nur vor und nach den Consonannten 𐰸 (𐰆) und 𐰜 (𐰇) vor, und selbst vor diesen Consonanten ist ein Ausfall im Anlaute sehr selten. In Affixsilben ist der Ausfall des 𐰆 und 𐰇 manchmal zu constatiren, z. B. 𐰘𐰇𐰜𐰦𐰇𐰼𐱅𐰃 und 𐰘𐰜𐰦𐰇𐰼𐱅𐰃 = jӱкӱндӱрдi, 𐰸𐰆𐰦𐰆𐰺𐰢𐰽 und 𐰸𐰦𐰆𐰺𐰢𐰽 = кондурмыш.

2) Die Consonantenzeichen:

Vor und nach gutturalen Vocalen.	Vor und nach palatalen Vocalen.	Bei allen Vocalen.	Vor und nach o, y.	Vor und nach ö, ӱ.	Vor und nach ы.	Nach a und o.
		Einfache Consonanten:				
𐰴 (k) k	𐰚 (ḳ) к		𐰸 (q) k	𐰜 (c) к	𐰶 (q) k	
𐰍 (g) ҕ	𐰏 (g̣) г					
		𐰭 (ṅ) ң				
𐰖 (j) j	𐰘 (j̣) j					𐰗 (ǰ) j, aj, oj
𐰣 (n) н	𐰤 (ṇ) н					
𐰺 (r) р	𐰼 (ṛ) р					
𐰞 (l) л	𐰠 (ḷ) l					
𐱃 (t) т	𐱅 (ṭ) т					
𐰑 (d) д	𐰓 (ḍ) д					
		𐰲 (č) ч				
		𐰱 (č̣) = ič				
𐰽 (s) c selten ш	𐰾 (ṣ) c häufig ш					
		𐰔 (z) з				
		𐱁 (š) ш				
		𐰯 (p) п				
𐰉 (b) б	𐰋 (ḅ) б					
		𐰢 (m) м				
		Zusammengesetzte Consonanten:				
𐰦 (n͡d) нд,	𐰨 (n͡č) нч,	𐰡 (l͡d) лт, lт, лд, lд.				

1) 𐰍 und 𐰏 scheinen im Auslaute als Flexionszeichen einen verschiedenen Werth zu haben, ich setze für dieselben in diesem Falle ҕ, г, ң, н und ны, нi; 2) 𐰭 steht auch für k, ҕ; 3) 𐰖 und 𐰗 stehen im Auslaute für die Diphtung ai, z. B. 𐰉𐰖 = бai; 4) 𐰘 kommt im Auslaute nicht vor. Es steht im Anlaute stets vor dem gutturalen Vocal ы, also 𐰘𐰃 = jы, während 𐰖 nur vor a, o, und y steht; 5) 𐰾 steht sehr häufig in Wörtern mit gutturalen Vocalen.

Die Inschriften von Koscho-Zaidam.

Zwischen den Seen Koscho-Zaidam und dem Kökschün-Orchon befinden sich zwei mächtige Grabsteine mit chinesischen und alttürkischen Inschriften, die im Jahre 1889 von N. M. Jadrinzew entdeckt worden sind. Diese wichtige Entdeckung veranlasste die Finnisch-Ugrische Gesellschaft, Herrn Dr. A. Heikel nach der Mongolei zu senden, welcher, Dank dem Umstande, dass Herr Jadrinzew ihm seinen Reisegefährten, einen getauften Mongolen, zum Führer empfahl, ohne jegliche Mühe die von Herrn Jadrinzew entdeckten Steine auffinden konnte. In der Folge rüstete die Kaiserliche Akademie der Wissenschaften unter meiner Führung eine Expedition nach der Mongolei aus, an der Herr Jadrinzew selbst Theil nahm. Bei meinem Aufenthalte am Orchon gelang es mir, mehrere gute Abklatsche der Inschriften herzustellen, deren genaue Durchsicht mir jetzt eine richtige Wiedergabe des Textes ermöglichen. Eine genaue Beschreibung der Grabstätten wird in den Arbeiten der «Orchon-Expedition» möglichst bald erscheinen.

---

1) Das Denkmal zu Ehren des Prinzen Kül-Tegin [1]).

(Atlas der Alterthümer der Mongolei Taf. XVI—XX).

Das Denkmal ist vom chinesischen Kaiser im Jahre 731 zu Ehren des türkischen Prinzen Kül-Tegin gesetzt worden. Eine neue Uebersetzung des chinesischen Textes des Denkmals vom correspondirenden Mitgliede P. S. Popoff wird nächstens im Bulletin unserer Akademie erscheinen. Ausserdem bereitet mein gelehrter College W. P. Wassiljew eine Untersuchung der von mir mitgebrachten chinesischen Inschriften vor, wobei er eine Transscription des chinesischen Gesandten in St. Petersburg Shu-king-Scheng und eine von der chinesischen Regierung der Akademie zugesandte Abhandlung zu berücksichtigen im Stande ist.

Der Bilgä-Chan benutzte die drei freien Seiten dieses vom chinesischen Kaiser aufgestellten Denksteines, um sich und den Bruder durch eine türkische Inschrift zu verherrlichen. Die Schriftzeichen auf den drei freien Seiten und an den vier Ecken sind offenbar von den vom chinesischen Kaiser geschickten chinesischen Künstlern in den Stein eingehauen. Verfasst und auf den Stein geschrieben sind sie, wie eine Eckzeile angiebt, vom Neffen des Kül-Tegin, dem Prinzen Jollyg-Tegin. Die zwei Zeilen links von der chinesischen Inschrift (Kc) rühren meiner Ansicht nach vom Bilgä-Chan selbst her.

---

1) Den ersten Entwurf dieses Denkmals habe ich während des Druckes in 50 Exemplaren abziehen lassen und verschiedenen gelehrten Gesellschaften und Gelehrten zugestellt. Nach Beendung der zweiten Inschrift und bei Ausarbeitung des Glossars bin ich tiefer in das Verständniss der Sprache eingedrungen und habe deshalb viele Abänderungen vornehmen müssen.

a) Die Frontinschrift (K).

(Atlas Taf. XVII u. Taf. XVIII.)

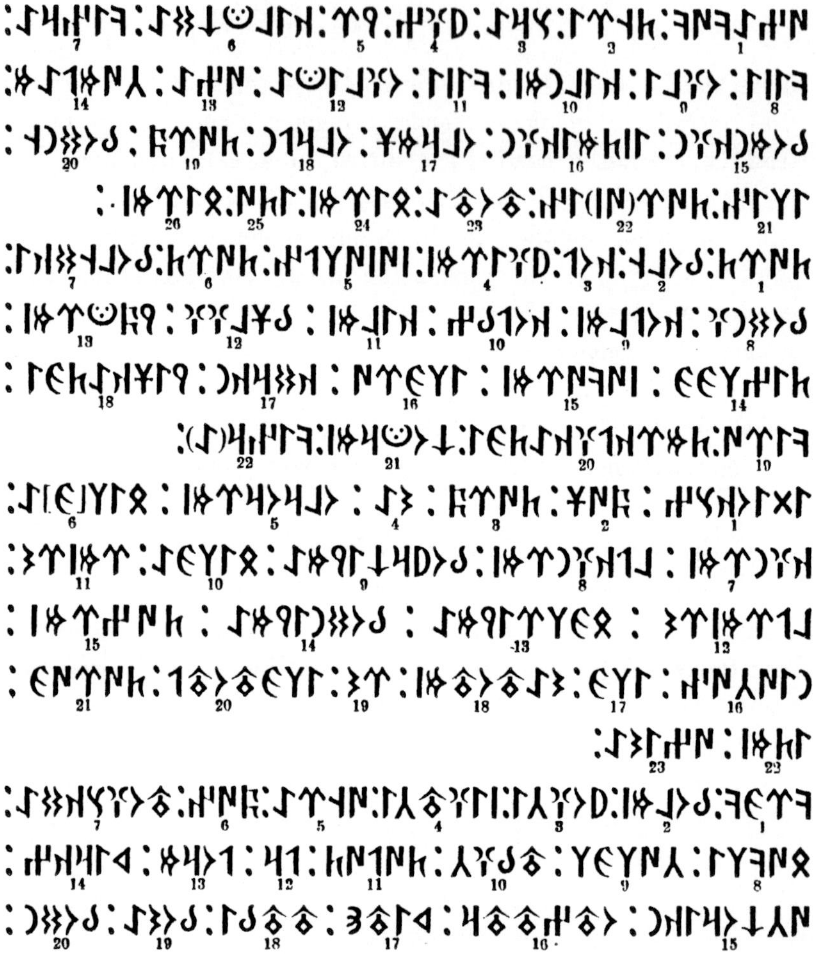

(40)[1] 1

(39) 2

(38) 3

(37) 4

(1) Nachdem oben der blaue Himmel und unten die dunkle Erde entstanden waren, sind zwischen beiden die Menschensöhne entstanden. Ueber die Menschensöhne erhob sich mein Vorfahr, der Bumyn Chan, der berühmte Chan, er hielt die Stämme und Gesetze des Türkenvolkes und richtete (Alles) her. (2) Die vier Winkel erhoben sich und feindeten sich an, mit einem Heere ausziehend hat er das Volk in den vier Winkeln unterworfen und es verfolgend stellte er den Frieden her; die Häuptlinge unterwarf er

1) Die in Klammern gesetzten Zahlen sind die falschen Zeilenzahlen des Atlas. Schriftzeichen zwischen ( ) sind meine Zusätze, zwischen [ ] Ergänzungen aus dem zweiten Denkmale.

Transscription.

1) özaḳöḳ ṭṇṛi sra jgz ̣jṛ kiln͡dqda ḳiṇra ḳiṣi ogli
Öзä кöк тäңрi асра jaҕыз jäр кылындукта äкiн ара кiшi оҕлык
kilnmṣ ḳiṣi oglin͡da öza čömpam bomnkgn iṣṭmikgn
кылынмыш, кiшi оҕлында öзä äчӱм апам Бумын каҕан äшiтмä каҕан
olrmš olrpn ṭöṛc bodnṅ iḷiṇ ṭöṛöṣiṇ tuta ḅiṛmṣ iṭö ḅiṛmṣ
улармыш, уларыпан тӱрк будунны äлiн тöрӱсiн тута бäрмiш äтӱ бäрмiш.

2) ṭöṛṭ bolṅ kop jgiṛmṣ ṣöṣölpṇ ṭöṛṭ bolṅdki bodng
Тöрт булуң kōп jaҕы äрмiш, сӱ сӱлäпäп тöрт булуңдакы будунны
koplmṣ kopbz kilmṣ bšlgg ̣jcn͡dṛmṣ ṭizḷgg
kӯп алмыш, kӯп баз кылмыш, башлыҕны jӱкӱнтӱрмiш, äтiзлiгнi
ṣöḳöṛmṣ iḷgṛö kdrkn ̣jiškaṭgi ḳiṛö ṭmṛkpgkaṭgi
сöкӱрмiш, ilгäрӱ кадаркан jышка тäгi кäрӱ Тäмiр Капыҕка тäгi
qon͡drmṣ ḳiṇra
контурмыш, äкiн ара

3) iḍioksz cöš ṭöṛḳ n͡ča olrorṛmš ḅiḷga kgnṛmṣ
iдi уксыз öкӱш тӱрк анча уларур äрмiш, бiлгä каҕан äрмiш,
lpkgnṛmṣ bojrqiịma ḅiḷga ṛmṣṛn͡č lpṛmṣṛn͡č
алп каҕан äрмiш, бујурукы jäмä бiлгä äрмiш äрiнч, алп äрмiш äрiнч,
ḅgḷṛiịma bodnịma ṭözṛmṣ niöčöṇ iḷg n͡čatutmṣ
бäглäрi jäмä будуны jäмä тӱз äрмiш, аны ӱчӱн äлнi анча тутмыш
ṛn͡č iḷgtutp ṭöṛög iṭmṣ özin͡ča
äрiнч, äлнi тутып тöрӱн äтмiш öзiнчä

4) ḳṛgḳ bolmṣ ̣jogči ṣigtči öṅra cöṇ togskda ḅöḳḷi čöḷgḷ
кäргäк болмыш. Јоҕчы сыҕытчы öңрä кӱн тоҕушыкыда бöкli чöлгi äl
tbgač ṭöpöṭ pr porm qirkz öčqorikn otzttr qiṭj
Табҕач Тӱпӱт, Пар-пурым, Кыркҕiз Ӱч-Курыкан, Отуз Татар, Кытаi,

---

sich und machte sich die Hoheit unterthan. Nach vorn bis zum dichten Bergwalde, zurück bis zum Eisernen Thore siedelte er sie an. Zwischen beiden erstarkte (3) das herren- und geschlechtslose zahlreiche Volk der Türken, denn er war ein weiser Chan, er war ein heldenmüthiger Chan, alle seine Beamten waren weise, waren Helden, alle seine Fürsten und das Volk waren gerecht. Deshalb vermochte er die Stämme so zu regieren und bereitete sich durch seine Regierung den Ehrenplatz, endlich (4) verschied er. Als Trauernde und Leidtragende kamen die rundherum bis nach Osten hin wohnenden mächtigen Steppenvölker, die berühmten (Chinesen), die Tibetaner, die Parpurim, die Kirgisen, die drei Kurikan, die dreissig Tatar, die Kÿtai, die Tataby und beweinten

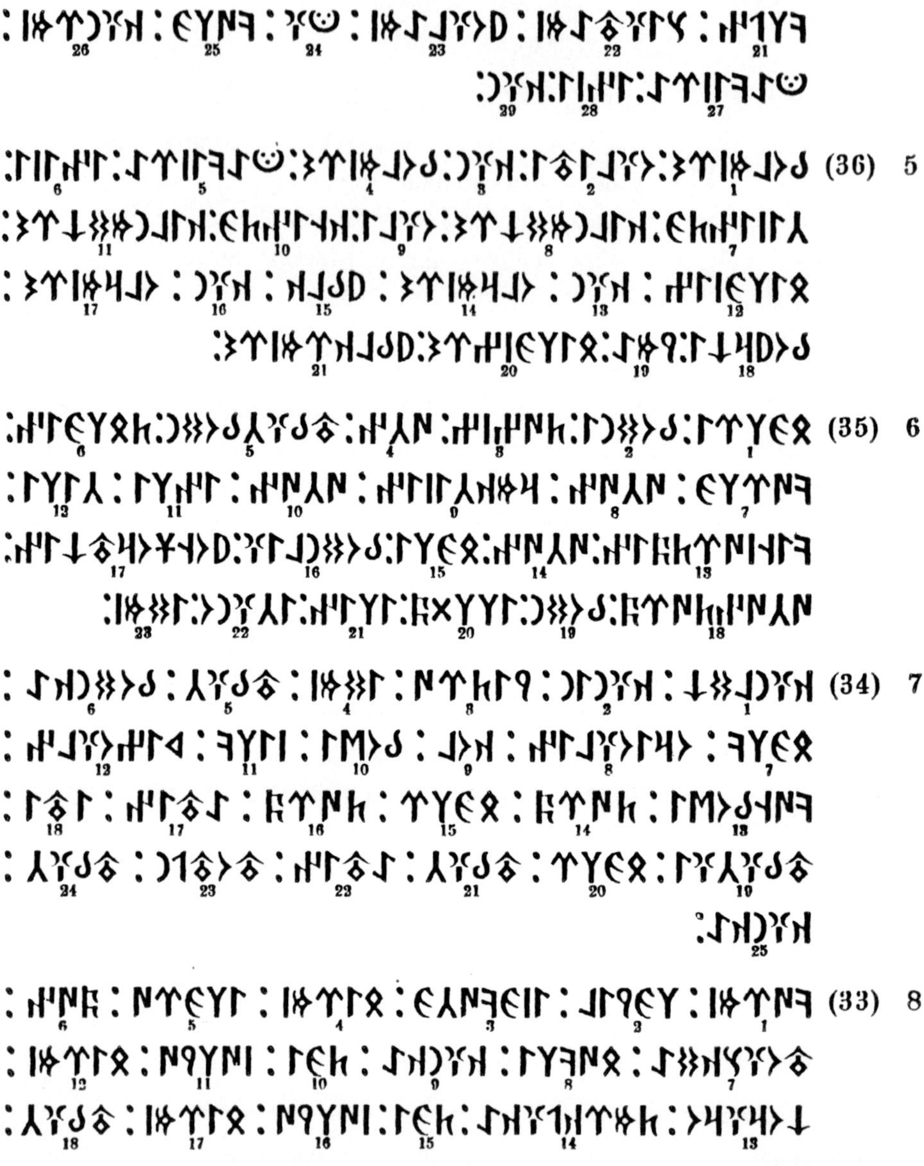

ihn und trauerten, denn er war ein sehr tapferer Chan gewesen. Dann wurden seine jüngeren Brüder (5) Chane und seine Söhne und Neffen wurden Chane, da aber die jüngeren Brüder nicht wie ihr älterer Bruder beschaffen waren, und ihre Söhne nicht wie ihr Vater beschaffen waren, so gelangten unwissende Fürsten zur Gewalt, feige Fürsten. Ihre Befehle waren alle thöricht und feige. (6) Da ihre Fürsten und ihr Volk ungerecht waren und sie der Feindschaft (?) der Chinesen ausgesetzt waren, da bei ihnen Trug und Lug war, die jüngeren und älteren Brüder in Uneinigkeit lebten und Volk und

ttbi bon͡ča bodn ḳḷpṇ sigtamṣ joglamṣ n͡dg ḳölg
Татабы бунча будун kälінäн сыђытамыш јођламыш, андађ кўlўг
kgnṛmṣ n͡daḳiṣṛa iṇṣi kgn
кађан äрміш. Анда кісрä іпісі кађан

5) bolmṣṛn͡č ogliti kgn bolmṣṛn͡č n͡daḳiṣṛa iṇiṣi
болмыш äрінч, ођлы аты(сы) кађан болмыш äрінч, анда кісрä інісі
čiṣiṇṭg kilnmdqṛn͡č ogli kn̈iṇṭg kilnmdqṛn͡č
äчісінтäг кылынмадук äрінч, ођлы акаңынтäг кылынмадук äрінч
ḅiḷgṣiz kgn̈ olrmṣṛn͡č jblk kgn olrmṣṛn͡č
бiliгсiз кађан улармыш äрінч, јаблак кађан улармыш äрінч,
bojrqi jma ḅiḷgṣzṛn͡č jblkṛmṣṛn͡č
буjырукы jäмä бiliгсiз äрінч, јаблак äрміш äрінч.

6) ḅgḷṛi bodni ṭözṣz öčṇ tbgč bodn ṭḅḷgin ḳöṛḷg öčöṇ
Бäкläрі будуны тўзсiз ўчўн табђач будун тäбliгiн кöрlўг(iн) ўчўн
rmkčiṣiṇ öčöṇ iṇḷi čiḷi ḳin̈ṣöṛṭciṇ öčöṇ ḅgḷi bodnlig
армыкчысын ўчўн iнili äчili кäңсўртўкiн ўчўн бäрli будунлы
jon̈šurtqiṇ öčöṇ ṭöṛc bodn iḷḷdc iḷiṇ ičgno idmṣ
јоңшуртукын ўчўн тўрк будун ällädўк äliн ычђыну ыдмыш

7) kgnldq kgnin jiṭṛö idmṣ tbgč bodnka ḅgḷk orioglin
кађанладук кађаным јiтрў ыдмыш; табђач будунка бäрliк уры ођлын
kol bold͡i ṣiḷk qizogḷṇ ḳön̈bold͡i ṭöṛc ḅgḷṛ ṭöṛc atiṇ iti
кул болды сiliк кыз ођлын кўң болды, тўрк бäрläр тўрк атын ытты
tbgčgi ḅgḷṛ tbgč atiṇ totpn tbgč kgnka
табђачкы бäрläр табђач атын тутыпан табђач кађанка

8) ḳörmṣ ḷgjil iṣgḳöčg ḅiṛmṣ iḷgṛö cöṇ togskda ḅökḷi
кöрміш, äliг јыл äсiн кўчiн бäрміш. Ilгäрў кўн тођышыкыда бöкli
kgnka ṭgi ṣöḷjö ḅiṛmṣ qorgro ṭmṛkpgka ṭgi ṣöḷjö
кађанђа тäгi сўläjў бäрміш, курыђару Тäмiр Капыђка тäгi сўläjў

Beamte sich beeinträchtigten, so löste das Türkenvolk seine Stämme auf und vernichtete (7) die herrschenden Chane. Die Söhne ihrer Fürsten wurden Knechte des berühmten Volkes, (der Chinesen) und ihre reinen Töchter wurden Mägde derselben. Die türkischen Fürsten gaben ihren türkischen Namen auf und nahmen als chinesische Beamte chinesische Namen an. (8) Sie unterwarfen sich dem berühmten Chane (chinesischen Kaiser) und weihten ihm Sinn und Kraft fünfzig Jahre lang. Nach vorn zogen (die Chinesen) bis zum mächtigen Chane, nach hinten zogen sie bis zum Eisernen Thore. Da sprach alles gemeine Volk der Türken, das Stammeintheilungen und Ge-

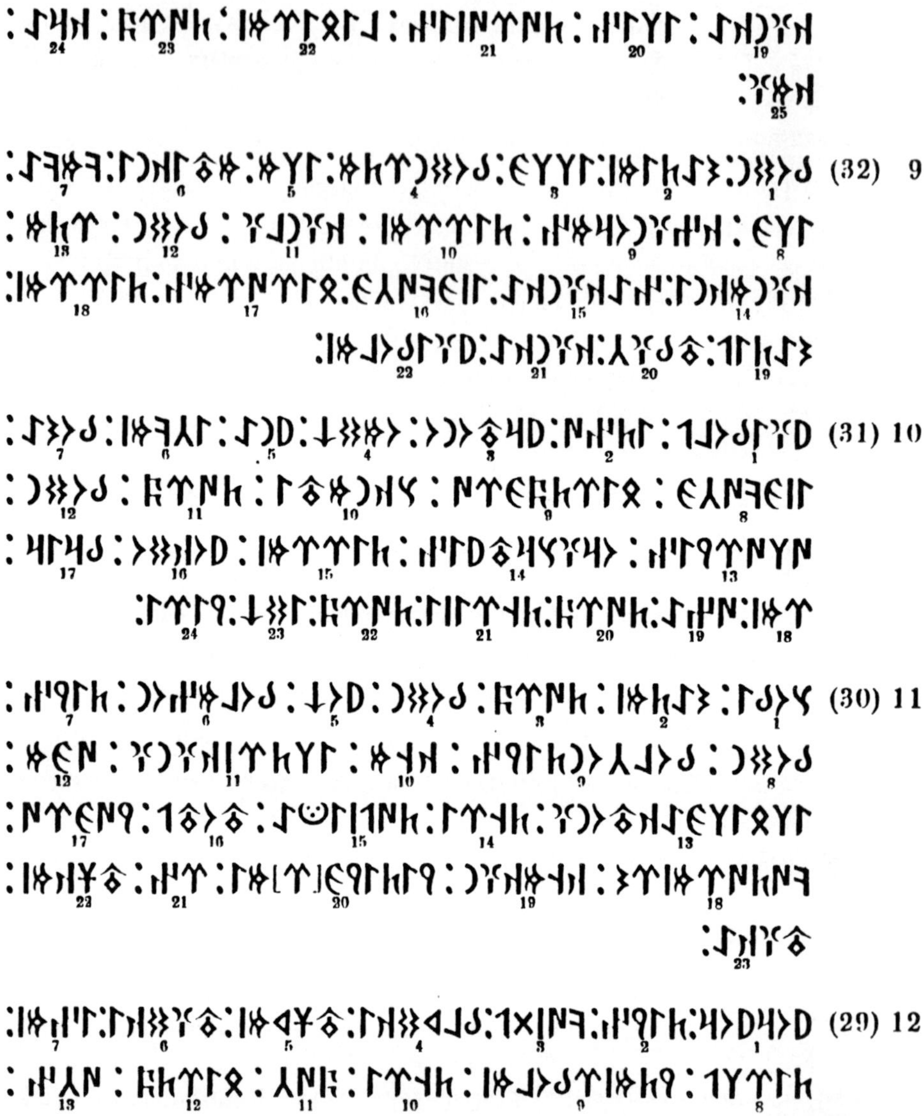

setze dem berühmten Chane (dem chinesischen Kaiser) unterordnet hatte, so: (9) «Ich war ein aus vollständigen Stämmen bestehendes Volk, wo sind nun meine Stämme und ihre Trefflichkeit? für wen sollen wir Stämme erwerben? Ich war ein von eigenen Chanen regiertes Volk, wo sind meine Chane? welchem Chane sollen wir Sinn und Kraft weihen»? So sprechend waren sie dem berühmten Chane feindlich, (10) und da sie ihm feindlich waren, wandten sie sich dahin, wo sie zu gedeihen hofften, (die Chinesen aber) sprachen: «das Türkenvolk denkt nicht, ferner hier seinen Sinn und seine Kraft zu weihen; wir wollen das Türkenvolk tödten und die Nachkommen ernähren!» und zogen

ḅiṛmṣ tbgč kgnka iḷiṇ ṭöṛöṣiṇ liḅiṛmṣ ṭöṛc kra kmg
бäрмiш, табҕач каҕанка äliн тӧрӱсiн алы-бäрмiш. Тӱрк кара камыҕ

9) bodn n͡čaṭimṣ iḷḷg bodnṛtm iḷm mtikni ḳmḳa iḷg
будун анча тäмiш: ällir будун äртiм äliм маты каны? кäмкä älні
kzgnormṇ ṭiṛṛmṣ kgnlg bodn ṛṭm kgnmkni ṇa
казҕанурмäн? тäр äрмiш, каҕанлыҕ будун äртiм каҕаным каны? нä
kgnka iṣgḳöčg ḅiṛöṛmṇ ṭiṛṛmṣ n͡čṭip tbgč kgnka
каканка äсні кӱчні бäрӱрмäн? тäр äрмiш, анча тäн табҕач каҕанка
jgibolmṣ
jаҕы болмыш,

10) jgibolp iṭṇö jrtono umdq jna ičḳmṣ bon͡ča iṣgḳöčg
jаҕы болып äдӱнӱ jаратуну умдук jана iчкäмiш. Бунча äсiн кӱчӱн
ḅiṛḍcgṛö sknmti ṭöṛc bodn öḷöṛjiṇ orgsṛṭjiṇ ṭiṛṛmṣ
бäрдӱкiҥрӱ сакынмады тӱрк будун ӧлӱрäjiн уруҕ асратаjын! тäр äрмiш.
jokdo brir ṛmṣ öza ṭöṛc ṭṅṛiṣi ṭöṛc idq jiṛi
Jокаду барып äрмiш. Ӧзä тӱрк тäҥрiсi тӱрк аiдук jäpi

11) subi n͡čaṭmṣ ṭöṛc bodn joq bolmzun ṭijṇ bodn bolčonṭijṇ
субы анча тäмiш: тӱрк будун jok болмазун тäjiн будун булчун тäjiн
kṅm iḷṭṛṣḳqng ögm iḷḅiḷgaktong ṭṅṛi ṭöpṣinda totp
акаҥым Áлтäрäс каҕанны ӧгäм Äлбiлгä катунны тäҥрi тӧпäсiндä тутып
jögrö ḳöṭöṛmṣṛn͡č kṅmkgn jiṭijgṛmi ṛṇ tšḳmṣ tgka
jӧгäрӱ кӧтӱрмiш äрiнч. Акаҥым каҕан jäтi jiripмi äрäн ташыкмыш таҕка

12) jorjor ṭijn ḳöṣḍp blqdki tšqmṣ tgdki iṇmṣ ṭiṛḷp
jорыjур тäjiн кӱсäдiн, балыктакы ташыкмыш таҕдакы äнмiш тäрiлiн
jṭmṣṝbolmṣ ṭṅṛi cöč ḅiṛṭc öčn kṅmkgn ṣöṣi ḅöṛiṭg
jäтмiш äр болмыш, тäҥрi кӱч бäртӱк ӱчӱн акаҥым каҕан сӱсi бӧрiтäр

---

aus, um sie zu vernichten. Da sprach oben der Gott der Türken, den die Türken «ihr Land (11) und Wasser» (järi subi) nennen, Folgendes: das türkische Volk möge nicht zu Grunde gehen, das Volk ist lebenskräftig (?). Darauf erhob er meinen Vater Älteres,, den Chan, und meine Mutter Äl-bilge, die Chatun, sie auf dem Scheitel des Himmels haltend. Mein Vater, der Chan, und sieben und zwanzig Helden zogen aus. Da sie meinten, dass er in den Bergen (12) umherschweife, erhoben sich die Städtebewohner, und die Bergbewohner stiegen (zur Ebene) herab; sich sammelnd waren sie siebzig Männer. Da ihnen der Himmel Kraft verlieh, war das Heer meines Vaters,

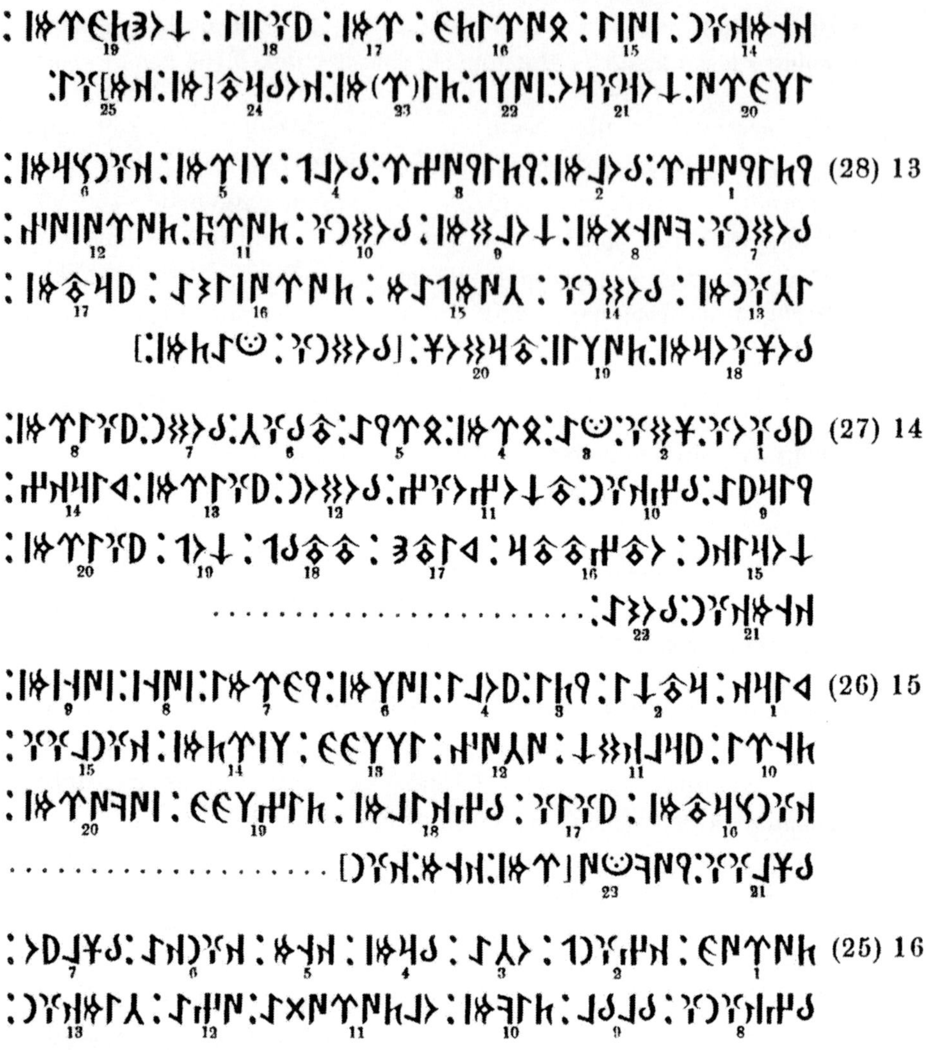

(28) 13

(27) 14

(26) 15

(25) 16

des Chans, gleich dem Wolfe, seine Feinde aber waren wie die Schafe, nach vorn und nach hinten Kriegszüge unternehmend, sammelte er (Leute), reizte zum Aufstande, so dass es im Ganzen (13) sieben Hundert Menschen waren. Sieben Hundert Mann seiend bildeten sie einen Stamm, und er nahm die Chanswürde an, das Volk diente ihm als Knechte und Mägde. Das Volk aber hatte seine türkischen Sitten aufgegeben, daher richtete er das Volk nach den Gesetzen meines Vorfahren ein und machte es kriegerisch gesinnt. Da stellte er die Stämme der Töläs und Tardusch her und gab (ihnen) dort eine Jabgug-Schad. (14) Nach hier hin war ihnen das berühmte Volk (die Chinesen) feindlich, nach der anderen Seite waren Baz-Chan und das Volk der neun Ogus feindlich, und es erhoben sich die Kirgisen, die Kurikan, die

ṛmṣ jgiṣi koǰṭgṛmṣ iḷgṛö qorgro ṣölp ṭiṛmṣ kobrtmṣ
äрміш jaђысы koiтäг äрміш, ilгäрў курыђару сўläп тäрміш кобартмыш.
kmgi
Камыђы

13) j̣ṭijözṛ bolmṣ j̣lijözr bolp ḷṣṛmṣ kgnsrmṣ
jäтi jўз äр болмыш, jäтi jўз äр болып älciрäміш kaђaнсырамыш,
bodng ḳöṅḍmṣ qoldmṣ bodng ṭöṛc ṭöṛöṣöṇ iċgnmṣ
будунны кўңдäміш кулдамыш, будун-ыђ тўрк тöрўсўн ычђынмыш,
bodng čömpam ṭöṛöṣinča jrtmṣ bošgurmṣ tölis trdoš
будунны äчўм анам тöрўсiнчä jaратмыш, бушђурмыш, Töläc Тардуш
bodng ndaṭmṣ
будунны анда äтміш

14) jbgog šdg nda ḅṛmṣ ḅṛja tbgč bodn jgiṛmṣ j̣iṛja
jaбђуђ шäдны анда бäрміш. Бäрijä табђач будун jaђы äрміш, jырыja
bzkgn tqzzogz bodon j̣giṛmṣ qirkz qorikn
Баз kaђaн Токуз Ођуз будун jaђы äрміш, Кыркыз, Курыкан,
otzttr qitǰ ttbi qop jgiṛmṣ kṅmkgn bonč . . . .
Отуз Татар, Кытаі, Татабі köп jaђы äрміш. Акаңым kaђaн бунча . . . .

15) qirk rtqi j̣ṭi joli ṣöḷmṣ j̣gṛmi ṣöṅṣ ṣöṅṣms tṅṛi
кырк артукы jäтi јолы сўlämiш jiripмі сöңўш сöңўшміш täңpi
jrlkdq öčöṇ iḷḷigg ḷṣṛṭmṣ kgnlgg kgnsrtmṣ
jaрылкадук ўчўн ällirні älciрäтміш kaђaнлыђыны kaђaнсыратмыш
jgig bzkilmṣ ṭizḷigg ṣökörmṣ bšlgg j̣öḳndöṛmṣ
jaђыны баз кылмыш äтізlirні сöкўрміш башлыђыны jўкўнтўрміш.
kṅm kgn . . . .
Акаңым kaђaн . . . .

16) ṭöṛög kzgnp oča brmš kṅm kgnka bšljo bzkgng
тöрўн казђанып уча бармыш. Акаңым kaђaнка башлаjу Баз kaђaнны
blbl ṭikmṣ olṭöṛödä öza čimkgn olrti čimkgn olrpn
. . . . тікміш ол тöрўдä öзä äчім kaђaн уларды. Äчім kaђaн уларынан

---

dreissig Tatar und die Kytai und Tataby als ihre Feinde. Mein Vater, der Chan so viel . . . . (15) Er unternahm sieben und vierzig Mal Kriegszüge, lieferte zwanzig Schlachten, und da ihm der Himmel gnädig war, fügte er die in Stämmen lebenden wieder stammweise zusammen, brachte die Chanswürde wieder zu ihrer Geltung, und brachte die Feinde zur Ruhe, er unterwarf sich die Hoheit und ordnete sich die Häuptlinge unter. Mein Vater, der Chan, ... (16) den Ehrenplatz erwerbend, starb. In Betreff meines Vaters, des Chans, brachte man zuerst die Trauernachricht (?)

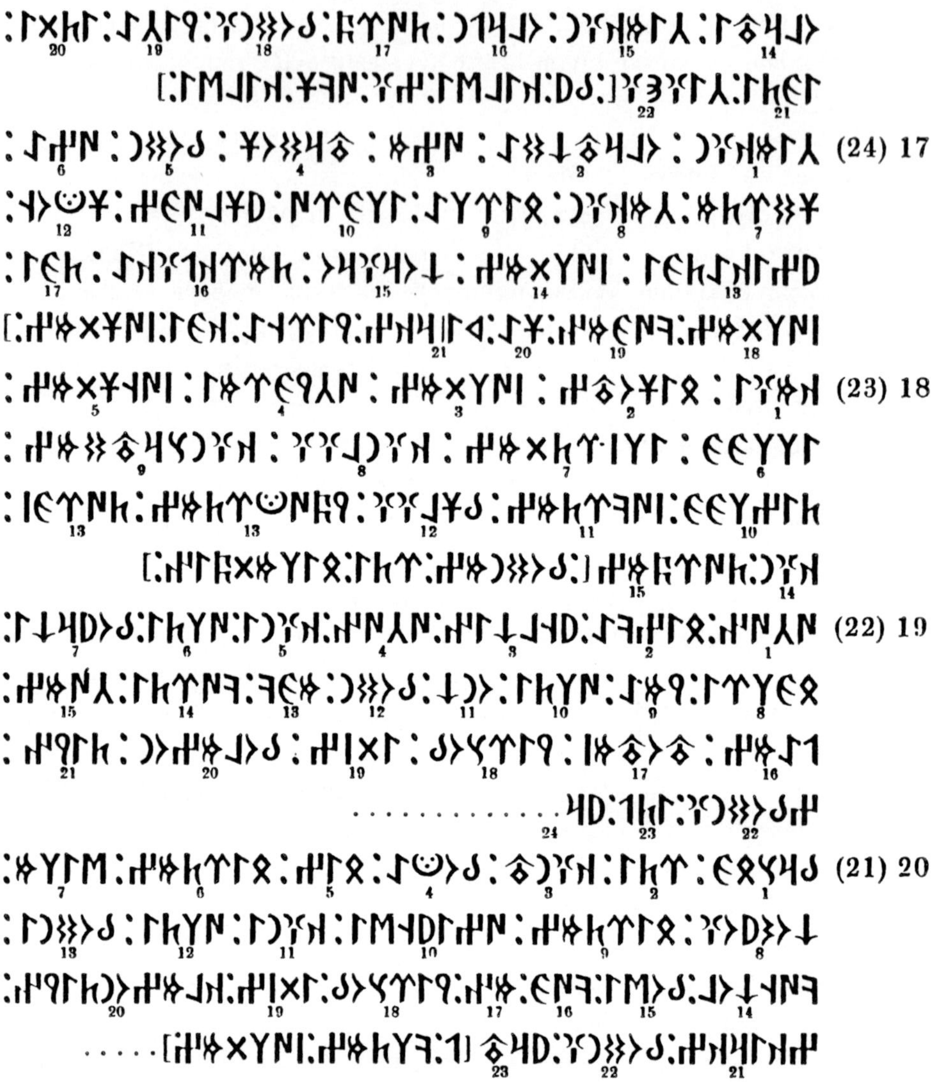

dem Bas-Chan. Nach der Sitte (des Landes) kam mein Onkel, der Chan zur Gewalt, (17) als mein Onkel, der Chan, zur Gewalt gekommen, richtete er das Türkenvolk, wie es sich gebührt, ein. Die Armen machte er reich, die Wenigen machte er zahlreich. Als mein Onkel, der Chan, zur Macht gekommen, war ich selbst Schad über das Volk der Tardusch. Mit meinem Onkel, dem Chane, zusammen, zogen wir nach vorn bis zur Ebene Jaschyl Ügüs Schandung aus und nach hinten zogen wir bis zum Eisernen Thore, zogen bis nach Kögmän, dem Lande der Scha-Kirgisen. (18) Im Ganzen unternahmen wir fünf und dreissig Kriegszüge, schlugen drei und zwanzig Schlachten, die stammweise Lebenden ordneten wir in Stämme, brachten die Chanswürde zur Gel-

törc bodng jiča iṭḍi igṭi čigajg bj ki͡ldi zgög̣škil͡di
тӳрк будуны jiчӓ ӓттi ӓгiттi чыҕajын бai кылты, азын öкӳш кылты.
17) čmkgn ulrtqda özm trdoš bodn öza šdṛtm čimkgn
Ӓчiм каҕан уларткта öзiм Тардуш будун öзӓ шад ӓртiм, ӓчiм каҕан
ḅiṛḷa iḷg̣ṛö jšlög̣z šn͡doṅ jzikaṭg̣i ṣöḷḍmz korgro
бiрлӓ iлгӓрӳ jашыл ӳгӳз Шандуң jазыка тӓгi сӳлӓдiмiз, курыҕару
ṭmṛkpgka ṭg̣i ṣöḷḍmz ḳög̣mṅ ša kirkz jiṛṅa ṭg̣i ṣöḷḍmz
Тӓмiр Капыҕка тӓгi сӳлӓдiмiз, Кöгмӓн Ша Кыркыз jӓрiңӓ тӓгi сӳлӓдiмiз,
18) kmgi ḅišotz ṣöḷḍmz öčjg̣ṛmi ṣöṅšḍmz iḷḷg̣g iḷṣṛṭḍmz
камыҕы бӓш отуз сӳлӓдiмiз, ӳч jiгiрмi сöңӳштiбiз, ӓллiгнi ӓлciпӓттiмiз
kgnlgg kgnsrtdmz ṭizḷg̣g ṣöḳöṛṭmz bšlgg
каҕанлыҕны каҕансыраттымыз ӓтiзлiкнi сöгӳртiмiз башлыҕны
jcön͡dṛṭmz ṭöṛg̣ṣ kgn ṭöṛcmz bodnmz ṛṭi ḅiḷmḍciṇ
jӳкӳнтӳртiмiз. Тӳргӓс каҕан тӳркӳмiз будунымыз ӓртi, бiлмӓдӳкiн
19) öčöṇ ḅizḳa jṅlqiṇ öčöṇ kgni öḷṭi bojrqi ḅg̣ḷṛi jma öḷṭi
ӳчӳн бiзкӓ jаңылукын ӳчӳн каҕаны öлтi, буjурукы бӓглӓрi jӓмӓ öлтi,
onq bodn mg̣ḳ ḳöṛṭi čömz pamz ' totmṣ jiṛsob iḍṣz bolmzun
унук будун ӓмгӓк кöртi. Чӳмiз-Памыз тутмыш jӓр суб iдiсiз болмазун
ṭijṇ zbodng iṭp jr . . . .
тӓjin аз будунну ӓтiп jар . . . .
20) brsḅg ṛṭi kgnt bon͡da ḅiz ḅiṛṭmz ltiḷm qonč͡jog ḅiṛṭmz
Барс бӓг ӓртi, каҕан ат бунда бiз бӓртiмiз, алты ӓлiм Кунчаjуҕ бӓртiмiз,
özijṅ͡ldi kgni öḷṭi bodni ḳöṅqol bol͡di ḳöḳ mṇ jiṛsob
öзi jаңылты каҕаны öлтi будуны кӳң кул болты. Кöкмӓн jӓр суб
iḍṣz klmzunṭijṇ zkirkz bodng jrtp ḳḷṭmz ṣölḍmz . . .
iдiсiз калмазун тӓjiн аз Кыркыз будунны jаратып кӓлтiмiз, сӳлӓдiмiз . .

---

tung, unterwarfen die Hoheit und ordneten die Häuptlinge uns unter. Der Chan der Türgäs war von unseren Türken, von unserem Volke, da er unwissend war (19) und gegen uns schlecht verfuhr (irrte), starb ihr Chan, starben alle seine Beamten, und das ihm anhängende Volk erlitt Leiden. Das Land und Wasser, das unsere Vorfahren inne hatten, möge nicht herrenlos sein, sagend, richteten wir das wenige Volk auf und . . . . . . (20) Da war auch Bars-Bäg. Dem hatten wir hier den Namen eines Chans gegeben, dem hatten wir unsere sechs Stämme der Kuntschajug verliehen. Er selbst handelte schlecht (irrte), da starb ihr Chan, und sein Volk wurde Knechte und Mägde. Das Land und Wasser Kökmän möge nicht herrenlos sein, sagend, stellten wir das wenige Volk der Kyrkys her, kamen dorthin und machten einen Kriegszug . . . . (21) gaben wir ihnen zurück.

(20) 21

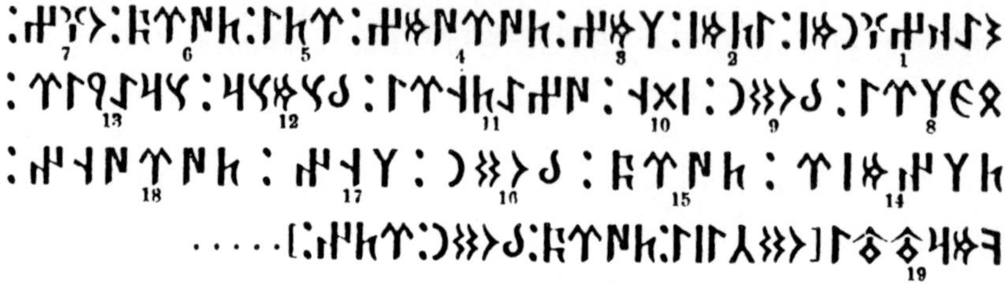
(19) 22

(18) 23

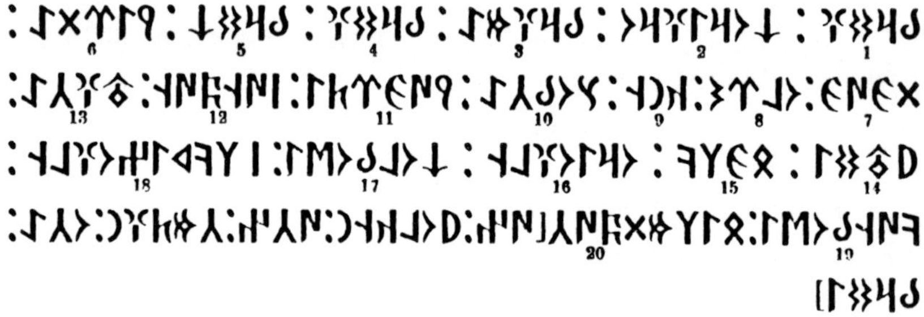
(17) 24

Vorwärts bis zum dichten Bergwalde siedelten wir so das Volk an und richteten (Alles) ein, rückwärts bis zum Kängü-Tarman siedelten wir das Türkenvolk an und richteten so (Alles) ein. In jener Zeit hatten die Knechte ihre Knechte und die Mägde ihre Mägde. (22) So viel hatten wir erworben und geleistet und Alles war unser Volk und unser Gesetz. Ihr Fürsten und Volk der türkischen Ogus, höret! o Türkenvolk, das oben der Himmel nicht bedrängt und unten die Erde nicht beneidet! Wer hat deine Stämme und deine Gesetze vermehrt? Du warst das siegreiche Türkenvolk, (23) bereue! gegen den Bilgä-Chan, den du durch deine Anhänglichkeit erhoben hast, gegen deinen in seinem Wandel guten (Fürsten-) Stamm hast du dich vergangen und hast schlecht gehandelt. Von wo ist (dir) die

21) j̣na ḅiṛṭmz ḷgṛö kdrkn j̣išg ša bodng n͡čaqon͡dortmz
јана бäртiмiз ilгäрў кадаркан јышны Ша будунны анча контуртымыз
n͡čaiṭḍmz qoṛgru ḳṅötrmnka ṭgi ṭöṛc bodng
анча äттiмiз, курыҕару Кäңў Тарманка тäгi тўрк будунны
n͡čaqon͡drtmz n͡čaṭḍmz olödḳa qol qollog bolmṣ ṛṭi ḳöṅ
анча контуртымыз анча äттiмiз, ол öдкä кул куллуҕ болмыш äртi, кўң
ḳöṅḷg bolmṣ ṛṭi
кўңлўг болмыш äртi.

22) n͡čakzqnmṣ iṭmṣ ḷmz ṭöṛömz ṛṭi ṭöṛc ogz ḅgḷri bodn
Анча казҕанмыш äтмiш äлiмiз тöрўмiз äртi. Тўрк Оҕуз бäгläрi будун
ṣdṅ özaṭṅri bsmsr srajir ṭḷṇmṣr ṭöṛc bodn ḷṅṇ
äшiдiң! öзä тäңрi басмасар асра јäр тiläнмäсäр тўрк будун! äлiңнi
ṭöṛöṅṇ ḳmrtti odčiṣi ṭöṛc bodn rtṇ
тöрўңнў кäм артты? Уттачысы тўрк будун äртiң,

23) öḳöṇ ḳöṛgṅṇ öčöṇ igḍmṣ ḅiḷga kgnṅn ṛmṣbrmṣ
öкўн! кöргўңiн ўчўн äгiтмiш бiлгä каҕаныңа äрмiш бармыш
dgöḷṅ ḳn͡dö jṅḷ͡dg jblk ḳigöṛṭg jṛklg kn͡dn ḳḷp
äдгў äliңä кäндў јаңылдың, јаблак кiгўртiң. Јараклыҕ кандан кälin
j̣jaḷṭḍi ṣöṅgḷg kn͡dn ḳḷpṇ ṣöṛaḷṭḍi idqöṭcṇ j̣iš bodn
јаја äлтгi? сўңўгliг кандан kälinäн сўрä äлтгi? аiдук öтўкäн јыш будун
brdg iḷgṛö
бардың iлгäрў

24) brdg qorigro brgma brdg brdq jiṛḍa ḍgög olṛn͡č
бардың, курыҕару барыҕыма бардың, бардук јäрдä äдгўң ол äрiнч,
knṅ sobča j̣ögṛṭi ṣöṅcöṅ tgča jtdi ḅgḷḳ oriogln qolbol͡di
каның субча јўгўртi сöңўкўң таҕча јатты бäрlik уры оҕлы кул болты
ṣḷḳqizoglṅ ḳöṅbol͡di ḅiḷmḍcöčön jolkṅn öcṇ čmkgn
cilik кыз оҕлы кўң болты. Бiлмäдўк ўчўн јолукыңын ўчўн äчiм каҕан
oča brdi
уча барты.

Ruhe gekommen, wer hat sie verbreitet? von wo her ist die Geschlechtseintheilung gekommen, wer hat sie verbreitet? Ihr, die ihr das Volk des dichten Bergwaldes gnannt werdet, ihr seid ausgezogen, nach vorn seid ihr (24) gegangen, rückwärts seid ihr gegangen, habt eure Züge gemacht. In dem Lande, wohin ihr gegangen, zeigtet ihr eure Trefflichkeit, euer Blut floss wie Wasser, eure Knochen lagerten wie ein Berg, die Söhne der Fürsten (der Feinde) wurden Knechte, ihre reinen Töchter wurden Mägde. Weil ihr unwissend waret, so ist euch zum Opfer mein Onkel, der Chan, umgekom-

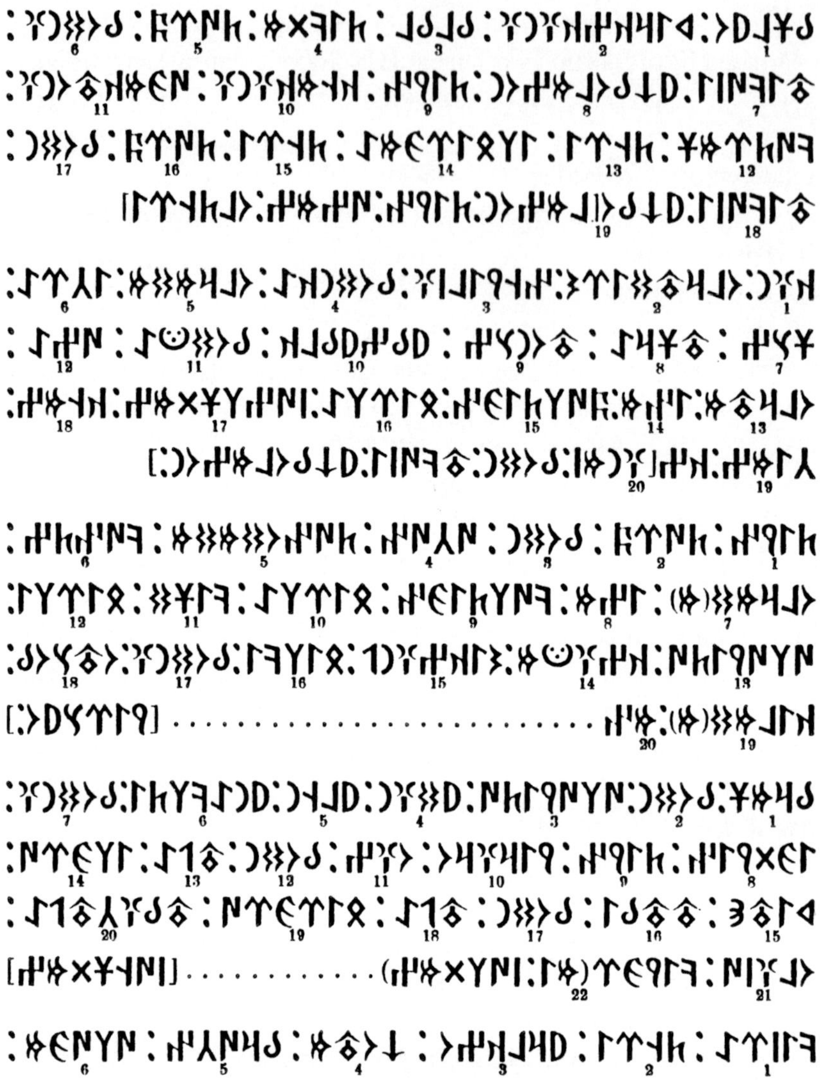

(16) 25
(15) 26
(14) 27
(13) 28
(12) 29

men. (25) Zuerst zeigte ich die Trauerbotschaft dem Kyrkys-Chan an. Damit des Türkenvolkes Name und Ruf nicht verschwinden möge, hat der Himmel, der meinen Vater, den Chan, und meine Mutter, die Chanin, erhoben hat, hat er, der Himmel, der Volksspender, um des Türkenvolkes Name und Ruf nicht verschwinden zu lassen, er dieser Himmel uns selbst (26) zum Chan erhoben. Ich erhob mich nicht über das an Habe reiche Volk, ich erhob mich über das schlechte, niedrige Volk, das innen ohne Speise ist und aussen ohne Kleidung ist. Wir besprachen uns mit meinem jüngeren Bruder Kül-Tegin. Des durch mein Ansehen und unsere Abstammung erworbenen Türkenvolkes Name und Ruf möge nicht verschwinden (27), sagend, habe

25) bšlju qirkzkgng blbl ṭikḍm törc bodng tiḳöṣi
Башлаjу кыркыз каҕанны . . . . тiктiм тӳрк будуның аты кӳсi
jqbolmzon ṭijṇ kṅmkgng ögmktung ḳöṭṛmṣ ṭṅṛi
jok болмазун тäjiн акаңым каҕанны öгäм катунны кöтӳрмiш тäңрi
iḷḅiṛgma ṭṅṛi ṭöṛc bodn tiḳöṣi jqbolmzun tijṇ özmz olṭṅṛi
äl бäрiгiмä тäңрi тӳрк будун аты кӳсi jok болмазун тäjiн öзiмiз ол тäңрi
26) kgn olrtdiṛnč ṇṅjilṣg bodnka olrmdm ičṛa šṣz
каҕан улартты äрiнч. Нäң jылсаҕ будунка улармадым, iчрä ашсыз
tšra tonsz jbzjblk bodnda öza olrtm iṇm cöḷṭigṇ ḅiṛḷa
ташра тонсыз jабыз jаблак будунта öзä улартым. Iнiм Кӳл Тäгiн бiрлä
ṣözḷšḍmz kṅmz čimz kzgnmṣ bodn tiḳöṣi jqbolmzon
cöзläштiмiз акаңымыз äчiмiз казҕанмыш будун аты кӳсi jok бомазун
27) ṭijn ṭöṛc bodn öčöṇ ṭöṇudmdm ḳöṇḍz olrmd(m) iṇm ḳöḷṭigṇ
тäjiн тӳрк будун ӳчӳн тӳн удымадым кӳнтӳз улармадым iнiм Кӳл тäгiн
ḅiṛḷa ḳišd ḅiṛḷi öḷöjitö kzgndm nčakzgnp ḅiḷḳi bodng
бiрлä äкi шад бiрлä öлӳ jiтӳ казҕандым, анча казҕанып бäлкi будунны
otsob kilmdm mn . . . . jiṛsjo
отсуб кылмадым. Мäн . . . . jäp cajy
28) brmš bodn öḷöjiṭö jdgn jlṅn jnaḳḷṭi bodng iḡḍjiṇ
бармыш будун öлӳ jiтӳ jадаҕын jалаңын jана кälтi, будунны äгiдäjiн
ṭijṇ jirgro ogz bodn tpa iḷḡṛu qitj ttbi bodn tpa
тäjiн jырҕару Оҕуз будун тапа ilгäрӳ Кытаi Татабы будун тапа
ḅiṛḡṛö tbgčtpa olgṣö ḳijḡṛ ṣöldmz. . . . . . . ṣöṅšḍmz
бäрiгäрӳ табҕач тапа улуҕ сӳ äкi jiгiрмi сӳläдiмiз . . . . . сöңӳштiмiз
29) ḳiṣṛa ṭṅṛi jrlkzo qotm bröčṇ öḷögm bröčöṇ öḷṭči
кiсрä тäңрi jарылказу! кутум бар ӳчӳн ӳлӳгӳм бар ӳчӳн öлтäчi

---

ich wegen des Türkenvolkes in der Nacht nicht geschlafen, am Tage nicht ausgeruht. Zusammen mit meinem Bruder habe ich, da zwei Schad waren[1]), so viel ich vermochte, erworben. So viel erwerbend, habe ich die bekannten Völker nicht bedrückt, ich . . . . . .(28) Jedes Mal, wenn das Volk ausziehen wollte, kam es sterbensmüde, zu Fuss und nackt (zu mir) und um das Volk aufzurichten, zogen wir (mit ihm) nach links gegen das Ogus-Volk, nach vorn gegen das Kytai-Tatabi-Volk, nach rechts gegen die berühmten (Chinesen), mit einem grossen Heere sind wir zwei und zwanzig Mal ausgezogen (29) und haben . . . . . . gekämpft. Möge der Himmel nun (uns) gnädig

---

1) Im Texte steht so: [illegible] äкi шад бäрli. Vielleicht ist aber [illegible] zu lesen, dann müsste übersetzt werden: «diesseits des Bergwaldes».

(11) 30

(10) 31

(9) 32

(8) 33

sein! Da ich Glück und ein günstiges Schicksal hatte, habe ich das sterbende Volk wieder zum Leben gebracht, habe ich das nackte Volk mit Kleidern versehen, das arme Volk reich gemacht und das wenige Volk zahlreich gemacht. Die trefflichen Stämme und die Chanswürde habe ich gross gemacht, (30) das Volk in den vier Ecken verfolgend, habe ich zur Ruhe gebracht, ohne Feindschaft hingen meine Chane an mir. Er, der mir Verstand und Kraft geweiht hat und sich einen solchen Ehrenplatz erworben hat, mein Bruder Kül-Tegin ist (nun auch) dahin. Als mein Vater, der Chan, umkam, war Kül-Tegin sieben Jahre alt zurückgeblieben. (31) Zum Glück der der Schutzgöttin gleichen Mutter, der Chanin, ist mein Bruder Kül-Tegin zum Manne

bodng ṭiṛgṛö igṭm jlṅbodng tonlg čigǰ bodng
будунны тірігрӯ äгіттім jалаң будунну тонлыҕ, чыҕаі будунну
bjkil͡dm zbodng öḳškiltm igṛḷḷgḍa kglngda
баі кылтым, аз будунны öкӯш кылтым ыҕар äллігдä каҕанлыҕда
jg̣kil͡dm ṭöṛṭ bolṅdki
jäг кылтым, тöрт булуңдакы

30) bodng qop bzkil͡dm jgṣiz kgnm qop mṅa ḳöṛṭi iṣgḳöčg
будунны кӯп баз кылтым, jаҕысыз каҕаным куп маңа кöрті, äсін кӯчӯн
ḅiṛöṛ bun͡ča ṭöṛög kzgnp iṇm ḳöḷṭigṇ özin͡ča ḳṛgḳbol͡di
бäрӯр бунча тöрӯн казҕанын інім Кӯл Тäгін öзінчä кäргäк болты.
kṅmkgn očdqda iṇm ḳöḷṭigṇ jiṭ jšn͡da kl͡di . . . .
Акаңым каҕан учтукта інім Кӯл Тäгін jäті jашынга калты . . . .

31) omjṭg ögm ktun qutṅa iṅm ḳöḷṭigṇ ṛtbol͡di ltijgṛmi
Умаі тäг öгäм катун кутыңа інім Кӯл Тäгін äр табулты. Алты jігірмі
jšiṅa čimkgn iḷiṇ ṭöṛöṣiṇ n͡čakzgndi ltičob sogdktpa
jашыңа äчім каҕан äлін тöрӯсін анча казҕанты. Алты чуб Сугдак таца
ṣöḷḍmz bozdmz tbgč oṅtotq ḅiṣṭ ömṇ öḳṣip idq jišda
сӯлäдіміз, буздымыз. Табҕач уңгутук бäш тӯмäн Öксäп аідук jышта

32) ḳöḷṭigṇ jdgn opljoṭgḍi oṅtotq jorčiṇ jrklg ḷgṇtotdi
Кӯл Тäгін jадаҕын оплаjу тäгді, уңтутук . . . . . . jараклык äлігін тутты
jrklqdi kgnki n͡čoldi olṣögn͡da jqkišdmz ḅiṛotz
jаракльıкга каҕанка анча улыды ол сӯнӯ анда jокkыштымыз. Біp отуз
jšṅa čča ṣöṇki ṣöṅšdmz · ṅlki tdqsčorṅ boz . . . .
jашыңа Чача сӯнкі сöңӯшгіміз іңлікі тадык сачураң боз ат бінін тäгді
. . . .
ол ат анда

33) öḷṭi ḳiṇti išörajmtr boztg ḅiṇp ṭgḍi olmn͡da öḷṭi öčn͡č
öлгі äкінті Ышбара jамтар боз атын бінін тäгді, ол ат анда öлті, ӯчӯнч

---

geworden. In seinem sieben und zwanzigsten Jahre, als mein Onkel so viel Volk und Gesetze erworben hatte, zogen wir zu den sechs Abtheilungen (?) der Sugdak und vernichteten sie. Die fünf Heerhaufen der Ungtuduk (Aufrührer?) der Chinesen griff im Bergwalde Öksäp (32) Kül-Tegin an, die Fusstruppen angreifend, fasste er den Anführer (?) der Ungtudyk (Aufrührer?) mit bewaffneter Hand. So viel Heere sich dem Chane angeschlossen hatten, alle vernichteten wir dort. Als er ein und dreissig Jahre alt war, kämpften wir mit Tschatscha-Sünki (Sängün). Tadyk-Satschurang, seinen Grauschimmel besteigend, griff er an, dieses Pferd starb (33) dort, zweitens bestieg er den Yschbara-Jamtar-Grauschimmel und griff an, auch dieses Pferd starb, drittens

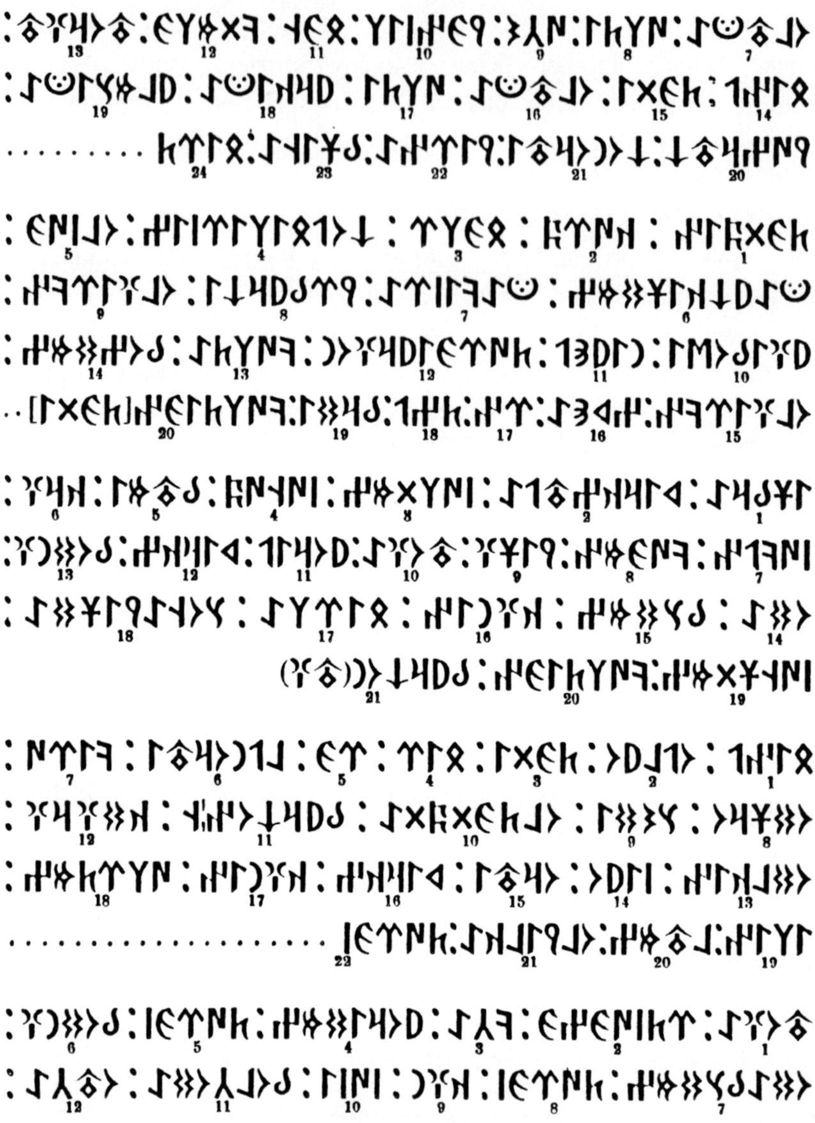

(7) 34

(6) 35

(5) 36

(4) 37

---

bestieg er das Kädimlig-braune Pferd des Jeginsil-Beg und griff an, (auch) dieses Pferd starb. Als Ersatz für diese nahm er hundertfache Vergeltung und anstatt ihrer Trefflichkeit (?) nahm er für jeden Kopf den Werth eines Tümän. (34) Seinen Angriff kennt ihr, türkische Fürsten, gut. Dieses Heer haben wir dort vernichtet. Darauf erhoben sich als Feind die Landverwalter, die Ulug-Erkin, sie zerstreuend, vernichteten wir sie bei dem See Türgi-Jaragun. Die Ulug-Erkin führten nur wenige Männer mit sich und zogen davon. Kül-Tegin aber griff sie an und tödtete sie. (35) Dann zogen wir gegen die Yschbara-Kirgisen, ihr Geschlecht, die Batymy, Räuber

jgṇṣil bgṅ ḳdmlg torgt ḅiṇp ṭgḍi olt͡nda öḷṭi jrkin͡da
Järincil бäгiң кäдiмлiг торыҕ ат бiнiп тäгдi, ол ат анда öлтi, јаракынта
jlmsin͡da jözrtq qonorti jiṛṇa bšiṅa birṭ . . . .
јалмасынта јӳз артук кун урты. Jäpiнä башыңа бiр тӳмäн аҕын алты.

34) ṭgḍcṇ ṭöṛc ḅgḷṛ qopḅiḷiṛṣiz olṣög n͡dajqkišdmz
Тäгдӳкiн тӳрк бäрläр куп бiliрсiз, ол сӳнi анда jokkыштымыз.
n͡dakiṣṛa jṛbjrqi olgiṛkṇ jgibold͡i nijḭp
Анда кiсрä jäp бујурукы Улуҕ Äркiн јаҕы болды аны јајын
ṭöṛgijrgon ḳöḷḍa bozdmz olgiṛkṇ zqja ṛṇ ṭzp brdi
Тӳргi-Јараҕун кölдä буздымыз Улуҕ Äркiн азкыја äрäн тiзiп барды.
ḳöḷṭigṇ ṭgḍi . . . . . .
Кӳl Тäгiн тäгдi ölӳрдi.

35) išbra qirkztpa ṣöḷḍmz ṣöṅöc btmi krg sökpn ḳögmn
Ышбара Кырҕызтапа сӳlädiмiз, сӳңӳк батымы караҕ сöкiнäн Кöгмäн
jišg toga jorip kirkz bodng oda bsdmz kgniṇ ḅiṛḷa
јышны тоҕа јорып Кыркыз будуппу уда бастымыз, каҕанын бiрlä
suṅajišda ṣöṅšḍmz ḳöḷṭigṇ bjrqon(tg)
суңа јышта сöңӳштiбiз. Кӳl Тäгiн бајыркунатны

36) ḅiṇp opljo ṭgḍi ḅiṛ ṛg lpnorti ḳiṛö odšro sn͡čdi
бiнiп оплају тäгдi бiр äpiг алп аны урты кäрӳ удышру санчты
olṭgḍuḍa bjrqoṇṅ kdgrg odlkiṇ ṣijo orti kirkz
ол тäгдӳктä бајыркуныңа кадыҕраҕ одалыкын сыју урты. Кыркыз
kgniṇ öḷṛṭmz iḷiṇ ltmz oljilka ṭöṛgṣ . . . .
каҕанын ölӳртiмiз älin алтымыз. Ол јылка Тӳргäс каҕанка сӳlädiмiз
. . . .
алтун јышны

37) toga ṛṭṣögzg ḳča joridmz ṭöṛgṣ bodng odabsdmz
тоҕа Äртiш ӳгӳзiн кäчä јорыдымыз, Тӳргäс будунны уда бастымыз.

---

nennend, zogen wir durch Kökmän, das Waldgebirge, und besiegten das Volk der Kirgisen. Mit dem Chane stritten wir darauf im Bergwalde. Kül-Tegin bestieg seinen Bajyrkun (36) und griff (den Feind) an. Auf ihn warf sich ein mächtiger Held, er aber warf ihn mit der Lanze stechend nieder. Bei seinem Angriffe feuerte er den Bajyrkun sehr an. Wir tödteten den kirgisischen Chan und nahmen sein Volk. In jenem Jahre zogen wir gegen den Türgäs-Chan, stiegen zum goldenen Bergwalde empor, (37) setzten über den Ertisch-Strom und besiegten das Türgäs-Volk. Das Heer des Türgäs-Chan kam bei Bultschu von allen Seiten und wir kämpften mit ihm. Kül-Tegin bestieg

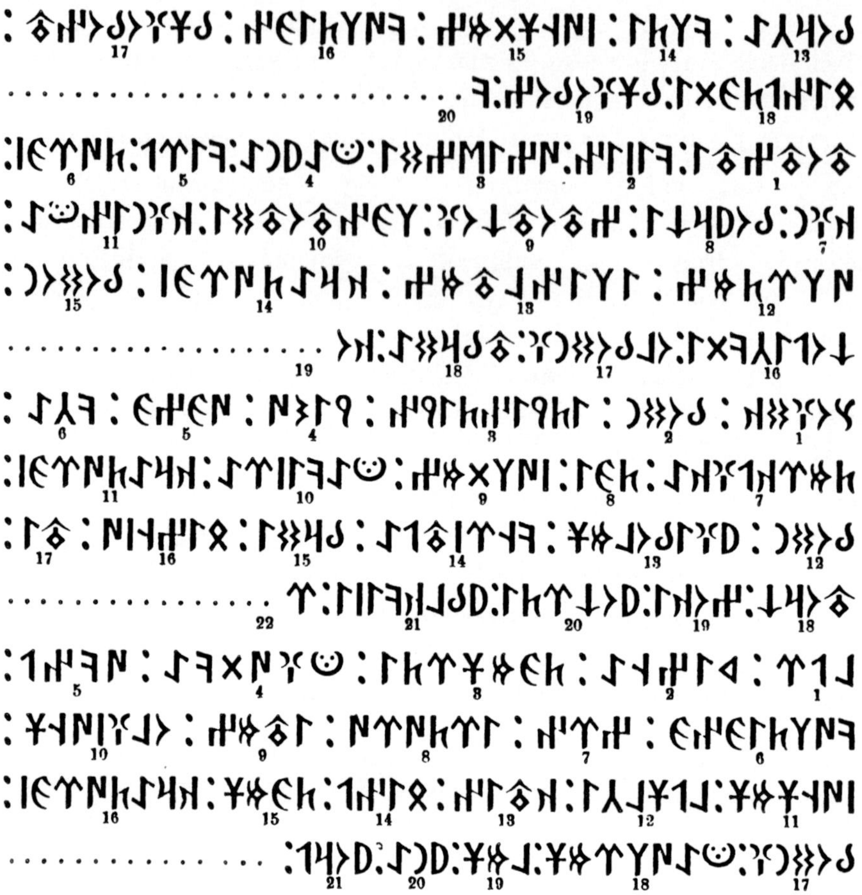

(3) 38

(2) 39

(1) 40

---

seinen Baschgu-Grauschimmel und griff an, der Baschgu-Grauschimmel (und .... Pferd (38) wurden beide dort ergriffen und er selbst festgenommen, er drang aber wiederum ein und nahm einige Gefangene von den Beamten des Chans mit eigener Hand fest. Den Chan tödteten wir dort und nahmen sein Volk. Darauf zog sich das Volk der Kara-Türgäs zurück, um dieses Volk aufzufinden.............. (39) das Sugdak-Volk wollen wir angreifen, sagend, waren wir über den Fluss Jäntschü gegangen und bis zum Eisernen Thore gezogen. Darauf griff uns das Volk der Kara-Türgäs

ṭöṛg̨s kgn ṣöṣi bolčoda otča borča ḳḷṭi ṣöńšdmz ḳöḷṭig̨ṇ
Тӳргäс каҕан сӳсі Булчуда отача бурача кäлті, сöӊӳштіміз. Кӳл Тäгін
bšgobozt ḅiṇpṭg̨ḍi bšgoboz k. . . . .
башҕу боз ат бінін тäгді башҕу боз . . . .
38) totozti ḳiṣiṇ öziͧl͡dzdi n͡dajna ḳiṛp ṭörg̨s kgn bojrqi
тутузды äкісін öзі алтызды, анда јана кірін Тӳргäс каҕан бујурукы
ztotqog ḷg̨ṇtototdi kpniṇn͡da öḷṛṭmz iḷiṇl͡dmz
аз тутkун äлігін тутты, каҕаным анда öлӳртіміз, äлін алтымыз
kraṭöṛg̨ṣ bodn qopičḳdi olbodng tbrda ko . . . .
kара Тӳргäс будун kōп ічкäді, ол будунны табарда . . . .
39) sogdak bodn iṭjiṇṭijṇ jin͡čo ög̨zg̨ ḳča ṭmiṛkpqka ṭg̨i ṣöl͡dmz
Суҕдак будун äтäјін тäјін Јäнчӳ ӳгӳзін кäчä Тäмір Каныҕка тäрі сӳлäдіміз.
n͡dakisra kraṭöṛg̨ṣ bodn jgibolmš ḳöṛṣtpa brdi
Анда кісрä kара Тӳргäс будун јаҕы болмыш, Кäӊäрäс таңа барды.
ḅizńṣö ti turq zuki jokṛḍi jblgḳiṣi ṛṭi . . . .
Бізіӊ сӳ аты турукы азукы jok äрті јаблак кіші äрті . . . .
40) lpṛ kzńa ṭg̨mšṛṭi n͡dgöḍḳa öḳṇp ḳöḷṭig̨ṇ zṛṇ
алп äр кызыӊа тäгміш äрті. Андаҕ öдкä öкӳнін Кӳл Тäгін аз äрäн
iṛṭöṛö itmz olgṣöńč ṣöńšmš lpšlči ktiṇ ḅiṇp
äртӳрӳ ыттымыз, улуҕ сöӊӳш сöӊӳшміш. Алп шалчы ak атын бінін
ṭg̨mš kraṭöṛg̨ṣ bodng n͡döḷṛmš lmš jna jorp . . . . . .
тäгміш, Кара Тӳргäс будунны анда öлӳрміш, алмыш јана јорып. . . . .

---

an und ging bis zum Kängäräs vor. Wir hatten damals keinen Standplatz und Mundvorrath für das Heer und für seine Pferde. Es waren aber feige Leute. . . . .(40) Er hatte sich an die Tochter eines Helden gemacht. In dieser Zeit bereute er, und wir schickten den Kül-Tegin mit einigen Helden dorthin, er hatte da einen heftigen Kampf. Er bestieg seinen Alp-Tchaltschi-Schimmel und griff an. Dort tödtete er das Volk der Kara-Türgäs, unterwarf es und ging dann zurück. . . . .

b) Die rechte Seiteninschrift (Kb) (Fortsetzung der Frontinschrift).

(Atlas Taf. XIX fig. 2 und Taf. XX fig. 2.)

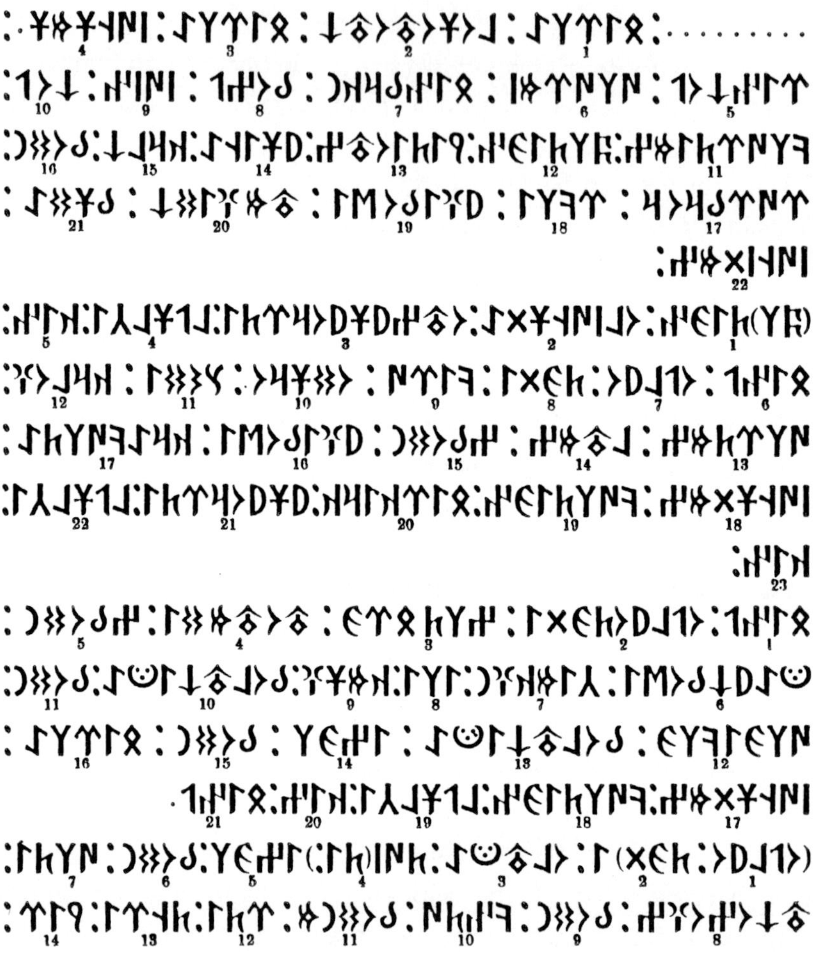

(13) 1

(12) 2

(11) 3

(10) 4

(1). . . . . . .zusammen fassten sie sich und kämpften und ihre Helden verfolgend, tödtete er, ihr Haus und ihre Einrichtung zerstörten wir und ihr Heer verfolgend, brachten wir sie her. Kül-Tegin, als er sieben und dreissig Jahre alt war, zog gegen das Volk der Karluk aus, dies war ein mächtiger Feind, auf dem Berge Tamgydyk kämpften wir. (2) Zur Zeit dieser Schlacht war Kül-Tegin dreissig Jahr alt. Er bestieg seinen Alp-Schaltschi-Schimmel, stürzte auf (den Feind) und warf ihn mit der Lanze stechend zurück. Die Karluk tödteten wir, und unterwarfen sie. Nur weniges Volk blieb uns

Transscription.

1) ....ḅiṛḷa lošotoḷq ḅiṛḷa ṣöñšmš ṛiṇqop öḷṛmṣ
.........бірга алушу туттук бірлä сöңÿшміш äрін кÿн öлÿрміш
ḅiṇbrkn bozp ṣñsn qop ḳḷörṭimz cḷṭigṇ jiṭiotz jšiṇa
äбін баркын бузуп сÿсін кÿн кäлÿртіміз. Кÿл Тäгін jäті отуз jашыңа
krloq bodn ṛöṛbrur ṛḳḷi jgibol͡di tmgidq bšda
Карлук будун äрÿр барур äркli jaҕы болды Тамаҕ аідук башда
ṣöñṣḍmz
сöңÿштіміз

2) ... ṭigṇ olṣöñšḍa otzjšjoṛṛṭi lpšlči kin ḅiṇp
Кÿл Тäгін ол сöңÿштä отуз jашajур äрті. Алп-шалчы акын бінін
opljo ṭgḍi ḳiṛö odšro sn͡čdi krlug öḷṛṭmz ltmz zbodn
оплаjу тäгді, кäрÿ удышру санчты Карлуҕ öлÿртіміз алтымыз, аз будун
jgibol͡di kra ḳöḷṭa söñšḍmz ḳöḷṭigṇ biṛkirk jšjoṛṛṭi
jaҕы болты Кара Кöлтä сöңÿштіміз. Кÿл Тäгін бір кырк jашajур äрті,
lpšlči kin
алп-шалчы акын

3) ḅiṇp opljoṭgḍi zḷṭḅṛg totmdi zbodn n͡dajqbol͡di
бінін оплаjу тäгді аз Äлтäбäрні тутмады аз будун анда jok болты.
čimkgn ili kmšg boltqin͡da bodn öḷgiḳlg boltqin͡da izgḷ
Äчім каҕан äli камашыҕ болтукында будун öлÿг ікliг болтукында Ізгіл
bodn ḅiṛḷa ṣöñšḍmz ḳöḷṭigṇ lpšlči kiṇ ḅiṇp
будун бірлä сöңÿштіміз. Кÿл Тäгін алп-шалчы акын бінін

4) opljo ṭgḍi oltn͡da töṣṭi izgḷ bodn öḷṭi toqzogz bodn ḳṇṭö
оплаjу тäгді ол ат анда тÿшті Ізгіл будун öлті. Токуз Оҕуз будун кäндÿ

---

feindlich gesinnt. (Mit ihnen) kämpften wir am Kara-Köl. (In dieser Zeit) war Kül-Tegin ein und vierzig Jahr alt. Er bestieg seinen Alp-Schaltschy-Schimmel, (3) nicht wenige Ältäbär nahm er gefangen. Das nicht zahlreiche Volk wurde vernichtet. Wir kämften mit dem Volke der Isgil, da das Stamm-Volk meines Onkels bei ihnen unterlegen war und (vieles) Volk gestorben und umgekommen war. Kül-Tegin bestieg seinen Alp-Schaltschy-Schimmel (4) und griff (den Feind) an. Dieses Pferd stürzte dort. Das Isgil-Volk starb. Das Neun-Ogus-Volk war unser eigenes Volk. Da Himmel und Erde in Verwirrung gerathen waren, wurden sie unsere

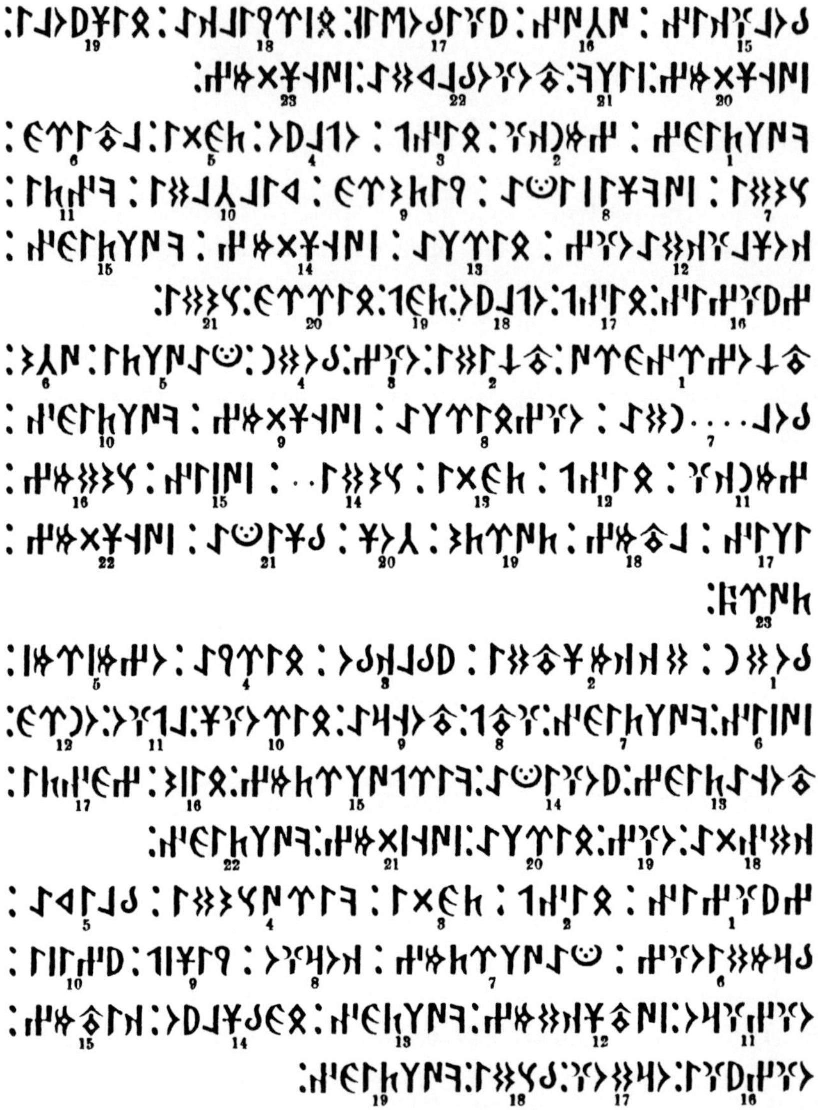

(9) 5

(8) 6

(7) 7

(6) 8

Feinde. In einem Jahre kämpften wir fünfmal. Wir kämpften bei der Stadt Silki-Togo. (5) Kül-Tegin bestieg seinen Azman-Schimmel und griff (den Feind) an. Er stach sechs Mann nieder, von den Kriegsleuten machte er den siebenten Mann mit dem Schwerte nieder. Zum zweiten Male kämpften wir mit den Ogus am Kuschlagak. Kül-Tegin bestieg seinen Azjagyz (sein dunkeles Pferd) und griff (den Feind) an, einen Mann stach er nieder und (6) warf sich auf neun Männer, (viele Leute von) den Ogus starben daselbst. Zum dritten Male kämpften wir mit den Ogus am Bol. . . n. (Damals) bestieg Kül-Tegin seinen Azman-Schimmel und griff mit der Lanze (den Feind)

bodnm ṛṭi ṭṅṛi jiṛ bolgkin öčön jgiboldi ḅiṛjilka
будунум äрті, тäңрі jäр булђакын ўчўн јађы болды бір јылка
ḅišjoli ṣöṅšḍmz ṣiḷḳ togo blqda ṣöṅödmz
бäш јолы сöңўштіміз, Cilki Тођо балыкта сöңўштіміз.

5) ḳölṭigṇ zmnkg ḅiṇp opljn ṭgḍiltiṛg sṅčdi
Кўl Тäгін азман акын бінін оплају тäгді алты äрні санчты,
ṣökšisinda jiṭṅčṛg qilčldi ḳṇti košlgkda ogz ḅiṛḷa
сў кішісіндä јäтінч äрні кылычлады, äкінті Кушлађакта Ођуз бірlä
ṣöṅšḍmz ḳölṭigṇ zjgziṇ ḅiṇp opljo ṭgp ḅiṛṛg sṅčdi
сöңўштўміз. Кўl Тäгін аз јађызын бінін оплају тäгін бір äрні санчты

6) tgozṛggṛö tqidi oguz bodn ṅdaöḷṭi öčṅč bol...ṅda ogzḅiṛḷa
токуз äрäнігрў токылды Ођуз будун анда ölті, ўчінч Бол...нда Ођуз бірlä
ṣöṅšḍmz ḳöḷṭigṇ zmnkg ḅiṇp ṭgḍi sṅčdi ṣöṣiṇ snčdmz
сöңўштіміз. Кўl Тäгін азман акын бінін тäгді санчты сўсін санчтымыз
iḷiṇ ltmz ṭöṛṭ čoš bšinda ṣöṇšḍmz ṭöṛc
älin алтымыз. Тöртінч Чуш башында сöңўштўміз тўрк

7) bodn dkkmštdi jblkbo ḅiṛja ozmšṛmz ṣöṣiṇ
будун адак камашты јаблак бо(лын) бäріја озмыш äрміш сўсін
ḳöḷṭigṇ gtp toṇra ḅiṛogš lpgo onṛg toṇaṭigṇ joginda
Кўl Тäгін ађытын Тоңра бір уђын алпагу он äрні Тоңа Тäгін јођында
ḳiṛpöḷṛṭmz ḅiṣṅč zgṇṭi kdṇḍa ogz ḅiṛḷa ṣöṅšḍmz ḳöḷṭigṇ
кіріп ölўртіміз. Бäшінч Äзгäнті кадында Ођуз бірlä сöңўштіміз. Кўl Тäгін

8) zjgzin ḅiṇp ṭgḍi ḳiṛösṅčdi bliqa brmdi ogz ṅda
аз јађызын бінін тäгді, кірў санчты, балыкка бармады, Ођуз анда
ölrtmz korgo jišṣp jziṣi ogzgro sötškdmz
ölўртўміз корђу Јышсан јазысы Ођузђару сў ташыктымыз.
ḳölṭgṇ ḅgbšljo kitmz ogzjgi ordog bsdi ḳöḷṭigṇ
Кўl Тäгін бäг башлају акыттымыз Ођуз јађы ордуну басты. Кўl Тäгін

---

an, wir stachen ihr Heer nieder und unterwarfen ihr Volk. Zum vierten Male kämpften wir bei der Quelle des Schusch. (7) Des Türkenvolkes Fuss ermattete, diese Feigen zogen sich hierher zurück. Kül-Tegin lies sein Heer los, da tödteten wir den Tongra, einen weisen Alpagu (?), und zehn Mann, indem wir bei der Leichenfeier des Tonga-Tegin eindrangen. Zum fünften Male kämpften wir mit den Ogus unterhalb des Äsgänti. Kül-Tegin bestieg seinen (8) Az-jagyz (dunkeles Pferd), griff an und drang stechend (in den Feind) ein. Aber zur Stadt ging er nicht. Dort tödteten wir viele Ogus. Aus Furcht zogen wir in der Ebene des Jyschsap mit einem Heere gegen die Ogus. Wir liessen die Fürsten unter der Aufführung des Kül-Tegin gegen

(5) 9

(4) 10

(3) 11

(2) 12

den Feind los. Die feindlichen Ogus eroberten aber die Ordu. Kül-Tegin (9) bestieg seinen Ögsüz-Schimmel und stach neun Mann nieder, sie übergaben aber nicht die Ordu, so (geriethen) meine Mutter, die Chanin, und mit ihr alle meine Tanten, Schwestern, Schwägerinnen und Kuntschai (in ihre Hände), alle Lebenden von euch wurden zu Sklavinnen gemacht, alle Getödteten aber blieben in der Jurte oder auf dem Wege liegen. (10) Kül-Tegin kam um, und so seid ihr nun alle gestorben. Mein Bruder Kül-Tegin ist nun dahin. Ich selbst aber gräme mich, obgleich ich sehe, ist mein Auge wie blind, und all' mein Wissen ist mir entschwunden. Ich selbst gräme mich, ewig nur lebt der Himmel, die Menschensöhne leben, aber sie

9) ögșzkiņ ḅiņp togzṛņ sn͡čdi ordug ḅiṛmḍi ög̣mktun oljo
öксiз акын бінін тоҕуз äрні санчты, ордуну бäрмäдi, öгäм катун улыjу
ög̣l̥ṛm ḳl̥ṛm ḳl̥ṅöņm qon͡čjlrm bun͡čajma ṭiṛgi
öрäläpiм äкäläpiм käliңўнiм кунчаiларым бунча jäмä тipiгi
ḳöṅbol͡dčiṛṭi öl̥g̣i jortda jolta jtukl͡dči ṛṭg̣iz
кўң болтачы äpтi, öлўгi jypтта jолта jaту калтачы äpтiгiз
10) ḳöl̥ṭig̣ņ jqṛṣṛ qop öltči ṛṭg̣z inm ḳöl̥ṭig̣ņ ḳṛg̣ḳ bol͡di
Кўl Тäрiн jok äpcäp кун öлтäчi äpтiгiз. Iнiм Кўl Тäрiн кäргäк болты.
özm skn͡dm ḳöṛöṛ ḳözm ḳöṛmzṭg̣ ḅil̥ṛ ḅil̥g̣m ḅil̥mzṭg̣ bol͡di
Öзўм сакындым кöрўр кöзўм кöрмäзтäг бiлiп бiлiгiм бiлмäзтäг болты,
özmskn͡dm ödl̥ṅṛi jsr ḳiṣiogli qop öl̥gli ṭiṛimṣ
öзўм сакындым, öд тäңрi jашар кiшi оҕлы кöн öлўгli тipiмiш.
11) n͡ča skn͡dm ḳözḍa jšḳl̥ṣṛ ṭida ḳöṅl̥ṭa sigt ḳl̥ṣṛ jn͡dru
Анча сакындым, кöздä jаш кälcäp äтiдä кöңўlтä сыҕыт кälcäp, jaндру
skn͡dm ktgḍa skn͡dm ḳišd oljo ṛkag̣öņm oglnm
сакындым катыҕды сакындым äкi шад улыjу аркагўнiм оҕланым
ḅg̣l̥ṛm bodnm ḳözikši jblk bol͡dčl̥ṭip skn͡dm jogči
бäгläpiм будунум! кöзi кашы jаблак болдачы тäн сакындым. Jоҕчы
sigtči kitj̵ ttbi bodn bšljo
сыҕытчы Кытаi Татабы будун башлаjу
12) odrsṅöņ ḳl̥ṭi tbgčkgn͡da iṣji l̥iḳi ḳl̥ṭi ḅiṛṭömņgi
Удар-сäңўн кälтi. Табҕач каҕанда Iсjі Liкi кälтi, бiр тўмäн аҕы
ltonḳömš ḳṛg̣ḳṣz ḳl̥öṛṭi ṭöṛg̣ṣ kgn͡da ḅöl̥ņ ḳl̥ṭi korja
алтун кўмўш кäргäксiз кälўртi. Тўргäс каҕанда бöläн кälтi, курыjа
ḳön btskdki sogd ḅṛčl̥ṛ öčkrkolṣ bodn͡da ņņṣṅöņ
кўн батышыкдакы соҕат бäрчiläр ўч кырк улус будунда Нäңсäңўн
ogltrkn ḳl̥ṭi
оҕлы таркан кälтi.

---

müssen sterben. (11) Ich gräme mich. In meine Augen kommen Thränen und Körper und Seele empfinden Schmerzen. Immer wieder gräme ich mich, heftig gräme ich mich. O, ihr beiden Schad und nach ihnen meine Verwandten meine Soldaten, meine Beamten und mein Volk! Ich gräme mich, dass meine Augen und Brauen jetzt schlecht geworden. Als Leidtragende und Klagende ist an der Spitze der Kytai und Tataby (12) der Udarsängün gekommen. Vom chinesischen Kaiser ist Isji-Liki gekommen. Den Werth eines Tümän's, Gold und Silber ohne Ende haben sie hergeschickt. Auch vom Türgäs-Chan sind Böläne gekommen, von rückwärts, d. h. von den im Westen lebenden drei und vierzig Völkerschaften sind die Söhne des Nängsängün und Tarchane als Geschenkebringer gekommen. (13) Von mei-

(1) 13

c) Die linke Seiteninschrift [1]) (Ka).

(Atlas Taf. XIX fig. 1 und Taf. XX fig. 1).

(13) 1

(12) 2

(11) 3

nem lieben Sohne, dem Türgäs-Chan, sind Makratsch, der Siegelbewahrer, und der weise Siegelbewahrer der Ogus gekommen, auch vom Kirgisen-Chane sind Tardusch und Inantschmur gekommen. Die das Denkmal herstellen, die die Verzierungen und den Stein mit Inschrift herstellen, die Tschänkan und Tschängsängün (Beamten und Gesandten) des berühmten Chanes (chinesischen Kaisers) sind gekommen.

1) Da die rechte Seiteninschrift (Kb) den Schluss der Frontinschrift bildet, so ist es offenbar, dass die Inschrift Ka, die an der rechten Seite sich befinden müsste, durch ein Versehen auf der linken Seite angebracht worden ist.

13) onq oglm ṭöŗgs kgn͡da mkrč tmgči ogz ḅiḷga tmgči ḳḷṭi
Унуk оҕлым Тӳргäс kаҕанда макрач тамҕачы, Оҕуз bilгä тамҕачы кäлті,
kirkz kgn͡da trduš inn͡čmor ḳḷṭi brṅ itgöči ḅḍz jrtgma
кырkыз kаҕанда тардуш ынанчмур кäлті, барk äттӳчі бäдiз jаратыҕма
ḅiṭgtš iṭgöči tbgč kgn čṇkni čṅṣṅöṇ ḳḷṭi.
бітiг таш äттӳчі табҕач kаҕан Чäнkаны Чäңсäңӳн кäлті.

Transscription.

1) ṭṅŗiṭk ṭṅŗiḍa bolmš ṭöŗc ḅiḷga kgn boöḍni olrtm sbmn
Тäңрітäк тäңрідä болмыш тӳрк Бiлгä Каҕан, бу öдні улартым сабымны
ṭöḳṭi ṣiḍgḷ oljo iṇjgöṇm oglnm ḅiŗḳi ogšm bodnm ḅiŗja
тöкті, äшідгil улыjу injiкӳнім оҕланым бірki уҕышым будуным, бäрiјä
šdpitḅgḷŗ jirja trkt bojrq ḅgḷŗ otz . . . .
шадапыт бäрläр, jырајa таркат буірук бäрläр, отуз . . . . . .

2) tqozogz ḅgḷŗibodni busbmṇ ḍgöti ṣiḍ ktgdi ṭiṅla iḷgŗö
ТоkузОҕузбäрläрi будуны бу сабымны äдгӳті äшiдl катыҕды тiңlä! ilгäрӳ
ḳöṇ togska ḅiŗgŗö ḳöṇ ortoṣiṅra qorigro ḳöṇ batṣqiṅa
кӳн тоҕушыkыңа, бiргäрӳ кӳн ортусыңару, курыҕару кӳн батышыkыңа
jirgro ṭöṇ ortuṣiṅru n͡da ičŗḳi bodn qop mṅa ḳöŗöŗ mṇ bon͡ča
jырҕару тӳн ортусыңару анда ічрäкi будун куп маңа кöрӳр, мäн бунча

3) qop iṭḍm olmti ̣jgjq ṭöŗc kgn öṭcṇ ̣jiš olrsr iḷṭa
кöп äттім, улымады jаҕы jok тӳрк kаҕан öтӳкäн jыш уларсар älтä

---

(1) Ich, der himmelsgleiche vom Himmel gewordene türkische Bilgä (weise) Chan, während dieser Zeit bin ich mächtig geworden, (denn der Himmel) hat meinen Ruhm ausgestreut, höre, dich (an mich) anschliessend, du meine Familie, meine Soldaten, meine Weisen, mein Volk, einerseits ihr Schadapyt Herren, andererseits ihr Beamten, ihr dreissig. . . (2) ihr Herren und Volk der neun Ogus, höre(t), wie gut mein Ruhm ist, vernehmet, wie mächtig (er ist, er erstreckt sich) nach vorn, d. h. nach Sonnenaufgang, nach rechts, d. h. nach Mittag, nach hinten, d. h. nach Sonnenuntergang, nach links, d. h. nach Mitternacht. Dort schaut das innere Volk [1]) treu ergeben auf mich, hier (3) habe ich mich erhebend gewirkt, (ich) der

1) Der türkische Chan nennt die Türken des Wald-Gebirges «das innere Volk», um sie als sein eigenes Volk zu bezeichnen, ebenso wie die Chinesen die Bewohner des eigentlichen China «das innere Volk» nennen, die unterworfenen fremden Völker aber als «äussere Leute» bezeichnen.

[illegible]

[illegible]

[illegible]

[illegible] (10) 4

[illegible]

[illegible]

[illegible]

[illegible]

[illegible] (9) 5

[illegible]

[illegible]

[illegible]

[illegible]

[illegible] (8) 6

[illegible]

[illegible]

---

türkische Chan, dem kein Feind sich nicht untergeordnet hat, (es ist) das Waldgebirge, wo die erstarkenden Stämme keine Reichthümer besitzen [1]). Nach vorn (Osten) bin ich bis zur Ebene Schandung gezogen, bin aber nicht zum Talui hinübergegangen, nach rechts (Süden) bin ich bis nach Tokus-Ärsin gezogen, bin aber nicht zu den Tibetanern hinübergegangen, nach rückwärts (Westen) bin ich über den Fluss Jäntschü setzend (4) bis zum Eisernen Thore, nach links (Norden) bis zum Lande Järing-jarku gezogen. Bis zu allen diesen Ländern habe ich meine Kriegszüge ausgedehnt. Im ge-

---

1) [illegible] буң. ist eine aus China zuerhaltende kostbare Waare. Vergl. das auf Zeile 5 folgende [illegible].

boṅjq ilgrö šndoṅ jazikatgi şöldm tlojka kičg tgmdm
буц jok ilгäpÿ Шандуц јазыка тäri cÿläдim, Талуіka кäчіг тäгмäдim,
birgrö tqoz rşuka tgi şöldm töpötka kičg tgmdm qorigro
бäргäрÿ Tokyз Äрсiнкä тäri cÿläдim, Тÿпÿткä кäчіг тäгмäдim, курыђару
jnčöögzg
Јäнчÿ ÿгÿзÿн

4) kča tmrkpgka tgi şöldm jirgro jrṅjrqo jiriṅa tgi
кäчä Тäмip Каныђka тäri cÿläдim, јырђару Јäрiц-јарку јäрiцä тäri
şöldm bonča birka tgi jortdm ötcn jšda jig idijq rmş
cÿläдim, буича бipкä тäri јорттым öтÿкäн јыпта јäг äдi jok äрміш.
iltotsq jir ötcn jišrmş bojirda olrp tabgč bodn birla
Äl тутсак јäр öтÿкäн јыш äрміш. Бу јäрдä уларын табђач будун бiрlä

5) tözltm lton kömš işgti qotj boṅsz nčabirör tbgč budn
тÿзäлтім. Алтун кÿмÿш icінті kyтai буцсаз анча бäрÿр табђач будун
sbi şöčig gişi jimšk rmş şöčig sbn jmšk gin rp
сабы сÿчіг ађысы јымшак äрміш. Сÿчіг сабын јымшак ађын арын
irkbodng nčajgotir rmş jgro qondqda kişra jgbilg
ырак будунны анча јађутыр äрміш, јађру кондукта кiсрä ајыђ бiliг
ndaöjör rmş
анда ÿјÿр äрміш,

6) dgö bilga kişig dgö lpkişig jortmz rmş birkişi jaṅlsr
äдгÿ бiлгä кiшiнi äдгÿ алп кiшiнi јортмаз äрміш, бiр кiшi јацылсар
ogši bodni bişciṅa tgi qidmz rmš şöčig sbiṅa jmšk
уђышы будуны бäсÿкiцä тäri кыдмаз äрміш. Сÿчіг сабыца јымшак

---

liebten Bergwalde giebt es keine Kostbarkeiten. Das Land, wo wir das Volk gebildet haben, ist der geliebte Bergwald. (5) Nachdem ich in diesem Lande erstarkt war, bin ich mit den Chinesen in Verbindung getreten. Die Chinesen, welche uns so viel Gold, Silber, Wohlgerüche, Kutai und Bungsas geben, sind milde in Macht(äusserung) und mässig in Tribut(forderung). Da sie durch Milde und mässige Tribut(forderung) hervorstehen, haben sie die fernen Völker sich nahe gebracht. Da sie dicht zusammen leben, so ist (bei ihnen) einsichtsvolles Wissen verbreitet, (6) Niemand greift (aber) einen weisen Menschen und einen guten Helden an. (Selbst) der sich irrende Mensch wagt sich nicht an die Ehre (den Schmuck) ihrer Weisen und ihres Volkes. Da ihr ihnen an Milde und mässiger Tribut(forderung) nachstandet, sind viele von euch, dem Türken-Volke, gestorben. Da (viele) von

(7) 7

(6) 8

(5) 9

(4) 10

---

euch Türken gestorben waren, so habt ihr euch über den dichten Bergwald ergossen. (7) Da so viele von euch, dem Türkenvolke, die da sagten: «verlasset die Ebene!» gestorben waren, erregten die einsichtsvollen Leute Zorn, indem sie sagten: wer fern ist, giebt schlechten Tribut, wer nah ist, giebt guten Tribut. Da aber unwissende Menschen diesen berühmten Helden entgegen gingen, so sind viele von euch gestorben. (8) Durch die Todten dieses nach allen Seiten ausziehenden Türkenvolkes und dadurch, dass das geliebte Land erstarkte, der geliebte Bergwald, in dem es nirgends kostbare (?) Waaren giebt, sich erhob, und die Regierenden der ewigen Stämme an Macht zunahmen, weil das Türkenvolk von Fremden (umgeben war) und weil, wenn es hungrig war, es sich sättigen wollte, und

gisiṅa rtorp cöṣ ṭöṛc bodn öḷṭg ṭöṛc bodn öḷṣḳṅ ḅiṛja
аӄысыңа арттуруп öкÿш тÿрк будун öлтÿң. Тÿрк будун ölcäкiң бäрiјä
čogj jiš ṭögḷṭṇ
чуӄаі јыш тöгÿлтiң,

7) jzi qojbiṇṭiṣṛ ṭöṛḳ bodn öḷṣḳg͡nda ɉgḳiṣi n͡ča bošgoror
јазы kојын äн тäсäр тÿрк будун öлсäкiңiндä ајыӄ кiшi анча бушӄурур
ṛmṣ irkṛṣṛ jblk giḅiṛöṛ jgq ṛṣṛ dgö giḅiṛöṛ
äрмiш, ырak äрсäр јаблak аӄы бäрÿр, јаӄуk äрсäр äдгÿ аӄы бäрÿр
ṭipn͡ča bošgoror ṛmṣ ḅiḷgḅiḷmz ḳiṣi olsbg lp jgro
тäп анча бушӄурур äрмiш. Бiлiг бiлмäз кiшi ол саблыӄ алп јаӄру
brp ökšḳiši öḷṭg
барып öкÿш кiшi öлтÿң.

8) oljṛgṛö brsr törḳ bodn öḷṭčiṣṇ öṭökṇ jiṛ olrp rkš
Ол јäргäрÿ барсар тÿрк будун öлтäчiсiн, öтÿкäн јäр уларын аркыш
ṭiṛkš isr ṇṅboṅjq öṭcṇ jiš olrsr ḅṅgö iḷtuta
тäркiш ысар нäң буң јоk öтÿкäн јыш уларсар бäңгÿ äл тута
olrtčiṣṇ ṭöṛc bodn tqrkkṣṇ ačṣr to(d)skömzṣṇ biṛ todsr
улартачысын, тÿрк будун тоkраkkысын, ачсар тодсаk öмзiсiн, бiр тодсар
ačṣk ömzṣṇ n͡dgṅn
ачсаk öмзiсiн, андаӄ аңын

9) öčöṇ igdmš kgnńn sbiṇ lmtiṇ jiṛsjo brdg qopn͡da
ÿчÿн äгiдмiш kаӄаныңын сабын алматын јäр сају бардың, kōн анда
lkn͡dg rltg n͡dklmši jiṛ sjoqop toro ölö
алkынтың арылтың, анда kалмышы јäр сају kōн туру öлÿ
jorjoṛṛṭg ṭṅṛi jrlkdqin öčöṇ iṇm qotm bröčöṇ kgn
јорыјур äртiң, тäңрi јарылkадуkын ÿчÿн iнiм kутум бар ÿчÿн kаӄан
olrtm kgn olrp
улартым. Kаӄан уларын

10) jq čigɉ bodng qop qobrtdm čiqɉ bodng bjki͡ldm
јоk чыӄаі будуны kуп kобарттым, чыӄаі будуну баі kылтым,

---

wenn es einmal satt geworden (wieder) hungrig wurde, so seid ihr, wegen dieser Umstände, (9) gemäss dem Ansehen und der Macht der von euch erhobenen Chane, in alle Länder gezogen, bei Aufständen seid ihr dort schwach und matt geworden, aber die Zurückgebliebenen von euch (ihnen) haben sich in jedem Lande erhoben, dabei sind (viele von euch) am Leben geblieben, (viele aber sind) gestorben. Da uns aber der Himmel gnädig war, und das Glück und mein jüngerer Bruder auf meiner Seite waren, bin ich zur Chanswürde emporgestiegen. Als Chan habe ich (10) das elende, arme

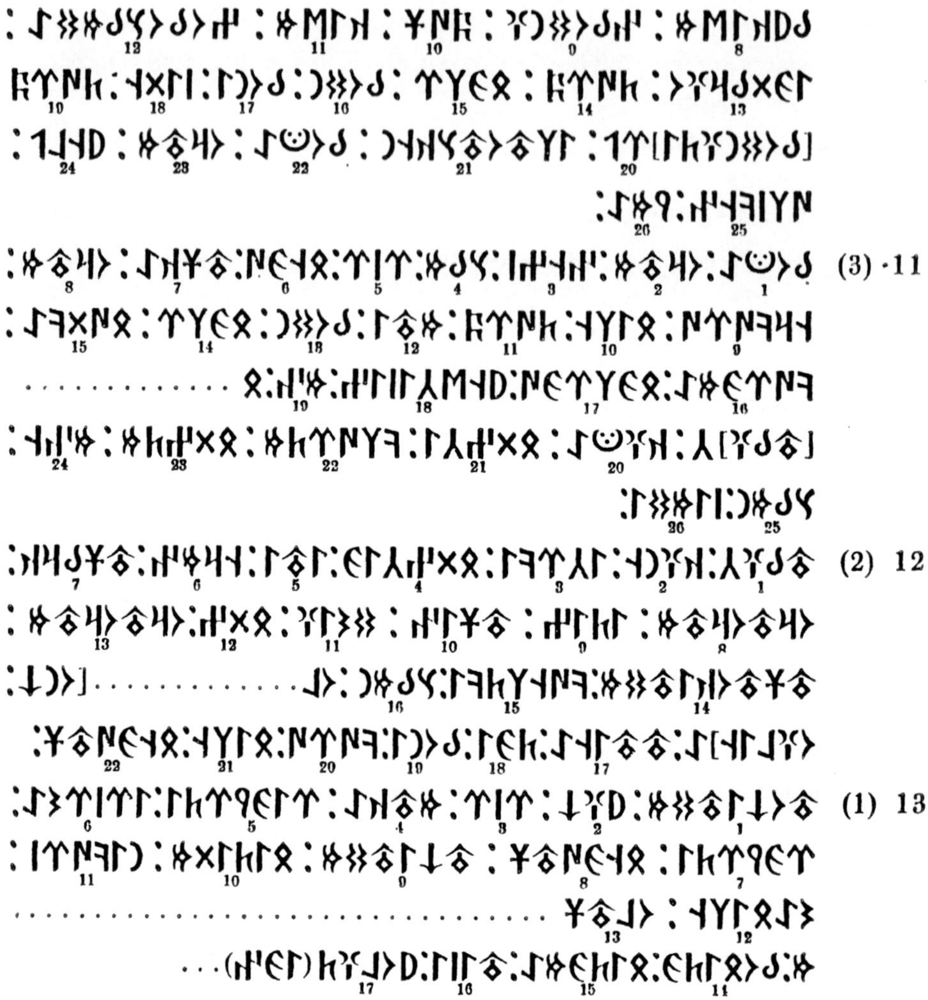

Volk aufgerichtet, das arme Volk reich gemacht, das wenige Volk zahlreich gemacht. Die ihr durch diesen meinen Einfluss erstarkt seid, ihr türkischen Fürsten und Volk höret dies! Wie ihr, das türkische Volk, sammelnd Stämme gebildet habt, habe ich hier aufgezeichnet, wie ihr wegen eurer Fehler gestorben seid, habe ich (11) Alles hier aufgezeichnet. Wie mein Ruhm sich nicht auf Reichthum gründet, habe ich auf diesem ewigen Steine aufgezeichnet. Deshalb wisset, dass ich die Treue (wörtl. das Schauen auf den Thron) des Volkes und der Fürsten der Türken und die Widersetzlichkeiten (wörtl. die Irrenden) der Fürsten [auf diesen Gedenkstein aufgezeichnet habe. Deshalb] habe ich vom berühmten Chane (dem chinesischen Kaiser) Handwerker herkommen lassen, und (das Denkmal) hergerichtet. Für meinen Ruhm reicht es nicht aus. (13) Der berühmte Chan (chinesische Kaiser) hat Arbeiter aus dem Innern (Chinas) hergeschickt, von diesen habe

zbodng cöš kil͡dm zobosbmda igḍbrgo ṭöṛc bgḷṛ
аз будунны öкӳш кылтым. Азу бу сабымда iгiд барҕу тӳрк бäгläр
bodn boni ṣiḍṅ ṭöṛc bodn ṭiṛp iḷtotskṅn bon͡da ortm
будун буны äшідің! тӳрк будун тäріп äl тутсакыңын бунда уртум,
jṅlp öḷṣḳṅṇ jma
jаңылын ölcäкiңiн jäмä

11) bon͡da ortm ṇṅṣzṣ sbm ṛṣṛ ḅṅgö tška ortm ṅrḳöṛö ḅiḷṅ
бунда уртум, нäңсіз сабым äрсäр бäңгӳ ташка уртум, аңар кöрӳ біліӊ
ṭöṛc mti bodn ḅgḷṛ ḅöḍka ḳöṛgma ḅgḷṛgö jṅl͡dčiṣiṇ
тӳрк аматы будун бäгläр бöдкä кöрӳгӳмä бäгläр... jаңылтачысын
mṇ ḅ...................... tpgċ kgn͡da ḅḍzči ḳḷöṛṭm
мäн [бäңгӳ ташка уртум. Аны ӳчӳн] табҕач kаҕанда бäдізчі кälӳртім,
ḅdzṭm mṇṅ sbmn ṣimdi
бäдізтім. Мäніӊ сабымны сыімады.

12) tbgč kgnṅ ičṛḳi ḅḍzčig iti ṅṛmṇ tš brk ortortm
Табҕач kаҕан iчрäкі бäдізчіні ытты, аңар мäн таш барk уртуртым,
iṭiz tšiṇ dn͡čig bdz ortortm tštokitdm ḳöṅḷṭki
äтiз ташында анчыҕ бäдіз уртуртым, таш тоkыттым, кöңӳlтäкі
sbmn ....onq oglina ttiṅa ṭgi buni
сабымны [iнiм Кӳl Тäгін сабын] унук оҕлыңа татыңа тäгі. Буны
ḳöṛö ḅiḷṅ ḅṅgötš
кöрӳ біліӊ! бäңгӳташ

13) tqitdm jkq ṛṣṛ mtka ṛigjṛṭs iṛṣṛn͡ča ṛgjṛṭä ḅṅgötš
тоkыттым jakyk äрсäр матыка äріг jäртä äрсäрінчä äріг jäртä бäңгӳташ
tqitdm ḅiṭiḍm niḳöṛp n͡čaḅiḷṅ oltš ....m
тоkыттым, бітідім, аны кöрӳп анча біліӊ ол таш.................
boḅiṭg ḅiṭgma tiṣi jolgṭ..........
бу бітіг бітігімä атысы Jоллыҕ Тäгін [бітіді].

---

ich das Steinwerk herstellen lassen, auf dem hohen Steine habe ich solche Verzierungen anbringen lassen. Auf den Stein habe ich meinen eigenen Ruhm [und den Ruhm meines Bruders Kül-Tegin] für deine geliebten Söhne und Nachkommen ausmeisseln lassen. Ihn betrachtend, wisse, dass ich diesen ewigen (Gedenk)stein (13) habe aufstellen lassen, denn nahe steht der Mann den Unterthanen (?), so lange er an mächtiger Stelle sich befindet, daher habe ich diesen ewigen (Gedenk)stein auch an mächtiger Stelle herstellen lassen, ich habe auch (eine Schrift darauf) geschrieben, dass, wer ihn sieht, wissen möge, dass dieser Stein [auf dem Grabe meines Bruders Kül-Tegin sich befindet (?)] die Schrift schreibend hat sein Neffe Jollyg-Tegin geschrieben.

d) Inschriften auf den Ecken.

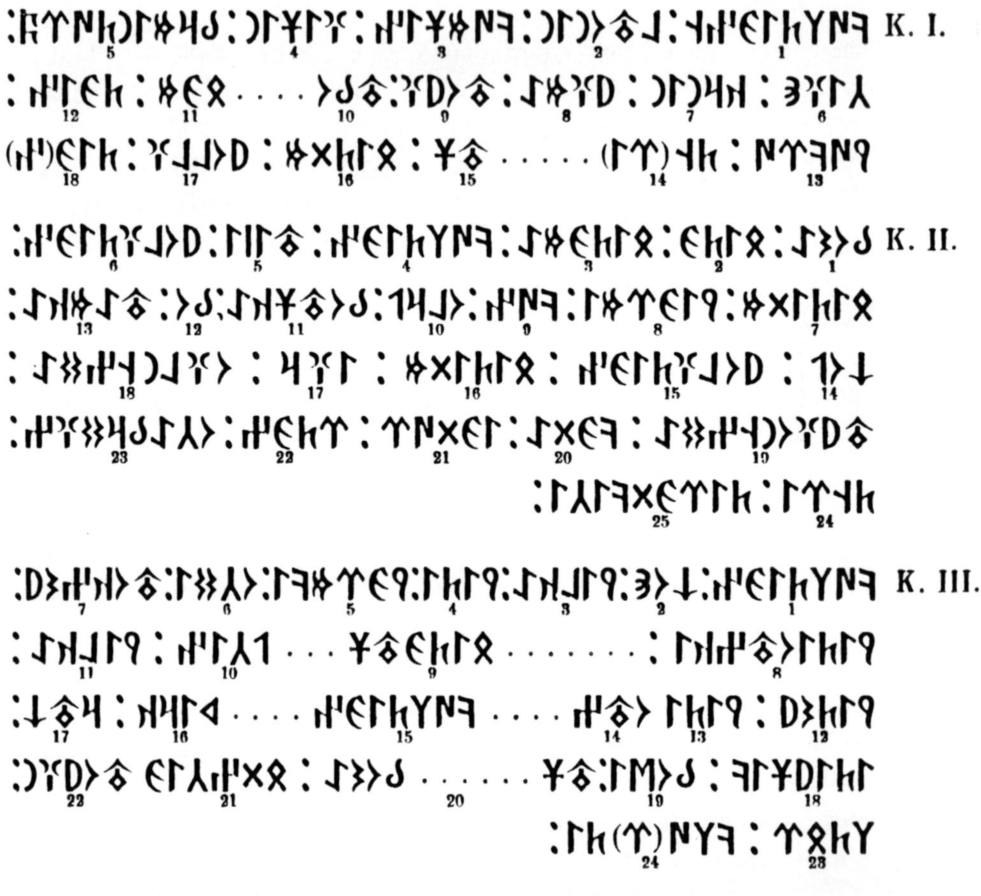

[illegible] K. I.

[illegible] K. II.

[illegible] K. III.

K. I. Des Kül-Tegin Gold, Silber Habe, und Besitz haben wir zur Sättigung der armen Türken . . . . meine Fürsten Tegine auf zum Himmel . . . . ich habe die Schrift des Steines verfasst, ich Jollyg-Tegin.

K. II. Hier die Schrift schreibend, ich, des Kül-Tegin Neffe, Jollyg-Tegin, habe geschrieben. Zwanzig Tage verweilend, habe ich, Jollyg-Tegin, auf diesen Stein diese Schriftzeichen geschrieben. Euren Sohn, euren Toigun habt ihr zum Himmel aufsteigen lassen. O ihr seid entschwunden; der Himmel ist der Lebenserwecker.

Transscription.

K. I. ḳöḷṭigṇṅ ltonin ḳömšiṇ gišin brmnṭöṛc čigaǰ krnin
Кӳl Тäгінің алтунын кӳмӳшін аҕынын барымын тӳрк чыҕаі kарнын
jgma tojg tb . . . . ḅgm ṭigṇ ḁögṛö ṭṅ(ri . . . .) tš
jaҕма тојын . . . . бäгім тäгін jöрäрӳ тäңрі . . . . таш
ḅitḍm jollg tig . .
бітідім Јоллыҕ тäгін.

K. II. bon͡ča ḅiṭg ḅiṭgma ḳöḷṭgṇ tiṣi jolgṭigṇ ḅiṭiḍm ḁigṛmi
Бунда бітіг бітігімä Кӳl Тäгін агысы Јоллыҕ Тäгін бітідім, jіripмі
ḳöṇ olrp botška bo tamka qop jolgṭigṇ ḅiṭiḍm igr
кӳн уларын бу ташка бу тамка kун Јоллыҕ Тäгін бітідім, ыҕар
oglṅzda tjgunṅzda ḳgḍa igḍör ṛṭgz očabrdṅz ṭṅṛi
оҕлыңызда тоіҕуныңызда кöкта äгідӳр äртіңіз уча бартыңыз. Тäңрі
ṭiṛgḍḳiči
тіргідкічі.

K. III. ḳöltign koi ḁilka ḁiṭi ḁgṛmḳi očdi togzn͡čj ḁiṭiotzki
Кӳl Тäгін koi јылka järi jiripмікі учты токузынчы аі järi отузкы
. . . ḅiṭgtš . . . . pčin ḁilka ḁiṭn͡čj ḁiṭi otz . . . . ḳöḷṭigṇ . . . . . .
. . . бітігташ . . пäчін јылка jäтінч аі järi отуз . . . . . . Кӳl Тäгін . . . .
qirk rtq ḁiṭijšir bol͡di tš . . . . bun͡ča ḅḍzčig tojgn
кырk артук järi jашар болты таш . . . . бунча бäдісчіні тоіҕун
ḷṭḅṛ ḳḷö(r)ṭi.
älтäбäр кälӳрті.

K. III. Kül-Tegin starb im Schafjahre den sieben und zwanzigsten . . . . im neunten Monat den sieben und dreissigsten . . . . der beschriebene Denkstein . . . . . . im Affenjahre des siebenten Monats am sieben und dreissigsten . . . . Kül-Tegin . . . . . ist sieben und vierzig Jahre alt geworden, den Stein . . . . soviel Arbeiter, der Toigun und der Ältäbär hatten hergebracht.

c) Inschrift auf der Frontseite neben der chinesischen Inschrift.

(Kc). (Atlas Taf. XVI, XIX, Fig. 1).

.... [illegible] 1)

.... [illegible] ...... [illegible] 2)

[illegible]

[illegible]

---

1) Inantschu apa Jargan Tarchan dein Name.........2).......... mein Bruder Kül-Tegin ist gestorben,..........da er mir Sinn und Kraft

---

2) Das Denkmal des Bilgä-Chan.

(Atlas der Alterthümer der Mongolei Taf. XXI—XXV).

Südlich vom Denkmale des Kül-Tegin befindet sich ein zweiter Grabstein, der ebenfalls an der einen Frontseite eine chinesische Inschrift trägt. Leider ist dieser Grabstein in drei grosse Stücke zertrümmert und besonders die chinesische Inschrift so beschädigt, dass aus ihr kein sicheres Urtheil über den Zweck der Aufstellung des Steines zu ersehen ist. Das Denkmal bietet nur die Jahreszahl 733, und dies veranlasste mich, anzunehmen, dass der Stein zu Ehren des älteren Bruders des Kül-Tegin, des Mogilian-Chan der chinesischen Annalen, errichtet ist, da dieser bald nach dem Tode seines jüngeren Bruders starb.

Alttürkische Inschriften befinden sich, wie auf dem Denkmale des Kül-Tegin, an der einen Frontseite des Steines und an den beiden Schmalseiten, dann auf den vier Ecken, ausserdem ist das fünfeckige Schild oberhalb der chinesischen Inschrift, das vom Drachen umgeben ist, mit einer türkischen Inschrift versehen, von der leider nur wenige Bruchstücke erhalten sind.

Von der türkischen Inschrift lässt sich die Frontseite (X) wegen der gut erhaltenen Mitte und dank dem Umstande, dass die ersten 24 Zeilen ausser wenigen Abweichungen mit 30 Zeilen der Frontinschrift des Denkmals des Kül-Tegin übereinstimmen, zum grössten Theil herstellen, nur die letzen 9 Zeilen bieten mehr oder weniger bedeutende Lücken. Die Frontinschrift

Transscription.

1) ịṇnčo pa j̣rgn trkn atg. . . . .
Ынанчу апа јарҕан тарkан атың. . . . .
2) kordng. . . . . . . ịṇmḳöḷṭigṇ öḷṭi. . . . . ịṣgḳöčg ḅiṛṭcöčṇ
. . . . інім Кӳl Тärin ölті. . . . . äсін кӳчӳн бäртӳк ӳчӳн
ṭöṛc ḅiḷgakgn joqida iṇm ḳöḷṭigṇg cöṇḍa olrt. . . . .
тӳрк бilгä каҕан јокыка інім Кӳl Тärinні кӳндä уларт. . . . .

---

geweiht hat, so habe ich, der Bilgä-Chan, wegen seines Todes meinen Bruder Kül Tägin täglich erhoben. . . . .

---

enthält 41 Zeilen, die länger sind, als die Zeilen des Kül-Tegin-Denkmals, ausserdem stehen die Striftzeichen hier mehr gedrängt. Die Fortsetzung der Frontinschrift bildet die linke Seiteninschrift (Xa), von dieser ist ein Theil sehr gut erhalten. Von den ersten 4 Zeilen sind nur kurze Bruchstücke erhalten, dann ist eine Lücke von einer Zeile. Darauf folgen sehr gut erhaltene Bruchstücke von fünf Zeilen; die ganze sechste Zeile, das Ende der grossen Inschrift, das bis zur Hälfte der Zeile reicht, ist gut erhalten. Hierauf folgt nach einem breiten Absatze eine Nachschrift von drei Zeilen, die auch gut erhalten ist. In einem sehr schlechten Zustande befindet sich die rechte Seiteninschrift (X b), die aus 15 Zeilen besteht. Diese ist überall sehr stark beschädigt und lässt sich nur dank dem Umstande theilweise herstellen, dass die ersten 8 Zeilen mit 11 Zeilen der Inschrift K a vollständig übereinstimmen.

Von den Inschriften auf den Ecken haben sich nur zwei Zeilen theilweise erhalten, dies ist X I, links von der Seiteninschrift X a, und X II, rechts von dieser Inschrift, also zwischen X a und X. Die übrigen beiden Eckzeilen sind vollkommen abgerieben, so dass nicht ein einziges Schriftzeichen auf ihnen entziffert werden konnte. Die Inschrift auf dem fünfeckigen Schilde oberhalb der chinesischen Inschrift will ich zur Erleichterung des Citirens mit X c bezeichnen.

Bei meinem Abdrucke des türkischen Textes habe ich die defecten Stellen der zweiten Inschrift aus den gleichlautenden Stellen der ersten Inschrift (K und K a) ergänzt. Die Numeration der einzelnen Wörter der ergänzten Inschriften habe ich unter solche Wörter gesetzt, die entweder vollständig oder wenigstens theilweise erhalten waren, eingefügte ganze Wörter sind unnumerirt geblieben und werden daher auch im Glossar nicht aufgeführt werden.

Der Inhalt der türkischen Inschrift dieses Steines beweist, dass unsere Annahme richtig ist und dass dieses Denkmal in der That zu Ehren des Bilgä-Chan, des älteren Bruders des Kül-Tegin, aufgestellt war. Der Name des Bilgä-Chan wird in dieser Inschrift, wie auch auf dem Denkstein des Kül-Tegin, nicht genannt. Auffallend ist, dass der Todte von sich überall in der ersten Person spricht, als ob er bei Lebzeiten schon seine Grabinschrift verfasst hätte. Es scheint aber dies eine Sitte der Türk-Chane gewesen zu

a) Die Frontinschrift (X).

(Atlas Taf. XXII u. Taf. XXIII.)

[illegible] (41) 1

[illegible]

[illegible] (40) 2

[illegible]

[illegible] (39) 3

---

(1) Ich, der himmelgleiche, vom Himmel eingesetzte türkische Bilgä-Chan (habe mich) . . . . erhoben; der türkische Bilgä-Chan . . . . Neffen, die auserwählten Helden der Togus-Ogus . . . . der Himmel der Türken . . . . (2) über . . . . habe ich mich erhoben. An diejenigen denkend, die bei meiner Erhebung gestorben sind, eilten Fürsten

sein, da dies auch auf der Inschrift am Ongin geschieht, und da selbst am Ende der Hauptinschrift Xa, wo von seinen Begräbnissfeierlichkeiten die Rede ist, der Chan von sich in der ersten Person redet. Die einzige Ausnahme ist die Mittheilung des Todes, wo es heisst: «er starb». Auf den Stein geschrieben ist die Inschrift von demselben Jollyk-Tegin, der auch die Grabinschrift des Kül-Tegin verfasst hat.

Die Nachschrift auf X a scheint im Namen des Sohnes und Nachfolgers des Bilgä-Chan, den die chinesischen Annalen Ishan-Chan nennen, verfasst zu sein, darauf scheinen die Worte auf Zeile 11: акаңым сабым Bilгä-каҕан «mein Vater, mein Ruhm der Bilgä-Chan» hinzudeuten. Leider erlauben die vielen Lücken der Nachrift kein endgültiges Urtheil.

Transscription.

1) ṭṇṛiḷg̣ tṇri jrtmš ṭöṛc ḅiḷg̣a kgn . . . . olrmṣ ṭöṛc
Täңpiтäр täңpi jаратмыш тӳрк бilгä каҕан . . . . уларммыш тӳрк
ḅiḷg̣a kgn . . . . tiṣiṛ tokzogz öḍzḳṛḳöḷg̣ ḅg̣ḷṛi
бilгä каҕан . . . . атысы äр, Токуз Оҕуз öдӳзкi äр кӳлӳк бäрläpi
bodni . . . . ṭöṛc ṭṇṛi . . . .
будуны . . . . тӳрк täңpi . . . .
2) öza kgn olrtm olrtqma öḷṭčiči skngma ṭöṛc ḅg̣ḷṛ
öзä каҕан улартым, улартукыма öлтäчiсi сакыныҕыма тӳрк бäрläp
bodn ȷ̣ög̣ṛp ṣḅṇp toṣtmš ḳözi ȷ̣ög̣ṛöḳöṛti ḅöṭḳa özmolrp
будун jӳгӳрӳн сäбiнiн тостамыш кöзi jöгäpӳ кöртi бöткä öзӳм уларын
bon͡ča gṛṭöṛög̣ ṭöṛṭ bolṇdki . . . . iṭḍm öza ḳöḳṭṇṛi
бунча аҕыр тöрӳнӳ тöрт булуңдакы . . . . äттiм. Öзä кöк täңpi
sra jgz ȷ̣ṛ kil͡ndqda ḳiṇra ḳiṣi ogli kilnmṣ
асра јаҕыз јäр кылынлукта äкiн ара кiшi оҕлы кылынмыш
3) ḳiṣi ogli͡nda öza čömpam bomnkgn ṣṭmikgn olrmš
кiшi оҕлында öзä äчӳм анам Бумын каҕан äшiтмä каҕан уларммыш,

---

und Volk der Türken herbei, freuten sich und schauten mit hervortretenden Augen nach oben. Nachdem ich auf den Thron (?) gestiegen, habe ich über das in den vier Winkeln wohnende [Volk] wichtige Gesetze gemacht. Nachdem oben der blaue Himmel und unten die dunkle Erde entstanden waren, sind zwischen beiden die Menschensöhne entstanden. (3) Ueber die Menschensöhne erhob sich mein Vorfahr, der Bumyn-Chan, der berühmte Chan, er hielt die Stämme und

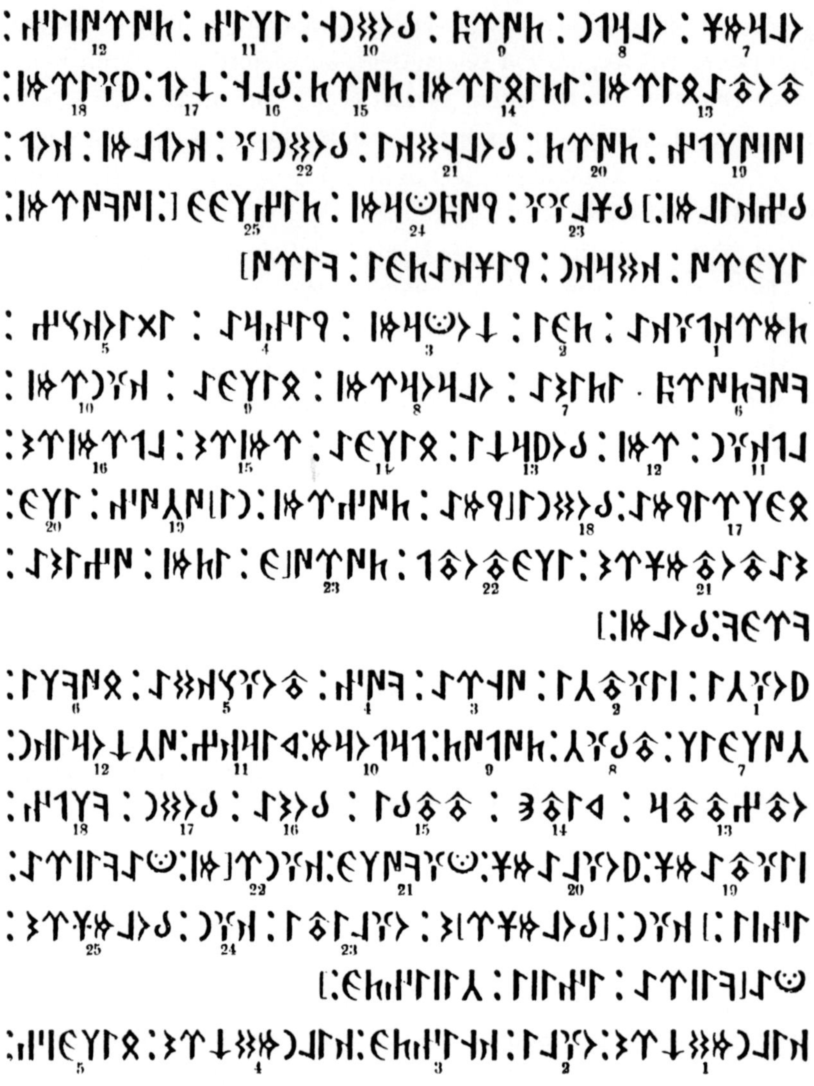

Gesetze des Türkenvolkes und richtete (Alles) her. Die vier Winkel erhoben sich und feindeten sich an, mit einem Heere ausziehend, hat er das Volk in den vier Winkeln unterworfen und es verfolgend, stellte er den Frieden her; die Häuptlinge unterwarf er sich und machte sich die Hoheit unterthan. Nach vorn bis zum dichten Bergwalde, zurück (4) bis zum Eisernen Thore siedelte er sie an. Zwischen beiden wuchs das herren- und geschlechtslose zahlreiche Volk der Türken in seinem Reichthume, denn er war ein weiser Chan, er war ein heldenmüthiger Chan, alle seine Beamten waren weise, alle seine Fürsten und sein Volk waren gerecht. Deshalb hat er die Stämme zusammengehalten und bereitete sich durch seine Regierung

olrpn ṭöṛc bodnṅ iḷiṇ ṭöṛöṣiṇ tutaḅiṛmṣ iṭiḅiṛmṣ
уларынаи тӱрк будунны älin тöрӱсін тута бäрміш äтӱ бäрміш.
ṭöṛṭ blṅ kop jgiṛmṣ ṣöṣöḷpṇ ṭöṛṭ bolṅdki bodng
Тöрт булуц kōн jaŋы äрміш, сӱ сӱläнäв тöрт булуцдакы будунны
koplmṣ kop bzkilmṣ bšlgg jöcn͡dṛmṣ ṭizḷgg
kӱн алмыш, kӱн баз кылмыш, башлыŋны jӱкӱнтӱрміш, äтізlirni
ṣöḳöṛmṣ iḷgṛö kdrkn jiškaṭgi ḳiṛö
сöкӱрміш, ilгäрӱ кадаркан jышка тäri кäрӱ
ṭmṛkpgka ṭgi qon͡drmṣ jiṇra iḍioksz ḳöḳṭöṛc itin͡ča
4) Тäмір Каныŋка тäri конгурмыш, äкін ара ідi уксыз öкӱш тӱрк äтінчä
olroṛṛmṣ ḅiḷga kgnṛmṣ lpkgn ṛmṣ bojrqi ḅiḷga
уларур äрміш, бilгä каŋан äрміш, али каŋан äрміш, бујурукы бilгä
ṛmṣṛn͡č lpṛmṣṛn͡č ḅgḷrijma bodnijma ṭözṛmṣ
äрміш äрінч, али äрміш äрінч, бäгläрі jäмä будуны jäмä тӱз äрміш,
niöčöṇ iḷg n͡čatotmšṛn͡č iḷgtotp ṭöṛög iṭmṣ özin͡ča
аны ӱчӱн älні анча тутмыш äрінч, älні тутып тöрӱн äтміш öзінчä
ḳṛgḳ bolmṣ
кäргäк болмыш.
5) jogči ṣigtči öṅra ḳöṇ togskda ḅöḳḷi čöḷgiḷ tbgač ṭöpöṭ
Јоŋчы сыŋытчы öцрä кӱн тоŋушыкыда бöklі чölгі äl Табŋач, Тӱпӱт,
prporm qirkz öčqorikn otzttr qitj ttbi bon͡ča
Пар-пурым, Кыркыз Ӱч-Курыкан, Отуз-Татар, Кытаі, Татабы бунча
bodn ḳḷpṇ ṣigtamš joglamš n͡dgḳöḷg kgnṛmṣ
будун кälінäн сыŋытамыш јоŋламыш, андаŋ кӱlӱг каŋан äрміш.
n͡daḳiṣṛa iṇṣi kgn bolmṣṛn͡č ogliti kgn
Анда кісрä inici каŋан болмыш äрінч, оŋлы аты(сы) каŋан
bolmšṛn͡č n͡daḳiṣṛa iṇiṣi čiṣiṇṭg
болмыш äрінч, анда кісрä inici äчісінтäр
6) kilnmdqṛn͡č ogli kṅiṇṭg kilnmdqṛn͡č ḅiḷgṣiz kgṅ
кылынмадук äрінч, оŋлы акацынтäг кылынмадук äрінч бilirсіз каŋан

---

den Ehrenplatz, endlich verschied er. (5) Als Trauernde und Leidtragende kamen die rundherum bis nach Osten hin wohnenden mächtigen Steppenvölker, die berühmten (Chinesen), die Tibetaner, die Parpurim, die Kirgisen, die drei Kurikan, die dreissig Tatar, die Kytai, die Tataby und beweinten ihn und trauerten, denn er war ein sehr tapferer Chan gewesen. Dann wurden seine jüngeren Brüder Chane und seine Söhne und Neffen wurden Chane, da aber die jüngeren Brüder nicht wie ihr älterer Bruder (6) beschaffen waren, und ihre Söhne nicht wie ihr Vater beschaffen waren, so gelangten

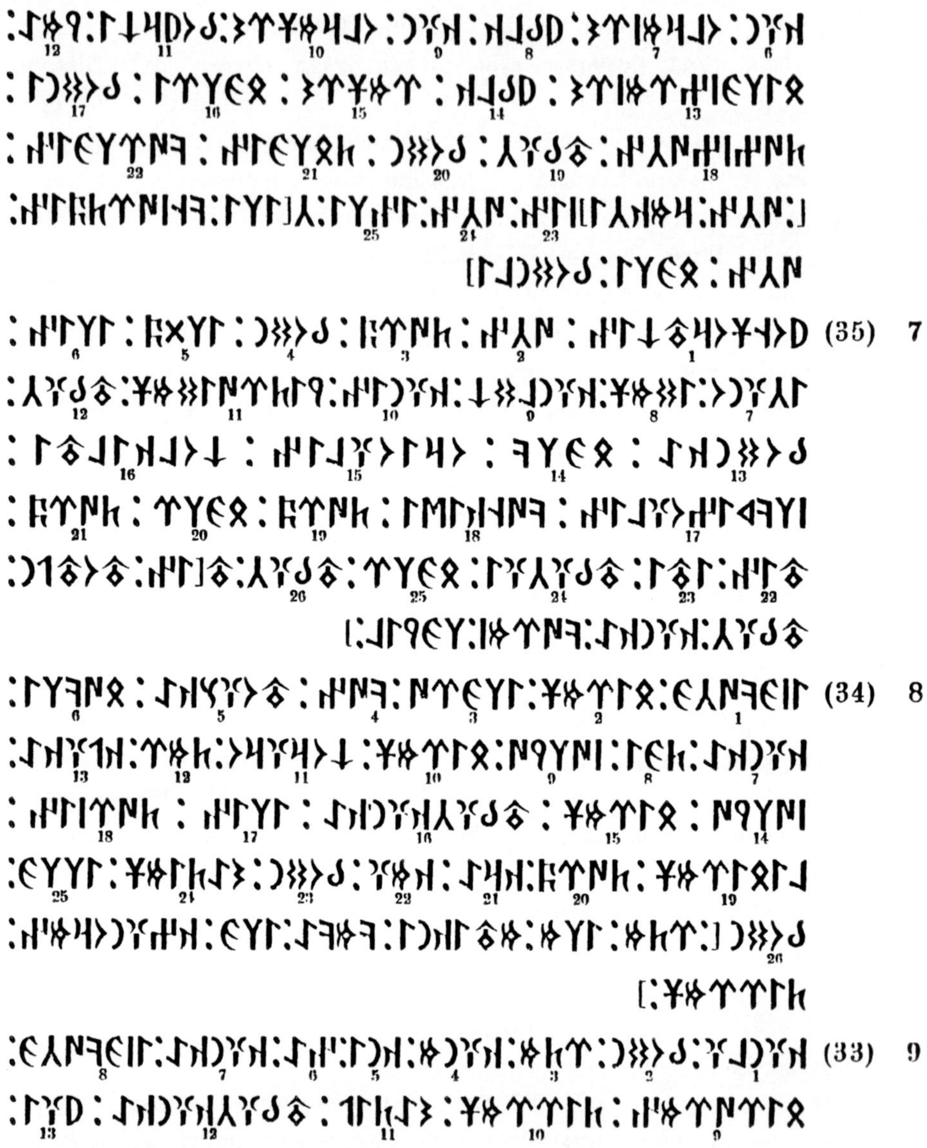

[illegible]

[illegible]

[illegible]

[illegible]

[illegible]

[illegible] (35) 7

[illegible]

[illegible]

[illegible]

[illegible]

[illegible]

[illegible] (34) 8

[illegible]

[illegible]

[illegible]

[illegible]

[illegible]

[illegible] (33) 9

[illegible]

---

unwissende Fürsten zur Gewalt, feige Fürsten. Ihre Beamten waren alle thöricht und feige. Da ihre Fürsten und ihr Volk ungerecht waren und sie der Feindschaft (?) der Chinesen ausgesetzt waren, da bei ihnen Trug und Lug war, die jüngeren und älteren Brüder in Uneinigkeit lebten und Volk und Beamte (7) sich beeinträchtigten, so löste das Türkenvolk seine Stämme auf und vernichtete die herrschenden Chane. Die Söhne ihrer Fürsten wurden Knechte des berühmten Volkes (der Chinesen), und ihre reinen Töchter wurden Mägde derselben. Die türkischen Fürsten gaben ihren türkischen Namen auf und nahmen als chinesische Beamte chinesische Namen an. Sie unter-

olrmṣṛn͡č jblk kgn olrmšṛn͡č bojrqi jma ḅiḷg̣ṣz
улармыш äрiнч, jаблак каҕан улармыш äрiнч, буjурукы jäмä бiliгсiз
ṛmṣṛn͡č jblk ṛmšṛn͡č ḅg̣ḷṛi bodni ṭözṣzöčṇ tbgč
äрмiш äрiнч, jаблак äрмiш äрiнч. Бäклäрi будуны тӱзсiз ӱчӱн табҕач
bodn ṭḅḷg̣in ḳöṛḷg̣iṇ öčṇ rmkčiṣiṇ öčṇ iṇḷi čiḷi ḳiṅṣöṛṭciṇ
будун täбliгiн кöрlӱгiн ӱчӱн армыкчысын ӱчӱн iнili äчili кäңсӱртӱкiн
öčṇ ḅg̣ḷi bodnli
ӱчӱн бäгli будунлы
7) joṅšurtqiṇ öčṇ ṭöṛc bodn iḷdc iḷiṇ ičgno idmš
joңшуртукын ӱчӱн тӱрк будун äллäдӱк älin ычҕыну ыдмыш
kgnldq kgniṇ jiṭṛöidmš tbgč bodnka ḅg̣ḷḳ oriogliṇ
каҕанладук каҕанын jiттрӱ ыдмыш; табҕач будунка бäгlік уры оҕлын
kolkilti ṣiḷḳq̣izogliṇ ḳöṅkil͡di ṭöṛc ḅg̣ḷṛ ṭöṛc tiṇ iti
кул кылты cilik кыз оҕлын кӱң кылты, тӱрк бäгläр тӱрк атын ытты
tbgčgi ḅg̣ḷṛ tbgč tiṇ totpn tbgč kgnka ḳörmṣ ḷg̣jil
табҕачкы бäгläр табҕач атын тутынан табҕач каҕанка кöрмiш, äliг jыл
8) iṣg̣ḳöčg̣ ḅiṛmš iḷg̣ṛö ḳöṇ togska ḅökḷi kgnka ṭg̣i ṣöḷjö
äсiн кӱчiн бäрмiш. Ilгäрӱ кӱн тоҕышыкыңа бöкli каҕанка тäгi сӱläjӱ
ḅiṛmš qorgro ṭmṛ kpgka ṣöḷjö ḅiṛmš tbgčkgnka
бäрмiш, курыҕару Тäмiр Капыҕка сӱläjӱ бäрмiш, табҕач каҕанка
iḷiṇ ṭöṛṣiṇ liḅiṛmš ṭöṛc kra kmg bodn n͡caṭimš iḷḷg̣
älin тöрӱсiн алы-бäрмiш. Тӱрк кара камыҕ будун анча тäмiш: älliг
bodn ṛtm iḷm mtikni ḳmḳa iḷg̣ kzgnormṇ ṭiṛṛmš
будун äртiм, älim маты каны? кäмкä älni казҕанурмäн? тäр äрмiш
9) kgnlg bodn ṛṭm kgnm kni ṇa kgnka iṣg̣ḳöčg̣
каҕанлыҕ будун äртiм, каҕаным каны? нä каҕанка äсні кӱчнi
ḅiṛöṛmṇ ṭiṛṛmš n͡čṭip tbgčkgnka jgi bolmš
бäрӱрмäн? тäр äрмiш, анча тäп табҕач каҕанка jаҕы болмыш,

---

warfen sich dem berühmten Chane (chinesischen Kaiser) und weihten ihm Sinn und Kraft (8) fünfzig Jahre lang. Nach vorn zogen (die Chinesen) bis zum mächtigen Chane, nach hinten zogen sie bis zum Eisernen Thore. Da sprach alles gemeine Volk der Türken, das Stammeintheilungen und Gesetze dem berühmten Chane (dem chinesischen Kaiser) unterordnet hatte, so: «Ich war ein aus vollständigen Stämmen bestehendes Volk, wo sind nun meine Stämme und ihre Trefflichkeit? für wen sollen wir Stämme erwerben? (9) Ich war ein von eigenen Chanen regiertes Volk, wo sind meine Chane? welchem Chane sollen wir Sinn und Kraft weihen»? So sprechend, waren sie dem berühmten Chane feindlich, und da sie ihm feindlich waren, wandten

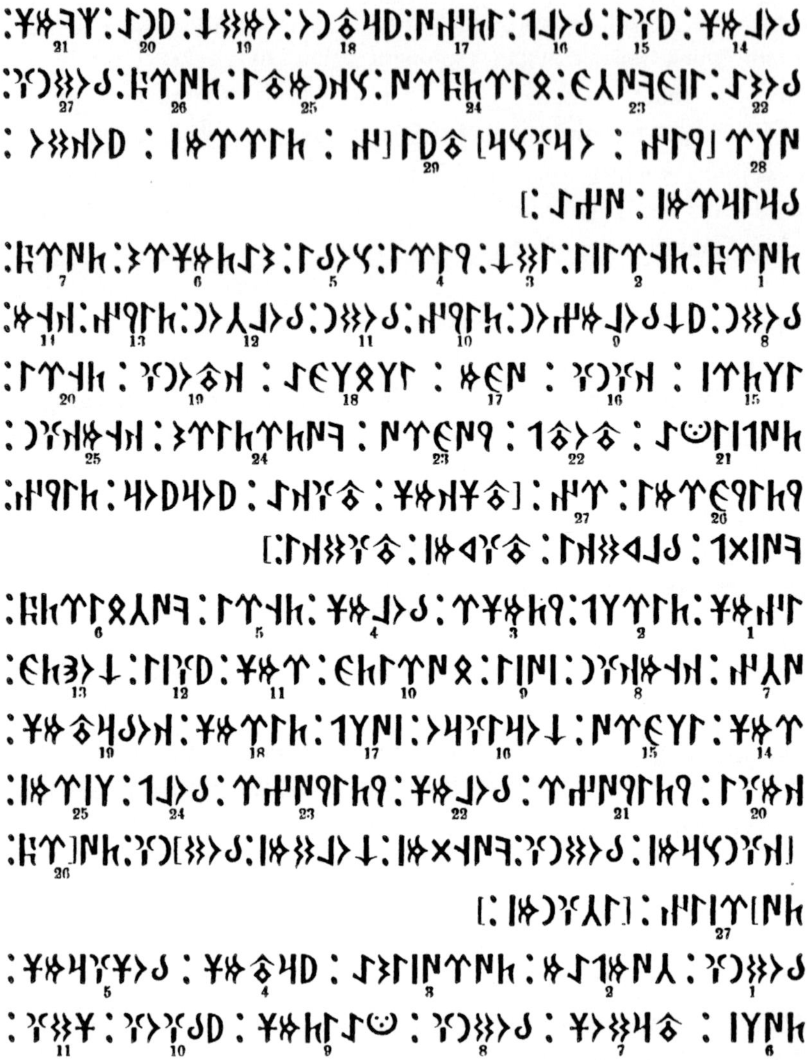

(32) 10

(31) 11

(30) 12

sie sich dahin, wo sie zu gedeihen hofften, (die Chinesen aber) sprachen: «das Türkenvolk denkt nicht, ferner hier seinen Sinn und seine Kraft zu weihen; wir wollen das Türkenvolk tödten und die Nachkommen ernähren!» und zogen aus, um sie zu vernichten. (10) Da sprach oben der Gott der Türken, der ihr Land und Wasser (järi subi) genannt wird, so: «das türkische Volk möge nicht zu Grunde gehen! das Volk ist lebenskräftig (?)», und erhob meinen Vater Älteres, den Chan, und meine Mutter Älbilge, die Chanin, sie auf dem Scheitel des Himmels haltend. Mein Vater, der Chan, und sieben und zwanzig Helden zogen aus. «Er schweift in den Bergen umher», sagend, zogen die Städtebewohner aus, und stiegen die Bergbewohner (zur Ebene) herab. (11) Sich sammelnd, waren es siebzig Helden. Da der Himmel ihm Kraft

jgi bolp iṭṇö jrtno umdq jna čķmš bonča iṣgķöčg
jaӻы болын äтӳнӳ јаратуну умдук јана ічкäмiш. Бунча äciн кӳчӳн
ḅiṛtcṛö sknmti ṭöṛc bodng öḷöṛjiṇ orgsrtjiṇ ṭiṛṛmṣ
бäртӳкрӳ сакынмады тӳрк будуны öлӳрäjiн уруӻ асратајын! тäр äрмiш.
jokdo brir ṛmṣ öza
Јокаду барыр äрмiш. Öзä

10) ṭöṛc ṭṅṛiṣi ṭöṛc idq jiṛi subi ňčaṭmšṛňč ṭöṛc bodn
тӳрк тäңрici тӳрк аiдук јäрi субы анча тäмiш äрiнч: тӳрк будун
jqbolmzun ṭijṇ bodn bolčon ṭijṇ kṅm iḷṭṛṣ ķgng ögm
jok болмазун тäjiн будун булчун тäjiн акаңым Äлтäрäс каӻаны öгäм
iḷḅiḷga ktong ṭṇṛi ṭöpṣiňda totp jögṛö ķöṭöṛṭiṛňč
Äлбiлгä катуны тäңрi тöпäciндä тутын јöгäрӳ кöтӳрті äрiнч.
kṅmkgn jiṭijgṛmi ṛṇ tškmš tgka jorjor ṭijṇ
акаңым каӻан јäтi јiрiрмi äрäн ташыкмыш. Таӻка јорыјур тäjiн
ķöṣḍp blqdki tšqmṣ tgdki
кӳсäдiн, балыктакы ташыкмыш таӻдакы

11) iṇmš ṭiṛḷp jṭmšṛ bolmš ṭṅṛi cöčḅiṛṭc öčn kṅmkgn
äнмiш тäрiлiн јäтмiш äр болмыш, тäңрi кӳч бäртӳк ӳчӳн акаңым каӻан
ṣöṣi ḅöṛiṭg ṛmš jgṣi koj̦ṭg ṛmš iṭgṛö qorigro ṣöḷp
сӳci бöрiтäг äрмiш јаӻысы koiтäг äрмiш, ilгäрӳ курыӻару сӳлäн
ṭiṛmṣ kobrtmṣ kmgi jṭijözṛ bolmš jṭijözr bolp
тäрмiш кобартмыш. Камыӻы јäтi јӳз äр болмыш, јäтi јӳз äр болын
ḷṣṛmṣ kgnsrmṣ bodng ķöňḍmṣ qoldmṣ bodng
äлciрäмiш каӻансырамыш, будуны кӳңдäмiш кулдамыш, будун-ың
ṭöṛc ṭöṛṣiṇ ičgnmṣ
тӳрк тöрӳсӳн ычӻанмыш,

12) bodng čömpam ṭöṛöṣiňča jrtmš bošgormš töls trdoš
будуны äчӳм анам тöрӳciнчä јаратмыш, бушӻурмыш, Тöлäс Тардуш
bodng ňdaiṭmš jbgog šdg ňdaḅṛmṣ ḅṛja tbgč bodn
будуны анда äтмiш јабӻуӻ шадны анда бäрмiш. Бäрiјä табӻач будун

verlich, war das Heer meines Vaters, des Chans, gleich dem Wolfe, seine Feinde aber waren wie die Schafe, nach vorn und nach hinten Kriegszüge unternehmend, sammelte er (Leute), reizte zum Aufstande, so dass es im Ganzen sieben Hundert Mann waren. Sieben Hundert Mann seiend, bildeten sie einen Stamm, und er nahm die Chanswürde an, das Volk diente ihm als Knechte und Mägde. Da das Volk aber seine türkischen Sitten aufgegeben hatte, (12) so richtete er das Volk nach den Gesetzen meines Vorfahren ein und machte es kriegerisch gesinnt. Da stellte er die Stämme der Töläs und Tardusch her und gab (ihnen) dort einen Jabgug-Schad. Nach hier hin war

(29) 13

(28) 14

(27) 15

ihnen das berühmte Volk (die Chinesen) feindlich, nach dorthin waren Baz-Chan und das Volk der neun Ogus feindlich, und es erhoben sich die Kirgisen, die Kurikan, die dreissig Tatar und die Kytai und Tataby als ihre Feinde. Mein Vater, der Chan, so viel . . . . Er unternahm (13) sieben und vierzig Mal Kriegszüge, lieferte zwanzig Schlachten, und da ihm der Himmel gnädig war, fügte er die in Stämmen Lebenden wieder stammweise zusammen, brachte die Chanswürde wieder zu ihrer Geltung, und brachte die Feinde zur Ruhe, er unterwarf sich die Hoheit und ordnete sich die Häuptlinge unter. Mein Vater, der Chan, ... seinen Ehrenplatz erwerbend, starb. In Betreff meines Vaters, des Chans, brachte man

jgiṛmš jirja bzkgn tqoz ogz bodn jgiṛmš
jaҕы äрміш, jырыja Баз kaҕан Токуз Оҕуз будун jaҕы äрміш,
qirkz qoriku otzttr qitj ttbi qop jgiṛmṣ
Кыркыз, Курыкан, Отуз Татар, Кытаі, Татабі kön jaҕы äрміш.
kнmkgn bonč . . . . qirk rtqi
Акаңым kaҕан бунча . . . . кырk артукы
13) jiṭi joli ṣöḷmṣ jgṛmi ṣöṅṣ ṣöṅṣmš tṅri jrlkdqöčṇ
jäті jолы сӳläмiш jiripмі сöңӳш сöңӳшміш тäңрі jарылкадук ӳчӳн
iḷḷigg iḷṣṛṭmš kgnlgg kgnsrtmš jgig bzkilmš
äлліні äлсіpäтміш kaҕанлыҕны kaҕансыратмыш, jaҕыны баз кылмыш,
ṭizḷigg ṣökṛmš bšlgg jöknd͡ṛmš kнm kgn . . . .
äтізлірні сöкӳрміш башлыҕны jӳкӳнтӳрміш. Акаңым kaҕан . . . .
ṭöṛög kzgnp oča brmš kнm kgnka bšljo bzkgng
тöрӳн казҕанын уча бармыш. Акаңым kaҕанka башлаjу Баз kaҕанны
blbl ṭikmṣ kнm
. . . . тікміш. Акаңым
14) kgn očdqda özm ṣkzjšda kltm olṭöṛdä öza čimkgn olrti
kaҕан учтукта öзӳм сäкіз jашта калтым. Ол тöрӳдä öзä äчім kaҕан уларты.
olrpn törc bodng jiča iṭḍi jiča igṭi čigajg bjkil͡di
Уларынан тӳрк будунны jiчä äтті jiчä äрітті чыҕаіны баі кылты,
zgökš qil͡di čmkgn ulrtqa özm ṭigṇ ṛkin . . . .
азны öкӳш кылты. Ӓчім kaҕан улартукта öзім тäгін äркін . . . .
ṭṇṛi jrlkdi ṛmṣ ṛnč . . . .
тäңрі jарылкады äрміш äрінч . . . . . .
15) ṭöṛṭ jgṛmi jšmka trdoš bodn öza šd olrtm čimkgn
тöрт jiripмі jашымка Тардуш будун öзä шад улартым, äчім kaҕан
biṛḷa iḷgṛö jšlögz šnd͡oṅ jzika ṭgi ṣöḷḍmz korigro
біpлä ілгäрӳ jашыл ӳгӳз Шандуң jазыка тäгі сӳлäдіміз, курыҕару

---

zuerst die Trauernachricht (?) dem Bas-Chan. Als mein Vater, (14) der Chan, gestorben war, blieb ich selbst acht Jahre alt zurück. Nach der Sitte (des Landes) kam mein Onkel, der Chan, zur Gewalt, als mein Onkel, der Chan, zur Gewalt gekommen, richtete er das Türkenvolk, wie es sich gebührt, ein. Die Armen machte er reich, die Wenigen machte er zahlreich. Als mein Onkel, der Chan, zur Macht gekommen, hatte ich die Tengin-Würde . . . . der Himmel war mir gnädig . . . .
(15) . . . . in meinem vier und zwanzigsten Jahre wurde ich Schad über das Volk der Tardusch. Mit meinem Onkel, dem Chane, zusammen, zogen wir nach vorn bis zur Ebene Jaschyl-Ügüs-Schandung und nach hinten

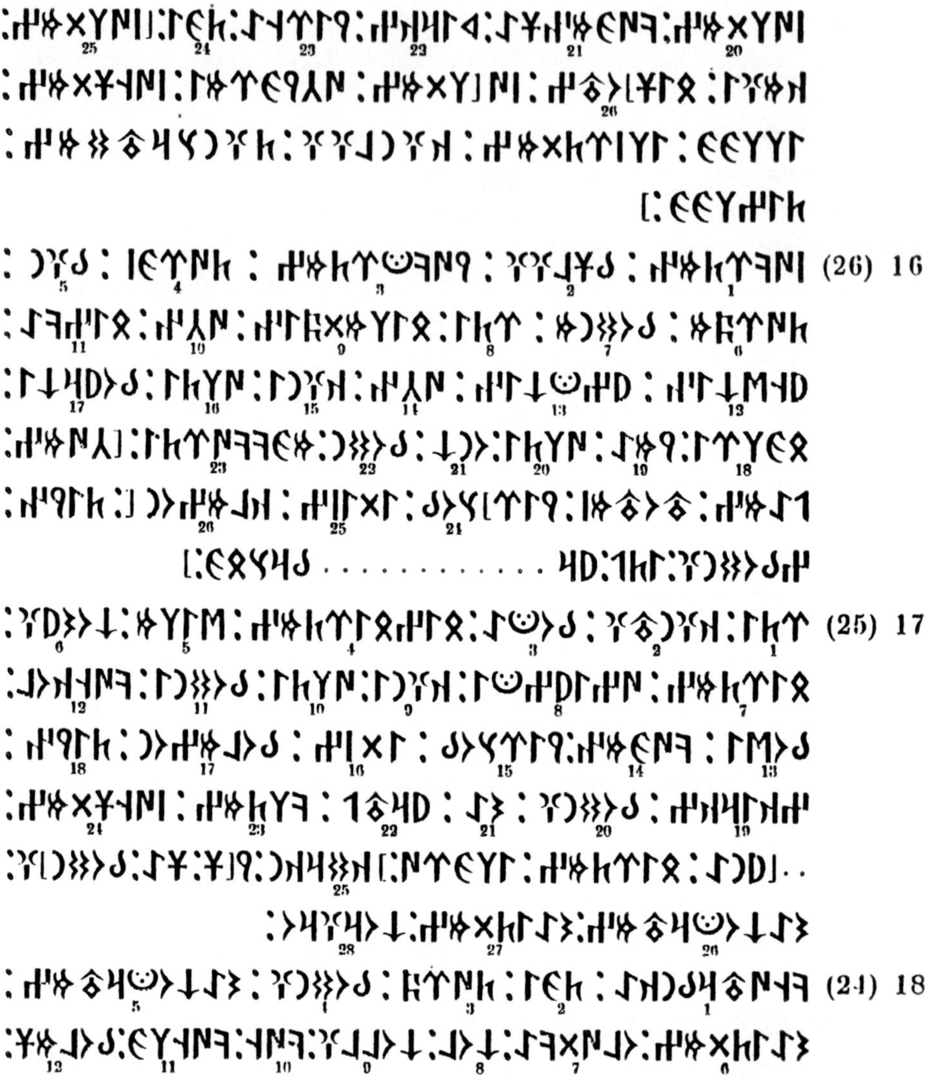

zogen wir bis zum Eisernen Thore, zogen bis nach Kögmän, dem Lande der Scha-Kirgisen. Im Ganzen unternahmen wir fünf und dreissig Kriegszüge, schlugen drei und zwanzig Schlachten, die stammweise Lebenden ordneten wir in Stämme, brachten die Chanswürde zur Geltung, unterwarfen die Hoheit (16) und ordneten die Häuptlinge uns unter. Der Chan der Türgäs war von meinen Türken, von meinem Volke, da er unwissend war und gegen uns schlecht handelte und sich verging, starb ihr Chan, starben alle seine Beamten, und das ihm anhängende Volk erlitt Leiden. Das Land und Wasser, das unsere Vorfahren inne hatten, möge nicht herrenlos bleiben, sagend, richteten wir das wenige Volk auf und . . . . Da war auch Bars-Bäg.

ṭmṛkpgka ṭgi ṣöḷḍmz ḳögmn̈ša qirkz jiṛn̈a ṭgi ṣöḷḍmz
ТäмірКаныӄка тäri cÿлäдiміз, КöгмäнШа-Кыркыз jäpiңä тäri cÿлäдiміз,
kmgi ḅišotz ṣöḷḍmz öčjgṛmi ṣön̈šḍmz iḷḷgg iḷṣṛṭḍmz
камыӄы бäш отуз cÿлäдiміз, ÿч jiгipмi cöңÿштiміз, äллiгнi äлcipäттiміз
kgnlgg kgnsrtdmz ṭizḷgg
каӄанлыӄны каӄансыраттымыз äтiзлiгнi

16) ṣökṛṭmz bšlgg jökn͡dṛṭmz ṭörgṣ kgn ṭöṛcm bodnm
cöкÿpтiміз башлыӄны jÿкÿнтÿpтiміз. Тÿргäс каӄан тÿркÿм будуным
ṛṭi ḅiḷmḍciṇ öčṇ ḅizḳa jn̈lqiṇ jzndqiṇ öčṇ kgni öḷṭi
äpтi, бiлмäдÿкiн ÿчÿн бiзкä jaңылтукын jaзындукын ÿчÿн каӄаны öлтi,
bojrqi ḅgḷṛi jma öḷṭi onq bodn mgḳḳöṛṭi čömz pamz
бујурукы бäгläpi jäмä öлтi, унук будун äмгäк кöpтi. Äчÿмiз-анамыз
totmṣ jiṛsob iḍiṣz klmzun ṭiјṇ zbodng iṭp jr . . . .
тутмыш jäр cyб iдiciз калмазун тäjiн аз будунну äтiн jaратын . . . . . .
brsḅg
Барс бäг

17) ṛṭi kgntg bon͡da ḅizḅiṛṭmz i͡dḍiḷm qon͡čjog ḅiṛṭmz
äpтi, каӄан атын бунда бiз бäртiміз, алты äліm Кунчаjyӄ бäртiміз,
özijzn͡di kgni öḷṭi bodni ḳön̈kol bol͡di ḳöḳmṇ jiṛsob
öзi jазынды каӄаны öлтi, будуны кÿң кул болты. Кöкмäн jäр cyб
iḍṣz bolmzun ṭijṇ zkirkz bodng n͡ča jṛtp ḳḷṭmz
iдiciз болмазун тäjiн аз Кыркыз будунны анча jaратын кäлтiміз,
ṣön̈šḍmz . . . . jna ḅiṛṭmz iḷgṛö kdrkn ˏ jš ša bodng
cöңÿштiміз. . . . . . jaна бäртiміз iлгäрÿ кадаркан jыш Ша будунны
n͡čaqon͡drtmz n͡caiṭḍmz qoṛgro
анча контуртымыз, анча äттiміз, курыӄару

18) ḳn̈ötrbnka ṭgi ṭöṛc bodng n͡čaqon͡drtmz n͡čaṭḍmz
Кäңÿ Тарбанка тäri тÿрк будунны анча контуртымыз, анча äттiміз,
olöḍḳa qol qollog ḳön̈ ḳön̈ḷg bolmš ṛṭi iṇiṣi čiṣin
ол öдкä кул куллуӄ кÿң кÿңлÿг болмыш äрті, iнici äчicin

---

(17) Dem hatten wir hier den Namen eines Chans gegeben, dem hatten wir meine sechs Stämme der Kuntschajug verliehen. Er selbst verging sich (gegen uns), da starb ihr Chan, und sein Volk wurde Knechte und Mägde. Das Land und Wasser Kökmän möge nicht herrenlos sein, sagend, stellten wir das wenige Volk der Kyrkys her, zogen hin und kämpften . . . . gaben wir ihnen zurück. Vorwärts bis zum dichten Bergwalde siedelten wir so das Volk an und richteten (Alles) ein, rückwärts bis zum (18) Kängü-Tarban siedelten wir das Türkenvolk an und richteten so (Alles) ein. In

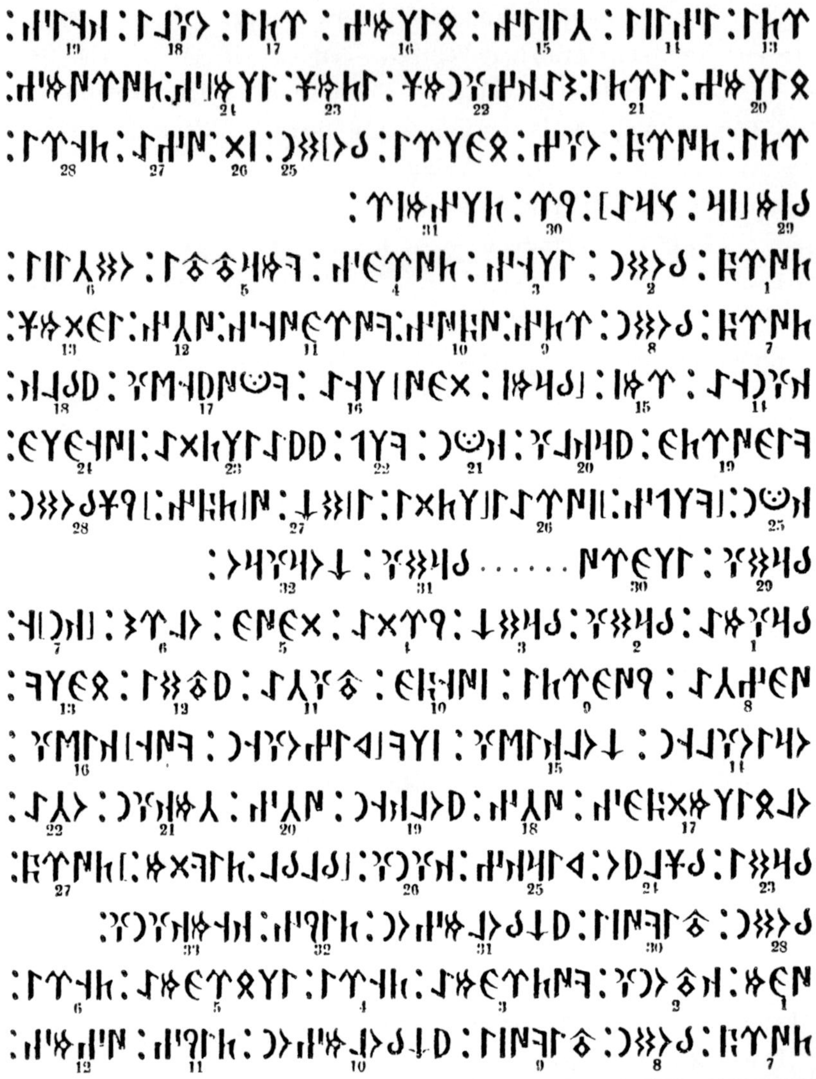

(23) 19

(22) 20

(21) 21

jener Zeit hatten die Knechte ihre Knechte und die Mägde ihre Mägde, die jüngeren Brüder kannten nicht ihre älteren Brüder, die Söhne kannten nicht ihre Väter; so viel hatten wir erworben und geleistet und Alles war unser Volk und unser Gesetz. Ihr Fürsten und Volk der türkischen Ogus, höret! o Türkenvolk, das oben der Himmel nicht bedrängt und unten die Erde nicht beneidet! (19) Wer hat deine Stämme und deine Gesetze vermehrt? Du warst das siegreiche Türken-volk, bereue! gegen den Bilgä-Chan, den du durch deine Anhänglichkeit erhoben hast, gegen deinen in seinem Wandel guten (Fürsten-)Stamm hast du dich vergangen und hast schlecht gehandelt. Von wo ist (dir) die Ruhe gekommen, wer hat sie verbreitet? von wo her ist die Geschlechtseintheilung gekommen, wer hat sie verbreitet? Ihr, die ihr

bịlmz ṛṭi ogli kṅiṇ bịlmz iṛṭi n͡čakzgnmš iṭmš iḷmz
білмäз äрті, оҕлы акаҥын білмäз äрті. Анча казҕанмыш äтміш äлімiз
ṭöṛömz ṛṭi ṭöṛc ogz ḅgḷṛi bodn ṣd öza ṭṅṛi bṣmsr sra
тöрÿмiз äрті. Тÿрк Оҕуз бäрläрі будуны äшід! öзä тäҥрі басмасар асра
jir ṭḷṇṃṣṛ
jäр тiläнмäсäр
19) ṭöṛc bodn ḷṅṇ ṭöṛöṅṇ ḳmrtti odčiṣi ṭöṛc bodn
тÿрк будун! äliҥнi тöрÿҥнÿ кäм артты? Уттачысы тÿрк будун
rtṇ öcöṇ ḳöṛgṅṇ öčṇ igḍmš kgṅňa ṛmṣ brmṣ
äртiҥ, öкÿн! кöрÿгÿҥiн ÿчÿн äгiдмiш каҕаныҥа äрмiш бармыш
ḍgöḷňa ḳn͡döjn͡ḷdg jblk ḳigöṛṭg jrklg kn͡dn ḳḷp
äдгÿ äliҥä кäндÿ jаҥылтыҥ, jаблак кiгÿртiҥ. Jарак лыҥ кандан кälin
ḭjaiḷṭḍi ṣöṅgḷg kn͡dn ḳḷpṇ ṣöṛaiḷṭḍi idq öṭcṇ jišbodn
jajа äлтi? сÿҥÿrlir кандан кälinäн сÿрä äлтi? аiдук öтÿкäн jыш будун
brdg.......iḷgṛö brdg qorigro
бардыҥ.....ilгäрÿ, бардыҥ курыҕару,
20) brgma brdg brdq jṛḍa ḍgög olṛn͡č knň ögzča jögṛṭi
барыҕыма бардыҥ, бардук jäрдä äдгÿҥ ол äрiнч, каныҥ ÿгÿзчä jÿгÿрті
ṣöňcöň tgča jṭdi ḅgḷḳ oriogḷňn qolkiḷ͡dg
сöҥÿкÿҥ таҕча jатты бäрliк уры оҕлын кул кылтыҥ
ṣḷḳqizogḷňn ḳöňkiḷ͡dg ol ḅiḷmḍcgṇ öčn jolkňn öcṇ
cilік кыз оҕлын кÿҥ кылтыҥ. Ол бiлмäдÿкiҥiн ÿчÿн jолукыҥын ÿчÿн
čmkgn oča brdi bšlju qirkz kgng blbl ṭikḍm töṛc
äчiм каҕан уча барды. Башлаjу Кыркыз каҕаны .... тiктiм. Тÿрк
bodn tiḳöṣi jqbolmzon ṭijṇ kňmkgng
будун аты кÿсi jok болмазун тäjiн акаҥым каҕаны
21) ögm ktung ḳöṭṛgma ṭṅṛi iḷḅiṛgma ṭṅṛi ṭöṛc bodn tiḳöṣi
öрäм катуны кöтÿрÿгiмä тäҥрi äl бäрiгiмä тäҥрi тÿрк будун аты кÿсi

---

das Volk des dichten Bergwaldes gnannt werdet, ihr seid ausgezogen, nach vorn seid ihr gegangen, rückwärts seid ihr gegangen, (20) habt eure Züge gemacht. In dem Lande, wohin ihr gegangen, zeigtet ihr eure Trefflichkeit, euer Blut floss wie Wasser, eure Knochen lagerten wie Berge, die Söhne der Fürsten (der Feinde) machtet ihr zu Knechten, ihre reinen Töchter machtet ihr zu Mägden. Weil ihr unwissend waret, so ist euch zum Opfer mein Onkel, der Chan, umgekommen. Zuerst zeigte ich die Trauerbotschaft (?) dem Kyrkys-Chan an. Damit des Türkenvolkes Name und Ruf nicht verschwinden möge, hat der Himmel, der meinen Vater, den Chan, und (21) meine Mutter, die Chanin, erhoben hat, hat er, der Himmel, der Volksspender, um des Türkenvolkes Name und Ruf nicht verschwinden zu lassen,

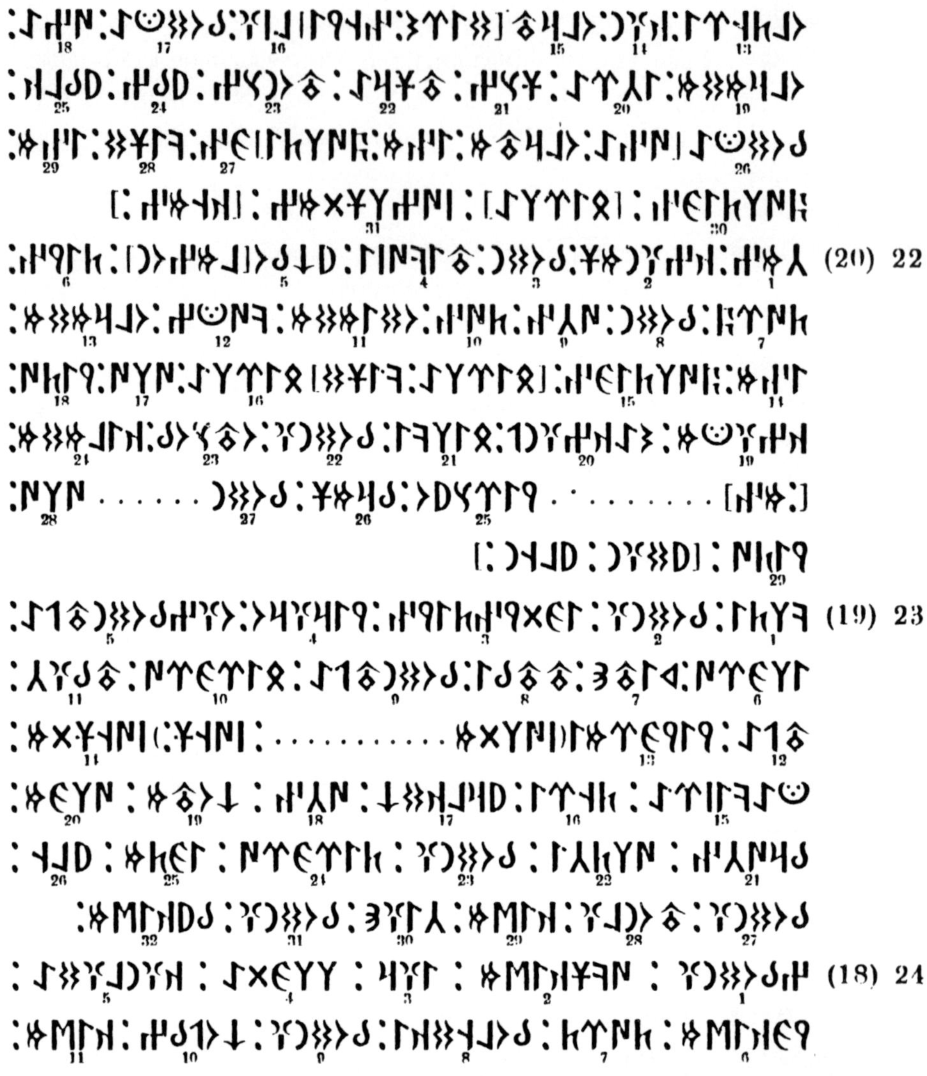

er dieser Himmel uns selbst zum Chan erhoben. Ich erhob mich nicht über das an Habe reiche Volk, ich erhob mich über das schlechte, niedrige Volk, das innen ohne Speise ist und aussen ohne Kleidung ist. Ich und mein Bruder Kül-Tegin waren zwei Schad, wir besprachen uns mit meinem jüngeren Bruder Kül-Tegin, indem wir sagten: «des von unserem Vater (22) und unserem Onkel erworbenen Türkenvolkes Name und Ruf möge nicht verschwinden». Wegen des Türkenvolkes habe ich in der Nacht nicht geschlafen, am Tage nicht ausgeruht. Zusammen mit meinem Bruder Kül-Tegin habe ich, da zwei Schad waren, so viel ich vermochte, erworben. So viel erwerbend, habe ich die bekannten Völker nicht bedrückt, ich . . . . . . Jedes Mal, wenn das Volk ausziehen wollte, kam es sterbensmüde, zu Fuss und

jqbolmzun tijṇ özmz olṭṅṛi kgn olrtdiṛ͡nč ṇṅjilṣg
jok болмазун тäjін öзімiз ол тäңрі kaҕан уларттi äрінч. Нäң jылсаҕ
bodn͡da öza olrmdm ičṛa šṣz tšra tonsz jbz jblk
будунта öзä улармадым, ічрä ашсыз ташра тонсыз jабыз jаблак
bodn͡da öza olrtm iṇm cöḷṭigṇ ḳišd iṇm cöḷṭigṇ ḅiṛḷa
будунта öзä улартым. Інім Кÿл Тäгін äкі шад інім Кÿл Тäгін бірлä
ṣözḷšḍmz kṅmz
сöзлäштiмiз акаңымыз
22) čimz kzgnmš bodn tiḳöṣi jqbolmzon ṭijn ṭöṛc bodn öċṇ
äчiмiз казҕанмыш будун аты кÿсі jok болмазун тäjін тÿрк будун ÿчÿн
ṭöṇ udimdm ḳöṇdz olrmd(m) iṇm ḳöḷṭigṇ ḅiṛḷa ḳišd ḅiṛḷä
тÿн удымадым кÿндÿз улармадым. Інім Кÿл Тäгін бірлä äкі шад бірлä
öḷö jiṭö kzgn͡dm n͡čakzgnp ḅiḷḳi bodng otsob kilmdm
öлÿ jiтÿ казҕандым, анча казҕаныu бäлкі будунны отсуб кылмадым.
mn . . . . jiṛsjo brmš bodn öḷö jiṭö jdgn jlṅn
Мäн . . . . jäр саjу бармыш будун öлÿ jiтÿ jадаҕын jалаңын
23) ḳḷṭi bodng igḍjiṇṭijṇ jirgro ogzbodntpa iḷgṛö qiṭɉ
кäлтi, будунны äгiдäjiн тäjін jырҕару Оҕуз будун тапа ілгäрÿ Кытаі
ttbi bodntpa ḅiṛgṛö tbgč tpa jijgṛmi ṣölḍm . . . .
Татабы будун тапа бäрігäрÿ табҕач тапа äкі jiгiрмi сÿлäдiм . . . . . .
söṅṣ ṣöṅšḍm n͡da ḳiṣṛa ṭṅṛi jrlkdq öčṇ qotm öḷögm
сöңÿш сöңÿштÿм. Анда кісрä тäңрі jарылкадук ÿчÿн кутум ÿлÿгÿм
bröčṇ öḷṭči bodng ṭiṛgṛö igṭm jlṅ bodng tonlg kil͡dm
бар ÿчÿн öлтäчі будунны тiрігрÿ äгiттiм jалаң будунну тонлыҕ кылтым
čigɉ bodng bjkil͡dm
чыҕаі будунны баі кылтым,
24) zbodng öḳškil͡dm igr ḷḷgḍa kglngda jgkil͡dm ṭöṛṭ
аз будунны öкÿш кылтым ыҕар äллiгдä kaҕанлыҕда jäр кылтым, тöрт
bolṅdki bodng qopbz kil͡dm jgṣiz kgnm qop mṅa
булуңдакы будунны kÿн баз кылтым, jаҕысыз kaҕаным кун маңа

---

nackt (zu mir) (23) und um das Volk aufzurichten, zog ich (mit ihm) nach links gegen das Ogus-Volk, nach vorn gegen das Kytai-Tatabi-Volk, nach rechts gegen die berühmten (Chinesen), mit einem grossen Heere bin ich zwei und zwanzig Mal ausgezogen und habe . . . . . gekämpft. Da der Himmel mir gnädig war, da ich Glück und ein günstiges Schicksal hatte, habe ich das sterbende Volk wieder zum Leben gebracht, habe ich das nackte Volk mit Kleidern versehen, das arme Volk reich gemacht (24) und das wenige Volk zahlreich gemacht. Die trefflichen Stämme und die Chanswürde

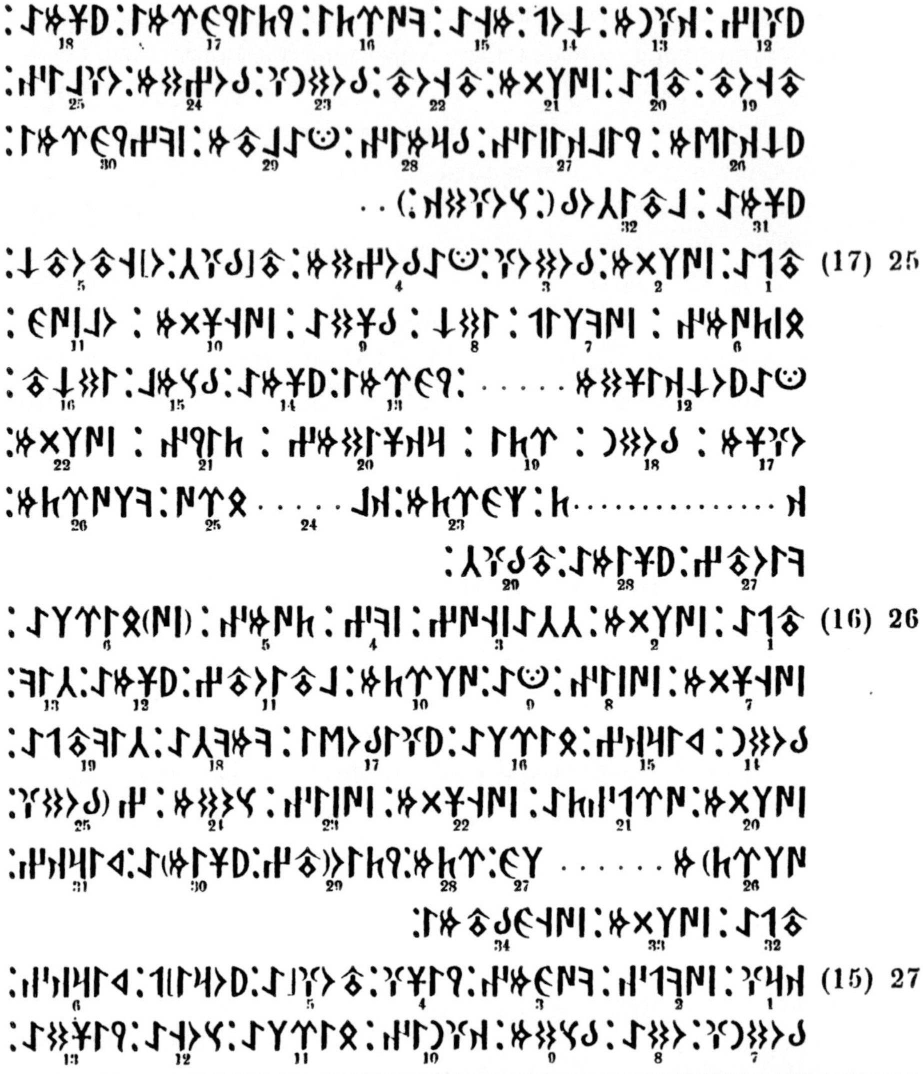

habe ich gross gemacht, das Volk in den vier Ecken verfolgend, habe ich zur Ruhe gebracht, ohne Feindschaft hingen meine Chane an mir. In meinem sieben und zwanzigsten Jahre bin ich gegen die Tangut gezogen und habe das Tangut-Volk zerstört. Ihre Söhne habe ich vernichtet, ihr Vieh und ihre Habe habe ich dort genommen. In meinem sechs und zwanzigsten Jahre bin ich gegen die sechs Abtheilungen der Sugdak (25) gezogen. Das Volk habe ich da vernichtet. Mit den fünf Heerhaufen (Tümän) der chinesischen Ungtutuk (Aufrührer?) habe ich auf dem Sökläp genannten Berge gekämpft. Dieses Heer habe ich dort vernichtet. In meinem (acht? und) zwanzigsten Jahre war da das Volk meines weisen Basmal-Ydykut, da ich ihn unseren Arkaschyd nannte, zog ich

ķöŗţi jţijgŗmi jšma tńot tpa şöļdm tńot bodng bozdm
кöрті, jäті jiгipмі jашыма Таңут тана сўläдім, Таңут будуны буздым
ogliņ jqkil͡dm jilkişiņ brmiń n͡daltm şkzjgŗmi
оҕлын jok кылтым jылкысын барымын анда алтым. Сäкiз jiгipмі
jšma ltičob sogdk
jашыма алты чуб. Суҕдак

25) tpa şöļdm bodng n͡dabozdm tbgč ņtotq ţşţömņ şöķlip
тана сўläдім будуны анда буздым. Табҕач Уңтутук бäн тўмäн Сöклäн
jdq bšda şöńšdm şög n͡dajqkišdm . . . . jgŗmi jšma
аідук башда сöңўштім, ол сўнў анда jokkынтым . . . . jiгipмі jашыма
bsml idqt ogšm bodn rti rkšidmz ţijņ şöļdm
Басмал ыдыкут уҕпымым будуны äрті аркашыдымыз тäjін сўläдім
k . . . . t čgŗţm kl . . . . brö ķļöŗţm kiotz jšma tbgč
. . . . ічкäртім кал. . . . бäрў кälўртўм. Äкі отуз jашыма табҕач

26) tpa söl͡dm ččasńön şkzţömņ şöbŗļa söńšdm şöşiņ
тана сўläдім. Чача сäңўн сäкiз тўмäн сў бiрlä сöңўштім, сўсін
n͡daöļŗţm ltiotz jšma čik bodn qirkz ţiŗļa jgibol͡di
анда ölўртўм. Алты отуз jашыма Чік будун Кыркыз бiрlä jaҕы болты,
ķmķča čiķtpa şöļdm öŗpiņţa şöńšdm şöşiņ sn͡čdm zb(odng)
кäмäкчä Чік тана сўläдім, Öрпінтä сöңўштім, сўсін санчтым аз будуны
. . . ţm . . . . . lg rtm jti . . . ma qirkz tpa söļdm
ölўртўм . . . . . lir äртім. Jäті (отуз jашым)а Кыркыз тана сўläдім
şöńg btmi
сўңўг батымы

27) krg şökipņ ķögman jišg toga jorip qirkz bodng oda
караҕ сöкінäн Кöгмäн jынны тоҕа jорын Кыркыз будуну уда
bsdm kgniņ ţiŗļa sońa jišda şöńšdm kgniņ öļŗţm iļņ
бастым. Каҕанын бiрlä суңа jышта сöңўштім, каҕанын ölўртўм, äліп

(gegen ihn) aus . . . . ich zog mich zurück (?) . . . . brachte ihn hierher. In meinem zwei und dreissigsten Jahre bin ich gegen die Chinesen (26) gezogen und habe mit den acht Heerhaufen des Tschatscha-Sängün gekämpft. Sein Heer habe ich da niedergemacht. In meinem sechs und dreissigsten Jahre trat das Volk Tschik und die Kirgisen gegen uns feindlich auf. Ich zog eilig (?) gegen die Tschik aus, am Örpän habe ich gekämpft, ihr Heer habe ich niedergemacht, weniges Volk habe ich getödtet . . . . war ich. In meinem sieben (und dreissigsten) Jahre zog ich gegen die Kirgisen aus, das Geschlecht Batymy (27) Räuber schimpfend. Zum Kökmän-Bergwalde emporsteigend, habe ich die Kirgisen besiegt, mit ihrem Chane habe ich im dichten (?) Bergwalde gekämpft, habe

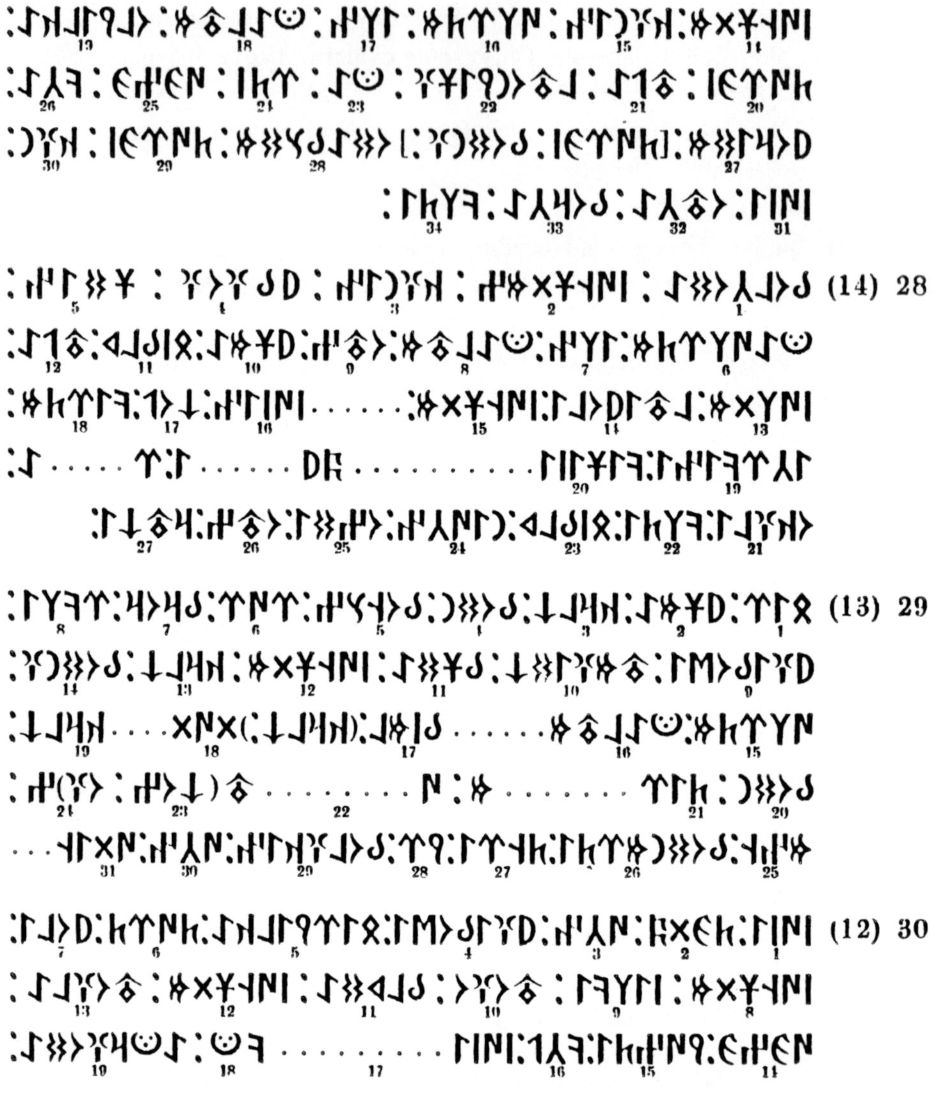

ihren Chan getödtet und sein Volk unterworfen. In demselben Jahre [zog] ich gegen die Türgäs. Ich ging durch den goldenen Bergwald und setzte dort über den Fluss Irtisch. Das Türgäs-Volk habe ich besiegt. Das Heer des Türgäs-Chan kam von allen Seiten, ich kämpfte mit ihm (28) auf dem Boltschu, den Chan und seinen Jabgug-Schad habe ich dort getödtet und sein Volk unterworfen. In meinem dreissigsten Jahre zog ich gegen Bäsch-Balyk, da habe ich sechs Schlachten geliefert...............das Heer verfolgend, drang ich ein, das Innere und seine Bewohner.........
...........unterwarfen sich. Deswegen ist Bäsch-Balyk unversehrt ge-

n͡dltm oljilka ṭöṛgṣ tpa lton jišg n͡da rṭṣ ögzq
анда алтым. Ол jылка Тӳргäс тана алтун jышны анда Äртiс ӳзӳгiн
ḳča jor ṭöṛgṣ kgng oda bsdm ṭöṛgṣ kgn ṣösi
кäчä́ jорыдым. Тӳргäс kaҕанны уда бастым, Тӳргäс kaҕан сӳсi
otča borča
отача бурача кäлтi.

28) bolčoda ṣöṇštm kgniṇ jbgog šdin n͡daöḷṛṭm iḷṇ
Болчуда сöңӳштiмiз kaҕаным jабҕуҕ шадын анда öлӳртӳм, äлiн
n͡daltm otz jšma ḅṣblq tpa šöḷḍm ltijoli
анда алтым. Отуз jашыма Бäш-балык тана сӳлäдiм, алты jолы
ṣöñšḍm . . . . ṣöṣiṇ qop ḳiṛṭm ičṛḳini ḳišiti . . . . . cj i
сöңӳштiм, ... сӳсiн kӯн кiртiм iчрäкiнi кiшiсi . . . .
t . . . . . . .a okgli ḳḷṭi ḅṣblq ničöṇ ozdi rtqi
. . . . укыҕлы кäлтi, Бäш-балык аны ӳчӳн озды. Отуз артукы

29) ḅiṛ jšma krlq bodn boñsz rör bror ṛḳḷi jgi bol͡di
бiр jашыма Карлук будун буңсаз äрӳр барур äркli jаҕы болты,
tmgidq bšda ṣöñšṭm krlq bodng ölrtm n͡daltm . . . . .
Тамаҕ аiдук башта сöңӳштiм, Карлук будунны öлӳртӳм, анда алтым . .
. . . . bsml krlq ḍöḍ . . . . krlq bodn tir . . . m ö . . .
. . . . Басмал Карлук äдӳд . . . . Карлук будун тäр . . . .
tgozogz mnṅ bodnmṛṭi ṭṅṛi jṛ bolgkiṇ öčn öḍiñ . . . . .
Тokуз Оҕуз мäнiң будунум äртi тäңрi jäр булҕакын ӳчӳн öдiң . . . . .

30) ṣöṣi ṭgḍc öcṇ jgibol͡di bir jilka tört joli ṣöñšḍm ṣiḷḳi togo
сӳсi тäгдӳк ӳчӳн jаҕы болты. Бiр jылка тöрт jолы сöңӳштiм Сiлкi-тоҕу
blqda ṣöñšḍm togla ögẓg jözti ḳčp sösi . . . .
балыкта сöңӳштiм, Тоҕла ӳгӳзӳн jӳзтi кäчiн сӳсi . . . .

---

blieben. In meinem (29) ein und dreissigsten Jahre war das Volk der Karluk wegen seines Reichthums (wörtl. reichen Lebenswandels) uns ein mächtiger Feind. Auf dem Gipfel des Tamag kämpften wir. Da tödtete ich das Volk der Karluk und unterwarf es. . . . . das Volk der Basmal-Karluk und der Ädüd . . . . . . Karluk [sammelte sich dort und ich besiegte sie und tödtete sie]. Die Togus-Ogus waren mein Volk. Weil Himmel und Erde in Verwirrung geriethen und weil der . . . . (30) Heer angegriffen wurde, bekriegten sie uns. Da habe ich in einem Jahre vier Mal gekämpft. Bei der Stadt Silki-Togo habe ich gekämpft. Sie schwammen über den Fluss Togla. Uebersetzend ihr Heer . . . . .zum zweiten Male bei Andargu habe ich gekämpft, ihr Heer habe ich niedergemacht, ihr

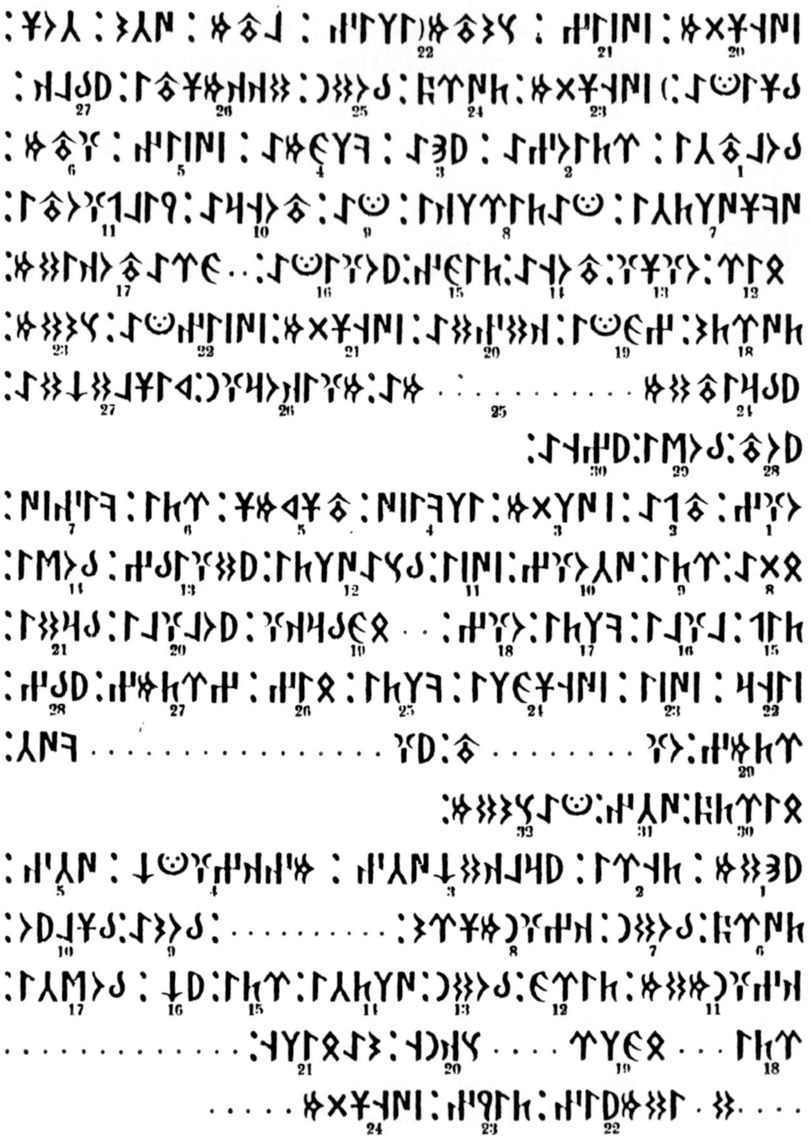

(11) 31

(10) 32

(9) 33

Volk unterworfen. Zum dritten Male habe ich an der Quelle des Tschusch gekämpft. Des Türkenvolkes Fuss ermattete und sie waren feige (31) und zerstreuten sich nach allen Seiten, da liess ich ihr Heer ziehen und viele, Todte wurden dort gesammelt. Da bekämpfte ich den Tongra-Jylpaguty, einen Weisen, bei der Bestattung des Tonga-Tegin.... Zum vierten Male kämpfte ich unterhalb des Äsgändi, ihr Heer warf ich dort nieder und vernichtete es .... Als ich bei Magi-Kurgan überwintert hatte, trat ein Unwetter ein. Darauf zog ich im Frühjahr (32) gegen die Ogus. Das erste Heer zog in's Feld, das zweite Heer blieb zu Hause. Das Heer der drei

kind͡ ndrgoda şöňšdm şoşiņ snčtm iļiņ ltm öčnč čoš
Äкinтi Андарђуда сöңÿштiм сÿсiн санчтым, äлiн алтым, ÿчÿнч Чуш
bšnda şöňšdm ţörc bodn dkkmšti jblk
башында сöңÿштiм. Тÿрк будун адак камашты јаблак

31) boltči rtioza jja kļgma şösiņ gtm ökšöļşči nda ţirļţi
болгачы äртi, оза јаја кäлiгiмä сÿсiн ађыттым. Öкÿш öлтäчi анда тäрiлтi.
nda toňra jilpgoti ҍir ogšg toňa tign jogṅda . . . gŗa
Анда Тоңра јылпађуты бiр уђышны Тоңа Тäriн јођында . . . . .
tokidm törţnč zgndi kdņda şöňšţm şöşinnda snčdm
токыдым, тöртÿнч Äзгäндi кадында сöңÿштiм, сÿсiн анда санчтым,
jbritdm . . . . . . ma mgikorgn kišldqda jot boldi jzňa
јабрыттым . . . . . . Мађы-курђан кышладукта јут болты. Јазыңа

32) ogz tpa şöļdm iļkişö tšqmš ŗţi kiņşö ҍda ŗţi öčogz
Ођуз тапа сÿлäдiм, iлiкi сÿ ташыкмыш äртi, äкiн сÿ äбдä äртi. Ÿч Ођуз
şöşi bsa ölţi jdgibz boldi ţip ļgli kļţi ogz . . . .
сÿсi баса öлтi, јадађы баз болты тäп алыђлы кäлтi. Ођуз . . . .
ҍgbrkg jolgli bodi şiňr şöşi šöňšgli kļţi ҍiz
äбiн баркын јулыђлы барды, сыңар сÿсi сöңÿшirli кäлтi. Бiз
zŗţmz jbz ŗţmz og . . . . köč ҍirţcöčn
аз äртiмiз јабыз äртiмiз . . . . кÿч бäртÿк ÿчÿн
nda snčdm
анда санчтым,

33) jjdm ţňri jrlkdqöčņ mnkzgndq öčņ ţörc bodn
јаiдым. Тäңрi јарылкадук ÿчÿн мäн казђандук ÿчÿн тÿрк будун
kzgnmšŗnč . . . . bonča ҍšljo kzgnmdm ţiŗg bodn
казђанмыш äрiнч . . . . бунча башлају казђанмадым, тiрiг будун
öļţči ŗţi jq boldči ŗţi . . . ҍgļŗ . . . . skņň
öлтäчi äртi, jok болтачы äртi, . . . бäглäр . . . . сакыныңļ
nčaҍiļň . . . . idmjin ţijņ şöňšţm
анча бiлiң . . . . ыдмајын тäјiн сöңÿштiм,

---

Ogus ist umgekommen und ihre Fusstruppen sind in Ruhe, sagend, kamen sie erobernd, die Ogus . . . . die Häuser und Herrichtungen plündernd, zogen sie aus. Ihr eindringendes Heer kam kämpfend, wir waren nur wenige und schlecht (ausgerüstet). Die Ogus . . . . da er mir [der Himmel] Kraft verlieh, kämpfte ich (33) und zog mich zurück. Da der Himmel gnädig war und da ich (viel) erworben hatte, hatte auch das Türkenvolk viel erworben. Ich . . . . beginnend, hatte nicht erworben. Viel lebendiges Volk starb daselbst und kam um. . . . . . ihr Fürsten . . . . bedenket und wisset, so . . . . da ich sie nicht lassen wollte,

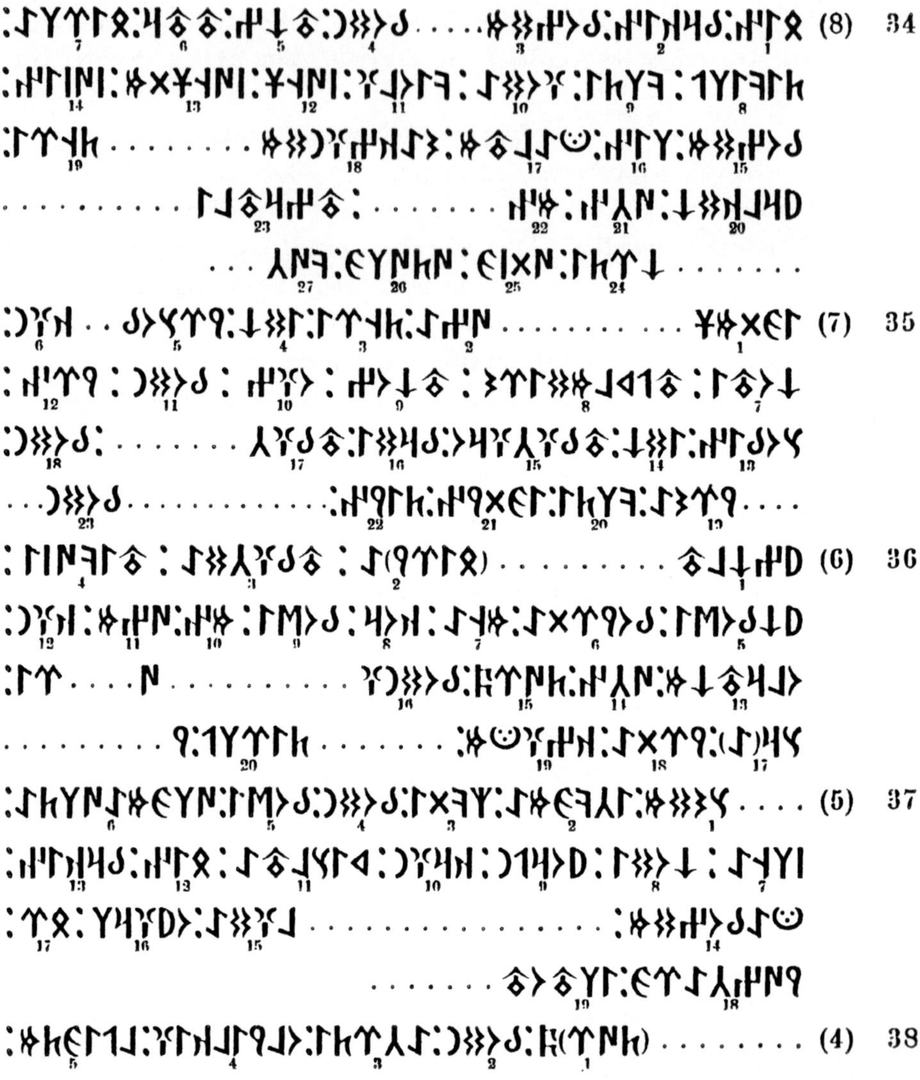

kämpfte ich . . . . (34) Ihre Häuser und ihre Herrichtungen zerstörte ich . . . . das . . . . Volk mit den neun Tatar sich verbindend, kam, auf dem Agu kämpften wir zwei grosse Schlachten, ihre Leute vernichteten wir, die Stämme unterwarfen wir. Dabei habe ich so viel erworben . . . . . Da der Himmel mir gnädig war, so habe ich . . . . Kraft gebend (35) er hat erhöht. . . . . oben der Jär-Sub genannte Himmel. Dem glücklichen Chane leisteten sie nicht Dienste. Das Ogus-Volk zog gegen die Chinesen ihres Landes und Wassers wegen. Die Chinesen. . . . . Volk . . . . zu ihrem Lande kam, ich will sie erhöhen, sagend. . . . . Volk . . . . . (36) sündigte . . . . bei den Chinesen ihr Name

34) ḅiŋ brkiŋ ḅozdm . . . . bodn tqz ttr ḅiṛḷa ṭikiḷp
äбiн баркын буздым . . . . будун, токуз татар бiрлä тiкiлiп
ḳḷṭi goda ḳiolg ṣöñš ṣöñšdm ṣöṣiŋ bozdm ḷiŋ n͡da͡ldm
кäлтi, Аҕуда äкi улуҕ сӧңӱш сӧңӱштiм, сӱсiн буздум, äлiн анда алтым,
n͡ča kzgn͡dm . . . . ṭṅṛi jrlkdq ŏčṇ mn . . . .
анча казҕандым . . . . тäңрi јарлыкадук ӱчӱн мäн . . . .
tsrtli . . . . q ṛṭi ödṣg ötölg ḳöč . . . .
. . . . äрті, ӧдӱсӱн ӧтӱлӱн кӱч . . . .
35) igṭmš. . . . . öza ṭṅṛi idq jṛsob . . . . . . kgn qoti
äгiтмiш . . . . ӧзä тäңрi аiдук јäр суб . . . . . каҕан куты
tpqlmdirn͡č tokz ogz bdn jṛḅ sobiŋ idq tbgčgro
танкылмады äрiнч токуз Оҕуз будун јäрiн субын аiдук табҕачҕару
brdi tbgč . . . bodn. . . ͡ jṛnča ḷṭi igḍjin ṭijṇ . . . . bdn . . .
барды танҕач . . будун . . . јäрiнчä кäлтi äгiдäјiн тäјiн . . . . будун . .
36) jzqlt . . . . biṛja tbgčda tiḳösi jgbo͡ldi bojṛḍa
јазуклады . . . . бäрiјä табҕачта аты кӱсi јок болты. Бу јäрдä
mṅa korbo͡ldi mn özm kgn olrtqm ŏčṇ ṭöṛc bodng
маңа кур болты, мäн ӧзӱм каҕан улартукым ӱчӱн тӱрк будунны
. . . . öz . . ri sr jṛda kzgn͡dm . . . . ṭṛḷp j .
. . . . ӧзä тäңрi асра јäрдä казҕандым . . . . тäпiлiн . .
37) . . . . sn͡čdm ičḳgma čkdi bodn bo͡ldi öḷgmaöḷṭi ṣḷṅa qodi
. . . . . санчтым iчкäгiмä iчкäдi будун болты, ӧлӱгiмä ӧлтi сäлiңä коды,
jorpn krgn qislta ḅiŋ brkiŋ n͡da bozdm . . . . lgda
јорыпан караҕын кысылта äбiн баркын анда буздум . . . .
oigrl ḅṛ jözčaṛg iḷtot
Уiҕур äл бiр јӱсчä äрмi äл тутын
38) . . . . (ṭöṛ)c bodn ačṛṭi öljilkig lpigṭm
. . . . тӱрк будун ач äрті ол јылкыны алып äгiттiм.

---

und ihr Ruf wurde vernichtet. An diesem Orte wurde mir ein (hoher) Rang. Da ich selbst zur Chanswürde emporgestiegen war, so (machte ich) das türkische Volk . . . . oben der Himmel. . . . . unten auf der Erde erwarb ich . . . . sich versammelnd . . . . (37) . . . . . ich stach nieder. Die Entkommenden entkamen und wurden (wieder) ein Volk, die Sterbenden starben und man legte sie in's Grab (?). Dorthin ziehend und ihre Räuber vernichtend, zerstörte ich dort ihre Häuser und ihre Herrichtungen . . . . auf dem. . . . . . vom Stamme der Uigur etwa hundert Mann bildeten ein Volk. . . . . (38) . . . . das Türkenvolk war hungrig, da nahm ich diese Heerden und richtete sie auf. In meinem sechs

(3) 39

(2) 40

(1) 41

und dreissigsten Jahre zogen die Ogus, sich sammelnd, gegen die Chinesen, bekümmert zog ich dorthin . . . . ihr Vieh (?) und ihre Jotaz (?) nahm ich dort . . . . mit zwei Ältäbär (39) . . . . das (Tatabi-)Volk war dem Chinesen-Chane unterworfen . . . . von dort kommt kein guter Ruhm, sagend, zog ich im Sommer aus und vernichtete dort das Volk, ihre Heerden . . . . kam, im dichten Bergwalde . . . . (40) . . . . . in ihrem Lande und Wasser liess er sich nieder, nach dieser Seite gegen das Volk der

otzrtqi tört jšma ṭzp tḅgčka ḳiṛṭi ökụp söḷdm
Отуз артукы тöрт jашыма Оҕуз тізін табҕачка кірті, öкỹпỹн сỹлäдім
sokn . . . . mliṇ jotziṇ n͡daltm
. . . . малын(?) jотазын анда алтым
ḳiḷṭḅṛlg bo . . . . .
äкі äлтäбäплir . . . .

39) . . . . ttbi bodn tḅgčkgnka ḳöṛti jlbči ḍgö sbi öṭgi
. . . . Татабі будун табҕач каҕанка кöрті, jалбачы äдгỹ сабы öтäгі
ḳḷmzṭijṇ jjnsöḷḍm bodng n͡dabozdm jilki . . . . ṣ
кäлмäз тäjін jajын сỹлäдім будунны анда буздым jылкы . . . .
ḳḷṭi kdrknjišda . . . .
кäлті кадаркан jышта . . . .

40) . . . . gkṇa jṛnṛö sobinṛo qon͡di birja krlq bodntpa söḷa
. . . . jäpiңäpỹ субыңару конты, бäpijä Карлук будун тапа сỹлä
tip todn jmtrg itmbrda . . . . jqbolmš iṇṣi ḅiṛ . . . .
тäп тудун Jамтараҕ ытым барда . . . . . . jok болмыш інісі бір . . . .

41) . . . . . rkši jlmdi niatjiṇ ṭip söḷḍm qorgo kiöč ḳisḷgṇ
. . . . . аркашы jäлмäді аны атajын тäп сỹлäдім корҕу äкі ỹч кішілірін
ṭzpbrdi krabodn kgnm kltitip ög . . . . . . ka atḅṛṭm
тізін барды. Кара будун каҕаным кäлті тäп . . . . ат бäртім
ḳčḳtpgč . . . .
кічік Табҕач . . . .

Karluk ziehe, sagend, der Tudun, da ich meinen Jamtrak-Hund habe . . . . ging unter, sein jüngerer Bruder, ein (41) . . . . . sein . . . Arkasch trabte nicht, ich will ihn schiessen, sagend, zog ich aus, da er sich fürchtete, nahm er zwei oder drei Menschen mit sich fort. Das gemeine Volk, mein Chan ist gekommen, sagend . . . . ich gab ihnen einen Namen. Die kleinen Chinesen . . . .

b) Die linke Seiteninschrift (Xa) (Fortsetzung der Frontinschrift).

(Atlas Taf. XXIV u. XXV, fig. 1).

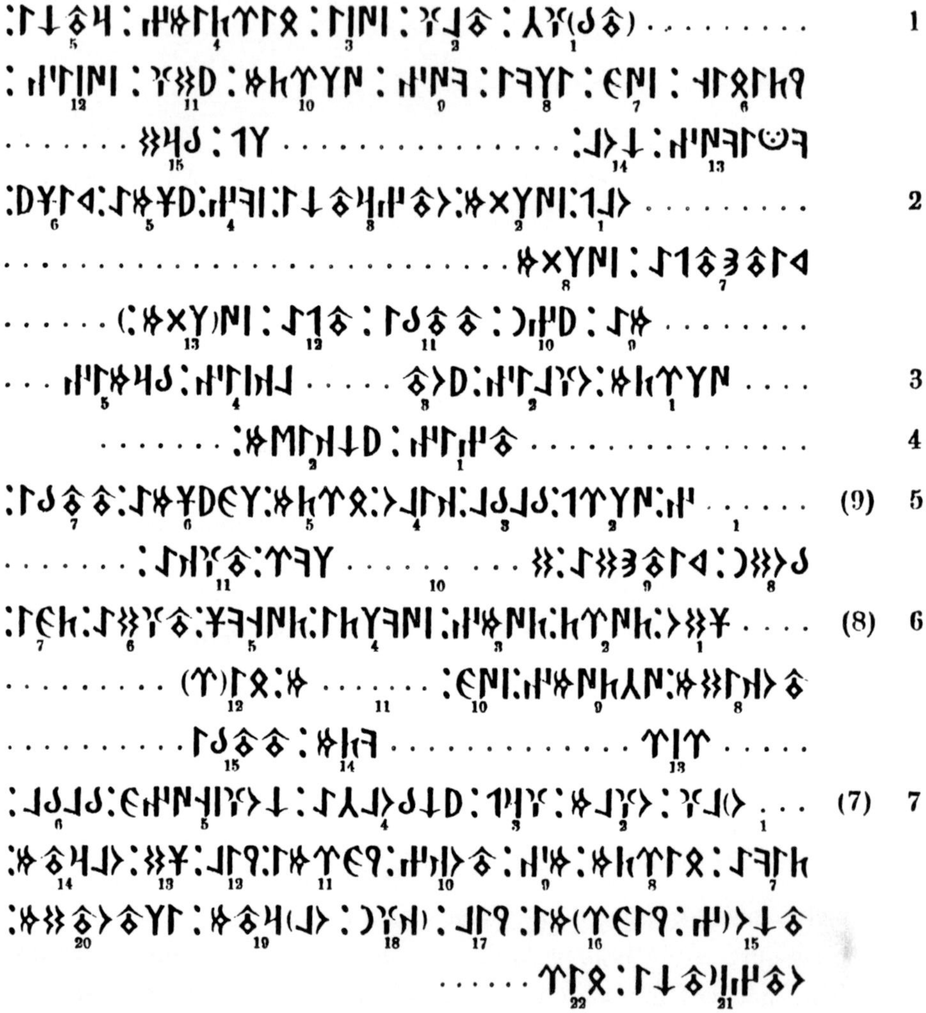

(1)... ...(den?) Chinesen gaben wir Reitertruppen, am ersten Tage tödtete ich über sieben Tausend (Mann). Seine Fusstruppen (machten wir) am zweiten Tage zu Sklaven. (2).......... zog ich aus. In meinem acht und dreissigsten Jahre zog ich gegen die Kyschai-Kytai............ in meinem......Jahre zog ich im Frühling gegen die Tatabi aus......... (3).........tödtete ich, seinen Sohn......... seine Heerden und seine Habe (nahm ich)..... (4) .... vernichtete ich .... (5).......(ihn) tödtend, theilte ich die Todesnachricht (?) mit. In meinem

Transscription.

1) ....tbgč tlg ṣöṣi ḅiṛṭmz rtqi jṭiḅiṅ sög iḷḳi ḳöṇ
.........табђач атлыђ сӳсі бäртіміз артукы jäті біӊ сӳні ілікі кӳн
öḷṛṭm jdg ṣöṣiṇ ḳn͡dikön qol......ḷp brd.......
öлӳртім, jадађ сӳсін äкінді кӳн кул..................

2) ....olp ṣöḷḍm otzrtqi ṣḳz jšma qišj qiṭḽtpa
............сӳлäдім. Отуз артукы сäкіз jашыма Кышаі Кытаі тана
ṣöḷḍm............................ma jzn ttbi tpa
сӳлäдім..........................jашыма jазын Татабы тана
ṣöḷḍm..............
сӳлäдім..............

3) ....öḷṛtm ogliṇ jot.....lkisin brmiṇ........
....öлӳртӳм ођлын.......jылкысын барымын......

4) ....tziṇ jqkil͡dm.........
....................jok кылтым......

5) .....ṇ öḷṛp blbl kilo ḅṛṭm ḷgjšma ttbi bodn qitjda
.......öлӳрӳн....кылу бäртім äліг jашыма Татабы будун Кытаіда
..........ḷḳṛ tgka........
.............тађка.......

6) ....šdo ṭöṛṭ tömn ṣöḳḷṭi ṭöṅḳš tgda ṭgi toqidm öčṭömṇ
.......тöрт тӳмäн сӳ кäлті Тöӊкäш тађда тäрі токыдым ӳч тӳмäн
ṣög ...m ḅiṛ.........ṛṣṛ........ḳṭm ttbi.............
сӳні öлӳртім біp.........äрсäр..........Татабы...........

7) ...olg oglm grp jqbolča kogṣṅöṇg blbl tika ḅiṛṭm mṇ
...улуђ ођлым ађрын jok болча Куӊ сäӊӳнні .... тікä бäртім. Мäн
tokz jgṛmi jil šd olrtm tqoz jgṛmi jil kgn olrtm
токуз jіpiмі jыл шад улартым, токуз jіріpмі jыл кађан улартым,
iltotdm otzrtqi ḅiṛ.....
äl туттым, отуз артукы біp.....

---

fünfzigsten Jahre (kamen) von dem Tatabi-Volke und den Kytai.........
zum Berge........... (6)......... kamen vier Heerhaufen (= zehn Tausend). Bis auf den Berg Töngkäsch drängte ich sie zurück, drei Heerhaufen (vernichtete ich?), einen Heerhaufen........die Tataby.......
(7).... Als mein ältester Sohn an einer Krankheit gestorben war, benachrichtigte ich den Kung-sängün. Neun und zwanzig Jahre bekleidete ich die Schad-Würde, neun und zwanzig Jahre herrschte ich als Chan, regierte das Volk, ein und dreissig Jahre......(8) Für meine Türken, für mein Volk

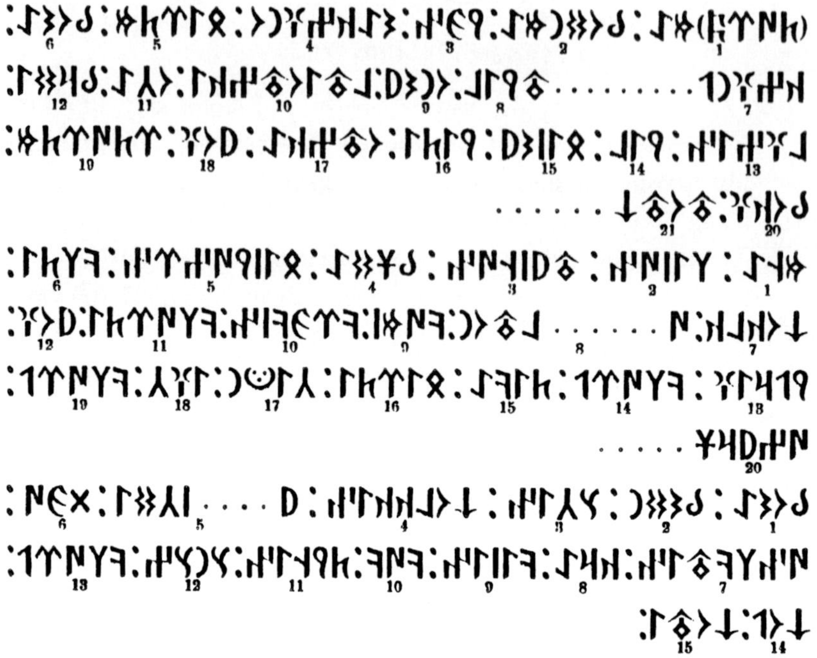

(6) 8

(5) 9

(4) 10

Nachschrift.

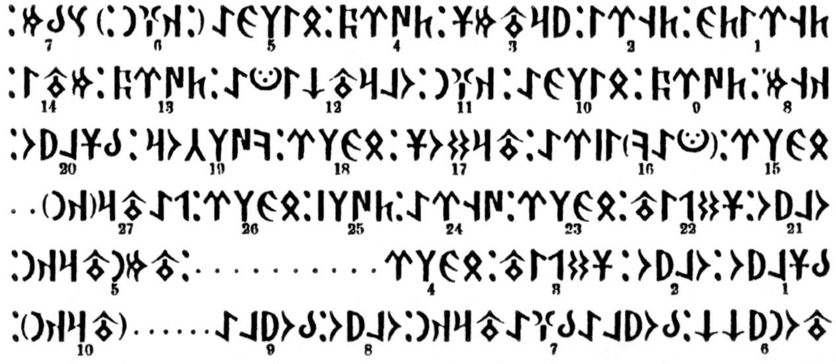

(3) 11

(2) 12

---

erwarb ich so viel Gutes, so viel erwerbend . . . . im Hunde (?) Jahre im neunten Monate am sechs und dreissigsten kam er um. Im Algazyn (Schweine ?) Jahre, im fünften Monate, am sieben und zwanzigsten richtete ich das Leichenbegängniss her, Stiere (?) fassend . . . . . (9) Zu mir kamen der Lisun Taisängüm an der Spitze von fünf hundert Mann. Wohlgerüche . . . . Gold und Silber ohne Ende brachte er, die Grab-Zierrathen bringend, stellte er auf, er brachte Tschyndan-Holz, und wie es sich gebührte . . . . . . (10) So viel Volk, seine Haare und Ohren . . . . streute aus, ihre guten Reitpferde, ihre schwarzen Zobel, ihre blauen Eichhörnchenfelle ohne Zahl bringend, sich erhebend, legten sie nieder.

8) ṭöṛčma bodnna jgṇ n͡čakzgno ḅiṛṭm bon͡ča kzgnp . . . .
тӱркӱмӓ будуныма jӓгнi анча казђану бӓртiм, бунча казђаны . . . . .
. . tjil onn͡čj ltiotzki oča brdi lgziṇ jil ḅiṣn͡čj jiti
ыт jыл оныич ai алты отузкы уча барты алђазын jыл бӓшiнч ai jӓтi
otzka jog ṛṭöṛṭm bokg totq . . . .
отузка joђ ӓртӱртiм буканы (?) туттук . . . . . .

9) mṅa ḷiṣön tjṣṅön bšda bṣjözrn ḳḷṭi qoklk ö . . . . lton
маңа Licӱн Taicӓңӱн башта бӓш jӱз ӓрӓн кӓлтi кокылык . . . . . . алтун
ḳömṣ ḳṛgḳṣz ḳḷöṛṭi jog jprig ḳḷöṛp ṭiḳa biṛṭi čin͡dan igč
кӱмӱш кӓргӓксiз кӓлӱртi joђ jаныры кӓлӱрiн тiкӓ бӓртi чындан ыђач
ḳḷöṛṭi özjrš . . . .
кӓлӱртi öз jараш . . . . .

10) bon͡ča bodn sčiṇ qolkkiṇ j . . . ṣčḍi ḍgö özḷḳtiṇ kra ḳiṣiṇ
бунча будун сачын кулкакын . . . . сачты ӓдгӱ öзлӓк атын кара кiшiн
ḳöḳ ṭjṅiṇ snsz ḳḷöṛp qop qoti
кöк тijiңiн сансыз кӓлӱрӱн кöп котты.

Nachschrift.

11) ṭṅriṭg ṭṅṛi jrtmš ṭöṛc ḅiḷga kgn sbm ḳṅm ṭöṛc ḅiḷga
Тӓңрiтӓг тӓңрi jаратмыш тӱрк бiлгӓ кађан сабым акаңым тӱрк бiлгӓ
kgn olrtqin͡da ṭöṛc mti ḅgḷṛ n͡daḳiṣra trdoš ḅgḷṛ
кађан улартукында тӱрк маты бӓгlӓп, анда кiсрӓ Тардуш бӓгlӓр
ḳöḷčor bšljo oljo šdpit ḅgḷṛ öṅra ṭöḷṣ ḅgḷṛ patrkn
Кӱл чур башлаjу улыjу шаданыт бӓгlӓр, öңрӓ Тöлӓс бӓгlӓр апа тарkан . .

12) bšljo oljo šdpit ḅgḷṛ . . . . tmntrkn tonjqq
башлаjу улыjу шаданыт бӓгlӓр . . . . тамап тарkан тонjукук
boilabgatrkn oljo bojla . . . . . trkn ičbojrq iḅgḷṛ
боiла бађа тарkап улыjу боiла . . . . . тарkан iч бујурукы бӓгlӓр,

---

Nachschrift.

(11) Der himmelsgleiche, vom Himmel eingesetzte türkische Bilgä-Chan (ist) mein Ruhm, mein Vater. Als er zum türkischen Bilgä-Chan erhoben war, (kamen) die türkischen Oberfürsten, darauf die Fürsten der Tardusch, unter Anführung des Kültschur, ihm schlossen sich an die Schadapyt-Herren, vorn die Töläs-Fürsten der Apa-Tarkan . . . . . . (12) an der Spitze folgten ihm die Schadapyt-Herren . . . . der Taman-Tarkan, der Tonjakuk, der Boila-baga-Tarkan, an sie schlossen sich an der Boila . . . . .

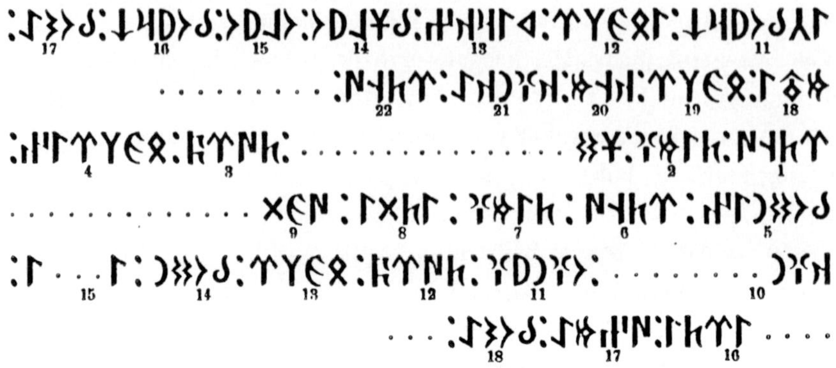

(1) 13

c) Die rechte Seiteninschrift (Xb).

(Atlas Taf. XXIV u. XXV, fig. 2).

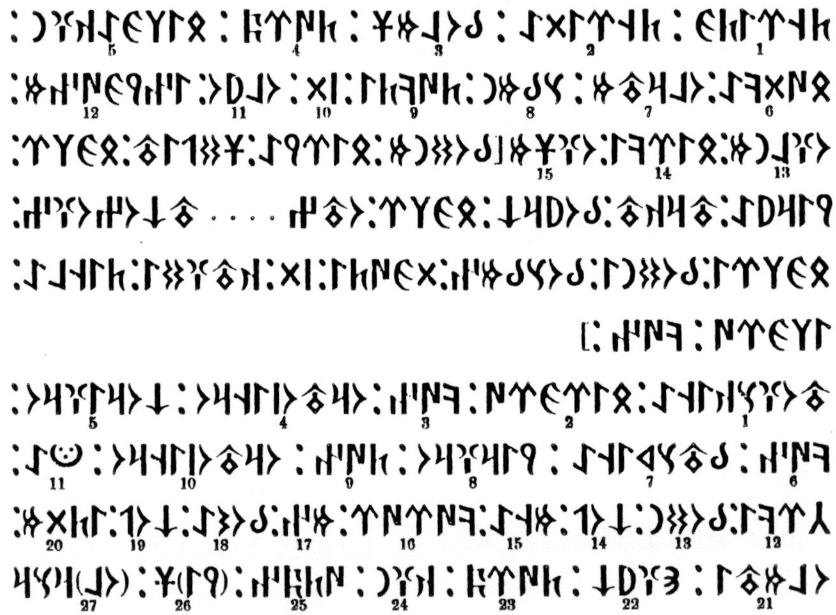

(15) 1

(14) 2

Tarkan, die inneren Beamten, an der Spitze der Kirgisen (Fürst ?), darauf folgten seine Beamten. So viele treffliche Fürsten brachten meinem Vater, dem Chane, ihre Huldigung .... (13) ihre Huldigung .... mit seinen türkischen Fürsten und seinem Volke brachte er seine Huldigung dar .... der Chan .... die türkischen Fürsten und das Volk .... war. Mir selbst so viele ......

qirkz bšljo oljo bojrq bon͡ča mti ḅgḷṛ kn̊m kgnka
кырҕыз башлаjу улыjу бујурук бунча маты бäрläр акаңым каҕанка
ṛṭn̊ö............
äртäңў..........
13) ṛṭn̊ö ṭimg šd.........ṭöṛc ḅgḷṛiṇ bodniṇ ṛṭn̊ö ṭimg iṭḍi
äртäңў тiмаҕ............тўрк бäрläрiн будуның äртäңў тiмаҕ äттi
ḍgö.........kgn.......ognjg (?) ṭöṛc ḅgḷṛ bodn i...i....
äдгў.........kaҕан.............тўрк бäрläр будун.........
iṛṭi ösma bon͡ča...
äртi, öзўмä бунча...

Transscription.

1) ṭn̊ṛiṭg ṭn̊ṛiḍa bolmš ṭöṛc ḅilgakgn böḍka olrtm sbmn
Täңрiтäк тäңрiдä болмыш тўрк Бiлгä Каҕан, бöдкä улартым сабымны
ṭökṭi ṣḍ oljo iṇjgöṇm oglnm ḅiṛḳi ogšm bodnm ḅiṛja
тöктi, äшiд! улыjу iнjiгўнiм оҕланым бiркi уҕышым будуным, бäрijä
šdpitḅgḷṛ jirja trkt bojrq ḅgḷṛ otz...... tqozogz
шадапыт бäрläр, jыраjа таркат буiрук бäрläр, отуз..... Токуз Оҕуз
ḅgḷṛi bodni busbmṇ ḍgöṭi ṣḍ ktgdi ṭin̊la iḷgṛö ḳöṇ
бäрläрi будуны бу сабымны äдгўтi äшiд! катыҕды тiңlä! iлгäрў кўн
2) togska ḅiṛgṛö ḳöṇ ortoṣin̊ro qorigro ḳöṇ batṣqin̊a
тоҕушыкыңа, бäргäрў кўн ортусыңару, курыҕару кўн батышыкыңа
jirgro ṭöṇ ortuṣin̊ru n͡da č̣ṛḳi bodn qop mn̊a ḳöṛöṛ mṇ bon͡ča
jырҕару тўн ортусыңару анда iчрäкi будун куп маңа кöрўр, мäн бунча
qop iṭḍlm olmti j̣gjq ṭöṛc kgn öṭcṇ jiš olrsr iḷṭa
кöн äттiм, улымады jаҕы jok тўрк каҕан öтўкäн jыш уларсар älтä

(1) Ich, der himmelsgleiche, vom Himmel gewordene türkische Bilgä (weise) Chan, während dieser Zeit bin ich mächtig geworden, (denn der Himmel) hat meinen Ruhm ausgestreut, höre! dich (an mich) anschliessend, du meine Familie, meine Soldaten, meine Weisen, mein Volk, einerseits ihr Schadapyt Herren, andererseits ihr Beamten, ihr dreissig... ihr Herren und Volk der neun Ogus, höre(t), wie gut mein Ruhm ist, vernehmet, wie mächtig (er ist. Er erstreckt sich) nach vorn, d. h. nach (2) Sonnenaufgang, nach rechts, d. h. nach Mittag, nach hinten, d. h. nach Sonnenuntergang, nach links, d. h. nach Mitternacht. Dort schaut das innere Volk treu ergeben auf mich, hier habe ich, mich erhebend, gewirkt, (ich) der türkische Chan, dem kein Feind sich nicht untergeordnet hat, (es ist) das Waldge-

birge, wo die erstarkenden Stämme keine Reichthümer besitzen. Nach vorn (Osten) bin ich bis zur Ebene Schandung gezogen, bin aber nicht zu den Talui hinübergegangen, nach rechts (Süden) bin ich bis nach Tokus- (3) Ärsin gezogen, bin aber nicht zu den Tibetanern hinübergegangen, nach rückwärts (Westen) bin ich, über den Fluss Jäntschü setzend, bis zum Eisernen Thore, nach links (Norden) bis zum Lande Järing-jarku gezogen. Bis zu allen diesen Ländern habe ich meine Kriegszüge ausgedehnt. Im geliebten Bergwalde giebt es keine Kostbarkeiten. Das Land, wo wir das Volk gebildet haben, ist der geliebte Bergwald. Nachdem ich in diesem Lande erstarkt war, bin ich mit den Chinesen in Verbindung getreten. Die Chinesen,

boṅjq iḷgṛö šndoṅ jazika ṭgi ṣöḷḍm tlojka ḳiċg ṭgmḍm
буң jok ilräpӳ Шандуң jазыка тäri сӳлäдiм, Талуiка кäчiг тäгмäдiм,
ḅiṛgṛö tqoz
бäрräpӳ Токуз

3) ṛṣṇka ṭgi ṣöḷḍm ṭöpöṭḳa ḳiċg ṭgmḍm qorigro jnċöjiṇ
Äрсiнкä тäri сӳлäдiм, Тӳпӳткä кäчiг тäгмäдiм, курыҕару Jäнчӳjiн
ḳċa ṭmṛkpgka ṭgi ṣöḷḍm jirgro jṛṅjrqo jiṛṅa ṭgi
кäчä Тäмiр Капыҕка тäri сӳлäдiм, jырҕару Jäрiң-japky jäpiңä тäri
ṣöḷḍm bonċa ḅiṛka ṭgi jortdm öṭcṇ jšda jig iḍijq ṛmṣ
сӳлäдiм, бунча бiркä тäri jорттым öтӳкäн jыша jäг äдi jok äрмiш.
iḷtotsq jiṛ öṭcṇ jišṛmṣ bojiṛḍa olrp tabgč bodn ḅiṛḷa
Äl тутсак jäp öтӳкäн jыш äрмiш. Бу jäрдä уларын табҕач будун бiрlä
ṭözḷṭm lton ḳömṣ iṣgṭi
тӳзälтiм. Алтун кӳмӳш iciнтi

4) qotj boṅsz nċaḅiṛöṛ tbgč budn sbi ṣöčig giṣi jimšk
кутаi буңсаз анча бäрӳр табҕач будун сабы сӳчiг аҕысы jымшак
ṛmś ṣöčig sbn jmšk giṇ rp irkbodng nċajgotiṛ
äрмiш. Сӳчiг сабын jымшак аҕын арын ырак будунны анча jаҕутыр
ṛmš jgro qondqda ḳiṣra jgḅiḷg ndaöjöṛ ṛmš ḍgö ḅiḷga
äрмiш, jаҕру кондукта кiсрä ajыҕ бiliг анда ӳjӳр äрмiш, äдгӳ бilгä
ḳiṣig ḍgö lpḳiṣig jortmz ṛmṣ ḅirḳiṣi jaṅlsr ogši
кiшiнi äдгӳ алп кiшiнi jортмаз äрмiш, бiр кiшi jаңылсар уҕышы
bodni ḅiṣciṅa ṭgi qidmz
будуны бäсӳкiңä тäri кыдмаз

5) ṛmš ṣöčig sbiṅa jmšk giṣiṅa rtorp cöṣ ṭöṛc bodn
äрмiш. Сӳчiг сабыңа jымшак аҕысыңа арттурун öкӳш тӳрк будун
öḷṭg ṭöṛc bodn öḷṣkṅ ḅiṛja čogj jiš ṭögḷṭṇ jzi qojbiṇ
ölтӳң. Тӳрк будун ölcäкiң бäрiјä чуҕаi jыш тöгӳlтiң. Jазы кojын äн

---

welche uns so viel Gold, Silber, Wohlgerüche, (4) Kutai (Seide?) und Bungsas geben, sind milde in Macht(äusserung) und mässig in Tribut(forderung). Da sie durch Milde und mässige Tribut(forderung) hervorstehen, haben sie die fernen Völker sich nahe gebracht. Da sie dicht zusammen leben, so ist (bei ihnen) einsichtsvolles Wissen verbreitet. Niemand greift (aber) einen weisen Menschen und einen guten Helden an. (Selbst) der sich irrende Mensch wagt sich nicht an die Ehre (den Schmuck) ihrer Weisen und ihres Volkes. (5) Da ihr ihnen an Milde und mässiger Tribut(forderung) nachstandet, sind viele von euch, dem Türken-Volke, gestorben. Da (viele) von euch Türken gestorben waren, so habt ihr euch über den dichten Berg-

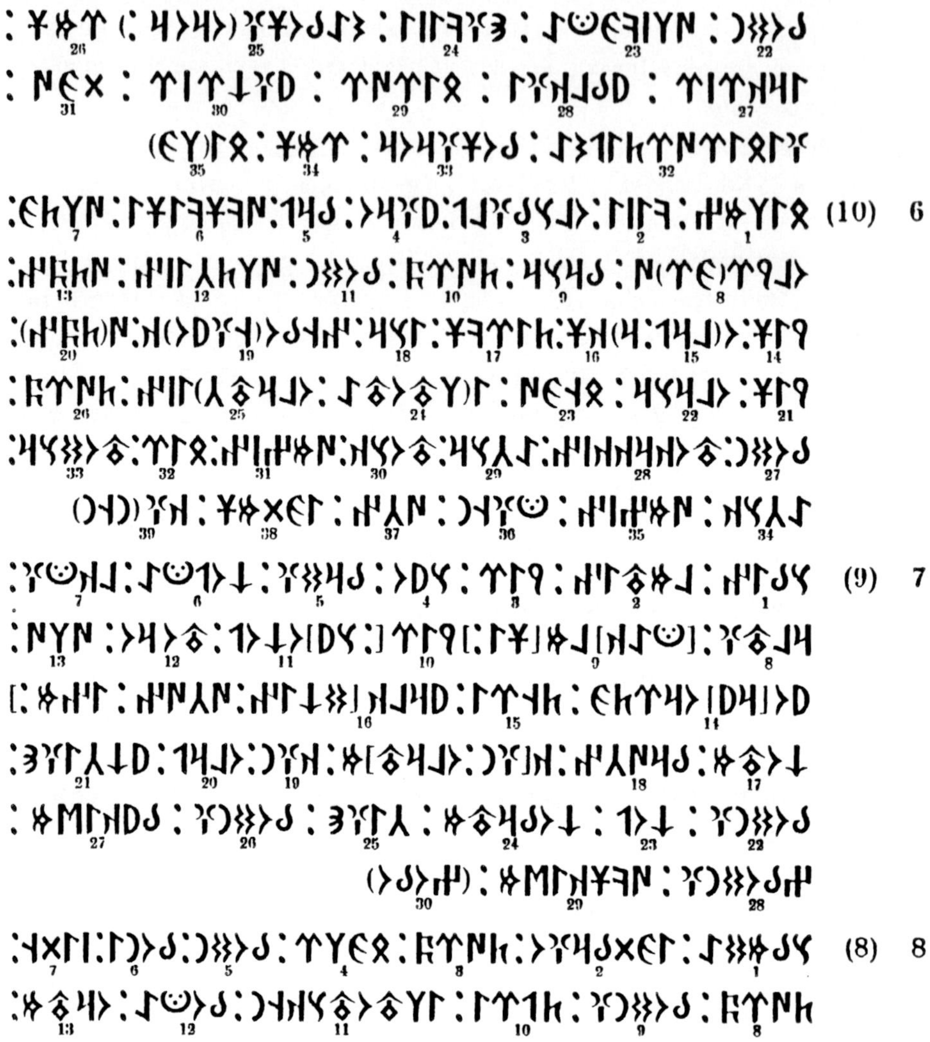

wald ergossen. Da so viele von euch, dem Türkenvolke, die da sagten: «verlasset die Ebene!» gestorben waren, erregten die einsichtsvollen Leute Zorn, indem sie sagten: wer fern ist, giebt schlechten Tribut, wer nah ist, giebt guten Tribut. Da aber (6) unwissende Menschen diesen berühmten Helden entgegen gingen, so sind viele von euch gestorben. Durch die Todten dieses nach allen Seiten ausziehenden Türkenvolkes und dadurch, dass das geliebte Land erstarkte, der geliebte Bergwald, in dem es nirgends kostbare (?) Waaren giebt, sich erhob, und die Regierenden der ewigen Stämme an Macht zunahmen, weil das Türkenvolk von Fremden (umgeben war) und weil, wenn es hungrig war, es sich sättigen wollte, und wenn es einmal satt geworden, (wieder) hungrig wurde, so seid ihr, wegen

ṭiṣṛ ṭöṛc bodn ölṣkgịḍa ǰgḳiṣi n͡ča bošgoror ṛmš
тäсäр тӯрк будун ölcäкіңіндä ajыҕ кіші анча бушҕурур äрміш,
irkṛṣṛ jblkgi ḅiṛöṛ jgq ṛṣṛ ḍgö giḅiṛöṛṭipn͡ča
ырак äрсäр jаблак аҕы бäрӯр, jаҕук äрсäр äдгӯ аҕы бäрӯр тäп анча
bošgoror ṛmṣ ḅiḷg
бушҕурур äрміш. Bilir

6) ḅiḷmz ḳiṣi olsbglp jgro brp ökšḳiši öḷṭg
біlмäз кіші ол саблыҕ алп jаҕру барып öкӯш кіші ölтӯң.
olǰṛgṛö brsr ṭöṛc bodn öḷṭčiṣụ öṭöcụ ǰiš olrp rkš
Ол jäргäрӯ барсар тӯрк будун öлтäчiсiн, öтӯкäн jыш уларын аркыш
ṭiṛḳš isr ụn̂boṅgjok öṭcụ ǰiš olrsr ḅṅgö iḷtuta
тäркіш ысар нäң буң jok öтӯкäн jыш уларсар бäңгӯ äl тута
olrtčiṣụ ṭöṛc bodn tqrkkṣụ ačṣr to(d)skömzṣụ ḅiṛ todsr
улартачысын, тӯрк будун токракkысын, ачсар тодсак öмзiсiн, бір тодсар
ačṣk ömzṣụ n͡dgn̂n öčụ igḍmš kgn̂n
ачсак öмзiсiн, андаҕ аңын ӯчӯн äгідміш каҕаныңын

7) sbiụ lmtiụ ǰiṛ sjo brdg qopn͡da lkn͡dg rltg
сабын алматын jäр саjу бардың, kōн анда алкынтың арылтың,
n͡dklmši ǰiṛ sjoqop toro ölö jorjorṛṛṭg ṭṅṛi
анда калмышы jäр саjу kōн туру ölӯ jорыjур äртiң, täңрi
jrlkdqiụ öčöụ iụm qotm bröčụ kgn olrtm kgn olrp
jарылкадукын ӯчӯн iнiм кутум бар ӯчӯн kаҕан улартым. Kаҕан уларын
jqčigǰ bodng qop qobrtdm čiqǰ bodng bjki͡ldm
jok чыҕаі будунны kун кобарттым, чыҕаі будунну баі кылтым,
zbodng cöš ki͡ldm zobo
аз будунны öкӯш кылтым. Азу бу

8) sbmda igḍbrgo ṭöṛc ḅgḷṛ bodn boni ṣiḍn̂ ṭöṛc bodn ṭiṛp
сабымда iгiд барҕу тӯрк бäгläр будун буны äшідің! тӯрк будун тäрiп

---

dieser Umstände, gemäss dem Ansehen und der (7) Macht der von euch erhobenen Chane, in alle Länder gezogen, bei Aufständen seid ihr dort schwach und matt geworden, aber die Zurückgebliebenen von euch (ihnen) haben sich in jedem Lande erhoben, dabei sind (viele von euch) am Leben geblieben, (viele aber sind) gestorben. Da uns aber der Himmel gnädig war, und das Glück und mein jüngerer Bruder auf meiner Seite waren, bin ich zur Chanswürde emporgestiegen. Als Chan habe ich das elende, arme Volk aufgerichtet, das arme Volk reich gemacht, das wenige Volk zahlreich gemacht. Die ihr durch diesen (8) meinen Einfluss erstarkt seid, ihr türkischen Fürsten und Volk höret dies! Wie ihr, das türkische Volk, sammelnd,

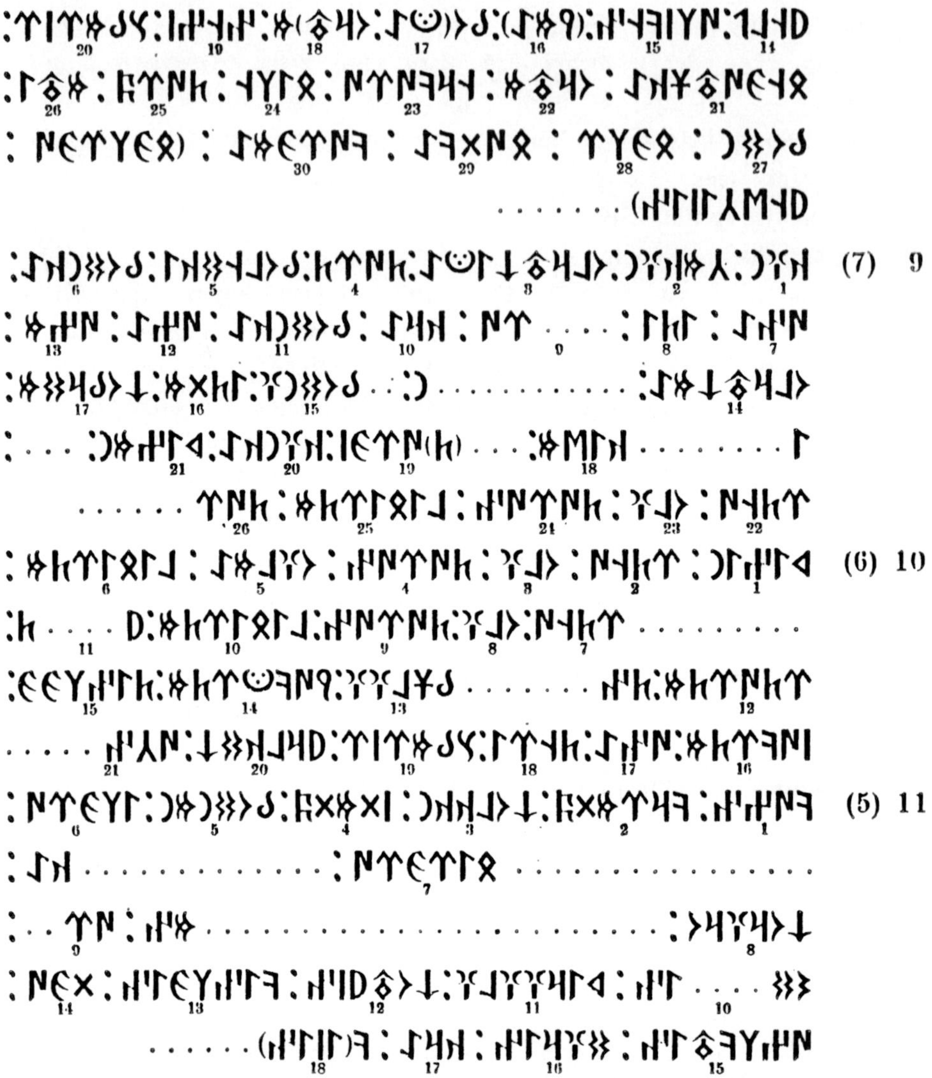

Stämme gebildet habt, habe ich hier aufgezeichnet, wie ihr wegen eurer Fehler gestorben seid, habe ich Alles hier aufgezeichnet. Wie mein Ruhm sich nicht auf Reichthum gründet, habe ich auf diesem ewigen Steine aufgezeichnet. Deshalb wisset, dass ich die Treue (wörtl. das Schauen auf den Thron) des Volkes und der Fürsten der Türken und die Widersetzlichkeiten (wörtl. die Irrenden) der Fürsten [auf diesen Gedenkstein aufgezeichnet habe. Als mein Vater] (9) der Chan, und mein Onkel, der Chan, zur Macht gelangt waren, über die in den vier Winkeln wohnenden Völker . . . . über das gemeine Volk mich erhebend. . . . . richtete ich das Volk ein, richtete es auf . . . . (Frieden) machte ich . . . . Dem Türgäs meine Tochter . . . .

iļtotskṅn bonda ortm jṅlp öļşkṅņ jma bonda ortm
äl тутсакыңны бунда уртум, jaңылын ölcäkiңнi jäмä бунда уртум,
ņṅşzş sbmŗşŗ ḅṅgö tška ortm ṅrköŗö ḅiļṅ ţöŗc mti
нäңсiз сабым äрсäр бäңrÿ ташка уртум, аңар кöрÿ біlіц! тÿрк маты
bodn ḅgļŗ ḅödka köŗgma ḅgļŗgö jṅldčişiņ . . . .
будун бäгläр бöдкä кöрÿгÿмä бäгläр . . . jaңылтачысын [мäн бäңrÿ
. . . .
ташка уртум. Акаңым]

9) kgn čim kgn olrtqinda ţöŗţ bolṅdki bodnka öza iţi . . rö
каҕан äчiм каҕан уlартукында тöрт булуңдакы булунка öзä . . . . . .
kra bodnka öza özm olrdqma . . . . n. . . . . bodng iţdm
кара будунҕа öзä öзÿм уlартукыма . . . . будунну äттiм
qobrdm . . . . kildm . . . . ţöŗgs kgnka qizmn . . . . . ŗţṅö
кобардым . . . . кылтым . . . тÿргäс каҕанка кызымны . . . äртäңÿ
olg ţöŗöņ libiŗţm tör . . .
улуҕ тöрÿн алы-бäрiм . . . . . .

10) qizin rtṅö olg ţöŗöņ oglma libiŗţm j . . . . ţ ŗţöŗţm ţn . .
кызын äртäнÿ улуҕ тöрÿн оҕлума алы-бäрiм . . . . . . äртÿрiм . . . .
. . . . bšlgg jökṅdŗţm ţişligg şökŗtm öza ţṅŗi
. . . . башлыҕны jÿкÿнтÿрiм, äiзlirni cöкÿртiм öзä тäңрi
sbmrsr jrlkdq öčn . . . .
сабым äрсäр jарылкадук ÿчÿн . . . . . .

11) közn köŗmdc qolkkn şdmdc bodnmn ilgrö . . . .
кöзÿн кöрмäдÿк кулкакын äшiдмäдÿк будунымны ilгäрÿ (Кытаi
. . . . brgrö . . . . ka qorqro . . . .
Татабы будунка) бäргäрÿ (танкач будун)ка курыҕару . . . .
. . . . . . mṅ ör . . . nčd . . . in qirgglg qotaisn kiņļigiņ dgö
. . . . . . мäн . . . . аҕыр аҕылык кутаiсын äкinlirin äдrÿ
özļķtiņ dgrin kra kişiņ . . . . . .
öзläк атын адаҕрын кара кiшiн . . . . . .

---

seinen durch Huldigung hohen Ehrenplatz übergab ich ihm. (Der) Tür(gäs-Chan?) . . . . . . (10) seine Tochter seinen durch Huldigung hohen Ehrenplatz übergab ich meinem Sohne . . . . . . richtete ein . . . . . . die Häuptlinge unterwarf ich (mir), die Hoheit machte ich mir unterthan. Da oben der Himmel, der mein Ruhm ist, mir gnädig war, ... (11) so habe ich das Volk, das mit den Augen nicht zu sehen vermag und mit den Ohren nicht zu hören vermag, vorwärts (zum Kytai-Volke) nach rechts, (zu den Chinesen) nach hinten, zu den . . . . (geführt) und habe . . . . als

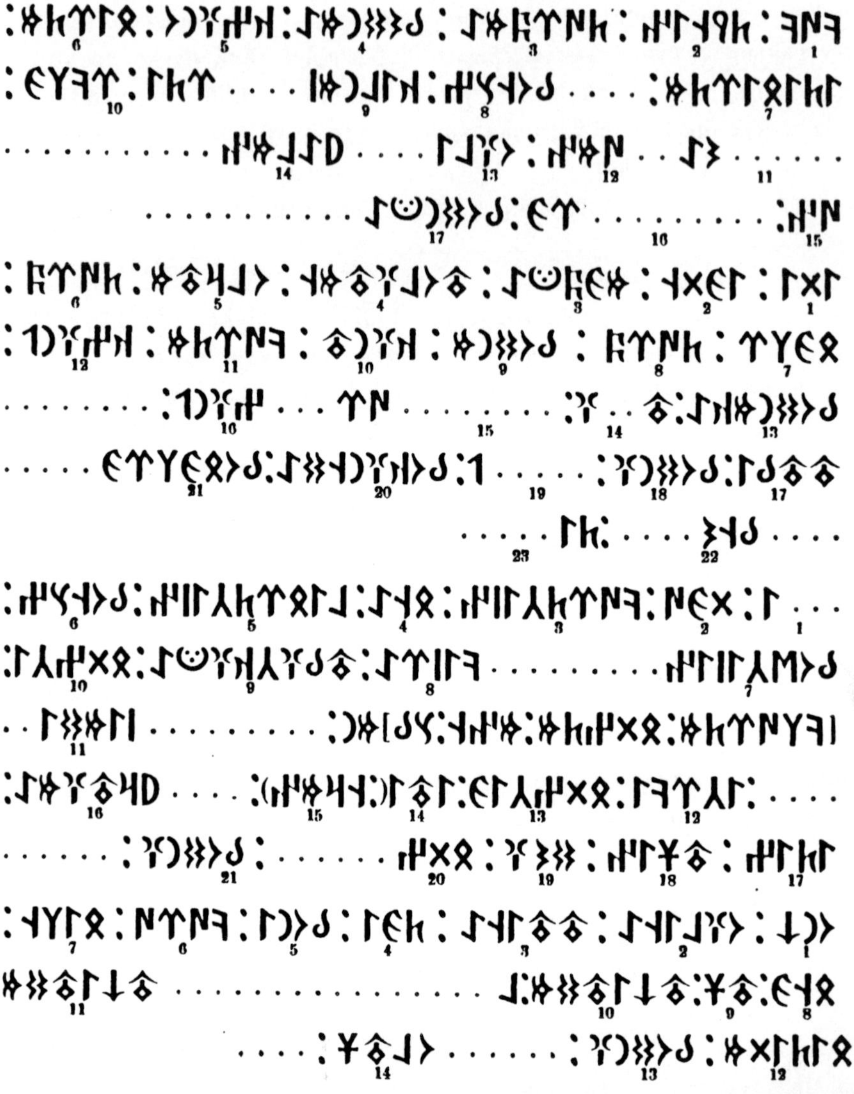

(4) 12

(3) 13

(2) 14

(1) 15

gewichtigen Lohn: Seide (?), Getreide, gute Pferde, schwarze Zobel . . . . . (12) und blaue Eichhörnchen für mein Türkenvolk erworben und (Alles) eingerichtet . . . . . . Kostbarkeiten sind hergestellt worden . . . . . war, stark . . . . so viel . . . . mein eigener Sohn . . . . das starke Volk dort . . . . (13) deine trefflichen Jünglinge, in Schmerzen möget ihr euch nicht winden, (denn ich) habe mich (zur Chanswürde) erhoben. Die türkischen Fürsten und mein Volk habe ich gleich Fürsten geehrt. Erwerbend meinem Volke . . . . erwerbend . . . . das Tatabi-Volk . . . . von diesen deinem Chane, diese Fürsten . . . .

12) kök tjṅin ṭörcma bodnma kzgno birtm iṭiḅirṭm . . . . . . boṅsz
кӧк тіjіңін тӱркӱмӓ будуныма казҕану бӓртім, ӓтӱ бӓртім . . . . . буңсаз
kilnmš . . . . . . ṛṭi ṛkḷg . . . . . . nča . . . özm ogli . . . . . jalmn . .
кылынмыш . . . ӓрті, ӓріклік . . . . . анча . . ӧзім оҕлы . . . .
ön . . . . ṛg bodnnda . . . .
. . . . ӓріг будун анда . . . .

13) idi igḍṅ ṇgcnda tolgtmṅ olrtm ṭörc ḅgḷṛ ṭorc bodnm
ӓді ігідің ӓмгӓкӱндӓ толҕатмаң улартым тӱрк бӓгlӓр тӱрк будуным
kgnt köṛṭm kzgnp bodnmka . . . t . . g . . . ör . . zgnp
каҕан ат кӧртӱм. Казҕаным будунымка . . . . казҕаным
. . . . ttbi bodng . . . . p bokgnṅdc boḅgḷṛg . . . . . .
. . . . Татабы будуны . . . . . бу каҕаныңда бу бӓгlӓрні . . . .
bṅnč . . . . . . ti . . . .
. . . .

14) . . i dgö köṛṭčiṣṇ ḅṅa liḅṛṭčiṣṇ boṅsz bolḍšisin . . . .
. . . ӓдгӱ кӧртӓчісін ӓбіңӓ алы-бӓртӓчісін бунсаз бултачысын . . . . . .
ḳiṣṛa tbgčkgnda ḅḍzči [kḷöṛtm ḅḍzṭm] sbmn . . . .
кісрӓ табҕач каҕанта бӓдізчі кӓlӱртім бӓдізтім сабыны . . . .
ṣimdi . . . . ičrki ḅḍzčig iti ṅrmn . . . . . jrtgma
сыімады. Табҕач каҕан ічрӓкі бӓдізчіні ытты аңар мӓн . . . jаратыҕма
itiz tšiṇ dnčg bdz . . . . bodng . . . .
ӓтіз ташында анчыҕ бӓдіз . . . будуны . . . . . .

15) onq ogliṅa ttiṅa ṭgi boni köṛö ḅiḷṅ bng tš toqitdm l . . .
унук оҕлыңа татыңа тӓгі буны кӧрӱ білің бӓңгӱ таш токыттым . . . .
. . . . toqitdm bitidm bodng . . . . oltš . . . . . .
. . . . токыттым бітідім будуны . . . . . ол таш . . . .

---

(14) . . . . (Um auf diesen Stein aufzeichnen zu lassen), wer von ihnen treu mir anhing, wer deinem Hause Vortheil brachte, wer Schätze erwarb . . . . habe ich darauf Arbeiter vom chinesischen Chane kommen lassen und (Alles) herrichten lassen. Meinen Ruhm kann (dieser Stein) nicht fassen. (Der chinesische Chan) schickte Arbeiter aus dem Innern (Chinas), von diesen habe ich . . . . . herrichten und eine solche Arbeit (ausführen) lassen . . . . das Volk . . . . (15) bis zu deinen geliebten Söhnen und Enkeln (?) möget ihr (Alle diesen Stein) anschauend, wissen, dass ich den Stein habe aufstellen lassen . . . . aufstellen lassen und mit einer Inschrift versehen habe, das Volk . . . . dieser Stein . . . . . .

d) Inschriften auf den Ecken.

. . . . X. I.

5 4 3 2 1

11 10 9 8 7 6

. . . . . .

13 12

. . . X. II.

7 6 5 4 3 2 1

13 . . . . . .

12 11 10 9 8

. . . .

15 14

XI. . . . . ich, Jollyg-Tegin, habe dies geschrieben, dieses Werk, diese Arbeit . . . . ich, Jollyg-Tegin, habe dies, einen Monat und vier Tage hier verweilend, geschrieben und Alles ausgeführt.

---

e) Inschrift auf dem Schilde der chinesischen Inschrift (Xc).

(Atlas Taf. XXI.)

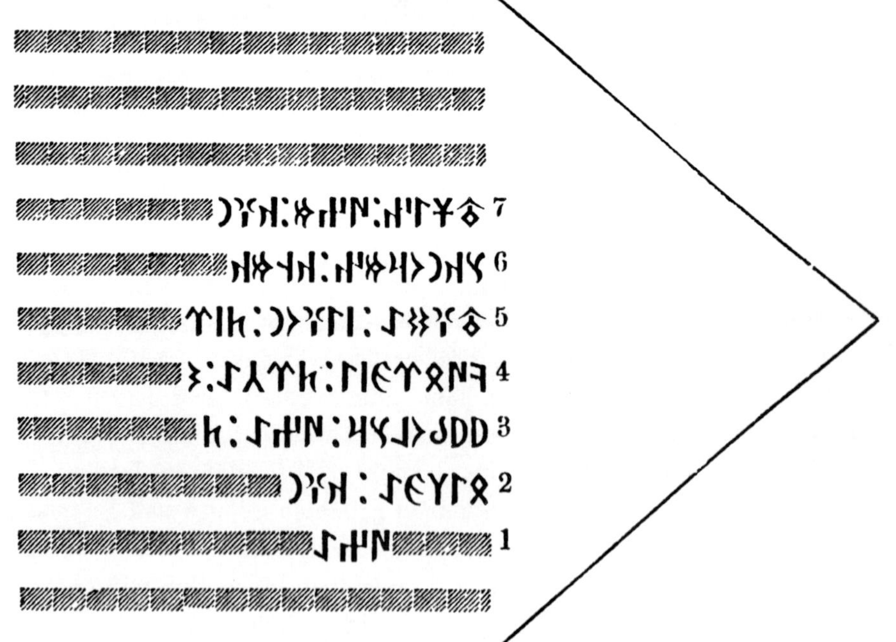

Transscription.

X I. ....jolgtig̨n ḅiṭḍm bon͡ča brkg ḅḍzg̨ ozi......
.........Јоллыҕ Тäгін бітідім, бунча баркны бäдізні узы......
...... ṭig̨ṅ mn jrtqi ṭöṛṭḳön torp ḅiṭiḍm ḅḍztm......
(Јоллыҕ) Тäгін мäн аі артукы тöрт кӳн туруп бітідім бäдізтім ....
X II. ...öṅg̨ jogro ṣöjorp ṭöŋ̣ḷi ḳöŋ̣ḷi jiti ödšḳa sobsz ḳčḍm
...... јоҕру сӳ јорып тӳнlі кӳнlі јäті öдӳшкä субсыз кäчтім
čorkka ṭg̨i jolgṭig̨ŋ̣g̨............ bṣ ḳčaḳa ṭg̨i............
чоракка тäгі Јоллыҕ Тäгінні ...... бäш кäчäкä тäгі...........

X II. Zu der Leichenfeier mit dem Heere ziehend, Tag und Nacht, sieben Tage überschritt ich die wasserlose (Wüste) bis zum Tschorak (Orchon ?), den Jollyg-Tegin......bis sieben Abende (Nächte ?).....

---

1) .....öza..............	1) .....auf..............
.....öзä..............	
2) ḅiḷg̨a kgn.............	2) der Bilgä-Chan..........
бilгä каҕан............	
3) jjbolsr ọ̈za..........	3) wenn Sommer wird.......
jai болсар öзä..........	
4) ḳöḅṛg̨ṣi ṭṛča...........	4) ....
....	
5) tgda sigon tṣr..........	5) auf dem Berge.....sagend.
таҕда.... тäсäр.........	
6) sknormn kṅmk........	6) ich denke an meinen Vater, den
сакынурмäн акаӊым каҕанка	Chan [deshalb habe ich diesen]
7) tšiŋ̣ özm kgn.........	7) seinen Stein ich selbst, der
ташын бзӳм каҕан	Chan [hier aufgestellt]

Verbesserungen.

Pag.	Zeile	statt:	lies:
1	16	[runic text] (o) o, u	[runic text] (o) o, y
10	14,18 (Text)	[runic text]	[runic text]
16	27,8 »	[runic text]	[runic text]
	25 penult. »	[runic text]	[runic text]
26	4,18 »	[runic text]	[runic text]
32	6,6 »	[runic text]	[runic text]
36	10,9 »	[runic text]	[runic text]
36	13,5 » } 13,7 »	[runic text]	[runic text]
	13,11 »	[runic text]	[runic text]
37	13 (Transscr.)	ṛigjṛtṣ	ṛigjṛtä
38 K II	25 (Text)	[runic text]	[runic text]
46	6,27 »	[runic text]	[runic text]
48	10,34 »	[runic text]	[runic text]
50	13 »	[runic text]	[runic text]
	14,18 »	[runic text]	[runic text]
52	16,1 »	[runic text]	[runic text]
	16,5 »	[runic text]	[runic text]
54	19,23 »	[runic text]	[runic text]
	20,16 »	[runic text]	[runic text]
58	26,25 »	[runic text]	[runic text]
70	8,17 »	[runic text]	[runic text]
	10,2 »	[runic text]	[runic text]
76	8,10 »	[runic text]	[runic text]
78	11,2 »	[runic text]	[runic text]
80	12,4 »	[runic text]	[runic text]

In der Transscription ist (Ka 5,6, X 29,5, Xb 4,2—12,8—14,6) буңсаз in буңсыз zu ändern. Die Uebersetzung dieser Stellen und von [runic text] (Ka 3,11, Xb 2,29), [runic text] (Ka 8,12, Xb 6,19) ist nach буң und буңсыз im Glossar zu verbessern, ebenso diese unter andern Wörtern aufgeführten Stellen des Glossars.

Glossar zu den Denkmälern von Koscho-Zaidam.

A.

ai [alle Dial.]
der Mond, Monat; [runic] (Xa 8,9) онынч ai der zehnte Monat; [runic] (Xa 8,15) бäшiнч ai der fünfte Monat; [runic] (X I,9) ai артукы тöрт кӱн ein Monat und vier Tage; [runic] (K III,12) jäтiнч ai der siebente Monat.

ai (v) [Uig., ai (sagen), alle anderen Dial. аiт, nur in der Dschagataischen Schriftsprache sind Spuren von ai zu finden]
sagen, nennen; [runic] (K 10,23, X 10,3, 19,27, 25,8, 35,4, 35,14) аiдук genannt; [runic] (K 23,21) аiдук öгӱкäн јыш der genannte liebe Bergwald.

ak [alle Dial.]
weiss; [runic] (K 40,13) алп шалчы ак атын sein weisses Pferd, den Alp-Schaltschy; [runic] (Kb 2,5–2,23) алп шалчы акын seinen Alp-Schaltschy-Schimmel; [runic] (Kb 9,1) öксӱз акын seinen verwaisten Schimmel; [runic] (Kb 5,2–6,11) азман акын seinen Azman-Schimmel.

акаҥ [allen Dial. unbekannt, das Kir. ӓкӓ könnte aus dieser alten Form entstanden sein]
der Vater; [runic] (X 18,19), [runic] (K 5,10, X 6,3) акаҥын тäг wie sein Vater; [runic] (K 16,5–11,10, X 10,14–13,19, Xa 12,20–11,8) акаҥым mein Vater; [runic] (K 26,18) акаҥымыз unser Vater; [runic] (K 11,19, 12,14–14,21, 30,18, X 10,25,) акаҥым каҕан mein Vater, der Chan; [runic] (K 25,10, X 20,33) акаҥым каҕанны meinen Vater, den Chan.

акыт (v) [von ак+ыт, vergl. аҕыт]
fliessen lassen, loslassen; [runic] (Kb 8,15) Кӱl-Тäгiн бäг башлаjу акыттымыз wir liessen Kül-Tegin an der Spitze der Fürsten (auf den Feind) los.

аҕы [Uig., аҕы (freigiebig), der Stamm ist gewiss ак (fliessen)]
das Geschenk, der Lohn, die Abgabe, der Tribut, der Werth; [runic] (Ka 7,12, 7,16), аҕы бäрӱр er giebt Tribut; [runic] (X 65,33) аҕы бäрӱр тäп анча; [runic] (Kb 12,7) бiр тӱмäн аҕы im Werthe eines Tümän; [runic] (X 5,28) јаблак аҕы schlechter Lohn, schlechter Tribut; [runic] (Ka 5,12, Xb 4,7) аҕысы ihre Abgaben; [runic] (Ka 6,19, Xb 5,5) јымшак аҕысыҥа артгурун euch durch ihre milden Abgaben übertreffen lassend; [runic] (Ka 5,18, Xb 4,13) јымшак аҕын durch den nicht harten Tribut.

аҕыр [аҕыр Uig. und südliche Dial.] schwer, gewichtig, wichtig; [runic] (X 2,18) аҕыр тӧрӱӈӱ wichtige Gesetze; [runic] (gewiss fehlerhaft für [runic]) (Xb 11,11) аҕыр аҕылык sehr werthvoll.

аҕылык [von аҕы-+-лык] Werth habend; [runic] (Xb 11,11, vergl. аҕыр) аҕыр аҕылык von hohem Werthe.

аҕыт (v) [von ak (v), vergl. акыт] loslassen; [runic] (X 31,6) аҕыттым.

аҕыш [von ak (fliessen) -+-ш] die Habe (?), das Einkommen (?); [runic] (K I,4) алтунын кӱмӱшін аҕышын, барымын sein Gold, sein Silber, sein Einkommen und seine Habe.

Аҕу eine Oertlichkeit; [runic] (X 34,10) Аҕуда äкі улуҕ сӧӈӱш сӧӈӱштіміз bei Agu schlugen wir zwei grosse Schlachten.

аҕры (v) [Uig., Abak. und südliche Dial.] krank sein, [runic] (Xa 7,3) оҕлым аҕрын jok болча als mein Sohn an einer Krankheit gestorben war.

аӈ [Uig. u. südl. Dial., vergl. аӈла (v) verstehen] das Verständniss, die Einsicht; [runic] (Ka 8,28, Xb 6,36) андаҕ аныӈ aus solcher Einsicht, unter solchen Umständen.

ajыҕ [ajык (Uig. Tel. Osm.), vergl. ai (Alt.)] klar von Geist, aufgeweckt, aufgeklärt, klug; [runic] (Ka 7,6, Xb 5,24) ajыҕ кіші kluge Leute; [runic] (Ka 5,26) ajыҕ білір Klugheit und Wissen; [runic] (Xb 4,21) ajыҕ білігні.

анда [Locat. von ол] dort, damals; [runic] (K 14,3, Ka 2,20, X 5,26—26,9—27,23—31,9, Xb 2,11); [runic] (X 24,29—27,18—28,8—29,16—38,18—34,17) анда алтым da nahm ich, eroberte ich; [runic] (X 12,9) анда äтміш damals hat er eingerichtet; [runic] (X 28,6) анда ӧлӱртӱм ich habe dort getödtet; [runic] (K 40,18) анда ӧлӱрміш; [runic] (Kb 8,7) анда ӧлӱртіміз haben wir dort getödtet; [runic] (Ka 5,27, Xb 4,22) анда ӱјӱр äрміш war dort aufgehäuft; [runic] (Ka 9,11) анда калмышы die von ihnen dort zurückgebliebenen; [runic] (X 31,8) анда тäрilті sind dort gesammelt worden; [runic] (K 4,27—5,5, 34,7—39,10, X 23,15) анда кісрä darauf; [runic] (X 12,12) анда бäрміш; [runic] (K 32,12—34,6, X 25,12) анда jokkыштымыз haben wir dort vernichtet; [runic] (Kb 3,12) анда jok болты kamen dort um; [runic] (K 38,4) анда jана; [runic] (X 25,4—37,14—39,11) анда буздым; [runic] (X 32,32) анда санчтым; [runic] (K 33,7—33,16, Kb 4,3) ол ат анда ӧлті dieses Pferd starb dort; [runic] (X 31,22) сӱсін анда санчты das Heer stach er dort nieder; [runic] (Ka 9,8, Xb 7,6) kӱн анда.

андаҕ [von ол-+-тäг] ein solcher; [runic] (K 4,24), [runic] (X 5,21) андаҕ кӱлӱг каҕан äрміш ein so heldenmüthiger Chan war er; [runic] (Ka 8,28, Xb 6,36) андаҕ аңын unter solchen Umständen; [runic] (K 40,4) андаҕ ӧдкä zu solcher Zeit, zu dieser Zeit, unter solchen Zeitverhältnissen.

анча [von ол+ча]

so viel, auf solche Weise, solange; [illegible] (K 3,5, Ka 7,7, Kb 11,1, X 17,21); [illegible] (K 21,9–21,16, X 18,6–17,27) анча äттiмiз so richteten wir sie ein; [illegible] (X 17,26–18,5); [illegible] (K 21,8–21,15) анча контуртымыз; [illegible] (K 9,2), [illegible] (K 11,2), [illegible] (X 8,21) анча тäмiш sie sprachen so; [illegible] (X 9,11), [illegible] (K 9,19) анча тäп; [illegible] (X 10,6) анча тäмiш äрiнч; [illegible] (K 27,15, X 22,20) анча казҕаным; [illegible] (Xa 8,1) анча казҕану, [illegible] (K 22,1) анча казҕанмыш; [illegible] (X 34,18) анча казҕандым so viel habe ich erworben; [illegible] (Ka 13,12) анча бiлiң! so wisset! [illegible] (Ka 5,7, Xb 4,3) анча бäрӳр so viel geben sie; [illegible] (K 3,18) анча тутмыш; [illegible] (X 4,21) анча тутмыш äрiнч; [illegible] (Ka 5,21, Xb 4,16) анча јаҕутыр; [illegible] (Xb 5,25) анча бушҕурур; [illegible] (Ka 7,17) тäп анча; [illegible] (Xb 5,32) аҕы бäрӳр тäп анча бушҕурур äрмiш sie geben Tribut sagend, erregten sie so; [illegible] (K 32,10) анча улыды.

анчыҕ [von ол+чы+ҕы]

solch; [illegible] (Ka 12,11), [illegible] (Xb 14,19) [ташын]да анчыҕ бäдiз уртуртум auf dem Steine solche Arbeit habe ich einhauen lassen.

ар (v) [der Stamm der jetzt nur noch in den Causativ-Formen erhaltenen Zeitwörter арт und арттыр]

mehr, grösser sein, hervorragen, übertreffen, [illegible] (Ka 5,19, Xb 4,14) сӳчiг сабын јымшак аҕын арып ырак будуны анча јаҕутыр äрмiш da sie durch ihre Milde und weichen Tribut hervorragten, brachten sie sich die fernen Völker nahe.

ара [alle Dial.]

der Zwischenraum, zwischen; [illegible] (K 1,7–2,22), [illegible] (X 4,4, fehlerhaft für [illegible]) äкiн ара zwischen beiden; [illegible] (K 37,13, X 27,33) бу арача von dieser Seite.

арыл (v) [Uig., in den übrigen Dial. ары und ар]

ermüden; [illegible] (Ka 9,10, Xb 7,8) алкынтың арылтың du bist schwach geworden und ermüdet.

арка-гӳн [von арка+кӳн]

die Verwandten, Familie; [illegible] (Kb 11,15) арка-гӳнӳм.

аркыш [аркы тäркi (Alt.)]

kreuz und quer; [illegible] (Ka 8,9, Xb 6,16) аркыш тäркiш hin und her.

аркашыд(?) [vergl. аркаш (Uig.) Freund]

der Anhänger (?), [illegible] (X 25,20) аркашыдымыз.

арт (v) [von ар+т. In den übrigen Dial. meist intransitiv, vergl. ар (v). Die jetzige Bedeutung von арт ist gewiss durch falsche Zerlegung von артык in арт+ык entstanden]

vergrössern; [illegible] (K 22,19, X 19,5) äliңнi тöрӳңнi кäм артты? wer hat dein Volk und deine Gesetze vergrössert?

артук [von ар+тук. Dass diese Entstehung richtig ist, beweist der Affixvocal у] mehr; [runic] (K 15,2, Xa 1,5), [runic] (K III,17) кырк артукы järi sieben und vierzig; (X 28,27) отуз артукы бір ein und dreissig; [runic] (X 38,6) отуз артукы тöрт, (Xa 7,21) отуз артукы бір, (Xa 2,3) отуз артукы сäкiз; [runic] (K 33,20) jÿз артук; [runic] (X I,9) ai артукы тöрт кÿн ein Monat und vier Tage.

арттур (v) [von ар-+-т-+-тур]
vermehren lassen, sich übertreffen lassen, nachstehen; [runic] (Ka 6,20, Xb 5,6) сÿчiг сабыңа jымшак аҕысыңа арттуруп öкÿш тÿрк будун öltiң da du durch Milde und weichen Tribut (dich) übertreffen liessest, starbst du, zahlreiches Türkenvolk.

армакчы [ارباغ] (Dsch.) die Lüge, der Betrug, арбау (Kir. Bar.), ارباغجى (Dsch.), арбаузы (Bar.) der Betrüger, der Betrüger, Zauberer; [runic] (K 6,9) армыкчысын ÿчÿн wegen ihrer Betrüger (Zauberer).

ал (v) [alle Dial.]
nehmen; [runic] (K 40,19) алмыш er hat genommen; [runic] (X 38,5) ол jылкыны алып äгiттiм jene Pferde nehmend, habe ich sie aufgerichtet; [runic] (K 36,20, Kb 2,14, 6,18) алтымыз wir nahmen, eroberten; [runic] (K 38,13) äliн алтымыз wir haben das Volk unterworfen; [runic] (X 27,18, 28,8, 38,18, 24,29, 29,16, 34,17) анда алтым; [runic] (X 32,16) алыҕлы nehmend.

алыбäр (v) [von алы-+-бäр]
bringen, darbringen; [runic] (Xb 9,25, 10,10) алыбäртiм; [runic] (Xb 10,6) алыбäртiмiз; [runic] (K 8,22), [runic] (X 8,19) алыбäрмiш; [runic] (Xb 14,5) äбiңä алы бäртäчiсiн diejenigen von ihnen, welche nach deinem Hause gebracht hatten.

алуш (v) [von ал-+-уш]
sich fassen, kämpfen; [runic] (Kb 1,2) алушу туттук beim Kämpfen.

алкын (v) [Kkir., ermüden, ermatten]
ermatten; [runic] (Ka 9,9, Xb 7,7) алкынтың du wurdest matt.

алҕазын (?)
Name eines Jahres des Thiercyclus; [runic] (Xa 8,13) алҕазын jыл бäшiнч ai im Jahre Algasin (?), den fünften Monat (es folgt, wie man aus Xa 8,13 ersieht, auf ein mit [runic] endigendes Jahr, da aber auf jонт jыл das Schafjahr folgt, vergl. K III,2 [runic], so kann hier nur das Hundejahr [[runic] ыт-jыл] erwähnt sein. Dann wäre [runic] = тоңыз das Schweinejahr).

алты [alle Dial.]
sechs; [runic] (X 26,11) алты отуз sechs und dreissig; [runic] (Xa 8,10) алты отузкы der sechs und dreissigste; [runic] (X 28,14) алты jолы sechs Mal; [runic] (K 31,8) алты jiгipмi sechs und zwanzig; [runic] (K 31,14, X 24,32) алты чуб Суҕдак die sechs Stämme (?), die Sugdak; [runic] (K 20,7, X 17,5) алты äliм meine sechs Stämme.

алтыз (v) [von ал-+-тыз]
nehmen lassen, sich nehmen lassen, festgenommen werden; [runic] (K 38,3) öзi алтызды.

алтун [алтун (Uig.)]
das Gold; [runic] (Ka 5,2, Xa 9,8, Xb 3,33) алтун; [runic]

(K I,3) алтунын sein Gold (acc.); [runic] (Kb 12,8) алтун кӱмӱш Gold und Silber; [runic] (X 27,22) алтун јышны den goldenen Bergwald.

алп [алп (Uig.), алып (Alt.)]
der Held; [runic] (Ka 7,24); [runic] (X 4,11) алп kaҕан der Helden-Chan; [runic] (K 3,8) алп kaҕан äрмiш er war ein heldenmüthiger Chan; [runic] (K 40,1) алп äр ein heldenmüthiger Mann; [runic] (Ka 6,5) алп кiшiнi einen heldenmüthigen Menschen; [runic] (K 3,12, X 4,16) алп äрмiш äрiнч er war ein Held; [runic] (K 40,12, Kb 2,4, 2,22, 3,19) алп шалчы Name eines Pferdes des Kül-Tegin; [runic] (X 6,3) ол саблыҕ алп jener berühmte Held.

алпаҕу [الباغوت (Dsch.), vergl. јылпаҕут]
eine Würde; [runic] (Kb 7,11) бiр уҕыш алпаҕу.

алмат [vergl. албатты (Tel.), алматты (Alt.)]
der Unterthan (?), die Macht (?); [runic] (Ka 9,5, Xb 7,2) äгiдмiш kaҕаныҥын сабын, алматын (veranlasst) durch den Ruhm und die Macht der (von euch) erhobenen Chane.

ат [alle Dial., in den südl. Dial. auch ад]
der Name; [runic] (K 7,17, 7,22) атын; [runic] (X 41,14) ат бäртiм; [runic] (K 25,7—25,18, X 22,4, 21,9—36,4) аты кӱсi sein Name und sein Ruf; [runic] (X 7,22) атын; [runic] (K 20,8) kaҕан аты; [runic] (Kc 1,4) атын.

ат [alle Dial.]
das Pferd; [runic] (K 39,17) аты; [runic] (K 33,7—33,16, Kb 4,8) ол ат анда öлтi dieses Pferd starb dort; [runic] (K 33,18) торуҕ ат; [runic] (Xa 10,7, Xb 11,15) öзläк атын seine eigenen (?) (Reit-?) Pferde; [runic] (K 33,4—32,20) боз атны; [runic] (K 40,18) алп шалчы ak атын бiнiп sein weisses Alp-Schaltschy-Pferd besteigend.

ат (v) [alle Dial.]
schiessen; [runic] (X 41,8) аны атајын ich will ihn schiessen.

аты [allen anderen Dial. unbekannt. Die Bedeutung ist aus den angeführten Stellen deutlich zu ersehen]
der Neffe (jüngere Verwandte); [runic] (Ka 13,16, K II,5) атысы sein Neffe; [runic] (K 5,2, X5,23 statt [runic]) оҕлы аты(сы) seine Söhne und seine Neffen; [runic] (X 1,9) атысы äр.

атлыҕ [von ат+лыҕ]
Pferde habend, beritten; [runic] (Xa 1,2) табҕач атлыҕ сӱсi die chinesische Reiterei.

адак [адак (Uig. Soj.), азак (Sag.), die übrigen Dial. bieten ajak]
der Fuss; [runic] (Kb 7,2) [runic] (X 30,26) Тӱрк будун адакы камашты des Türkenvolkes Fuss ermüdete.

ач [alle Dial.]
hungrig; [runic] (X 38,2) äч äртi.

ач (v) [Uig. OT. Krm. Kas.]
hungern, hungrig sein; [runic] (Ka 8,22, Xb 6,29) ачсар der Hungernde; [runic] (Ka 8,26, Xb 6,34) ачсак das Hungrigsein.

асра [aus ас+ра (=ара), vergl. аст

(mein Wrtb. I, 548) und ічрä, кісрä ташра]

unterhalb, unten; [runes] (K 1,3); [runes] (K 22,13) асра jäр.

асра (v) [alle Dial., östl. Dial. азра]

ernähren (vergl. асрат).

асрат (v) [von асра+т]

ernähren lassen; [runes] (K 10,14, X 9,29) уруҕ асратајын ich will die Nachkommen ernähren lassen.

аз [alle Dial.]

wenig; [runes] (K 20,21, X 17,19) аз Кыркыз; [runes] (X 32,27) аз äртімiз; [runes] (K 40,7) аз äрні (äрäн); [runes] (K 38,9) аз туткун; [runes] (Kb 8,1, 5,16) аз јаҕыз(ын) ein Pferdename; [runes] (Kb 2,15–3,5) аз будун; [runes] (K 29,17, Ka 10,9, X 24,1, Xb 7,28) аз будуны; [runes] (X 14,19) азы öкÿш кылты er machte die Wenigen zahlreich; [runes] (Kb 3,3) аз äлтäбäрні.

азу [vergl. ашу (Uig.)]

zuerst(?); [runes] (Ka 10,12) азу бу сабымда die ihr zuerst durch diesen meinen Einfluss.

азук [азук und азык (östl. Dial.)]

der Mundvorrath; [runes] (K 39,19) азукы.

азкыја [von аз+кыја, vergl. аскына (Uig. Tel.)]

wenig; [runes] (K 34,16).

азман [vergl. азбан (Kir.) ein Hengst, der erst im fünften oder sechsten Jahre beschnitten ist]

ein Pferdename; [runes] (Kb 6,11, 5,2) азман акын.

аш [östl. Dial.]

die Speise (siehe ашсыз).

ашсыз [von аш+сыз]

ohne Speise; [runes] (K 26,7, X 21,21) ічрä ашсыз ташра тонсыз die innen ohne Speise und aussen ohne Kleidung sind.

апа [аба (Tel. Kys.) der Vater, абÿ (Tel.)]

der Grossvater, Vorfahr (in Verbindung mit äчÿ als äчÿ апа vorkommend); [runes] (K 1,14, X 3,4) äчÿм апам Бумын kаҕан mein Vorfahr, der Bumyn-Chan; (K 13,16, X 12,2) äчÿм апам тöрÿсінчä nach den Regeln meiner Vorfahren; [runes] (K 19,16) äчÿміз апамыз; [runes] (Kc 1,2) ынанчу апа јарҕан таркан.

Ä.

äкä [vergl. äгäчі (Kom.) die Tante, äгäчі, ایکاجی (Dsch. Sart.) die ältere Schwester]

die Tante, ältere Schwester; [runes] (Kb 9,10) äкäläрім.

äкі [südl. Dial., ігі (Uig.), äккі (Alt.)]

zwei; [runes] (X 34,11) äкі улуҕ сöңÿштім ich schlug zwei grosse Schlachten; [runes] (X 25,27) äкі отуз; [runes] (K 28,22) äкі jіrірмі; [runes] (X 41,7) äкі ÿч zwei oder drei; [runes] (K 27,11, Kb 11,13, X 21,28) äкі шад; [runes] (X 38,19) äкі äлтäбäрlir.

äкін [vergl. äкінді (mein Wrtb. I, 678)]

1) beide; [runes] (K 1,7, 2,22), [runes] (X 4,4 fehlerhaft für [runes]) äкін ара zwischen beiden.

2) der Zweite; [runes] (X 32,7) äкін сÿ das andere Heer.

äкінті [von äкін+ті]

der Zweite; [runes] (Xa 1,13) äкiнтi кӱн der zweite Tag.

äкiнliг [iгïн und iгïнliк (Kas.)]
das Getreide; [runes] (Xb 11,13) äкiнliriн.

äriд (v) [äriт (Uig.)]
auferziehen, in die Höhe bringen, erhöhen; [runes] (K 16,21, X 14,16) äriттi er richtete auf; [runes] (K 29,11, X 23,25) öлдäчi будунны тiрiгрӱ äriттiм das sterbende Volk habe ich lebendig gemacht und wieder erhoben; [runes] (K II,20) кöктä äriдӱр äртiңiз habt ihr im Himmel erhoben; [runes] (K 23,4) äriдмiш; [runes] (Ka 9,2, X 19,13, 35,1, Xb 6,38) äriтмiш бiлгä каҕан der erhobene Bilgä-Chan; [runes] (K 28,8, X 35,21); [runes] (X 23,3) äriдäjiн тäjiн sagend, ich will erheben; [runes] (X 38,5) алын äriттiм nehmend, habe ich aufgerichtet.

äңliкi [vielleicht fehlerhaft für [runes] iliкi oder für [runes] äң iliкi «zu allererst»]
der Erste, zuerst; [runes] (K 32,18) äңliкi [iliкi (?), äңiliкi (?)].

äн (v) [äн (Uig.), Gegensatz von аҕ]
herabsteigen; [runes] (K 12,7, X 11,1) äнмiш sie sind hinabgestiegen; [runes] (Xb 5,19); [runes] (Ka 7,2) jазы коjын äн! тäсäр die Steppe verlassend, steige herab! sagend.

äр [alle Dial.]
der Mann; [runes] (K 40,1) ал нäр der Held; [runes] (Kb 1,5) äрiн кӱп öлӱрмiш ihre Männer verfolgend, tödtete er; [runes] (K 34,17, X 10,27) äрiн (äрäн?); [runes] (K 40,7) äз äрнi (äрäн?); [runes] (Kb 7,12) он äрнi zehn Männer; [runes] (Kb 5,20) бiр äрнi санчты einen Mann stach er nieder; [runes] (X 1,9) атысы äр; [runes] (K 13,1, 13,3, X 11,21, 11,23) jäтi jӱз äр sieben hundert Mann, [runes] (K 12,9, X 11,3) jäтмiш äр болмыш es waren siebzig Männer; [runes] (K 31,7) äр ат булты oder äр табулты er wurde zum Manne, wuchs zum Manne heran.

äр (v) [nur im Uig. in allen Formen vorkommend]
sein; [runes] (K. 9,13, X 26,28) äрriм ich war; [runes] шад äртiм, [runes] (K 9,4) будун äртiм; [runes] (X 18,21), [runes] K 20,2—21,21—22,5, Kb 4,12, X 16,8—17,1—18,13—18,17—25,19, 32,6—32,9—33,18, 33,15—34,24) äртi, [runes] (K 40,3) тäгмiш äртi; [runes] (Kb 9,15) кӱң болтачы äртi; [runes] (X 38,2) ач äртi; [runes] (Kb 2,3) отуз jашаjур äртi; [runes] (K 39,20) jok äртi; [runes] (X 31,2) äртi, оза; [runes] (X 19,9) äртiң; [runes] (Ka 9,16, Xb 7,14) jорыjур äртiң; [runes] (X 32,27) аз äртiмiз; [runes] (X 32,27) äртiмiз; [runes] (Kb 10,5, 9,20, K II,22) äртiңiз; [runes] (Ka 6,15, X 11,11—11,14, Xb 4,9—4,17—4,28, 4,31, 5,1—5,26—5,34); [runes] (K 12,17, 10,18, Ka 5,14—5,22, 5,28, 6,7—7,9—7,19, X 4,12—14,27—19,15,) äрмiш; [runes] (K 3,5 X 4,8) уларур äрмiш; [runes] (K 12,18) коiтäг äрмiш, [runes] (K 3,8—4,26, X 4,10—5,22) каҕан äрмiш; [runes] (K 6,15) тӱз äрмiш;

[runic] (K 3,8) алп kаҕан äрмiш; [runic] (K 23,7) äрмiш бармыш äткÿ äliңä gegen deinen in seinem Sein und Wandel guten (Fürsten-) Stamm; [runic] (K 2,4—14,8—14,13—14,20, X 3,18), [runic] (X 12,16—12,22) јаҕы äрмiш; [runic] (Ka 4,22, Xb 3,28) јыш äрмiш; [runic] (X 9,10) тäр äрмiш; [runic] (Kb 1,17) Карлук будун äрÿр барур äрiklі јаҕы болты das Volk der Karluk war in seinem Sein und Wandel ein starker Feind; [runic] (X 29,6) äрÿр; [runic] (K 3,19), [runic] (K 5,8—5,11, X 6,1—6,4) кылынмадук äрiнч; [runic] (K 3,11, X 4,16); [runic] (X 6,15) äрмiш äрiнч; [runic] (K 3,12, X 4,15) алп äрмiш äрiнч; [runic] (K 11,18) кöтÿрмiш äрiнч; [runic] (X 10,24) кöтÿртi äрiнч; [runic] (K 5,14—5,17, X 6,7), [runic] (X 6,10) улармыш äрiнч; [runic] (K 26,2) улартты äрiнч; [runic] (K 24,8, X 20,6) ол äрiнч; [runic] (X 4,21) анча тутмыш äрiнч; [runic] (X 10,6) анча тäмiш äрiнч; [runic] (K 5,20) бiliксiз äрiнч; [runic] (X 6,13) бiliксiз äрмiш äрiнч; [runic] (X 5,25), [runic] (K 5,1—5,4) болмыш äрiнч; [runic] (K 5,21) јаблак äрмiш äрiнч; [runic] (Kb 10,2) jok äрсäр; [runic] (Ka 7,14—11,5—13,3) äрсäр; [runic] (Ka 7,10, Xb 5,27) ырак äрсäр; [runic] (Ka 13,6) äрсäрiнчä so lange er ist; [runic] (Xb 5,35) јаҕук äрсäр; [runic] (Xb 10,19, 8,20) сабым äрсäр.

äрäн [Uig. Dsch. Osm., Wrtb. I, 754]
der Mann, der tüchtige Mann; [runic] (K 11,21), [runic] (Xa 9,5) бäш јÿз äрäн кälтi; [runic] (X 37,18) јÿзäчä äрäн.

äрiг [äрк (Uig.)]
die Kraft, Stärke, stark; [runic] (K 36,5) бiр äрiг алп аны урту auf ihn warf sich ein mächtiger Held; [runic] (Ka 13,5), [runic] (K 13,7) äрiг јäртä an mächtiger Stelle; [runic] (X 14,25) тäгiн äркiн.

äрiklі [von äрiк+li]
stark, gewaltig; [runic] (Kb 1,18, X 29,8) äрiklі јаҕы ein gewaltiger Feind.

äрiklір (?) [vergl. äрiklі]
= äрiklі; [runic] (Xb 12,10) äрiklір (?) oder äрiklіні (?).

Äркiн
ein Volksstamm; [runic] (K 34,9—34,15) Улуҕ-Äркiн die grossen Erkin.

äртäңÿ [vergl. äрдäм (Uig.)]
[runic] (Xa 13,1—13,6) äртäңÿ тiмаҕ (?) äттi sie brachten die Huldigung (?) dar; (Xa 12,22, Xb 9,22—10,2) äртäңÿ улуҕ тöрÿн оҕлыма алы-бäртiм seinen in Bezug auf Huldigung hohen Ehrenplatz übergab ich meinem Sohne.

Äртiш
der Irtisch, Name eines Flusses; [runic] (X 27,24), [runic] (K 37,2) Äртiш ÿгÿзiн кäчä јорыдымыз wir gingen über den Fluss Irtisch.

äртÿр (v) [von äр+тÿр]
machen, ausführen, etwas herrichten; [runic] (K 40,8) аз äрäн äртÿрÿ ыттымыз wir schickten ihm einige Helden entgegen; [runic]

(Xa 8,19, Xb 10,12) joӆ äртӳртӳм ich liess die Trauerfeierlichkeit stattfinden, richtete die Trauerfeierlichkeit her.

Äрсäн
Name einer Oertlichkeit (eines Flusses?); [runic] (Ka 3,21, Xb 3,1) Тоӆуз-Äрсäнкä тäгі сӳлäдім ich zog (nach Süden) bis zum Togus-Ersän (den neun Ersän).

äl [alle Dial.]
der Volksstamm, die Stammgemeinschaft; [runic] (K 3,17—9,8, X 4,20) älні; [runic] (Ka 3,10, Xb 2,28) уларсар äl-тä буң jok da ist bei dem zunehmenden Volke kein Reichthum; [runic] (K 2514, X21,5) äl бäрігмä тäңрі der Himmel, der Volksspender; [runic] (Ka 8,18, Xb 6,24) бäңгӳ äl тута улартачысын da sie an Macht zunahmen, indem sie die ewigen Stämme regierten; [runic] (Xa 7,20) äl туттым ich regierte das Volk; [runic] (Ka 4,19, Xb 3,27) äl тутсак jäp das Land, wo das Volk regiert wurde; [runic] (Ka 10,21) äl тутсаҥын бунда уртум wie dein Volk regiert wurde, habe ich hier aufgezeichnet; [runic] (K 3,20, X 4,22) älні тутыӡ; [runic] (K 9,5) älім mein Volk; [runic] (K 1,21, 6,21—8,20—31,11, 36,19, Ka 12,9, X 3,11—7,6—8,17, Kb 6,17), [runic] (X 28,7, 27,17) älін sein Volk (acc.); [runic] (X 34,16) älін анда алтым sein Volk habe ich da genommen; [runic] (X 19,3), [runic] (K 22,17) äliңні dein Volk (acc); [runic] (K 38,13) älін алтымыз sein Volk nahmen wir; [runic] (X 19,18), [runic] (K 23,8) äткӳ äliңä jaңылтың gegen deinen guten (Fürsten)stamm vergingst du dich; [runic] (K 20,7, X 17,5) алты älім Кунчајуӆ meine sechs Stämme, die Kuntschajug; [runic] (K 22,3) älімiз, [runic] (X 18,24) казӆанмыш äтміш älімiз unser Volk, das wir erworben und eingerichtet hatten; [runic] (X 37,16) Уiӆур äl das Volk der Uigur; [runic] (K 4,9), [runic] (X 5,7) чölrі äl das Steppenvolk, [runic] (Kb 3,8) äчӳм каӆан äli das Volk meines Onkels, des Chans.

äliг [äliк (Uig.)]
die Hand; [runic] (K 32,7, 38,10) äliгін тутты er hielt mit der Hand.

äliг [älliк (Tar.), älli (Osm.), aber in den übrigen Dial. mit einem l: äliк (Uig.), ايليك (Dsch.), elӳ (Kir.)]
fünfzig; [runic] (Xa 5,6) äliг jaшыма in meinem fünfzigsten Jahre; [runic] (K 8,2) äliг jыл äcін кӳчӳн бäрміш fünfzig Jahre lang weihten sie Sinn und Kraft.

äллä (v) [von äl+lä]
in Stämme zerfallen, Stämme bilden; [runic] (K 6,20), [runic] (X 7,5) тӳрк будун äллäдӳк älін ычӆыну ыдмыш das Türkenvolk löste seine Stämme, in die es verfiel, auf.

älliг [von äl+liг]
in Stämme zerfallend, aus Stämmen bestehend; [runic] (K 9,3, X 8,25) älliг будун äрдім ich war ein aus (vollständigen) Stämmen bestehendes Volk, ein Volk, dessen Stammeintheilung geregelt war; [runic] (K 18,6, 15,13, X 13,9) älliгні älciрäтгімiз die aus Stämmen Beste-

henden fügten wir stammweise zusammen, wir richteten die Stämme ein; [runes] (K 29,19), [runes] [runes] (X 24,4) ыҕар ällirдä каҕанлыҕда jäр кылтым die aus Stämmen Bestehenden und die Chane Habenden machten wir trefflich.

älт (v) [Uig. Dsch.]
fortbringen (in diesen Texten nur als Hülfsverbum auftretend); [runes] (K 23,16), [runes] (X 19,23) jaja älттi er verbreitete; [runes] (K 23,20) сўрä älттi er verbreitete.

Älтäрäс [wahrsch. aus äl-+-тöрäci]
der Name des Vaters des Bilgä-Chan (der Volksfürst); [runes] (X 10,15), [runes] (K 11,11) Älтäрäс каҕаны den Chan Eltäräs.

Älтäбäр [vielleicht ist älтäбiр zu lesen und dieses Wort aus äl-+-тä-+-бiр abzuleiten]
eine Würde; [runes] (K III,21) тоiҕун Älтäбäр кälўрті der Toigun und der Eltäbär hatten (die Arbeiter) hergebracht; [runes] (Kb 3,3) аз älтäбäрні тутмады nicht wenige Eltäbär nahm er gefangen.

älтäбäplir [von älтäбäр-+-lir]
einen Eltäbär habend; [runes] (X 38,19) äкi älтäбäplir бу(дун) das unter zwei Eltäbär stehende Volk, oder: das Volk zweier Eltäbär.

älcipä (v) [von äl-+-cipä]
sich als Stamm (Volk) gerieren; Stämme, ein Volk bilden; [runes] (K 13,5, X 11,25) jäті jўз äр болун älcipäміш als sie sieben hundert Mann waren, bildeten sie ein Volk, richteten sie sich als Volk ein.

älcipäт (v) [von älcipä-+-т]
Stämme bilden lassen, stammweise leben lassen; ein Volk in Stämme theilen; [runes] (K 18,7) ällirні älcipäттiміз wir befestigten die Stammeintheilung des Volkes (wörtl.: die aus Stämmen Bestehenden liessen wir stammweise leben; [runes] (X 13,10), [runes] (K 15,14) älcipäтміш.

Älбilrä [von Äl-+-бilrä]
Elbilgä (die Weise des Volkes), Name der Mutter des Bilgä-Chan und des Kül-Tegin; [runes] (X 10,18), [runes] (K 11,13) Älбilrä катуны die Chanin Elbilgä.

[1]äт [äт (Uig.), äс (Alt.)]
die Habe, der Reichthum; [runes] (X 4,7) entweder: öкўш тўрк äтiнчä улармыш die vielen Türken erhoben sich in ihrem Reichthume; oder: öкўш тўрк äтi анча улармыш der Reichthum der zahlreichen Türken vermehrte sich so.

[2]äт [alle Dial.]
das Fleisch, der Körper; [runes] (Kb 11,5, sehr auffallende Schreibweise, es müsste [runes] = äтi-дä erwartet werden) äтiдä кöңliдä сыҕыт кälcäр von seinem Körper und von seinem Sinne kommen Schmerzen (da aber der Chan hier von sich selber spricht, so ist wohl hier ein zweiter Schreibfehler [runes] für [runes], also: äттä кöңўlтä сыҕыт кälcäр vom Fleisch und Sinn kommen Schmerzen.

[3]äт (v) [alle Dial., im Osm. und Krm. der Auslaut erweicht: äд]
machen, verfassen, herrichten, einrichten; [runes] (X 3,14, Xb 12,7) äтä бäрміш, [runes] (K 1,25) äтў бäрміш er hat hergerichtet; [runes] (K 19,23)

аз будуны äтін das wenige Volk herrichtend; [runic] (K 16,20, X 14,14, Xa 13,8) äтті er machte; [runic] (Ka 3,2, Xb 2,20) äттім ich machte; [runic] (X 18,23), [runic] (K 3,22—22,2) äтміш; [runic] (K 39,8) äтäjін тäjін sagend, ich will herrichten; [runic] (Kb 13,16) бapk äткÿчі die Verfertiger des Werkes; (Kb 13,20) бітік таш äткÿчі die Verfertiger des Schriftsteines; [runic] (K 21,9, X 18,6, 17,27), [runic] (K 21,16) анча äттіміз; [runic] (X 12,9) анда äтміш.

äтін (v) [von äт-+-н]
sich machen, gedeihen; [runic] (K 10,2, X 9,17) äтінÿ jаратуну умдук jана (für jaҕына oder jаныңа) dorthin, wo man hofft zu gedeihen und sich wohl zu befinden.

äтіз [äтіз (Kom.), äдіз (Uig.)]
hoch; [runic] (Ka 12,9, Xb 14,17) äтіз таш.

äтізlір [von äтіз-+-lір]
die Hoheit, Höhe; [runic] (K 2,14—15,19—18,10, X 3,25—13,15, Xb 10,15) äтізlікні сöкÿрмім er ordnete sich die Hoheit unter.

äд [äт (Uig.), vergl. ¹äт]
die Waare, Habe; [runic] (Ka 4,17, X 3,25) jышта jäк äді jok er giebt im im Bergwalde keine trefflichen Waaren (keine Reichthümer).

äдгÿ [äткÿ (Uig.), äiri (Kom.), äji (Osm.), von äд-+-гÿ (?), vergl. das Uig. äзіз (äiзіз) = äд-+-сіз schlecht]
gut; [runic] (Ka 6,1—6,4—7,15, X 39,5, Xa 10,6, Xb 4,24—4,27—5,31—11,14, 14,2), [runic] (Ka 2,4) äткÿті äшід! höre gut zu! [runic] (K 24,7, X 20,5) äдгÿң dein Gutes; [runic] (X 19,16), [runic] (K 23,8) äдгÿ äliңä gegen deinen guten (Fürsten-) Stamm.

äчі [vergl. äчä (Kmd. Trkm.) die Tante]
der ältere Bruder, Onkel, jüngere (?) Vatersbruder; [runic] (K 5,7) iнiсі äчісінтäр кальшмадук äpінч da die jüngeren Brüder nicht wie ihr älterer Bruder beschaffen waren; [runic] (K 16,13—16,15—17,1—31,10, Kb 3,7, X 14,21), [runic] (K 17,8, X 14,8—15,9, 20,21, Xb 9,2) äчім каҕан mein Onkel, der Chan; [runic] (K 26,19), [runic] (X 22,1) акаңымыз äчіміз казҕанмыш будун das Volk, was unser Vater und unser Onkel erworben hatte; [runic] (X 18,15) iнiсі äчісін білмäз äpті die jüngeren Brüder kannten nicht ihre älteren Brüder.

äчili [von äчі-+-li. Die Endungen лы (li) und лыҕ (lir) sind hier streng geschieden und später erst zu einer Endung verschmolzen].
einen älteren Bruder habend; [runic] (K 6,12) iнili äчili jüngere und ältere Brüder.

äчÿ [vergl. äчі und ача (Alt.) Väterchen, über die Endung ÿ (ÿ) vergl. абÿ (Tel.)]
der Grossvater, Vorfahr (nur in der Verbindung äчÿ ана in der Bedeutung «Vorfahr» auftretend); [runic] (K 1,14, X 3,1) äчÿм анам Бумын каҕан mein Vorfahr, der Bumyn-Chan; (K 13,15, X 12,2) äчÿм анам тöрÿсінчä nach dem Gesetze meiner Vorfahren; [runic] (K 19,15) äчÿміз анамыз тутмыш jäр суб das von un-

serem Vorfahren beherrschte Land und Wasser.

äс [Uig. Tel. Alt. Leb. Küär. Dsch. OT.] der Geist (der Sinn kommt nur in der Verbindung [runic] äсні кўчнў «Sinn und Kraft» (acc.) oder äсін кўчін «seinen Sinn und seine Kraft» vor); (K 8,3, X 8,1, Kc 2,4) äсні кўчні бäрміш er weihte ihm Sinn und Kraft, d. h. diente ihm mit Sinn und Kraft; (K 9,16, 10,8–30,9, X 9,8-9,23) нä канҕа äсні кўчні бäрўрмäн? welchem Chane sollen wir dienen? (K 10,8, X 9,23) äсін кўчін бäртўкрў сакынмады sie gedachten nicht mehr ihnen Sinn und Kraft zu weihen.

Äзгäнті
eine Oertlichkeit; [runic] (Kb 7,17), [runic] (X 31,19) Äзгäнті кадында unterhalb des Aesgänti.

äшід (v) [alle Dial. mit auslautendem т]
hören; [runic] (Ka 2,5), [runic] (X 18,26, Xb 1,10) äшід! höre! [runic] (Ka 10,18), [runic] (K 22,10) äшідің! höret! [runic] (Ka 1,11) äшідгіл! höre! [runic] (Xb 11,4) кулкакын äшідмäдўк die mit den Ohren nicht hören.

äшідмі(ä) [von äшід]
berühmt; [runic] (K 1,10), [runic] (X 3,6) äшітмі каҕан der berühmte Chan.

äб [äп (Uig.), äв (Osm.), öi (Tar.), ўi (Kir.), öi (Kas.), ўг (Tub.)]
das Haus; [runic] (X 34,1–37,12) äбін баркын буздум ich zerstörte ihr Haus und ihre Vorrichtungen; [runic] (Kb 1,7) äбін баркын бузын, [runic] (X 32,8) äбдä äрті er war zu Hause; [runic] (Xb 14,4) äбіңä алыбäртäчісін wer seinem (deinem) Hause (Vortheil) brachte.

äмгäк [äмгäк (Uig. und alle Ostdial.), äмäк (Osm.), von äмгä+к]
die Qual, das Leiden; [runic] (K 19,18), [runic] (X 16,23) äмгäк кöрті er erlitt Qualen; [runic] (Xb 13,3) ігідің äмгäкіндä толҕатмаң in Leiden mögen deine Jünglinge sich nicht quälen.

O.

оҕул [alle Dial. Fortbildungen: ўл (Alt.), ōл und ул]
das Kind; уры оҕлы der Sohn, кыз оҕлы die Tochter; [runic] (K 1,9), [runic] (Kb 10,23) кіші оҕлы die Söhne der Menschen; (K 5,9, Xb 6,2) оҕлы акаңынтäг кылынмадук äрінч; (X 18,18) оҕлы акаңын білмäз äрті die Söhne kannten nicht ihre Väter; [runic] (Xb 15,2) оҕлыңа für deine Söhne; [runic] (X 24,25) оҕлын jok кылтым ich vernichtete seine Söhne; [runic] (K 5,2, X 5,23) оҕлы аты(сы) seine Söhne und Neffen; [runic] (K 1,12, X 3,2) кіші оҕлынта öзä über die Menschensöhne; [runic] (Xb 10,5) оҕлыма алыбäртім ich gab (sie) meinem Sohne; [runic] (Kb 12,22) оҕлы таркан sein Sohn, der Tarkan; [runic] (X 20,14, wahrscheinlich fehlerhaft für [runic]), [runic] (K 24,16), [runic] (K 7,8, X 7,15) уры оҕлын ihre Söhne; [runic] (K 24,18), [runic] (X 7,17) сілік кыз оҕлын ihre reinen Töchter; [runic] (Kb 13,2) 'уңук оҕлым mein geliebter Sohn; [runic]

(Xa 7,2) улуҕ оҕлым mein ältester Sohn.

Оҕус
das Volk der Ogusen (gewöhnl. тоҕуз Оҕуз «die neun Ogusen» genannt, einmal kommen die [runic text] (X 32,10) ӳч Оҕуз «die drei Ogusen» vor); [runic text] K 28,11—22,7, Kb 6,3—7,19—13,7, X 12,20—32,1—32,18—35,10—38,9), [runic text] (Kb 8,11) Оҕузҕару сӳ ташыктымыз wir zogen mit einem Heere gegen die Ogus; [runic text] (K 14,11, Ka 2,1, Kb 4,8), [runic text] (X 1,10) токуз Оҕуз; [runic text] (Kb 8,16) Оҕуз јаҕы; [runic text] (Kb 6,8) Огуз бiрлä; [runic text] (Kb 5,12) Кушлаҕакта Оҕуз бiрлä сӧңӳштiмiз wir kämpften mit den Ogus am Kuschlagak.

оҕлан [Schor. Kom. Uig. OT. Dsch.]
junge, kräftige Leute, Krieger; [runic text] (Ka 1,14, Kb 11,16, Xb 1,13) оҕланым, [runic text] (K II,18) оҕланыңызда тоiҕуныңызда eure Oglane und eure Toigune (in der Uebersetzung pag. 38 ist falsch übersetzt: euren Sohn, euren Toigun).

он [alle Dial.]
zehn; [runic text] (Kb 7,12) он äрнi.

онынч [von он+нч]
der Zehnte; [runic text] (Xa 8,9) онынч аі der zehnte Monat.

орту [alle Dial. орта, Uig. auch орту]
die Mitte; [runic text] (Ka 2,13, 2,19, Xb 2,4, 2,10) кӳн (тӳн) ортусыңару nach Mittag hin, nach Mitternacht hin.

Орду [орду (Uig.)]
die Orda (es ist hier offenbar die Hauptstadt des Chans am Orchon gemeint, deren Ruinen sich nicht weit von der Mündung des Dschirmantai befinden); [runic text] (Kb 9,5, 8,17) ордуны.

ол [alle Dial., Stamm für Casusendungen: ан, Acc. u. Gen. аны, Dat. аңар, Loc. u. Abl. анда (s. d.); weitere Fortbildungen: анча, анчыҕ (s. d.)]
jener; [runic text] (K 32,11—34,5) ол сӳнi, [runic text] (Kb 2,2) ол сӧңӳштä, [runic text] (K 21,17, X 18,7) ол одкä zu jener Zeit; [runic text] (X 21,13) ол тäңрi, [runic text] (K 16,11), [runic text] (X 14,6) ол тӧрӳдä ӧзä nach jener Sitte, Regel; [runic text] (K 24,8, X 20,6) äдгӳң ол äрiнч dein Gutes war dieses; [runic text] (Ka 13,13), [runic text] (Xb 15,14) ол таш; [runic text] (K 33,7—33,16, Kb 4,3) ол ат анда; [runic text] (K 36,10) ол тäгдӳктä als jener angriff, bei seinem Angriffe; [runic text] (K 38,17) ол будуншу, [runic text] (K 36,21, X 27,19) ол јылка in jenem Jahre; [runic text] (X 38,4) ол јылкыны; [runic text] (Ka 8,1, Xb 6,8) ол јäргäрӳ барсар der nach jenem Lande gehende; [runic text] (Ka 7,23) ол саблыҕ алп jene berühmten Helden; [runic text] (K 3,16), [runic text] (X 28,24) аны ӳчӳн deswegen; [runic text] (Ka 13,11) аны кӧрӳп ihn anschauend; [runic text] (K 34,11) аны јајын, [runic text] (X 41,3) аны атајын ich will ihn schiessen; [runic text] (Ka 11,9, Xb 8,23) аңар кӧрӳ auf ihn schauend; [runic text] (Ka 12,6) аңар мäн таш барк уртуртым von ihnen liess ich das Steinwerk herrichten.

отача (?) [vielleicht für [runic text] орача]
von jener Seite; [runic text] (K 37,12,

X 27,32) отача бурача von allen Seiten.

отуз [отуз (südl. und westl. Dial.), олтуз (Kkir.)]
dreissig; . . . [runic] (Ka 1,24, X 28,26), [runic] (X 38,6) отуз артукы тöрт, (Xa 7,21) отуз артукы бір, (Xa 2,3) отуз артукы сäкіз; [runic] (K 4,16, 14,16, X 5,13) отуз Татар; [runic] (Kb 2,3) отуз јашајур äрті er war dreissig Jahre alt; [runic] (X 25,27) äкі отуз; [runic] (X 26,29) алты отуз; [runic] (K 18,2) бäш отуз; [runic] (K 32,13) бір отуз; [runic] (K III,14, Kb 1,13) јäті отуз.

отузкы [von отуз+кы]
der dreissigste; [runic] (Xa 8,17); [runic] (K III,9) јäті отузкы den sieben und dreissigsten; [runic] (Xa 8,10) алты отузкы.

отсуб [von от+суб, vergl. отсуп, отсап (Uig.)]
die Beeinträchtigung (Feuer-Wasser); [runic] (K 27,18, X 22,23) отсуб кылмадым ich beeinträchtigte nicht.

одлык [vielleicht von от+лык, Bedeutung nur aus dem Zusammenhange]
die Sporen (?); [runic] (K 36,13) кадырак одлыкын сыју урду er schlug ihn sehr heftig mit den Sporen.

оз (v) [östl. Dial. Uig.]
vorübergehen, überholen; [runic] (X 31,2) [äрті] оза јаја кäлірімä сÿсінä da ihr Heer sich nach allen Seiten zerstreute; [runic] (X 28,25) Бäш-Балык аны ÿчÿн озды deshalb ist Bäsch-Balyk durchgekommen (unversehrt geblieben ?); [runic] (Kb 7,5) озмыш äрміш sie zogen sich zurück.

опла (v) [ابرلمق опра (Dsch.) zerschlagen, обра (Uig.)]
angreifen; [runic] (K 36,2, Kb 2,7—5,4, 5,18), [runic] (K 32,3, Kb 3,2) оплају тäгді er griff an.

Ö.

öкÿн (v) [öгÿн (Uig.) bereuen, öкÿн (Kir.) tadeln]
ärgerlich sein, bereuen; [runic] (K 40,5, X 38,13) öкÿнÿн; [runic] (K 23,1), [runic] (X 19, 10) öкÿн! bereue!

öкÿш [öгÿш (Uig.)]
viel, zahlreich; [runic] (Xb 5,7), [runic] (K 3,2, Ka 10,10), [runic] (Ka 6,21), [runic] (Ka 6,21), [runic] (X 31,7) öкÿш öлтäчі, [runic] (X 24,2, Xb 7,29), [runic] (K 29,18) öкÿш кылтым ich habe zahlreich gemacht; [runic] (Ka 7,27) öкÿш кіші, [runic] (X 14,20) азын öкÿш кылтым; [runic] (X 4,6 für [runic]) öкÿш тÿрк.

öгсÿз [von öг (Verstand) + сіз]
die Waise (kommt in einem Pferdenamen vor: öксÿз ак der verwaiste Schimmel; bei den Kirgisen wird noch heute ein Pferd, das ohne die Mutterstute aufwächst, öгсÿз genannt); [runic] (Kb 9,1) öгсÿз акын бініп seinen verwaisten Schimmel besteigend.

öгä [in keinem Dial., vergl. die Wörter: öкä (OT.) jüngere Schwester, öгäі, ÿгäі Stief-, öгä (Uig.) die Ehre]
die Mutter, Tante (?); öгäм meine Mutter; [runic] (K 11,12, 31,2, X 10,17,

21,1), [runic] (Kb 9,7) öräм катун meine Mutter, die Chanin; [runic] (K 25,11) öräм катуны; [runic] (Kb 9,9) öräм катун улыjу öräläpiм mit meiner Mutter, der Chanin, zugleich, meine Tanten (Mütter (?), vielleicht die übrigen Frauen des verstorbenen Chanes).

öңрä [öң (Uig.)]
vor dem Gesichte, im Gesichtskreise, rundherum; [runic] (K 4,5, X 5,3).

Öрпäн
eine Oertlichkeit; [runic] (X 26,21) Öрпäнгä сöңÿштiм ich kämpfte bei Oerpän.

öl (v) [alle Dial.]
sterben; [runic] (Kc 2,3, K 19,6-19,10-20,12—33,1—33,8—33,17, Kb 4,7, X 16,16—16,20—17,10) ölтi er starb, sie starben; [runic] (Kb 6,5) анда öлri; [runic] (Ka 6,24—7,28, Xb 5,10—6,7) ölтÿң du starbst; [runic] (Ka 9,15, Xb 7,13) jäр cajy кÿн туру öлÿ jорырур äртiң in jedem Lande sich erhebend, bist du theils am Leben geblieben, theils gestorben; [runic] (X 22,17), [runic] (K 27,13) öлÿ jiтÿ казҕандым ich habe erworben, so viel in meinen Kräften stand; (K 28,3) jäр cajy бармыш будун öлÿ jiтÿ jадаҕын jалаңын jана кälтi das in jedes Land ausziehende Volk kam zum Sterben und Umkommen müde (adv.) und nackt (adv.) wiederholt (zu mir); [runic] (K 29,8, Kb 10,4) ölтäчi äртiңiз ihr seid gestorben; (X 33,14) тiрiг будун ölтäчi äртi das lebendige Volk starb; [runic] (fehlerhaft [runic] (X 2,5) ölтäчici, [runic] (Ka 8,5, Xb 6,12) ол jäргäрÿ барсар тÿрк будун ölтäчiсiн öтÿкäн jäр уларын indem durch die Sterbenden des in jene Länder ausziehenden Türkenvolkes das geliebte Land sich vergrösserte; [runic] (X 31,7) öкÿш ölтäчi анда тäpilтi viele Gestorbene wurden dort gesammelt; [runic] (Ka 6,27, Xb 5,13) тÿрк будун ölcäкiң бäрijä чуҕаi jыш тöгÿлтiң nach deinem, des Türkenvolkes, Gestorbensein ergossest du dich über den dichten (?) Bergwald; [runic] (Ka 10,25, Xb 8,15) ölcäкäңнi jäмä бунда ургум all' dein Gestorbensein habe ich hier verzeichnet; [runic] (Ka 7,5, Xb 5,23) ölcäкäңiн дä ajыҕ кiшi анча бушҕурур äрмiш wegen deines Gestorbenseins erregten so die einsichtsvollen Leute Zorn; [runic] (Kb 10,25) öлÿгli sterbend, sterblich; кiшi оҕлы кун öлÿгli тiрiмiш анча die Menschensöhne müssen sterben, wenn sie eine Zeit lang gelebt haben; [runic] (X 37,6) öлÿгiмä ölтi die Gestorbenen von ihnen waren gestorben.

öлÿг [von öl]
der Gestorbene, Todte, die Leiche; [runic] (Kb 9,26) öлÿгi jуртта jолта jату калтачы äртiңiз die Todten (von euch) blieben in den Jurten und auf den Wegen liegen.

öлÿр (v) [von öl+ÿр]
tödten; [runic] (X 26,10—26,26, 27,16—29,15, Xa 1,10—3,1) öлÿртiм ich habe getödtet; [runic] (X 28,6) анда öлÿртÿм, [runic] (K 36,18—38,12, Kb 2,13) öлÿртiмiз wir haben getödtet; [runic] (Kb 8,7) анда öлÿртiмiз,

[runic] (Kb 7,15) кiрiп öлÿртiмiз, [runic] (K 10,13, X 9,28) тÿрк будун öлÿрäjiн ich will das Türkenvolk tödten; [runic] (Kb 1,6) äрiн кÿн öлÿрмiш ihre Helden verfolgend, tödtete er; [runic] (K 40,18) анда öлÿрмiш, [runic] (Xa 5,2) öлÿрÿн.

öтäri [اوتەكى (Dsch. Osm.) jenseitig] dort, von dort; [runic] (X 39,7) äдгÿ сабы öтäri кälмäз тäjiн von dort kommt kein guter Ruhm.

öтÿкäн [von öтÿ (Uig.) auswählen] auserwählt, gewünscht, geliebt (immer als Epitheton von jыш das Waldgebirge); [runic] (Ka 8,6), [runic] (Ka 3,7—4,21—4,14—8,13, Xb 2,25—3,22—3,27—6,13).

öд [öт (Uig.), öi (Alt. Tel.)] die Zeit; [runic] (Kb 10,21) öд тäңрi jашар Gott lebt die Zeit (d. h. die ganze Zeit, ewig); [runic] (K 21,17, X 18,7) ол öдкä zu jener Zeit; [runic] (K 40,4) андаҕ öдкä zu solcher Zeit; [runic] (Ka 1,7, fehlerhaft für [runic]) бу öдni.

öдÿзкi oder **öдÿзäк** [öдÿр (v) (Uig.) auswählen] auserwählt; [runic] (X 1,9) öдÿзкi äр кÿlÿг auserwählte Helden.

öдÿш [entweder von öд oder von öт (v) (Tel.) verbringen, zubringen] Tag und Nacht, Zeit von 24 Stunden = russ. сутки(?); [runic] (X 11,7) кÿнli тÿнli jäтi öдÿшкä Tag und Nacht sieben Tage lang.

öз [öс (Uig.), in den westl. u. südl. Dial. öз] selbst; [runic] (K 20,10) öзi jаңылты er selbst irrte; [runic] (K 38,3) öзi алтызды er selbst liess sich festnehmen; [runic] (X 17,8) öзi jазынды; [runic] (K 3,23) öзiнчä кäргäк болмыш er verschied (wörtl.: in Bezug auf sich selbst trat das Ende ein); [runic] (K 17,3, Kb 10,10, X 36,11, 14,3—14,23, Xb 9,13) öзÿм ich selbst; [runic] (Xa 13,18) öзÿмä mir selbst; [runic] (X 21,12) öзÿмнi ол тäңрi каҕан улартты äрiнч mich selbst hat dieser Himmel zum Chan erhoben; [runic] (Kb 10,20) öзÿм сакындым; [runic] (Xa 9,20) öзi jараш; [runic] (X 2,16) öзÿм уларын.

öзä [öзä (Uig.), اوزا (Dsch.), اوزره (Osm.)] 1) oben, oben befindlich; [runic] (K 10,19, X 18,27—35,2, Xb 10,17) öзä; [runic] (X 2,22), [runic] (K 1,1) öзä кöк тäңрi асра jаҕыз jäр oben der blaue Himmel und unten die dunkle Erde; [runic] (K 22,11) öзä тäңрi.

2) auf, über (mit dem Dat. oder Loc.). [runic] (K 1,13, X 2,1, 3,3) кiшi оҕлында öзä über die Menschensöhne; (K 16,12, X 14,7) ол тöрÿдä öзä nach jenem Gesetze (kann auch heissen: auf diesem Ehrenplatze meines Vaters); (K 17,16, X 15,6) Тардуш будун öзä шад болтым ich wurde Schad über den Stamm der Tardusch; (X 21,18) будунда öзä: (Xb 9,7—9,10) будунка öзä.

öзläк [von öз+läк (?)] eigen, d. h. ihm selbst gehörend (?), trefflich (?); [runic] (Xa 10,7, Xb 11,15) äткÿ öзläк атын seine eigenen guten Pferde.

öмзi [fehlt allen andern Dial. Die Bedeutung ist aus den angeführten Beispielen ersichtlich. Da es in einer Periode auftritt, in der eine Reihe von Sätzen mit Wörtern im Instrumental schliesst, so ist hier unbedingt ein Substantiv ӧмзі anzunehmen]

die Ursache (?), Absicht (?); [runic] (Ka 8,27, Xb 6,31, 6,35) ӧмзісін wegen (?); [runic] (gewiss fehlerhaft für [runic]) (Ka 8,23) тодсаk ӧмзісін.

Ы.

ыђар [vergl. ыk (v), Wrtb. I, 1353]
trefflich; [runic] (X 24,3), [runic] (K 29,19) ыђар ällirдä bei dem trefflichen Volke; (K II,17) ыђар ођланыңыз eure trefflichen Oglane.

ыђач [jыђач (Uig. Dsch.), südl. u. westl. Dial. ађач]
der Baum; [runic] (Xa 9,18) чындан ыђач.

ынанчу [vergl. ынанч (Wrtb. I, 1362)]
[runic] (Kc 1) ынанчу ана jарђан тарkан.

Ынанчмур [vergl. ынанч (Wrtb. I, 1362)]
ein Eigenname oder eine Würde; [runic] (Kb 13,13) Кыркыз kађанда Тардуш Ынанчмур кälтi.

ырak [jырak (Uig.), ايراق (Dsch.)]
weit; [runic] (Ka 7,10, Xb 5,27) ырak äрсäр wer weit ist; [runic] (Ka 5,20, Xb 4,15) ырak будуны das entfernte Volk.

ыд (v) [ыт (Uig.), ыс (Sag.), ı (Kom.)]
1) schicken, fortschicken, von sich entfernen; [runic] (K 7,18, X 7,23) атын ытты er hat seinen Namen abgelegt; (Ka 12,5) тапкач kађан iчрäкi бäдiзчiнi ытты der chinesische Kaiser hat Arbeiter aus dem Inneren gesendet; [runic] (K 40,9) ыттымыз wir haben geschickt; [runic] (X 33,22) ыдмаjын.
2) als Hülfszeitwort verwendet: [runic] (X 7,8, K 6,23) ычђыну ыдмыш er hat aufgelöst; [runic] (X 7,11), [runic]. (K 7,4) jiттрӯ ыдмыш er hat vernichtet.

ычђын (v) [ычkын (Uig. Tel.)]
sich lösen, auflösen; [runic] (K 13,13) будун-ың тӯрк тӧрӯсӯн ычђынмыш das Volk gerieth in Verfall, in Bezug auf die türkischen Sitten; [runic] (K 6,22, X 7,7) ычђыну ыдмыш.

ысар (?)
theuer, werthvoll; [runic] (Ka 8,11, Xb 6,18) ысар нäң буң jok er hat keine theuren Sachen und Kostbarkeiten.

Ышбара
die Yschbara (wie das zweite Beispiel zeigt: ein Stamm der Kirgisen); [runic] (K 33,4) ышбара jамтар боз атын seinen Yschbara-Jamtar-Grauschimmel; [runic] (K 35,1) Ышбара Кыркыз тапа er zog gegen die Yschbara-Kirgisen.

I.

iгiд [jiгiт (Uig.), ايكيت (Dsch.)]
der Jüngling; [runic] (Ka 10,13, Xb 8,2) iгiд барђу тӯрк бäгläр die tapferen türkischen Fürsten; [runic] (Xb 13,2) iгiдiң.

iнi [alle Dial.]
der jüngere Bruder; [runic] (K 26,14—27,8—30,20—30,14—31,5, Ka 9,20, Kb 10,6, X 21,29—22,14) iнiм, [runic] (K 5,6, X 18,14, [runic]

(K 4,28, X 40,14) inici sein jüngerer Bruder; [runic] (Kc 2,2) iнім Кÿl-Täriн; [runic] (K 2,9) iнім Кÿlтäriнні.

iнili [von ini-+-li]
einen jüngeren Bruder habend; [runic] (K 6,11, X 6,25) äчili iнili ältere und jüngere Brüder.

iнjirÿн [vergl. inji-konjo (Alt.) «Mitgift» und кÿн (Uig. Dsch.) Volk», also vielleicht: die durch Mitgift gewonnenen Leute]
die Familie, Verwandten; [runic] (Ka 1,13, Xb 1,12).

iliкi [ilik (Uig.), ilк (Kom.), ilк (Osm.)]
der erste; [runic] (Xa 1,8) iliкi кÿн am ersten Tage; [runic] (X 32,4) iliкi cÿ das erste Heer.

ilгäpÿ [von il-+-гäpÿ]
vorn, vorwärts, nach vorn, nach Osten; [runic] (K 2,16 — 8,5 — 12,20 — 17,10—28,14, Ka 2,8—3,12, X 8,3—11,15—15,11—19,30—23,6, Xb2,30—11,6), [runic] (K 21,3).

iдi [iдi (Uig.), ijä (Alt.)]
der Herr, Eigenthümer; [runic] (K 3,1, X 4,5) iдi yксыз ohne Herren und ohne Geschlecht; [runic] (K 19,19, X 17,16), [runic] (X 16,25) iдiciз herrenlos.

iч [in allen Dial.]
das Innere, innen befindlich; [runic] (Xa 12,11) iч бyjypyкы бäгläp die inneren Beamten.

iчкä (v) [fehlt allen andern Dial.]
sich zurückziehen, entfliehen; [runic] (K 10,6), [runic] (X 9,21) iчкäміш; [runic] (X 37,3) iчкäгiма iчкäдi, бyдyн болты, ölÿгiмä ölтi die flichen konnten entflohen und bildeten ein Volk, die Sterbenden aber starben; [runic] (K 38,16) кÿп iчкäдi.

iчкäр (v) [von iчкä-+-p (?)]
[runic] (X 25,23) iчкäртiм.

iчрä [von iч-+-ара]
innerhalb; [runic] (K 26,6, X 21,20) iчрä ашсыз die innen ohne Speise sind.

iчрäкi [von iчрä-+-кi]
innen befindlich, der Innere; [runic] (Ka 2,21, Xb 14,12), [runic] (Xb 2,12) iчрäкi бyдyн das innere Volk, (Ka 12,3) iчрäкi бäдiзчiнi ытты er schickte Arbeiter aus dem Innern; [runic] X 28,19) iчрäкiнi.

iciнтi (iciгтi) [von ic (Uig.) Geruch]
die Wohlgerüche; [runic] (Ka 5,4), [runic] (Xb 3,35).

Iзгil
ein Stammname; [runic] (Kb 3,14—5,5) Iзгil бyдyн das Isgil-Volk.

У.

Уiгур [اويغور (Dsch.)]
die Uiguren; [runic] (X 37,16) Уiгур äl der uigurische Stamm.

yк (v) [yк (Uig. Tel.)]
vernehmen, verstehen, gehorchen, sich fügen; [runic] (X 28,21) yкыглы кäлдi unterwarfen sich.

yк [yк (Alt.)]
das Geschlecht (vergl. yксыз).

yксыз [von yк-+-сыз]
ohne edle Geschlechter, von schlechter Abstammung; [runic] (K 3,1, X 4,5) iдi yксыз тÿрк бyдyн das herrenlose und geschlechtslose Türken-?olk.

уҕыш [von yk+ш, im Rbg. kommt اوغش in der Bedeutung «Enkel» vor]
verständig, der Weise, Unterthan (?); [runic] (Ka 1,16, X 25,17, Xb 1,15) уҕышым будунум meine Weisen (Unterthanen ?) und mein Volk; [runic] (Ka 6,10, Xb 4,34) уҕышы будуны; [runic] (X 31,13) уҕышны; [runic] (Kb 7,10) бір уҕыш алпаҕу.

Уңтутуk [?]
Aufrührer (?); [runic] (K 31,19) табҕач Уңтутуk бäш тÿмäн die fünfzig tausend des chinesischen Ungtutuk; (K 32,4) Уңтутуk jорачын jaраklыk äliгін тутты den Anführer(?) der Ungtutuk fasste er mit bewaffneter Hand.

унук [vergl. ынаk (Alt.) und уну (Uig.) sich anpassen]
anhängend, geliebt; [runic] (K 19,11, X 16,21) унук будун; (Kb 13,1) унук оҕлым; (Xb 15,1) унук оҕлыңа татыңа.

ур (v) [Uig. und alle nördl. Dial., вур (Osm.)]
schlagen, treffen, verfertigen, aufzeichnen; [runic] (K 36,15) сыју урты er schlug hinein; [runic] (Ka 10,23—11,2—11,8, Xb 8,13—8,18—8,22) уртым ich habe aufgezeichnet; [runic] (K 36,6) бір äріг алп аны урты ein mächtiger Held warf sich auf ihn.

уры [allen Dial. fremd, vergl. уруҕ]
männlich; [runic] (X 20,14), [runic] (K 7,8, X 7,15) уры оҕлын.

уруҕ [اوروغ (Dsch.)]
die Nachkommen; [runic] (K 10,14) уруҕ азратајын ich will die Nachkommen ernähren.

уртур (v) [von ур+тур]
schlagen lassen, aufschreiben lassen; [runic] (Ka 12,8, 12,13) уртуртым.

улар (v) [vergl. улуҕ und улҕар]
sich vergrössern, gross werden, zunehmen, sich aufhalten, verweilen, müssig verweilen, ausruhen; [runic] (K 27,7, X 22,13) улармадым ich habe nicht ausgeruht; [runic] (K 26,5, X 21,19) нäң јылсаҕ будунда öзä улармадым über das an Habe reiche Volk habe ich mich nicht erhoben; [runic] (K 16,14, X 14,9) уларты er erhob sich; [runic] (K 26,13, Ka 1,8—9,21, X 2,3—15,8, Xa 7,14—7,19, Xb 1,7—13,5) улартым; [runic] (K 5,14—5,17, X 6,7), [runic] (X 6,10) улармыш äріч; [runic] (K 1,17, X 3,7) улармыш; [runic] (K 3,5, X 4,8) уларур äрміш; [runic] (Ka 8,18, Xb 6,25) бäңгÿ äl тута улартачысын wegen der bei der Regierung der ewigen Stämme sich erhoben habenden (Fürsten); [runic] (X 14,23 statt [runic]) улартукта; [runic] (K 17,2) улартукта; [runic] (Xb 9,3) улартукында; [runic] (X 36,13) улартукым ÿчÿн da ich mich erhoben hatte; [runic] (X 2,4, Xb 9,14) улартукыма da ich mich erhoben hatte; [runic] (Ka 3,9—8,15) öткÿн јыш уларсар бäңгÿ äl die ewigen Stämme, die im geliebten Bergwalde zugenommen hatten; [runic] (X 2,16) öзÿм уларын, [runic] (Ka 4,24—8,8—9,26,

Xb 6,15—7,20—3,29) уларып sich erhebend; (K II,10) jiгipмi кӳн уларып zwanzig Tage verweilend; [runic] (K 1,18—16,16, X 3,8—14,10) уларыпан.

уларт (v) [von улар+т]
vergrössern, erheben; [runic] (K 26,2) улартты äpiнч er erhob ihn zum Chan.

улы (v) [улы (Uig.)]
sich anschliessen, unterordnen; [runic] (Ka 3,3) улымадı jaҕы jok kein Feind ist, der sich nicht untergeordnet hat; [runic] (Ka 1,12, Kb 9,8—11,14, Xa 11,21—12,2—12,8—12,15, Xb 1,11) улыjу; [runic] (K 32,10) анча улыды.

улуҕ [östl. Dial.]
gross; [runic] (Xa 7,1, Xb 10,3, 9,23), [runic] (K 28,21) улуҕ сӳ ein grosses Heer; [runic] (K 40,10) улуҕ сӧңӳш; [runic] (K 34,9—34,15) Улуҕ-Äркiн; [runic] (X 34,11) äкi улуҕ.

уд (v) [ут (Uig., östl. u. südl. Dial.)]
besiegen; [runic] (X 27,8) уда бастым ich besiegte; [runic] (K 34,14 — 37,7) уда бастымыз wir besiegten; [runic] (X 27,28) уда бастым ich habe besiegt; [runic] (X 19,6) утгачысы der Sieger.

ударсäңӳн [von удар+сäңӳн]
eine chinesische Beamtenwürde oder ein Eigenname (es könnte durch уд—ар+сöңӳн «der siegreiche Sängün» erklärt werden); [runic] (Kb 12,1).

уды (v) [Uig.]
schlafen; [runic] (X 22,11) удымадым ich schlief nicht; [runic] (K 27,5) тӳн удымадым.

удышру [von уд]
[runic] (K 36,8, Kb 2,10) удышру сапты er besiegte.

уч (v) [alle Dial.]
fliehen, entfliehen, sterben; [runic] (K 16,3, X 20,22, Xa 8,11) уча барды er starb; [runic] (K III,6) учты er starb; [runic] (K 30,19, X 14,2) учтукта als er gestorben war; [runic] (K II,23) уча бардыңыз.

ум (v) [Uig.]
hoffen, sehnen; [runic] (K 10,4, X 9,19) умдук.

Умаі [Schor., Schutzgeist der Kinder; Geist, der die Seelen fortführt]
eine weibliche Gottheit; [runic] (K 31,1) умaiтäг ӧгӓм meine der Umai gleiche Mutter.

Ӱ.

ӱгӱз [ӱгӱс (Uig.)]
der Fluss, Strom; [runic] (X 20,8) ӱгӱзчä wie ein Strom; [runic] (K 39,5, X 27,25), [runic] (Ka 3,28) jäнчӱ ӱгӱзӱн кäчä über den Jäntschü-Fluss setzend; (X 30,14) Тоҕла ӱгӱзӱн jӱзгi er schwamm über den Tola-Fluss; [runic] (K 37,2) Äpмiш ӱгӱзiн кäчä über den Fluss Irtisch setzend.

ӱjӱр [ӱi (Kir.) aufhäufen]
aufgehäuft, viel; [runic] (Ka 5,27, Xb 4,22) анда ӱjӱр äpмiш.

ӱlӱг [ӱlӱк (Uig.)]
der Antheil, das dem Menschen zugefallene Schicksal; [runic] (X 23,20), [runic] (K 29,6) кутум бар ӱчӱн ӱlӱгӱм бар ӱчӱн da mein Glück da ist, da mein Antheil da ist, d. h. da das

Glück und das Schicksal auf meiner Seite waren.

ӱч [alle Dial.]

drei; [runic] (K 4,15, X 5,12) ӱч Курыкан die drei Kurikan; [runic] (X 32,10) ӱч Оҕуз die drei Ogus; [runic] (K 18,4) ӱч jiгірмі drei und zwanzig; [runic] (Xa 6,9) ӱч тӱмäн die drei Tümäne; [runic] (X 41,7) äкі ӱч zwei oder drei.

ӱчӱн [ӱҷӱн (Uig.), ӱшӱн (Kir.)]

wegen; [runic] (K 6,8–6,10–6,14–15,12–19,1–19,4, 23,3–27,4, Ka 9,1–9,19, X 4,19), [runic] (K 6,4, 12,13, X 6,24–7,2–11,7–16,14–19,12–20,18–20,20–22,9–23,18, 29,30–30,3–32,31–33,5–34,21–36,14, Xb 6,37–10,21), [runic] (K 3,16), [runic] (X 28,24) аны ӱчӱн deswegen; [runic] (X 6,18) тӱзсӱз ӱчӱн da sie ungerecht waren; [runic] (K 29,7, Ka 9,22), [runic] (K 29,5, X 23,21, Xb 7,18) бар ӱчӱн; [runic] (X 33,3) jарылкадук ӱчӱн da er gnädig war; [runic] (Kc 2,5) бäртӱк ӱчӱн da er gegeben hatte.

ӱчӱнч [von ӱч + нч]

der Dritte; [runic] (Kb 6,6).

K.

kaҕан [kaҕан (Uig.), kāн (Alt.)]

der Chan; [runic] (K 4,29–5,3–5,13–5,16–18,14–26,1–37,9–38,7, Ka 1,6–3,6–9,25, Kb 13,22, X 2,2–5,24–6,6–6,9–16,5–21,14–27,30–35,6–36,12, Xa 7,18–11,11, Xb 2,24–9,1), [runic] (K 1,16), [runic] (X 3,6) äшiтмä kaҕан der berühmte Chan; [runic] (X 4,11), [runic] (K 3,8) алп kaҕан äрмiш er war ein heldenmüthiger Chan; [runic] (K 3,7, 4,26, X 4,10–5,22) білгä (кӱчлӱг) kaҕан äрмiш er war ein weiser (starker) Chan; [runic] (K 11,19–12,14–14,21–30,18, X 10,25–11,8–20,33) kaңам kaҕан mein Vater, der Chan; [runic] (Ka 12,2) kaҕаныӊ (?) (kaҕаны?); [runic] (X 10,16-20,26) akaңым kaҕаны meinen Vater, den Chan; [runic] (K 11,11) Äлтäрäс kaҕаны; [runic] (K 7,25–8,9–8,19–9,21–16,6–32,9, X 8,7–9,7, Xa 12,21, Xb 9,20) kaҕанка; [runic] (X 8,16–9,12) табҕач kaҕанка; [runic] (Kb 12,3, Xb 14,9) табҕач kaҕанда vom berühmten Chane; [runic] (K 9,15) нä kaҕанка; [runic] (Ka 11,20, Kb 12,12–13,4–13,11) kaҕанда; [runic] (K 30,5, X 9,4–24,13–41,11) kaҕаным; [runic] (K 9,14) kaҕаным каны? wo ist mein Chan? [runic] (K 23,6, Ka 9,3, Xb 6,39) kaҕаныңны; [runic] (X 19,4) kaҕаныңа; [runic] (K 19,5–20,11, X 17,9–16,15) kaҕаны; [runic] (K 35,16–36,17, X 7,10–27,10–27,15–28,3), [runic] (K 7,2) kaҕаның; [runic] (K 38,11) kaҕаның анда; [runic] (X 17,2), [runic] (K 20,8) kaҕан атын; [runic] (K 16,13–16,15–17,1–31,10, Kb 3,7, X 14,21), [runic] (K 17,8, X 14,8–15,9–20,21, Xb 9,2) äчiм kaҕан mein Onkel, der Chan; [runic] (K 1,15, X 3,5) Бумын kaҕан; [runic] (K 14,10, X 12,18) Баз kaҕан; [runic] (K 16,8, X

13,22) Баз kaҕаны; [runic] (Xb 13,20) бу kaҕанында; [runic] (K 25,2) Кыркыз kaҕаны; [runic] (Xb 1,5, Kc 2,7) Бilrä kaҕан.

kaҕанла (v) [von kaҕан+ла]
als Chan beherrschen; [runic] (K 7,1, X 7,9) kaҕанладук kaҕаным jiттрў ыдмыш es vernichtete seine herrschenden Chane.

kaҕанлыҕ [von kaҕан+лыҕ]
1) der einen Chan habende; [runic] (K 9,11, X 9,1) kaҕанлыҕ будун äртiм ich war ein einen Chan habendes Volk.
2) die Chansherrschaft, Chanswürde, das von einem Chane beherrschte Reich; [runic] (K 18,8, 15,15, X 13,11) kaҕанлыҕны; [runic] (X 24,5) äлliгдä kaҕанлыҕда jäг кылдым die Stammgenossenschaft und die Chanswürde habe ich trefflich gemacht.

kaҕансыра (v) [von kaҕан+сыра]
die Chansgewalt ausüben, als Chan auftreten; [runic] (K 13,6) jäтi jўз äр болын äлciрäмiш kaҕансырамыш als sie (d. h. er und seine Genossen) sieben hundert Mann waren, richteten (sic) sich als Volk ein und trat (er) als Chan auf.

kaҕансырат (v) [von kaҕансыра+т]
als Chan einsetzen, zum Chan machen; [runic] (K 15,16) kaҕансыратмыш; [runic] (Xb 13,12) (тäңрi) kaҕанлыkны kaҕансыратмыш der Himmel setzte ihn über das Reich als Chan ein (oder: liess die einen Chan Habenden von einem Chane regieren); [runic] (K 18,9) kaҕанлыҕны kaҕансыраттымыз wir machten, dass das Volk von einem Chan regiert wurde.

kaн [alle Dial.]
das Blut; [runic] (K 24,9, X 20,7) kaның субча jўгўртi dein Blut floss wie Wasser.

kaны [Uig.]
wo? [runic] (X 9,5), [runic] (K 9,14) kaҕаным kaны? wo ist mein Chan? [runic] (K 9,6) äliм маты kaны (äliм аты kaны)? wo ist die Trefflichkeit meines Volkes (wo ist der Name meines Volkes)?

kaндан [von kaн+дан]
woher? [runic] (K 23,14—23,18, X 19,21—19,25).

kapa [alle Dial.]
schwarz, niedrig; [runic] (K 8,24, X 8,21) kapa камыҕ будун das gemeine Volk; (Xa 10,11, Xb 11,17) kapa кiшiн ihre schwarzen Zobel; [runic] (K 38,14—39,11) Кара-Тўргäс; [runic] (Xb 9,10) kapa будунka öзä über das niedrige Volk; [runic] (Kb 2,16) Кара-Кölrä am Karaköl.

kapaҕ [Alt.]
der Raub, Räuber; [runic] (K 35,6, X 27,1) сўңўк батымы kapaҕ сöкiнäн das Batymy-Geschlecht Räuber nennend; [runic] (X 37,10) kapaҕын.

kaрын [die meisten Dial.]
der Leib; [runic] (K I,7) kaрнын.

Карлук
die Karluk (ein grosser türkischer Volksstamm); [runic] (Kb 1,15, X 40,6—29,3—29,13—29,19), [runic] (Kb 2,12).

kaл (v) [alle Dial.]
bleiben; [runic] (X 14,5) kaлтым; [runic] (X 16,26),

[runic] (K 20,20) jäp су ідісіз калмазун тäjін sagend, das Land und das Wassar möge nicht ohne Herren bleiben; [runic] (Ka 9,11, Xb 7,9) анда калмышы die von ihnen dort Gebliebenen; [runic] (Kb 9,19) jату калтачы äртіңіз ihr bliebet liegen.

kатыҕ [vergl. kадыҕ]
heftig, stark; [runic] (Ka 2,6) kатыҕды тіңлä! höre aufmerksam zu! [runic] (Kb 11,11) kатыҕда сакындым heftig grämte ich mich.

kатун [Uig. Dsch.]
die Chanin; [runic] (K 31,3) öрäм kатун кутыңа für das Glück meiner Mutter, der Chanin; [runic] (X 10,19, 21,2) öрäм kатуны meine Mutter, die Chanin; [runic] (Kb 9,7) öрäм kатун; [runic] (K 25,11) öрäм kатуны; [runic] (K 11,13) öрäм Äлбілгä kатуны.

kадаркан [vom Stamme kат; vielleicht ist auch kадыркан zu lesen und dieses Wort mit kajыркан zusammen zu stellen]
dicht (Epitheton des Bergwaldes); [runic] (K 2,17—21,4, X 17,25), [runic] (X 39,14) kадаркан jыш.

kадыҕ [kадыҕ (Uig.), von kат]
heftig, stark; [runic] (K 36,12) kадыҕраҕ heftiger, sehr heftig, mit Gewalt.

kадында [kадын (Uig.), unterhalb]
unterhalb; [runic] (Kb 7,18), [runic] (X 31,20) Äзгäнті kадында сöңÿштÿм unterhalb des Aesgänti kämpfte ich.

kазҕан (v) [Uig. und andere Dial.]
erwerben; [runic] (K 31,13) анча kазҕанды; [runic] (K 27,14, X 36,19, 22,19) kазҕандым; [runic] (X 34,18) анда kазҕандым; [runic] (X 33,11) kазҕанмадым; [runic] (K 9,9) kазҕанурмäн; [runic] (X 33,4) мäн kазҕандук; [runic] (K 27,15, X 22,20) анча kазҕаныш; [runic] (K 16,2—30,13, Xa 8,7—13,12) kазҕаныш; [runic] (Xb 12,5) kазҕану; [runic] (Xa 8,4) анча kазҕану; [runic] (K 22,1) анча kазҕанмыш; [runic] (K 26,20) kазҕанмыш; [runic] (X 33,8) kазҕанмыш äрінч.

kаш [alle Dial.]
die Augenbraue; [runic] (Kb 11,19) кöзі kашы.

kапыҕ [kабык (Uig.), kапӯ (südl. Dial.)]
das Thor; [runic] (X 8,13) kапыҕkа; [runic] (K 8,14—17,16—39,7, Ka 4,2, X 4,1, 15,18, Xb 3,10, vergl. тäмір) Тäмір - kапыҕkа; [runic] (K 2,20) Тäмір-kапыҕkа тäгі.

kамаш (v) [Alt. u. Süddial., in letzteren besonders von den Augen gesagt]
ermüden, ermatten, in Verwirrung gerathen (eigentl.: sich aneinander drängen); [runic] (Kb 7,2), [runic] (X 30,26) адакы kамашты ihr Fuss ermattete.

kамыҕ [kамук (Uig.)]
alle, ganz; [runic] (K 8,25, X 8,22) kара kамыҕ будун das gewöhnliche Volk; [runic] (K 12,25—18,1, X 11,20) kамыҕы бäш отуз сÿлäдіміз im Ganzen unternahmen wir fünf und dreissig Kriegszüge.

kамышыҕ [von камыш, = кабыш]
untereinander gerathen; [runic] (Kb 3,9) äчім каҕан ili камышыҕ болтукында da sie mit dem Stamme meines Onkels, des Chans, aneinander gerathen waren.

ko (v) [Süddial., vergl. кот]
hinlegen; [runic] (X 37,8) ölÿгімä ölгі cäliңä коды die zum Tode Bestimmten starben und man legte sie in ihr (Grab ?); [runic] (Xb 5,19) kojын äн; [runic] (Ka 7,2) kojын äн тäcäр die sagenden: (die Steppe) verlassend steiget hinab.

koi [alle nördl. Dial.]
das Schaf; [runic] (X 11,13), [runic] (K 12,19) jaҕысы koiгäг äрті seine Feinde waren wie Schafe; [runic] (K III,2) koi jылка im Schaf-Jahre.

kokылык [kokы(Alt.)]
die Wohlgerüche; [runic] (Xa 9,7) kokылык.

koн (v) [alle Dial.]
übernachten, Nachtrast halten, einen Wohnsitz, Standplatz einnehmen; [runic] (X 40,4) jäpiңäpÿ субыңару конты er liess sich in ihrem Lande und Wasser nieder; [runic] (Ka 5,24, Xb 4,19) jaҕру контукта da sie dicht bei einander (gegenüber) lebten.

контур (v) [von кон-+-тур]
einen Wohnsitz nehmen lassen, ansiedeln; [runic] (K 2,21, X 4,3) контурмыш; [runic] (K 21,15, X 17,26, 18,5), [runic] (K 21,8) анча контуртумыз.

kopҕ (v)
sich fürchten; [runic] (X 41,6) kopҕÿ äкі ÿч кішiліriн тізін пapды fürchtend nahm er zwei oder drei Menschen mit sich; (Kb 8,9) kopҕу fürchtend.

кот (oder код) (v) [кот (Uig.), koi nördl. Dial., vergl. ko]
hinlegen; [runic] (Xa 10,10) kälÿpÿп куп котты sie bringend legten sie sie nieder (d. h. brachten dar).

коб (v) [Uig. u. Süddial. коп]
aufstehen, sich erheben, einen Aufstand machen; [runic] (K 2,3), [runic] (Ka 3,1, Xb 2,19) мäн бунча кōп äттім mich so erhebend, habe ich gewirkt; (X 3,17) тöрт булуң кōп jaҕы äpміш die vier Winkel erhoben sich und traten als Feinde auf; [runic] (Ka 9,8, Xb 7,6) кōп анда алкындың арылтың euch erhebend wurdet ihr dort schwach und matt; [runic] (K 38,16) kapa Тÿргäс будун кōп iчкäдi darauf erhob sich das Volk der Kara-Türgäs und zog sich zurück; [runic] (Ka 9,13) jäp cajy кōп туру öлÿ jорыjур äртің in jedem Lande euch erhebend seid ihr zum Leben und zum Sterben herumgezogen (d. h. seid ihr herumgezogen und dabei theils am Leben geblieben, theils gestorben).

кобар (v)
erheben, aufheben; [runic] (Xb 7,24) jok чыҕаі будунны кобартым ich habe das arme Volk aufgerichtet; [runic] (Xb 9,17) будунны äттім кобардым ich habe das Volk eingerichtet und erhoben.

кобарт [von коб-+-ар-+-т]
erheben lassen, erheben; [runic] (K 12,24) кобартмыш; [runic] (X 11,19) тäрміш кобартмыш hat er sie gesammelt und in die Höhe gebracht

(aufgestachelt); [runic] (Ka 10,4) jok, чыђаі будунны куп kобартtым das arme Volk habe ich aufgerichtet.

kырk [in allen Dial., nur im Altai durch тöрт он oder тöртöн ersetzt]
vierzig; [runic] (K 15,1, K III,4) kырk артукы jäті sieben und vierzig; [runic] (Kb 2,20) біp kырk jашајур äpті er war ein und vierzig Jahr alt.

Kырkыз
die Kirgisen; [runic] (K4,14—14,14—17,21, 35,12—36,16, Kb 13,10, X 5,11—15,22—20,25—26,31—26,15, 27,6, Xa 12,13), [runic] (K 20,21, X 17,19) аз Kырkыз; [runic] (K 25,2) Kырkыз kађаны; [runic] (K 35,2) Kырkыз тапа сÿлäдіміз wir zogen gegen die Kirgisen.

kыл [alle Dial.]
machen; [runic] (Ka 10,11, X 23,29—24,11, Xb 9,18) kылтым; [runic] (K 30,3) баз kылтым ich habe zur Ruhe gebracht; [runic] (Ka 10,8, X 23,32, Xb 7,27) бai kылтым ich habe reich gemacht; [runic] (X 24,26, Xa 4,2) jok kылтым ich habe vernichtet; [runic] (X 24,6) äллірдä kађанлыђда jäр kылтым ich habe die Stammgenossenschaften und die Chanswürde trefflich gemacht; [runic] (X 24,2, Xb 7,29), [runic] (K 29,18) öкÿш kылтым ich habe zahlreich gemacht; [runic] (K 27,19, X 22,24) отсуб kылмадым ich habe nicht beeinträchtigt; [runic] (X 20,15) kул kылтың; [runic] (X 14,20) kылты; [runic] (X 7,16) kул kылты; [runic] (X 7,18) кÿң kылды; [runic] (K 29,16, X 14,18) бai kылты; [runic] (K 2,11) kылмыш; [runic] (K 15,18) баз kылмыш; [runic] (X 13,14) јађыны баз kылмыш er hat die Feinde zur Ruhe gebracht; [runic] (Xa 5,4) kылу бäртім ich habe gemacht.

kылын (v) [von kыл-+-н]
gemacht werden, entstehen; [runic] (K 1,10, Xb 12,9) kылынмыш; [runic] (K 1,6) kылындукта als sie entstanden waren; [runic] (K 5,8—5,11, X6,1—6,4) акаңынтäр (äчісінтäр) kылынмадук äрінч da sie nicht wie ihr Vater (wie ihre älteren Brüder) beschaffen waren.

kылыч [alle Dial.]
das Schwert (vergl. kылычла).

kылычла (v) [von kылыч-+-ла]
mit dem Schwerte niederhauen; [runic] (Kb 5,10) jäтінч äpні kылычлады sie hieben den siebenten Mann nieder.

kыд (v) [kыт (Uig.), kыі (Alt.)]
sich bis zu Etwas erstrecken, sich an Etwas heranmachen, Hand anlegen; [runic] (Ka 6,14, Xb 4,38) бісÿкіңä тäрі kыдмаз er macht sich nicht an seine Ehre.

kысылт (v) [kыс (Uig.) zusammendrücken, also von kыс-+-л-+-т (?)]
vernichten; [runic] (X 37,11) kарађын kысылта ihre Räuber vernichtend.

kыз [alle westl. u. südl. Dial., kыс (Uig.)]
das Mädchen, die Tochter; [runic] (K 40,2) али äр kызыңа an die

Tochter eines Helden; [runic] (Xb 10,1) кызын seine Tochter; [runic] (K 7,12) кыз оҕлын; [runic] (X 7,17) cilік кыз оҕлын ihre reinen Töchter; [runic] (K 24,18) cilік кыз оҕлың кӳң болты deine reinen Töchter wurden Mägde; [runic] (Xb 9,21) Тӳргäс каҕанка кызымны алы бäртім ich gab dem Türgäs-Chan meine Tochter.

Кытаі

die Kytai (ein tungusisches Volk); [runic] (K 4,17—14,17—28,15, Kb 11,26, X 23,7, 5,14), [runic] (Xa 5,9) кытаіда; [runic] (Xa 2,7) Кышаі-Кытаі тапа сӳлäдім ich zog gegen die Kytai-Kyschai.

кыш [alle Dial.]

der Winter (vergl. кышла).

Кышаі

ein Volksname; [runic] (Xa 2,6) Кышаі Кытаі.

кышла (v) [von кыш+ла]

überwintern; [runic] (X 31,27) Маҕы-Курҕан кышладукта nachdem ich in Magy-Kurgan überwintert hatte.

куңсäңӳн [von куң+сäңӳн]

ein chinesischer Beamter; [runic] (Xa 7,5).

кун [vergl. кун (Kir.)]

der Strafersatz für zugefügten Schaden; [runic] (K 33,21) кун урты er nahm (Straf)ersatz.

кунчаі [allen Dial. unbekannt]

ein weiblicher Verwandtschaftsgrad (aus dem Zusammenhange ersieht man, dass hier nur die jüngeren Schwestern oder Nichten gemeint sein können, denn die Mütter [öрä], die Tanten [äкä], die angeheiratheten Verwandten: Frauen und Schwägerinnen [кäліңӳн] sind vorher aufgeführt); [runic] (Kb 9,12) кунчаіларым meine jüngeren Schwestern (?).

Кунчајуҕ

ein Volksstamm; [runic] (K 20,8, X 17,6) алты älімiз Кунчајуҕ бäртімiз wir gaben ihm sechs meiner Geschlechter Kuntschajug.

кур [Uig. Tel.]

der Gürtel, Rang; [runic] (X 36,8) бу јäрдä маңа кур болды dort wurde mir ein (hoher) Rang.

Курыкан

ein Volksstamm; [runic] (K 14,15), [runic] (K 4,15, X 5,12) ӳч Курыкан die drei Kurikan.

курыҕару [Gegensatz von ilгäрӳ]

zurück, rückwärts, nach Westen; [runic] (K 24,2, Ka 3,27, 2,14, X 11,18—15,17, Xb 2,5,), [runic] (K 8,13—21,10—17,15, 12,21, X 8,11—17,28—19,32, Xb 3,7, 11,8).

курыја [vergl. курыҕару]

rückwärts, nach hinten; [runic] (?).

курҕан [westl. Dial.]

die Befestigung; [runic] (X 31,26) маҕы курҕан.

кул [alle Dial.]

der Diener, Sklave; [runic] (K 7,9), [runic] (K 21,18, X 18,8), [runic] (X 7,16) кул кылты er machte zu Sklaven; [runic] (X 20,15) кул кылтың; [runic] (K 24,17) кул болты sie wurden zu Sklaven; [runic] (X 17,12), [runic] (K 20,14) кӳң кул.

кулкак [кулҕак (Uig.)]

das Ohr; [runic] (Xa 10,4) сачын кулkakын ihre Haare und ihre Ohren; [runic] (Xb 11,4) кöзÿн кöрмäдÿк кулkakын äшiтмäдÿк mit den Augen nicht sehend, mit den Ohren nicht hörend.

кул лыҕ [von кул-+-лыҕ]
Sklaven habend; [runic] (K 21,19, X 18,9) кул куллыҕ болмыш die Sklaven hatten ihre Sklaven.

кулда (v) (кулат?) [von кул-+-ла]
Sklaven, Knechte sein; [runic] (K 13,9) кулдамыш кÿңдäміш будун das Sklavendienste leistende Volk.

кут [кут (Uig.)]
das Glück; [runic] (X 35,7, Xa 10,15) куты; [runic] (K 31,4) катун кутыңа zum Glück der Chanin; [runic] (K 29,4, Ka 9,21, X 23,19, Xb 7,17) кутым mein Glück.

кутаі
eine aus China kommende Waare (Seide?); [runic] (Ka 5,5, Xb 4,1), [runic] (Xb 11,12) кутаісын.

Кушлаҕак
eine Oertlichkeit; [runic] (Kb 5,12) äкінті Кушлаҕакда Оҕуз бірlä сöңÿштібіз zum zweiten Male kämpften wir mit den Ogus am Kuschlagak.

куп [Bedeutung und Entstehung unklar. Zusammenhang mit pers. خوب unwahrscheinlich]
unbedingt, gänzlich; [runic] (Ka 10,4, Xb 7,23) будунны куп кобартым ich habe das Volk ganz aufgerichtet; (Kb 10,8) Кÿl-Тäгін jok äрсäр куп öлтäчі äртіңіз da nun Kül-Tegin nicht mehr da ist, seid ihr ganz wie gestorben; (Kb 10,24) кіші оҕлы куп öлікlі тіріміш der Menschensohn lebt und muss unbedingt sterben; (K 30,6, X 24,14) jаҕысыз kаҕаным куп маңа кöртÿ meine nicht feindlich gesinnten Chane schauten unbedingt auf mich (hatten sich mir gänzlich unterworfen); (Ka 2,23) будун куп маңа кöрÿр das Volk schaut unbedingt auf mich; (Ka 3,1) мäн бунча куп äттім Alles habe ich ganz eingerichtet; [runic] (K 34,4) куп біlіпсіз kennet ihr vollkommen.

куб (v)
verfolgen; [runic] (K 30,2) будунны кÿп баз кылтым das Volk verfolgend, brachte ich zur Ruhe; (Kb 1,5) äрін кÿп öлÿрміш seine Helden verfolgend, tödteten wir; (Kb 1,10) сÿсін кÿп кäлÿрті міз sein Heer verfolgend brachten wir herbei; (X 28,17) сÿсін кÿп кіртім ihr Heer verfolgend drang ich ein; [runic] (K 2,9) будунны кÿп алмыш das Volk hat er verfolgt und unterworfen; [runic] (K 2,10, X 24,10) кÿп баз кылмыш verfolgend, hat er es zur Ruhe gebracht.

K.

Кäңäрäс
eine Oertlichkeit (oder ein Volk); [runic] (K 39,14) Кара-Тÿргäс будун Кäңäрäс тапа барды das Kara-Türgäs-Volk ging nach Kängäräs.

Кäңÿ-Тарбан [= Кäңÿ-Тарман]
eine Oertlichkeit; [runic] (X 18,1) Кäңÿ-Тарбанка тäгі bis Köngü-Tarban.

Кäңÿ-Тарман [= Кäңÿ-Тарбан]
eine Oertlichkeit; [runic] (K 21,11) Кäңÿ-Тарманка тäгі.

кäңшÿр (v) [da der Vocal nach [runic] beschädigt ist, so kann auch кöңшÿр oder кÿңшÿр gelesen werden. Den übrigen Dial. unbekannt]
in Uneinigkeit sein, sich anfeinden; [runic] (K 6,13) інілі äчілі кäңшÿртÿкін da die jüngeren und die älteren Brüder in Uneinigkeit lebten.

кäнтÿ [кäндÿ (Uig. und Süd-Dial.)]
selbst; [runic] (Kb 4,10), [runic] (Kb 5,11), [runic] (K 23,9), [runic] (X 19,17) кäнтÿ јаңынтың.

кäрÿ [кäрÿ (Uig.)]
zurück, rückwärts; [runic] (K 2,19) кäрÿ rückwärts, nach Westen; (K 36,7, Kb 2,8) кäрÿ удышру санчты, [runic] (Kb 8,4) кäрÿ санчты er (stach) schlug sich wieder rückwärts durch.

кäргäк [allen übrigen Dial. unbekannt]
das Ende (Maass?); [runic] (K 4,1) тöрÿн ітміш öзінчä кäргäк болмыш er bereitete sich den Ehrenplatz und verschied (wörtl.: und war in Beziehung auf sich selbst am Ende); (Kb 10,8) інім Кÿл-Тäгін кäргäк болты Kül-Tegin, mein Bruder, ist gestorben; [runic] (K 30,17) тöрÿн казђаны інім Кÿл-Тäгін öзінчä кäргäк болты seinen Ehrenplatz erwerbend, ist mein Bruder, Kül-Tegin, gestorben.

кäргäксіз [von кäргäк-+-сіз]
ohne Ende, endlos, unzählig; [runic] (Kb 12,9, Xa 9,10) алтун кÿмÿш кäргäксіз кäлÿрті Gold und Silber haben sie ohne Ende gebracht.

кäл (v) [alle Dial.]
kommen; [runic] (K 37,14, Kb 12,2—12,6—12,14—12,24—13,9—13,14—13,26, X 23,1—27,34—28,22—32,17—34,9, 32,25—35,20—39,13, Xa 9,6) кäлті; [runic] (K 28,6) јадађын јалаңын јаца кäлті zu Fuss und nackt kamen sie; [runic] (X 17,28) кäлтімiз wir sind gekommen; [runic] (X 41,12) кäлті тäн; [runic] (X 39,8) кäлмäз тäјін; [runic] (Kb 11,8); [runic] (Kb 11,4) кöздä јаш кäлсäр äтрä кöңÿлтä сыђыт кäлсäр in die Augen kommen Thränen, in Fleisch und Sinn kommt Schmerz; [runic] (K 23,15, X 19,22-30,16) кäлін; [runic] (K 4,21—23,19, X 5,18) кäлінäн; [runic] (X 31,4) јаја кäлірімä сÿсін ihr sich ausbreitendes Heer.

кäліңÿн [von кäлін-+-кÿн]
die Schwiegertöchter, Schwägerinnen, angeheirathete Verwandte; [runic] (Kb 9,11) кäліңÿнім.

кäлÿр (v) [von кäл-+-ÿр]
kommen lassen, herbeibringen; [runic] (Xa 9,14 — 9,19 — 10,13) кäлÿрін; [runic] (Kb 12,10, K III,24, Xa 9,11) кäлÿрті; [runic] (Ka 11,22, X 25,26) кäлÿртім; [runic] (Kb 1,11) кäлÿртімiз.

кäдімlir [von кäдім (Uig.) -+-lir]
Kleidung habend, bekleidet; [runic] (K 33,12) кäдімlir торыђ ат das bekleidete braune Pferd (Name eines Pferdes des Kül-Tegin).

кäч (v) [alle Dial.]
übersetzen (über einen Fluss); [runic] (K 39,6, Ka 4,1, Xb 3,9) Јäнчÿ ÿгÿзін кäчä über den Fluss Jäntschä gehend; (K 37,3, X 27,26) Äртіш ÿгÿзін кäчä über den Irtischstrom setzend; [runic] (X II,9) кäчтім.

кäчä [östl. Dial.]

der Abend (?); [runic] (X II,14) кäчäкä тäri bis zum Abend.

кäчiг [von кäч-+-г]

der Uebergang (über einen Fluss); [runic] (Ka 3,17) Талуiка кäчiг тäрмäдiм den Uebergang zu den Talui habe ich nicht erreicht, d. h. ich bin nicht über den Fluss zu den Talui gegangen; (Ka 3,25, Xb 3,5) Тӳпӳтка кäчiг тäрмäдiм den Uebergang (über den gelben Fluss) zu den Tibetanern habe ich nicht erreicht, d. h. ich bin nicht (über den gelben Fluss) zu den Tibetanern gegangen.

кäм [alle Dial.]

wer? [runic] (K 9,7) кäмкä älнi казҕанурмäн? für wen soll ich Stämme erwerben? [runic] (K 22,19, X 19,5) äliңнi тӧрӳңнi кäм арты? wer hat dein Volk und deine Gesetze vermehrt?

кäмäк [sonst unbekannt]

eilig (?); [runic] (X 26,18) кäмäкчä Чiк тапа сӳläдiм ich zog eilig gegen die Tschik.

кӧк [alle Dial.]

blau; [runic] (Xa 10,10, Xb 12,1), [runic] (X 2,23) кӧк тäңрi der blaue Himmel; [runic] (K 1,1) ӧзä кӧк oben der Himmel; [runic] (X 4,7 falsch für [runic]); [runic] (K II,19) кӧктä (?) im Himmel.

Кӧгмäн

eine Oertlichkeit; [runic] (K 20,16), [runic] (K 17,19, X 17,14), [runic] (X 15,21) Кӧгмäн-Ша Кырҕыз jäрä zum Lande Kögmän der Scha-Kirgisen; (K 35,8, X 27,3) Кӧгмäн jышка тоҕа jорыш sie erstiegen den Bergwald Kögmän.

кӧңӳl [Uig. und nördl. Dial.]

der Sinn, das Herz, der Geist; [runic] (Kb 11,6) äттä кӧңӳlтä сыҕыт кälсäр Fleisch und Sinn empfinden Schmerzen; [runic] (Ka 12,15) кӧңӳlтäкi im Sinne befindlich.

кӧр (v) [alle Dial.]

sehen (mit Dat.), auf Jemand schauen = sich Jemandem unterordnen, treu an Jemand hängen; [runic] (K 30,8–19,14, X 24,16 – 39,3) кӧртi; [runic] (X 2,13) кӧзi jӧрäрӳ кӧртi ihre Augen schauen nach oben; [runic] (Xb 13,11) каҕан ат кӧртӳм ich habe sie wie Fürsten geehrt; [runic] (Ka 12,20, Xb 15,6) кӧрӳ; [runic] (Ka 11,9, Xb 8,23) аңар кӧрӳ auf ihn schauend; [runic] (Xb 14,3) кӧртäчiсiн die Schauenden, die in Treue Anhängenden; [runic] (K 8,1) кӧрмiш; [runic] (Kb 10,14) кӧрӳр кӧзӳм кӧрмäздäк als ob das schauende Auge nicht sieht; [runic] (Kb 10,12, Ka 2,25, Xb 2,16) маңа кӧрӳр es hängt mir an; [runic] (Ka 13,11) аны кӧрӳп ihn anschauend; [runic] (Ka 11,16, Xb 8,30) бӧткä кӧрӳгмä auf den Thron (?) schauend; [runic] (Xb 11,2) кӧзiн кӧрмäдӳк da es mit den Augen nicht sehen kann.

кӧрӳг [von кӧр-+-г]

das Schauen, Sehen, das auf Jemand Sehen, die Anhänglichkeit, die Treue; [runic] (K 23,2, X 19,11) кӧрӳгӳңiн ӳчӳн äгiтмiш die du durch deine Treue erhoben hast.

кӧрlӳг (?)

(?); [runic] (K 6,7) кӧрlӳг ӳчӳн; [runic] (X 6,22) кӧрlӳгiн ӳчӳн.

кöl [alle Dial.]

der See; [runic] (K 34,13) Тӱргі-Јарађун кöлтä am See Türgi-Jaragun; [runic] : [runic] (Kb 2,17) Кара кöлтä am Kara-Köl.

кöтӱр (v) [alle Dial.]

aufheben; [runic] (K 11,18) кöтӱрміш äріпч; [runic] (X 10,24) кöтӱрті äріпч; [runic] (K 25,12) кöтӱрміш тäңрі der Himmel, der erhoben hat; [runic] (X 21,3) кöтӱрӱгімä тäңрі der Erheber, der Himmel.

кöз [alle Süd- u. Westdial., in den Ostdial. кöс]

das Auge; [runic] (Kb 11,19) кöзі кашы Auge und Augenbrauen; [runic] (X 2,13) тостамыш кöзі mit hervorstehenden Augen; [runic] (Kb 11,3) кöздä јаш кäлсäр in die Augen kommen Thränen; [runic] (Kb 10,13) кöрӱр кöзім mein sehendes Auge; [runic] (Xb 11,1) кöзін mit den Augen.

кігӱр (v) [кігӱр (Uig.), کیکورمك (Dsch.), statt кір-+-гӱр]

hineinbringen, ausführen, handeln; [runic] (K 23,12, X 19,19) кäндӱ јаңылтың јаблак кігӱртің du hast selbst gefehlt und schlecht gehandelt.

кір (v) [alle Dial.]

hineingehen, eindringen; [runic] (K 38,5) кіріп; [runic] (Kb 7,15) кіріп öлӱртіміз eindringend, tödtöten wir; [runic] (X 38,12) Табђачка кірті sie drangen in China ein; [runic] (X 28,18) кіртім ich drang ein.

кісрä [allen Dial. unbekannt]

1) nach (mit dem Loc.); [runic] (K 4,27—5,5—34,7—39,10, X 23,15) анда кісрä darauf; [runic] (Ka 5,25, Xb 4,20) јађру кондукта кісрä nachdem (oder: weil) sie bei einander leben. 2) darauf (Adv.); [runic] (K 29,1).

кіш [alle Dial.]

der Zobel; [runic] (Xa 10,9, Xb 11,18) кара кішін ihre schwarzen Zobel.

кіші [alle Dial.]

der Mensch; [runic] (K 1,8—1,11, X 3,1), [runic] (Kb 10,23) кіші оғлы der Menschen Söhne; (Ka 7,22, Xb 6,2) біlмäз кіші unwissende Leute; [runic] (K 38,2, Xb 4,29—4,26), [runic] (Ka 6,3, Xa 10,9) кішіні; [runic] (X 28,20) кішісі; [runic] (Ka 6,5) алп кішіні; [runic] (Ka 7,27, Xb 6,6) öкӱш кіші öлтӱң viele Leute von Euch sind gestorben; [runic] (Ka 7,6, Xb 5,24) ајың кіші die einsichtsvollen Leute; [runic] (Ka 6,8, Xb 4,32) бір кіші; [runic] (K 39,21) јаблак кіші; [runic] (Kb 5,8) сӱ кішісіндä von den Leuten des Heeres.

кішілір [von кіші-+-lir]

[runic] (X 41,8) äкі ӱч кішілірін тізін барды er nahm zwei bis drei Menschen mit sich.

кӱ [кӱ (Tel.)]

die Stimme, der Ruf; [runic] (K 25,7—25,18, X 21,9, 22,4) аты кӱсі jok болмазун ihr Name und Ruf möge nicht vergehen; (X 36,4) аты кӱсі jok болты.

кӱң [Uig. Kom.]

die Magd, Sklavin; [runic] (X 18,10), [runic] (X 17,12), [runic] (K 20,14) кӱң кул Sklavinnen und Sklaven; [runic] (X 7,18) кўң кылты er machte sie zu Sklavinnen; [runic] (K 7,13–24,19) кўң болты sie wurden zu Sclavinnen; [runic] (Kb 9,15) тірігі кўң болтачы äрті die Lebenden unter ihnen mussten Mägdedienste leisten.

кўңliг [von кўң-+-liг]
Sklavinnen habend; [runic] (X 18,11) кўң кўңliг болмыш die Mägde hatten ihre Mägde.

кўңдä (v) [von кўң-+-lä]
Mägdedienste leisten; [runic] (K 13,8) кўңдäміш.

кўн [alle Dial.]
die Sonne, der Tag; [runic] (Ka 2,9–2,12–2,15, Kb 12,16, K II,9, X 5,4–8,4, Xa 1,9, Xb 2,8–2,6), [runic] (K 8,6, 4,6), [runic] (X I,10) ai артукы тöрт кўн einen Monat und vier Tage; [runic] (Kc 2,10) кўндä an jedem Tage; [runic] (Xa 1,18) äкінті кўн am zweiten Tage.

кўнтўз [кўндўз (Uig., West- und Süd-Dial.)]
am Tage; [runic] (K 27,6), [runic] (X 22,12) кўнтўз уларма-дым am Tage ruhte ich nicht.

кўнli [von кўн-+-li]
Nacht habend; [runic] (X II,5) тўнli кўнli Tag und Nacht.

Кўl [gewiss der Stamm von кўlўг]
Name des Bruders des Bilgä-Chan; [runic] (K 27,9–30,15–30,21–31,6–32,1–34,20–37,16, Kb 2,19, 3,18, 5,1–5,15–6,10–7,7–7,22–8,19, 10,7, 10,1, K II,4, K III,1) Кўl-Тäрін; [runic] (K 26,15, Kb 1,12, X 21,27), [runic] (Kb 8,13) Кўl-Тäрін; [runic] (K I,1) Кўl-Тäрінің; [runic] (K 40,6) Кўl-Тäрінні аз äрні ыт-тымыз (Transscr. zu corrigiren) den Kül-Tegin und wenige Männer schickten wir aus; [runic] (Kc 2,2) інім Кўl-Тäрін ölті mein Bruder Kül-Tegin ist gestorben; [runic] (Kc 2,9) ініm Кўl-Тäрінні meinen Bruder Kül-Tegin.

кўlўг [кўlўк (Uig.), кулык (Alt.)]
der Held; [runic] (K 4,25), [runic] (X 5,21) андаҕ кўlўг каҕан äрміш ein so heldenmüthiger Chan war er; [runic] (X 1,10) öдўзкі äр кўlўг бäрläпі auserwählte Helden.

Кўl-чур [von кўl-+-чур, vergl. кўl, кўlўк]
Name eines hohen Beamten der Tar-dysch; [runic] (Xa 11,19).

кўч [alle Dial.]
die Kraft, Stärke; [runic] (K 12,11), [runic] (K 8,3–9,16–10,8–30,9, X 8,1–9,8–9,23), [runic] (Kc 2,4) äсін кўчін oder äсні кўчні бäрміш er weihte ihm Sinn und Kraft; [runic] (X 11,6) кўч бäртўк ўчўн da er Kraft verliehen hatte.

кўмўш [alle Dial.]
das Silber; [runic] (Xa 9,10, Xb 3,34), [runic] (Ka 5,3), [runic] (Kb 12,8) алтун кўмўш Gold und Silber; [runic] (K I,4) алтун кўмўшін.

J.

jai [alle Dial.]
der Sommer; [runic] (Xc,3) jai болсар öзä wenn es Sommer wird; [runic] (X 39,9) jajын сўläдім ich zog im Sommer aus.

jai (v) [jaт (Uig.), die übrigen Dial. jai] ausbreiten; (X 31,8) jaja indem (das Heer) sich ausstreute; (X 33,1) jaiдым ich zog mich zurück (?); (K 23,16), (X 19,23) кандан кäлiн jaja äлтi? von wo kommend hat es sich ausgebreitet? (K 34,11) аны jajын боздымыз da sie sich ausstreuten, vernichteten wir sie.

jaђы [jaђы (Uig.), џау (Kir.)] der Feind, der Krieg; (X 9,13, 9,15), (K 10,1) jaђы; (K 9,22), (K 39,13) jaђы болмыш, jaђы болып sie waren feindlich, da sie feindlich waren; (X 11,12), (K 12,18) jaђысы seine Feinde; (K 2,4–14,8–14,13–14,20, X 3,18), (X 12,16–12,22) jaђы äрмiш; (K 34,10, Kb 1,19 –2,16–4,17, X 26,17–29,9–30,4) jaђы болты; (K 15,17, X 13,13) jaђыны; (Ka 3,4) jaђы jok; (Kb 8,17) Oђуз jaђы die feindlichen Ogus.

jaђысыз [von jaђы + сыз] ohne Feinde, ohne Feindschaft; (K 30,4), (X 24,12) jaђысыз.

jaђыз [Uig.] dunkel; (K 1,4) jaђыз jäр die dunkle Erde; (Kb 8,1–5,16) аз jaђызын seinen As-Jagys (seinen nur wenig braunen) (Name eines Pferdes des Kül-Tegin).

jaђyk [Uig., von jaђу + k] nah; (Ka 7,13–13,2) jaђyk; (Xb 5,30) jaђyk äрсäр wer nahe ist.

jaђут [von jaђу + т] nahe bringen; (Ka 5,21) jaђутыр sie bringen so nahe.

jaђру [von jaђ + ру] gegenüber, dicht gedrängt, wider, gegen; (Ka 7,25, Xb 6,4) алп jaђру барып gegen die Helden ziehend; (Ka 5,23, Xb 4,18) jaђру кондукта da sie dicht beieinander wohnen.

jaңыл (v) [Uig.] sich irren, gegen Jemand schlecht handeln, revoltiren; (Ka 10,24) jaңылып; (Ka 11,18, fehlerhaft für) jaңылтачысын (бäңгÿ ташка уртум) ich verzeichnete auf dem Gedenkstein, wie sie gefehlt haben; (K 23,10) jaңылтың; (X 16,12) jaңылдукын; (K 20,10) öзi jaңылты er selbst handelte schlecht; (Ka 6,9, Xb 4,33) бiр кiшi jaңылсар wenn ein Mensch einen Fehler begeht; (X 19,17) кäндÿ jaңылтың.

jaңылук [Uig., von jaңыл + yk] der Fehler, Irrthum; (K 19,3) бiзгä jaңылукын ÿчÿн wegen seiner gegen uns (begangenen) Fehler.

jaн [Uig. östl. Dial.] die Seite, Gegend; (K 10,5, X 9,20, scheint mir hier fehlerhaft für janka zu stehen) japатуну умдук janka iчкäдi sie zogen sich nach dem Lande zurück, wo sie zu gedeihen gedachten.

jaн (v) [Uig. und östl. Dial.] zurückkehren; (K 21,1–40,20) jaна jорып zurückkehrend.

jaна [Uig.] abermals; (K 28,6) jaна кäлтi es kam abermals; (K

38,4) анда jана кірін dort wiederum eindringend.

jандру [von jан-+-дыр-+-у]
abermals, immer wieder; [runic] (Kb 11,9) jандру сакындым von Neuem gräme ich mich.

jара (v) [alle Dial.]
passen (vergl. jарат).

jарак [von jара-+-k]
das Passende; [runic] (K 33,18) jаракында zu seinem Ersatze.

jараклыҕ [von jарак-+-лык]
1) bewaffnet; [runic] (K 32,6), [runic] (K 32,8) jараклык äliriн тутту jараклыкта каҕанка анча улыды er fasste ihn mit bewaffneter Hand, so viel sich an den Chan bewaffnet angeschlossen hatten.
2) das Passendsein; [runic] (K 23,13, X 19,20) jараклык кандан кälін.

Jараҕун
Name eines See's; [runic] (K 34,12) Тӳргі-Jараҕун кöлтä am See Türgi-Jaragun.

jарат (v) [von jара-+-т]
vorziehen, Wohlgefallen haben, einrichten, ausführen; [runic] (K 13,17), [runic] (X 12,4, Xa 11,3) jаратмыш; [runic] (K 20,23, X 17,22) аз Кыркыз будуны jаратып кälтіміз wir richteten das wenig zahlreiche Kirgisen-Volk ein; [runic] (X 1,3) täңрі jаратмыш Тӳрк Білгä каҕан der vom Himmel eingesetzte türkische Bilgä-Chan; [runic] (Kb 13,18) бäдіз jаратыҕыма die Arbeit ausführend.

jаратун (v) [von jарат-+-ун]
sich wohl befinden, gedeihen; [runic] (K 10,3), [runic] (X 9,18) jаратуну умдук jан das Land, wo man zu gedeihen gedenkt.

jараш (v) [von jара-+-ш]
sich versöhnen, in Eintracht leben, sich anpassen; . . . [runic] (Xa 9,20).

jарылка (v) [jарлыка (Uig.), يارلقامق (Dsch.)]
gnädig sein; [runic] (X 14,28) täңрі jарылкады äрмiш der Himmel war gnädig; [runic] (K 29,3) täңрі jарылказу der Himmel möge gnädig sein; [runic] (K 15,11, X 23,17–34,20, Xb 10,20) jарылкадук ӳчӳн da er gnädig war; [runic] (Ka 9,9) jарылкадукын ӳчӳн; [runic] (X 13,8 – 33,3) jарылкадук ӳчӳн.

jарҕан (?)
[runic] (Kc 1,3) ынанчу апа jарҕан таркан.

jалаң [Uig. und östl. Dial.]
nackt; [runic] (X 23,26), [runic] (K 29,12) jалаң будуны das nackte Volk; [runic] (K 28,5) jалаңын nackt (adv.).

jалбачы
(?); [runic] (X 39,4) jалбачы äдгӳ сабы öтäрі кälмäз тäjін sagend, dass von dort kein . . . . (?) guter Ruhm kommt.

jалма
[runic] (K 33,19) jаракында jалмасында jӳз артук кун урты zum Ersatz und . . . . . (?) nahm er hundertfache Strafe.

jат (v) [alle Dial.]
liegen; [runic] (Kb 9,19) jолда jату калтачы äртіңіз ihr bliebet auf dem Wege liegen; [runic] (K 24,14, X 20,12) таҕча jатты sie lagen da wie ein Berg.

jадаҕ [Uig.]

zu Fuss gehend; [runic text] (X 32,18) jадаҕы баз болты тäп; [runic text] (K 28,4) jадаҕын zu Fuss gehend (adv.); (K 32,2) Кӯl-Тäгiн jадаҕын оплаjу тäгдi kann entweder übersetzt werden: Kül-Tegin griff ihre Fusstruppen an, oder: Kül-Tegin griff sie zu Fuss an; [runic text] (Xa 1,11) jадаҕ сӯсiн ihre Fusstruppen.

jаз [alle Dial.]

der Frühling; [runic text] (X 31,30) jазыңа im Frühling; [runic text] (Xa 2,10) jазын Татабы тапа сӯлäдiм im Frühling zog ich gegen die Tatabi.

jазы [Uig. und östl. Dial.]

die Ebene; [runic text] (Ka 7,1), [runic text] (Xb 5,18) jазы; [runic text] (X 15,14) jазыka; [runic text] (K 17,13, Ka 3,14) Шандуң jазыka тäгi bis zur Ebene Schandung; [runic text] (Kb 8,11) Jышсап jазысы die Ebene Jyschsap, oder: die Ebene des Jyschsap.

jазын (v) [vergl. jac (Alt.) verfehlen, auch jac (Uig.) der Fehler]

Fehler begehen; [runic text] (X 16,13) jаңылтуkын jазынтуkын ӱчӱн weil er sich irrte und Fehler beging; [runic text] (X 17,8) öзi jазынты er selbst beging Fehler.

jазук [jазык (Alt. Kom.)]

der Fehler, die Sünde (vergl. jазукла).

jазукла[т] (v) [von jазук-+-ла]

sündigen; [runic text] (X 36,1) jазуклады oder jазуклатты.

jаш [alle Dial.]

die Thräne; [runic text] (Kb 11,4) кöздä jаш кäлсäр es kommen Thränen (mir) in's Auge.

jаш [alle Dial.]

das Lebensjahr; [runic text] (K 32,14, 31,9) jашыңа in seinem Lebensjahre; [runic text] (X 15,3) jашымка; [runic text] (X 24,18—24,31—25,14—26,12—28,10—29,2—38,8, Xa 2,5), [runic text] (X 25,28) jашыма; [runic text] (X 14,4) сäкiз jашта; [runic text] (Xa 5,6) äлiг jашыма in meinem fünfzigsten Jahre; [runic text] (K III,14) кырk артуkы jäтi jашыңа болты (vielleicht ist hier [runic text] = jашар [vergl. das folg. Wort] zu lesen).

jаша (v) [von jаш-+-а]

leben; [runic text] (Kb 2,21) бiр кырk jашаjур äртi als er ein und vierzig Jahre alt war; [runic text] (Kb 10,22) öд тäңрi jашар alle Zeit (d. h. ewig) lebt nur der Himmel.

jашыл [jашыл (Uig.) blau, (Kas.) grün]

blau, grün; [runic text] (K 17,11, X 15,12) jашыл ӱгӱз der grüne (blaue) Fluss.

jабыз [jабыс und jауз (Uig.)]

schlecht, untauglich; [runic text] (X 21,24, 32,28), [runic text] (K 26,10) jабыз jаблаk.

jабҕуҕ

eine Würde; [runic text] (K 14,1, X 12,10) jабҕуҕ шадын анда бäрмiш; (X 28,4) kаҕанын jабҕуҕ шадын анда öлӱртӱм ihren Chan und seinen Jabgug-Schad haben wir dort getödtet.

jабрыт (v) [jабрыт (Uig.) schwach, dünn machen]

auseinander treiben: [runic text] (X 31,24) jабрыттым.

jаблаk [jаблаk (Uig.) heftig, stark, grausam]

schlecht, feige; [runic text] (K 5,16—23,11, Ka 7,11, Kb 11,20, X 6,8—6,14—

19,18-21,25-30,27), [runic] (K 5,21) jаблак äрмiш äрiнч; [runic] (Kb 7,4) jаблак бу (hier sind einige Zeilen ausgefallen, vergl. X 30,27: [runic] : [runic]); [runic] (K 39,21) jаблак кiшi; [runic] (K 26,10) jабыз jаблак; [runic] (Xb 5,28) jаблак аҕы бäрӳр er giebt schlechten Tribut.

Jамтар

ein Hundename, Pferdename; [runic] (X 40,11) Jамтар аҕ ытым барда so lange ich meinen weissen Jamtar-Hund habe; [runic] (K 33,4) Ышбара jамтар боз атын seinen Yschbara-Jamtar-Grauschimmel.

jäр [jäк (Uig.)]

gut, vortrefflich; [runic] (Ka 4,16, Xb 3,24) jынта jäк äдi jok äрмiш im Waldgebirge giebt es keine trefflichen Waaren; [runic] (X 24,6) каҕанлыҕда jäр кылдым; [runic] (Xa 8,3) будунума jäрiн анча казҕану бäртiм für mein Volk erwarb ich so viel Gutes.

Järäncil

ein Eigenname; [runic] (K 33,10) Järäncil бäр.

Jäнчӳ

Name eines weit nach Westen liegenden Flusses (Amu-Darja?); [runic] (K 39,4), [runic] (Ka 3,28) Jäнчӳ ӳгӳзӳн кäчä über den Jäntschü-Fluss setzend; [runic] (Xb 3,8) Jäнчӳjiн кäчä.

jäр [alle Dial.]

das Land; [runic] (Ka 4,20—8,7—9,12, Kb 4,14, Xb 7,3—7,10), [runic] (K 1,5, X 18,30—29,28), [runic] (X 15,23), [runic] (Ka 4,7), [runic] (Xb 3,15) jäрiңä; [runic] (K 10,24, X 10,4) jäрi; [runic] (K 24,6), [runic] (X 20,4—36,17) jäрдä; [runic] (K 20,18—19,18, X 35,5, 17,15) jäр суб Land und Wasser (auch als Eigenname der höchsten Gottheit gebraucht); [runic] (Ka 9,6) jäр саjу in jedes Land; [runic] (X 40,2) jäрiңäрӳ zu dem Lande; [runic] (X 35,12) jäрiн субын; [runic] (K 34,9) jäр буjурукы der Landverwalter (?); [runic] (Ka 4,23), [runic] (X 36,6) бу jäрдä; [runic] (Ka 8,1, Xb 6,8) ол jäрӷäрӳ; [runic] (K 22,13) асра jäр; [runic] (K 33,22) jäрiнä an Stelle; [runic] (X 35,19) jäрiнчä.

Jäрiңjарку

ein Ortsname; [runic] (Ka 4,6, Xb 3,14).

jäл (v) [alle Dial.]

traben; [runic] (X 41,2) jälмäдi.

jäтi [alle Dial.]

sieben; [runic] (K 15,3, K III,4, X II,6), [runic] (Kb 1,13, K III,11—13) jäтi отуз; [runic] (K III,8) jäтi отускы den sieben und dreissigsten; [runic] (K 13,1—13,3, X 11,21—11,23) jäтi jӳз äр; [runic] (X 10,26) jäтi jiripмi; [runic] (K III,18) кырk артукы jäтi jашыңа; [runic] (Xa 1,6) jäтi бiң sieben tausend.

jäтiнч [von jäтi + нч]

der siebente; [runic] (Kb 5,9) jäтiнч äрнi; [runic] (K III,12) jäтiнч аi den siebenten Monat.

jäтмiш [die meisten Dial.]

siebenzig; [runic] (K 12,9) jäтмiш äр болмыш es waren siebzig Männer.

jäмä [jämä (Uig.)]

alle (tritt als Appositum hinter das Substantiv); [runic] (K 5,19—19,9, Ka 10,26, X 6,12—16,19), [runic] (K 3,13, X 4,17) бäгläpi jäмä alle seine Fürsten; [runic] (K 3,14, X 4,18) будуны jäмä all sein Volk; [runic] (K 3,9) бујурукы jäмä.

jok [alle Dial.]

1) das Nichtsein, nicht; [runic] (X 33,17), [runic] (K 11,5), [runic] (Xa 7,4) jok болча; [runic] (X 40,13) jok болмыш; [runic] (K 25,8—25,19, X 10,9—21,10—22,5) jok болмазун er möge nicht untergehen; [runic] (X 36,5) аты кÿсi jok болты sein Name und Ruf ging unter; [runic] (K 39,20) азукы jok äртi er hatte keinen Mundvorrath; [runic] (Ka 8,12), [runic] (Xb 6,18) нäң буң jok er hat keine kostbaren Waaren; [runic] (Ka 3,4, Xb 2,22) jаҕы jok; [runic] (Ka 4,17, Xb 3,25) jäр äдi jok es giebt keine guten Waaren; [runic] (Ka 3,11, Xb 2,29) буң jok; [runic] (Kb 3,12) анда jok болты; [runic] (Kb 10,2) Кÿl-Тäriн jok äрсäр da Kül-Tegin umgekommen; [runic] (Kc 2,8) jokыҕа wegen seines Todes; [runic] (X 24,26, Xa 4,2) jok кылтым ich vernichtete.

2) arm; [runic] (Ka 10,1), [runic] (Xb 7,21) jok чыҕаі будун das arme elende Volk.

jokaд (v) [joҕar (v) (Uig. Schor. Kir.)]

vernichten; [runic] (K 10,16) jokaду барыр äрмiш sie zogen aus, um sie zu vernichten.

jokkыш (v) [von jok+кыш (?), allen anderen Dial. unbekannt]

vernichten (durch einen Kampf); [runic] (K 32,12, 34,6) анда jokkыштымыз dort vernichteten wir; [runic] (X 25,12) анда jokkыштым ich vernichtete daselbst.

joҕ [jōk (Alt.) Trost]

die Trauer, Leichenfeierlichkeit; [runic] (Xa 9,12) joҕ jыпарын кäljÿртi er brachte alles zur Leichenfeier Nöthige; (Xa 8,18) joҕ äртÿртÿм ich besorgte die Leichenfeier; [runic] (Kb 7,14, X 31,16) joҕында bei seiner Leichenfeier; [runic] (X II,2) joҕру zur Leichenfeier hin.

joҕла (v) [von joҕ+ла, vergl. jōkta (v) (Schor.)]

klagen, jammern; [runic] (K 4,23, X 5,20) joҕламыш.

joҕчы [von joҕ+чы]

ein Klagender, Leidtragender; [runic] (K 4,3, X 5,1, Kb 11,24).

joңшур (v) [joң (Uig.) verleumden, joңдо (Tel.) tadeln]

anfeinden, beeinträchtigen, Böses zufügen; [runic] (K 6,17, X 7,1) joңшуртукын.

jopы (v) [Uig. Tel.]

gehen, reiten; [runic] (K 35,11, X 37,9), [runic] (K 40,21), [runic] (X II,3) сÿ jopын; [runic] (X 27,27) jорыдым; [runic] (K 37,4) jорыдымыз; [runic] (K 12,1) таҕка jорыјур er geht in die Berge; [runic] (Ka 9,16, Xb 7,14) jорыјур äртi.

jopыт (v) [Uig.]

in Bewegung setzen; verdrängen, angreifen; [runic] (Ka 4,13, Xb 3,21) бунча бірка тäгі јорыттым bis zu Jedem von ihnen habe ich das Heer geführt; [runic] (Ka 6,6, Xb 4,30) алп кішіні јорытмаз er greift keinen Helden an (Ka 6,6 steht fehlerhaft [runic]).

јол [alle Dial.]
der Weg, Mal; [runic] (K 15,4, X 13,2) jäті јолы сÿлäмiш sieben Mal ist er ausgezogen; (X 30,7) тöрт јолы сöңÿштÿм vier Mal habe ich gekämpft; [runic] (Kb 9,18) јолта јату калтачы äртіңіз ihr bliebet auf dem Wege liegen; [runic] (Kb 4,19) бäш јолы fünf Mal; [runic] (X 28,14) алты јолы sechs Mal.

јолук [Uig.]
das Opfer; [runic] (X 20,19) јолукуңын ÿчÿн zum Opfer für dich.

Јоллыҕ [von јол+лыҕ]
Name eines Tegin des Neffen des Kül-Tegin (der Glückliche); [runic] (K I,17) Јоллыҕ-Тäгін; [runic] (Ka 13,17, K II,6, X I,1) Јоллыҕ-Тäгін; [runic] (X II,12) Јоллык-Тäгінні.

јотаз
(?); [runic] (X 38,17) малын јотазын анда алтым.

jöрäрÿ [joҕару (Uig.)
nach oben; [runic] (K 11,17, K I,13, X 10,23), [runic] (X 2,14) jÿрäрÿ кöртÿ sie schauten nach oben.

јырҕару [vergl. јыраја]
nach der anderen Seite, nach links (Norden); [runic] (K 28,10, Ka 2,17—4,5, X 23,4, Xb 2,8—3,13).

јыраја [den anderen Dial. unbekannt]
nach der entgegengesetzten Seite, dorthin; [runic] (K 14,9, Ka 1,20, X 12,17).

јыл [alle Dial.]
das Jahr; [runic] (Xa 8,14, 7,17, 7,12), [runic] (K III,11) јылка im Jahre; [runic] (Kb 4,18) бір јылка; [runic] (K 36,21, X 27,19) ол јылка in jenem Jahre; [runic] (K 8,2) äлір јыл fünfzig Jahre; [runic] (K III,2) кoi јылка im Schafjahre.

јылкы [alle Dial. «Pferd als Heerdenthier»]
das Vieh, das Pferd; [runic] (X 39,12), [runic] (X 38,4) ол јылкыны; [runic] (X 24,27), [runic] (Xa 3,4) јылкысын.

јылсаҕ
(?); [runic] (K 26,3, X 21,16) нäң јылсаҕ an Habe reich.

јылпаҕут [vergl. алпаҕу]
eine Würde; [runic] (X 31,11) Тоңра јылпаҕуты der Jilpagut der Tongra.

јыш [јыш (Tel. Alt.)]
das Waldgebirge; [runic] (K 23,22, Ka 3,8—6,30—8,14, Xb 2,26, 5,16—6,14—6,21), [runic] (K 2,18) јышка тäгі, [runic] (Ka 4,22, Xb 3,28) јыш äрмiш; [runic] (Ka 4,15, X 27,18, Xb 3,23) јышта; [runic] (K 21,5, X 27,4) јышны; [runic] (X 27,22) алтун јышны das goldene Waldgebirge (den Kin-Schan); [runic] (K 35,18) суңа јышта; [runic] (X 19,28) јыш будуны.

јыпар [јыпыр (?)]
[runic] (Xa 9,13) јоҕ јыпарын die Trauergeräthe.

јымшак [alle Dial.]
weich; [runic] (Xa 5,13), [runic]

(Ka 5,17 — 6,18, Xb 4,8 — 4,12 — 5,1).

jiripmi [alle Dial.]
zwanzig; [runic] (X 23,13, K II,8), [runic] (K 15,7, X 13,1—15,2, 25,13, Xa 7,11), [runic] (X 10,26, 24,17) jäті jiripmi sieben und zwanzig; [runic] (K 18,1) ўч jiripmi; [runic] (K 31,8) алты jiripmi; [runic] (K 28,22) äкі jiripmi; [runic] (X 24,29) сäкіз jiripmi.

jiripmiкi [von jiripmi+кі]
der zwanzigste; [runic] (K III,4) jäті jiripmiкi der sieben und zwanzigste.

jiт (v) [Uig.]
verderben, untergehen; [runic] (X 22,18) ölў jiтў zum Sterben und Untergehen bemühte er sich, d. h. er arbeitete so viel in seinen Kräften stand; [runic] (K 28,3) ölў jiгў.

jiттўр (v) [von jiт+тўр]
vernichten; [runic] (K 7,3), [runic] (X 7,11) jiтрў ыдмыш er hat vernichtet.

jiчä
[runic] (K 16,19, X 14,13—14,15) jiчä äтті jiчä äгітті sowohl richtete er es ein, wie auch erhöhte er es.

jурт [alle Dial.]
die Jurte, der Wohnsitz; [runic] (Kb 9,17) jурта in den Wohnstätten.

jул (v) [Uig.]
reissen, an sich reissen, plündern; [runic] (X 32,20) äбін баркын jулыӷлы барды er zog aus und plünderte ihre Häuser und Gebäude.

jут [jут (Kir.)]
Frost nach Thauwetter, wo das Vieh keine Nahrung findet, das Viehsterben; [runic] (X 31,28) jут болты ein Viehsterben trat ein.

jўкўнтўр [von jўгўн (Uig. Kar.)+дўр]
sich verneigen lassen, unterwerfen; [runic] (Xb 10,14) jўкўнтўртўм; [runic] (X 13,18), [runic] (X 3,24), [runic] (K 2,13, 15,22) башлыӷны jўкўнтўрміш die Häuptlinge ordnete er sich unter; [runic] (X 16,3) jўкўнтўртіміз; [runic] (K 18,13) jўкўнтўртіміз.

jўгўр (v) [alle Dial.]
laufen, fliessen; [runic] (K 24,11, X 20,9) каныӊ субча (ўгўзчä) jўгўрті dein Blut floss wie Wasser (wie ein Fluss).

jўз [alle Dial.]
hundert; [runic] (K 33,20) jўз артук hundert Mal mehr; [runic] (X 37,18) jўзчä äрäн etwa hundert Mann; [runic] (K 13,1—13,3, X 11,21—11,23) jäті jўз äр sieben hundert Männer; [runic] (Xa 9,5) бäш jўз äрäн кäлті fünf hundert Mann kamen.

jўз (v) [alle Dial.]
schwimmen; [runic] (X 30,15) Тоӷла ўгўзні jўзті sie schwammen über den Fluss Togla.

II.

нä [alle Dial.]
was? was für ein? [runic] (X 9,6), [runic] (K 9,15) нä каӷанка? welchem Fürsten? [runic] (Ka 10,9 fehlerhaft für [runic]) аз будунны.

нäң [Uig.]
die Habe; [runic] (Ka 8,12, Xb 6,19) нäң буң jok; [runic] (K 26,3) нäң jылсаҕ reich.

нäңсäңӳн [aus нäң+сäңӳн]
die Würde; [runic] (Kb 12,22) ӳч кырk улуста нäңсäңӳн оҕлы тарkан von den drei und vierzig Stämmen kamen die Söhne des Nängsängün, die Tarchane.

нäңсiз [von нäң+сiз]
ohne Habe; [runic] (Ka 11,3, Xb 8,19 statt [runic]) нäңсiз habelos, besitzlos;

L.

Licӳн
Name eines chinesischen Beamten; [runic] (Xa 9,2) Licӳн Taicäңӳн Lisün der Tai-Sängün.

T.

Taiҕун [vergl. Tyiҕун]
eine Würde; [runic] (K II,18) таiҕуныңызда.

Taicäңӳн
chinesischer Beamtenrang; [runic] (Xa 9,3) Licӳн Taicäңӳн der Lisün der Tai-Sängün.

таҕ [тak (Uig.), таҕ, تاغ (Dsch.)]
den Berg; [runic] (K 11,23, Xa 5,11) таҕka zum Berge; [runic] (K 24,13, X 20,11) таҕча wie ein Berg; [runic] (Xa 6,6) таҕда тäri bis auf den Berg; [runic] (K 12,6) таҕдакы die auf dem Berge Befindlichen, die Bergbewohner.

Таңут
die Tanguten; [runic] (X 24,19–24,22).

тарkан [ترخان (Dsch.)]
die Tarchan (eine Würde); [runic] (Xa 12,5) Таман-Тарkан; [runic] (Xa 12,7) Тоңjykyk Боiла Баҕа Тарkан; [runic] (Kb 12,23) нäңсäңӳн оҕлы Тарkан; [runic] (Kc 3) ышанчу ана jарҕан Тарkан.

тарkат [vergl. тарkан]
die Verwaltung (?), Mehrzahl von Tarchan (?); [runic] (Ka 1,21) буiрук тарkат бäрläп die Beamten (Vewalter, Ausführer der Befehle).

Тардуш
das türkische Geschlecht des Bilgä-Chan; [runic] (K 13,20, 17,4, Kb 13,12, X 12,7–15,4, Xa 11,17).

Тарбан [= Тарман]
eine Oertlichkeit; [runic] (X 18,1) Кäңӳ-Тарбанка.

Тарман [vergl. Тарбан]
[runic] (K 21,11) Кäңӳ-Тарманка.

Талуi
Name eines östlich wohnenden Volkes; [runic] (Ka 3,16) Талуika кäчiг тäгмäдiм bis zum Uebergange zu den Talui bin ich nicht gekommen.

тат [allen Dial. unbekannt]
ein Verwandtschaftsgrad, Nachkommen, Enkel (?); [runic] (Ka 12,17, Xb 15,3) оҕлыңа татыңа тäгi.

Татар
ein Volk; [runic] (X 34,6), [runic] (K 4,16–14,16, X 5,13) отуз Татар die dreissig Tatar.

Татабы
ein tungusisches Volk (welches gewöhnlich zusammen mit den Kytai genannt wird); (K 4,18 – 14,18 – 28,16, Kb

11,27, X 5,15—23,8, Xa 2,11—5,7—6,15, Xb 13,17).

Тадыксачурац [von тадык (Süssigkeit) + сач (ausstreuen)]
ein Pferdename; [runic] (K 32,19) тадык сачурац боз der Süssigkeiten ausstreuende Graue.

таш [alle Dial.]
der Stein; [runic] (K I,15, K III,20, Xb 15,9), [runic] (Ka 13,8) бäцгÿ таш der Gedenkstein; [runic] (Xc,7), [runic] : [runic] (Ka 12,10, Xb 14,18) ташында анчыђ; [runic] (Ka 11,7) бäцгÿ ташка уртум ich habe auf den Gedenkstein aufgezeichnet; [runic] (Ka 12,14) таш токыттым; [runic] (Kb 13,19, K III,9) бiтiг таш der Schriftstein; [runic] (Ka 13,16, Xb 15,14) ол таш; [runic] (K II,11) бу ташка; [runic] (Ka 12,7) таш барк das Steinwerk.

ташык (v) [таш (Uig. Tel.) steigen, sich ausbreiten (vom Wasser)]
ins Feld ziehen, sich ausbreiten (vom Heere); [runic] (K 11,22), [runic] (K 12,5), [runic] (X 32,5) ташыкмыш; [runic] (Kb 8,13) сÿ ташыктымыз mit dem Heere zogen wir in's Feld.

таш [Uig.]
die Aussenseite, das Aeussere (vergl. ташра).

ташра [von таш + ара]
draussen, aussen; [runic] (K 26,8, X 21,22) ташра тонсыз die aussen ohne Pelz sind.

тапа [таба (Kas. Tob.)]
in der Richtung nach, entgegen, gegen; [runic] (K 28,13—28,18, X 23,12—24,20—25,1—26,1—26,32—27,21—28,12—32,2, Xa 2,12), [runic] (K 39,14) Кäцäрäс тапа; [runic] (X 26,19) Чiк тапа gegen die Tschik; [runic] (X 23,9—40,7) будун тапа; [runic] (X 23,5) Ођуз будун тапа gegen das Volk der Ogus; [runic] (K 28,20), [runic] (Xa 2,7) Кышаі Кытаі тапа gegen die Kyschai-Kytai.

тапыкла (v) [табук (Uig.)]
verehren, dienen, Dienste leisten; [runic] (X 35,8) тапыкламады äрiнч sie leisteten nicht Dienste.

таб (v) [alle Dial.]
finden; [runic] (K 38,18) ол будуны табарда bei dem Auffinden dieses Volkes.

табул (v) [von таб + л]
[runic] (K 31,7) äр табулды er wurde zum Manne (vielleicht ist es auch zu lesen: äр ат булды er fand den Heldennamen).

табђач [тапкач (Uig.), تابغاج (Dsch.)]
berühmt, gewöhnliche Bezeichnung der Chinesen; [runic] (K 4,10—7,21—7,5—7,24—14,6—31,18, Ka 4,25—5,8, 12,1, Kb 13,21, X 5,8—6,19—7,12—7,26—12,14—23,11, 25,29, Xa 1,1, Xb 3,30—4,4), [runic] (X 38,11) табђачка; [runic] (X 8,17—9,12—39,2) табђач кађанка dem chinesischen Chane; [runic] (K 28,20) табђач тапа; [runic] (X 36,3) табђачта; [runic] (K 6,5) табђач будун das chinesische Volk; [runic] (X 35,16) табђачђару; [runic] (X 41,15) кiчiг табђач.

табђачђы [von табђач + ђы]

chinesisch, nach Art der Chinesen; [runic] (K 7,19, X 7,24) табђачы бäрläп als chinesische Beamten.

Таман
eine Tarchanswürde; [runic] (Xa 12,5) Таман тарkан.

тамkа [= тамђа]
Tamga, die Schrift; [runic] (K II,13) тамkа (ich mache auf die auffallende Schreibweise aufmerksam, es ist dies das einzige Wort, in welchem der Inlautsvokal [runic] bezeichnet ist).

тамђачы [von тамђа+чы]
der Siegelbewahrer; [runic] (Kb 13,6—13,8) Ођуз біlrä тамђачы.

Тамађ
Name eines Berges; [runic] (X 29,10) Тамађ аідук башда auf dem Tamag genannten Berge.

тä (v) [alle Dial.]
sagen; [runic] (X 32,15, 41,4, 40,9) тäп sagend; [runic] (Ka 7,17, Xb 5,32) тäп анча буңђурур äрміш so sagend erregten sie; [runic] (X 41,12) кälтi тäп; [runic] (K 9,19, X 9,11) анча тäп; [runic] (Kb 11,22) јаблак болтачы тäп sie sind schlecht, sagend; [runic] (K 10,15, 9,10, 9,18), [runic] (X 9,10) тäр äрміш sie sprachen; [runic] (K 9,2—11,2), [runic] (X 8,24) анча тäміш; [runic] (X 10,6) анча тäміш äріич; [runic] (K 11,7—12,2—19,21—25,9—27,1—28,9, X 10,10, 10,13, 20,32, 17,18—21,11—22,6, 35,22, 33,23) тäјін sagend; [runic] (X 23,3) будунны äгідäјін тäјін ich will das Volk erhöhen, sagend; [runic] (K 39,3) будун äтäјін тäјін ich will das Volk einrichten, sagend; [runic] (K 20,20) ідісіз калмазун тäјін sagend, es möge nicht herrenlos bleiben; [runic] (K 11,9) булчун тäјін; [runic] (X 39,8) äдгӱ сабы öтäгі кäлмäз тäјін ein guter Ruf kommt nicht von dort, sagend; [runic] (Ka 7,2) јазы којын äн! тäсäр die da sagen: verlasset die Ebene und steiget herab!

тäг (v) [alle Dial., Fortbildung тi]
berühren, erreichen, angreifen; [runic] (Ka 3,18, 3,26, Xb 3,6) кäчіг тäгмäдім den Flussübergang habe ich nicht berührt, bin nicht über den Fluss gekommen; [runic] (K 33,6—33,15—36,3, Kb 2,8—5,5—6,13—8,3) атын бінін тäгді oder атын бінін онлају тäгді sein Pferd besteigend, griff er an, oder: griff er heftig an; [runic] (K 32,3, Kb 3,2) онлају тäгді; [runic] (K 37,18) бінін тäгді; [runic] (Kb 5,19) онлају тäгін; [runic] (X 30,2) сӱсі тäгдӱк ӱчӱн јађы болты da das Heer angriff (angegriffen wurde?), waren sie uns feindlich, d. h. erhoben sie sich gegen uns; [runic] (K 34,1) тäгдӱкін тӱрк бäгläр куп біlірсіз ihr türkischen Fürsten kennet seinen Angriff gut (wisset, wie heftig er stets angreift); [runic] (K 36,10) ол тäгдӱктä bei diesem Angriffe; [runic] (K 40,15) тäгміш; [runic] (K 40,3) алп äр кызыңа тäгміш äрті er hatte die Tochter eines Helden berührt.

тäгі [von тäг (v)]
bis (mit Dat.); [runic] (K 8,10—8,15—17,17—21,12, Ka 3,22—4,3—4,8—4,12 — 6,13 — 12,18, X 4,2 — 8,8,

15,15–15,19–15,24–18,2, Xa 6,7, Xb 3,2–3,11–3,16–3,20–15,4, X II,11, 15), [runic] (K 17,13, Ka 3,14) jазыка тäri cӯlӓдiмiз wir zogen bis zur Ebene; [runic] (K 2,18) jышка тäri bis zum Waldgebirge; [runic] (K 2,20) тäмiр капыӷка тäri bis zum Eisernen Thore.

тäriн [تكين, تيكين (Dsch.)] der Prinz, nächster Verwandter des Chans; [runic] (K I,12, K I,18, X 14,24, 31,15, X I,7), [runic] (K 27,9–30,15 30,21–31,6, 32,1–35,20–37,16, Kb 2,19–3,18–5,1–5,15–6,10–7,22–8,19–10,1–10,7, K II,4, K III,1), [runic] (Kb 1,12), [runic] (K 26,15, X 21,30–22,15), [runic] (Kb 8,13) Кӯl-Täriн; [runic] (K I,1) Кӯl-Täriнiң; [runic] (K 40,6) Кӯl-Täriнiн; [runic] (Kb 7,13) Тоңа-Täriн; [runic] (Ka 13,17, K II,6, 15, X I,1, X II,12) Јоллыӷ-Täriн.

тäңрi [тäңрi (Uig.), تكرى (Dsch.), тäңäрä (Alt.); im Osm. таңры] der Himmel, Gott; [runic] (K 1,2, 11,14–12,10, 15,10, 25,15, 25,13, 29,2, Ka 9,17, Kb 4,13, K I,14, K II,24, X 1,2–1,15–10,20–11,5–13,7–18,28, 21,4–23,16, 29,27–33,2–35,3, 14,29–21,6), Xa 11,2, Xb 8,10 [im Texte fehlerhaft [runic]]–10,18), [runic] (Kb 10,21) öд тäңрi јашар ewig lebt der Himmel; [runic] (K 22,11) öзä тäңрi басмасар oben der Himmel bedrückt nicht; [runic] (Ka 1,2, Xb 1,2) тäңрiдä болмыш vom Himmel geworden; [runic] (Ka 1,1, X 1,1, Xa 11,1, Xb 1,1) тäңрiтäк dem Himmel gleich; [runic] (X 21,13) ол тäңрi jener Himmel; [runic] (X 2,23) кöк тäңрi der blaue Himmel; [runic] (K 10,21, X 10,2) тӯрк тäңрiсi тӯрк аiдук jäрi субы der Gott der Türken, den die Türken ihr Land und Wasser nennen.

тäр (v) [alle Dial.] sammeln; [runic] (K 12,23), [runic] (X 11,18) тäрмiш; [runic] (Ka 10,20) булунну тäрiп.

тäрil (v) [von тäр + l] sich sammeln; [runic] (K 12,8, X 11,2) тäрiliп; [runic] (X 31,8) анда тäрilтi.

тäркiш [аркы тäркi (Alt.)] [runic] (Ka 8,10, Xb 6,17) аркыш тäркiш kreuz und quer, hin und her.

тäбlir [vergl. тäнcä (Uig.) anfeinden] die Feindschaft (?); [runic] (X 6,21, K 6,6) Табӷач будун тäбliriн кöрlӯr (кöрlӯriн) ӯчӯн wegen der Feindschaft und ...... (?) des chinesischen Volkes.

тäмiр [тäмiр (Uig. Kom.), тöмӯр (Alt.)] das Eisen, eisern; [runic] (X 8,12) тäмiр капыӷка; [runic] (K 8,14–17,16–39,7, Ka 4,2, X 4,1, 15,18), Xb 3,10, [runic] (K 2,20) тäмiр капыӷка тäri bis zum Eisernen Thore.

тoi [alle Dial., vergl. тoд] das Gastmahl, die Sättigung; [runic] (K I,10) јаӷма тојын (?).

токы (v) [Uig.] darauf losschlagen, ausmeisseln, vorwärts treiben (im Kampfe); [runic] (Kb 6,2) тоӷуз äрäнäрӯ токыды er warf sich auf die neun Helden; [runic]

(Xa 6,8) Tӧңкäш таҕка тäгі токыдым ich warf sie bis zum Berge Töngäsch zurück; [runic text] (X 31,17).

токыт (v) [von токы-+-т] ausmeisseln lassen; [runic text] (Ka 13,9, Xb 15,10-15,11), [runic text] (Ka 13,1) бäңгӱ таш токыттым ich habe einen Gedenkstein ausmeisseln lassen.

токуз [alle Dial.] neun; [runic text] (Ka 3,20, X 12,19–35,9), [runic text] (X 34,5), [runic text] (Xa 7,10), [runic text] (Kb 6,1, 9,3) токуз äрін (äрäн, äрні ?); [runic text] (K 14,11, Ka 2,1, Kb 4,8), [runic text] (X 1,8) Токуз-Оҕуз die neun Oguz.

токраккы [vergl. in den Abak. Dial.: тоҕра verquerliegend, seitwärtsliegend, fremd, also aus тоҕра-+-кы oder тоҕрак-+-кы gebildet] das Verquerseiende, Ausserhalbliegende; Fremde, Feindliche; [runic text] (Ka 8,21), [runic text] (Xb 6,28) тӱрк будун токраккысын wegen der dem Türkenvolke Fremden, wegen der ausserhalb des Türkenvolkes sich befindlichen, weil (viele Völker) den Türken fremd (feindlich) waren.

тоҕ (v) [alle Dial., Forth. тӯ, ту] geboren werden, aufgehen (vom Gestirnen) (vergl. тоҕушык), ersteigen (ein Gebirge); [runic text] (K 35,10, 37,1) Кӧгмäн јышны тоҕа јорып das Waldgebirge Kögmän ersteigend (nach X 27,22 ist offenbar das Wort тоҕа ausgelassen, die Stelle entspricht K 37,1).

Тоҕу [vergl. тоҕу (Uig.) die Richtschnur] Name einer Stadt; [runic text] (Kb 4,22, X 30,10) Cіlкі Тоҕу балык.

тоҕушык [von тоҕ-+-ш-+-к] der Aufgang; [runic text] (Ka 2,10, X 8,5) кӱн тоҕушыкка nach Sonnenaufgang; [runic text] (K 4,7–8,7, X 5,5) кӱн тоҕушыкыда nach Sonnenaufgang, im Osten; [runic text] (Xb 2,1) ілгäрӱ кӱн тоҕушыкыңа vorwärts, d. h. nach Sonnenaufgang.

Тоҕла der Fluss Tola (ein Nebenfluss des Orchon); [runic text] (X 30,13).

Тоңа ein Eigenname; [runic text] (X 31,14), [runic text] (Kb 7,13) Тоңа тäгін.

Тоңра ein Eigenname (oder Stammname); [runic text] (X 31,10) Тоңра јылсаҕуты entweder: ihr Jylsagut, der Tongra; oder: der Jylsagut (des Stammes) Tongra; (Kb 7,9) Тоңра бір уҕыш алпаҕу (letzteres deutet darauf hin, dass Tongra ein Eigenname ist).

тоңјукук eine Würde; [runic text] (Xa 12,6) тоңјукук боіла баҕа Таркан.

тон [alle Dial.] der Pelz, das Kleid (vergl. тонлыҕ, тонсыз).

тонлыҕ [von тон-+-лыҕ] einen Pelz habend; [runic text] (K 29,13, X 23,28) тонлыҕ кылтым ich habe sie bekleidet.

тонсыз [von тон-+-сыз] ohne Pelz; [runic text] (K 26,9, X 21,23) ташра тонсыз die aussen ohne Pelz sind.

торуҕ [торуҕ (östl. Dial.)] das braune Pferd; [runic text] (K 33,13) торуђ ат бiнiп das braune Pferd besteigend.

толђат (v) [толђа (Uig. Alt.)]
sich winden (vor Schmerzen); [runes] (Xb 13,4 wahrscheinlich fehlerhaft für [runes]) iрiдiң äмгäкiндä тылђатмыш (толђатмаң) deine Jünglinge wanden sich in Schmerzen (erlitten grosse Qualen).

тод (v) [тот (Uig.), die übrigen Dial. тоi. Dass diese Fortbildung aber schon im VIII-ten Jahrhundert gebräuchlich war, beweist das vorher angeführte тоi]
satt sein, sich sättigen; [runes] (Ka 8,23, Xb 6,30, gewiss fehlerhaft für [runes]) ачсар тодсак öмзiсiн da die Hungernden sich sättigen wollten; [runes] (Ka 8,25, Xb 6,33) бiр тодсар ачсак öмзiсiн da die Satten (wieder) hungrig wurden.

тоста (v) [тосто (Tel.), auch тостоk]
hervortreten; [runes] (X 2,12) сäбiнiп тостамыш кöзi jöгäрӳ кöртi sie freuten sich und schauten mit hervortretenden Augen nach oben.

тöк (v) [alle Dial.]
ausgiessen; [runes] (Ka 1,10, Xb 1,9) сабымны тöктi er hat meinen Ruhm verbreitet.

тöгӳl (v) [von тöк+l]
auseinander fliessen, sich zerstreuen, herabfliessen; [runes] (Ka 6,31), [runes] (Xb 5,17) чуђаi jыш тöгӳlтӳң du ergossest dich vom dichten Bergwalde.

Тöңкäш
Name eines Berges; [runes] (Xa 6,5) тöңкäш таңда тäгi токыдым ich warf sie bis auf den Berg Tönkäsch zurück.

тöр [Uig. und östl. Dial.]
der Ehrenplatz; [runes] (K 3,21, X 4,23) тöрӳн äтмiш öзiнчä кäргäк болты sich den Ehrenplatz bereitend, starb er; (K 30,12) бунча тöрӳн казђанып iнiм Кӳl-Тäгiн öзiнчä кäргäк болты in solcher Weise seinen Ehrenplatz erwerbend, starb mein Bruder Kül-Tegin; (K 16,1) акаңым кађан тöрӳн казђанып уча барды mein Vater, der Chan, seinen Ehrenplatz erwerbend, starb; [runes] (Xb 9,24—10,4—10,9) улуђ тöрӳн алы-бäртiм ich habe einen hohen Ehrenplatz bereitet.

тöрӳ [Uig.]
das Gesetz, die Sitte; [runes] (K 1,22—8,21—13,12—31,12, X 3,12, 8,18—11,27) тöрӳсiн seine Sitten; [runes] (K 13,16, X 12,3) äчӳм апам тöрiсiнчä jаратмыш er hat sie nach Sitte meiner Vorfahren eingerichtet; [runes] (K 22,18), [runes] (X 19,4) тöрӳңнi кäм артты? wer hat deine Gesetze vermehrt; [runes] (K 22,4) тöрӳмiз; [runes] (K 16,11), [runes] (X 14,6) ол тöрӳдä öзӳ nach diesem Gesetze; [runes] (X 2,18) ађыр тöрӳнӳ äттiм ich habe gewichtige Gesetze erlassen.

тöрт [alle Dial.]
vier; [runes] (K 2,1, 2,6, X 2,19—3,15—3,20, 15,1, 24,7, 38,7, Xb 9,4) тöрт булуңдакы будун das Volk der vier Winkel (Himmelsgegenden); (X 30,6) тöрт jолы vier Mal; (Xa 6,2) тöрт тӳмäн vier Heerhaufen; [runes] (X 1,10) тöрт кӳн vier Tage.

тöртӳнч [von тöрт+нч]

der Vierte; [runic] (Kb 6,19, X 31,18) тöртÿнч zum vierten Male.

Töläc
die Töläs, ein türkischer Stamm; [runic] (X 12,6, Xa 11,25), [runic] (K 13,19).

тöнä [Mittelasiat. Dial.]
der Scheitel; [runic] (K 11,15, X 10,21) тäңрi тöнäсiндä тутун sie auf dem Scheitel des Himmels haltend.

тiк (v) [Kir.]
feststecken, errichten (?) (kommt meist in der Verbindung mit dem räthselhaften [runic] vor); [runic] (K 16,10) акаңым kaђанка башлаjу Баз kaђаны былбыл (?) тiкмiш; [runic] (K 24,4) башлаjу Кырђыз kaђаны былбыл тiктiм; [runic] (Xa 7,7) куң сäңÿнi былбыл тiкä бäртiм (былбыл тiк (v) heisst hier offenbar: eine Trauernachricht mittheilen); (X 9,15) тiкä бäртi er stellte auf.

тiкil [von тiк-+-l]
zusammengenäht, verbunden, vereinigt sein; [runic] (X 34,8) тiкilin кälдi.

тiңлä (v) [тыңла (nördl. Dial.), тiңлä (südl. Dial.)]
hören; [runic] (Ka 2,7) тiңläl hörel (Dies Wort ist fehlerhaft geschrieben, so dass man nicht weiss, ob тыңла oder тiңлä zu lesen ist, тiңлä müsste [runic] geschrieben werden, тыңла [runic]).

тijiң [тïң (nördl. Dial.)]
das Eichhörnchen; [runic] (Xa 10,11, Xb 12,2) кöк тijiңiн seine blauen Eichhörnchen (seine Pelze aus Eichhörnchenfell, Grauwerk).

тipi (v) [тipil (alle Dial.)]
leben; [runic] (Kb 10,26) кiшi ођлы куп öлÿгli тipiмiш der Menschensohn lebt und muss sterben (wörtl. lebt als einer, der sterben muss).

тipiг [von тipi-+-г]
lebend; [runic] (X 33,12) тipiг будун öлтäчi äртi das lebende Volk starb; [runic] (Kb 9,14) тipiгi кÿң болтачы äрдi die Lebenden von ihnen wurden zu Sklavinnen; [runic] (K 29,10, X 23,24) будуны тipiгрÿ äгiттiм ich habe das Volk zum Leben gebracht; [runic] (K II,25) тipiг äгкÿчi der Lebendigmacher.

тipil (v) [von тipi-+-l]
leben, lebendig werden; [runic] (X 36,19) тipilin.

тilän (v) [von тilä-+-н]
für sich wünschen, beneiden; [runic] (K 22,14, X 18,31) äсра jäр тilänмäсäр unten beneidet ihn die Erde nicht.

тiзi (v) [тiзi (westl. Dial.)]
aufreihen; [runic] (K 34,18) аз kыja äрäн тiзiп барды nur wenige Helden aufreihend, ging er (d. h. nur mit wenigen Helden entkam er); [runic] (X 41,9) корђу äкi ÿч кiшiлiгiн тiзiп барды sich fürchtend, entfloh er mit einigen Leuten.

тiмађ [die Schreibweise ist auffallend, da [runic] nur mit palatalen Vocalen, [runic] nur mit gutturalen Vocalen steht]
[runic] (Xa 13,2—13,7) äртäңÿ тiмађ die Ehrenbezeigung, Huldigung (?).

Туiђун [vergl. Таiђун]
eine Würde; [runic] (K III,20).

тур (v) [alle Dial.]
stehen, leben, wohnen; [runic] (Ka 9,14, Xb 7,12) туру öлÿ jорыjур äртiң zum Leben und Sterben gingest du, d. h. ihr zoget umher und (viele von Euch) blieben am Leben, viele starben;

[runic] (Xb 9,13) турмаз; [runic] (X I,11) турын.

турук [von тур+k]
der Standort, ein Platz, wo man steht; [runic] (K 39,18) сӳ аты турукы, азукы jok äрті für das Heer und seine Pferde gab es keinen Standort und keine Nahrung.

тут (v) [alle Dial.]
fassen, ergreifen, halten, regieren; [runic] (Xa 7,20) äl туттым; [runic] (K 11,16, X 10,22) тутын; [runic] (K 3,20, X 4,22) älні тутын; [runic] (K 7,23) тутыпан; [runic] (K 1,23) тута; [runic] (X 3,13) тута бäрміш er regierte; [runic] (Ka 8,17, Xb 6,23) äl тута улартачысын; [runic] (K 19,17) äчӳміз апамыз тутмыш jäр суб das Land und Wasser, welches unser Vorfahr inne gehabt hatte; [runic] (Kb 3,4) тутмышта; [runic] (X 4,21), [runic] (K 3,18) анча тутмыш äрінч; [runic] (Ka 4,19, Xb 3,27) äl тутсак jäр; [runic] (Ka 10,21) äl тутсакыцны dein Regieren des Volkes (habe ich hier aufgezeichnet); [runic] (Kb 1,2) алушу туттук.

тутуз (v) [von тут+уз]
fassen, halten lassen; [runic] (K 38,1) тутузды.

тутку (туткун) [von тут+ку]
der Gefangene; [runic] (K 38,9) аз туткуны (oder туткунны).

Тудун [von тут]
eine Würde; [runic] (X 40,10).

тӳн [alle nördl. Dial.]
die Nacht; [runic] (Ka 2,18, Xb 2,9) тӳн ортусыцару nach Mitternacht hin; nach Norden; [runic] (K 27,5, X 22,10) тӳн удымадым ich habe die Nächte nicht geschlafen.

тӳнli [von тӳн+li]
eine Nacht habend; [runic] (X II,4) тӳнli кӳнli Tag und Nacht.

Тӳргі-Јараҕун
[runic] (K 34,12) Тӳргі-Јараҕун кölтä буздымыз.

тӳрк [alle Dial.]
der Türke, türkisch; [runic] (K 1,19 — 3,3 — 7,14 — 7,16 — 8,23 — 10,20 10,22—10,11—11,3—13,11 — 16,17—22,6—22,15 — 25,5 — 25,16 — 27,2—34,2, Ka 1,4—3,5—6,22—6,25—7,3—8,3—8,19—10,14—10,19—11,11, Kb 6,23, Kc 2,6, K I,5, X 1,14—1,4 — 2,7 — 3,9—7,19—7,21 — 8,20 — 9,26—10,1 — 10,7 — 11,26 — 14,11—18,3 — 19,1 — 19,7 — 20,27 — 21,7—22,7—30,24—33,6—36,15, Xa 11,4—11,9 — 11,13 — 13,3 — 13,12, Xb 8,3—8,8—8,25, 2,23, 1,4—5,8—5,11—5,21 — 6,10 — 6,20 — 13,6 — 13,8); [runic] (Xb 6,18) ӳчӳн тӳрк; [runic] (X 16,6) тӳркӳм; [runic] (Xb 12,3) тӳркімä будунымa meinen Türken, meinem Volke; [runic] (K 18,15) Тӳргäс каҕан тӳркӳміз будунумыз äрті Türgäs-Chan war von unseren Türken, unserem Volke.

Тӳргäс
ein grosser Stamm der Türken, der ein eigenes Reich bildete; [runic] (K 18,14—36,22—37,5—37,8—38,6, Kb 12,11—13,3, X 16,4—27,20, 27,29, Xb 9,19) Тӳргäс каҕан der Chan der Türgäs; [runic] (K 38,14—

39,11—40,16) Кара-Тӱргäс die schwarzen Türgäs, ein von den Türgäs nach Südwesten wohnendes Volk.

тӱз [alle Dial.]
eben, gleich, von gleichmässigem Handeln, gerecht, billig; [runic] (K 3,15) бäгläр jäмä будун jäмä тӱз äрміш alle Beamten und alles Volk waren gerecht.

тӱзäl (v) [von тӱз+äl]
sich ausgleichen, mit einander verkehren, in ein gleichmässiges Verhältniss treten; [runic] (Ka 5,1) табџач бірlä тӱзäl тім ich bin mit den Chinesen in Verbindung getreten.

тӱзсіз [von тӱз+сіз]
uneben, ungerecht; [runic] (K 6,3), [runic] (X 6,18) бäгläрі будуны тӱзсіз ӱчӱн da seine Fürsten und sein Volk ungerecht waren.

тӱш [alle Dial.]
herabfallen; [runic] (Kb 4,4) ол атында тӱш(ті) er fiel vom Pferde.

Тӱпӱт [тӱбӱт (Uig.)]
die Tibetaner; [runic] (K 4,11, X 5,9); [runic] (Ka 3,21, Xb 3,4) Тӱпӱткä кäчіг тäгмäдім.

тӱмäн [östl. Dial.]
1) zehntausend; 2) der Tümän, Bezirk; 3) der Heerhaufen; [runic] (Xa 6,8) тӧрт тӱмäн сӱ кälті vier Heerhaufen kamen; [runic] (Xa 6,9) ӱч тӱмäн сӱні die drei Heerhaufen; [runic] (X 26,5) сäкіз тӱмäн сӱ бірlä сӧңӱштӱм ich kämpfte mit acht Heerhaufen (achtzig tausend Mann); [runic] (X 25,6) бäш тӱмäн сӱ кälін аідук башта сӧңӱштім als fünf Heerhaufen kamen, habe ich auf dem genannten Berge gekämpft; [runic] (Kb 12,7) бір тӱмäн аџы der Werth eines Tümän.

Ч.

чача
ein chinesischer Beamter; [runic] (X 26,3) Чача сäңӱн сäкіз тӱмäн бірlä сӧңӱштім ich kämpfte mit den acht Heerhaufen des Tschatscha-Sängün; [runic] : [runic] (K 32,15) Чача сӱңкі.

чäңсäңӱн
ist entweder Titel oder Name des chinesischen Gesandten, der zu der Grabfeierlichkeit des Kül-Tegin geschickt wurde; [runic] (Kb 13,24) табџач каџан чäнканы Чäңсäңӱн кälті der Gesandte (чäң ван) des chinesischen Kaisers, der Tschängsängün ist gekommen.

чäнкан
eine chinesische Würde (чäң ван ?); [runic] (K 13,23) чäнканы.

чӧlгі [von чӧl+кі]
in der Steppe wohnend; [runic] (X 5,7), [runic] (K 4,9) чӧlгі äl das Steppenvolk (Gegensatz zu Bergbewohner [runic] таџдакы oder jыш äli).

чыџаі [чыџаі (Uig.)]
arm; [runic] (K 29,14, Ka 10,2—10,6, K I,6, X 23,30, Xb 7,25) чыџаіны; [runic] (K 16,22, X 14,17) чыџаіны; [runic] (X 7,21) jok чыџаі.

чындан
eine Baumart (?); [runic] (Xa 9,17) чындан ыџач.

Чік
ein Volksstamm; [runic] (X 26,18) Чік

будун Кырҕыз бірlä jaҕы болты die Tschik und die Kirgisen wurden (uns ?) Feinde; [runic] (X 26,19) Чік тана сӱläдім ich zog gegen die Tschik aus.

чуҕаі [чук (Alt. Tel.) dicht]
dicht (?) (Epitheton des Bergwaldes); [runic] (Ka 6,29, Xb 5,15) чуҕаі jыш der dichte Bergwald.

Чурак
eine Oertlichkeit; [runic] (X II,10) чуракка тäri bis zum (Orchon ?).

Чуш
Name eines Flusses oder eines Berges; [runic] (Kb 6,20) Чуш башында an der Quelle (auf dem Gipfel) des Tschusch.

чуб
die Geschlechtsabtheilung; [runic] (K 31,14, X 24,32) алты чуб Соҕдак тана сӱläдім ich zog gegen die sechs Abtheilungen der Sogdak.

С.

сакын [саҕын (Uig. Alt.) denken]
gedenken, sich sehnen, Kummer haben, trauern; [runic] (Xc 6,1) сакынурмäн ich gedenke; [runic] (K 10,9, X 9,25) äсін кӱчін бäртӱкіңäрӱ сакынмады sie dachten nicht daran, (ihnen) Sinn und Kraft zu weihen; [runic] (Kb 10,11—11,12—11,23—11,10—11,2) сакындым; [runic] (X 2,6) сакынырҕма; [runic] (Kb 10,20) öзӱм сакындым; [runic] (X 33,20) сакынын! gedenket!

саjу [саjу (Uig.), саjын (Alt. Tel.)]
jeder (postpositiv); [runic] (Xb 7,4), [runic] (Ka 9,6, X 22,25) jäр саjу бардың in jedes Land zogst du; [runic] (Ka 9,13, Xb 7,11) jäр саjу кöн in jedem Lande sich erhebend.

санч (v) [санч (Dsch.), шанш (Kir.)]
stechen, kämpfen; [runic] (K 36,9, Kb 2,11—5,7—5,21—6,14—9,4) санчты; [runic] (X 26,24 — 31,23 — 37,1), [runic] (X 30,22) санчтым; [runic] (Kb 6,16) санчтымыз; [runic] (Kb 8,4) кäрӱ санчты; [runic] (X 32,32) анда санчтым.

сансыз [von сан+сыз]
unzählig; [runic] (Xa 10,12).

сач [сач (Uig.), ساچ (Dsch.), чач (Alt.)]
das Haar; [runic] (Xa 10,3) сачын.

сач (v) [сач (Uig.)]
ausstreuen; [runic] (Xa 10,5) сачты sie streuten aus.

саб [صاب (Uig.) der Ruhm]
der Ruhm, Einfluss; [runic] (Ka 5,10, X 39,6) сабы sein Ruhm; [runic] (Xb 4,6) сабы сӱчіг milde in Machtausübung; [runic] (Ka 6,17, Xb 5,3) сабыңа; [runic] (Ka 11,4, Xa 11,7) сабым mein Ruhm; [runic] (Xb 8,20—10,19) сабым äрсäр; [runic] (Ka 1,9, Xb 1,8) сабымны тöкті er streute meinen Ruhm aus; (Ka 11,25—12,16) сабымны; [runic] (Ka 2,8) бу сабымны тöкті er streute meinen Ruhm aus; [runic] (Ka 5,16, Xb 4,11) сӱчіг сабын jымшак аҕын durch ihre milde Machtausübung und ihren nicht harten Tribut; [runic] (Ka 9,4, Xb 7,1) сабын; [runic] (Ka 10,12), [runic] (Xb 8,1) азу бу сабымда.

саблыҕ [von саб+лыҕ]
berühmt; [runic] (Ka 7,23 = [runic]) [runic] (Xb 6,3) ол саблыҕ алп diesen berühmten Helden.

cäкiз [alle Dial.]
acht; [runic] (Xa 2,4) cäкiз; [runic] (X 14,4) cäкiз jашта acht Jahr alt; [runic] (X 24,30) cäкiз jiripмi acht und zwanzig; [runic] (X 26,4) cäкiз тÿмäн achtzig tausend.

cäңÿн [aus dem Chin.]
ein chinesischer Beamter; [runic] (Kb 13,24) Чäң-cäңÿн; [runic] (X 26,3) чача cäңÿн; табђачка сÿлäдiм Чача-cäңÿн cäкiз тÿмäн (бiр)лä cöңÿштiм ich zog gegen die Chinesen aus und kämpfte mit den acht Tümän des Tschatscha-sängün. (Offenbar ist hier dieselbe Schlacht gemeint, die K 32,15 erwähnt wird, wo aber der Anführer der Chinesen [runic] Чача сÿнкi genannt wird); [runic] (Xa 9,3) Licÿн Таicäңÿн башта бäш jÿз äрäн кälтi Lisün, der Taisängün, kam an der Spitze von fünf hundert Mann; [runic] (Kb 12,1) Удар cäңÿн; [runic] (Xa 7,5) Куң cäңÿнңÿ былбыл (?) тiкä бäрдiм ich übermittelte die Trauerbotschaft dem Kung-Sängün.

cäl (?)
das Grab (?); [runic] (X 37,7) öliримä ölтi cäliңä коды.

cäбiн (v) [cäбiн (Uig.), cäвiн (Osm.)]
sich freuen; [runic] (X 2,11) cäбiнiн sich freuend.

сођад [сођат (Alt.)]
das Geschenk; [runic] (Kb 12,18).

Сођдак
ein Volk (im Westen); [runic] (K 39,1), [runic] (K 31,15) Сођдак тапа.

сöк (v) [Uig. und alle nördl. Dial.]
schimpfen, tadeln; [runic] (K 35,7, X 27,2) сöкiнäн.

сöкÿр (v) [vergl. шöк (Kir.) niederknieen (vom Kameel)]
unterordnen; [runic] (Xb 10,16) сöкÿрiм; [runic] (K 18,11, X 16,1) сöкÿртiмiз; [runic] (K 2,15, 15,20) сöкÿрмiш; [runic] (X 13,16, steht in allen diesen Fällen nach äтiзliрнi [runic] in Verbindung, zusammen mit башлыђны jÿкÿнтÿртÿмiз).

сöңÿш [vergl. сöк]
der Kampf; [runic] (X 13,5–34,12), [runic] (K 15,8), [runic] (Kb 2,2) ол сöңÿштä in jenem Kampfe; [runic] (K 40,10) улуђ сöңÿш сöңÿшмiш er hat einen grossen Kampf gekämpft.

сöңÿш (v) [vergl. сöңÿш]
kämpfen, streiten; [runic] (X 23,14 –25,10–26,7–26,22–27,14 – 28,15 –29,12–30,8–30,12 –30,20– 30,23 –31,21–33,24–34,13) сöңÿштiм ich habe gekämpft; [runic] (K 18,5–32,17–35,3–35,19–37,15, Kb 2,18–3,17–4,20–4,23 – 5,14 – 6,9 – 6,22), [runic] (Kb 1,22–7,21, X 28,2) сöңÿштiмiз; [runic] (K 40,11, Kb 1,4, X 13,6), [runic] (K 15,9) сöңÿш сöңÿшмiш er hat (dort) einen Kampf gekämpft; [runic] (X 32,24) (diese Form könnte auch сöңÿшкäli gelesen werden = um zu kämpfen) сÿci сöңÿмiрli (сöңÿшкäli) кälтi ihr Heer kam kämpfend (um zu kämpfen).

сöз [alle Dial.]
das Wort, die Rede (vergl. сöзlä).

сöзläн (v) [von сöз + lä + н]
sich besprechen, sich verabreden;

[runic] (K 26,17, X 21,31) cöзläшrімiз wir verabredeten uns.

сы і (v) [сыц (östl. Dial.), сі (westl. Dial.)] hineinbringen, fassen; [runic] (Ka 11,26, Xb 14,11) мäнiц табымны сыімады meinen Ruhm fasst er nicht; [runic] (K 36,14) бajырkуныца kaдырраҕ одлакын сыjу урты sehr heftig stiess er seinem Bajyrkun (die Sporen?) ein.

сыҕыт [(Uig.), сыkта (v) (Alt. Tel.)] der Schmerz; [runic] (Kb 11,7) äтiдä кöцÿlтä сыҕыт кälсäр von meinem Fleische und meinem Sinne kommt Schmerz, d. h. mein Körper und meine Seele empfinden Schmerzen.

сыҕыта (v) [vergl. сыkта (Alt.) schmerzen] klagen, weinen, jammern; [runic] (K 4,22), [runic] (X 5,19) сыҕытамыш sie klagten.

сыҕытчы [von сыҕыт-+-чы] der Leidtragende, Weinende; [runic] (K 4,3, Kb 11,21, X 5,2) in Verbindung mit [runic] (joҕчы).

сыц (v) [vergl. сыі] eindringen; [runic] (X 32,22) сынар сÿсі сöцÿшirli кälті ihr eindringendes Heer kam kämpfend.

сiliк [(Uig.)] rein; [runic] (K 7,11) сiliк кыз оҕлын ihre reinen Töchter; [runic] (X 7,17) = [runic] + [runic] = [runic] сiliк-+-кыз-+-оҕлын ihre reinen Töchter; [runic] (K 24,18) = [runic] -+- [runic] + [runic] сiliк-+-кыз -+-оҕлыц eure reinen Töchter.

Сiliкі-Тоҕу Name einer Stadt; [runic] : [runic] (X 30,9) Сiliкі-Тоҕу балыkта in der Stadt Silki-Togu; [runic] (Kb 4,21) Сiliкі-Тоҕу балыkа bei der Stadt Silki-Togu.

суца dicht (?); [runic] (X 27,12) суца jышта; [runic] (K 35,18) суца jышта im dichten Bergwalde.

суб [суб (Uig.), die übrigen Dial. су] das Wasser; [runic] (K 11,1, X 10,5) субы; [runic] (X 40,3) субыцару nach dem Wasser hin; [runic] (X 35,13) субын; [runic] (K 19,18—20,18), [runic] (X 35,5) jäр суб; [runic] (K 24,10) субча wie Wasser.

субсыз [von суб-+-сыз] ohne Wasser, wasserlos; [runic] (X II,8) субсыз кälтiм ich kam ohne Wasser, d. h. durch die wasserlose Wüste.

сÿ [(Uig.)] das Heer, die Soldaten; [runic] (K 2,5, X 3,19) сÿ сÿläнäн тöрт булуцдакы будуны кÿп алмыш mit dem Heere hinziehend verfolgte ich und eroberte das Volk der vier Winkel; [runic] (X III,3) сÿ jорын indem das Heer auszog; [runic] (K 12,15—37,10, X 11,9—27,31—30,1—32,11—32,23, Xa 1,3) сÿсі sein (ihr) Heer; [runic] (Kb 6,15—7,6, X 26,8—26,23—28,16 30,21—31,5—34,14, Xa 1,12), [runic] (Kb 1,9) сÿсiн (acc.) sein (ihr) Heer; [runic] (X 31,22) сÿсiн анда санчтым ihr Heer stach ich dort nieder; [runic] (K 32,11—34,5, X 25,11) ол сÿні анда jоkкыштымыз wir vernichteten dort jenes Heer; [runic] (K 28,21) улуҕ сÿ ein grosses Heer; [runic]

(K 39,16) бізің сӱ unser Heer; [runic] (Kb 5,8) сӱ кішісіндä von den Soldaten; [runic] (Kb 8,13) Оҕузҕару сӱ ташыктымыз wir zogen mit einem Heere gegen die Oguz; [runic] (Xa 1,7—6,10) järi біҥ сӱні ilікі кӱн öltӱртӱм am ersten Tage metzelte ich ein Heer von sieben tausend Mann nieder; [runic] (Xa 6,4) сӱ кälті.

сӱҥӱк [сӱҥӱк (Uig.)]
der Knochen, das Geschlecht; [runic] (K 35,4), [runic] (X 26,34) сӱҥӱк батымы караҕ сöкінäн das Geschlecht Batymy Räuber schimpfend; [runic] (K 24,12) сӱҥӱкӱҥ deine Knochen; [runic] (X 20,10) сӱҥӱкӱҥ таҕча jатты deine Knochen lagen wie ein Berg.

сӱҥӱкlir [von сӱҥӱк+lir]
das Wesen der Geschlechter, die Geschlechts-Eintheilung; [runic] (K 23,17, X 19,24) сӱҥӱкlir кандан кälінäн сӱрä älтті von wo hat man Euch die Geschlechts-Eintheilung gebracht?

сӱнкі [= сäҥӱн]
ein chinesischer Beamte; [runic] (K 32,16) чача сӱнкі (vergl. сäҥӱн).

сӱр (v)
ziehen, schleppen; [runic] (K 23,20), [runic] (X 19,26) сӱрä älтті er hat ausgebreitet.

сӱlä (v) [von сӱ+lä]
fortziehen, ausziehen, sich ausbreiten; Kriegszüge machen; [runic] (X 40,8) Карлук будун тапа сӱlä! ziehe gegen die Karluk aus; [runic] (Ka 3,15—3,23—4,4—4,9, X 24,21, 25,2—25,22—26,2—26,20—26,33—27,14—28,13—32,3—38,14—41,5, Xa 2,2—2,8, Xb 3,3—3,12—3,17) сӱlädiм ich zog aus, breitete mich aus; [runic] (K 17,14—17,18—18,3—31,16—39,9, X 15,16—15,20—15,25) сӱlädiміз wir zogen aus, breiteten uns aus; [runic] (K 12,22, X 11,17) курыҕару сӱlän nach Westen ziehend; [runic] (K 2,5, X 3,19) сӱ сӱlänän indem er mit einem Heere hin und her zog; [runic] (K 8,11—8,16, X 8,9—8,14) сӱläjӱ бäрміш er zog aus; [runic] (X 13,3), [runic] (K 15,5) сӱläміш er zog aus; [runic] (X 39,9) jajын сӱläдім.

сӱчіг [сӱчік (Uig.)]
süss, milde; [runic] (Ka 5,11—5,15—6,16), [runic] (Xb 4,10—5,2) сабы сӱчіг аҕы јышмак sanft in Machtäusserung und milde in Tributforderung; [runic] (Xb 4,6) сабы сӱчіг.

Ш.

Ша
Name eines Volkes; [runic] (K 21,6) кадарҕан јышны(ка) Ша будуну анча кондуртымыз анча äттіміз das Scha-Volk; [runic] (K 17,20, X 15,20) Кöгмäн Ша-Кырҕыз јäріҥä zum Lande der Scha-Kirgisen Kögmän.

Шандуҥ
Name einer Ebene; [runic] (Ka 3,13, Xb 2,31) Шандуҥ јазыка тäгі bis zur Ebene Schandung; (K 17,12, X 15,13) јашыл ӱгӱз Шандуҥ јазыка тäгі bis zur Ebene Jaschyl-Uegüz Schandung.

Шалчы
ein Pferdename; [runic] (K 40,12, Kb 2,4—2,22—3,10) Алп-Шалчы ак атын бініп seinen Alp-Tschaltschy-Schimmel besteigend.

шад [fehlt allen Dial.]

eine höchste Würde nach dem Chan; (X 15,7, Xa 7,13) шад; (K 17,7) Тардуш будун öзä шад äртiм ich war Schad über das Volk der Tardusch; (K 14,2, X 12,11) jабҕуҕ шадны анда бäрмiш er gab ihnen dort einen Jabgug-Schad; (K 27,11, Kb 11,13, X 21,28) äкi шад; (X 28,5) каҕаным jабҕуҕ шадын анда öлÿртiм ihren Chan und seinen Jabgug-Schad tödtete ich daselbst.

шаданыт

eine Art Beg (von Geburt?); (Xa 11,22–12,3), (Ka 1,19) бäрiјä Шаданыт бäрläп јыраја таркат буjурук бäрläп einerseits der Schadapyt-Bege, andererseits Tarchane (?) und Beamten.

II.

Шарнурым

ein Volk; (X 5,10), (K 4,12–13).

пäчiн [پيچين (Dsch.)]

der Affe; (K III,10) пiчiн (јыл) das Affen-Jahr.

Б.

баi [alle Dial.]

reich; (K 29,16, Ka 10,9, 23,32, Xb 7,27) баi кылтым ich habe reich gemacht; (X 14,18) баi кылты er hat reich gemacht.

бајыркун

ein Pferdename; (K 36,10) Бајыркунына кадыҕраҕ одлакын сыју урты; (K 35,21) бајыркунны бiнiп den Bajyrkun besteigend.

бар [alle Dial.]

das Vorhandensein; (X 40,12) da mein Hund da ist; (K 29,7) кутым бар ÿчÿн, ÿлÿгiм бар ÿчÿн da ich Glück und ein (gutes) Verhängniss hatte; (Ka 9,22) iнiм кутым бар ÿчÿн da mein Bruder da war, und ich Glück hatte; (K 29,5, X 23,21, Xb 7,18) бар ÿчÿн.

бар (v) [alle Dial.]

gehen; (K 10,17) барыр; (X 29,7) барур; (Ka 7,26) барын; (K 34,19–39,15, X 20,23–32,21–35,16, Xa 8,12) барты; (X 41,9) тiзiн барты er nahm mit sich; (K 24,1, 24,4, Ka 9,7, X 19,29–19,31–20,2, Xb 7,5) бартың; (K II,22) уча бартыңыз ihr seid gestorben; (K 24,5, X 20,3) бардук; (Kb 1,17) äрÿр барур, (K 23,7) äрмiш бармыш Sein und Wandel; (K 16,4), (K 28,1, X 22,26) бармыш; (Ka 8,2, X 6,9) барсар; (K 24,3, X 20,1) барыҕыма бардың ihr seid gehend gegangen (seid überall hingezogen); (Kb 8,6) бармады Оҕуз.

барым [von бар]

die Habe; (X 24,28, Xa 3,5) јылкысын барымын анда алтым ihre Heerden und ihre Habe habe ich dort genommen; (K I,5) алтуның, кÿмÿшiн, аҕыңын, барымын sein Gold, Silber, seinen Reichthum und seine Habe.

бapk [allen Dial. unbekannt]
das Geräth, der Hausrath, die Herrichtung; [runic] (Kb 13,15) бapk äткÿчi die das Werk hergerichtet haben; [runic] (X 34,2, 37,13) äбiн бapkын буздым ihre Häuser und alle Herrichtungen habe ich zerstört; [runic] (X I,4) бapkын; [runic] (Kb 1,7, X 32,19), [runic] (X 32,19) äбiн бapkын; [runic] (Ka 12,7) таш бapk das Steinwerk.

барђу
[runic] (Ka 10,13, X 8,2) iгiд барђу тÿрк бäрlӓр.

барс [alle Dial.]
der Tiger; im Eigennameen: [runic] (K 20,1) Барс бäг Bars-Bäg.

балык [قالی (Dsch. Uig.), vergl. mong. балђасун]
die Stadt; [runic] (K 12,4) балыкдакы die Städtebewohner; [runic] (Kb 4,22, X 30,11) балыкта in der Stadt; [runic] (Kb 8,5 statt [runic]) балыkka zur Stadt; [runic] (X 28,11–28,26) Бäш-балык die Stadt Bäschbalyk.

батышык [von баш untergehen]
der Sonnenuntergang; [runic] (Ka 2,16), [runic] (Xb 2,7) кÿн батышыкыңа nach Sonnenuntergang, d. h. nach Westen; [runic] (Kb 12,17) кÿн батышыктакы die nach Sonnenuntergang (im Westen) Wohnenden.

Батымы
ein Volksstamm; [runic] (K 35,5) сÿңÿк Батымы; [runic] (X 26,34) сÿңÿк Батымы караң сöкiнäн den Stamm Batymy Räuber schimpfend.

бас (v) [alle Dial.]
drücken, unterdrücken, überfallen; [runic] (X 32,12) ÿч Оӈуз сÿсi баса öлтi als er das Heer der drei Oguz überfiel, starb dasselbe; [runic] (Kb 8,18) ордуну басты sie nahmen die Ordu ein; [runic] (X 27,9) уда бастым ich besiegte; [runic] (K 35,15) уда бастымыз wir besiegten; [runic] (K 37,7) уда бастымыз; [runic] (X 27,28) уда бастым; [runic] (K 22,12) тäңрi басмасар die der Himmel nicht unterdrückt.

Басмал
ein Stammname; [runic] (X 25,13) Басмал аiдук ат уђышым; [runic] (X 29,17) Басмал-Карлук.

баз [Krm. Kom.]
1) der Friede, die Ruhe; [runic] (K 15,18), [runic] (X 13,14) јађыны баз кылмыш er brachte die Feinde zur Ruhe; [runic] (X 24,10), [runic] (K 2,10) кÿй баз кылтым; [runic] (K 30,3) будунну баз кылтым ich beruhigte das Volk; [runic] (K 32,13) јадађы баз болты.
2) ein Eigenname; [runic] (K 14,10, X 12,18) Баз кађан; [runic] (K 16,8, X 13,22) Баз кађаны.

баш [alle Dial.]
der Kopf; [runic] (K 33,23) башыңа für seinen Kopf; [runic] (Xa 9,4) башта an der Spitze (von fünf hundert Mann); (Kb 1,19, X 25,9–29,11) Тамађ аiдук башта auf dem Gipfel des Tamag; [runic] (Kb 6,22) Чуш башында auf dem Gipfel des Tschusch.

башђу
ein Pferdename; [runic] (K

37,19) башђу боз; [runic] (K 37,17) башђу боз ат der Grauschimmel Baschgu.

башла (v) [von баш-+-ла]
anfangen, anführen; [runic] (K 16,7 –25,1, Kb 11,29, X 13,21–20,24–33,10) башлаjу beginnend; zu Anfang; (Xa 11,20–12,1–12,14) башлаjу unter Anführung; [runic] (Kb 8,15) Кÿl-Tärin бäг башлаjу акыттымыз wir liessen die Fürsten unter der Anführung des Kül-Tegin (auf den Feind) los.

башлыђ [von баш-+-лыђ]
der Anführer; [runic] (K 2,12–15,21–18,12, X 3,23–13,17–16,2, Xb 10,13) башлыђны jÿкÿнтÿрті er unterwarf die Anführer.

бäг [alle Dial., Fortbildungen бäj, бï]
der Fürst, Beamte, Adlige; [runic] (K 1,11) бäгiм; [runic] (K 33,11) Järäncil бäгiң des Jägänsil Beg; [runic] (K 7,15–7,20, 34,8, Ka 1,23–10,15, 11,14, X 2,8–7,20–7,25, 33,19, Xa 11,15–11,18–11,23–11,26–12,4–12,19–13,18, Xb 8,4–8,28–13,7) бäгläр; [runic] (K 6,1–19,8–22,8 Ka 1,2, X 1,12–6,16–16,18, Xa 11,10) бäгläрі; [runic] (Xa 13,4) бäгläріп; [runic] (K 3,13, X 4,17) бäгläрі jäмä alle Fürsten; [runic] (Ka 2,2) бäгläрі будуны; [runic] (Kb 11,17) бäгläрім; [runic] (Ka 11,17) бäгläргÿ (?); [runic] (Kb 8,15) бäг башлаjу; [runic] (Xa 12,12) іч буjурукы бäгläр die inneren Beamten; [runic] (K 20,1) Барс бäг; [runic] (Xb 13,21) бу бäгläрні diese Fürsten; [runic] (Ka 1,19) шаданыт бäгläр.

бäгlі [von бäк-+-li]
Herren habend; [runic] (K 6,15) бäгlі будуныђ (statt будуны) jоңшуртуқын weil die Fürsten und das Volk sich gegenseitig anfeindeten.

бäгlік [von бäг-+-lік]
die Herrschaft, die Fürstenwürde; [runic] (K 7,7, 24,15, X 7,14, 20,13) бäгlік уры ођлы die Söhne der Fürsten.

бäңгÿ [мäңгÿ (Uig.)]
ewig; [runic] (X b15,8) бäңгÿ таш der Gedenkstein; [runic] (Ka 8,16, Xb 6,23) бäңгÿ äl тута улартачысын wegen ihrer bei der Verwaltung des ewigen Volkes Grossgewordenen, d. h. da sie bei der Verwaltung der ewigen Stämme gross geworden waren; (Ka 11,6) бäңгÿ ташка уртум ich habe auf dem Gedenkstein verzeichnet; [runic] (Ka 12,22, 13,8) бäңгÿ таш; [runic] (Xb 8,21) бäңгÿ ташка.

бäр (v) [alle Dial.]
1) geben; 2) Hülfszeitwort; [runic] (K 30,10) бäрÿр; [runic] (Ka 5,7, Xb 4,3) бунсаз анча бäрÿр; [runic] (Ka 7,12–7,10), [runic] (Xb 5,29) jаблак ађы бäрÿр er giebt schlechten Tribut (Lohn); [runic] (K 9,17, X 9,9) бäрÿрмäн; [runic] (Xa 9,17) тікä бäрті er errichtete; [runic] (Kb 9,6) бäрмäді sie gaben sie nicht zurück; [runic] (Xb 12,6, Xa 8,5), [runic] (Xa 5,5) бäрім; [runic] (Xb 12,7) äтä бäртім; [runic] (K 20,9–21,2–20,6, Xa 1,4) бäртіміз;

[runic] (X 17,7) біз бäртіміз; [runic] (K 1,24—1,26—14,4, 8,4—8,12—8,17), [runic] (X 8,2—8,10—8,15) бäрміш; [runic] (X 3,14) ӱтä бäрміш; [runic] (X 3,13) тута бäрміш; [runic] (X 12,12) анда бäрміш; [runic] (X 41,14) ат бäртім; [runic] (Kc 2,5) бäртӱкӱчӱн da er gegeben hatte; [runic] (X 11,6) кӱч бäртӱк ӱчӱн; [runic] (K 12,12, X 32,32) кӱч бäртӱк ӱчӱн da er ihnen Kraft verliehen hatte; [runic] (K 10,9, X 9,24) бäртӱкігäрӱ сакынматы sie wollten ihnen nicht mehr ihren Sinn und ihre Kraft (weihen); [runic] (K 25,14, X 21,5) äl бäрігімä тäңрі der Himmel, der Volksspender.

бäрігäрӱ [von бäрі-+-гäрӱ]
nach rechts; [runic] (K 28,19, Ka 2,11—3,19, X 23,10, Xb 2,2, 11,7) [die Bedeutung ist aus dem Zusammenhange (Ka 2,11) ersichtlich, wo die vier Himmelsgegenden aufgezählt werden: 1) ілгäрӱ nach vorn; 2) бäрігäрӱ nach rechts; 3) курыҕару nach hinten; 4) jыраҕару nach links].

бäріjä [= бäрі]
nach einer Seite, einerseits; [runic] (Ka 1,18—6,28, Kb 7,1, X 12,12—40,5, Xb 5,14), [runic] (K 14,5).

бäрчі (?) [von бäр-+-чі]
der Geber; [runic] (Kb 12,19, vielleicht falsch für [runic]) соҕат бäрчілäр (бäртäчілäр) der Geschenkebringer.

бäлкі [бäлгӱ (Uig.)]
bekannt, erwähnt; [runic] (K 27,16) бäлкі будунны отсуб кылмадым ich habe die bekannten Völker nicht beeinträchtigt.

бäдіз [бäдіз (Uig.)]
die Arbeit, Steinhauer-Arbeit; [runic] (Ka 12,12) бäдіз урдуртым ich habe die Arbeit ausführen lassen; (Kb 13,17) бäдіз jаратыҕыма die die Arbeit Ausführenden; [runic] (X I,5) бäдізні.

бäдіз (v) [verlg. бäдіз]
arbeiten, in Stein hauen; [runic] (Ka 11,23, X I,13) бäдізтім.

бäдізчі [von бäдіз-+-чі]
der Handwerker, Steinhauer; [runic] (Ka 11,21, Xb 14,10) бäдізчі; [runic] (Ka 12,4, K III,21, Xb 14,13) табҕач каҕан ічрäкі бäдізчіні ытты der chinesische Chan hat Arbeiter aus dem Innern geschickt.

бäсӱк [бäзӱк (Uig.)]
der Schmuck, Glanz; [runic] (Ka 6,12, Xb 4,36) бäсӱкіңä тäгі кылмаз er macht sich nicht an den Schmuck derselben.

бäш [alle Dial.]
fünf; [runic] (Xa 9,5) бäш jӱз äрäн кäлті es kamen fünf hundert Mann; [runic] (K 31,20, X 25,6) бäш тӱмäн сӱ кäлінäн es kamen sieben Heerhaufen (siebzig tausend Mann); [runic] (K 18,2) бäш отуз fünf und dreissig; [runic] (Kb 4,19) бäш jолы fünf Mal.

бäшінч [von бäші-+-нч]
der fünfte, zum fünften Mal; [runic] (Kb 7,16) бäшінч Äзгäнті кадынҕа Оҕуз бірлä сӧңӱштіміз zum fünften Male kämpften wir mit den Oguz unterhalb des Aesgänti; [runic] (Xa 8,15) бäшінч ai im fünften Monate.

Бäшбалык [von бäш-+-балык]

die Stadt Bäschbalyk; [runic] (X 28,11 —28,26).

боiла-баҕа

ein Eigenname oder eine Würde; [runic] (Xa 12,9) боiла; [runic] (Xa 12,7) боiла -баҕа таркан.

бол [alle nördl. Dial., die südl. Dial. ол]

werden, sein; [runic] (K 13,4, X 9,16 —11,24) болын; [runic] (K 10,1) јаҕы болын feindlich seiend; [runic] (K 4,2—13,2), [runic] (K 9,22) јаҕы болмын; [runic] (K 21,20, Ka 1,3, X 9,14—11,4—11,22—18,12, Xb 1,3), [runic] (K 39,13) јаҕы болмыш; [runic] (X 40,13) jok болмын er ging unter, wurde vernichtet; [runic] (K 5,1—5,4), [runic] (X 5,26) болмын äрiнч; [runic] (K 12,9) jäтмiн äр болмын es waren siebzig Männer; [runic] (K 7,10, 20,15, Kb 10,9—10,19, K III,19, X 31,29—32,14—36,5—37,5) болты; [runic] (X 36,9) jok болты; [runic] (Kb 3,6) анда jok болты dort gingen sie unter; [runic] (K 24,17) кул болты sie wurden Sklaven; [runic] (K 7,13—24,19) кӳң болты sie wurden Mägde; [runic] (K 34,10, Kb 1,19—2,16—4,17, X 26,17—29,9—30,4) јаҕы болты sie waren feindlich gesinnt, sie feindeten an; [runic] (K 30,17) кäргäк болты er starb; [runic] (K 11,6—19,20, X 17,17) болмазун; [runic] (K 25,8 —25,19, X 10,9—20,31—21,10) jok болмазун er möge nicht untergehen; [runic] (Kb 3,10—3,13) камашыҕ болтукында будун öлӳр iклiг болтукында da sie unterlegen waren, und da das Volk gestorben und umgekommen war; [runic] (X 31,1, 33,7) болтачы; [runic] (Kb 9,15) тiрiгi кӳң болтачы äртi alle Lebenden von ihnen wurden zu Mägden gemacht; [runic] (Kb 11,22) кöзi кашы јаблак болтачы тäп seine Augenbrauen sind schlecht geworden, sagend; [runic] (Xb 14,7) буңсыз болтачысын die von ihnen mächtig Gewordenen; [runic] (Xa 7,4) аҕрын jok болча da er an einer Krankheit gestorben war.

Болчу

eine Oertlichkeit; [runic] (K 37,11, X 28,1) Болчуда сöңӳштiмiз wir kämpften bei Boltschu.

боз [боз (Tel.)]

grau (eine Pferdefarbe); [runic] (K 32,20) Тадыксачураң боз der Grauschimmel Tadyksatschurang; [runic] (K 33,4) Ышбара-Јамтар боз атын бiнiн seinen Grauschimmel, den Yschbara-Jamtar, besteigend; [runic] (K 37,19) башҕу боз; [runic] (K 37,17) башҕу боз ат бiнiн seinen Grauschimmel Baschgu besteigend.

бöкli [von бöк+li]

stark, mächtig; [runic] (K 4,8, X 5,6) бöкli чöлгi äл mächtige Steppenvölker; (K 8,8, X 8,6) бöкli каҕанка тäгi bis zum mächtigen Chane.

бöläн

eine Würde; [runic] (Kb 12,13) Тӳргäс каҕанда бöläн кäлдi vom Türgäs-Chan kamen Böläne.

бöрi [бöрӳ (Uig. und östl. Dial.), бӳрi (Kas.)]

der Wolf; [runic] (K 12,16, X

11,10) акаңым kaђан сӳсі бӧрітäк äрміш das Heer meines Vaters, des Chans, war gleich Wölfen.

бӧд [vergl. бäдӳк (Uig.), мӧзӳк (Abak.), könnte auch aus бу+ӧд entstanden sein]

der Thron (die Erhabenheit); [runic] (Ka 11,15, Xb 8,29) бӧдкä кӧрӳгмä auf den Thron schauend, seinem Herrscher treu anhängend; (Xb 1,6) бӧдкä улартым ich bestieg den Thron, gelangte zur Herrschaft; [runic] (X 2,15) бӧдкä ӧзӳм уларын als ich selbst zur Herrschaft gelangte.

бің [бің (südl. Dial.), миң (nördl. Dial.)]

tausend; [runic] (Xa 1,6) jäті бің сӳні ілікі кӳн ӧлӳртім ein Heer von sieben tausend Mann tödtete ich am ersten Tage.

бін (v) [бін (südl. Dial.), мин (nördl. Dial.)]

besteigen; [runic] (K 33,5–33,14–36,1–40,14, Kb 2,5–3,1–3,21–5,3–5,17–6,13–8,2–9,2), [runic] (K 37,18) бінін тäгді er bestieg (sein Pferd) und griff an.

бір [alle Dial.]

eins; [runic] (K 36,4, Ka 8,21, X 29,1–31,12–40,15, Xa 7,22, Xb 6,32), [runic] (X 37,17) бір; [runic] (Kb 2,20) бір кырк јашајур äрді er war ein und vierzig Jahr alt; [runic] (Kb5,20) бір äрні санчты; [runic] (Ka 6,8, Xb 4,32) бір кіші; [runic] (Ka 4,11, Xb 3,19) бірка тäті bis zu jedem Einzelnen; [runic] (K 32,12) бір отуз јашыңа in seinem ein und dreissigsten Jahre; [runic] (Kb 7,10) бір уђыш алнађу; [runic] (Kb 4,18, X 30,5) бір јылка in ein und demselben Jahre; [runic] (Kb 12,7) бір тӳмäн ађы der Werth eines Tümän.

біркі [von бір+кі]

und auch; [runic] (Ka 1,15, Xb 1,14) інјігӳнім ођланым біркі уђышым булуным meine Familie, meine Soldaten und meine Weisen.

бірлä [von бір+лä]

mit, zusammen; [runic] (K 17,9–26,16–27,10–27,12–35,17, Ka 4,27, Kb 1,1–1,3–3,16–5,14–7,20, X 15,10–22,16–26,16–27,11–34,7, Xb 3,31), [runic] (X 26,6) сӳбірлä mit einem Heere.

біl (v) [alle Dial.]

wissen; [runic] (Ka 11,10–12,21, Xb 15,7) біліӊ! wisset! [runic] (Ka 13,12, X 33,21) анча біліӊ! so wisset! [runic] (Kb 10,16) біліп білігім бізмäз тäк mein gewusstes Wissen gleichsam nicht wissend, d. h. obgleich ich weiss, ist es doch, als ob ich nicht wüsste, mein Wissen ist mir wie entschwunden; [runic] (K 34,4) кун біліреіз! ihr wisset genau; [runic] (Ka 7,21, Xb 6,1) білмäз кіші der unwissende Mensch; (X 18,16–18,20) äчісі інісін білмäз äрі, ођлы акаңын білмäз äрі die jüngeren Brüder kannten nicht ihre älteren Brüder, die Söhne kannten nicht ihre Väter; [runic] (Kb 10,18) білмäз тäк; [runic] (X 16,9) білмäдӳкін ӳчӳн; [runic] (K 24,20) білмäдӳк ӳчӳн da er nicht wusste; [runic] (X 20,17) ол білмäдӳкіңін ӳчӳн da du es nicht weisst.

білір [von біl+р]

das Wissen; [runic] (Ka 7,20, Xb 5,35) бiлir бiлмäз кiшi Menschen, die das Wissen nicht wissen, d. h. unwissende Leute; [runic] (Kb 10,17) бiлiriм mein Wissen; [runic] (Xb 4,21) ajыг̧ бiлiriн Verstand und Wissen; [runic] (Ka 5,26) ajыг̧ бiлir.

бiлircis [von бiлir-+-cis]
unwissend; [runic] (K 5,12), [runic] (X 6,5) бiлircis kaģaн ein unwissender Chan; [runic] (K 5,20) бујурукы jäмä бiлiкcis äрiнч; [runic] (X 6,13) бiлircis äрмiш äрiнч alle ihre Befehle waren thöricht, oder: alle ihre Beamten waren unwissend.

бiлrä [von бiл-+-rä]
weise; [runic] (K 3,6 fehlerhaft [runic], 3,10, 23,5, Ka 1,5—6,2, Kb 13,7, X 1,5—1,8—4,9—4,14, Xa 11,5—11,10, Xc 2,1), [runic] (Kc 2,7, Xb 1,5) Бiлrä-kaģaн; [runic] (X 10,18) die Weise des Volkes, Name der Mutter des Bilgä-Chan.

бiтi (v) [бiтi (Uig.), بيتيمك (Dsch.)]
schreiben; [runic] (Ka 13,10, K II,7, K II,18, X I,12, Xb 15,13), [runic] (K I,16, X I,2) бiтiдiм ich habe geschrieben; [runic] (Ka 13,15, K II,3) бiтiрiмä schreibend.

бiтir [von бiтi-+-r]
die Schrift; [runic] (K II,2), [runic] (Kb 3,19, K III,9) бiтir там der Stein mit Inschrift; [runic] (Ka 13,4) бу бiтir diese Schrift.

бiз [alle Dial.]
wir; [runic] (K 20,5, X 32,26) бiз wir; [runic] (K 19,2, X 16,11) бiзкä jaңылукын ӱчӱн wegen ihres Fehlers gegen uns; [runic] (K 39,16) бiзiң cӯ unser Heer.

бу [alle Dial.]
dieser; [runic] (K II,12), [runic] (Ka 1,7) бу ӧднi zu dieser Zeit; [runic] (Xb 13,20) бу kaģaнында; [runic] (Xb 13,21) бу бäгläрнi; [runic] (Ka 4,23), [runic] (X 36,6) бу jäрдä an dieser Stelle; [runic] (Ka 2,3) бу сабымны diesen meinen Ruhm; [runic] (K 37,13, X 27,33) бу арача von dieser Seite; [runic] (Ka 10,12) азу бу сабымда zuerst von diesem meinem Einflusse; [runic] (Ka 13,14) бу бiтir diese Schrift; [runic] (K II,11) auf diesen Stein; [runic] (Ka 10,17, Xb 8,6) буны äшiдiң! höret dieses! (Ka 12,19, Xb 15,5) буны кӧрӱ бiлiң! wisset, wenn ihr dieses anschauet!

бука [alle Dial.]
der Stier (?); [runic] (Xa 8,20) букаиы(?) туттук.

буң [aus бу gebildet, wie нäң (Uig.) Habe aus нä]
dieses Wort habe ich in den Texten und auch in vielen Stellen des Wörterbuches durch «Kostbarkeit» übersetzt, und als Synonym von буңсаз aufgefasst, jetzt stösst mir in noch nicht edirten Texten statt [runic] буңсаз die Schreibung [runic] auf, die unbedingt буңсыз (= буң-+-сыз) gelesen werden muss, und somit nicht die Bedeutung «Kostbarkeit» haben kann. Ich möchte daher jetzt für буң die Bedeutung «Maas» oder «Ende» (eigentlich: «das Diessein, Sosein») vorziehen. Dann wäre zu übersetzen: [runic] (Ka 3,11, Xb 2,29) ӧткӱн

jыш уларсар äлтä буң jok ilгäрў Шаидуң jазыка сўläдiм von dem im geliebten Bergwalde erstarkten Volke zog ich endlos (d. h. sehr häufig, oder: sehr weit) nach Osten bis zur Ebene Schandung; (Ka 8,12, Xb 6,19) öтўкäн jäр уларыш аркыш тäкрiш ыссар (= ыдсар) нäң буң jok öтўкäн jыш уларсар бäңгў äl тута улартачыныш wegen der die im geliebten Lande sich erhebend, hin und her ziehenden und im habelosen und endlosen Bergwalde sich erhebenden ewigen Stämme regierend gross gewordenen (Türkenfürsten), d. h. weil die (Türkenfürsten) gross geworden waren, da die von ihnen regierten ewigen Stämme im geliebten Lande erstarkten, hin und her zogen und (somit) im habelosen und endlosen (gewaltigen ?) Bergwalde sich erhoben.

буңсыз [aus буң-+-сыз, in den Texten und im Lexikon fehlerhaft буңсаз]
ohne Ende (Maass), endlos, gross, mächtig; (Ka 5,6, Xb 4,2) алтун кўмўш, iciнтi, кутаі буңсыз анча бäрўр табђач будун das chinesische Volk, welches uns so unendlich viel Gold, Silber, Wohlgerüche (?) und Seide (?) giebt; (X 29,5) Карлук будун буңсыз äрўр барыр äркli jађы болты das Karluk-Volk war (uns) durch sein endloses (mächtiges) Sein und Wandeln ein gewaltiger Feind; (Xb 12,8) буңсыз кылыныш (da ich für mein Volk so viel erworben hatte) ist es mächtig geworden; (Xb 14,6) буңсыз болтачысын (ich habe hier aufgezeichnet) ihre mächtig Gewordenen, d. h. wer von ihnen mächtig geworden war.

бујур (v) [alle Dial.]
befehlen (vergl. бујурук).

бујурук
1) der Befehl, die Verordnung; (Ka 1,22) бујурук бäгläр die Beamten, Befehlshaber; (Xa 12,16) бујурук бунча маты бäгläр die so trefflichen Beamten; (K 5,18, X 6,11) бујурукы jäмä bilircіз (äрмiш) äрiнч alle seine Verordnungen waren thöricht (ohne Wissen).
2) der Beamte, Befehlshaber (Ausführer der Befehle); (K 38,8) кађан бујурукы аз туткун äliгiн тутты von den Beamten des Chans nahm er (einige) mit eigener Hand gefangen; (K 19,7, X 16,17) бујурукы бäгläрi jäмä öлтi seine Beamten und seine Fürsten starben alle; (K 34,8) jäр бујурукы die Landverwalter; (K 3,9, X 4,16) бујурукы jäмä bilгä äрмiш äрiнч alle seine Beamten waren weise; (Ka 12,11) iч бујурукы бäгläрi seine inneren Beamten und seine Fürsten.

бунча [von бу-+-ча]
so viel, so, auf solche Weise; (K 4,19—10,7, 30,11, Ka 2,27—4,10, K II,1, X 2,17—5,16—9,22 — 33,9, X I,3, Xa 8,6—10,1—12,17—13,18, Xb 2,18—3,18, K III,20), (Kb 9,13) бунча jäмä.

бунда [von бу-+-да]
hier; (K 20,4, Ka 10,22—11,1, X 17,3, Xb 8,12).

булуң [булуң (Abak.)]
der Winkel; (K 2,2), (X 3,16) тöрт булуң die vier Winkel (Himmelsgegenden); (K

2,7, X 2,20—3,21—24,8, Xb 9,5) тöрт булуңдакы будун das in den vier Himmelsgegenden wohnende Volk.

булҕак [нулҕак (Alt. Tel). die Verwirrung, Aufregung, der Aufruhr]
unter einander gemischt, die Mischung, Unordnung; [runic] (Kb 4,15, X 29,29) тäңрі jäр булҕакын ўчўн da Himmel und Erde in Verwirrung gerathen waren.

булчун [булчуң (Tar.) der Muskel, die Muskelstärke]
lebenskräftig; [runic] (X 10,12), [runic] (K 11,9) будун булчун тäjін das Volk ist lebenskräftig.

будун [будун (Uig.)]
das Volk; [runic] (K 14,12—38,15), [runic] (K 4,20—6,19—9,1—9,12—10,12-11,4-11,8—14,7—17,5—19,12—22,9—22,16—25,17—27,3—28,2—28,12—28,17—39,2—39,12, Ka 2,22-4,26—5,9—6,23—6,26—7,4—8,4-8,20 10,16, Kb 1,16—3,11—3,15—4,6—4,9 6,4—7,1—8,5—11,28, X 2,9—5,17—6,20—7,4—8,23—8,26—9,2—10,8—10,11—12,15—12,21—15,5—16,22—19,2—19,8—21,8—22,3—22,8—22,27—25,18—26,14—29,1—29,20—30,25-33,7—33,13—34,1—35,11—35,18—35,23—37,4-38,2-39,1, Xa 5,8—10,2—13,14, Xb 2,13—3,30—4,5—5,9-5,12—5,22—6,11—6,27—8,5—8,27) будун; [runic] (K 2,8—13,7—13,10—13,14—16,18—20,22—21,7—21,14—25,6—27,17—28,7—29,9—29,15—30,1—35,13—37,6—40,17, Ka 10,3—10,7—11,13, X 3,22—9,27—12,1—12,8—14,12—17,20—18,4—22,22—23,2—23,23—23,27—23,31—24,9—24,23—25,3—27,7—29,14—36,16—39,10, Xb 7,26—7,22—8,9—9,15—13,18—14,21—15,13) будуны; [runic] (K 1,20, X 3,10) будуның des Volkes; [runic] (K 6,2—20,13, Ka 6,11, X 1,13—4,18—6,17—17,11, Xb 4,35) будуны sein (ihr) Volk; [runic] (Xa 13,5) будунын; [runic] (K 3,14, X 4,18) будун jäмä alles Volk; [runic] (K 7,6—26,4, X 7,13, Xb 9,6—9,11) будунка; [runic] (K 9,4) äллір будун äртім ich war ein aus Stämmen bestehendes Volk; [runic] (Ka 1,17, Kb 4,11—11,18, X 16,7, Xb 13,9) будуным mein Volk; [runic] (Xa 8,2, Xb 12,4) будунымa meinem Volke; [runic] (X 29,28) будуным äрті; [runic] (Xb 13,13) будунымка; [runic] (X 23,9, 40,7) будун тана; [runic] (X 23,5) Оҕуз будун тана; [runic] (K 26,11, Kb 12,21, X 21,17—21,26, Xb 12,17) будунда; [runic] (K 19,21—29,17, Ka 10,9, X 24,1—26,25, Xb 7,28) аз будуны; [runic] (Kb 2,15—3,5) аз будун; [runic] (K 38,17) ол будунну; [runic] (Ka 2,2) тоҕуз Оҕуз бäрläрі будуны! о, ihr Volk und Fürsten der neun Oguz! [runic] (Ka 5,20, Xb 4,15); ырак будуны анча jаҕутыр es bringt das ferne Volk so nahe; [runic] (K 6,5) табҕач будун das chinesische Volk; [runic] (X 19,28) jыш будуны das Volk des Bergwaldes.

будунлы(ҕ) [von будун+лыҕ(лы)]
ein Volk habend; [runic] (K 6,16 wohl fehlerhaft für [runic] будунлы) бäрlі будунлы Fürsten und Volk.

буз (v) [alle Dial.]

zerstören, vernichten; [runic] (X 24,24, 34,3—34,15) буздым ich habe zerstört; [runic] (K 31,17—34,14) буздымыз wir zerstörten, vernichteten; [runic] (X 25,4—37,14—39,11) анда буздым dort habe ich zerstört; [runic] (Kb 1,8) бузын.

бушӈур (v) [von буш (Uig.) + ӈыр]
erzürnen; [runic] (Xb 5,33) бушӈурур; [runic] (Ka 7,8—7,18) бушӈурур äрмiш sie haben erzürnt; [runic] (K 13,18), [runic] (X 12,5) бушӈурмыш; [runic] (Xb 5,25) анча бушӈурур.

Бумын
ein Eigenname; [runic] (K 1,15, X 3,5).

M.

Макрач
ein Eigenname (?); [runic] (Kb 13,5) Макрач тамӈачы.

Маӈыкурӈан [von маӈы + курӈан]
eine Befestigung; [runic] (X 31,26) Маӈыкурӈан кышладукта als ich in Magykurgan überwintert hatte.

мал (?)
das Vieh (?); [runic] (X 38,16) малын јутасын.

маты [fehlt allen Dial.]
trefflich; [runic] (Ka 11,12, Xb 8,26) тӳрк маты будун; (Xa 12,18) бујурук бунча маты бäрлäр so viele treffliche Fürsten; (Xa 11,14) тӳрк маты бäрлäр; [runic] (K 9,9) älim маты каны? [runic] (Ka 13,4) јаӈук äрсäр матыка äрir јäртä äрӳр äрiнч nahe ist der Mann dem trefflichen (Volke) so lange er an hoher Stelle ist.

мäн [nördl. Dial.]
ich; [runic] (K 27,20, Ka 11,18, Kb 2,26, X 34,22, Xa 7,9, Xb 2,17, X I,8), [runic] (X 36,10) мäн öзӳм ich selbst; [runic] (X 33,4) мäн казӈандук ӳчӳн weil ich erworben hatte; [runic] (Ka 12,6, Xb 14,15) аӊар мäн таш барк уртуртым ich habe von ihnen das Steinwerk herstellen lassen; [runic] (Ka 11,24) мäнiӊ сабымны meinen Ruhm; (X 29,25) мäнiӊ будунум äртi es war mein Volk; [runic] (K 30,7, X 24,15, 36,10, Xa 9,1) маӊа кöрдӳ sie schauten auf mich, d. h. unterwarfen sich mir; (Ka 2,24, Xb 2,15) маӊа кöрӳр er schaut auf mich.

Ergänzungen zum Glossar.

Die mit * bezeichneten Wörter fehlen im Glossar.

A.

ak — [runic] (Kb 3,20) акын.

акаң — [runic] (Xc 6,2) акаңымка.

аҕыт (v) — [runic] (Kb 7,8) аҕытын.

Андарҕу *
Name einer Oertlichkeit; [runic] (X 30,19) Андарҕуда сӧңӳштiмiз wir kämpften bei Andargu.

алп — [runic] (Xb 4,28) алп.

Ä.

äкiнтi — [runic] (K 33,2), [runic] (Kb 5,11 ist unter кäнтӳ auszustreichen); [runic] (X 30,18) äкiнтi.

äр (v) — [runic] (X 9,3) äртiм; [runic] (Xa 13,18), [runic] (Xb 12,9) äртi.

äртäңӳ — [runic] (Xb 10,7) äртäңӳ.

äт (v) — [runic] (Xb 9,16) äттiм.

äб — [runic] (X 32,19) äбiн баркын јулыҕлы барды sie gingen, um ihre Häuser und Herrichtungen zu plündern.

O.

оҕул — [runic] (Xb 12,25) оҕлы; [runic] (Xa 3,2) оҕлын.

Оҕуз — [runic] (X 32,18) Оҕуз.

Ö.

öl (v) — [runic] (X 22,28) ölӳ jiтӳ; [runic] (X 23,22) ölтäчi будун.

ölӳг — [runic] (Kb 3,12) будун ölӳг-iкliг болтукында da das Volk gestorben und umgekommen war.

öз — [runic] (K 30,16) öзiнчä; [runic] (Xc 7,2) öзӳм.

öзä — [runic] (K 26,13, X 2,22, Xc 1,1 —3,2) öзä.

Ы.

ыт * [ыт (Soj.), die übrigen Dial. iт] der Hund; [runic] (X 40,12) ытым барда da ich einen Hund habe; [runic]... (Xa 8,8) ыт јыл das Hundejahr.

ыд (v) — [runic] (Xb 14,14) ытты; [runic] (Ka 8,1, Xb 6,18 ыссар = ыд+сар) in аркыш тäркiш ыссар «die hin und her ziehenden» das auf p. 101 unter «ысар» Aufgeführte ist zu verbessern.

I.

iкlir * [iкlik (Uig.), von iк+lir] krank; (Kb 3,12) öly̆r iкlir, siehe oben öly̆r.

ini — (im Glossar ein falsches Citat, statt K 2,9 lies Kc 2,9).

Icji *
ein Name; (Kb 12,4) Icji-Liкi.

У.

уңтудук — (X 25,5).

улар (v) — (X 1,6) улармыш; (Xb 6,22) уларсар.

улы (v) — (Xb 2,21) улыматы.

улуӈ — (Xb 10,8) улуӈ.

улус * [улуш (Uig.), اولوس (Dsch.)] das Volk, der Volkstamm; (Kb 12,20) ӳч кырк улус die drei und vierzig Völker.

Ӳ.

ӳч — (Kb 12,20) ӳч кырк улус.

ӳчӳн — (Kb 4,16) ӳчӳн.

ӳчӳнч — (K 33,9) ӳчӳнч.

K.

kaӈан — (Xb 7,19, Xc 2,2—7,3), (Xb 13,10) kaӈан ат(ын?).

kapa — (X 41,10) kapa будун.

kaзӈан (v) — (X 18,33) анча kaзӈанмыш; (X 22,2) kaзӈанмыш.

kоб (v) — (K 14,19) kӧп.

kурыja — (Kb 12,15) im Glossar ist das Citat ausgelassen.

К.

кӧр (v) — (X 16,23) ӓмгӓк кӧрті sie erduldeten Leiden (wörtl. schauten Leiden).

кӳсӓ * (v) [fehlt in anderen Dial.] meinen; (K 12,3) таӈка jорыjур тӓjін кӳсӓді sie meinten, er zieht in die Berge.

J.

jаңыл (v) — (Xb 8,14) jаңылыш.

jабыз — (X 32,28) jабыз.

jӓр — (Ka 13,5—13,7) ӓрір jӓртӓ.

jӓті — (K 30,22) jӓті jашында in seinem siebenten Jahre; (Xa 8,16) jӓri отузкы am sieben und zwanzigsten; (K 11,20) jӓті jiріpмі.

jыш — (K 35,9) Кӧгмӓн jышны тоӈа jорыш.

Jышсан *
Name einer Oertlichkeit; (Kb 8,9) Jышсан jаӈысы die Ebene Jyschsan.

jiт (v) — (X 22,29) öly̆ jiтy̆.

jӳкӳнтӳр (v) — (K 15,23) jӳкӳнтӳрміш.

L.

Liкi *
ein Name; (Kb 12,5) Icji-Liкi.

T.

таӈ — (Xc 5,1) таӈда.

табӈач — (K 8,13—9,20) табӈач; (Kb 14,9) табӈач каӈанта.

тä (v) — [runic] (Xc 5,3) тäсäр.
тäгі — [runic] (K 39,8) тäгі.
тäңрі — [runic] (X 34,19, Xb 7,15); im Glossar ist Xb 8,10 zu streichen (vergl. тäр).
тäр (v) — [runic] (Xb 8,10) тäрін.
токузунч * [von токуз-+-нч] der Neunte; [runic] (K III,7) токузунч ai im neunten Monate.
тіз (v) — [runic] (X 38,10) тізін.
тут (v) — [runic] (K 38,19) äлігін тутты er fasste mit der Hand; [runic] (Xb 8,11) äл тутсакыңын.
тӱрк — [runic] (X 1,7—7,3) тӱрк; [runic] (X 4,6 fehlerhaft statt [runic]) öкӱш тӱрк.

C.

сӱ — [runic] (X 25,7) habe ich als Eigenname aufgefasst, richtiger ist wohl сӱ кäлін zu lesen.

Druckfehler im Glossar.

Pag. 87 аркашыд lies: [runic] statt [runic]; 89 алп [runic] st. [runic]; 92 äртӱр [runic] st. [runic]; 94 äт [runic] st. [runic]; 96 оҕул [runic] st. [runic]; 97 ол [runic] st. [runic]; 98 опла [runic] st. [runic]; 100 öтӱкäн [runic] st. [runic]; 101 ычҕын [runic] st. [runic]; 108 коб [runic] st. [runic]; 109 кыл [runic] st. [runic]; 111 куб [runic] st. [runic]; 112 кäч [runic] st. [runic]; 113 кäчіг [runic] st. [runic]; 115 кӱнli Tag habend st. Nacht habend; 117 jарак [runic] st. [runic]; 121 Jоллыҕ [runic] st. [runic]; jыл [runic] st. [runic]; 122 jӱкӱнтӱр [runic] st. [runic]; 125 Таман [runic] st. [runic]; 126 тäмір [runic] st. [runic]; 128 тöр [runic] st. [runic]; 134 суб [runic] st. [runic]; 137 Батымы [runic] st. [runic]; 140 бол [runic] st. [runic].

Index

der durch : getrennten Buchstaben-Gruppen.

Da die Gruppen von Buchstaben, die durch : von einander getrennt sind, oft nicht mit den einzelnen Wörtern übereinstimmen und ausserdem die Orthographie eine zum Theil schwankende ist, so habe ich das Glossar nach der Transscription geordnet. Dieser Index der Buchstabengruppen verweist auf diejenigen Wörter, unter denen der bezeichnete Complex im Glossar aufzufinden ist. Dieser Index hat nicht nur den Zweck, das Auffinden der betreffenden Buchstaben-Gruppe im Glossar zu erleichtern, er kann auch als Hülfsmittel zur Auffindung und Entzifferung dieser Gruppen in anderen Inschriften dienen. Die Anordnung der einzelnen Buchstaben ist eine graphische. Sie beginnt mit dem einfachen senkrechten Striche. Für Anfügungen von Nebenstrichen ist die Reihenfolge von unten nach oben und von rechts nach links festgesetzt. Darauf folgen sich kreuzende und gebrochene Linien und zuletzt geschweifte Linien.

[runic] сӱңӱк.

[runic] сӱңӱк.

[runic] 1) сӱңӱк, 2) Батымы.

[runic] сӱңӱкlіг.

[runic] сӱчіг.

[runic] сӱчіг.

[runic] сӱlä (v).

[runic] сӱlä (v).

[runic] сӱlä (v).

[runic] сӱlä (v).

[runic] сӱlä (v).

[runic] сӱlä (v).

[runic] сӱlä (v).

[runic] 1) сӱр (v), 2) älт (v).

[runic] 1) сӱр (v), 2) älт (v).

[runic] сöк (v).

[runic] 1) сӱ, 2) кäl (v).

[runic] 1) сӱ, 2) кäl (v).

[runic] сöкӱр (v).

[runic] сöкӱр (v).

[runic] сöкӱр (v).

[runic] сöкӱр (v).

[runic] сöзläш (v).

[runic] сӱнкі, vergl. сäңӱн.

[runic] 1) сӱ, 2) јоры (v).

[runic] сӱ.

[runic] 1) äшітмä, 2) каҕан.

[runic] сач (v).

[runic] сäl.

[runic] сіlік.

[runic] 1) сіlіг, 2) кыз, 3) оҕул.

[runic] 1) сіlіг, 2) кыз, 3) оҕул.

[runic] сäкіз.

[runic] 1) сäкіз, 2) тӱмäн.

[runic] 1) сäкіз, 2) јаш.

[runic] 1) сäкіз, 2) јігірмі.

[runic] äшід (v).

[runic] äшід (v).

[runic] äшід (v).

[runic] сäбін (v).

[runic] äсінті.

[runic]

[runic] äңіlік (іlік).

[runic] äңіlік.

[runic] 1) ол, 2) кӧр.

[runic] 1) ол, 2) мäн.

[runic]

[runic] алыбäр.

[runic] алыбäр.

[runic] алыбäр (v).

[runic] алыбäр (v).

[runic] алыбäр (v).

[runic] алп.

[runic] 1) ал (v), 2) äгіт (v).

[runic] 1) алп, 2) каҕан.

[runic] 1) алп, 2) каҕан, 3) äр (v).

[runic] 1) алп, 2) шалчы.

[runic] 1) алп, 2) äр.

[runic] 1) алп, 2) äр (v).

[runic] 1) алп, 2) кіші.

[runic] 1) алп, 2) ол, 3) ур (v).

[runic] алпаҕу.

[runic] алкын (v).

[runic] 1) алуш (v), 2) тут (v).

[runic] ал (v).

[runic] алмат.

[runic] 1) алты, 2) чуб.

[runic] 1) алты, 2) отуз.

[runic] 1) алты, 2) отузкы.

[runic] 1) алты, 2) јол.

[runic] 1) алты, 2) јігірмі.

[runic] алтун.

[runic] алтун.

[runic] 1) алтун, 2) кӱмӱш.

[runic] 1) алтун, 2) јыш.

[runic] ал (v).

[runic] алҕазын.

[runic]

[runic] 1) äшітмä, 2) каҕан.

[runic] Ісjі.

[runic] ісінті.

[runic] äтіз.

[runic] 1) äс, 2) кӱч.

[runic] äт.

[runic] 1) äт (v), 2) бäр (v).

[runic] äт (v).

[runic] äт (v).

[runic] äтін (v).

[runic] äт (v).

[runic] äт (v).

[runic] äт (v).

[runic] äт (v).

[runic] 1) äт (v), 2) тä (v).

[runic] äт (v).

[runic] 1) ырак, 2) äр (v).

[runic] 1) ырак, 2) будун.

[runic] iчрä.

[runic] iчрäкi.

[runic] iчрäкi.

[runic] iчкä (v).

[runic] iчкä (v).

[runic] 1) iч, 2) бујурук.

[runic] ычҕын.

[runic] ычҕын (v).

[runic] älcipäт (v).

[runic] älcipäт (v).

[runic] äl.

[runic] äl.

[runic] äl.

[runic] 1) äl, 2) ал (v).

[runic] äl.

[runic] Äлтäрäс.

[runic] 1) Äлтäрäс, 2) каҕан.

[runic] äллä (v).

[runic] äллir.

[runic] äллir.

[runic] ilкi.

[runic] 1) ilкi, 2) сӱ.

[runic] äl.

[runic] äl.

[runic] äллä (v).

[runic] äl.

[runic] Äлбilгä.

[runic] 1) Äлбilгä, 2) катун.

[runic] 1) äl, 2) бäр (v).

[runic] 1) äl, 2) тут (v).

[runic] 1) äl, 2) тут (v).

[runic] 1) äl, 2) тут (v).

[runic] 1) äl, 2) тут (v).

[runic] äl.

[runic] ilгäрӱ.

[runic] 1) äl, 2) тут (v).

[runic] äр (v).

[runic] äртӱр (v).

[runic] Ышбара.

[runic] 1) Ышбара, 2) Јамтар.

[runic] äр (v).

[runic] ini.

[runic] ini.

[runic] inili.

[runic] ышанчу.

[runic] ini.

[runic] äн (v).

[runic] 1) ini, 2) Кӱл-Тäгiн.

[runic] 1) ini, 2) Кӱл-Тäгiн.

[runic] inјirӱн.

[runic] Ізгil.

[runic] iдi.

[runic] iдi.

[runic] 1) iдi, 2) уксыз.

[runic] 1) iдi, 2) jok.

[runic] ai (v).

[runic] 1) ai (v), 2) öтӱкäн.

[runic] ыд (v).

[runic] ыд (v).

[runic] ыд (v).

[runic] бäг.

[runic] ыд (v).

[runic] ыд (v).

[runic] 1) ыт, 2) бар.

[runic] Ышангмур.

[runic] ыд (v).

[runic] äгiд (v).

[runic] äгiд (v).

[runic] äгiд (v).

[runic] äгiд (v).

[runic] äгiд (v).

[runic] 1) iгiд, 2) барҕу.

[runic] äгiд (v).

[runic] äгiд (v).

[runic] 1) äгiд (v), 2) тä (v).

[runic] ыҕар.

[runic] 1) ыҕар, 2) äллir.

[runic] ыҕач.

1

[runic] Парпурым.

[runic] Парпурым.

[runic] ана.

[runic] ана.

[runic] Парпурым.

M

[runic] 1) алты, 2) äl.

öңрä.
öтÿкäн.
öтÿкäн.
öтäгі.
ÿчÿн.
1) ÿч, 2) тÿмäн.
1) ÿч, 2) кырк, 3) улус.
1) ÿч, 2) Курыкан.
ÿчÿн.
1) ÿч, 2) Оҕуз.
ÿчÿнч.
1) ÿч, 2) jiгipмі.
öl (v).
öl (v).
öl (v).
öl (v).
ölÿр (v).
ölÿр (v).
1) öl (v), 2) jiт (v).
ÿlÿг.
öl (v).
öl (v).
öl (v).
öl (v).
öl (v).
ölÿр (v).
ölÿр (v).
ölÿр (v).
ölÿр (v).
ölÿр (v).
1) ölÿг, 2) ikliг.
ölÿг.
ölÿгli.
ÿlÿг.
öl (v).
Öрпäн.
öкÿн.
öкÿш.
1) öкÿш, 2) öl (v).
1) öкÿш, 2) кыл (v).
1) öкÿш, 2) кыл (v).
1) öкÿш, 2) кіші.
öкÿн (v).
öз.
1) öз, 2) алтыз (v).
1) öз, 2) jазын (v).
1) öз, 2) jаңыл (v).
1) öзläк, 2) ат.
öзä.
1) öзä, 2) кöк.
1) öзä, 2) täңрі.
öз.
öз.
öз.
1) öз, 2) улар (v).
1) öз, 2) сакын.
1) öз, 2) jараш.
öкÿн (v).
1) öдÿзні, 2) äр, 3) кÿlÿг.
1) öд, 2) täңрі.
öдÿш.
öмзі.
1) öксÿз, 2) ак.
öгä.
ÿгÿз.
ÿгÿз.
öгä.
1) öгä, 2) катун.
1) öгä, 2) катун.

тä (v).
täңрі.
täңрі.
täңрі.
täңрі.
тіңlä (v).
тä (v).
1) тä (v), 2) анча.
тірі (v).
тäр (v).
тäрil (v).
1) тä (v), 2) äр.
1) тä (v), 2) äр.
аркыш-тäркіш.
тäр (v).
тіріг.
тіріг.
тіріг.
1) тіріг, 2) äг (v).
тікil (v).
тік (v).
тік (v).
тік (v).

ätislir.
тімаҕ (?).
тä (v).
тäріи.
äт.
Тöңкäш.
тÿш (v).
тöнä.
Тÿнÿт.
Тÿнÿт.
Töläс.
Töläс.
тöрÿ.
тöрÿ.
тöрÿ.
тöрÿ.
тöрÿ.
тöр.
тöр.
тöрт.
1) тöрт, 2) кÿн.
тöртÿнч.
тÿрк.
тÿрк.
тÿрк.
тÿрк.
Тÿргäс.
тöрÿ.
1) тÿ-pirі, 2) Jараҕун.
тöк (v).
тÿн.
тÿнli.
1) тÿн, 2) улу (v).
тÿзäl (v).
1) тÿз, 2) äр (v).
тÿзсiз.

1) тÿзсiз, 2) ÿчÿн.
тÿмäн.
тöгÿl (v).
тöгÿl (v).
тiläн (v).
(Хс 4,2).
тiрil (v).
тiз (v).
1) тiз (v), 2) бар (v).
тäмiр.
1) тäмiр, 2) каныҕ.
1) тäмiр, 2) каныҕ, 3) тäгi.
тäнliк.
тiјiң, тiң.
тäгi.
тäг (v).
тäг (v).
тäг (v).
тäг (v).
тäг (v).
тäг (v).
1) тäг (v), 2) äр (v).
тäг (v).

акаң.
акаң.
акаң.
акаң.
1) акаң, 2) каҕан.
1) акаң, 2) каҕан.
акаң.

кал (v).
1) кал (v), 2) тä (v).
кал (v).
кыл (v).
кыл (v).
кыл (v).
кыл (v).
кылын (v).
1) кылын (v), 2) äр (v).
кылын (v).
кыл (v).
кыл (v).
Кыркыз.
ак.
акыт (v).
каныҕ.
Карлук.
Карлук.
кара.
1) кара, 2) Тÿргäс.
1) кара, 2) будун.
карын.
караҕ.
караҕ.
казҕан (v).
казҕан (v).
казҕан (v).
казҕан (v).
казҕан (v).
казҕан (v).
казҕан.
кул.
1) коб (v), 2) куб (v), 3) кун.
1) куб (v), 2) ал (v).

1) куб (v), 2) баз.
курыја.
kopk (v).
1) Кушлаӷак, 2) Оӷуз.
кобарт (v).
кобарт (v).
кадаркан.
1) кадаркан, 2) јыш.
кадында.
кадында.
кадыӷ.
камашыӷ.
камыӷ.
камыӷ.
катун.
катун.
катыӷ (кадыӷ).
катыӷ.
каны.
кан.
кандан.
каӷан.
каӷан.
каӷан.
каӷанла (v).
каӷанлыӷ.
каӷанлыӷ.
каӷанлыӷ.
каӷан.
каӷан.
1) каӷан, 2) анда.
каӷан.
каӷан.
1) каӷан, 2) äр (v).
каӷан.
1) каӷан, 2) каны.
1) каӷан, 2) ат.
1) каӷан, 2) ат.
каӷансырат (v).
каӷансыра (v).
каӷансырат (v).
каӷансырат (v).
каӷан.
каӷан.

Ч

арыл (v).
ар (v).
аркыш.
аркашыд.
армыкчы.
артук.
артук.
арттур (v).

⅄

чäӊсäӊӱн.
äчі.
Чік.
1) Чік, 2) тана.
1) äчі, 2) каӷан.
äчі.
чындан.
чыӷаі.
чыӷаі.
1) чöлгі, 2) äl.
1) чöлгі, 2) äl.
1) äчӱ, 2) ана.
äчӱ.
Чача.
Чачасäӊӱн.
ічрäкі.
Чäнкані.
Чуш.
чурак.
чуӷаі.
1) äчі, 2) каӷан.
äчі.

Y

älcipäт (v).
älcipä (v).
äl.
äl.
äl.
Licӱн.
älik.
Liкі.
äl.
älтäбäр.
ällir.
äli.
1) äl, 2) тут (v).
ilгäрӱ.
1) älir, 2) тут.
1) älir, 2) jaш.
1) älir, 2) jыл.

Ұ

ічкä (v).
ічкä (v).
ічкäр (v).

¥

Ша.
Шаданыт.
1) шад, 2) äр (v).
шад.

Шандуң.
ашсыз.

кул.
куллыђ.
1) кул, 2) кыл (v).
1) кул, 2) кыл (v).
кулkak.
кулда (v).
1) кул, 2) бол (v).
1) коб (v), 2) куб (v), 3) куп.
1) куб (v), 2) ічкä (v).
1) коб (v), 2) анда.
1) куб (v), 2) баз.
(?) kokылык.
Курыкан.
курыђару.
курыђару.
корђ (v).
кунчаі.
кунчајуђ.
koi.
koi.
1) koi, 2) äр (v).
ко (v).
кот (v).
кут.
кут.
кутаі.
кутаі.
1) koi (v), 2) äн (v).
1) koi (v), 2) äн (v), 3) тä (v).
1) кун, 2) ур (v).
кон (v).
контур (v).
кон (v).
кобарт (v).
кобар (v).
куңсäңӳн.

äр (v).
Äрсäн.
1) äріг, 2) jäр.
1) äр, 2) куб (v).
äр (v).
1) äр (v), 2) бар (v).
Äртіш.
1) Äртіш, 2) ӳгӳз.
äртäңӳ.
äр (v).
1) äр (v), 2) оз (v).
äртӳр (v).
äр (v).
äр (v).
äр (v).
äр (v).
äріг.
äрklі.
äрäн (äр).
äр (v).
äр (v).
1) äр, 2) äр.
1) äр (v), 2) бар (v).
äр (v).
1) äр (v), 2) äр (v).
äріг.
1) äріг, 2) jäр.

Кäңӳ-Тарман.
Кäңӳ-Тарбан.
1) Кäңäрāс, 2) тапа.
кіші.
1) кіш, 2) кіші.
1) кіші, 2) ођул.
кіші.
кішіlіг.
кісрä.
кäң-сӳр (v).
1) äкі, 2) ӳч.
кäчіг.
1) äкі, 2) älтäбäрlік.
кіші.
кіші.
1) äкі, 2) шад.
кір (v).
кір (v).
1) кір (v), 2) ölӳр (v).
кäрӳ.
1) кäрӳ, 2) санч (v).

kір (v).
1) äkiп, 2) cÿ.
äкінті.
1) äкiп, 2) ара.
äкінті.
1) äкі, 2) улуҕ.
1) äкі, 2) отуз.
1) äкі, 2) jiгірмі.
кiгÿр (v).
кÿң.
1) кÿң, 2) кул.
1) кÿң, 2) кыл (v).
köңÿl.
köңÿl.
кÿңlÿг.
1) кÿң, 2) кул.
кÿңдä (v).
1) кÿң, 2) бол (v).
1) кÿң, 2) бол (v), 3) äр (v).
1) кöтÿр (v), 2) äр (v).
1) кö-тÿр (v), 2) äр (v).
кöтÿр (v).
кöтÿр (v).
кÿч.
1) кÿч, 2) бäр (v).
köl.
1) Кÿl, 2) тäгін.
1) Кÿl, 2) тäгін.
1) Кÿl, 2) тäгін.
1) Кÿl, 2) тäгін.
Кÿlчур.
кÿlÿг.
кöр (v).
кöр (v).
кöр (v).
кöр (v).
кöр (v).
кöрlÿг.
кöрlÿг.
кöр (v).
кöр (v).
кöр (v).
кöрÿг.
кöр (v).
кöк.
1) кöк, 2) тäңрі.
1) öкÿш, 2) тÿрк.
кÿн.
кÿнтÿз.
кÿнli.
кöз.
1) ·кöз, 2) каш.
кöз.
кöз.
кöз.
кÿмÿш.
кÿмÿш.
кÿмÿш.
кÿнтÿз.
Кöгмäн.
Кöгмäн.
1) Кöгмäн, 2) Ша.
кäч (v).
кäчä.
кäч (v).
кäl (v).
кäliңÿн.
кäl (v).
кäl (v).
кälÿр (v).
кälÿр (v).
кälÿр (v).
кälір (v).
кäl (v).
1) кäl (v), 2) тä (v).
кäl (v).
кäl (v).
äкä.
1) кäl (v), 2) тä (v).
кäl (v).
кäl (v).
кäргäк.
кäргäксіз.
1) кäргäк, 2) бол (v).
äкінті.
кäндÿ.
кäндÿ.
кäдімliг.
кäмäк.
1) кäм, 2) арт (v).
кäм.
äкінті.
1) äкінті, 2) кÿн.
кäндÿ.
1) кäндÿ, 2) jаңыл (v).

—

apkarўн.
ач (v).
ач (v).
1) ач, 2) äр (v).
ат.
1) ат, 2) бар.
1) ат, 2) бäр (v).

—

1) аз, 2) Кырђыз.
1) аз, 2) ältäбäр.
1) аз, 2) äр (v).
1) аз, 2) äр.
азук.
1) азу, 2) бу, 3) саб.
1) Азман, 2) ак.
азкыја.
1) аз, 2) тутку(н).
1) аз, 2) јађыз.
1) аз, 2) будун.
1) аз, 2) будун.
Äзгäнті.
1) аз, 2) öкÿш.

—

нäңсäңÿн.
нäңсiз.
1) нäң, 2) буң, 3) jok.
1) нäң, 2) јылсађ.
нä.
1) нä, 2) кађан.

—

öкÿш.
кÿч.
Кÿl-Тäгiн.
öкÿш.
öкÿш.
кÿн.
кÿн.

—

Уңтутук.
1) ол, 2) сöңÿш.
1) ол, 2) сÿ.
1) ол, 2) öд.
1) ол, 2) тäңрi.
1) ол, 2) тäг (v).
1) ол, 2) тöрÿ.
улар (v).
улар (v).
1) улар (v), 2) äр (v).
1) улар (v), 2) äр (v).
улар (v).
1) улар (v), 2) äр (v).
улар (v).
улар (v).
улар (v).
улар (v).
улар (v).
улар (v).
улар (v).
улар (v).
улар (v).
1) уларт (v), 2) äр.
1) улар (v), 2) уларт (v).
улар (v).
1) ол, 2) äр (v).
улы (v).
1) ол, 2) таш.
1) ол, 2) тут (v), 3) äр (v).
1) ол, 2) ат, 3) анда.
улы (v).
1) ол, 2) будун.
1) ол, 2) јыл.
1) ол, 2) јылкы.
1) ол, 2) јäр.
1) ол, 2) саблыђ.
улуђ.
1) улуђ, 2) сÿ.
опла (v).
1) опла (v), 2) тäг (v).
ук (v).
1) уры, 2) ођлы.
1) уры, 2) ођул.
орду.
ур (v).
орту.
уртур (v).

ур (v).
1) уруҕ, 2) асрат.
уч (v).
1) уч (v), 2) бар (v).
уч (v).
уч (v).
оз (v).
1) оз (v), 2) äр (v).
одлыk.
уды (v).
уд (v).
ударсäҥӱн.
1) уд (v), 2) бас (v).
1) уд (v), 2) бас (v).
удышру.
ум (v).
Умаі.
отача.
отуз.
отузkы.
1) отуз, 2) артуkы.
1) отуз, 2) Татар.
1) отуз, 2) јаша (v), 3) äр (v).
отсуб.
унуk.
1) он, 2) äр.
1) онынч, 2) аі.
1) Уіҕур, 2) äl.
оҕул.
оҕул.
оҕул.
1) оҕул, 2) аты.
оҕул.
оҕул.
оҕул.
1) оҕул, 2) таркан.
оҕлан.
оҕлан.
уҕыш.
уҕыш.
уҕыш.
Оҕуз.
1) Оҕуз, 2) бірlä.
1) Оҕуз, 2) јаҕы.
Оҕуз.

äдкӱ.
äдкӱ.
1) äдкӱ, 2) äl.
1) äдгӱ, 2) äl.
äдкӱ.

kылычла (v).
kыл (v).
kырk.
Kырkыз.
1) Kырkыз, 2) Kаҕан.
1) Kырkыз, 2) тана.
1) аҕыр, 2) аҕылыҕ.
Kышаі.
kышла (v).
kыз.
kыз.
1) kыз, 2) оҕул.
kыз.
kыд (v).
Kытаі.
Kытаі.
1) Kытаі, 2) тана.
(X 37,11).

анча.
1) анча, 2) äт (v).
1) анча, 2) тä (v).
1) анча, 2) тä (v).
1) анча, 2) тä (v).
1) анча, 2) тä (v).
1) анча, 2) тä, 3) äр.
1) анча, 2) kазҕан (v).
1) анча, 2) kазҕан (v).
1) анча, 2) kазҕан (v).
1) анча, 2) kазҕан (v).
1) анча, 2) kаҕан (v).
1) анча, 2) kонтур (v).
1) анча, 2) kонтур (v).
1) анча, 2) біl (v).
1) анча, 2) бäр (v).

1) анча, 2) тут (v).

1) анча, 2) тут (v), 3) äр (v).

1) анча, 2) jaҕут (v).

1) анча, 2) бушҕур (v).

1) анча, 2) улы (v).

1) ajыҕ, 2) кіші.

1) ajыҕ, 2) біlir.

1) ajыҕ, 2) біlir.

1) jaҕы, 2) jok.

1) адаk, 2) kамаш (v).

1) адаk, 2) kамаш (v).

анчыҕ.

анчыҕ.

мäн.

Макрач.

мäн (auch Кöрмäн).

мäн.

1) мäн, 2) öзÿм.

1) мäн, 2) kазҕан (v).

маты.

1) маты, 2) kаны.

маты.

äмгäк.

äмгäк.

1) äмгäк, 2) кöр (v).

Маҕы-kурҕан.

бäсÿк.

Бäш-балык.

бäңгÿ.

бäңгÿ.

1) бäңгÿ, 2) таш.

1) бäңгÿ, 2) таш.

1) бäшінч, 2) Äзгäнті.

1) бäш, 2) тÿмäн.

1) бäшінч, 2) аі.

1) бäш, 2) jÿз, 3) äрäн.

біті (v).

біті (v).

бітіг.

бітіг (v).

1) бітіг, 2) таш.

біl (v).

біlгä.

біl (v).

бälкі.

біl (v).

біl (v).

біl (v).

1) біl (v), 2) ÿчÿн.

біlir.

біlіксіз.

біlіксіз.

1) біlіксіз, 2) äр.

1) біlіксіз, 2) äр.

біlгä.

1) біlгä, 2) kаҕан.

біlir.

1) бäш, 2) отуз.

бір.

бäр (v).

бäр.

бäрті.

1) бір, 2) тÿмäн.

1) бір, 2) тÿмäн, 3) аҕы.

бäр (v).

1) бäр (v), 2) ÿчÿн.

бäр (v).

бäр (v).

бäр (v).

бäрlі.

бірlä.

1) бір, 2) äр.

бірkі.

1) бір, 2) кіші.

1) бір, 2) отуз.

1) бір, 2) уҕыш.

бäр (v).

бäр (v).

бäр (v).

1) бір, 2) jыл.

бäрijä.

бäрігäру.

äбiн.
бiн (v).
1) бiн (v), 2) тäг (v).
1) äб, 2) барk.
бiз.
1) бiз, 2) сӯ.
бiз.
бöläн.
бöрi.
бöкli.
бöд.
1) бäш, 2) jол.
бäр (v).
бäрчi.
бäр (v).
бäрijä.
äб.
бäдiз.
бäдiз (v).
бäдiзчi.
бäдiзчi.
бäдiз.
бäг.
бäгli.
бäг.
бäг.
бäг.
1) бäг, 2) будун.
1) бäг, 2) jämä.
бäг.
1) бäг, 2) ?
бäглiк.
бäг.
1) äб, 2) барk.
1) бäг, 2) башла (v).

Таңут.
Талуi.
ат.
аты.
1) ат, 2) кӯ.
ат.
тапа.
1) тапыкла (v), 2) äр (v).
таркат.
таркан.
Тардуш.
таш.
таш.
таш.
ташык (v).
ташык (v).
ташра.
ташык (v).
ташык (v).
1) таш, 2) токыт (v).
1) таш, 2) барk.
токы (v).
токыт (v).
токраккы.
токуз.
токуз.
1) токуз, 2) äр.
1) токуз, 2) Оҕуз.
тамка.
тоста (v).
Тоңра
Тоңа.
1) Тоңа, 2) тäгiн.

толҕат (v).
токы (v).
токраккы.
токуз.
1) токуз, 2) Оҕуз.
1) токузынч, 2) аi.
тур (v).
турук.
тур (v).
тур (v).
1) торуҕ, 2) ат.
токыт (v).
тудун.
тод.
тут (v).
тут (v).
тут (v).
1) тут (v), 2) бäр (v).
тутуз (v).
тут (v).
тут (v).
тут (v).
топлыҕ.
тоңjукук.
туiҕун.
тонсыз.
1) тод (v), 2) öмзi.
Тоҕла.
тоҕ (v).
Тоҕу.
тоҕушык.
тоҕушык.
тоҕушык.
Тадыксачураң.

[runic] 1) таман, 2) таркан.
[runic] 1) Тамаҕ, 2) ai (v).
[runic] тамҕачы.
[runic] тат.
[runic] Татар.
[runic] 1) татар, 2) äр (v).
[runic] Татабы.
[runic] Таiсäӈӱн.
[runic] таiҕун.
[runic] ат (v).
[runic] таб (v).
[runic] табҕач.
[runic] табҕач.
[runic] 1) табҕач, 2) каҕан.
[runic] 1) табҕач, 2) каҕан.
[runic] 1) табҕач, 2) тана.
[runic] табҕач.
[runic] 1) табҕач, 2) будун.
[runic] табҕачҕы.
[runic] табҕач.
[runic] таҕ.
[runic] таҕ.
[runic] таҕ.
[runic] таӈ.

[runic]

[runic] ол.
[runic] 1) ол, 2) ӱчӱн.
[runic] 1) ол, 2) ӱчӱн.
[runic] 1) ол, 2) кӧр (v).
[runic] 1) ол, 2) jai (v).

[runic]

[runic] jаӈыл (v).
[runic] jаӈылук.
[runic] jаӈыл (v).
[runic] jаӈыл (v).
[runic] jаӈыл (v).
[runic] jаӈыл (v).
[runic] jалаӈ.
[runic] jалаӈ.
[runic] 1) jалаӈ, 2) чыҕаi.
[runic] 1) jалаӈ, 2) будун.
[runic] jалма.
[runic] jалбачы.
[runic] jарылка (v).
[runic] jарылка (v).
[runic] jарылка (v).
[runic] jарылка (v).
[runic] 1) jарылка (v), 2) ӱчӱн.
[runic] jараклыҕ.
[runic] jараклыҕ.
[runic] jаракында.
[runic] jарат (v).
[runic] jарат (v).
[runic] jарат (v).
[runic] jаратун (v).
[runic] jаратун (v).
[runic] jарат (v).
[runic] jарҕан.
[runic] jаш.
[runic] jаш.
[runic] 1) jашыл, 2) ӱгӱз.
[runic] jаш.
[runic] 1) jаш, 2) кäл (v).
[runic] jаш.
[runic] jаш.
[runic] 1) jаша (v), äр (v).
[runic] jok.
[runic] jok.
[runic] 1) jok, 2) кыл (v).
[runic] 1) jok, 2) чыҕаi.
[runic] 1) jok, 2) äр (v).
[runic] 1) jok, 2) бол (v).
[runic] 1) jok, 2) бол (v).
[runic] 1) jok, 2) бол (v).
[runic] 1) jok, 2) бол (v).
[runic] 1) jok, 2) бол (v).
[runic] jазы.
[runic] jаз.
[runic] jазы.
[runic] jазы.
[runic] 1) jазы, 2) тäрі.
[runic] jазы.
([runic]) [runic] jазукла (v).
[runic] jаз.
[runic] jазын (v).
[runic] joӈшур (v).
[runic] Jоллыҕ.
[runic] jол.
[runic] jолук.
[runic] jол.
[runic] jул (v).
[runic] Jоллыҕ-Тäгін.

[runic] 1) Jоллыђ, 2) тäгін.

[runic] jокад (v).

[runic] jоры (v).

[runic] jоры (v).

[runic] jоры (v).

[runic] jоры (v).

[runic] jоры (v).

[runic] (?) (K 32,б).

[runic] jурт.

[runic] jорыт (v).

[runic] jорыт (v).

[runic] jоры (v).

[runic] 1) jоры (v), 2) äр (v).

[runic] jok.

[runic] 1) jok, 2) äр (v).

[runic] jут.

[runic] jотаз.

[runic] joђ.

[runic] joђла (v).

[runic] joђла (v).

[runic] joђ.

[runic] joђ.

[runic] joђчы.

[runic] jai (v).

[runic] 1) jai (v), 2) älт (v).

[runic] jai (v).

[runic] 1) jадађ, 2) баз.

[runic] jадађ.

[runic] jамтар.

[runic] 1) jат (v), 2) кал (v).

[runic] jат (v).

[runic] 1) jan, 2) jan (v).

[runic] 1) jana, 2) käl (v).

[runic] 1) jai, 2) сÿlä (v).

[runic] 1) jai, 2) бол (v).

[runic] jандру.

[runic] jаблак.

[runic] 1) jаблак, 2) äр (v).

[runic] 1) jаблак, 2) бол (v).

[runic] 1) jаблак, 2) кіші.

[runic] 1) jаблак, 2) ађы.

[runic] jабрыт (v).

[runic] jабыз.

[runic] 1) jабыз, 2) jаблак.

[runic] jабђуђ.

[runic] jаша (v).

[runic] jађы.

[runic] jађы.

[runic] jађы.

[runic] jађы.

[runic] 1) jађы, 2) äр (v).

[runic] 1) jађы, 2) äр (v).

[runic] 1) jађы, 2) бол (v).

[runic] 1) jађы, 2) бол (v).

[runic] 1) jађы, 2) бол (v).

[runic] 1) jађы, 2) бол (v).

[runic] jађы.

[runic] jађру.

[runic] jађук.

[runic] 1) jађук, 2) äр (v).

[runic] jађыз.

[runic] (?) (K I,8).

[runic]

[runic] анда.

[runic] 1) анда, 2) ал (v).

[runic] 1) анда, 2) äт (v).

[runic] 1) анда, 2) öl (v).

[runic] 1) анда, 2) ölÿр (v).

[runic] 1) анда, 2) ölÿр (v).

[runic] 1) анда, 2) ölÿр (v).

[runic] 1) анда, 2) ÿjÿр.

[runic] 1) анда, 2) тäрil (v).

[runic] 1) анда, 2) кал (v).

[runic] 1) анда, 2) кісрä.

[runic] 1) анда, 2) бäр (v).

[runic] 1) анда, 2) jokkыш (v).

[runic] 1) анда, 2) jok, 3) бол (v).

[runic] 1)анда, 2)jана.

[runic] 1) анда, 2) буз (v).

[runic] 1) анда, 2) санч (v).

[runic] андађ.

[runic] 1) андађ, 2) аң.

[runic] 1) андаӈ, 2) öд.

[runic] 1) андаӈ, 2) кӱlӱг.

[runic]

[runic] басмал.

[runic] булуц.

[runic] балык.

[runic] балык.

[runic] балык.

[runic] (?) (K 25,3—16,9, Xa 5,3, 7,6, X 13,23),

[runic] бар (v).

[runic] бар (v).

[runic] 1) бар, 2) ӱчӱн.

[runic] 1) бар, 2) ӱчӱн.

[runic] барk.

[runic] барk.

[runic] барk.

[runic] бар (v).

[runic] бар (v).

[runic] бар (v).

[runic] бар (v).

[runic] бар (v).

[runic] барым.

[runic] барым.

[runic] бар (v).

[runic] 1) бар (v), 2) Оӈуз.

[runic] бар (v).

[runic] 1) барс, 2) бäг.

[runic] бар (v).

[runic] баш.

[runic] баш.

[runic] башла (v).

[runic] башлыӈ.

[runic] баш.

[runic] 1) башӈу, 2) боз.

[runic] 1) башӈу, 2) боз, 3) ат.

[runic] 1) баз, 2) kыл.

[runic] 1) баз, 2) kыл (v).

[runic] 1) баз, 2) kыл.

[runic] 1) баз, 2) kаӈан.

[runic] 1) баз, 2) kаӈан.

[runic] бу.

[runic] 1) буӊ, 2) jok.

[runic] буцсыз.

[runic] булуц.

[runic] бол (v).

[runic] булуц.

[runic] бол (v).

[runic] 1) бол (v), 2) тä (v).

[runic] Болчу.

[runic] булчун.

[runic] 1) булчун, 2) тä (v).

[runic] бол (v).

[runic] 1) бол (v), 2) äр (v).

[runic] бол (v).

[runic] бол (v).

[runic] бол (v).

[runic] бол (v).

[runic] бол (v).

[runic] бол (v).

[runic] булуц.

[runic] булӈаk.

[runic] 1) бу, 2) öд, 3) ол.

[runic] буkа.

[runic] 1) бу, 2) kаӈан.

[runic] 1) бу, 2) ара.

[runic] бушӈур (v).

[runic] бушӈур (v).

[runic] бушӈур (v).

[runic] бушӈур (v).

[runic] боз.

[runic] буз (v).

[runic] буз (v).

[runic] буз (v).

[runic] 1) боз, 2) ат.

[runic] бунча.

[runic] 1) бунча, 2) jäмä.

[runic] будун.

[runic] будун.

[runic] будун.

[runic] будун.

[runic] будунлыӈ.

[runic] будун.

[runic] 1) будун, 2) jäмä.

[runic] будун.

[runic] 1) будун, 2) äр (v).

[runic] будун.

[runic] будун.

[runic] 1) будун, 2) äр (v).

[runic] будун.

[runic] 1) будун, 2) тана.

[runic] будун.

[runic] будун.

[runic] 1) Бумын, 2) kаӈан.

[runic] 1) бу, 2) бітіг.

[runic] 1) бу, 2) бäг.

[runic] 1) бу, 2) таш.

[runic] бу.

[runic] боіла.

[runic] 1) боіла, 2) баҕа, 3) таркаn.

[runic] бујурук.

[runic] бујурук.

[runic] 1) бујурук, 2) jämä.

[runic] бунда.

[runic] 1) бу, 2) jäр.

[runic] 1) бу, 2) jäр.

[runic] 1) бу, 2) саб.

[runic] батышык.

[runic] Батымы.

[runic] батышык.

[runic] батышык.

[runic] 1) баі, 2) кыл.

[runic] 1) баі, 2) кыл (v).

[runic] бајыркун.

[runic] бајыркун.

[runic] 1) бас (v), 2) öl (v).

[runic] бас (v).

[runic] бас (v).

[runic] бас (v).

[runic] Басмал.

[runic] бас (v).

[runic]

[runic] jышар.

[runic] jыл.

[runic] jылнаҕут.

[runic] jылкы.

[runic] jылкы.

[runic] jыл.

[runic] jäті.

[runic] 1) jäті, 2) отуз.

[runic] 1) jäті, 2) отузкы.

[runic] 1) jäті, 2) jaш.

[runic] 1) jäті, 2) jігірмі.

[runic] jiг (v).

[runic] jiтӳр (v).

[runic] 1) jiтӳр (v), 2) ыд (v).

[runic] 1) jätінч, 2) äр.

[runic] 1) jätінч, 2) аі.

[runic] jыраја.

[runic] jырҕару.

[runic] jiчä.

[runic] jыш.

[runic] Jышсаn.

[runic] 1) jыш, 2) тäгі.

[runic] 1) jыш, 2) äр (v).

[runic] jыш.

[runic] 1) jыш, 2) будун.

[runic] jыш.

[runic] jäр.

[runic] jäр.

[runic] jäр.

[runic] jäр.

[runic] 1) jäр, 2) улар (v).

[runic] jäр.

[runic] 1) jäр, 2) суб.

[runic] 1) jäр, 2) сају.

[runic] Jäнчӳ.

[runic] jымшак.

[runic] jäг.

[runic] jiгірмі.

[runic] jӳкӳнтӳр.

[runic] jӳкӳнтӳр (v).

[runic] jӳкӳнтӳр (v).

[runic] jӳкӳнтӳр (v).

[runic] jӳз (v).

[runic] 1) jӳз, 2) артук.

[runic] 1) jӳз, 2) äр.

[runic] jӳкӳнтӳр (v).

[runic] jöгäрӳ.

[runic] 1) jöгäрӳ, 2) кöр (v).

[runic] jӳгӳр (v).

[runic] 1) jäті, 2) бің.

[runic] 1) jäті, 2) jӳз, 3) äр.

[runic] 1) jäт, 2) jігірмі.

[runic] 1) jäнміш, 2) äр, 3) болмыш.

[runic] jäl (v).

[runic] jäр.

[runic] jäр.

[runic] jäр.

[runic] Jäрің-japку.

[runic] jäр.

[runic] jäр.

[runic] jäр.

[runic] 1) jäр, 2) бујурукы.

[runic] jӳкӳнтӳр (v).

[runic] jӳгӳнтӳр.

[runic] 1) Jäнчӳ, 2) ӳгӳз.

[runic] Jäнчӳ.

jымшак.
jämä.
1) jär, 2) кыл (v).
jiгipмi.
jiгipмiкi.
jäг.
Jäгäнсil.

сыкта (v).
сакын (v).
сакын (v).
сакын (v).
сакын (v).
сакын (v).
асра.
1) арса, 2) jäр.
сач.
суңа.
1) суңа, 2) jыш.

суб.
суб.
суб.
суб.
субсыз.
соҕад.
Соҕдак.
1) Соҕдак, 2) тапа.
санч (v).
санч (v).
санч (v).
сансыз.
саjу.
1) саjу, 2) коб.
саб.
1) саб, 2) сӯчiг.
саб.
саб.
саб.
1) саб, 2) äр (v).

саб.
саб.
саб.

аҕы.
аҕы.
аҕыш.
аҕы.
1) аҕы, 2) бäр (v).
1) аҕы, 2) бäр (v), 3) тä (v), 4) анча.
аҕры (v).
1) аҕыр, 2) тöрӯ.
аҕыт (v).
аҕыт (v).
Аҕу.

Die chinesischen Inschriften der Denkmäler von Koscho-Zaidam.

Uebersetzt von W. P. Wassiljew.

Mein gelehrter College W. P. Wassiljew ist, wie ich schon oben erwähnt habe, jetzt mit Abfassung einer Bearbeitung der chinesischen Inschriften der Denkmäler von Koscho-Zaidam, die in den «Arbeiten der Orchon-Expedition» veröffentlich werden soll, beschäftigt. Da es aber wünschenswerth ist, die chinesischen Inschriften mit den hier veröffentlichten türkischen Inschriften der Denkmäler vergleichen zu können, so hat mir Herr Wassiljew gestattet, seine Uebersetzungen meiner Arbeit einzufügen. Die Texte sind auf meine Veranlassung vom hiesigen chinesischen Gesandten, Herrn Shu-king-Cheng, nach den Originalabklatschen zusammengestellt und ich fühle mich verpflichtet dem Herrn Gesandten für diese seine gütige Unterstützung öffentlich meinen Dank auszudrücken. Dieser Text der Inschrift des Küe-Tegin bietet zwar grössere Lücken, als der von Herrn Schlegel veröffentlichte chinesische Text, er hat aber den Vorzug, dass hier nur wirklich vorhandene Zeichen aufgeführt sind und jede eigenmächtige Ergänzung des vorhandenen Textes durchaus vermieden ist. Die Uebersetzungen schliessen sich möglichst genau an den Text an. Die für das Verständniss nöthigen Zusätze, die aus dem Texte selbst resultiren, sind in ( ) hinzugefügt, während erläuternde Zusätze in [ ] eingeschoben sind. Herr Wassiljew vermeidet glücklicher Weise jede unnütze, der Sache selbst nur schadende Polemik und hält es für überflüssig, die früher veröffentlichten Uebersetzungen zu critisiren. Jeder Sachverständige wird zu urtheilen verstehen, wo seine Vorgänger Fehler begangen haben. Da die Inschrift des Kül-Tegin nur wenige Lücken bietet, so bedurfte es hier keiner besonderen Erläuterungen. Der Uebersetzung der Inschrift des Me-ki-lien mussten aber erläuternde Bemerkungen beigegeben werden, da dieser Text nur sehr lückenhaft erhalten ist und da ausserdem Herrn Wassiljew zwei Redactionen des Textes vorlagen: 1) der von dem Herrn Gesandten zusammengestellte Text und 2) eine Abschrift, die ein gelehrter Chinese bei meiner Anwesenheit in Schanghai nach den Original-Abklatschen angefertigt hat.

I.

Das Denkmal des verstorbenen Küe-Tegin (Kül-Tegin).

Auf allerhöchsten Befehl verfasst und geschrieben.

(Da) dieser blaue [oder: sehr alte?] Himmel das All bedeckt [wörtl. Nichts nicht bedeckt], (so ist, wenn) Himmel und Menschen gegenseitig einträchtig sind [in Harmonie sich befinden] das Weltall ganz einheitlich und (es besteht) kein Unterschied. Da (aber, wenn) ihr [des Himmels und der Menschen] Geist [d. h. gegenseitiges Verhältniss] sich getrennt hat, die Anwendung [die Wirkung] von Jin und Jang eintritt, so erscheinen (dann) verschiedene Herrscher und Häuptlinge. Diese[r Völker?] Herrscher und Häuptlinge sind die Nackkommen (von) [1]) ○ ○ ○. Ursprünglich [am Kopf] im Mittel-Reiche (entstanden), erhoben sich Helden in den nördlichen Wüsten, und kommend zum (chinesischen) Hofe (im Palaste) Kan-Ts'iuen baten (sie) zu beschützen, die Grenze Kuang-lu. Dies (ist ein Beweis dafür, dass ein) tiefer (Zusammenhang) der Gnade und Freundschaft [zwischen den Chinesen und den Nomaden] schon im Alterthume (bestand). Seit unser Kao-tsu die kaiserlichen Angelegenheiten begründete [d. h. die Herrschaft der T'ang-Dynastie gründete] und T'ai-tsung die Unordnungen herstellte, (haben sich) Herrschergesetze und Bildung in den acht Himmelsgegenden [im Weltall] verbreitet. Die Kriegsthaten sind (aber) im moralischen Einflusse concentrirt [d. h. sind unnütz geworden]. Obgleich, Dank den Veränderungen des Himmels und dem Wettstreite, berühmte Namen (bei den Steppenbewohnern) abwechselnd auftraten, so konnten (sie?) dennoch abwechselnd ○ ○ ○ ○ mit Tribut an der Grenze erscheinen. Was mich betrifft, so habe ich [mit ihnen] die gegenseitige Vereinigung eines Vaters mit (seinem) Sohne abgeschlossen und es dahin gebracht, dass Einfälle und Beunruhigungen nicht (ferner) stattfanden. Bogen und Pfeile wurden in die Köcher gelegt; ihnen wurden von uns keine Sorgen und wir (erfuhren von) ihnen keinen Betrug. Die Grenzen (litten nicht) ○ ○ ○ Dank (diesem Umstande). (Der hier begrabene) Herr (trug den) Namen Küe[Kül]-Tegin, (er war) der zweite Sohn des Ku-tu-lu Kagan, der berühmte jüngere Bruder des jetzigen Pi-kia[Bilgä] Kagan. Seine Ehrfurcht gegen die Eltern, und seine

---

1) Aus der Inschrift des Me-ki-lien ist ersichtlich, dass hier die Worte Wen-ming fehlen, d. h. der Name der Regierung des Kaisers Jüi der Dynastie Hia, welcher für den Urahn der Hiung-nu Fürsten gehalten wird.

Freundestreue gegen Alle wurden gepriesen in fernen Ländern, seine Hoheit und seine Tugend (veranlassten?) Furcht ○ und Veränderung der Sitten. Wie war dies (möglich, wenn nicht) deshalb (, dass) sein Vorfahr I-ti-mi-schi-fu, sammelnd [da er ausübte] Tugenden gegen den hohen (Himmel?), (seinen) Körper bis zu Ende führen konnte [eines natürlichen Todes starb], dass sein Grossvater Ku-tu-lu hie-kin wahre Menschlichkeit gegen die Niedrigen ausübte und sein Sohn ⊙ ○ ○ [und Enkel fortfuhren]. (Wenn es) nicht so (wäre), wie wäre geboren ein so tugendhafter (Mensch, wie Kül-Tegin). Daher konnte er mit Ergebenheit die treue Liebe (in sich) aufnehmen und (meine?) Absichten ausführen helfen. Im Norden bis zu den Grenzen [des alten Landes] Hien-lui und im Osten bis zur Nachbarschaft [d. h. den Grenzen] von Tschu-jue, verehrend die ○ ○ der Tanli, erhielt er den hohen Titel eines Tu-ki, um unserer Dynastie T'ang sich zu nähern [d. h. in Verwandtschaft zu treten]. Deshalb preise ich [wörtl. wende ich an] das Lob deiner [seiner] wahren Verdienste und öffnete ganz (mein Herz) der Gnade und dem Vertrauen, ohne auf lange eine Aenderung [der Verhältnisse] vorauszusetzen, (als) plötzlich (diese meine?) Voraussetzungen verschwanden. Ewig werde ich mein Mitgefühl aussprechen, (denn) der Kummer ist in meinem Herzen. Dazu (war) der Tegin der jüngere Bruder des Kagan und der Kagan ist gleichsam mein Sohn. Da die Verwandtschaftsgesetze (zwischen) Vater und Sohn in Anhänglichkeit und Ehrfurcht bestehen, wie kann [dabei] brüderliche Verwandtschaft ohne Betheiligung bleiben? [d. h. somit ist der Tegin auch mein Verwandter]. Alle (beide) sehe ich als meine Söhne an (und darum bin ich) zweifach stark von tiefem Kummer ergriffen. Daher, (als Beispiel) alte Vorbilder anwendend, (habe ich) hergerichtet dieses herrliche Denkmal zum Andenken für ferne (Zeiten) [oder Gegenden], damit unter tausend Altern [Geschlechtern] der herrliche Glanz (jeden) Tag neu (erscheine) [Sinn: um dein Andenken für ewige Zeiten zu erhalten].

Das Epitaphium lautet:

Im sandigen Nachbarreiche,
Im Vaterlande (des Volkes) Tingling,
Haben zahlreiche Helden sich erhoben.
Bei deinen früheren Wang (Fürsten)
Konntest du, Herr, fortfahren
Deinen Glanz (Ruhm) zu verbreiten.
Dein Wandel hat (den Weg) des Gehorsams betreten,
Du wolltest dich verbinden mit der Dynastie T'ang,

Wer (hätte) gesagt [gedacht], dass ein solcher Mann
Nicht bewahrt die Fortsetzung (des Lebens) auf lange.
(So möge dieses) hohe Monument, (das) wie ein Berg dasteht [sich erhebt],
Unbegrenzten Wohlstand herabsenden.

Grosse T'ang (Dynastie während der Regierung) Kai-juen im 20. Jahre, dem Cyclus-Zeichen nach Jin-schin, im 10. Monat, dem Cyclus-Zeichen nach Sin-Tscheu, den 7. Tag, dem Cyclus-Zeichen nach Tiug-wei, d. h. im November 732 errichtet.

II.

Das Denkmal des Me-ki-lien.

II. **(10—15** und **17—24)** [1]) Sang-lang [2]), der Hofbeamte [3]), auch [4]) Mitarbeiter bei der Abfassung der Geschichte [5])

III. **(13—19)** (war) ein Herrscher über 10000 Länder; während der drei Dynastien der Weg [6])

(31—38) die allgemeinen Vorzüge glänzten und flössten Hoheit ein; der U-ma-i der Han-Dynastie

IV. **(14—15)** das Reich der Mitte

V. **(9—11)** endigte [7]), der Kagan

(13—19) strengte (seine) Kräfte an (um zu erreichen) glückliche Frist [Bedingung] (, zu) vernichten den ersten [obersten, hauptsächlichsten] [8])

(26) öffnete [9])

VI. **(3)** geben [helfen] [10])

(9—14) die nördlichen Länder seit lange folgen; Leute

---

1) Die römischen Zahlen bezeichnen die Zeilen, die in ( ) stehenden arabischen Zahlen die einzelnen Wörter.

2) *San-lang* Beamter.

3) *Ts'i-kü-sche-shen* ist der Titel des Journalisten, der beim Eintritt des Kaisers in den Audienz-Saal zugegen ist.

4) Im Texte des Gesandten ist das in der Schanghai-Abschrift stehende Zeichen 内 *nei* ausgelassen, es ist dort gewiss dem Sinne nach hinzugefügt, denn die gewöhnliche Benennung dieser Beamten, die mit der Abfassung der officiellen Reichsgeschichte betraut sind, ist: *Kung-fung-nei-tsien-siu-tschuan.*

5) Auf den Titel des Beamten muss sein Name folgen, er ist im Texte des Gesandten ausgelassen, im Texte von Schanghai wird er *Li* genannt, gewiss nach der Angabe der Geschichte der T'ang-Dynastie, wo der betreffende Gesandte Li-ts'iuang genannt wird.

6) Nach der Inschrift des Küe-Tegin zu urtheilen, ist auch in den vorhergehenden 12 Schriftzeichen hier von der Erschaffung der Welt die Rede gewesen, so dass hier mit den drei Dynastien offenbar die Dynastien Hia, Schang und Tscheu gemeint sind.

7) 組 *pi* gehört hier gewiss nicht zu Ke-han.

8) *Su-tsch'u-juan* 歐除元 im Uiguren-Denkmal von Kara Balgassun finden wir dieselben 3 Schriftzeichen mit dem Zusatze *sün* (Uebelthäter). Es ist wohl anzunehmen, dass hier ebenfalls von einer Vereinigung der Tu-küe und der Chinesen die Rede ist. Wir finden aber in der Geschichte keine Erwähnung einer solchen Vereinigung. Nur im *Ts'iuen-t'ang-wen* wird ein Brief des Me-ki-lien an den chinesischen Kaiser angeführt, in dem er Hülfe gegen Pa-he-na (Fergana) und die Karluk verspricht.

9) In der Schanghai-Abschrift steht dieses Schriftzeichen auf einer besonderen Zeile.

10) In der Sch. Abschrift steht nicht 龔 sondern 襲 *si* «überfallen».

(16—19) vereinigten sich in einer (gleicher) Tugend [11])

VII. **(1—3)** warfen Zusammenhang [Allgemeinheit] [12])

(11—13) drängten zu unserer (Provinz) Ho-nan

VIII. **(19)** Mensch [Leute]

(25—26) (haben) abgeändert, aufgestellt

IX. **(14)** Menschenliebe

(19) oben [die Herrschaft? allerhöchst?]

X. **(27—28)** Heu-schi [oder: die Familie Heu] [13])

XI. **(26—27)** Herrschaft nicht

XII. **(2—4)** glanzvoll [klug] in der Erforschung

XIII. **(1—6)** der Weg des Vaters und Sohnes [14]) vorher (durch)

(10—11) (darauf?) [15]) durch Treue [16])

(16—20) der Sohn des Himmels lobte dies (?); weshalb

(23) durch

XIV. **(1—6)** das Reich, gerührt durch Tugenden (Gnadenbezeugungen), fürchtend die Hoheit, bat [17])

(15) überführen [18])

(25) und nicht

XV. **(1—6)** zehn tausend (Völker (?) oder Länder (?) sind) beruhigt, alle erhoben sich zum glücklichen

(10) nicht [19])

(15) bewahren [beauftragen?]

---

11) In der Sch. Abschrift sind die Schriftzeichen (12—14) 久迪人, die wir mit «seit lange folgten» übersetzt haben, durch 欠使入 wiedergegeben, und auch das 15. Schriftzeichen entziffert, so dass die Schriftzeichen 9—19 folgenden zusammenhängenden Sinn geben: «die nördlichen Länder erklärten sich einverstanden, eine Vorstellung zu machen wegen der Vereinigung zur gleichmässigen Tugend» (d. h. gemeinschaftlich zu handeln). Wir erinnern daran, dass der Satz: «sich zu einer Tugend zu vereinigen» sich auch im Denkmale des Kül-Tegin befindet.

12) Hier ist 郎 nicht 鄉 zu lesen, somit wäre zu übersetzen: «gemeinschaftliche Heimath».

13) Entweder die Kaiserin U-heu oder wahrscheinlich Hia-heu-schi, d. h. der Kaiser Jüi, da derselbe später unter dem Namen Wen-ming erwähnt wird.

14) d. h. das Verhältniss zwischen Vater und Sohn. Dies entspricht dem in der Inschrift des Kül-Tegin Erwähnten, dass der Kaiser der T'ang-Dynastie sich gleichsam als den Vater des Me-ki-lien ansah.

15) Offenbar ist, da der vorhergehende Satz mit «vorher» endigt, hier das Zeichen 後 *heu* (darauf) vorzusetzen.

16) Das letzte Wort ist im Texte des Gesandten nicht entziffert, findet sich aber in der Sch. Abschrift.

17) Anstatt «bat» ist in der Sch. Abschrift «vorher» geschrieben.

18) Vielleicht steht hier 命 軍 «der Wechsel des Schicksals», in der Sch. Abschrift sind noch entziffert: (10—13) «in Ewigkeit die Waffen nicht zu erheben», (18—19) «die Gerechtigkeit».

19) In der Sch. Abschrift steht vor 無 *u* «nicht» noch *jung* «ewig» und darauf folgt 兵革 *ping-ke* «nie die Waffen zu durchbrechen».

(17) durch[20])
(32—33) und nicht
(39) früher

XVI. **(1—2)** *bu-i* nicht verlassen
(4—6) bestätigend, zu folgen [darauf?] durch[21])
(11—18) (zur Zeit der) hohen (T'ang-Dynastie) im 22. Jahre der Regierung (Kai)-juan[22])
(33—34) (ich) war erschüttert und trauerte [wahrscheinlich: als ich die Todesnachricht erhielt]

XVII. **(1—3)** genüge (?) gemäss (?) (Trauer?) zur Darbringung (der Opfer?)
(5—7) der Ceremonien; weshalb schon
(10—19) (absendend zur?) Herrichtung (befehlend) seinen Onkel, des Kin-u-wei [die Benennung einer Heeresabtheilung der Hauptstadt] Ta̱-tsiang-kiun[23])
(22—28) die Insignien haltend, (unser) Mitgefühl darzulegen, die Opfer darzubringen und die Begräbniss-Ausrüstung zu vergrössern
(33—35) (ebenso wie Confucius) begrub[24]) den Jan-tse

XVIII. **(1—8)** die Wahrheit [Gerechtigkeit]. Wenn die Ceremonie-Vorschriften schon für die Heiligen und Weisen schwer zu erfüllen sind, so um so mehr in fremden[25])
(10—30) (obgleich) die Erde verschieden ist, (wie) innen (so auch) aussen [d. h. von China und fremden Reichen], aber (sie) konnte von Anfang bis zu Ende (sein) wie ein Leben und Tod; mich richtend darnach, so (muss) ich tiefer (ergriffen sein) als Confucius, er
(32—36) respectvoller (anhänglicher) als Jan-tse (wenn auch) nicht ihn [nicht so]

XIX. **(1)** Ort
(3—6) erheben die Liebe und Ehrfurcht gegen Aeltere
(10) [das Genitiv-Zeichen]
(21) [das Genitiv-Zeichen]
(13—15) Vater und Sohn werden

---

20) In der Sch. Abschrift steht nach *i* (durch) noch 義 *i* (Gerechtigkeit) (d. h. nach Gerechtigkeit).

21) In der Sch. Abschrift befinden sich zu Anfang dieser Zeile sieben Schriftzeichen und zwar das dritte 奏 das siebente 理, das erste Zeichen ist aber nicht 不 sondern 及, so dass hier ungefähr folgender Gedanke ausgedrückt ist: «Als auf die eingereichte Vorstellung die Bestätigung der gesetzlichen Nachfolge erfolgte».

22) Dies ist das Todesjahr des Me-ki-lien.

23) Ist dies nicht der in der türkischen Inschrift Xa 9,3 erwähnte Taisängün? (Radl.)

24) Die Sch. Abschrift bietet statt *seng* «Begräbniss» *k'a* «weinen». Hier wird unbedingt die Trauer des Kaisers über den Tod des Chans mit dem Schmerz des Confucius über den Tod seines besten Schülers Jan-tse verglichen.

25) Ich ziehe die Lesung der Sch. Abschrift 異 der des Gesandten 冀 «hoffen» vor.

(24) Einverständniss
(28—29) ist [Finalpartikel]. Versperren
(31—34) (der Feigheit und) der Lüge Quelle, und
(36) (erhöhen) die Aufrichtigkeit

XX. (2—6) Die Ermahnungen der Verse [des Schiking] und der Geschichte [des Schu-king]. Dies
(15—16) zum Himmel
(19—20) war (?) später
(24—31) (Teng) ke-li Kagan, mit Hingebung empfing die früheren [alten, heiligen] Vorschriften
(36—37) bat auszuführen

XXI. (1—6) die erfolgten Befehle zur Hervorbringung des hohen Lichtes
(16—17) der Vater so
(19—29) sein Sohn; deshalb schickte er den Li-Ts'iuan aufzustellen sein Bild im Tempel und aufzuzeichnen seine Thaten
(31—35) (auf?) den Stein um den Söhnen [und Enkeln, d. h. den Nachkommen] zu zeigen
(37) nicht zu vergessen

XXII. (1—8) Daher hat er befohlen den Historiographen, aufzustellen [der Inschrift anzufügen] dieses [d. h. folgendes] Epitaphium

XXIII. (1—8) (wie nicht) glänzend war Wen-Ming[26]) (dennoch auch ihm) hörte man auf Opfer zu bringen seit (der Dynastie) Schang
(12—15) hundert Alter (dauerte)
(17—23) (sich auszeichnend?) durch Glück, klares Verständniss, Klugheit, beruhigte die fernen Einöden
(31) viel

XXIV. (1—8) auszurüsten Begräbniss, Tempel für die Verewigung der ausgezeichneten würdigen und fernen Thaten
(11) reden
(13—16) das Gebiet — der erhabene Himmel nicht
(18—19) gleichmässig
(31—32) anwendend früheren

XXV. (31—33) (Kai) juan (das) 23(-te Jahr) [nach unserer Zeitrechnung 734 oder 735]

XXVI. (28) aufgestellt

---

26) Der Kaiser Jüi, welcher der Gründer der Hia-Dynastie ist, auf welche die Dynastie Schang folgte, er gilt, wie schon oben erwähnt, auch als Urahn der Fürsten der Hiung-nu und folglich auch der Tu-küe, die ihre Abstammung ihrerseits (nach Angabe der Chinesen) von den Hiung-nu-Fürsten herleiteten.

1) Die chinesischen und türkischen Inschriften bieten, wie man aus der Vergleichung leicht ersehen kann, von einander unabhängige Texte. Anklänge an den chinesischen Text bieten nur folgende Stellen der türkischen Inschrift.

Chinesische Inschrift (der Anfang).	Türkische Inschrift.
Da dieser blaue Himmel die Erde bedeckt, so ist, wenn Himmel und Menschen sich in Harmonie befinden, das Weltall einheitlich, und es besteht kein Unterschied. Da aber, wenn das gegenseitige Verhältniss zwischen Himmel und Menschen gestört ist, die Wirkung von Jing und Jang eintritt, so erscheinen verschiedene Herrscher und Häuptlinge. Die Herrscher dieser Völker (d. h. der Chinesen und Türken) sind die Nachkommen von Wen-ming. Ursprünglich sind (die türkischen Fürsten also) im Mittelreiche aufgetreten, (ihre Nachkommen) aber erhoben sich (als) Helden in den nördlichen Wüsten.	Nachdem oben der blaue Himmel und unten die dunkle Erde entstanden waren, sind zwischen beiden die Menschensöhne entstanden. Ueber die Menschensöhne erhob sich mein Vorfahr Bumyn-Chan, der berühmte Chan
Me-ki-lien-Zeile XXI.	Xb 15.
auf den Stein aufzuzeichnen, um seinen Söhnen und (Enkeln) zu zeigen . . . . nicht . . . . vergessen	bis zu deinen geliebten Söhnen und Enkeln (?) möget ihr (alle diesen Stein) anschauend wissen, dass ich den Stein habe aufstellen lassen . . . .

2) Einzelne, in den türkischen Texten vorkommende, chinesische Wörter lassen sich aus den chinesischen Inschriften und aus den von Bitschurin[1]) übersetzten Stellen der Geschichte der Dynastie T'ang leicht erklären. Ich will nur auf folgende Wörter hinweisen. Der Würdenname [runic] (vergl. Glossar p. 133) ist, wie man aus der Me-ki-lien-Zeile XVII 18, 19 ersieht, die von den Chinesen Tsiang-kiün genannte Würde; [runic] ist der an dieser Stelle genannte 大 軍 將 Ta-tsiang-kiün; [runic] ist gewiss der im Jahre 706 (Bitsch. p. 329) erwähnte Scha-tsch'i-tschung-i (Ша-чи Чжунъ-и); [runic] ist wahrscheinlich der von Bitschurin (p. 335) erwähnte P'ei-Kuang-T'ing (Пхей-Гуанъ-Тхинъ); [runic] ist offenbar der zur Begräbnissfeier des Kül-Tegin geschickte Gesandte Tschang-Küi-i (Чжанъ-Кюй-и) (Bitsch. p. 337). Im Denkmale des Me-ki-lien wird der Name des oben erwähnten Ta-tsiang-kiün nicht genannt, die T'ang-Geschichte sagt aber, es sei der Präsident der kaiserlichen Apanagen-Verwaltung Li-ts'iuen (Bitsch. p. 337 nennt ihn nur: Цуань) abgesandt worden. Der türkische Text Xa 9,2 nennt den Gesandten [runic] : [runic], ob dies eine oder zwei Persöhnlichkeiten bezeichnet, ist aus dem Texte nicht zu erkennen.

1) Собраніе свѣдѣній о народахъ, обитавшихъ въ Средней Азіи. Сочиненіе монаха Іакинѳа. Часть I, отдѣленіе II. С.-Петербургъ 1851.

I. Das Denkmal des Küe-Tegin,

nach den Original-Abklatschen zusammengestellt von Shu-King-Cheng.

1 故闕特勤碑 御製御書

2 彼蒼者天罔不覆燾天人相合寰寓大同以其氣隔陰陽是用別爲君長彼君長者本

3 裔也首自中國雄飛北荒來朝甘泉願保光祿則恩好之深舊矣洎 我高祖之肇興皇業

4 太宗之遂荒帝載文教施於八方武功成於一德彼 變 相半榮號迭稱終能代

5 修邊貢爰逮朕躬結爲父子使寇虐不作弓矢載櫜爾無我虞我無爾詐邊鄙 不 之

6 賴歟君諱闕特勤骨咄祿可汗之次子今苾伽可汗之令弟也孝友聞於遠方威 俗

7 斯豈由曾祖伊地米施匐積厚德於上而身克終之祖骨咄祿頡斤行深仁於下而子 之

8 不然何以生此賢也故能承順友愛輔成規略北爕眩霝之境西隣處月之郊尊樸梨之

9 受屠耆之寵任以親羑有唐也羑是用嘉爾誠績大開恩信而遙圖不𩿤促景俄盡永言悼

10 狄于朕心且特勤可汗之弟也可汗猶朕之子也父子之義既在攸崇兄弟之親得無連類俱

11 爲子愛再感深情是用故製作豐碑發揮遐 使千古之下休光日新詞曰

12 沙塞之國丁零之鄉雄武鬱起于爾先王爾君克長載赫殊方爾道克順謀親我唐孰謂

13 罔保延長高碑山立垂裕無疆

14 大唐開元廿年歲次壬申十月辛丑朔七日丁未建

Verbesserungen, Zusätze und Erklärungen zu den Denkmälern von Koscho-Zaidam.

Seit dem Erscheinen der ersten und zweiten Lieferung dieses Werkes[1]) hat Herr Professor Thomsen Anfang September in den «Mémoires de la Société Finno-Ougrienne» das erste Heft seiner «Inscriptions de l'Orkhon déchiffrées par Vilh. Thomsen. I, l'Alphabet» herausgegeben. Hätte ich das baldige Erscheinen dieser Arbeit geahnt, so würde ich vielleicht die Veröffentlichung des Glossars aufgeschoben haben, um die Beobachtungen des Professor Thomsen benutzen zu können. Ich erfuhr leider erst im Juni nach meiner Ankunft in Helsingfors, dass der Druck des Werkes in Kurzem beginnen würde und mein Glossar war schon einen Monat früher erschienen und an verschiedene Gelehrte (unter Anderen auch an Herrn Thomsen) abgeschickt worden. Herr Professor Thomsen erwähnt in seiner Abhandlung nicht dieses Werkes, sondern nur meiner ersten Durcharbeitung der Inschrift des Kül-Tegin, die gleichsam als Vorbericht meiner Arbeit in 50 Exemplaren abgezogen worden war. Er tadelt in dieser Einleitung die zu eilige Ausarbeitung (trop précipitée exécution) und theilt am Ende seiner Arbeit mit, dass ich das Heft I «Das Denkmal zu Ehren des Prinzen Kül-Tegin» zurückgezogen und durch eine neue mehr ausgearbeitete Publication ersetzt hätte. Diese Bemerkungen zwingen mich, den Gang meiner Arbeit über die alttürkischen Inschriften hier kurz darzulegen.

Im December 1893 erhielt ich einen Brief des Professors Thomsen, in dem er mir mittheilt, es sei ihm gelungen, das Räthsel der Orchon-Inschriften endgültig zu lösen. Sie seien in alttürkischer Sprache geschrieben, er bedauere, nicht Spezialist auf türkischem Sprachgebiete zu sein, wie ich. Er würde seine Lösung in der nächsten Sitzung der Kgl. dänischen Akademie vorlegen und mir sofort nach dem Erscheinen ein Exemplar zustellen, und er

1) Die erste Lieferung: Text, Transcription und Uebersetzung erschien im März 1894 und die zweite: das Glossar, Index und die chinesischen Inschriften, übersetzt von W. P. Wassiljew, im Mai 1894.

bäte mich, seine Entzifferung zu prüfen. Da er gehört habe, ich sei mit der Herausgabe des Textes der Inschriften beschäftigt, so bäte er mich, die Herausgabe zu verschieben, bis ich sein Alphabet erhalten haben würde, es wäre ihm lieb, wenn ich ihm Abzüge des von mir gedruckten Textes zusenden würde. Ich sandte Herrn Professor Thomsen sofort die gewünschten Abdrücke und einen ausführlichen Brief, in dem ich ihm Mittheilungen über die Resultate meiner eigenen Forschung auf diesem Gebiete machte. Einige Tage vor dem Erscheinen seiner «Notice préliminaire» schickte mir Herr Thomsen in einem Briefe sein Alphabet und ich überzeugte mich bald, dass das Räthsel der Runenschriften in der That gelöst sei. Da ich selbst schon eine Reihe von Buchstaben in derselben Weise gelöst hatte (ich glaube es waren ihrer 11) und nur darum nicht weiter gekommen war, weil ich die Lesung der Wörter 𐱅𐰭𐰼𐰃 und 𐰴𐰀𐰍𐰣 als тäriн und каҕан für unzweifelhaft hielt, so bedurfte ich nur weniger Zeichen, um einen grossen Theil des Textes sofort entziffern zu können, und nach wenigen Stunden hatte ich mich so eingelesen, dass ich schon am nächsten Tage an die Uebersetzung schreiten konnte. So hatte ich denn die Genugthuung, in der ersten Januar-Sitzung der Kaiserlichen Akademie der Wissenschaften, zugleich mit der Mittheilung über die hochwichtige Arbeit des Professors Thomsen, die Uebersetzung des Denkmals des Kül-Tägin vorlegen zu können, und da ich die Ueberzeugung aussprach, dass meine Uebersetzung den Inhalt im Ganzen richtig wiedergebe, so gestattete mir die Akademie, wegen der ausserordentlichen Wichtigkeit des Inhaltes, 50 Exemplare der vorgelegten Arbeit abziehen zu lassen und sie gleichsam als «vorläufige Notiz» verschiedenen Gelehrten und Gesellschaften zuzusenden. Herrn Professor Thomsen sandte ich das erste Exemplar mit einem Briefe, in dem ich mein Bedauern ausdrückte, so lange nicht auf seinen Brief geantwortet zu haben, ich hätte aber so lange gezögert, um nicht mit leeren Händen vor ihm zu erscheinen. Ich könne ihm jetzt den vollen Beweis liefern, dass seine Entzifferung eine durchaus richtige sei. Ich tadelte in diesem Briefe meine Anordnung der Abtheilungen K, Ka, Kb und setzte hinzu, das würde aber geändert werden, da ich nur vorläufig 50 Exemplare habe abziehen lassen und der ganze Text noch im Satz stände.

Bei der Durcharbeitung des zweiten Denkmals und des Glossars musste ich natürlich viele Aenderungen vornehmen und so verzögerte sich die endgültige Herausgabe des Textes bis Anfang März, wo ich beide Inschriften von Koscho-Zaidam in einem Hefte veröffentlichte. Da mir von vielen Seiten der Wunsch ausgesprochen wurde, mit der Herausgabe des Glossars zu eilen, da ohne dieses Hilfsmittel die Benutzung und Durcharbeitung des Textes grosse Schwierigkeiten böte, so suchte ich auch diesem Wunsche nachzukommen, obgleich ich fest überzeugt war, dass eine mehrfache Durcharbeitung noch nöthig sei.

Da die «notice préliminaire» des Professors Thomsen im Drucke erschienen war, so hielt ich es für unnöthig, der von mir selbst erreichten Resultate irgend wie zu erwähnen, ich constatirte nur das Factum, das es dem Scharfsinne des Professors Wilh. Thomsen gelungen sei, das Geheimniss der räthselhaften Runeninschriften der Mongolei vollständig zu lösen, und dass ich jetzt im Stande sei, den Versuch einer Deutung vorzunehmen.

Ist es wunderbar, dass ich, der ich dieser Inschriften halber die beschwerliche Reise in die Mongolei unternommen und so viel Mühe auf die Entzifferung verwandt hatte, meine ganze Kraft einsetzte, jetzt, wo die Möglichkeit sich bot, das Räthsel der Inschriften zu lösen und die Wichtigkeit der Inschriften und die Resultate unserer Expedition den Mitgliedern unserer Akademie und der gelehrten Welt überhaupt möglichst schnell vorzulegen?

Ich glaube nicht nur vollkommen korrekt gehandelt zu haben, da eine gedruckte Abhandlung Gemeingut aller ist, und jedem zur Benutzung frei steht, sondern ich bin auch überzeugt, durch die schleunige Veröffentlichung der von mir *ganz selbständig* gewonnenen Resultate der Wissenschaft einen nicht geringen Dienst geleistet zu haben. Die Masse türkischen Sprachmaterials meiner Sammlungen, das mir ganz allein zu Gebote steht, meine Kenntniss des Uigurischen und vieler Dialekte, befähigte mich allein, schon in dem vorläufig veröffentlichtem Texte ein in allgemeinen Zügen richtiges Bild des Inhalts der ganzen Inschrift wieder zu geben und es war meine Pflicht, das neu gewonnene Material möglichst schnell zu verbreiten. Ich bin überzeugt, dass diese Veröffentlichung trotz der vielen Mängel, die dieselbe enthielt, Herrn Thomsen bei seiner Arbeit nicht wenig genützt hat und dass das Erscheinen seiner Arbeit sich gewiss noch lange verzögert hätte und dieselbe ein etwas anderes Aussehen haben würde, wenn meine voreilige Uebersetzung nicht erschienen wäre. Ebenso bekenne ich freimüthig, dass Professor Thomsen's letzte Veröffentlichung mir bei meiner jetzigen neuen Durcharbeitung der Inschriften von grossem Nutzen gewesen ist. Im Allgemeinen, muss ich sagen, entspricht die Schrift Thomsen's meinen Erwartungen nicht; ich hatte gehofft, er würde uns genau, Schritt für Schritt, den Gang schildern, wie es ihm gelungen in das Geheimniss des Alphabets einzudringen; anstatt dessen belegt er seine Lesungen nur durch eine Anzahl Beispiele, die fast alle in meiner Ausgabe sich schon vorfinden, mit Hinweisungen auf die falsche Zeilenangabe der finnischen Ausgabe, ohne meiner schon mit richtigen Zeilen und Wortangabe veröffentlicher Texten, die jedem viel leichter zugänglich sind, als die grosse finnische Ausgabe, zu erwähnen.

Diejenigen seiner Bemerkungen, die Abweichungen von meiner Auffassung enthalten, wären nutzbringender gewesen, wenn er sie sachlich geordnet zusammengestellt hätte. Ich wünschte nur, dass noch andere Gelehrte in die Arena träten und mir Ungenauigkeiten und Fehlerhaftes nachwiesen, ich will jede Verbesserung mit Dank annehmen. Nur ein stets neues Durcharbeiten der uns erst seit so kurzer Zeit eröffneten ältesten Denkmäler der Türksprache kann uns dem Verständniss näher bringen. Jedes kritische Eindringen in das bisher Entzifferte eröffnet, durch die Prüfung der gemachten Einwände, Gedankenreihen in neuer Richtung und liefert so neue Bausteine zur Vollendung des Gebäudes. Bei meiner letzten Durcharbeitung, deren Resultat die hier nachfolgenden Verbesserungen und Zusätze sind, habe ich das Glück gehabt, als Mitarbeiter zwei junge Gelehrte zu haben, den Privat-Docenten der Petersburger Universität, Herrn Platon Melioranski und Herrn Magistranten Barthold, von denen Ersterer ein vortrefflicher Kenner der Türksprachen ist, Letzterer sich eingehend mit der Geschichte Mittelasiens beschäftigt hat. Wir haben gemeinschaftlich Texte und Abklatsche Zeichen für Zeichen verglichen und über jedes irgend nur schwierige Wort Berathungen gepflogen, die uns leider oft genug die Gewissheit gaben, dass viele meiner Hypothesen noch auf schwachen Füssen stehen. Vieles ist aber in der That klarer geworden und dabei danke ich manchen guten Wurf der Anregung meiner der Sache so aufrichtig ergebenen Gehülfen.

Bevor ich zu den Verbesseruungen im Einzelnen übergehe, will ich einigen Bemerkungen des Professors Thomsen über seine abweichende Auffassung verschiedener Punkte der Formenlehre und Phonetik der alten Türksprache gegenüber meine gegenwärtige Ansicht klarlegen.

1) Pag. 18 Anm. 1 tadelt Herr Professor Thomsen meine eigenmächtige Umschreibung im Betreff der Wiedergabe der tonlosen und tönenden Consonanten. «Mr. Radloff suppose une vaste confusion de consonnes soufflées (sourdes) et consonnes vocaliques (sonores) etc. je considère un tel procédé comme mal fondé et sous ce rapport aussi, je m'en tiens ponctuellement à la désignation telle que la donne l'original». Hierauf will ich erwidern, dass ich ganz wie Herr Thomsen verfahren wäre, wenn ich, wie er, zwischen die transscribirten Buchstaben des Textes die ausgelassenen Vocale eingefügt hätte, in diesem Falle musste jede auch noch so geringe Aenderung des schon so wie so mit fremden Elementen durchwirkten Textes nur Verwirrung anrichten. Trotz seiner hier aufgeführten Regel hat er selbst diese nicht streng einzuhalten vermocht und hat subjective Anschauung nicht nur zwischen die umschriebenen Textzeichen in halber Schrift gesetzt, sondern auch auf die Zeichen selbst übertragen. Wenn er 𐰴𐰍𐰣 durch $q^a\gamma^a n$ überträgt, so sieht man klar, im

Texte stehen die drei Consonanten 𐰓, 𐰲, 𐰺 und Herr **Thomsen** ist der Ueberzeugung, zwischen dem ersten und zweiten, ebenso wie zwischen dem zweiten und dritten Consonanten müsse der Vocal a gesetzt werden, Jedermann hat das Recht, aus ihm richtig scheinenden Gründen, dieser Annahme beizupflichten oder sie zu bestreiten. Wenn Herr **Thomsen** aber 𐰆 durch o und u, 𐰇 durch ö und ü, 𐰃 durch i und ы oder 𐰜 durch ök, ük oder kö, kü und 𐰸 durch qu, qo, oq, uq wiedergiebt und die Worte nach seinem Ermessen trennt, so hat er seine subjective Auffassung in den Text hineingetragen und den ursprünglichen Text verdunkelt. Diese Betrachtung hat mich veranlasst nicht der von Herrn **Thomsen** auch schon in der «Notice préliminaire» angewendeten Transscriptionsweise zu folgen, sondern meinen eigenen Weg einzuschlagen. Ich habe die Transscription in doppelten Textreihen gegeben, in der oberen Reihe setze ich genau für jedes Zeichen einen bestimmten lateinischen Buchstaben, so dass diese Reihe eine dokumentarisch genaue Wiedergabe der Schriftzeichen der Inschrift bildet. Hier trenne ich nicht die Wörter, sondern die zwischen zwei Punkten geschriebenen Zeichengruppen. Unmittelbar unter diese Zeichengruppen setze ich selbständig meine subjective Auffassung des Werthes der Zeichengruppen in russischer Schrift und jeder Leser ist so im Stande zu beurtheilen, wie ich mir die Verbindung der Zeichen zu Wortbildern denke. Er kann meine Lesung ändern, ohne die darüber aufgestellte genaue Zeichenwiedergabe zu afficiren. Dass Herr **Thomsen** seine Aufmerksamkeit hauptsächlich dem Einfügen von Vocalen zugewendet hat, um einen lesbaren Text herzustellen, finde ich ganz natürlich, ebenso natürlich ist es aber auch, dass ich, dem gewisse Theorien über die Gruppirung der Consonanten in den türkischen Sprachen, in Folge langjähriger Beschäftigung mit denselben, gleichsam in succum et sanguinem übergegangen sind, der ich mich überzeugt habe, dass der Türke in Schriftwerken, ob diese mit arabischen, armenischen, griechischen oder hebräischen Buchstaben geschrieben sind, bei Wiedergabe der Consonanten mehr auf die Etymologie, als auf den phonetischen Lautwerth der Consonanten achtet, dass ich, sage ich, auch dem Consonantenwerthe von Anfang an meine Aufmerksamkeit zuwandte und mir auch stets die Frage vorlegte: welchem Werthe der gesprochenen Sprache kann dieses Consonantenzeichen hier entsprechen? So z. B. kann kein Türke von Ost-Sibirien bis Constantinopel, von Kaschgar bis Galizien, die Consonanten-Verbindung k+д anders als kт sprechen und dennoch findet sich in allen Schriftwerken, z. B. das Wort jырак oder ipak mit dem Ablativsuffix дан oder дäн, welche alle Türken jырактан, ырактан, jipaктан, ipaктан aussprechen, diese Consonanten-Verbindung nicht phonetisch geschrieben, sondern بيراقدين (Mittelasien), بيراقدن, ايراقدن

(Kas.), ἰραχντὰν, իրաքտան (Osm.), איראקדן, אִירָקְדָן (Karaimen). Ist es nun wunderbar, dass ich vom Bekannten zum Unbekannten übergehend in einer Transscription, die nur *meine* subjective Ueberzeugung ausdrückte und durch genaue lateinische Transscription stets geregelt wurde, den mir festgewordenen Theorien mehr Raum gab, als ihnen gebührte? Erst allmähliges Eindringen in die Lautverhältnisse durch statistische Zusammenstellungen der vorhandenen Lautcomplexe und der abweichenden Schreibweise, zwang mich diesen meinen a priori Theorien einen Zaum anzulegen und brachte mich allmählich der Wahrheit näher. So zeigt denn auch die im März veröffentlichte Ausgabe einen bedeutenden Fortschritt. Jetzt sehe ich wiederum Vieles anders an, ich meine aber auch jetzt noch weit von einer klaren Einsicht entfernt zu sein.

Ich habe diese lange Auseinandersetzung keineswegs deshalb gemacht, um mich vor dem Vorwurf des Professors Thomsen zu schützen, oder um meine Fehler zu entschuldigen, sondern um die Vorzüge meiner Transscription zu erklären und darzulegen, weshalb meine erste Transscription von dem geschriebenen Texte mehr abweicht, als die spätere und nicht umgekehrt. Mir ist eben das alttürkische Idiom ein Glied der grossen Kette der Dialekte, dem ich sogleich seinen Platz in derselben anweisen möchte. Herr Professor Thomsen sucht nur das Vorhandene zu deuten und benutzt die übrigen Dialekte als Hilfsmittel dazu.

2) Pag. 10, Anm. 1 tadelt Prof. Thomsen, dass ich einen häufigen Ausfall des 𐰀 am Ende der Wörter zulasse. Diese Bemerkung habe ich in der That in der ersten vorläufigen Ausgabe gemacht, da ich das Affix 𐰍, 𐰏 zum Theil als Dativ-Affix auffasste. Schon in meiner Ausgabe der Denkmäler ist diese Bemerkung fortgelassen, da ich meine Ansicht über 𐰍, 𐰏 als Dativ-Affix fallen gelassen hatte. Ich wiederhole das dort schon Gesagte, dass dieser Ausfall ein sehr seltener ist und als ein Schreibfehler zu betrachten ist. Beispiele dieses Ausfalles bieten K 23,8, wo 𐰉𐰖𐰺𐰸𐰭 steht an Stelle des X 19,16 auftretenden 𐰉𐰖𐰺𐰸𐰭𐰀: 𐰀𐰖𐰭𐰢𐰲𐰘𐰃𐰤 (K. 36,11) für бајыркуньңа, K III,18 — 𐰖𐱁𐰭 für јашыңа.

3) Pag. 16, Anmerkung 2 bezeichnet Herr Thomsen meine Ansicht, dass ich das 𐰃 in der Stammsilbe i, ы und ä bezeichne, für unbegründet, und meint, es müsse hier eine doppelte Stufe des ä angenommen werden: nämlich ä und e (nach der Aussprache der Sagaier und der Kirgisen). Denn warum hätten die alten Türken 𐰀𐰃 und 𐰀𐰃𐰃 geschrieben, wenn sie nicht durch diesen Wechsel eine bestimmte Laut-Nüance hätten ausdrücken wollen? Er meint also, es gäbe Wörter, die in der Stammsylbe i hätten, diese würden stets mit 𐰃 geschrieben. Wörter, in denen bei palatalen Consonanten kein Vocal stände, hätten wahrscheinlich eine eigenthümliche nach a sich neigende

Aussprache e, wie das Englische a in fat. Dann gäbe es Wörter mit einem hellen e, diese würden durch eine schwankende Bezeichnung (mit und ohne 𐰀) ausgedrückt[1]).

Sich in eine so feine Vocaluntersuchung eines Dialektes einzulassen, der nur durch die wenigen uns vorliegenden Inschriften bekannt ist, halte ich für ganz verfehlt. Mir ist der Vokalübergang ä, e, i wohl bekannt. Er tritt aber nirgends in der von Thomsen angenommenen Weise auf. Mit Ausnahme einzelner sehr weniger Wörter, die früher aus ä nach i übergangen sind, ist der Uebergang der Stammvocale stets ein allgemeiner, nie theilweiser. Alle ä der Stammsilbe eines Dialektes gehen in e über (Kirgisen, Sagaier) und alle e gehen in i über (Kasan) oder alle ä bleiben auf der ersten Stufe (Altai, Mittelasien, südliche Dialecte). Das von Herrn Thomsen pag. 15 angeführte äl, el, il kommt in diesen Formen gleichzeitig in keinem Dialekte vor. Im Kirgisischen ist das in der Stammsilbe neben e auftretende ä eine Neubildung (meist aus a entstanden), ebenso das im Kasanischen neben i in der Stammsilbe zuweilen auftretende ä. Im Osmanischen ist die Aussprache von ä und i in ein- und demselben Worte in der That vorhanden, aber nur in der durch die Schrift beeinflussten corrumpirten Sprache der Efendi (die Sprache der hohen Pforte, wie sich Wickerhauser ausdrückt); dass in Constantinopel diese Sprache auch auf das Volk Einfluss gewinnt, ist selbstverständlich. Dieses i der Stammsilbe (statt ä) muss aber als selbständige, durch die Schriftsprache veranlasste Neubildung und nicht als fortschreitende Vocalentwicklung aufgefasst werden.

Ich kann zwar meine Begründung über den Gebrauch des ä hier nicht ausführlich behandeln, ich muss dies auf eine spätere Zeit, d. h. auf die Darlegung der phonetischen Eigenthümlichkeiten des alten Türkdialektes verschieben. Hier sei nur kurz Folgendes gesagt: meine Auffassung der Entwickelung des türkischen Vocalismus zwingt mich, in gewissen Gruppen von Stämmen ein ä als ursprünglichen Stammvocal aufzufassen. Da nun in den jetzigen Süddialekten noch dieser Stammvocal sich in fast allen Wörtern dieser Gruppe in seiner ursprünglichen Reinheit erhalten hat, so kann ich nicht annehmen, dass in dem alten Türkdialekte, der lautlich den Süddia-

---

1) Hier zeigt sich das Unzureichende der Transscriptionsweise des Prof. Thomsen; würde er die Texte in meiner Weise doppelt wiedergegeben haben, so hätte er seine Hypothese in den Text einführen können, die doppelte Transscription

jiṛ jṛ iṭḍmz ṭḍmz
jer jer etdimiz etdimiz

würde seine Ansicht über die Lautverhältnisse des Alttürkischen klar dargelegt haben, ohne den Text der Inschrift zu verdunkeln.

lekten am Nächsten steht und gleichsam als eine frühere Ablagerung dieser Dialekte aus dem VIII. Jahrhundert betrachtet werden kann, die Fortentwicklung des ä nach i weiter fortgeschritten sein kann, als in allen noch jetzt gesprochenen Sprachen dieser Dialektgruppe. Diese meine Ansicht unterstützen die Texte selbst, indem in allen Wörtern, die in der Stammsilbe ein ä enthalten müssten, wenn sie häufig auftreten, eine schwankende Vocalbezeichnung sich findet, d. h. die Stammsilbe bald mit bald ohne den Vocal 𐰃 geschrieben wird. So wird das von Prof. Thomsen aufgeführte Beispiel 20 Mal 𐰘𐰃𐰼 und 13 Mal 𐰘𐰼 geschrieben, järi wird 8 Mal durch 𐰘𐰃𐰼𐰃 und 6 Mal durch 𐰘𐰼𐰃 wiedergegeben, ebenso findet sich 𐰘𐰚 und 𐰘𐰃𐰚 für jär, 𐰘𐰭𐰇 und 𐰘𐰃𐰭𐰇 für jäӊӱ, 𐰋𐰼 und 𐰋𐰃𐰼 für бäр, 𐰋𐱁 und 𐰋𐰃𐱁 für бäш, 𐱅𐰚𐰤 und 𐱅𐰃𐰚𐰤 für тäriн. In denjenigen Stammsilben, in denen ursprüglich der Vocal i anzunehmen ist, kommt das Fehlen des 𐰃 nur höchst vereinzelt vor, so findet sich z. B. in einer ganzen Reihe von Stämmen бiӊ, бiн, бip, бil, бiri mit ihrer Ableitung nur ein einziges Mal X 37,17 𐰋𐰼 ohne 𐰃 vor. Wir finden nun dieselbe Anwendung des i-Zeichens bei Umschreibung des ä im Uigurischen, Dschagataischen und Osmanischen, auch in solchen Wörtern, die durch den Consonanten schon als Worte mit palatalen Vocalen deutlich zu erkennen sind, z. B. im Uigurischen [illegible] und [illegible] für älik; [illegible] und [illegible] für кäпäк, im Dschagataischen ایو und او für äв, كيلماك und كلماك für кälмäк, Osmanisch كيج und كج für кäч, كيجه und كجه für кäчä, كيسه und كسه für кäcä, also ganz wie 𐰘𐰚 und 𐰘𐰃𐰚 für jäк.

In den osmanischen Sprachen können wir uns mit dem Ohre überzeugen, dass hier beide Orthographien genau denselben Lautwerth bezeichnen, nämlich das ursprüngliche ä; bei den alten Dialekten ist dieses natürlich nicht möglich, hier kann man nur den Schluss ziehen, dass früher ein ähnliches Verhältniss zwischen Sprache und Schrift möglich war, d. h. dass die verschiedenen Orthographien: a) *Schreibung ohne Vocal* (*oder im Uigurischen Setzung des Vocals* ▴); b) *Schreibung des Vocals* **i** in ein und demselben Worte zum Ausdruck des Stammvocales ä dienen *konnten*, wenn es noch andere Gründe giebt, die diesen Schluss wahrscheinlich machen. Wenn nun in der Türksprache die Vocalbewegung und die Richtung von ä nach i fortrückt, d. h. wenn wir sehen, dass in vielen Türkdialekten die Verengung der mittleren Mundhöhle allmählich zunimmt, so dass ein in früherer Zeit gesprochenes ä zu e und zuletzt zu i wird, während nirgends der umgekehrte Weg eingeschlagen wird, d. h. nie die Vocale i der Stammsilbe in ihrer Gesammtheit zu ä werden, so lässt sich auch annehmen, dass die jetzt in allen Süddialekten noch jäдi und jäp gesprochenen Wörter in derselben Dialektgruppe früher nicht jeдi und jep gesprochen werden konnten.

Hierbei sei gelegentlich erwähnt, dass ich vielleicht manches Wort nicht richtig aufgefasst habe, so z. B. ist [illegible] und [illegible] nicht, wie ich pag. 122 angegeben habe, jiripмi sondern järipмi zu lesen.

4) Pag. 11 und pag. 22, Anm. 1 tadelt Herr Thomsen, dass ich in meinem ersten Abdrucke des Denkmals des Kül-Tägin die Meinung ausspreche, dass durch die Zeichen [illegible] und [illegible] im Auslaute als Flexionszeichen verschiedener Affixe ң, н, ны, нi, ҕа, гä ausgedrückt wurden. Wenn man bedenkt, dass ich Mitte December die Entzifferung des Denkmals begonnen und dass es mir innerhalb dreier Wochen gelungen war, eine im Allgemeinen richtige Uebersetzung zu liefern, so ist es selbstverständlich, dass viele der im Texte vorkommenden Formen mir damals noch unklar geblieben waren. Die genaue Transscription mit lateinischen Zeichen stellte den Wortlaut des Textes fest, so konnte ich, wie ich schon oben erwähnt, mir die einzelnen Formen ohne besonderen Schaden für das Ganze so zurecht legen, wie es mir für das Verständniss des Textes nöthig schien. So hatte ich [illegible], [illegible] fälschlich zum Theil als Dative aufgefasst (und deshalb auch die Meinung geäussert, dass das Zeichen [illegible] a, ä häufig am Ende fortgelassen werde). An anderen Stellen hatte ich [illegible], [illegible] als Accusativ-Zeichen aufgefasst, und da mir die Form буны, die unbedingt in бу und ны zu trennen ist, aufgestossen war, die Vermuthung ausgesprochen, ob nicht dieses [illegible], [illegible] als Flexionszeichen für ны und нi angewendet wurde, zuletzt hatte mir das Wort [illegible] bewiesen, dass [illegible] auch für [illegible] angewandt wurde. Ich setzte deshalb in der russischen Transscription die Flexionsendungen der mir geläufigen Türksprache ein, um den Text mir und Anderen verständlicher zu machen, indem ich die genauere Durcharbeitung der grammatischen Formen auf eine spätere Zeit verschob. Meine Ausgabe der Denkmäler zeigt schon eine bedeutende Einschränkung in der Wiedergabe des finalen [illegible] und [illegible]. Die Anwendung dieser Zeichen als Dativ-Affixe hatte ich schon vollständig aufgegeben, da ich eingesehen, dass das Dativ-Affix stets mit dem tonlosen [illegible] und [illegible] anlautet und überall [illegible] und [illegible] geschrieben wird. Dass [illegible], [illegible] Accusativ-Affix sei, war mir klar geworden, ob es ны, нi, н zu lesen sei, schien mir fraglich, dass es für ң (pron. 2 pers.) auftrat, war durch zwei Beispiele deutlich belegt. Ich änderte deshalb auf pag. 2 die erste Anmerkung zur Consonanten-Tafel folgendermaassen: «[illegible], [illegible] scheinen im Auslaute als Flexionszeichen einen verschiedenen Werth zu haben, *ich setze* für dieselben in diesem Falle ҕ, г, ң, н, ны, нi,» d. h. fürs Erste will ich der Deutlichkeit halber in den russisch geschriebenen Texten, zum klareren Verständnisse des Textes, die jetzt gebräuchlichsten Affixendungen einführen. Wie ich mehrmals ganze Wörter, die im Texte fehlen, in die russische Transscription einführe, ohne dies weiter zu bezeichnen (vergl. pag. 21 am Ende der Zeile 36), da ja die

Punkte in der lateinischen Transscription beweisen, dass die betreffenden Wörter sich nicht im Texte der Inschrift erhalten haben, ebenso kann jeder aus dem an kaҥan gehängten ны deutlich ersehen, dass das an ŋgn gefügte g hier ein Accusativzeichen ist. Als ich im März und April mit Herrn Melioranski noch einmal die Inschrift durchlass, war es mir schon klar, dass der Accusativ gewiss nicht ны, ні gelautet habe, ich beschloss aber, die Umschreibung im Lexicon nicht zu ändern, da ja die lateinische Umschreibung jede Verwirrung ausschloss, und erst meine Meinung dann auszusprechen, wenn ich dieses auch im Kudatku-Bilik auftretende Affix genauer untersucht hätte.

Dass ich zuerst auch meinte, [runic] g stehe für [runic] n, ist nicht wunderbar, wenn man die damals von mir nicht genau verstandenen Accusative [runic] (K. 33,4) боз атыҕ mit [runic] (K. 40,13) ак атын vergleicht.

Mir war wohl bekannt, dass in einzelnen Dialekten, z. B. im Kasanischen die zweite Person des Plural-Imperfecti auf дыҕыз, дiriз endigt, z. B. алдыҕыз, кäлдiriз, бардыҕыз, aber ich kannte keinen Dialect, in dem dieselbe Form im Singular дыҕ, дir gelautet hätte. Ich war aber der Ansicht, dass das ҕ, r im Kasanischen алдыҕыз, кілдiriз erst später sich aus dem ң von алдыңыз und кäлдiңiз gebildet hätte. Daher meinte ich, dass in einem türkischen Dialekte des VIII. Jahrhunderts unmöglich die zweite Person auf ҕ, r endigen könnte. Diese meine Folgerungen schienen zwei Formen, die in den Inschriften von Koscho-Zaidam vorkamen, auf das Deutlichste zu unterstützen. Es waren dies: das von mir X 19,9 gelesene [runic] (ṛṭṇ), welches hier dem Sinne nach unbedingt die zweite Person des Imperfects sein muss, und die Zeichencomplexe [runic] ṭögḷṭṇ (Ka 36,31) und [runic] ṭögḷṭiṇ (Xb 5,17), die ich «du ergossest dich» übersetzte. Meiner Ansicht nach konnte wohl н für den Laut ң, aber schwerlich für den Laut ҕ, r geschrieben werden. Ich nahm also an, dass hier [runic], [runic] eine graphische, nicht phonetische Bezeichnung der Endung sei. Bei genauerer Durchsicht des Abklatsches habe ich mich überzeugt, dass X 19,9 nicht [runic] sondern [runic] steht, was auf eine Auslassung von [runic] hindeutet, dass also wahrscheinlich [runic] äрдiriз (ihr seid) zu lesen ist, was vortrefflich in den Sinn passt. Diese Form ist durch K II,22 belegt.

Ist diese Annahme richtig, so bleibt das sehr fragliche тöрÿлтiң als einziger Beweis übrig. Ich würde also ohne Zögern annehmen, dass die zweite Person imperfecti durch die Endungen: 1) тыҕ, тir, 2) тыҕыз, тiriз gebildet wurde, wenn nicht der Umstand mich stutzig machte, dass in dem Denkmal am As'chete, das nach der Form der Schriftzeichen zu urtheilen, aus der Zeit der Denkmale von Koscho-Zaidam stammt, ganz deutlich [runic] (bardṅz) бардыңыз zu lesen ist. Dieser Umstand veranlasst mich, die Frage über den Lautwerth des [runic], [runic] im Affixe der zweiten Person des Imperfecti bis jetzt als eine offene zu betrachten.

Was die Bedeutung und den Lautwerth der Declinations-Affixe [runic], [runic], [runic], [runic] betrifft, so ist meine gegenwärtige Ansicht folgende:

1) Accusativ-Affixe giebt es im Alttürkischen drei:

a) Ein allgemein gebräuchliches Affix auf [runic], [runic], das an alle Substantivstämme tritt, aber nie an Possesiv-Affixe, vor diesem Affix wird der Bindevocal ы, у, і, ӳ meist ausgelassen, z. B. [runic] каҕан-ы-ҕ, [runic] будун-у-ҕ, [runic] кіші-г, [runic] тöрӳ-г, [runic] äр-іг, mit dem Bindevocal sind geschrieben: [runic] кунчуј-у-ҕ, [runic] тöр-ӳ-г. Dieser Affix ist im Uigurischen noch im XI. Jahrhundert bekannt gewesen, denn der Autor des Kudatku-Bilik wendet es stets an, wenn er einen Reim auf ук, ык, ӳк, ік braucht, oder wenn er der Prosodie nach einen Doppelconsonanten vermeiden will, d. h. wenn er nicht will, dass der Vocal der letzten Silbe lang sei, oder wenn er eine Silbe weniger wünscht. Solcher Accusative sind кул-ук = кул-ны, кіжі-к = кіжі-ні, казна-к = казна-ны, öг-ӳк = öк-ні, ады-к = ат-ны. Dabei ist zu bemerken, das кулык, адык u. s. w. im Kudatku-Bilik auch für кулы-+-к, ады-+-к u. s. w. stehen und «seinen Sclaven, seinen Namen» u. s. w. bedeudet, d. h. dass das к an den Possesiv-Affix der dritten Person tritt, was im Alttürkischen nie der Fall ist.

b) Das Affix [runic], [runic] (н) welches nur an Stämme tritt, die mit den Possessiv-affixen м, ӊ, і versehen sind, z. B. [runic] meine Tochter, [runic] кызым-ы-н meine Tochter (Acc.); [runic] mein Selbst, [runic] öзӳм-і-н mein Selbst (Acc.); [runic] dein Sohn, [runic] оҕлыӊ-ын deinen Sohn; [runic] dein Gesetz, [runic] dein Gesetz (Acc.); [runic] ihr Name, [runic] аті-н ihren Namen; [runic] sein Sohn, [runic] оҕлі-н ihr Sohn; [runic] sein Volk, [runic] äлін sein Volk; [runic] кішісі sein Mensch, [runic] кішісі-н seinen Menschen. Da hier [runic] an alle Stämme mit dem Possessiv-Affixe der dritten Person tritt, ohne Rücksicht darauf, ob das Stammwort gutturale oder palatale Vocale enthält, so sind wir genöthigt anzunehmen, dass das і des Possessiv-Affixes sich noch nicht den Vocalen des Stammes unterordnete und das die alten Türken каҕані, кызі, сачі, субі sprachen und die Accusative dieser Wörter каҕанін, кызін, сачін, субін lauteten.

c) Das Affix [runic] (і). Es trat zuerst an die Pronominal-Stämme der ersten und zweiten Person, also bildete die Accusative мäн-+-і, сäн-+-і. Durch falsche Silbentrennung wurde мäні und сäні in мä-ні, сä-ні zerlegt, die Endung ні trat dann zuerst an die demonstrativen Pronomina-Stämme ол und бу und bildete mit diesen verschmelzend die Accusative аны und буны, die dann, weil die Entstehung dieser Formen in Vergessenheit gerathen war, von den alten Türken als бун-+-ы und ан-+-ы gefühlt wurde, denn so nur lässt sich das Auftreten zweier Stämme, der Declinationsstämme ан und бун (vergl. анда, анча, бунда, бунча) und der selbständigen Stämme бу und ол erklären, da sonst im Türkischen eine solche Erscheinung nicht vorkommt. Die neueren Dialecte beweisen, dass die Anwendung dieses Affixes in doppelter Form (als i und ні) später um sich griff und die alte Accusativendung verdrängte, so das jetzt in den Süddialekten der Accusativ nur durch ы, i, in den Norddialekten nur durch ны, ні gebildet wird. Zuletzt wurde ны, ні auch an die Possessiv-Affixe der ersten und zweiten Person gehängt und verdrängte, auch die Endung н fast vollständig. Das Affix н hat sich bei den Possessiv-Affixen der dritten Person in einigen Dialekten bis jetzt durchgängig erhalten, in anderen Dialekten kommt es mit ні promiscue vor, d. h. in einigen Dialekten sagt man noch heute ausschliesslich аты-н, кішісі-н, in anderen wird аты-ны und кішісі-ні neben атын und кішісін angewendet.

2) Das Affix des Casus instrumentalis (adverbialis) auf [runic], [runic] (н). Dieses Affix wird an die reinen Stämme stets ohne Bindevocale angehängt, z. B. [runic] јадаҕ-ы-н zu Fuss, von [runic] der Fussgänger; [runic] äliг-i-н mit der Hand, von [runic] die Hand; [runic] кулkak-ы-н mit den Ohren, [runic] köз-i-н mit den Augen. Wenn vor der Instrumental-Endung [runic], [runic] ein [runic] sich findet, so glaube ich, falls dies nicht zum Stamme gehört, dass das Wort stets als Instrumental des mit dem Possessiv-Affix der dritten Person versehenen Stammes aufzufassen ist.

Zuletzt habe ich noch des Affixes [runic] ң zu erwähnen. Dieses tritt als Affix des Genitives an einige Nominal- und Pronominal-Stämme, z. B. [runic] мäнің, oder es wird als Possessiv-Affix der zweiten Person an alle Nominalstämme gehängt, ohne dass das leichte Bindevocal bezeichnet wird: [runic] оҕл-ы-ң dein Sohn, [runic] kaҕaн-ы-ң dein Chan, [runic] kaн-ы-ң dein Blut; nur einmal findet sich der Bindevocal [runic] bezeichnet: [runic] сÿңÿк-ÿ-ң deine Knochen. Anstatt des [runic] findet sich dieses Affix durch [runic] bezeichnet in [runic] = äдгÿң (K 24,7, X 20,5), [runic] = öлсäкÿңÿндä (Ka 7,5, X 5,23), [runic] = білмäдÿкіңін (X 30,17), [runic] = тöрÿңін (X 19,4).

Das Possessiv-Affix der zweiten Person pluralis kommt in unseren Texten nur in zwei Wörtern vor: [runic] und [runic] оҕланыңыз und тоіҕуныңыз und in beiden Fällen ist die Endung [runic] ыңыз, während die entsprechende Personalendung des Imperfect [runic], [runic] ist.

Diese Bemerkungen zeigen die Schwierigkeiten einer systematischen Untersuchung der Sprachformen. Ich habe diese Betrachtungen nur hier eingefügt, um meinen jetzigen Standpunkt klar zu legen. Ich will jetzt zu den zahlreichen Verbesserungen und Zusätzen übergehen, die ich nach abermaliger Durcharbeitung der Texte für nöthig finde. Zuerst gebe ich eine

Zusammenstellung der Druck- und Lesefehler des Textes und eine genaue Uebersicht der im Texte einzufügenden ( ), hierauf folgt ein Abdruck des Textes, der Transscription und Uebersetzung der vielfach zerstörten Stellen des Textes X 28—41 und Xa 1—10, und zuletzt ein alphabetisch geordnetes Verzeichniss der Zeichengruppen, die ich früher missverstanden hatte, oder die zu ihrem Verständniss erläuternder Bemerkungen bedürfen. Es würde sich empfehlen, diese Zeichengruppen im Glossar und Index zu verbessern und Hinweise auf dieselben an den betreffenden Stellen einzutragen.

Fernere Textverbesserungen.

Druck- und Lese-Fehler:

Pag.	Zeile		statt	lies
4	3,2	vielleicht richtiger	[illegible]	
6	6,13	statt	[illegible]	lies [illegible]
12	16	im Zusatze zwei mal statt	[illegible]	[illegible]
	17	» statt	[illegible]	[illegible]
	20,7	statt	[illegible]	[illegible]
14	22	im Zusatze	[illegible]	[illegible]
	24	im Zusatze	[illegible]	[illegible]
16	26	im Zusatze	[illegible]	[illegible]
	27,15	statt	[illegible]	[illegible]
20	35,1	undeutlich, man kann auch [illegible] und [illegible] lesen.		
22	37,17	statt	[illegible]	lies [illegible]
24	1,11-12	statt	[illegible]	[illegible]
26	4,21	statt	[illegible]	[illegible]
28	12,11		[illegible]	[illegible]
30	1,7		[illegible]	[illegible]
34	7,2		[illegible]	[illegible]
	8,22		[illegible]	[illegible]
36	11,3		[illegible]	([illegible])[illegible]
	12,9		[illegible]	([illegible])[illegible]
	13,1		[illegible]	[illegible]
38	I,13		[illegible]	[illegible]
	III,10		[illegible]	[illegible]
	III,18		[illegible]	[illegible]
50	14,28		[illegible]	[illegible]
52	16,11		[illegible]	[illegible]

Pag.	Zeile	statt	lies
54	19,9	[runes]	[runes]
	19,15	[runes]	[runes]
	19,23	[runes]	[runes]
56	23,13	[runes]	[runes]
62	30,25	[runes]	[runes]
	31,8	[runes]	[runes]
	32,12	[runes]	[runes]
	33,12	[runes]	[runes]
	33,24	[runes]	[runes]
64	34,8	[runes]	[runes]
	34,18	[runes]	[runes]
	34,23	[runes]	[runes]
	37,6	[runes]	[runes]
	37,15	[runes]	[runes]
	37,16—17	[runes]	[runes]
68	1,4	[runes]	[runes]
	2,1	[runes]	[runes]
	2,6	[runes]	[runes]
	5,10	[runes]	[runes]
	6,5	[runes]	[runes]
	6,7	[runes]	[runes]
70	8,10	[runes]	[runes]
	9,1	[runes]	[runes]
	9,10	[runes]	[runes]
	12,9	[runes]	[runes]
72	13,2	[runes]	[runes]
74	3,19	[runes]	[runes]
	5,17	[runes]	[runes]
	5,18	[runes]	[runes]
	5,19	[runes]	[runes]
76	8,10	[runes]	[runes]
78	8,19	[runes]	[runes]
	10,17	[runes]	[runes]
	11,2	[runes]	[runes]
80	15,8—9	[runes]	[runes]

Genauere Bezeichnung der in Klammern gesetzten Texte:

Kb 3,1 [illegible]; Kb 4,5 [illegible]; Kb 4,15 [illegible]; Kb 4,16 [illegible]; Kb 5,1 [illegible]; Kb 5,12 Ende [illegible]; Kb 6,1 Ende [illegible]; Kb 6,3 [illegible]; Kb 7,4 [illegible]; Kb 8,6 [illegible]; Kb 9,1 [illegible]; Kb 12,1 [illegible]; Kb 12,20 [illegible]; Kb 13,5 [illegible]; Ka 1,7 [illegible]; Ka 2,23 [illegible]; Ka 2,24 [illegible]; Ka 2,25–26 [illegible]; Ka 3,26 [illegible]; Ka 9,1 [illegible]; Ka 9,10 [illegible]; Ka 12,6–8 [illegible]; Ka 13,6 [illegible]; X 3,22 [illegible]; X 3,25 [illegible]; X 4,19 [illegible]; X 5,23 [illegible]; X 6,21 [illegible]; X 7,23 [illegible]; X 7,24 [illegible]; X 7,26 [illegible]; X 9,6–7 [illegible]; X 10,28 [illegible]; X 10, ult. [illegible]; X 11,25 [illegible]; X 11, ult. [illegible]; X 12,22 [illegible]; X 13,21 [illegible]; X 15,25 [illegible]; X 16,5 [illegible]; X 16,17 [illegible]; X 16,23 [illegible]; X 16,24–25 [illegible]; X 17,5–6 [illegible]; X 17,17 [illegible]; X 17,23–24 [illegible]; X 16,26–28 [illegible]; X 18,5 [illegible]; X 18,15 [illegible]; X 18,24 [illegible]; X 19,25 [illegible]; X 19,26 [illegible]; X 20,16 [illegible]; X 20,27 [illegible]; X 20,32, 33 [illegible]; X 21,5–6 [illegible]; X 21,15 [illegible]; X 21,24 [illegible]; X 21,27 [illegible]; X 23,9 [illegible]; X 23,18 [illegible]; X 23,24 [illegible]; X 24,13 [illegible]; X 24,14 [illegible]; X 24,15 [illegible]; X 24,26 [illegible]; X 26,6 [illegible]; X 27,5 [illegible]; X 27,27–28 [illegible]; Xa 12,4 [illegible]; Xa 12,13 [illegible]; Xa 13,10 [illegible]; Xa 13,16 [illegible]; Xb 1,13–14 [illegible]; Xb 2,17–20 [illegible]; Xb 3,21–22 [illegible]; Xb 3,35 [illegible]; Xb 4,7 [illegible]; Xb 5,11 [illegible]; Xb 7,8 [illegible]; Xb 9,14 [illegible]; Xb 9,21 [illegible]; X I,1 [illegible]; XII,12 [illegible].

Neue Umschreibung und Uebersetzung der vielfach zerstörten Zeilen X 28—41.

[illegible] (14) 28

[illegible] (13) 29

[illegible] (12) 30

(28) wir kämpften bei Boltschu und ich tödtete dort ihren Chan und seinen Jabgug-Schad und unterwarf sein Volk. In meinem dreissigsten Jahre zog ich mit dem Heere gegen Bäsch-Balyk und lieferte sechs Schlachten, ich griff ihr Heer an und drang (in die Stadt), (rührte aber) das Innere der Stadt von Bäsch-Balyk, den Besitz der Leute (nicht an) . . . . Da ich (Alles) unberührt gelassen hatte, so kamen die Leute aus der Stadt zu mir und unterwarfen sich, deshalb ist Bäsch-Balyk unversehrt geblieben. In meinem ein und dreissigsten (29) Lebensjahre trat das Volk der Karluk, das in seinem Leben und Wandel frei und ungehindert ist, feindlich gegen uns auf, beim Tamag genannten Berggipfel kämpfte ich, das Karluk-

Transscription.

28) bolčoda ṣöṅšḍmz kgniṇ jb g šdiṇ n͡daöḷṛṭm iḷṇ
Болчуда сöңӯшті̆міз kaҕaнiн jабҕуҕ шадiн анда öлӯртiм äлiн
n͡daltm otz jšma ḅṣblq tpa ṣöḷḍm ltijoli ṣöṅšḍm
анда алтым. Отуз jашыма Бäш-балык тапа сӯлäдiм алты jолы сöңӯштiм
.........öṣiṇ qop ḳiṛṭm.........q ičṛkiṇa ḳišiṭin............
Бäш-балык сӯсiн акун кiртiм, Бäш-балык iчрäкiнä кiшi äтiн тäгмäдiн....
... c jk...ṇ ḳiṣi b . d.... a okgli ḳḷṭi ḅṣblq niččn
тäгдӯк jok ӯчӯн кiшi балыкда маңа укыҕлы кäлтi, Бäш-балык аны ӯчӯн
ozdi otz rtqi
озды. Отуз артукы

29) ḅiṛ jšma krlq bodn boṅsz ṛöṛ bror ṛḳḷi jgibo͡lti
бiр jашыма Карлук будун буңсыз äрӯр барур äрiкli jaҕы болты,
tmgidq bšda ṣöṅšḍm krlq bodng öḷṛtm n͡daltm.......
тамаҕ ыiдук башта сöңӯштӯм Карлук будунуҕ öлӯртӯм анда алтым äбiн
.... dm.... ml......död.... krlq bdn ṭiṛ......
баркiн анда буздым. Басмал Карлук äдӯд.... Карлук будун тäрiлiн сӯсiн
.......m ö.... t.......z mṇṅ bodnmṛṭi tṅri jr bolgkiṇ
анда санчтым öлӯртӯм Токуз Оҕуз мäнiң будунум äртi тäңрi jäр булҕакiн
öčṇ öḍiṇ.....
ӯчӯн öдiңä.....

30) ṣöṣi ṭgḍc öčṇ jgibo͡lti b jilka ṭöṛṭ joli ṣöṅšḍm
сӯсi тäгдӯк ӯчӯн jaҕы болты; бiр jылка тöрт jолы сöңӯштӯм
ṅiḷḳi toqo blqda ṣöṅšḍm togla ögzg jözṭi ḳčp ṣö.......
äң iliкi Тоҕу балыкта сöңӯштӯм Тоҕла öгӯзӯг jӯзтi кäчiп сӯ кiшiсiндä
.... ḳin͡di an͡drguda ṣöṅšḍm ṣöṣiṇ
jäтiнч äрiг кылычладым, санчтым, äкiнтi Андарҕуда сöңӯштiм сӯсiн

Volk tödtete ich und unterwarf es dort, ihre Häuser und Herrichtungen vernichtete ich dort. Die Basmal-Karluk und Aedüd .... Karluk sammelten sich und ihr Heer griff ich an, vernichtete es. Die Togus-Ogus waren mein Volk. Weil Himmel und Erde in Verwirrung geriethen und da zu (jener) Zeit (30) ihr Heer angegriffen hatte, wurden sie (uns) Feinde; in einem Jahre kämpfte ich vier Mal. Das erste Mal kämpfte ich bei Togo-Balyk, sie schwammen über den Fluss Togla, über (den Fluss) setzend (lies) ich unter ihren Kriegsleuten den siebenten Mann mit dem Schwerte nieder-

(11) 31

(10) 32

(9) 33

hauen und besiegte sie. Zum zweiten Male kämpfte ich am Andargu besiegte ihr Heer und das Ogus-Volk starb. Zum dritten Male kämpfte ich auf dem Gipfel des Tschusch, des Türkenvolkes Fuss ermattete und sie waren feige (31) und zerstreuten sich nach allen Seiten, da liess ich das Heer (noch einmal) anstürmen und viele Sterbende wurden dort gesammelt. Ich warf mich bei der Bestattung des Tonga-Tegin auf einen Clienten der Jylpagu der Tongra und seine Helden. Zum vierten Male kämpfte ich unterhalb des Aesgenti und warf mich auf ihr Heer und vernichtete es. Zur Stadt ging ich aber nicht, nach rückwärts (Westen) ziehend überwinterte ich in Magi-Kurgan. Da trat ein Viehsterben[1]) ein. Im Frühjahr darauf (32) zog ich

1) Im Texte steht jyт, es ist dies plötzlicher Frost nach Thauwetter im Frühling, der zum Theil geschmolzene Schnee bedeckt sich dann mit einer Eiskruste und das Vieh kann das Gras nicht aus dem Schnee scharren. Dann sterben die Heerden ganzer Bezirke.

sn͡čdm . . . . č͡nč . . . . ṣöṅšḍm ṭöṛḳ bodn
санчтым, Оҕуз будун анда ölті. Ӱчӱнч Чуш башында сöңӱштӱм тӱрк будун
dkkmšti jblk
адак камашты јаблак

31) boltči ṛṭioza jja ḳḷ . . ma ṣöṣiṇ gtm öḳšöḷṭči
болтачі äрті, оза jaja кäliгмä сӱсін аҕыттым öкӱш öлтäчі
n͡daṭiṛḷṭi n͡da toṅra jilpgoti ḅiṛ ogšg toṅa tigṇ jogn͡da . . . . ṛö
анда тäрілті анда Тоңра јылпаҕуты бір уҕушуҕ Тоңа тäгін јоҕында äрäнгäрӱ
tokidm ṭöṛṭn͡č zgn͡di kadṇda ṣöṅšḍm ṣöṣiṇn͡da sn͡čdm jbritdm
токыдым. Тöртӱнч Äзгäнті кадінда сöңӱштім сӱсін анда санчтым јабрыттым
. . . . . . brm . . . . ma mgikorgan qišldqda jot
балыkka бармадым курыҕару барыҕма Маҕы курҕан кышладукта јут
bo͡lti jzṅa
болты. Јазыңа

32) ogz tpa ṣöḷḍm iḷḳiṣö tṣqmš ṛṭi ḳiṇṣö ḅḍa ṛṭi
Оҕуз тапа сӱлäдім іліні сӱ ташыкмыш äрті äкін сӱ äбдä äрті.
öčogz ṣöṣi bsiöḷṭi jdgibz bo͡lti ṭip algli ḳḷṭi ogz . . . .
Ӱч Оҕуз сӱсі башы öлті јадаҕы баз болты тäп алыҕлы кälті. Оҕуз сӱсі
ḅgbrkg jolgli brdi ṣiṅr ṣöṣi ṣöṅšgḷi ḳḷṭi ḅiz zṛṭmz jbz
äбіг баркыҕ јулуҕлы барды, сыңар сӱсі сöңӱшiгli кälті, біз аз äртіміз јабыз
ṛṭmz og . . . . t jg . . . . ḳöč ḅiṛṭc öčṇ
äртіміз. Оҕуз . . . . .јаҕы . . . . тäңрі кӱч бäртӱк ӱчӱн
n͡dasn͡čdm
анда санчтым

33) jjdm ṭṅṛi jrlkdqöčṇ mṇkzgn͡dqöčṇ ṭöṛc bodn
јаідым. Тäңрі јарылкадук ӱчӱн мäн казҕандук ӱчӱн тӱрк будун
. . g mšṛn͡č mṇiṇlgö bon͡ča bšljo kzgnmdm ṭöṛc bodn
баіраҕ болмыш äрінч. Мäн інliгӱ бунча башлају казҕанмадым, тӱрк будун

---

gegen die Ogus. Das erste Heer war ausgezogen, das zweite Heer war aber zu Hause geblieben. Das Heer der drei Ogus sprach: «Ihr Vieh (ihre Häupter) sing gestorben, da sie zu Fuss sind, sind sie für den Kampf unfähig (friedlich) und kam plündernd. Das Heer der Ogus zog aus, die Häuser und Herrichtungen beraubend. Ihr eindringendes (?) Heer kam kämpfend, wir waren nur wenige und schlecht (ausgerüstet), die Ogus . . . . der Feinde . . . . da der Himmel (ihnen ?) Kraft verliehen hatte, kämpfte ich dort und (33) breitete mich aus (zerstreute mich?). Da der Himmel gnädig war und da ich (so viel) erworben hatte, war das Türkenvolk sehr reich geworden. Aus Habsucht habe ich so oft (das Volk) anführend nicht Erwerbungen gemacht,

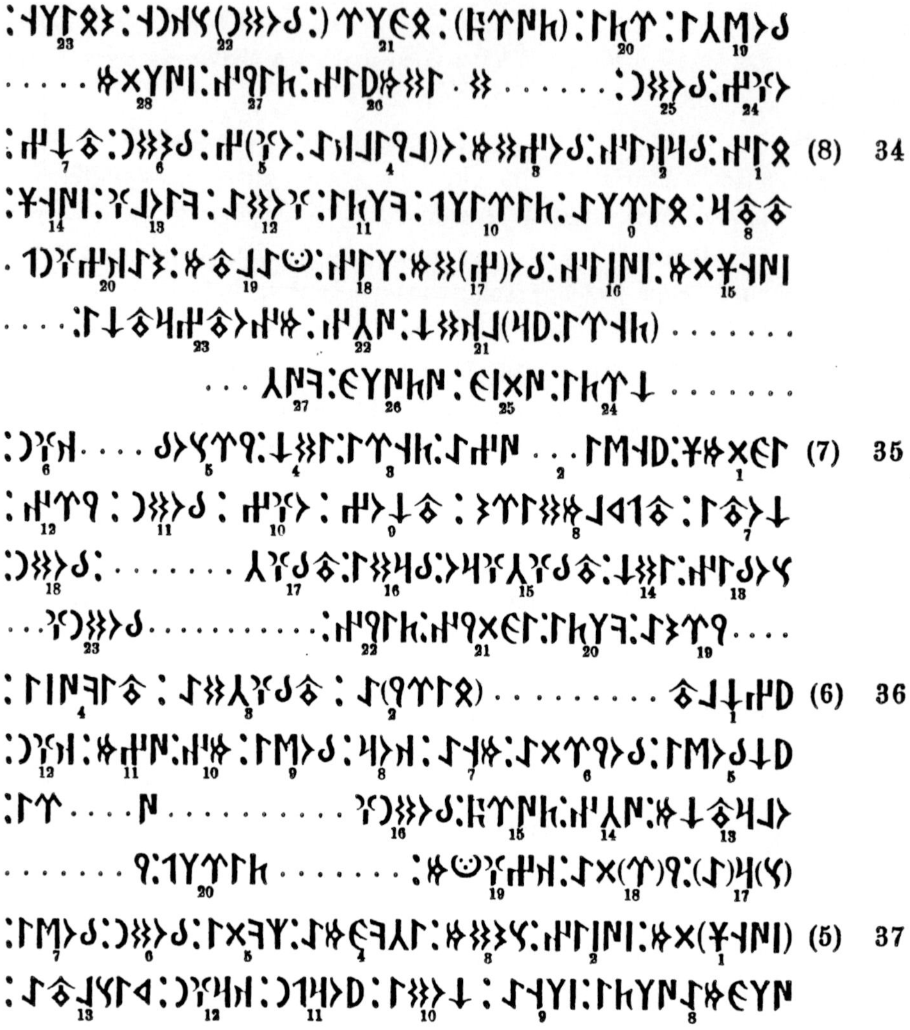

(sondern nur dann, wenn) das Türken-Volk sterbend war und herunter gekommen war. Daran denket, ihr türkischen Fürsten und Volk, dies wisset! Das Ogus Volk . . . . und da ich sie nicht loslassen wollte, zog ich aus (34) und zerstörte ihre Häuser und Herrichtungen. In diesem Jahre verband sich das Volk der Ogus mit den Neun-Tatar und kam herbei. Da kämpfte ich am Agu zwei grosse Schlachten, zerstörte ihr Heer und unterwarf dort ihr Volk. Dort erwerbend . . . . Da der Himmel gnädig war, ich . . . . in meinem (drei) und dreissigsten Lebensjahre . . . . war . . . . Kraft . . . . . . (35) (Obgleich) ich sie (?) erhöht hatte, machten sie einen Aufstand . . . . Oben der Himmel, d. h. der Jär-sub, unten (?) das Glück des Chans (sagend) ehrten

ö̥l̥ṭči ṛṭi jq boltči ṛṭi . . . . . ḅgl̥ṛ . . . . . sknṅ nčaḅil̥ṅ ogz
öлтäчi äрті jok болтачы äрті. Тӳрк бäгläр будун сакыныҥ анча біliҥ. Оҕуз
bodn . . . . d idmjṇ ṭijṇ ṣöl̥ḍm
будун . . . . . , ... ыдмajін тäjін сӳlдiм

34) ḅiṇ brkiṇ bzdm o. . . . . .z bodn toqz ttr ḅiṛla
äбін баркін буздым. Ол jылка Оҕуз будун токуз Татар бірlä
ṭiṛl̥p ḳl̥ṭi goda ḳiolg ṣöṅš ṣöṅšḍm ṣöṣiṇ bo.dm l̥iṇ ndaltm
тäрilін кälті Аҕуда äкі улуҕ сöҥӳш сöҥӳштӳм сӳсін буздым äлін анда алтым.
nčakzgnp . . . . lkdq öčṇ mṇ otzrtqi (öč ?)
Анча казҕанып . . . . .тäҥрі jарылкадук ӳчӳн мäн отуз артукы (ӳч ?)
. . . . .qṛṭi öḍṣg ötölg ḳöč . . . .
. . . . .дук äрті . . . . кӳч . . . .

35) igḍmš jṅlti . . . . .öza ṭṅṛi idq jṛsob . . . . kgn qoti
äгідміш jаҥылты . . . . .öзä тäҥрі ыдук jäр суб асра каҕан куты
tpql̥ndiṛnč tqoz ogz bodn jṛṇ sobiṇ idq tbgčgro brdi
тап кылмады äрінч токуз Оҕуз будун jäрін субын ыдук табҕачҕару барды
tbgč . . . . . .bodn . . . . jṛnča ḳl̥ṭi igḍjṇ ṭijṇ. . . . . . . bodng . . . . .
табҕач. . . . .будун. . . . jäрінчä кälті äгідäjін тäjін . . . . . . будунуҕ . . . .

36) jzqlt . . . . a tbgčda tiḳöṣi jqbolti bojṛḍa
jазуклаты . . . . . бäрijä табҕачда аты кӳсі jok болты бу jäрдä
mṅa kor bolti mṇ özm kgn olrtqm öčṇ ṭöṛc bodng . . . .
маҥа кур болты мäн öзӳм каҕан улартукым ӳчӳн тӳрк будунуҕ . . . .
. . . . ri r jṛḍa kzgndm . . . . ṭiṛl̥p j . . .
кылмадым тäҥрі асра jäрдä казҕандым . . . . тäрilін

37) . . . . ḍm ṣöṣiṇ snčtm ičḳgma čḳḍi bodn bolti öl̥gmaöl̥ṭi
сöҥӳштім сӳсін санчтым ічкäгмä ічкäді будун болты, öлӳгмä öлті

---

sie nicht. Das Volk der Togus-Ogus ihren Jär-Sub anrufend, zog zu den Chinesen . . . . das Volk . . . . . . bis zu diesem Lande kamen sie. Da ich sie erhöhen wollte . . . . das Volk (acc.) . . . . . (36) sie sündigten . . . . im Süden bei den Chinesen ging ihr Name und Ruhm unter. An diesem Orte wurde mir ein (hoher) Rang. Weil ich selbst zum Chan mich erhoben hatte, das Türkenvolk (acc.) . . . . ich machte nicht. Unterhalb des Himmels auf der Erde habe ich erworben . . . . dem Bergwalde ergossen sie (37) ich kämpfte, ihr Heer schlug ich, die sich Zurückziehenden zogen sich zurük, blieben am Leben (waren meine Unterthanen), die Sterbenden starben. Abwärts an der Selenga ziehend, bedrängte ich die Festung und zerstörte daselbst ihre Häuser und Herrichtungen

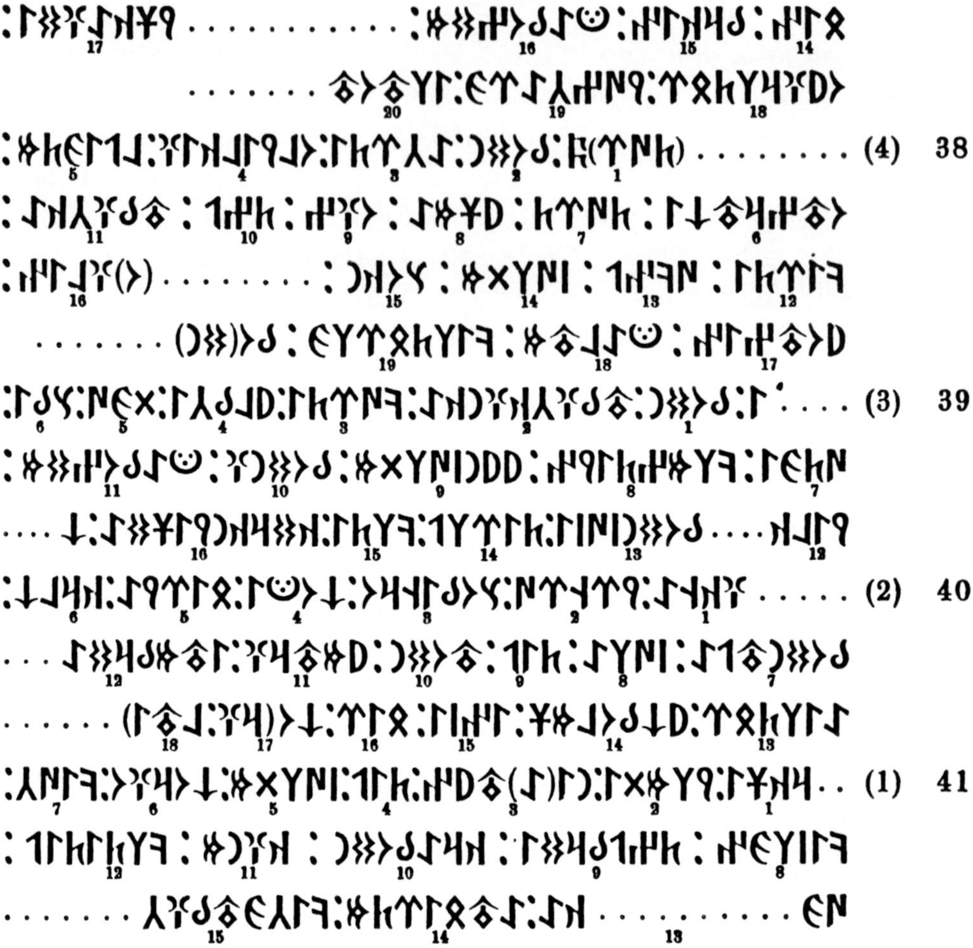

. . . . über den Bergwald ergossen sie sich. Der Aeltäbär der Uigur hatte aus etwa hundert Männern ein (selbstständiges) Volk gebildet . . . . (38) . . . . . das Türkenvolk war hungrig, diese (Pferde) Heerden nehmend, richtete ich es auf. In meinem vier und dreisigsten Jahre entflohen die Ogus und drangen bei den Chinesen ein, ich zürnte und zog mit einem Heere (ihnen nach) . . . . ihre Söhne, ihre Jotaz (?) nahm ich dort, das Volk mit zwei Aeltäbär . . . . (39) . . . . . Volk ist dem Chan der Chinesen unterworfen, von dort kommt nicht ihr Gesandter und ihre gute Botschaft, sagend, zog ich mit dem Heere im Sommer aus, zerstörte das Volk dort (und nahm ihre) Pferde . . . . des . . . . . Volkes Heer versammelte sich und kam (herbei) im Kadyrkan Bergwalde . . . . (40) . . . . nach ihrem Lande und Wasser hin liessen sie sich nieder, nach Süden gegen

ṣḷn̈a qodi jorpn krgn qisl͡ta ḅiṇ brkiṇ n͡dabozdm ....
Cäläṇä коды jорышан курђан (?) кысылта äбін баркін анда буздым .....
j̣škagdi oigrl͡tbr j̣özčaṛg̈ iḷtot
jышка ыђды. Уiђур äлтäбäр jӯзчä äріг äл тутты

38) ...c bodn ačṛṭi oljilkig lpigṭm otzrtqi ṭöṛṭ
Тӯрк будун ач äрті ол jылкыђ алын äгіттім отуз артукы тöрт
j̣šma ogz ṭzp tbgčka ḳiṛṭi ökṇp ṣöḷdm sokn ....gliṇ
jашыма Ођуз тäзін Табђачка кірті öгӯнӯп сӯлäдім ....ођлын
jotziṇ n͡daltm ḳiḷṭḅṛḷg bo ......
jотазін анда алтым äкі äлтäбäрliг будун ....

39) .....i bodn tbgčkgnka ḳöṛṭi jlbči ḍgö sbi öṭgi
...... будун табђач кађанка кöрті. Јалбачы äдгӯ сабы öтäгі
ḳḷmzṭijṇ jjnṣöḷḍm bodng n͡dabozdm j̣ilk ....bodn
кälмäз тäjін jajын сӯлäдім будунуђ анда буздум jылкысін........будун
ṣöṣi ṭiṛḷp ḳḷṭi kdrknjišda q
сӯсі тäpiliн кäлті кадыркан jышта

40) gkn̈a j̣ṛn̈rö subin̈ro qon͡di ḅiṛja krlq bodntpa ṣöḷa
.... jäpiṇäpӯ субыңару конды бäpijä Карлук будун тапа сӯлä
ṭip todn jmtrg itmbrdi(a?) ....a iḷṭḅṛ jqbolmš iṇṣi
тäн тудун jамтарыђ ыттым барды ....äлтäбäр jok болмыш iнiсі
ḅiṛ qo ....
бір курыђ алты ......

41) rkši jḷmḍi ni(a)tjṇ ṭip ṣöḷḍm qorgo ḳiöč ḳiṣḷgṇ
аркашы(?) jäлмäдi аны(а)таjын тäп сӯлäдім корђу äкі ӯч кісліrін
ṭzpbrdi krabodn kgnm ḳḷṭiṭip ög̈ ....ka atḅiṛṭm
тäзіп барды кара будун кађаным кäлті тäп ....ат бäртім
ḳičg̈ tbgč ....
кічіг табђачка ....

---

das Volk der Karluk ziehe mit dem Heere aus, sagend, schickte ich den Tudun-Jamtar(?), er ging .... der Aeltäbär kam um, sein jüngerer Bruder erhielt einen (hohen) Rang .... (41) sein Arkasch(?) trabte nicht, um ihn zu treffen (?), zog ich aus, aus Furcht ging er eilig zwei bis drei Kislig (vielleicht ein Wegemaass). Das gemeine Volk sagend, mein Chan ist gekommen, lobte(?) .... gab ich Pferde (einen Namen) beinahe bis zu den Chinesen ....

Die linke Seiteninschrift (Xa) (Zeile 1—10).

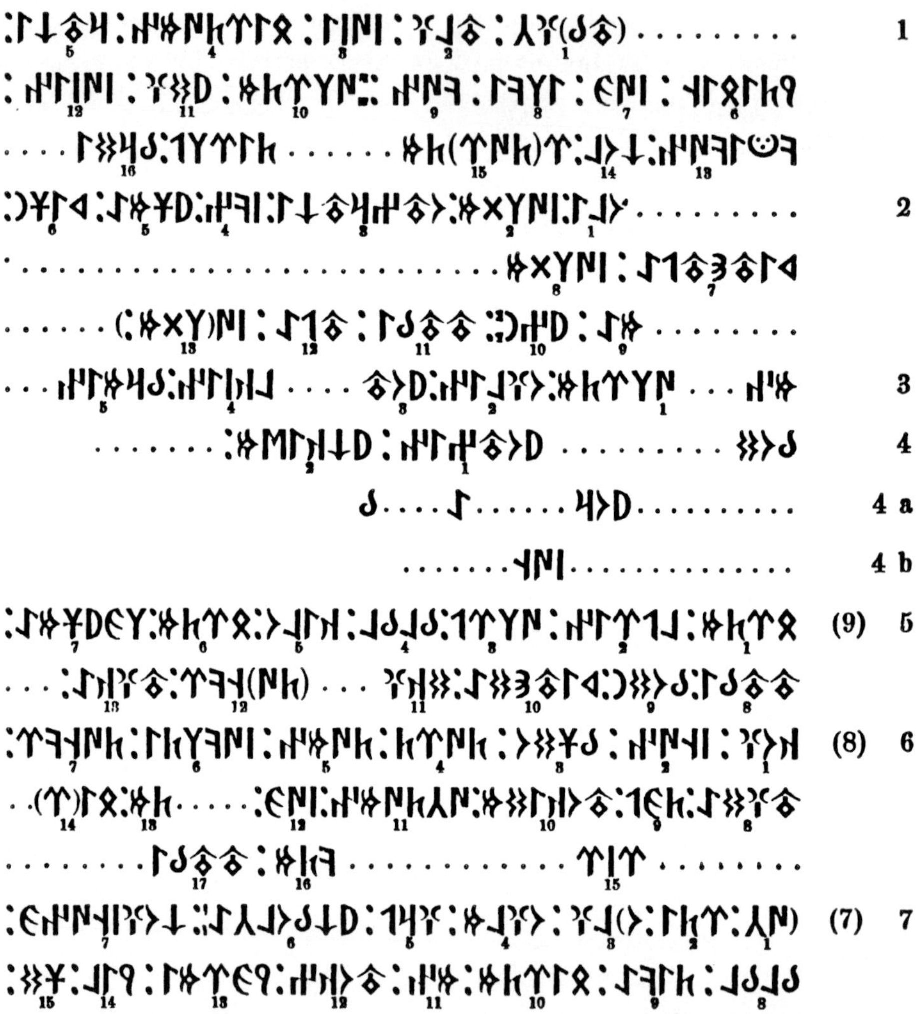
1
2
3
4
4 a
4 b
(9) 5
(8) 6
(7) 7

(1) das Reiterheer der Chinesen, ein Heer von 17,000 Mann tödtete ich am ersten Tage. Ihre Fusstruppen machte ich am zweiten Tage zu Knechten . . . . sich sammelnd gingen sie . . . . (2) Mal zog ich mit dem Heere aus. In meinem acht und dreissigsten Jahre im Winter zog ich gegen die Kytai . . . . in meinem neun und dreissigsten Jahre im Frühling zog ich gegen die Tataby . . . . (3) ich . . . . tödtete ihre Söhne und Jotaz (?), ihr Vieh und ihre Habe . . . .

Transscription.

1) . . gč tlg ṣöṣi ḅiṛṭömṇ rtqi jṭiḅiṅ ṣög iḷḳi ḳön öḷṛṭm
Табҕач атлыҕ сӱсі бір тӱмäн артукы jäті біц сӱг ілікі кӱн öлӱртӱм
jdg ṣöṣiṇ ḳndiḳöṇ qol ṛ . . ṭm . . . . ḷp brd . . . .
jадаҕ сӱсін äкінті кӱн кул äртӱртӱм . . . . . тäріlін барды . . . .

2) . . . . . oli ṣöḷḍm otzrtqi ṣḳz jšma qišn qitjtpa
. . . . . jолы сӱлäдім отуз артукы сäкіз jашыма кышын кытаі таuа
ṣöḷḍm . . . . ma jzn ttbi tpa ṣö . . . .
сӱлäдім . . . отуз артукы токуз jашыма jазын Татабы таuа сӱлäдім . . . . .

3) mṇ . . . . . öḷṛṭm ogliṇ jot lkṣiṇ brmiṇ . . . . . .
мäн . . . . . öлӱртім оҕлін jотазін jылкысін бармын . . . . .

4) bod . . . . jotzṇ jqkiltm . . . .
будун . . оҕлын jотазін jok кылтым . . . .

4 a (5) . . . . . . jor . . . . a . . . b

4 b (6) . . . . ṣöṅ
. . . . сӱцäшті м

5 (7) brtm lpṛiṇ öḷṛp blbl kilo ḅṛṭm ḷgjšma ttbi
бäртім алп äрін öлӱрӱп балбал кылу бäртім äліг jашыма Татабы
bodn qitjda dkg. . . . . ṅḳr tgka
будун кытаіда адакыҕ . . . . . Тӱцкäр таҕка

6 (8) kog sṅöṇ bšdo ṭöṛṭ tömṇ ṣöḳlṭi ṭöṅḳṛ tgda ṭgp
куц сäцӱн башду тöрт тӱмäн сӱ кäлті Тӱцкäр таҕда тäгін
tokidm öčṭömṇ ṣög . . . . ṭm ḅi . . . . . . ṛṣṛ . . . . ttbi . . . . .
токыдым ӱч тӱмäн сӱг аuда öлӱртӱм біp(?) . . . . äрсäр . . . . . Татабы . .

7 (9) . . . . . olg oglm grp joqbolča kogṣṅöng blbl ṭika
ӱч äрті улуҕ оҕлым аҕрып jok болча куц сäцӱніг балбал тікä

---

(4) das Volk . . . . ihre Söhne und Jotaz vernichtete ich . . . . . . (5) gab ich, ihre Helden tödtend, richtete ich Steinpfeiler her, in meinem fünfzigsten Jahre das Tataby-Volk bei den Kytai . . . . am Berge Tüngkär. (6) Unter Anführung des Kung-Sängün kamen vier Heerhaufen. Beim Berge Tüngkär sie treffend warf ich sie nieder, drei Heerhaufen habe ich dort getödtet, ein . . . . der Tataby. (7) Ich hatte (?) drei Söhne (?) mein ältester Sohn starb an einer Krankheit und ich stellte dem Kung-

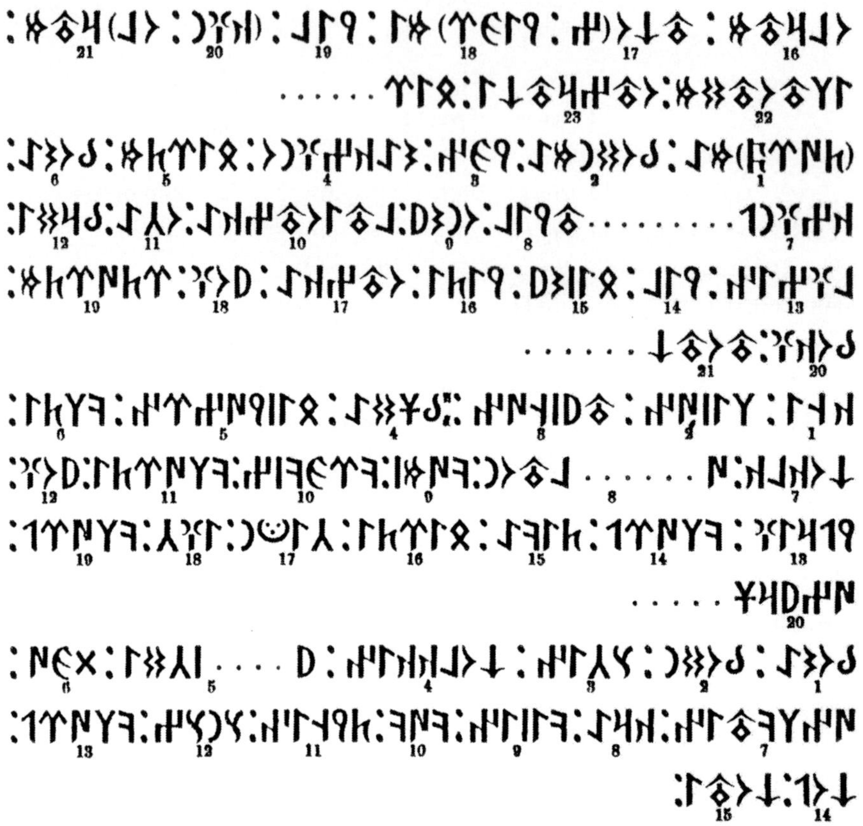

(6) 8

(5) 9

(4) 10

Säng'ün zu Ehren den Steinpfeiler auf, neun und zwanzig Jahre lang war ich Schad, neun und zwanzig Jahre lang war ich Chan, das Volk regierte ich, ein und dreissig . . . . (8) für meine Türken, für mein Volk habe ich so viel Gutes erworben. So viel erwerbend . . . . im Hunde (?) Jahre, im neunten Monate . . . . am sechs und dreissigsten starb (der Chan). Im Algazin-Jahre, im fünften Monate, am sieben und dreissigsten richtete ich das Begräbniss her . . . . (9) Unter Kangy, Lisün, Tai-Sängün An-

ḅṛṭm mṇ tokz ǰgṛmi ǰil šd olrtm tqo mi ǰil . . . . rtm
бäртiм мäн токуз jäрiмi jыл шад улартым токуз jäрiмi jыл каҕан улартым
iḷtotdm otzrtqi ḅiṛ . . . .
äl туттым отуз артукы бiр . . . .

8 (10) ṭöṛcma bodnma ǰgṇ n͡čakzgno ḅiṛṭm bon͡ča kzgnp
тӳркӳмä будуныма jäрiн анча казҕану бäртiм бунча казҕаным
ṭǰil onn͡čj ltiotzka oča brdi lgziṇ ǰil ḅiṣn͡čj ǰiṭi otzka
ыт jыл онынч ai алты отузка уча барды алҕазын jыл бäшiнч ai jäтi отузка
jog ṛṭöṛṭm bokg totq . . . .
joҕ äртӳртiм букаҕ туттук . . . . .

9 (11) kṅi ḷiṣöṇ tǰṣṅön bšda ḅiṣǰözṛṇ ḳḷṭi qoklk ö . . . . .
каңы liсӳн таi-сöңӳн башда бäш jӳз äрäн кälтi кокылык ӳч тӳмäн
. . . lton ḳömṣ ḳṛgḳṣz ḳḷöṛṭi jog ǰprig ḳḷöṛp ṭiḳa ḅiṛṭi čin͡dn
аҕы алтун кӳмӳш кäргäксiз кälӳртi joҕ jыпарыҕ кälӳрӳп тiкä бäртi чындан
igč ḳḷöṛp özjrš . . . . . .
ыҕач кälӳрӳп öз jарыш . . .

10 (12) bon͡ča bodn sčiṇ qolkkiṇ j . . . . sčdi ḍgö özḷḳtiṇ kra
бунча будун сачiн кулкаḳiн . . . . . сачты äдгӳ öзlÿк атiн кара
ḳiṣiṇ ḳöḳ ṭǰṅiṇ snsz ḳḷöṛp qop qoti
кiшiн кöк тijiңiн сансыз кälӳрӳп окун котты.

---

führung kamen fünf hundert Helden . . . . . . Gold und Silber ohne Ende brachten sie, die Grab-Ornamente (?) herbeibringend, stellten sie auf, Tchyndan-Holz herbeibringend . . . . (10) So viel Volk, ihre Haare und Ohren . . . . streuten aus, ihre Reit-Pferde (?), ihre schwarzen Zobel und blaue Eichhörnchen ohne Zahl bringend, (Gebete) lesend legten sie nieder.

Verbesserungen und Zusätze zum Text und Glossar und erläuternde Bemerkungen.

𐰾𐰃𐰭𐰞𐰢 (K 20,7, X 17,5) = ciŋlim. Ich habe fälschlich 𐰾𐰃𐰞𐰢 gelesen und алты äliм umschrieben, daher unter äl zu streichen, von Thomsen corrigirt (p. 40, Anm. 1). Die falsche Lesung ist dadurch entstanden, dass in dem Steine K am oberen Theile der Buchstaben sich eine Vertiefung befindet, die 𐰃𐰾 wie 𐰢 erscheinen liess, auch bei 𐰭 ist oben rechts ein Strich im Abklatsch zu sehen, aber links keine Spur eines solchen. Bei X sind die beiden ersten Buchstaben deutlich, der Querstrich bei 𐰭 ist aber ausgebrochen und zwei Mal länger als er sein müsste. Das einmalige Erscheinen des 𐰢 im Anlaute machte die Form von Anfang an verdächtig. 𐰾𐰃𐰭𐰞𐰢 ciŋliм heisst «meine jüngere Schwester», ob der Stamm ohne Pronominal-Affix ciŋli oder ciŋil zu lesen ist, ist aus dieser Schreibung nicht zu ersehen. Letzteres aber wahrscheinlicher. Der Satz ciŋliм кунчујуҕ бäртiмiз kann man auf keinen Fall übersetzen: meine Schwester gaben wir (ihm) zur Frau. Der Satz wäre ganz untürkisch, denn in allen mir bekannten Dialekten müsste das Accusativ-Affix bei ciŋliм stehen: ciŋliмiн кунчуі бäртiмiз oder ciŋliмiн кунчуіка бäртiмiз. Кунчуі, das sonst unbekannt ist, könnte ein Titel sein, also etwa «Prinzessin» bedeuten, dann wäre die Construction untadelhaft und zu übersetzen: «meine Schwester, die Kuntschui (Prinzessin), haben wir ihm gegeben».

𐰾𐰇𐰚𐰠𐰤 (X 25,7). Ich habe (X 25,7—10) сöклäн ыдук баша сöңÿштÿмiз gelesen und сöклäн als Eigennamen aufgefasst; wahrscheinlicher aber ist die Lesung бäш тÿмäн сÿ кäliн ыдук башта сöңÿштÿмiз fünf Heerhaufen kamen und wir kämpften am Berge Yduk (oder: auf dem genannten Berge). 𐰾𐰇𐰚𐰠𐰤 ist übrigens undeutlich geschrieben, man könnte auch 𐰾𐰇𐰚𐰃𐰲𐰃 oder 𐰾𐰇𐰚𐰃𐰲𐰃 сÿкiчтi lesen, dann wäre Kitschti der Name des Berges.

𐰾𐰇𐰚𐰼 сöкÿр (v) (s. Glossar). Im Glossar habe ich сöкÿр nur mit Kirg. шöк (= чöк) verglichen. Im Kudatku-Bilik 30,82 findet sich سوكوب von сöгÿ (v) «auf's Knie fallen» (sogar durch eine persische Glosse بزانو نشاندن erklärt), ebenso ist mir im Tarantschi-Dialekte сöгäдä (v) «das Knie beugen als Ehrenbezeugung» aufgestossen. Somit ist сöкÿр das Factit. сöкÿ-+-р und bedeutet eigentlich «einen Kniefall thun lassen». Äriзliгir сöгÿртÿм heisst also: die Hoheit habe ich zum Kniefall gezwungen, d. h. mir untergeordnet, erniedrigt.

[Runen] (Kb 4,21), [Runen] (X 30,9). So ist hier statt [Runen] und [Runen] zu lesen. Daher ist im Glossar p. 134 Ciлкі-Тоҕу zu streichen und unter Тоҕу ([Runen]) dieser Stadtname bei dem Beispiele aufzuführen. [Runen] = äң iliк und [Runen] = äң iliкi heisst «zuallererst», in Folge dieser Schreibweise muss p. 91,a statt äңliкi nur äң aufgeführt werden. Dann sind p. 102 a unter iliкi alle hier erwähnten Beispiele aufzuführen: (Kb 4,21 —23) äң iliк Тоҕу балыкта сöңÿштÿміз zuerst kämpften wir bei der Stadt Togu; (X 30,9) äң iliкi Тоҕу балыкта сöңÿшдÿм zuerst kämpfte ich bei der Stadt Togu. Das unter äңliкi (p. 91 a) aufgeführte [Runen] ist daher nicht äңliкi sondern auch äң iliкi zu lesen.

[Runen] (K 36,6). Vielleicht besser zu lesen алыпан урты; der ganze Satz (K 36,4—6) lautet: бір äpir алыпан урты einen Helden fassend schlug er nieder.

[Runen] (K 1,16), [Runen] (X 3,6). Ich habe dieses Wort äшiтмä каҕан transscribirt. Dieses Wort ist entweder Eigenname, dann kann äшiтмä (äciтмi) gelesen werden, oder es ist ein Adjectivum, dann wäre die Endung мi wohl unmöglich. Ich habe es als Adjectivum aufgefasst und mit dem Verbum äшiд in Verbindung gebracht. Dieses wird aber immer mit [Runen] geschrieben, ja sogar im Falle des Antritts eines mit [Runen] m anlautenden Affixes, vergl. [Runen] äшiдмäдÿк (Xb 11,4). Ist meine Ansicht richtig, dass kein Adjective bildendes Affix мi existirt haben kann, so müsste [Runen] in [Runen] geändert werden. Ist aber eine Aenderung des letzten Buchstaben nöthig, so wäre noch besser, statt [Runen] ein [Runen] zu setzen, da [Runen] äшiтмiш in der Bedeutung «berühmt» gar keine Schwierigkeit böte. Wäre nicht in X 3,6 der Initial [Runen] fortgelassen, so möchte ich vorschlagen: [Runen] iш äтмiш каҕан zu lesen und «ein Thaten ausführender Kagan» zu übersetzen.

[Runen] (äcir кÿчir). Vergl. Glossar mit äc und кÿч. Ich habe hier äc und nicht iш gelesen, obgleich mir das osmanische iш-гÿч wohl bekannt war, und zwar deshalb, weil in dem Denkmal von Onggin [Runen] vorkommt. Die Lesung Prof. Thomsen's (p. 39) ist möglich, hat aber keinerlei Vorzug. Das osmanische iш гÿч heisst ganz etwas Anderes, da hier гÿч in der Bedeutung «Schwierigkeit» steht, iшli гÿчli heisst im Osmanischen: mit Arbeit und Schwierigkeit überhäuft. Man kann osmanisch nicht sagen: iш гÿч вäрмiш.

[Runen] (K 39,3). Äтäjiн тäjiн ist im Glossar an der richtigen Stelle unter äт (v) aufgeführt. In der Uebersetzung p. 22 steht fälschlich «das Sugdak-Volk wollen wir angreifen, sagend», dieses ist in «das Sugdak-Volk wollen wir einrichten, sagend» zu ändern.

𐰀𐰠, 𐰠 äl (s. Glossar 93). Äl heisst ursprünglich: «Ruhe, Friede, Eintracht», dann «die in Ruhe lebende Volksabtheilung, der Stamm, die Gruppe von Geschlechtern, die durch Interessengemeinschaft ein sociales Ganzes bilden». Ein Äl nimmt unter günstigen Verhältnissen zu und verkleinert sich umgekehrt in unruhigen Zeiten. Diese Veränderungen gehen oft sehr schnell vor sich, doch ist es meist ein Hin- und Zurückfliessen derselben Elemente. Gewaltsame Veränderungen im Bestande des Äl werden meist nur durch Oberfürsten oder Kagane herbeigeführt. Der Nomadenstaat (каҕанлыҕ) ist die Vereinigung einer Anzahl socialer Einheiten (äl), er kann nur gedeihen, wenn jedes dieser Einheiten ein festes, ungetheiltes Ganzes bilden und in der Macht des Oberherrn (каҕан) ihren eigenen Vortheil sehen. Daher ist die Aufgabe des Chans (каҕан), wenn sein Reich Bestand haben soll, die Äl in ihrem Bestande zu halten (тут) oder zu seinem Vortheile noch fester zu ordnen (äт). Die inneren Verhältnisse des Äl ordnen sich nach dem herkömmlichen Gewohnheitsrecht (тöрӱ), das der Chan ebenfalls zu unterhalten (тут), einzurichten und zu verbessern (äт) hat. Seine Herrschaft vergrössert der Chan wenn er neue Stämme dem Staate gewinnt oder erwirbt (казҕан) oder sich mit Gewalt unterordnet (ал).

𐰀𐰠𐰾𐰼𐰀, 𐰠𐰾𐰼𐰀 älcipä (s. Glossar).

𐰀𐰠𐰾𐰼𐱅𐰀, 𐰠𐰾𐰼𐱅𐰀 älcipäт (s. Glossar).

𐰴𐰍𐰣𐰺𐰽𐰀 каҕан сыра (s. Glossar).

𐰴𐰍𐰣𐰺𐰽𐱃𐰀 каҕансырат (s. Glossar). Aus den Substantiven 𐰠 (𐰀𐰠) äl und 𐰴𐰍𐰣 каҕан werden durch Anhängung des Affixes сыра (𐰺𐰽), cipä (𐰾𐰼) werden die oben aufgeführten Verba älcipä und каҕансыра gebildet, von denen wieder Factitiva auf т: älcipäт und каҕансырат abgeleitet werden. Denominativbildungen durch das Affix сыра (cipä) sind in den meisten nördlichen Dialekten noch heute im Gebrauch. Die Verba auf сыра haben meist noch Nebenformen auf сы. Die Verba auf сыра (cipä) bedeuten ein Anfangen oder Verweilen in einem Zustande (Verhältnisse), den das Grundwort anzeigt. Das Verba denominativa bildende Affix +ла +н, das dieselbe Bedeutung hat, ist jetzt in allen Türkdialekten viel verbreitet und als lebenskräftig zu bezeichnen, da es fast an jedes Nomen gehängt werden kann. Die Formen auf сыра (cipä) hingegen sind nur vereinzelt anzutreffen. So heisst im Kirgisischen: кансыра (auch кан+лан = кандан) hervorströmen (vom Blute), bluten, sich mit Blut bedecken, sich verbluten; омоксыра (Alt.), омаксыра (Schor.) [омактан (Küär.)] flink sein, von омок (flink)+сыра; аулаксыра (Tob.) sich vereinsamt halten, von аулак (alleinstehend) +сыра; [аулаклан (Kas.)], käнзыра (Schor.) sich als Chan geriren, von käн (Chan)+сыра; бIcipä (Kkir.) sich als Bi geriren, von бI (Herr)+cipä. Diese Beispiele mögen genügen (ich könnte mit Leichtigkeit noch ein Dutzend aufführen). Allgemein verbreitet ist die Anfügung des Affixes сыра (cipä) an das Nomen verbale auf м, so dass in dieser Bildung ein neues lebenskräftiges Affix мзыра, мсыра entstanden ist, z. B. кÿl-ÿм+cIpä = кÿlÿмзIpä (Ostdialekte), кöлöм+cIpä (Wolgadialekte) «lächeln», jöpöм+cIpä (Kas.) «ein Wenig gehen, manchmal gehen». Obengenannte in den Inschriften auftretende Verba denominativa älcipä und kaҕансыра hatte ich natürlich in diese Gruppe eingereiht und sie ganz wie kaҕанлан und älläн übersetzt. Herr Prof. Thomsen ist anderer Meinung. Er ist überzeugt, dass das Affix сыра eine privative Bedeutung hat. Er stützt seine Ansicht auf das im Kirgisischen vorkommende kaнсыра, dass ich in meiner Phonetik zufällig in der Bedeutung «sich verbluten» aufgeführt hatte. Auf dieses eine Beispiel[1]) (dessen Grundbedeutung durchaus nicht privativ ist) stützt er eine neue Theorie für die Bedeutung des Affixes сыра. Er übersetzt daher älcipä ils dépossédèrent des peuples (indépendants), kaҕансыра ils depossédèrent des khans, älcipäт il enleva leurs peuples, kaҕансырат il leur priva de leur khans, урыҕсыра (siehe weiter unter 𐰆𐰺𐰍𐰽𐰺𐰢𐰀) rendre sans postérité. Die privative Bedeutung ist in keinem bekannten Dialekte nachzuweisen, sie müsste sich daher nur auf die uns vorliegenden Inschriften stützen. Betrachten wir daher alle Stellen, in denen diese Verba vorkommen, um zu sehen, ob diese Stellen uns veranlassen können, eine neue, sonst nirgends angewendete Bedeutung des Affixes сыра anzunehmen. Das von Prof. Thomsen angeführte Beispiel (K 13,3 und folg.) lautet: jäті jÿз äр болын älcipäміш, kaҕансырамыш, будунуҕ, кÿңдäміш кулдамыш будунуҕ, тÿрк тöрÿсÿн ычҕынмыш будунуҕ äчÿм апам тöрÿсÿнчä jaратмыш, бушҕурмыш, Töläc Тардуш будунуҕ äтміш, jабҕуҕ шад бäрміш; ich übersetze: als (mein Vater und seine Anhänger) sieben hundert Mann geworden waren, bildeten sie Stämme und er (als ihr Führer) warf sich zum Chan auf (gerirte sich als Chan) (vergl. kaнзыра [Schor.]), das Volk (Acc.), das zu Knechten und Mägden (der Chinesen) gemachte Volk (Acc.), das ihre türkischen Sitten (Gesetze) aufgegeben habende Volk (Acc.) richtete er nach den Sitten (Gesetzen)

1) Der erst später hinzugefügte zweite Beleg älcipä (Kas.), das ich im Wrtb. von älcis abgeleitet habe, gehört garnicht hierher. Uebrigens ist meine Ableitung sehr zweifelhaft, wie auch das von Thomsen angeführte kirgisische elҗipä beweist.

meines Vorfahren ein, machte es kriegerisch, richtete das Volk der Tölös und Tardusch[1]) dort ein und gab ihnen einen Jabgug-Schad.

Wenn ich nach der Hypothese Thomsen's übersetze, so müsste das Komma vor dem ersten будунуҕ wegfallen und älcipäмiш und каҕансыра->мыш attributiv zu das будунуҕ treten. Es wäre daher zu übersetzen: Als (mein Vater und seine Anhänger) sieben hundert Mann geworden waren, hat er das seine Stämme und Chane verloren habende Volk, dass zu Knechten und Mägden u. s. w. Logisch wäre eine solche Uebersetzung ganz möglich, ist sie aber eine Verbesserung? Es würde der Uebergang zwischen dem Herumziehen des Ilteres-Chan als Freibeuter und sein Auftreten als Chan fehlen. Der ganze Zusammenhang ist ja folgender: Zuerst zieht der Vater des Chans als Abenteurer mit zwanzig Gefährten umher, da er Erfolge erzielt, so nimmt die Zahl seiner Anhänger zu, er gewinnt erst siebzig und zuletzt sieben hundert Anhänger. Jetzt fühlt er sich stark genug, um ein geordnetes Staatswesen einzurichten, seine Anhänger bilden mehrere Stämme (Äl) und er selbst nennt sich ihr Chan. Dadurch vermochte er das ganze Türkenvolk, das damals unter der Herrschaft der Chinesen stand, und wie wir vernommen, schon zum Theil abgefallen war, wieder zu einem Staatswesen zu vereinigen, die eingerissenen fremden Einrichtungen durch frühere türkische Einrichtungen zu ersetzen, seinem eigenen Stamme, den Tardusch und Tölös, ein festes Gefüge zu geben und als ihre Befehlhaber Unterfürsten einzusetzen. Weshalb sollte der Chan, nachdem er vorher lang und breit die Ent*kagan*-ung und die Ent*äl*-ung erzählt hatte, dieselbe unbedingt hier noch einmal erwähnen müssen? Ist diese zweite Erwähnung so unbedingt nothwendig, dass sie uns zwingt, ein neues bis jetzt unbelegtes Affix сыра anzunehmen? Dies ist das einzige Beispiel für das Vorkommen der Verba älcipä und каҕансыра.

Betrachten wir jetzt das Auftreten der factiven Formen älcipäт und каҕансырат. Nachdem der Chan die Zahl der Kriegszüge und Schlachten seines Vaters angegeben hat, fährt er fort (K 15,10, X 13,7): тäңpi jaрылкадук ÿчÿн ällirir älcipäтмiш каҕанлыҕыҕ каҕансыратмыш, jaҕыҕ баз кылмыш äтiзlirir сöкÿртмiш, башлыҕыҕ jÿкÿндÿрмiш da der Himmel ihm gnädig war, hat er das Äl-thum sich als äl geriren lassen, hat er das Chanthum sich als Chan geriren lassen (d. h. ordnete er die Stammeintheilung und brachte die Chanswürde zur Geltung), zwang die Feinde sich ruhig zu verhalten, unterwarf sich die Hoheit, ordnete sich die Häuptlinge unter (auf diese Weise erwarb er sich den Ehrenplatz und

1) Den eigenen Stamm des Chans nennt er hier absichtlich nicht äl sondern будун.

starb). Ganz dasselbe wiederholt der Chan wörtlich (K 18,6—13) von seinem Onkel, nur, da er hier sich selbst als Theilhaber fühlt, setzt er alle Verba in die erste Person pluralis imperfecti. Das Recapituliren der Verdienste der früheren Chane, des Vaters und Onkels, lässt doch in dieser Uebersetzung nichts zu wünschen übrig. Sie seien starke Krieger gewesen, hätten so und so viel Schlachten geschlagen, sie hätten als Herrscher verstanden die Staatseinrichtung zu verbessern und dadurch die Chansgewalt erhöht, sie hätten (innere und äussere) Feinde zum Frieden gezwungen und die Unterfürsten ihrer Oberhoheit unterworfen, dadurch hätten sie den Ehrenplatz erworben und seien gestorben. Ich frage, ist es eine Verbesserung des logischen Zusammenhanges, wenn man übersetzt: er habe so und so viel Schlachten geschlagen, die Stammeintheilung vernichtet, die Chane abgesetzt (wörtlich: den Stämmehabenden die Stämme genommen, den Chanchabenden die Chane genommen), die Feinde zur Ruhe gebracht u. s. w. Ich kann hier kein logisches Moment entdecken, das uns zwingen könnte, ein neues, vollkommen unbelegtes Affix einzuführen.

Wenn Herr Thomsen älcipä mit «Untergehen der Stämme» übersetzt, so liesse sich die Sache noch erklären, denn bei langwierigen, sich nicht schnell entscheidenden Kriegen können wohl die Stämme sich auflösen. Dass aber der Chan eines Nomadenreiches die Stämme des besiegten und unterworfenen (алмыш) Volkes vernichten sollte, ist mir vollkommen unverständlich. Ein aufgelöster Nomadenstamm ist eben dasselbe, was ein in einzelne zügellose Banden zerstreutes Heer ist, die Zeit der Auflösung der Stämme ist eine Zeit vollkommener Anarchie, und diese herbeizuführen, wäre eine sehr schlechte Chanspolitik, die nicht der rühmenden Erwähnung verdiente, denn ihr würde ein sehr unbequemer Partisanenkrieg folgen. Daher sucht jeder Chan die Stammeintheilung zu befestigen (тут) und für sich vortheilhaft zu ordnen (äт), indem er die früheren Führer vernichtet, feindliche Theile neu unterworfener Stämme einerseits in andere Gegenden überführt und mit ihm treu ergebenen Stämmen verbindet, andererseits Theile ihm treu ergebener Stämme mit ihren Führern in das Gebiet eben unterworfener Stämme übersiedelt und sie diesen einverleibt. Dass der Bilgä-Chagan dieser Politik anhing, beweist uns K 21, wo er nach dem Kampfe mit den Kyrgys, sagt: «Nach Osten bis zum Bergwalde Kadyrkan (d. h. auf türkisches Gebiet) siedelte ich die Scha-Leute (Kirgisen) an und richtete Alles ein (d. h. ich fügte sie in die Äl der Türken ein), nach Westen bis zum Kängü-Tarman (d. h. auf kirgisisches Gebiet) siedelte ich unsere Türken an und richtete Alles ein (d. h. theilte sie den Kirgisen Äl-en zu)», eine solche Politik ist eben älcipäт. Es durch ein passendes Wort zu übersetzen ist unmöglich, denn es fehlt uns ein Wort für äl.

Aehnliches lässt sich von kaҕансырат sagen. Ein Nomaden-Chan wird nicht ein- und nicht abgesetzt, die Chansgewalt ist stets die Usurpation einer hervorragenden Persönlichkeit und ihres Familienanhanges, die der Chan durch älcipäт, d. h. Zusammenfügen der Stämme, sich aneignet. Auch der Nachfolger ist nur insofern Erbe, als er durch Familienbeschluss der in den verschiedenen Äl-en mächtigen Familienglieder als derjenige bezeichnet wird, den man in der Chansgewalt zu unterstützen hat, und zwar ist dies gewöhnlich der älteste Sohn des Chans, wenn er erwachsen ist, oder einer der Brüder. Dies ist was der Chan K 16,11—14 unter оl тöрÿ versteht. Das kaҕансырат besteht nicht nur im Kriegführen und im Belassen der Stämme in ihrem Recht und Bestande, sondern auch in der Kunst, seine Verwandte, Freunde und nahestehende Klienten den verschiedenen Stämmen zuzutheilen und solche Leute auszuwählen, welche dieser Aufgabe gewachsen sind und in ihrer Umgebung zu Ansehen und Gewalt gelangen, diese Unterbefehlshaber sind das, was der Chan башлыҕ und äтiәlir nennt, diese muss er bei neuunterworfenen Stämmen sich unterwerfen, oder durch neue eigene Leute ersetzen und in ihrer Gewalt zu halten verstehen. Wird nun ein Chan von einem benachbarten Chane überfallen und besiegt, so wird er entweder getödtet (dies ist das Gewöhnliche, wie auch unser Denkmal zeigt), denn jeder solcher Kämpfe ist ein Kampf um Sein oder Nichtsein, da die verlorene Schlacht den Untergang der Chanschaft nach sich zieht, oder er entflieht, dann fällt gewöhnlich der grösste Theil der Äl-e von ihm ab und schliesst sich dem Sieger an. Nur selten, und das nur bei angesehenen Chansgeschlechtern, die lange Jahre die Gewalt inne haben, bleibt ihm ein so grosser Complex von Äl-en, dass er noch weitere Kämpfe wagen kann. Ist er zu schwach einen Kampf einzugehen, so zieht er sich in unwegsame Stellen zurück und wird dann gewöhnlich, wenn nicht bald eine Aenderung der Verhältnisse eintritt, als ein dem Äl schädliches Moment von seinen eigenen Unterthanen umgebracht oder er entflieht zu ihm verschwägerten Nachbarchanen. Entstehen dann in seinem früheren Reiche wieder Unruhen und hat er dort noch Anhang, so kann er durch die Unterstützung einiger Äl-e abermals zur früheren Chansgewalt gelangen und durch neue Kämpfe die früheren Äl-e erwerben, d. h. er kann älcipäт und dadurch abermals die Chansgewalt (kaҕанлыҕ) von Neuem befestigen (kaҕансырат).

Ich habe oben schon erwähnt, dass das Verbum käнзыра noch jetzt bei den Schoren im Gebrauch ist, die Altaier und Teleuten brauchen dafür kāнырка. Da es jetzt keine Chane mehr giebt, so hat sich die Bedeutung geändert, es bedeutet jetzt: sich als Chan, als grossen Herrn geriren, den Vornehmen spielen, sich selbst hochstellen, stolz sein.

[runic] (K 6,20), [runic] (X 7,5), [runic] (Ka 7,1, X 7,9). Dies sind Verba denominativa: 1) äl-+-lä, hat fast die Bedeutung von älcipäг, und 2) kaҕанла = каҕан-+-ла die Bedeutung kaҕансырат. Die Sätze тӱрк будун älläдӱк älin ычҕыну ыдмыш, kaҕанладук каныи jiтгрӱ ыдмыш sind zu übersetzen: «das Türken-Volk löste die Stämme, die es gebildet hatte, selbst auf und vernichtete die Chane, die es selbst eingesetzt (anerkannt) hatte», oder: «das Türken-Volk löste die Äl-e, die ihre Äl-Gewalt ausübten, auf und vernichtete die Chane, die ihre Chansgewalt ausübten». Hier haben wir das Wort, welches das Auflösen der Stämme bedeutet, älin ычҕыну ыдмыш ist dasselbe, was Prof. Thomsen unter älcipäтмиш versteht, kaҕаныи jiтгрӱ ыдмыш, was er unter kaҕансыратмыш versteht.

[runic] ällir (s. Glossar). 1) Stämme habend, aus Stämmen bestehend; 2) das Stammthum, die Stammeinrichtung, die Stammeintheilung. (K 9,3, X 8,25) ällir будун, ein Volk das aus Stämmen besteht, ein geordnetes Staatswesen.

[runic]. Ich habe dieses Wort in der Transscription durch aiдук wiedergegeben und «genannt» übersetzt. Diese Lesung habe ich unter grossen Bedenken eingeführt und enbensowohl wie Herr Thomsen an der Schreibweise ai durch [runic] Anstoss genommen. Aber nach Vergleich aller Stellen (siehe Glossar unter ai [v]) für [runic] aiдук oder ыдук einsetzend, habe ich mich zuletzt für aiдук entschieden. Ausserdem erregte mir die Form ыдук von ыд-+-yk im Alttürkischen Anstoss, da diese im Alttürkischen doch ыдыҕ hätte lauten müssen und ыт-+-тyk gewiss [runic] geschrieben worden wäre. Auch passt bei ыдук, wenn diese Lesung richtig wäre, die echt türkische Bedeutung nicht, denn das ыдук im Uigurischen kann hier nicht in Betracht kommen, da der Verfasser des Kudatku-Bilik als Mohammedaner, dies Wort in mohammedanischer Anschauungsweise in der Bedeutung «von Gott geschickt» anwendet. Bei den dem Schamanenthum anhängenden Türken heisst ыдык (ызык, ыјык) ganz etwas Anderes, nämlich: «vom Menschen der Gottheit geweiht und dadurch geheiligt». Ein Pferd oder ein anderes Thier, das der Schaman vorher für das Opfer bestimmt, heisst ыјык (ыдык, ызык). Ein Berg, wo man solche Opfer darbringt, kann auch wohl ызык, ыјык genannt werden. Als Bergname ist es aber vollkommen Eigenname, also eine Abkürzung einer früheren anderen Benennung. Es ist aber unmöglich vom Land und Wasser zu sagen: тӱрк ыдук jäpi субы «das von den Türken geweihte ihr Land und Wasser» (s. weiter unter [runic]). Die Schwierigkeit der Schreibung von [runic]

(genannt) liesse sich auf andere Weise erklären. Die Süddialekte kennen das Verbum aiт «sagen» nicht, und wenn es in der Schrift vorkommt, spricht man in Konstantinopel sogar ايدر statt аiдар jetzt iдäр. Die Westdialekte wenden statt aiт das Verbum äiт an, im Jakutischen lautet dieses Verbum ыiт. Ich möchte daher annehmen, dass schon im VIII. Jahrhundert dieses Zeitwort in zwei dialektischen Formen ai (Uigurisch) und ыi (Alttürkisch) bestanden hat und dass somit [runic] ыiдук zu lesen ist. Die Wiedergabe von ыi durch [runic] könnte nicht befremden, da ja bei ы stets der Buchstabe [runic] nie [runic] steht, so würde die Diphtong ыi genau durch [runic] wiedergegeben werden müssen, da aber [runic] nirgends in dieser Stellung auftritt, so wurde gewiss statt ыi nur [runic] geschrieben.

[runic] (X 40,12). So kann auch statt [runic] gelesen werden, da das untere Ende des letzten Buchstabens beschädigt ist, dann wäre ыттым барды zu lesen. Ist diese Lesung richtig, so ist X 10—12 тудун Јамтарыӈ ыттым барды «ich schickte den Tudun-Jamtar und er ging». Beide Uebersetzungen und Lesungen sind möglich, da in der abgerissenen Stelle keine Aufklärung durch die Zusammensetzung möglich ist.

[runic] (Kb 13,13). Dieses Wort ist gewiss ынанчмур zu lesen, es scheint ein Eigenname zu sein. Das vor diesem Worte stehende Tardusch ist Geschlechtsname, so dass ich übersetzen möchte: «Von dem Kirgisen-Chan kam (als Gesandter) der Ynantschmur von den Tardusch. Da Tardusch das Türkengeschlecht des Chans ist, so gehörte gewiss ein Theil der laut K 21 in das Land der Kirgisen übergesiedelten Türken zum Stamme Tardusch.

[runic] igdlbrgo (Ka 10,13). Habe ich früher iriд барӈу gelesen. Da hier zwei verschiedene Consonantenzeichen auftreten, ist dieser Buchstabencomplex auf jeden Fall als zwei Wörter aufzufassen. Seine Erklärung bleibt aber bis jetzt zweifelhaft. Dem Zusammenanhange des Satzes nach wäre vielleicht besser zu übersetzen: азу бу сабымда äriдä барӈу тӳрк бäгläр будун буны äшiдiӈ! «höret dieses ihr türkischen Herren und Volk, die ihr in diesem meinem Ruhme gross geworden seid». Ist diese Uebersetzung richtig, so würde [runic] für äriдä stehen und барӈу ein Nomen-Verbale auf ӈу (das im Uigurischen allgemein im Gebrauch ist, sich in unseren Texten nur in der Form ӈучi, гӳчi, siehe: äткӳчi auftritt). Eine Schwierigkeit bietet diese Auffassung nur dadurch, dass äriд ein Verbum transitivum «auferziehen» ist und dass mir das Nomen auf ӈу nur als Substantivum, aber niemals als Adjectivum, wie hier, aufgestossen ist.

[runic] ыӈар. Der Form nach zu urtheilen ein Nomenverbale präsentis von einem Verbalstamme ыӈ. Für die Bestimmung der Bedeutung von ыӈ (v) können folgende Verba herbeigezogen werden: ык 1) stromabwärts schwim-

men, mit dem Strome fahren, 2) mit dem Winde gehen, 3) ыҕыл sich auf die Seite legen, sich herabbeugen, ыҕыс (Kir.) sich einengen, sich zusammendrücken, ыҕыш sich herrabbeugen. Alle diese Verba zeigen, dass die ursprüngliche Bedeutung von ыҕ sein konnte: «von oben nach unten gehen, sich herabbeugen». Nehmen wir diese Bedeutung an, so würde ыҕар äl «ein herabsinkendes Volk» sein und K 29,19 ыҕар ällirдä каҕанлыҕда jäк кылдым würde bedeuten: «die herabsinkenden Stämmehabenden (Stammeintheilung) und die herabsinkenden Chanehabenden (Chanschaft) hat er gut gemacht», oder «er verbesserte das herabsinkende Äl-thum und die herabsinkende Chanschaft». Nehmen wir in ыҕ eine unbekannte Wurzel an und nehmen wir jäк in der ebenso allgemein verbreiteten Bedeutung «schlecht», so müsste ыҕар das Umgekehrte: «emporsteigend, sich hervorthuend» bedeuten, dann wäre zu übersetzen: «die sich hervorthuende Äl-schaft und Chanschaft hat er schlecht gemacht». Meiner Ueberzeugung nach, ist das erstere vorzuziehen. Dazu passt auch ыҕар in der zweiten Stelle in unserem Denkmale K II,17 · ыҕар оҕланыңызда, тоіҕуныңызда ärirдä iräдӱр äрдіrіз «ihr habt die herabsinkenden Toigune und Oglane alle beide besser gemacht, erhöht», im anderen Falle wäre zu übersetzen: «die sich erhebenden Toigune und Oglane alle beide habt ihr auferzogen».

Da in beiden Beispielen in allen darauf folgenden Wörtern ein дa tritt, so könnte man ыҕар — да — да auch als Conjunction auffassen = sowohl .... als auch. Dann wäre zu übersetzen: «sowohl die Älschaft wie auch das Chanthum habet ihr gut (schlecht) gemacht», das zweite Beispiel: «sowohl die Toigune als auch die Oglane habt ihr auferzogen». Es bleibt also die Bedeutung von ыҕар fraglich.

𐰇𐰭𐰼𐰀 öңрä. Ist sowohl besser «nach vorn» zu übersetzen. Dann wäre K 4,5, X 5,3 öнäрä кӱн тоҕышыкда: «nach vorn, nach Osten» zu übersetzen. Meine frühere Uebersetzung «rund herum bis nach Osten», ist nicht dem Texte entsprechend. Da die Aufzählung der Völkerschaften mit den östlich vom Orchon wohnenden бöкli äчӱlir äl (vergl. 𐰋𐰇𐰚𐰠𐰃 und 𐰲𐰇𐰠𐰃𐰼) beginnt.

𐰇𐱅𐰇𐰚𐰤. 𐰇𐱅𐰇𐰚𐰤 ӱrӱкäн. Scheint der Eigenname eines bestimmten Bergwaldes zu sein, vielleicht die ganze Gebirgsgegend nördlich von der Orchon-Quelle bis zum See Kossogol. Das Wort ӱrӱкäн wird bei Raschid-eddin mehrmals als Flussname erwähnt. Vergl. Kudatku-Bilik Th. I, Vorrede XXVI, wo es in den Formen اوتيكر, اوتيكز und اوتيكن auftritt. In Ka 8 tritt (𐰇𐱅𐰇𐰚𐰤) ӱrӱкäн jäр und (𐰇𐱅𐰇𐰚𐰤) ӱтӱкäн jыш auf. Diese Zeile ist die dunkelste und am schwierigsten zuverstehende Stelle der ganzen Inschrift und ist in meiner Uebersetzung vielfach unverständlich, ich will deshalb hier noch einmal Ka 8,1—9,7 zu übersetzen und zu erklären versuchen. Wir haben es hier mit einer Reihe coordinirter Sätze zu thun, die auf Wörter im Instrumental-Casus endigen.

Diese Reihe von Sätzen sind:

1) ол jäргäрӳ барсар тӳрк будун öлтäчiзiн (Ka 8,1—5), 2) ӳтӳкäн jäр олурын(?) аркын тäркiш ыссар нäң буңаk jok ӳтӳкäн jын олурсар(?) бäңгӳ äl тута-уларгачызын (Ka 8,6—18), 3) тӳрк будун тоkраkkысын (Ka 8,19—21), 4) ачсаk тоссар öмзӳсiн (Ka 8,22—23), 5) бiр тодсар ачсаk öмзӳсiн (Ka 8,24—27).

Die Instrumentale sind unbedingt zu übersetzen: 1) wegen der Sterbenden = da gestorben waren, 2) wegen der sich erhebenden = da sich erhoben hatten, 3) wegen der ausserhalb (verquer) von ihnen befindlichen = da rund herum Völker wohnten (?), 4) und 5) wegen der Ursache (?) = aus der Ursache dass.

Nach diesen Vordersätzen folgt der Nachsatz: андаҕ аңын ӳчӳн äгiтмiш kаҕаныңын, сабiн алматiн jäр саjу бардыҕ (Ka 8,29 — K 9,7), «mit deinen wegen solcher Betrachtungen erhobenen Chanen mit ihrem Ruhme und mit ihrer Trefflichkeit (?) bist du in alle Länder gezogen». Versuchen wir jetzt zuerst die Vordersätze wörtlich zu übersetzen: 1) wegen der des zu jenem Lande gezogenen Türken-Volkes Gestorbenen, 2) wegen der im Ütügän-Lande sitzend, die im keine mit Karawanen geschickten Waaren und Sorgen habenden Ütügän-Bergwalde sitzenden ewigen Stämme beherrschend sich erhoben habenden (Fürsten), oder: wegen der im Ütügän-Lande sitzend, die im Ütügän-Bergwalde, der keine mit Karawanen geschickten Waaren und keine Sorgen um diese hat, wohnenden ewigen Stämme beherrschend, sich erhoben Habenden, d. h. weil im Ütügän-Bergwald sitzend (einzelne Leute) sich hervorthaten (erstarkten, Macht gewannen), indem sie die ewigen Stämme regierten, welche den keine mit Karawanen ausgesandte Waaren und Sorgen um dieselben habenden Bergwald bewohnten, 3) da rund um das Türken-Volk fremde Völker wohnten, 4) wegen der Ursache, dass die Hungrigseienden satt wurden, 5) wegen der Ursache, dass die einmal Sattgewordenen (immer wieder) hungrig wurden. Nach diesen vorbereitenden Uebersetzungen kann ich erst auf den Zusammenhang der Sätze übergehen.

In dem Vorhergehenden hatte der Chan, nachdem er die Politik der Chinesen als eine bessere, als die der Türken geschildert, erklärt, dass das Türken-Volk durch die vielen Kriege sehr heruntergekommen war, es hätte sich in die Berge zurückgezogen, sei aber dann wieder durch die Chinesen nach Süden gelockt worden und abermals besiegt worden. Von Zeile 8 an, wird nun die allmähliche Erstarkung der Türken, bis zur

Erhebung des Vaters des Bilgä-Chan geschildert und zwar in folgenden Worten:

«Da nun das Türken-Volk nach jenen Gegenden (nach Süden) gezogen war und (viele von ihnen) gestorben waren, und da nun, während die ewigen Stämme im Ütügän-Bergwalde, der keine für Karawanen passende Waaren und Sorgen hat (d. h. wo man sich nicht mit Handel und Industrie abgiebt) sich aufhielten, die diese Stämme Regierenden im Ütügän-Lande sitzend erstarkten, da das Türken-Volk von feindlichen Nachbaren umgeben war, da es durch Hunger gezwungen wurde sich Sättigung zu suchen, und wenn es sich gesättigt hatte, bald wieder (der Hunger, die Noth) sich einstellte, so seid ihr mit unter solchen Umständen erhöhten Chanen (d. h. mit meinem Vater dem Chan und meinem Onkel dem Chan) wegen ihres Ruhmes und ihrer Trefflichkeit nach allen Ländern ausgezogen, dort Streifzüge machend, seid ihr ermattet und müde geworden, die (nach dem Tode meines Onkels) Zurückgebliebenen von Euch und nach den verschiedenen Seiten Ausgezogenen sind umher geschweift, bis sie todesmüde waren. Weil (dann sich endlich) der Himmel erbarmt hat und mir (ein solcher) Bruder und Glück zu Theil wurde, habe ich mich zum Chan erhoben. Mich zum Chan erhebend, habe ich das arme elende Volk Kriegszüge unternehmend (wieder) heraufgebracht» etc.

ΓЄhN ötgi X 39,7. Ich habe (Gloss. pag. 169) отäri gelesen und «von dort» übersetzt. Vielleicht ist hier das Γ von in den beiden vorhergehenden Wörtern als Pronominal-Affix 3 pers. aufzufassen, dann wäre das Wort ЄhN örÿr zu lesen und als Verbalform von öр «bezahlen (?)» aufzufassen, also vielleicht «Bezahlung, Ersatz». Wäre das richtig, so müsste X 39,4—8 übersetzt werden «von ihnen kommt nicht ihr Gesandter, ihre gute Nachricht und ihre Bezahlung, sagend».

ΓIΓλhYN statt ΓλΓλhYN (X 2,7) ölräчici сакыныҕма gedenkend an ihr Gestorbensein. Ich glaube also X 2, 4—21 ist zu übersetzen: Bei meiner Thronbesteigung eilten die türkischen Bege und das Volk herbei (=schaarten sich um mich, die etc.), indem sie daran dachten, wie so viele (bei den früheren Unruhen) gestorben waren und sich freuend (dass sie nun wieder einen Chan hatten), schauten sie mit hervorstehenden Augen nach oben, den Thron besteigend, habe ich so wichtige Gesetze dem in den vier Welttheilen wohnendem Volke gegeben.

hN1Nh (Kb 12,11) тӳнӳр Tibetaner. Dieses Wort habe ich IЄϒNh gelesen, da die drei letzten Buchstaben sehr undeutlich sind. Bei genauer Durchsicht der Stelle scheint es mir wahrscheinlicher, dass hier hN1Nh zu lesen ist. Für diese Annahme spricht auch noch der Umstand, dass der Abgesandte des Türgäsch-Chan erst Z. 13 aufgeführt wird. Aus der Reihenfolge ersieht man, dass zuerst die Gesandten der fremden Völker und dann die der Türk-Völker genannt werden. (Kb 12,11—14) Тÿпÿт каҕанда бöлäн кäлті ist zu übersetzen: «vom Chan der Tibetaner kam(en) der (die) Böłän(e)».

𐰍𐰢𐰾𐱅 ṭimag. Muss unbedingt in zwei Wörter getrennt werden, also in 𐰍𐰢+𐰾𐱅, ich möchte es äті маҕ «grosses Lob» lesen; dies Wort passt sehr gut in den Sinn. (Xa 13,3—8) тÿрк бäгläріп будуніп äртäңÿ äті маҕ äтті seine türkischen Bege und sein türkisches Volk lobte und pries er sehr.

(𐰺𐰇)𐰼𐰇𐱅 (s. Glossar 128, K 3,21, X 4,23, K 30,12, K 16,1). Steht 𐰺𐰇𐰼𐰇𐱅 offenbar in der Bedeutung «Ehrenplatz». Wir müssen also dieses Wort in тöп+ÿ+р zerlegen und da ÿ als Bindevocal auffassen, da die Schreibung des labialen Bindevocals auch in anderen Wörtern sich vorfindet, z. B. кунчујуҕ. Das in Xb 9,24—10,4—10,9 auftretende 𐰤𐰃𐰇𐰼𐰇𐱅 unterstützt diese Annahme, wenn hier 𐰤𐰃 als ein Accusativaffix nach Pronominal-Endung aufgefasst wird. Auffallend ist nur, dass hier 𐰇 als Possessiv-Affix der dritten Person auftritt, während dies meist durch 𐰾 ausgedrückt wird. In den drei letzten Beispielen ist тöпÿн in der Verbindung улуҕ тöпÿн алы бäртім ich habe ihm einen hohen Ehrenplatz angewiesen (gebracht), in der Bedeutung «Ehre, Ehrenbezeugung» aufzufassen, während in den vier Stellen, wo тöпÿр steht, aus dem Zusammenhang hervorgeht, der Ehrenplatz im Jenseits gemeint ist, den der Sterbende sich durch seine Handlungen im Leben erworben hatte, denn es folgt auf тöпÿр äтміш oder тöпÿр казҕанмш überall ein Ausdruck für «sterben», öзінчä кäргäк болты (K 3,21, X 4,23, oder уча барды (K 16,1). Dass тöп und тöпÿ schon bei den Alt-Türken geschieden waren, beweisen uns die beiden Accusative und Pronomial-Affix 𐰤𐰃𐰇𐰼𐰇𐱅 тöп+ÿн und 𐰤𐰃𐰾𐰃𐰇𐰼𐰇𐱅 тöпÿ+сін.

𐰇𐰼𐰇𐱅 тöпÿ (s. Glossar). Dieses Wort lautet im Osmanischen тöпä und bedeutet hier «Gewohnheit, Gewohnheits-Recht», in dieser Form und Bedeutung tritt es auch im Kasanischen auf, bei den Karaimen hat sich in derselben Form in der Bedeutung «Gericht» erhalten, im Kudatku-Bilik erscheint das Wort in der Form тöпÿ. Da aber auch einige Mal тöпä steht, so könnte man vielleicht annehmen, dass statt тöпÿ sowohl im Uigurischen wie auch im Alttürkischen тöпö zu lesen sei, da wir aber in beiden Dialekten keine sicheren Anzeichen für das Vorkommens des ö in der zweiten Silbe haben, so will ich in beiden Dialekten die Lesung тöпÿ beibehalten. Тöпÿ bedeutet das Gewohnheitsrecht, auf das sich die Ordnung der socialen Einheiten, das Äl stützt. Da das Äl nur dann gedeihen kann, wenn das тöпÿ aufrecht erhalten wird, so ist es die Aufgabe des Fürsten, dieses тӧрӳ zu erhalten (тут) und ausserdem zu vervollständigen und anzuwenden (äт). Geschieht dies eine Reihe von Jahren, so vermehrt, verbessert er dieses Recht (арт) (K 22,19, X 19,5). Der Fürst schafft nicht ein neues Recht, sondern er ordnet das Recht, dem hergebrachten Rechte seiner Vorfahren gemäss (äчӳм апам тӧрӳсіңчä јаратмыш, K 13,16, X 12,8).

[illegible]. Möchte ich besser (тäз) lesen und «entfliehen, enteilen», übersetzen. (K 34,18, X 38,10) Улуҕ Äркін азкыја äрäн тäзін барды der Ulug Ärkin und einige wenige Helden entflohen.

[illegible] kitmz (Kb 8,15). Ist акыттымыз zu lesen und in ак-+-ыт (oder акы-+-т) zu trennen, das ist das Factitivum des Verbalstammes ак (oder акы, aky) in der Bedeutung: «Streifzüge zu machen, angreifen lassen». Das Verbum ак «fliessen» und ак «Streifzüge machen» sind streng zu scheiden, da das Factit. von ак «Streifzüge machen» акыт lautet, aber das Factit. von ак «fliessen» аҕыт. Кӳl-Тäгін бäг башлаjу акыттымыз heisst: wir liessen den Kül-Tägin an der Spitze der Bege einen Streifzug, Angriff unternehmen. Vergl. [illegible], [illegible], [illegible].

[illegible] (kñm) акаңым X 1,8 (s. Bemerkung unter [illegible]). Es ist anstatt каҕан zu setzen, das an dieser Stelle X 1,8 im Lexicon zu streichen ist.

[illegible] (Кадыркан). Durch Vergleich der Stellen in denen Кадыркан vor dem Worte јыш auftritt, ist deutlich zu ersehen, dass wir es hier mit einem bestimmten im Osten vom Orchon liegendem Gebirge zu thun haben. Ich bin also der Ansicht, dass überall anstatt «der dichte Bergwald» (K 2,17, K 21,4 u. s. w.) «das Waldgebirge Kadyrkan» zu übersetzen ist. Dieses Wort ist gewiss die ursprüngliche Form des mongolischen Wortes Хаірхан, des Namens verschiedener Berge der Mongolei.

[illegible] камыҕ = (Uig.) kamyk alle (K 8,25). Die Stellung der Worte тӳрк кара камыҕ будун ist sehr auffallend. Bedeutete es hier «alle» oder «das Ganze», so müsste offenbar камыҕ тӳрк кара будун stehen. Die oben angeführte Stellung ist nur möglich, wenn камыҕ auch ein Attribut ähnlich wie кара bedeutet, und sind daher diese Worte zu übersetzen: «das türkische niedrige (кара), gemeine (камыҕ) Volk». Es wird hier eben hervorgehoben, das die niedrigen Klassen über die Verhältnisse zu murren begannen, nicht die Beamten, die Fürsten, die sich als chinesische Würdenträger nicht schlecht standen.

[illegible] каҕанла (v) siehe unter [illegible].

[illegible] каҕанлыҕ siehe unter [illegible].

[illegible] каҕансыра (v) siehe unter [illegible].

[illegible] каҕансырат (v) siehe unter [illegible].

[illegible] (rkš) аркыш (Ka 8,9, Xb 6,16). Ich glaube dies ist dasselbe Wort, wie das uigurische арҕыш «Karawane». Die Phrase аркыш тäркiш ыссар (= ыдсар) пäң буңаҕ jok «er hat keine Waaren, die man mit Karawanen aussendet und keine Sorgen darüber, d. h. er ist kein Land, das Handel treibt (wie China)». Täркiш steht wohl in derselben Bedeutung. Аркыш тäркiш heisst: «Karawanen und dergleichen». Der osttürkische Ausdruck аркы тäркi steht mit diesem аркыш тäркiш im Zusammenhang.

YϾYNλ (K 4,9). Dieses Wort in чöлri-+-äл zu zerlegen, ist gewagt, da bei einer solchen Zusammensetzung das Г gewiss nicht ausgefallen wäre. Ausserdem wäre es auffallend, wenn der Chan die in den östlichen Gebirgen wohnenden Völker oder die ganze Reihe der aufgezählten Völker als Steppenvolk bezeichnet hätte. Es wäre ebenso möglich, das Wort in äчӳ-lir-+-äl zu lesen. Dann wäre das Wort ачӳ als Würdenname aufzufassen = kaҕaн. Da dieses Volk im Osten wohnt, so ist es gewiss ein tungusisches Volk und die Würde äчӳ könnte dem mandschurischen Worte эҷэн entsprechen. Ist diese Auffassung richtig, so müsste YϾYNλ (K 4,9) und YГϾYNλ (X 5,7). Бöкli-äчӳlir äl «das Volk des Bökli-Ätschü» übersetzt werden. Bökli kakaнҕa тäri (K 8,8, X 8,6), muss dann «bis zum Bökli-Kagan» übersetzt werden.

ŜГ1⅀Ұ шадапыт. Dieses Wort möchte ich in шад-+-апа-+-т zerlegen; dann würde es die Apa-Herren des Schad bedeuten. Ist diese Auffassung richtig (das Auftreten des Г macht diese Hypothese zweifelhaft), so hätten wir hier abermals eine Pluralform auf Ŝ (т), vergl. тapkaт und оҕлыт. Was die Bedeutung von шадапыт betrifft, so zeigt die scharfe Scheidung von тapkaт und буiрук, dass die шадапыт gewiss die Adeligen sind, die ihre hervorragende Stellung ihrer Abkunft verdanken, während die Тapkaт Leute aus dem Volke sind, die wegen ihrer Verdienste durch Schenkungen und Verleihungen von Rechten zu Herren erhoben wurden und die буiрук die Beamten des Chans bedeuten. Alle drei Klassen werden durch den Titel бäг ausgezeichnet.

1>⟂, 1>ℍ. Diesen sehr oft auftretenden Buchstaben-Komplex hatte ich auf dreifache Weise wiedergegeben: 1) кöн = кобун «aufstehend», 2) кӳн = кубун «verfolgend» und 3) кун «unbedingt, gänzlich». Ich war von allen diesen Deutungen durchaus nicht überzeugt, wusste aber keine bessere Deutung anzugeben. Daher finde ich es ganz recht, dass Herr Thomsen meine Deutung tadelt. Was er aber bietet, ist nicht besser. Er meint, dass, da NϒϾN9 jöрäрӳ im Alttürkischen vorkommt, während alle übrigen Dialekte јоҕару, јоҕары bieten, d. h. da das Alttürkische in diesem Worte palatale Vocale hat, während die übrigen Dialekte gutturale Vocale bieten, es auch möglich sei, dass im Worte 1>⟂ = кон im Alttürkischen ein gutturaler Vocal vorkommen könnte, während die übrigen Dialekte einen palatalen Vocal hätten, also кöн im Alttürkischen кон lauten konnte. Daher hält er das alttürkische кон = кöн «viel». Diese Deutung ist mehr als verfehlt. Dagegen spricht schon allein das 1 am Ende von 1>↓, welches im Auslaute nur als die bekannte Gerundialendung auftritt. Dieser Umstand macht auch meine dritte Deutung von 1>↓ sehr unwahrscheinlich. Ferner passt die Bedeutung von кöн «viel» nicht überall. Der gewichtigste Einwand ist aber der, dass кöн meiner Meinung nach ein spät in das Türkische eingedrungenes Fremdwort ist, welches erst in sehr später Zeit die türkischen Wörter öкўн und тäлiм verdrängt hat und das auch nur in einem Theile der Dialekte. Auf fremde Entlehnung deutet besonders der Umstand, dass in mehreren Dialekten statt кöб+i (d. h. ihre Vielen = Viele von ihnen) nur in der Form кöбўci, кöбўзi auftritt, was bei einer türkischen Wurzel unmöglich wäre. Offenbar ist кöн (кöбў) aus dem persischen همه+ci entstanden, das dem Osmanischen هپسی entspricht, welches denselben Ursprung hat. Die Süddialekte kennen bis jetzt das Wort кöн nicht, sondern nur das Wort чок und die mittelasiatischen Dialekte тола. Das Wort кöн fehlt also besonders den Dialekten, die dem Alttürkischen am Nächsten stehen. Die Schreibung 1>ᚺ kann куп, кон und акун gelesen werden, während 1>↓ die Aussprache куп, коп, акуп, окуп, укуп zulässt. Die letzten drei Lesungen sind aber Gerundialbildungen dreier sehr bekannter türkischer Verba. Ich glaube daher, dass 1>↓, 1>ᚺ folgendermaassen zu lesen sei:

1) 1>↓, 1>ᚺ = акуп, das Gerundium des Zeitwortes ак (аку) «Streifzüge unternehmen, überfallen».

2) 1>↓ = окуп, von оку «lesen».

3) 1>↓ = укуп, von ук «hören, verstehen».

1) Zu акуп gehören meiner Ansicht nach folgende Beispiele: (K 2,1—11, X 3,15—22) тöрт булуӊ акуп (1>↓ K 2,3, 1>ᚺ X 3,17) jаҕы äрмiш, сў сўläнäн тöрт булуӊдакы будунуҕ акуп (1>ᚺ K 2,9) алмыш акуп баз (K 2,10 ɪʮᑯ1>ᚺ) кылмыш «die vier Winkel machten feindliche Einfälle, (daher) zog er mit einem Heere aus und die in den vier Winkeln wohnenden Leute (Völker) überfallend unterwarf er, sie überfallend stellte er die Ruhe her»; (K 30,1—3, X 24,14) тöрт булуӊдакы акуп баз кылмыш er hat das Volk der vier Winkel angreifend zur Ruhe gebracht; (Kb 1,5—6) äliн акуп ölўрмiш seine Stämme angreifend tödtete er; (Kb 1,9—15) сўсiн акуп кälўртi sein Heer angreifend brachte er herbei; (Kb 10,23—26) кiшi оҕлы акуп ölўгli тiрiмiш der Menschen Söhne leben um auf Kriegszügen zu sterben; (Ka 2,26—3,2, Xb 2,17—20) мäн бунча акуп äттiм so viele Züge unternehmend habe ich es hergerichtet; (Ka 9,6—9, Xb 7,3—7) jäр саjу бардыӊ акуп алкындыӊ in alle Länder bist du gegangen und

dort Streifzüge unternehmend schwach geworden; (Ka 10,1—5, Xb 7,21—24) joɧ чыɧаі будунуɧ акуп кобартым das arme elende Volk habe ich durch Kriegszüge aufgerichtet; (X 28,16—18) сӱсін акуп кіртім ihr Heer griff ich an und drang ein.

2) окуп (K 34,1—4) тäгдӱкін тӱрк бäгläр окуп пilipcіз seine Angriffe (wo er überall angegriffen hat) wisset ihr türkischen Fürsten, wenn ihr dieses leset! (K II,14) бу ташка бу тамка окуп Јоллыɧ-Тäгін пітідім auf den Stein die Schriftzeichen ablesend habe ich, Jollyg-Tägin, geschrieben; (Xa 10,8—15) кара кішін кöк тіјіңін сансыз кälӱрӱп окуп котты schwarze Zobel und blaue Eichhörnchen ohne Zahl darbringend und (Gebete) lesend legten sie sie nieder.

3) укуп: (K 38,14—16) Кара-Тӱргäш пудун укуп ічкäді als das Kara-Türgäsch-Volk dies hörte, zog es sich zurück; (Kb 10,1—5) Кӱl-Тäгін jok äрсäр укуп öltäчі äрдіɡіз da ihr vernommen, dass Kül-Tägin gestorben, seid ihr (alle) gestorben; (Ka 2,21—25) ічрäкі будун укуп маңа кöрӱр das innere Volk (mich) verstehend ist mir treu ergeben; (K 30,4—8) јаɧысыз каɧаным укуп маңа кöрті meine Chane, ohne Feindschaft mich verstehend, waren mir treu ergeben.

D⟩⟩↓ koňčj = кунчуі. Thomsen's Lesung кунчуі (statt кунчаі) ist vorzuziehen, da sie durch Schreibungen der Jenissei-Inschriften bestätigt wird. Was die Bedeutung betrifft, so habe ich unter ⟡YᛨΓ| darauf aufmerksam gemacht, dass die von Thomsen angegebene Bedeutung «Frau» im Satze сіңlім кунчујуɧ бäрдім sehr fraglich ist. Dies unterstützt auch (Xb 9,20) Тӱргäс каɧанка кызымын . . . . алы бäрдім und (Xb 10,1—6) кызын äртäңӱ улуɧ тöрӱн алы бäртім, wo beide Male, wie ich unter ⟡YᛨΓ| gefordert, die Wörter кызымын «meine Tochter» und кызын «seine Tochter» im Accusative stehen. Ein Auslassen des Accusativ-Affixes nach mit Pronominal-Affixen versehenen Substantiven ist ganz unwahrscheinlich. Ich habe deshalb die Vermuthung ausgesprochen, dass кунчујуɧ einen weiblichen Titel, wie «Prinzessin», bedeutet. Dafür spricht auch das Auftreten von кунчуіларым in Kb 9,12. Diese Stelle lautet: öгäм катун улыју öгäläрім äкäläрім кäliңӱнім кунчуіларым meine Mutter, die Chatun, nach ihr meine Mütter (Frauen des verstorbenen Vaters, Tanten?), Tanten (ältere Schwestern?) кäliңӱнім, meine angeheiratheten Verwandten, d. h. (alle) meine Prinzessinen. Denn es wäre doch sehr auffallend, wenn er seine Gemahlinnen hinter den кäliңӱнім setzen würde. Der bei кунчуі gebrauchte Plural deutet auch darauf hin, dass dieses Wort sich auf alle vorhergehenden weiblichen Verwandten bezieht. Ein Ausdruck von сіңlім кунчуі «meine Schwester, die Prinzessin», kann keinerlei Bedenken erregen, er entspricht ganz den Ausdrücken: акаҥым кан «mein Vater, der Chan» und ӓчім каҕан «mein Onkel, der Chan».

[Runen] (qon). Meine frühere Deutung «Strafzahlung» = кун (Kir.) ist zu verwerfen, da dieses кун «Strafe für Tödtung eines Menschen» bedeutet und gewiss das persische Wort خون «Blut» ist. Herr Thomsen nimmt auch meine Lesung nicht an, ob aus demselben Grunde, weiss ich nicht. Er schlägt hier vor окун (Instr. von ок «Pfeil») zu lesen. Er übersetzt: tödteten mehr als hundert (Menschen) mit dem Pfeile. (K 33,20—21) jӱс артук окун(?) урты, dieser Satz wäre mehr als auffallend, es ist fast unmöglich, dass hier jӱс артук ohne Accusativ-Affix stände. Es müsste wenigstens hinter jӱс артук das Wort кiшi stehen. Jӱс артук кiшiнi окун урты wäre zwar grammatisch richtig, aber trotzdem eine sehr unwahrscheinliche Uebertreibung. Wie der Satz hier steht, muss jӱс артык als Attribut zu окун stehen, das würde heissen «er schoss mehr als hundert Pfeile ab» (was aber einen kaum denkbar grossen Köcher erforderlich macht) und ausserdem ganz untürkisch wäre, denn türkisch kann man nur sagen: jӱс артык ок урту. Ich schlage jetzt vor für [Runen] акун zu lesen, welches mit dem osmanischen آقين «Streifzug, Einfall» identisch und von ак(у)-+-н gebildet wäre. Bei dieser Lesung ist jӱс артук акун (K 33,20—21) sehr verständlich: «er unternahm mehr als hundert Streifzüge, machte mehr als hundert Ueberfälle (Einfälle)».

[Runen] (Ka 7,2, Xb 5,19) конајын тӓсӓр. Ich habe dies früher [Runen] конубін gelesen (dieser Zeichencomplex ist im Glossar unter ко und ӓн auszustreichen). Diese Lesung, die sich schon in der finnischen Ausgabe findet, erleichtert das Verständniss sehr. Die Stelle ist in Ka sehr beschädigt, in Xb aber ist der vierte Buchstabe ganz deutlich als [Runen] zu erkennen. Конајін тӓсӓр heisst: «ich will mich niederlassen, will wohnen». Von Ka 6,25 ab lautet die Inschrift: тӱрк будун ӧлсӓкӓҥ бӓрiјӓ чуҕаі јыш тӧгӱлтiҥ(?). Јазы конајін тӓсӓр тӱрк будун ӧлсӓкӓҥiндӓ ајыҕ кiшi анча бушҕурур «nachdem du Türkenvolk gestorben warst (d. h. als du durch die Kriege an Zahl abgenommen), ergossest du dich über den dichten (чуҕаі) Bergwald. Da du, das Türkenvolk, das in der Ebene sich niederlassen wollte, gestorben warst (d. h. durch den Krieg decimirt warst), so reizten die einsichtsvollen Leute (die Chinesen?) dich zum Kriege».

[Runen] (X 19,9). Möchte ich jetzt vorziehen an Stelle der früheren Lesung [Runen], welche ich ӓртiҥ umschrieben habe. Das [Runen] ist übrigens nicht deutlich zu sehen. Bei der Orthographie [Runen] wäre ein Ausfall des [Runen] anzunehmen = [Runen] ӓртiгiз (s. K II,22).

[Runen], [Runen] (ṛṇ—ṛg). Das erste Wort ist überall ӓрӓн «der Held» zu lesen, [Runen] aber ӓрiг «den Mann». K 36,5 möchte ich ebenfalls ӓр-i-г lesen, vergl. die Uebersetzung unter [runic]. [runic] (K 34,17) äpäн, [runic] (K 40,7) аз äpäн, [runic] (Kb 7,12) он äpir zehn Männer (acc.); [runic] (Kb 5,20) бір äpir.

[runic] ḳiċg. Habe ich кäчіг gelesen und mit кäчік «Furth» zusammengestellt. Jetzt bin ich der Ueberzeugung, [runic] sei кічір zu lesen und «klein» zu übersetzen. Кічір mit dem verb. negat. bedeutet «fast». (Ka 3,17—3,25) ілгäpÿ шадуң јазыkа тäгі сÿлäдім, талуіка кічіг тäгмäдім, бäргäpÿ токуз äpсäнкä тäгі сÿлäдім Тÿпÿткä кічік тäгмäдім «nach vorn (Osten) zog ich bis zur Ebene Schadung, (bis zum Meere bin ich ein Wenig nicht gelangt) fast bis zum Meere bin ich gekommen, nach rechts (Süden) zog ich bis zum Tokus-Ersen, (bis zu den Tibetanern bin ich ein Wenig nicht gelangt) bin fast bis zu den Tibetanern gelangt».

[runic] (ḳiḳṣöṛtciŋ) = кäкшÿртÿкін. Nach genauer Durchsicht des Abklatsches halte ich diese Lesung für richtiger als [runic] ḳiŋṣöṛtciŋ. Кäкшÿр ist aus кäк (Feindschaft) + шÿр gebildet. (K 6,13) іпілі äчілі кäкшÿртÿкін ist also zu übersetzen: «da die jüngeren und älteren Brüder sich (gegenseitig) anfeindeten».

[runic] (Kb 11,13) ḳišd = äкі шад. Das Wort [runic] шад hält mein College Salemann unbedingt für iranischen Ursprunges. Interessant ist Kb 11 die Reihenfolge der Aufzählung: 1) die beiden Schad, 2) apkarÿнім (?) die Verwandten (vergl. Ka 1,13 іnjirÿнім), 3) die Oglane, 4) meine Bege, 5) mein Volk. Vor Ka 1,13 scheint äкі шад ausgelassen zu sein, da sich улыју im Anfange sonst nicht erklären lässt. Hier ist die Aufzählung folgende: 1) (äкі шад?) darauf, 2) іnjirÿнім, 3) die Oglane (Prinzen?), 4) уҕышым meine Klienten und будунум mein Volk, 5) nach rechts die Schadapyt-Bege, 6) nach links die Tarkane und Beamten. Vergl. auch Xa 11,13, wo тÿрк маты бäгläp offenbar die Schad und Oglane bedeuten.

[runic] (ḳöšṭp). Habe ich кÿсäтіп gelesen, habe aber, wie p. 147 zeigt, dieses Wort mit keinem mir bekannten Worte zusammengestellt, da das [runic] den Vergleich mit кÿзäт, кöзäт unmöglich machte. Thomsen's Erklärung кÿ äшітіп «das Gerücht hörend» ist sehr wahrscheinlich, da in den Inschriften die Verbindung аты кÿсі «sein Name und sein Ruf» mehrmals auftritt. Dabei muss ich bemerken, dass in den mir bekannten Dialekten кÿ niemals die Bedeutung «Ruf, Gerücht» hat, sondern überall «Ton, Schall» bedeutet.

[runic] (ḳöḷg) кÿlÿr. Habe ich als кÿl + r gebildet angenommen, es könnte aber auch aus кÿ + lÿr entstanden gedacht werden, dann würde es ursprünglich «der Berühmte» heissen. Diese Bedeutung würde grade K 4,26 gut passen, denn so viele Völker kamen herbei, da er андаҕ кÿlÿr каҕан äpміш «da er ein so berühmter Chan war». Das Kudatku-Bilik und die

nördlichen Dialekte kennen das Wort кÿlÿк nur in der Bedeutung «Held». Im Altai hat dieses Wort seine Vocale dem Worte алып angepasst, mit dem es stets zusammen gebraucht wird und zwar in der Form алып-кулык.

[runic] (közikši) кöзi кашы. Heisst «seine (ihre) Augen und seine (ihre) Brauen». Daher ist die Uebersetzung Kb 11,19 ungenau, es muss nämlich auf die vorhergehende Wörter bezogen werden, also äкi шад улыју аркаŗÿнiм, оҕланым, бäгläрiм, будунум кöзi кашы јаблак болтачы тäп сакындым «daher gräme ich mich, sagend, die Augen und Brauen der beiden Schad und mit ihnen die meiner Familie, meiner Oglane, meiner Bege und meines Volkes sind schlecht geworden, d. h. die beiden Schad und meine Familie etc. haben ihren Augenglanz, ihren schönsten Schmuck verloren». Im Kudatku-Bilik wird der Prophet Mohammed mehrmals Augenbraue oder Auge und Braue des Volkes genannt, d. h. die höchste Zierde, der Schmuck des Volkes.

[runic] (X 26,18). Ist entweder als Adverbium aufzufassen, wie ich übersetzt habe (s. Glossar), [runic] könnte aber auch ein Ortsname sein, dann wäre zu übersetzen: «bis zum Kämäk zogen wir gegen die Tschik».

[runic] (K II,20). Habe ich кöктä gelesen, das ist ganz unwahrscheinlich, es ist gewiss äкiгдä (äкi-г-+-дä) «beide» zu lesen: äкiгдä äгiдÿр äртiгiз «beide habt ihr aufgezogen, gross gemacht».

[runic] oder [runic] (Ka 11,3). Meine frühere Lesung нäңсiз ([runic]) habe ich nur als einen Versuch angesehen dies Wort zu erklären, denn erstens müsste dieses Wort [runic] geschrieben werden und zweitens ist es ein gar wunderbarer Ausdruck, von einem нäңсiз саб «einem habelosen Ruhm (Macht)» zu reden. Bei genauerer Durchsicht der Abklatsche zeigt sich, dass der dritte Buchstabe unbedingt [runic] zu lesen ist, beim vierten Buchstaben findet sich links vom [runic] von der Mitte an eine Unebenheit im Steine, die vielleicht einem Striche eines [runic] gleichsieht. Dahingegen ist die Entfernung zwischen [runic] eine so geringe, dass der Strich links vom [runic] bis mitten zwischen die Punkte reicht, was sonst nie geschieht, da die Buchstaben-Entfernung stets von den äussersten Punkten der Buchstaben an gerechnet werden muss. Ich habe deshalb hier beide Formen geschrieben, нäңнäң und нäңнäс(i). Herr Thomsen erklärt mit leichtem Muthe, нäңнäң sei eine häufig im Türkischen auftretende Pronominal-Wiederholung, wie нä нä, кäм кäм in der That auftreten. Нäнä äрсäр hiesse ebenso wie нäнä болса (Kir.) «was es auch sei», кäмкäм кälсä «wer auch kommt». Wenn нäң нäң = нä нä wäre, so würde нäң нäң сабым äрсäр heissen «wie auch mein Ruhm sei» und das will der Chan nicht sagen, sondern нäңнäң muss «allen meinen Ruhm» bedeuten. Eine solche Bedeutungsänderung hätte mich abgehalten, hier нäңнäң zu lesen, selbst wenn

wir die Berechtigung hätten, нäң = нä zu setzen. Dazu fehlt uns aber jeder Anhalt, denn нäң ist ein Substantivum und bedeutet nur «Habe, Reichthum», und нäң нäң könnte nur «vielfache Habe» bedeuten. So könnte man тӯ тӯ аразында (Alt.) wohl in der Bedeutung anwenden «zwischen den vielen Bergen». Wenn aber auch нäң als Adjectivum «reich» gebraucht worden wäre, so hilft dies Nichts für die Erklärung von нäң-нäң, da mir niemals die Reduplication eines Adjectivs zur Verstärkung der Bedeutung desselben aufgestossen ist. Häңнäң liesse sich also nur so erklären, dass man für нäң in der Bedeutung «Ding» annimmt und dann нäң нäң für нäң нäңдä, also «meinen Ruhm in vielen Dingen» übersetzt. Es wäre aber noch eine Erklärung möglich, [illegible] für нäңнäci in нä-+-ң -+-нä-+-ci (also = kirg. нäнiң нä-ci) oder [illegible] = (нä-+-ң)-+-(нä-+-ң) also = kirg. нäнiң нäнiң aufzufassen und dann zu übersetzen: «meinen Ruhm in allen meinen (Angelegenheiten), alle meine Macht habe ich hier aufgezeichnet». Die erste der beiden Auffassungen ist wohl vorzuziehen und daher gewiss нäңнäң(дä) сабым äрсäр бäңгӯ ташка уртум «auf welche verschiedene Dinge mein Ruhm (meine Macht) sich gründet, habe ich auf diesen Gedenkstein verzeichnet».

[illegible] (ṇnboṅgjq) нäң буңак jok (Ka 8,12, Xb 6,19) s. unter [illegible] буңаҕ. Es ist hier der Satz аркыш тäркiш ыссар нäң буңаҕ jok als Attribut zu Ӱтӱкäн jыш aufzufassen, also: «der Uetükän-Bergwald, der keine mit Karawanen geschickten Waaren und Sorgen um dieselben hat», d. h. wo keine Handelsgeschäfte und Industrie getrieben werden (wie dies in China geschieht).

[illegible] (ṇnjilsg) нäң jылсаҕ (K 26,3). Dieses Wort ist offenbar in нäң -+-jылсаҕ zu trennen. Das Affix cak ist in den nördlichen Türksprachen sehr verbreitet und bedeutet meistens «etwas liebend», z. B. im Altai: äтсäк «ein Fleischliebhaber», атсак «ein Pferdeliebhaber», ашсак «der zu essen liebt», кыссак «ein Mädchenjäger». Manchmal hat es aber auch die Bedeutung «viel habend», also акчазак «ein geldgieriger» und ein «reicher Mann». Diese Endung, die, wie dieses Beispiel beweist, im Alttürkischen саҕ lautete, bezieht sich hier auf zwei Substantiva нäң und jыл. Нäң ist immer «die bewegliche leblose Habe, alles was der Mensch an Sachen besitzt», während jылҕы «das Vieh, die Pferdeheerde» bedeutet. Ich möchte daher нäң jылсаҕ als «habe- und viehreich» übersetzen. Ob hier jыл das Stammwort für jылкы ist, oder ob jылсаҕ als eine Verschmelzung für jылкысаҕ auftritt, oder ob zuletzt hier ein Buchstabe ausgelassen ist, vermag ich nicht zu entscheiden. (K 26,3, X 21,16) нäң jылсаҕ будунка улармадым, iчрä ашсыз ташра тонсыз jабыз jаблак будунда ӧзä улардым ist zu übersetzen: «ich erhob mich nicht über ein an Habe und Vieh reiches Volk, ich erhob mich über ein schlechtes heruntergekommenes Volk, das innen ohne Speise war und aussen ohne Kleidung war», d. h. als ich auf den Thron stieg, war mein Volk in einem elenden Zustande (jetzt habe ich es aufgerichtet). Dieser Zusammenhang ist aus meiner Uebersetzung p. 16 nicht zu ersehen.

[runic] (zbodn) Аз будун. Ich habe in meiner Uebersetzung immer аз durch «wenig» übersetzt, in den hier angeführten Beispielen scheint klar hervorzugehen, das Аз auch als Völkername aufzufassen ist. Da dieses Volk, wie es scheint, nordwestlich vom Orchon gelebt hat, so wäre wohl anzunehmen, dass unter Аз die einst im nördlichen Altai wohnenden Assanen zu verstehen sind, die sammt den Arinen zu der jetzt nur noch in geringer Zahl übriggebliebenen, im VIII. Jahrhundert gewiss viel zahlreicheren Völkerfamilie der Jenissejer gehört haben. Nachdem der Chan den Kampf mit den Karluken (die gewiss im südlichen Altai wohnten) beendet hatte, fährt er fort: (Kb 2,15) Аз будун јаҕы болты «das Az-Volk überzog uns mit Krieg, (mit ihm) kämpften wir am Kara-Köl» (ist unter Kara-Köl nicht der See gemeint, aus dem der Mön fliesst, der südöstlich vom Teletzkischen See sich befindet und heute noch Kara-Köl genannt wird?). Kb 3,3—6 heisst es: Аз ältäбäрir тутмады Аз будун анда jok болты «den Ältäbär der Az nahm er nicht gefangen, das Az-Volk wurde aber vernichtet». Das Kb 5,16 [runic] Аз јаҕыз, genannte Pferd bedeutet vielleicht auch das dunkle Pferd von den Az. Vielleicht sind ferner (K 19,22) Аз будунуҕ «das Az-Volk» zu lesen und (K 20,21, X 17,19) Аз Кыркыз будун «das Volk der Az-Kirgisen».

[runic] zobosbmda (Ka 10,12). Ist wohl азу бу сабымда zu lesen. Азу ist gewiss eine Demonstrativ-Verstärkung wie ошу, ош; dann entspräche also азу бу сабымда dem in späterer Zeit auftretenden ош бу сабымдан, also азу бу = «dieser hier, der hier aufgeführte, hier lang und breit besprochene».

[runic]. [runic]. [runic]. (X 4,6) ist deutlich [runic] кӧк тӱрк «die blauen Türken» zu lesen. In der entsprechenden Stelle des ersten Denkmals K 3,2 ist der dritte Buchstabe sehr undeutlich und scheint nach genauer Untersuchung des Abklatsches auch hier [runic] zu stehen. Trotzdem möchte ich hier lieber [runic] lesen = öкÿш тӱрк, da es mir unwahrscheinlich erscheint, dass, wenn den Türken das Epithet кӧк «blau» beigelegt worden wäre, sie nur ein einziges Mal so genannt worden wären. Öкÿш тӱрк wäre ein viel passenderer Ausdruck. Es würde hier so viel heissen: «als das gesammte Türkenvolk, das weitverbreitete Türkenvolk». Die Orthographie lässt sich mit mehreren Stellen belegen. So steht [runic] (Ka 6,21), [runic] (Ka 10,10).

𐰆𐰞𐰺 olr (улар. oder олур). Was mich abgehalten hat dieses Wort олур zu lesen, ist Folgendes: 1) das Wort «sitzen» ist mir in den Türk-Dialekten in folgenden Formen aufgestossen: олтур (Uig), оттур, отур, одур, олур (Soj.), олор (Jak). Obgleich die Mehrzahl der Formen dieses Wort als eine factitive Form auf тур (ур) erscheinen lassen, so hielt ich es doch für ganz unmöglich, dass ein Wort wie «sitzen», in dem keine Spur einer transitiven Bedeutung liegt, aus einem anderen Verbum intransitivum durch das Affix auf тур gebildet sein könnte. Ich hielt deshalb олтур als eine Zusammensetzung von олт+ур (wo олт etwa «der Sitz» bedeuten könnte, dafür sprach auch das Kkir. олут Sitz, Sag. олат, олыт «Ort, wo man sitzen kann»), «einen Sitz machen, einnehmen» und alle übrigen Formen hielt ich für Verschmelzungen und Fortentwickelungen von лт-тт-т-д-л. 2) Da im Alttürkischen die Endung des Factitivs ур (ӱр), das an Stämme auf л tritt, bei allen nur einige Mal auftretenden Bildungen dieser Art wenigstens einmal 𐰆𐰺 und 𐰇𐰼 geschrieben auftritt, wie in 𐰇𐰠𐰼, 𐰇𐰠𐰇𐰼 und sogar dieses Affix, wenn es an einen Stamm, der keinen labialen Vocal enthält, gehängt wird, mit 𐰇 geschrieben wird, z. B. 𐰚𐰠𐰇𐰼 кäл-ӱр, so schien es mir unmöglich, dass in dem mehr als 50 Mal auftretenden 𐰆𐰞𐰺 nicht ein einziges Mal 𐰆𐰞𐰆𐰺 geschrieben sein sollte, wenn hier олур zu lesen sei.

Ich nahm daher eine andere Lesung улар an, die aus der Wurzel ул+ар entstanden «sich vergrössern, gross werden, sich erheben, erstarken» bedeuten könnte und in den meisten Stellen vortrefflich passte. An dieser Annahme glaube ich zum grössten Theile bis jetzt festhalten zu müssen. Jedoch bin ich jetzt geneigt, an einigen Stellen олур zu lesen, z. B. (K 27,7, X 22,13) тӱн удымадым кӱнтӱз олурмадым «in der Nacht habe ich nicht geschlafen, am Tage nicht still gesessen» (hier passt улар auf keinen Fall). Ferner (K II,10) järipмi кӱн олурун бу ташка бу тамка okун (ykун) Јоллыҕ Тäгiн бiтiдiм «zwanzig Tage mich aufhaltend, an diesen Stein diese Schriftzeichen lesend (verstehend), habe ich, Jollyg-Tegin, geschrieben». In der Inschrift (X I,7—12) steht dementsprechend: (Јоллыҕ) Тäгiн мäн äi apтукы тöрт кӱн турун бiтiдiм ich Jollyg-Tegin einen Monat und vier Tage mich aufhaltend, habe es geschrieben. Es entspricht also hier турун «stehend» dem олурун «sitzend» im anderen Denkmale. Ob in Xb 1,6, Ka 1,7 бöдкä (бу öдкä) олуртым oder улартым zu lesen ist, wage ich nicht zu entscheiden.

𐰆𐰞𐰍𐰃𐰺𐰚𐰤 (olgiṛkṇ) Улуҕ-äркiн. Dies scheint der Eigenname eines Mannes zu sein oder ein Würdenname, daher K 34,8—10, jäр буjурукы Улуҕ-äркiн jaҕы болты «der Landverwalter der Ulug-Erkin erhob sich als

Feind» und (K 34,15—18) Улуҕ-äркiн аздыja äрäн тäзiн барды «der Ulug-Erkin und wenige Männer entflohen».

ꓥꓧꓤꓠꓴꓥ (K 10,14) orgsrtjiŋ. Habe ich уруҕ асраҕаjын gelesen und уруҕ = урук أوروغ «Same» erklärt. Gegen diese Erklärung sind mir jetzt Bedenken aufgestossen, die eigentliche Bedeutung von урук, уруҕ ist «Same einer Pflanze», dann wird es in übertragener Bedeutung zur Bezeichnung der Nachkommen eines Menschen gebraucht, bedeutet aber immer nur: «Herkunft, Geschlecht» (Wrtb. I, 1658), man kann also sagen: уруҕы jакшы «er ist von guter Herkunft, Abstammung»; man sagt aber nie бу кiмiнiң уруҕы «die Nachkommenschaft dieses Menschen». Das kirgisische рӯ, урӯ hat die Bedeutung «Geschlechtsname», denn man fragt Jemand: рӯң не (кiм) «was ist dein Geschlechtsname? Es ist daher ganz untürkisch zu sagen «ich will deine Nachkommen ernähren» und dabei das Wort уруҕ anzuwenden, würde es aber so gebraucht, so müsste wenigstens der Accusativ also уруҕыҕ oder уруҕын асраҕаjын gesagt werden. Ich will daher lieber урыҕ in уры-+-ҕ zerlegen, also das Wort als Accusativ von уры (Sohn) auffassen (der Ausfall des i Finale kommt nicht selten vor, wenn Affixe an ein Wort treten), урыҕ азраҕаjын würde also heissen: ich will die Söhne ernähren. Diese Uebersetzung ist dem Sinne der Stelle vollkommen angemessen. (K 10,11—15) тӯрк будун öлӯрäjiн урыҕ асраҕаjын тäр äрмiш die Chinesen sagten: «ich will das Türkenvolk tödten und die Söhne ernähren». Dies entspricht ganz der Politik der Chinesen, die stets dann in das Nomaden-Reich einbrechen, wenn diese in Unordnung gerathen. Sie vernichten dann die streitbaren Heere der Nomaden (dies scheint doch hier durch тӯрк будун öлӯрäjiн ausgedrückt zu werden, denn an ein Abschlachten aller Türken zu denken, ist doch ausgeschlossen und siedeln dann diejenigen Theile, die sie von den fliehenden Haufen durch Versprechungen und Gewalt festzuhalten vermögen, in den nördlichen Grenzbezirken an, wo für die neuen Ansiedler aus den Kronsmagazinen dann die nöthigen Nahrungsmittel angewiesen werden. Dergleichen Angaben finden wir nicht selten in den chinesischen Annalen und es hat durchaus nichts Befremdendes an sich, wenn die Nomaden diese Art der Kolonisirung nicht durch кондур, sondern durch азраҕ ausdrücken. Das Uebersiedeln (кондур) der Nomaden ist ja ein Ueberführen mit aller Habe und Vieh, ein regelmässiges Uebersiedeln, während die von den Chinesen angesiedelten Leute zurückgebliebene, zersprengte Schaaren ohne Habe und Vieh sind, die in China nicht nur angesiedelt, sondern auch ernährt werden müssen.

Herr Thomsen hält уруҕ сырат für ein aus уруҕ-+-сыра gebildetes Verbum, dem er die Bedeutung «entsamen» beilegt. Diese Lesung ist unbedingt zu verwerfen, denn es ist sehr unwahrscheinlich, dass die durch Milde der Sitten sich auszeichnenden Chinesen sich mit dieser Operation abgegeben haben sollten, und ausserdem hat das Affix сыраг, wie ich bei älcipär auseinandergesetzt habe, nie eine privative Bedeutung.

[runic] odlkiṇ. Habe ich одалыкым gelesen und dem Sinne nach durch Sporn (?) im Glossar unter одлык, pag. 98, aufgeführt. Ich glaube jetzt, dass hier удлык zu lesen ist und dass es dem osmanischen اويلق yiлук entspricht, welches «innerer Theil des Schenkels» bedeutet. Die Bedeutung von اويلق passt hier sehr gut. (K 36,11—15) бајырkуныӊ(а) кадыӷрак удлыkiн сыју урты seinem Bajыrkyn (Pferde) drückte er seine Schenkel sehr heftig ein, d. h. er spornte sein Pferd mit Schenkeldruck an.

[runic] (oigrḷṭḅṛ) yiӷуp äлтäбäp. In meinem Texte steht fälschlich [runic]. Es ist also das Bruchstück X 37,16—19 zu lesen: Уiӷуp äлтäбäp јÿзчä äpir äл-тутты der uigurische Ältäbär bildete aus etwa hundert Männern ein Äl (einen selbständigen Stamm). Sehr wichtig ist das Auftreten der beiden Völkernamen [runic] Оӷуз und [runic] Уiӷуp in ein und demselben Denkmale, da es uns beweist, dass beide Völkernamen scharf von einander zu trennen sind, daher ist تغزغز der arabischen Schriftsteller gewiss theils تغزغز (Тоӷуз уiӷуp), theils تغزغز (Тоӷуз оӷуз) zu lesen.

[runic] (Xa 2,6) kišn ist statt [runic] кышаi zu lesen und daher das letztere Wort im Glossar zu streichen. Кышын heisst im «Winter», отуз артукы сäкiз јашыма кышын Кытаi тана сÿлäдiм «in meinem acht und dreissigsten Jahre zog ich im Winter mit einem Heere gegen die Kytai».

[runic] (Ka 6,14) (qidmz) кыдмаз. Zur Erklärung dieses Zeitwortes, dessen Endlaut meiner Ansicht nach zur Entwicklungsreihe т—с—j gehört, muss ich eine Reihe von Wörtern aufführen, die zu den Stämmen кыт, кыс, кыi gehören: 1) mit dem Auslaute т: кыдык (Uig.) die Grenze, кыдыксыз (Uig.) grenzenlos, кыдыр (west. Dial.) herumsuchen, umherschweifen; 2) mit dem Auslaute с: кыс bedrücken, bedrängen, кыска kurz; 3) mit dem Auslaute: j, i—кыi (v) (Alt.) zur Seite biegen, (Alt.) seitlich beschneiden, zurechtstutzen, (Osm.) zerhacken, zerschneiden (Osm. m. d. Dat.) мала кыiмак Geld ausgeben, адама кыiмак Jemanden tödten, кыiмамак (Osm. Kir.) nicht wagen, schonen, (Uig.) сöс кыi die Worte verdrehen, кыја бак sich umschauen, schief ansehen, (Osm. Kir.) zurechtrücken, feststellen, (Kir.) wagen, den Muth haben, кыјыл (v) (Uig.) abweichen, ablassen, кыјыш (Uig.) abweichen, (Alt.) zuwiderhandeln, hartnäckig sein, (Osm.) festsetzen, кыјы (Osm.) Rand, Ufer, кыјык (Uig.) schief, genau, (Bar.) der Keil, das zugeschnittene Zeug, кыјык (Abak.)

schmaler Uferstreifen, кыjу (Tob.) Verbrämung. Es ist schwer aus diesen meist ganz abweichenden Bedeutungen auf die ursprüngliche Bedeutung einen Schluss zu ziehen, doch glaube ich, dass die Grundbedeutung von кыд (v) «etwas berühren, sich an etwas machen und dadurch seine Form (Seiten) verändern, bei Seite schieben, aus der Lage rücken» wohl die Entstehung aller dieser verschiedener Bedeutungen erklärt. Dafür spricht auch das in der Inschrift vor кыдмаз stehende тäрі welches dem osmanischen Dativ bei мала, адама кымак vollkommen entspricht. Somit würde уҕыны будуны бiнўкiңä тäрi кыдмаз «er macht sich nicht an die Erprobten (Tüchtigen) von seinem Volke und seinen Klienten», was nach dem Zusammenhange hier heissen muss: «es zieht die Tüchtigen seiner Klienten und seines Volkes nicht in Mitleidenschaft». Es sind hier eine Reihe coordinirter Sätze, deren Subjekt offenbar überall die Chinesen sind. Ich glaube jetzt den Zusammenhang dieser Sätze richtiger aufzufassen, als in meiner früheren Uebersetzung. Beginnen wir von (Ka 5,8) табҕач будун сабi сўчiг аҕысы jымшак äрмiш, сўчiг сабын jымшак аҕын арын ырак будунуҕ анча jаҕутыр äрмiш, jаҕру кондукта кiсрä аjыҕ бiлiк анда ўjўр äрмiш, äдгў бiлгä кiшiг äдгў алп кiшiг jорытмаз äрмiш, бiр кiшi jаңылсак уҕыны будуны бiнўкiңä кыдмаз äрмiш, сўчiг сабiңа jымшак аҕысiңа арттурын öкўш тўрк будун öлтўг die Chinesen sind milde an Machtäusserung und mässig in Tributforderung, durch Milde und mässige Tributforderung sich auszeichnend haben sie die fern lebenden Völker nahe (zusammen gebracht, d. h. haben sich ihre Unterthanen stets vermehrt), in Folge ihres dichten Zusammenwohnens haben sie Einsicht und Wissen aufgehäuft, sie haben gute kenntnissreiche Leute, heldenmüthige Leute nicht vertrieben, sie haben, wenn auch ein Mensch (Fürst) Unrecht beging (diesen wohl bestraft aber) die Tüchtigen unter seinen Klienten und seinem Volke nicht in Mitleidenschaft gezogen. Da ihr aber euch von ihnen an Milde und mässiger Tributforderung habt übertreffen lassen (und in Folge dessen, dass ihr keine so richtige Politik, wie ich hier angegeben habe, befolgt habt), so sind viele von euch, Türkenvolk, gestorben» (d. h. so habt ihr immer den Kürzeren gezogen und euere Volkszahl hat sich durch die fortwährenden Verluste sehr vermindert).

𐰆𐰍𐰞𐰃𐱃𐰃 (K 5,2, X 5,23). Ich habe оҕлы аты (сы) gelesen und «seine Söhne und Neffen» übersetzt. Оҕлы-ты zu lesen, das heisst ты als eine Conjunction aufzufassen (= та, да) hielt ich nicht für wahrscheinlich, da diese unbedingt auch im coordinirten Satze nach iнici (K 4,28) hätte erscheinen müssen, d. h. der ganze Satz hätte dann анда кiсрä iнiсi-тi каҕан болмыш äрiнч оҕлыты каҕан болмыш äрiнч gelautet. Da die Auslassung des 𐰽𐰃 ci nach оҕлы аты(сi) diese Deutung sehr ungewiss macht und da in der Folge das Wort аты nicht wiederholt wird, sondern K 5,9—11 nur оҕлы акаңын тäг кылынмадук äрінч «da die Söhne nicht wie ihre Väter geschaffen waren», so möchte ich оҕлыт als Plural auf т von оҕул (ebenso wie тапкат Plural von тапкан auffassen und оҕлыті «seine Söhne» lesen. Der Satz (K 4,27—5,5) wäre dann zu lesen: анда кісрä інісі каҕан болмыш äрінч оҕлыті каҕан болмыш äрінч «darauf wurde sein jüngerer Bruder Chan und wurden seine Söhne Chane».

𐰖𐰍𐰆 (ogs) уҕыш. Meine Uebersetzung «verständig» nach dem Kudatku-Bilik, wo dieses Wort als «Verstand» vorkommt, ist wohl nicht richtig, wie im (Alt.) yk (v) «sich fügen» bedeutet, so bedeutet auch уҕлыш «der Klient, der Abhängige», d. h. diejenigen Personen, die als nächste Umgebung sich dem Oberherrn anschliessen. (Ka 1,16, X 25,17, Xb 1,15) уҕышым будунум meine Klienten (mein Gefolge) und mein Volk. Ebenso уҕышы будуны (Ka 6,10, Xb 4,31), біp уҕыш алпаҕу (Kb 7,10) ein abhängiger Alpagu.

𐰲𐰺(𐰚)𐰢 mkrč (Kb 13,5). Das 𐰚 in diesem Worte ist nicht deutlich. Макрач muss wohl Eigenname sein, daher ist hier besser zu übersetzen: макрач тамҕачы оҕус білгä тамҕачы кäлті «es kam der Tamgatschi (Siegelbewahrer) Makratsch, er der weise Siegelbewahrer von den Ogus».

𐰤𐰏𐰘𐰠𐰃𐰤𐰢. Das in meiner Transscription vor 𐰉𐰆𐰲𐰀 (X 33,9) ausgelassene Wort ist sowohl auf den Photographien der finnischen Expedition, wie auf meinen Abklatschen deutlich zu entziffern, ich zerlege es in мäн-+-äнlirÿ und halte den zweiten Theil äнlirÿ für ein Gerundium auf у (ÿ) eines unbekannten Verbums äнliк, welches gewiss zur folgenden Gruppe von Zeitwörtern gehört: äнäl (Tel.) sich quälen, äнiк (Dsch.) сптiк (Kir.) seufzen, інлäн (Dsch.) erregt sein, anflehen, інтiк (Kas.), інäl (Kas.) heftig wünschen, bitten. Somit hies äнliк gewiss «erregt sein, heftig wünschen, begierig sein». Ich übersetze den ganzen Satz мäн äнlirÿ бунча башлаjу казҕанмадым «ich habe nicht meine Erwerbungen gemacht, heftig wünschend (d. h. aus Begierde nach Besitz, Eigennutz) so oft (die Kriegszüge) anführend, sondern stets nur dann, wenn (тÿрк будун öлгäчі болты, jok болты) das Türken-Volk sterbend war, heruntergekommen war».

𐱃𐰃𐰢 (mti) маты. Die Bedeutung von маты ist am Besten aus тÿркі маты бäгläp (Xa 11,14) ersichtlich, wo es gewiss die höchsten Würdenträger, die Schad und Oglane bedeutet, also «die türkischen trefflichen Bege» übersetzt werden muss, ferner (X 12,18) wo wiederum der маты бäгläp «die trefflichen Bege» aufgeführt werden. Da (Ka 11,12, Xb 8,26) das Volk тÿрк маты будун genannt wird, so sehen wir, dass es ein Epitheton ornans überhaupt ist. K 9,6 ist etwas anders zu übersetzen: äлім маты каны «wo sind meine Stämme und die Trefflichen, d. h. die hohen Bege?» Auch Ka 13,2—9 möchte ich etwas anders verstehen: jaŋyk äpсäp матыка äpir jäpтä () äpсäpinчä äpir jäpтä бäцгÿ таш токытты́м «für den (mir) nahe stehenden Trefflichen, da er an mächtiger Stelle gestanden, habe ich auch an mächtiger Stelle diesen Denkstein aufstellen lassen». Das obenerwähnte äliм маты каны (K 9,6) ist dadurch auffallend, dass hier nicht der Pronominal-Affix beim zweiten Worte wiederholt ist. Ausserdem, dass es als Adjectivum coordinirt mit einem Substantivum steht. Vielleicht ist statt äliм маты каны nur äliм аты каны «wo sind die Namen meiner Stämme» zu setzen. Eine Wiederholung des Auslautsconsonanten im Anlaute des nächsten Wortes ist eine sehr häufige Erscheinung im Kudatku-Bilik.

 mtiṣir матысы äp X 1,13 (s. die Korrektur der Zeile unter ) ist statt  X 1,9 zu lesen und «die trefflichen unter den Türken» zu übersetzen. Im Glossar ist  unter аты (X 1,9) zu streichen.

 ḅiṣcinä = бішÿкiңä (Ka 6,12). Möchte ich lieber als бішÿк von біш-ÿк auffassen, also: der Gargekochte, Erfahrene, Tüchtige. Уҕыші будуні бішÿкiңä den Erfahrenen von ihren Klienten und ihrem Volke.

 (K III,10). Die Photographie der finnischen Expedition und deutliche Spuren auf meinen Abklatschen beweisen, dass statt des von mir früher gelesenen  hier  zu lesen ist, die betreffende Stelle des Glossars ist unter нäчін auszustreichen und unter бäчін (K III,14) einzufügen. Da offenbar mehrere Stellen der betreffenden Ecke des Steines im Jahre 1890 beschädigt worden sind, so will ich die ganze Eck-Zeile aus der mir vorliegenden Photographie der finnischen Expedition zu ergänzen suchen, wobei ich das auf der Photographie Gelesene in [ ], das von mir hinzugefügte in ( ), setze.

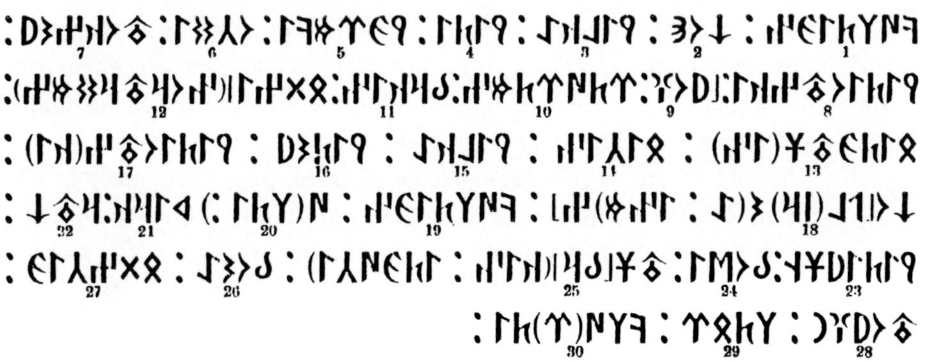

kölṭign qoj jilka jiṭi jgṛmḳi očti tokzněj jiṭi otzki jog
Kÿl-Täriн koi jылка järi järipмiкi учты токузынч ai järi отузкы joҕ

ṛṭöṛṭmz brkiṇ ḅḍziṇ. . . . . ḅiṭgṭšin ḅičiṇ jitnčj
äртўртiмiз баркiн бäдäзiн уртурдымыз бiтir ташiн бäчiн jылка jäтiнчi аi
jiṭiotz(ki) qoplsrnča . . . z ḳöḷṭigṇ ö qiṛk rtq jiṭijšn
jäтi отузкы акун алсарынча iнiмiз Кўl-Тäriн öлтi кырк артук jäтi jашынa
bolti tšbrkin. . . . . bonča ḅḍzčig tojgn ḷṭḅṛ ḳḷöṭi
болты; таш баркiн äттўчi бунча бäдiзчir тоiђун älтäбäр кäлўртi.

Kül-Tägin verschied im Schafjahre am 27-sten Tage des neunten Monats, auf den 37-sten (Feldzuge?). Wir hielten die Begräbnissfeier ab und liessen das Gebäude, die Sculpturarbeiten und den Schriftstein im siebenten Monate des Affenjahres herrichten. Als er am sieben und dreissigsten Male in's Feld zog, starb unser jüngerer Bruder Kül-Tägin sieben und vierzig Jahre alt. Die das Steinwerk ausführenden so vielen Arbeiter haben Toigune und Ältäbäre hergebracht.

[runic text] ḅiṛḳa (Ka 4,11). Das Anfangs [runic text] in diesem Worte ist nicht recht deutlich, in der finnischen Ausgabe ist sogar [runic text] anstatt [runic text] gelesen. [runic text] würde hier viel besser sein. Denn nachdem der Chan genau angegeben, bis wohin er in den verschiedenen Himmelsrichtungen gezogen ist, wäre der Zusatz: бунча jäркä тäri jорыттым «bis zu so viel Ländern habe ich meine (Armeen) vorgeschoben». Noch eine andere Erklärung wäre [runic text] als einen Fluss, Namens Bir aufzufassen (die Birussa) nördlich vom Sojonischen Gebirge wird noch jetzt von den Tataren Бiр cy genannt. Dann wären die Sätze von Ka 4,6 an so aufzufassen: Jырђару Jäрiңjарку jäрiңä тäri сўлäдiм бунча бiркä тäri jорыттым nach Norden zog ich mit der Armee bis zum Lande Järing-Jarku und mehrmals habe ich (das Heer) bis zum Bir vorgeschoben.

[runic text] (ḅiṛja) бäрijä (Kb 7,1). Ich glaube es ist anders zu übersetzen: jаблак бäрijä озмыш сўсiн Кўl-Тäriн ађыттын Тоңра бiр уђыш алпађу он äрiг Тоңа-Тäriн jођында öлўртiмiз sein sich feige nach Süden zurückziehendes Heer trieb Kül-Tägin vorwärts und da tödteten wir einen von uns abhängigen Alpagu (oder einen Klienten des Alpagu) und zehn Mann indem wir bei der Leichenfeier des Tongga-Tägin eindrangen.

[runic text] (ḅökḷi). Dieses Wort habe ich im Glossar pag. 140 aus бöк+li erklärt und durch «mächtig» übersetzt. Jetzt bin ich der Ansicht, dass es besser sei, das Wort als Titel oder Eigenname aufzufassen. Ein Mal (K 8,8, X 8,6) steht бöкli kађан, und einmal (K 4,8 [runic text] ḅokḷi čölg!) бöкli äчўlir äl «das von einem Bökli ätschü regierte Volk». Es sind zwei Gründe, die mich veranlassen бöкli nicht als «stark» aufzufassen: 1) er scheint «stark» wo es auftritt, stets in der Form мöкö oder бöкö und wird überall als Adjectivum angewendet; 2) ist das Adjective bildende

Affix ΓΥ = ϾΥ sehr unwahrscheinlich und wo es auftritt, anders zu erklären. Ist бöкli auf türkischem Boden entstanden, so müsste es als бö-+-кli oder бў-+-кli von einem mir unbekannten Verbalstamm бö, бў hergeleitet werden.

ƝϾҎΥϾꝘ (Ka 11,17) ist ganz unverständlich. Ist hier nicht der Ausfall des Buchstabens Ҏ anzunehmen und ƝҎϾҎΥϾꝘ zu lesen? Dann wäre Ka 11,11—18 zu lesen: тўрк маты будун бäрläп бöдкä кöрўгмä бäрläпгäрў јаңылгачысын «wie das Türken-Volk und die Fürsten (d. h. die Ogusen) gegen die dem Throne treu anhängenden Fürsten (d. h. gegen den Kül-Tägin und die mit ihm gefallenen Heerführer) sich vergangen haben (habe ich auf diesen Gedenkstein verzeichnet)».

ɈӇD>⅃♁ (ṭlojka) = талуі-+-ка. Ist nach der jetzt von mir gegebenen Uebersetzung (vergl. ϾλΓꟻ) von талуіка кічіг тäгмäдім (Ka 3,16) «bis zum Meere bin ich fast gekommen» in der Bedeutung «Meer» aufgefasst. Das Wort талаі «Meer» (Mong.) kommt in der türkischen Sprache nur im Altai und Jenissei-Gebiete vor, wo ich es bis jetzt als ein Lehnwort aus dem Mongolischen angesehen habe. Jetzt finden wir es in der türkischen Sprache des VIII. Jahrhunderts in der Form талуі. Ob es ein Fremdwort oder ein ursprüngliches türkisches Wort ist, lässt sich nicht darlegen. Der Stamm тала (дала) (türk. Ost-Dialekte), (Mong.) und тала (Mandsch.) «Ebene» und das Mandschurische талҕан «Oberfläche» beweisen, dass ein Stamm дал, тал sowohl den Tungusen und Mongolen, wie auch den Türken seit Alters bekannt sein musste.

Υ>↓♁>♁ (totgog). Dieses Wort ist ein Accusativ, also ist das Grundwort entweder тутку oder туттук. Die Bedeutung ist durch den Stamm тут «halten» und den Zusammenhang klar, er bedeutet unbedingt «den Gefangenen». (K 38,6) Тўргäш каҕан буірукы аз туттукуҕ (туткуҕ) äліін тутты «von den Beamten des Türgäsch-Kagan machte er mit eigener Hand einige Gefangene».

↓⫸ΓΥ⚘♁ (tmgidq) Kb 1,20. Ich lese jetzt besser Тамаҕ ыідук баште auf dem Tamag genannten Berge.

ΓλᏧ⅃D (X 39,4) jlbči — јалабачы oder јалбачы heisst: «ihr Gesandter». Das Wort findet sich in mehreren Inschriften vom Jenissei und im Kudatku-Bilik يلاواچ oder يلواچ in der Bedeutung «Gesandter», im Rabgusi der Londoner Handschrift steht statt پيغمبر (Prophet) stets يلوج. Die Stelle (X 39,4—8) јалбачы äткў сабы, öтäрі кäлмäз дäјін habe ich übersetzt: «von dort kommt nicht ihr Gesandter und ihre gute Nachricht» (siehe ΓϾӇƝ).

ɈѾΓΥ⚘⅃D (jlmsnda) K 33,19. Dieses Wort lese ich jetzt аіламасінда und zerlege es in аілама-сінда «in seiner Umgegend». Vergl. die Uebersetzung des Satzes bei ӇꟼD.

𐰖𐰺𐰴 (jrk) japak. 1) Passend, gehörig; 2) die Zurichtung, die Ausrüstung zum Kriege, die Waffe, die Befestigung. (K 33,18) japakінда аілама-сінда jӯз артык акун урты «bei der Befestigung und in der Umgegend machte er mehr als hundert Ueberfälle».

𐰖𐰺𐰴𐰞𐰍𐰑𐰃 (jrklgdi) (Adv.) = japaклыҕ (bewaffnet)+-ды (Adverb Affix). Diese Endung kommt adverbisch an Adjectiva-Bildungen öfter vor, z. B. 𐰓𐰏𐰇𐰓𐰃 (Ka 2,4) äдгӯдi gut (adv.). 𐰴𐱃𐰍𐰑𐰃 (Ka 2,6, Kb 11,11) heftig. Daher: K 32,4—12 уңтутук (?) јорачын (?) japaклыҕ äliн тутты japaклыҕды каҕанка анча улыды, ол сӯг анда jokkыштымыз «den Joratsch (?) der Ungtutuk fasste er mit bewaffneter Hand, bewaffnet vereinigte er sich mit dem Chane und wir vernichteten dort jenes Heer».

𐰖𐰣𐰀 jna (K 10,6). Habe ich = janka übersetzt und einen Ausfall k (𐰴) angenommen. Es ist auch möglich jaна in jaн+-a, d. h. als Gerundium des Zeitworts jaн «zurückkehren» aufzufassen ist, oder als eine Isolirung dieser Form als Adverbium jaна «abermals». Äтiнӯ japaтуну умдук jaна iчкäмiш «die zu gedeihen und vorwärts zu kommen Hoffenden zerstreuten sich zurückkehrend» oder «da sie zu gedeihen und vorwärts zu kommen hofften, zerstreuten sie sich abermals», d. h. verliessen sie die ihnen von den Chinesen angewiesenen Wohnorte.

𐰖𐰉𐰞𐰴𐰭𐰣 (jblqñn) (X 20,19) = jaблакыңын. Habe ich, da die untere Hälfte des Buchstabens 𐰉 undeutlich ist, 𐰖𐰆𐰞𐰴𐰭𐰣 jолукыңын gelesen. Die genauere Durchsicht des Abklatsches zeigt, dass das Wort, wie oben bezeichnet, zu lesen ist. Diese Lesung erleichtert die Uebersetzung des Textes. Nachdem der Chan den Aufstand gegen seinen Onkel getadelt, schliesst er den Tadel mit den Worten: бiлмäдӯкiңiн ӯчӯн jaблакыңын ӯчӯн äчiм каҕан уча барды «durch deine Unwissenheit, durch deine Schlechtigkeit ist mein Onkel, der Chan, umgekommen».

𐰖𐰺𐱃𐰢𐰾 (X 1,3, Xa 11,3). Der Anfang der Frontinschrift X und die Nachschrift Xa 11 sind, wie ich jetzt ersehe, von fast gleichem Inhalte. Beide sind im Namen des Chans, des Sohnes des Bilgä-Kagan, geschrieben und erwähnen die Thronbesteigung des Vaters, des Bilgä-Kagan, dem zu Ehren das Denkmal errichtet ist. Dies war mir entgangen, da in meinen Abklatschen mehrere Wörter fehlen, die, wie ich jetzt aus den Photographien der finnischen Expedition ersehe, im Jahre 1890 noch auf dem Steine vorhanden waren. Meine Abklatsche zeigen an diesen Stellen einen weissen Fleck, was beweisst, das die Ecke des Steines hier abgebrochen ist (dies ist gewiss beim Umwenden des Steines im Jahre 1890 geschehen). Ich will daher versuchen X 1 aus den Photographien und aus Xa und Ka zu ergänzen. Ich werde dabei die auf den Photographien sichtbaren Stellen in | |, der von mir ergänzten Stellen in ( ) setzen.

X 1.

X 2.

1) ṭöṛiṭg ṭöṛi jrtmš ṭöṛc ḅiḷga kgn sbm kñm ṭöṛc
Täңрітäг тäңрі jaратмыш тӳрк Бiлгä кађан сабым акаңым тӳрк
ḅiḷga. . . . . n͡da mt tiṣir tokzogz
Бiлгä кађан бöдкä улартукында маты тӳрк матысы äр Токуз Ођуз
jiḍụkṛḳöḷg ḅg̣ḷṛi bodni . . . .
jäдінік äр кӳлӳг бäгläрі будуны акаңым кађанка äртäңӳ äті мађ äтді
. . rc ṭri. . . . .
тӳрк тäңрісі тӳрк ыідук jäр субы jарылкадукін ӳчӳн кутым бар ӳчӳн
. . . .
мäн тӳрк будун

2) öza kgn olrtm
öзä кађан улартым

«Der himmelgleiche vom Himmel wohlgefällig aufgenommene (d. h. verstorbene) türkische Bilgä-Chan ist mein Ruhm, mein Vater. Als er als türkischer Bilgä-Chan auf den Thron gestiegen war, haben die trefflichen Helden, die trefflichen Türken und die von dem Tokus-Ogus anhängenden Helden, seine berühmten Bege und sein Volk meinen Vater dem Chane ihre Huldigung und ihr hohes Lob dargebracht. Da der türkische Himmel, den die Türken ihr Land und Wasser nennen, (mir) gnädig war und da das Glück auf meiner Seite war, so habe ich mich über das türkische Volk zum Chan erhoben».

Täңрі jaратмыш тӳрк бiлгä кађан fasse ich also in dem Sinne: «den türkischen Bilgä-Chan, den der Himmel gut aufgenommen hat» auf, und zwar wird dies vom Sohne nach dem Tode des Chans gesagt, es ist also тäңрі jaратмыш fast gleich bedeutend mit тöрӳг кађаныш öзінчä кäргäк болмыш. Der lebende Chan sagt von sich hingegen immer: тäңрідä болмыш тӳрк бiлгä кађан «der vom Himmel oder durch den Himmel gewordene türkische Bilgä-Chan».

𐰞𐰉𐰞𐰉 (blbl). Dieses sich öfter wiederholende Wort wagte ich nicht mit Vocalen zu versehen, da ich keinen türkischen Stamm kannte, mit dem dieses ganz eigenthümlich gebildete Wort in Zusammensetzung gebracht werden kann. Da kein Vocal hinter dem ersten 𐰉 steht, könnte man балбал, балбыл, балабал, балыбал, балыбыл oder балабыл lesen, am Wahrscheinlichsten ist aber die Lesung балбал. Die Bedeutung dieses merkwürdigen Wortes ist in meiner Uebersetzung unbedingt falsch wiedergegeben worden. Wir können diese Bedeutung nur aus dem Vergleich der Stellen finden, in denen es auftritt. Ich will deshalb die Uebersetzung aller Stellen hier aufführen und vorläufig an Stelle des unbekannten Wortes «(blbl)» setzen: 1) (K 16,5, X 13,20) акаңым каҕанка башлаjу Баз-каҕаныҕ балбал тікмiш «(nach dem Tode meines Vaters des Chans) hat man für meinen Vater, den Chan, anfangend (d. h. an der Spitze) den Baz-kagan als (blbl) aufgestellt»; 2) (K 25,1) (äчiм каҕан уча барды) башлаjу Кырҕыз каҕаныҕ балбал тіктім «(mein Onkel der Chan starb) ich habe anfangend (an der Spitze) den Kirgisen-Chan als (blbl) aufgestellt»; 3) (Xa 5,1) . . . . н öлÿрÿп балбал кылу бäрдiм «den . . . . tödtend habe ich zum (blbl) gemacht»; 4) (X 7,1) улуҕ оҕлым аҕрыш jok болча Кундсäңÿniг балбал тікä бäрдiм «als mein ältester Sohn an einer Krankheit gestorben war, habe ich den Kung-Sängün (einen chinesischen Würdenträger) als (blbl) aufgestellt».

Aus Vergleich dieser Sätze sieht man, dass das Blbl zur Bestattungsfeierlichkeit hochgestellter Personen gehören muss, da es stets nach der Erwähnung des Hinscheidens einer Persönlichkeit und der weiteren Fortführung der Erzählung auftritt: 1) nach dem Tode des Vaters und vor dem Regierungsantritt des Onkels; 2) nach dem Tode des Onkels und vor dem Regierungsantritt des Chans; 3) nach dem Tode einer nicht mehr entzifferbaren Persönlichkeit; 4) nach dem Tode des ältesten Sohnes des Chans.

Drei Mal in 1) 2) 4) wird der (Blbl) «aufgestellt», wörtl.: «aufgepflanzt», und zwar drei Mal mit Angabe einer Person, die im Accusativ steht, wo es also nur heissen kann: 1) man hat den Bas-Kagan als blbl aufgestellt; 2) ich habe den Kirgisen-Chan als blbl aufgestellt; 3) ich habe den Kung-Sängün als Blbl aufgestellt. In 3) ist die Persönlichkeit, die man zum Blbl macht ausgelassen, anstatt des Satzes: «ich habe aufgepflanzt» steht hier: «ich habe (blbl) gemacht». Der Gebrauch dieses Verbums scheint darauf hinzudeuten, dass der Chan selbst hier den (Blbl) gemacht habe. Am Ausführlichsten ist die Darstellung in 1). Hier wird zwar das Subject nicht genannt, sondern nur gesagt «man hat aufgestellt», dafür ist aber der gestorbene Chan im Dativ gesetzt, was hier nur «für den Chan» oder «zu Ehren des Chans» übersetzt werden kann.

Das Verbum тік «aufstellen, aufpflanzen» beweisst, dass der Blbl in die Erde gesteckt wurde, Blbl kann also nur «die Steinpfeiler» bedeuten, die zu Ehren der bei der Leichenfeier fungirenden Trauermarschälle vor dem Grabe aufgestellt wurden und in langen Reihen vor allen Gräbern der alten Türken sich befinden. Dass diese Annahme richtig ist, beweisen uns zwei Inschriften, die sich auf solch einem Steine befinden. So steht auf dem ersten recht verwitterten Steine (der gewiss ursprünglich eine Steinfigur war) vor dem Grabe des Mekilien-Chan die Inschrift: [illegible] (boṭölṣšdṅṭšblblib) бу тöläс шадың таш балбалы болты «dies ist der Stein-Blbl des Schad der Töläs», und auf einem Steine vor dem Grabe von Onggin (Taramel) [illegible] (sbrtrkn blbli) сабра таркан балбалы «der Blbl des Sabra-Tarkan». Was die Lesung dieses unbekannten gewiss nicht türkischen Wortes betrifft, so scheint am wahrscheinlichsten, wie schon gesagt, dass es балбал zu lesen ist. Mein College Wassiljew hält das Wort gewiss richtig für chinesisch und zwar = 拜 бai «sich verbeugen, bewillkommnen», 碑 бäi «Monument mit einer Inschrift, Grabdenkmal», бai-бäi heisst also «ein Grabstein, der zur Ehrfurchtsbezeugung Jemands aufgestellt ist», also genau dasselbe, was Balbal bedeutet. Es scheint mir wahrscheinlich, dass das russische Wort баба (Steinfigur), nur eine volksetymologische Veränderung des Wortes балбал ist, ebenso scheint der russische болвань «Götzenbild, Perrückenstock» aus Balbal entstanden zu sein, und nicht aus dem persischen پهلوان da dieses Wort in Form und Bedeutung dem erwähnten Balbal näher steht, als dem persischen «Helden». Noch jetzt werden die Steinfiguren (бабы) von den umwohnenden Eingeborenen als Götzenbilder aufgefasst und, wie ich mich am Abakan selbst überzeugt habe, werden ihnen noch jetzt Opfer und Libationen dargebracht.

[illegible] (brk) бapk (s. Glossar pag. 137). Das Wort бapk ist mir im Osmanischen und in den Krym-Dialekten aufgestossen. In dem Letzteren wird es in der Verbindung äwiм баркым малым «mein Haus, meine Familie und mein Vieh» angewendet. Im Osmanischen wird es immer mit äв verbunden und von den Lexicographen als «Familie und Hausrath» دستكاه و جمعت erklärt. B. d. M. bringt dieses Wort mit بارنمق барынмак «behütet, beschützt sein» und باروق «Schutz» in Verbindung, Budagoff hält es für das verdorbene persische Wort برك. Unsere Inschriften beweisen, dass alle diese Erklärungen nicht stichhaltig sind und dass бapk ursprünglich ganz etwas Anderes bedeutet hat. Zwar kommt es auch hier in der Verbindung mit äб vor. (X 34,2—37,13) äбin бapkin буздым «ich habe sein Haus und sein Bark vernichtet», beweisst schon, dass бapk nicht «Familie» heissen kann, sondern auch eine Baulichkeit sein muss. Noch deutlicher tritt diese Bedeutung auf in (Ka 12,7), wo der Chan sagt, der Chinesische Kaiser habe Arbeiter geschickt und von diesen аңар мäн таш бapk урдуртым «habe ich ihm (dem Kül-Tägin) ein Steinwerk aushauen lassen». Endlich Kb 13,15 sagt er: бapk äткÿчi, бäдiз јартыҕма бiтiг таш äткÿчi табҕач каҕан чäнканы, чäңсäңÿн кälтi «vom Chinesischen Kaiser sind der Tschänkani und der Tscheng-Sängün gekommen, die das Bark, die Skulpturarbeiten und den Schriftstein ausgeführt haben». Da nun bei dem Grabe ein Grabstein (бiтiг таш), mit einer Reihe von Figuren (бäдiз) sich befindet, so kann unter бapk hier nur der Tempel gemeint sein, der nach den chinesischen Annalen neben dem Grabsteine gebaut wurde, бapk bedeutet also «Gebäude» und die ursprüngliche Bedeutung von äб бapk ist «Häuser (Jurten) und andere Gebäude».

𐰉𐰆𐰭 буң (boṅ), 𐰉𐰆𐰭𐰽𐰔 (boṅṣz) буңсыз. Professor Thomsen hat dieses Wort (pag. 25) mit муң der nördlichen Dialekte zusammengestellt. Gegen diese Zusammenstellung habe ich sprachlich Nichts einzuwenden, da mit Ausnahme von мäн, sonst die die erste Silbe auslautendem Nasale auf den Anlaut б im Alttürkischen keinerlei Wirkung ausüben und in dieser Hinsicht diese Sprache auf dem Standpunkt der Süddialekte steht. Da муң nun «die innere Erregung, Gram, Kummer, Qual» bedeutet, so wäre буң jok oder буңсыз als «kummerlos, ohne Gram, ohne Qual» aufzufassen. Diese Bedeutung scheint mir aber durchaus nicht für alle Stellen zu passen, in denen diese Worte in den Inschriften auftreten. Ist es z. B. wahrscheinlich, dass Ka 5,6 der Chan sagt: алтун кÿмiш iciгтi (iciг äтi?) кутаі буңсыз анча бäрÿр Табҕач будун «die Gold, Silber, Wohlgerüche (?), Seide (ohne Kummer (Qual) soviel geben, das chinesische Volk», oder (X 29,5) Карлук будун буңсыз äрÿр барыр äркli јаҕы болты «das Karluk-Volk wurde in seiner kummerlosen Unabhängigkeit unser Feind». Im ersten Beispiele scheint mir буңсыз vielmehr die Bedeutung von кäргäксiз zu haben, wie in Kb 12,8 алтун кÿмÿш кäргäксiз кälÿртi «sie haben Gold und Silber ohne Ende herbeigebracht». Denn dem Chane ist die Menge des Goldes und die kostbaren Waaren gewiss wichtiger, als der Umstand, ob den Chinesen es angenehm oder unangenehm ist, Gold und Silber zu spenden. Er will nur sagen, er habe sich mit den Chinesen eingelassen, weil es sehr vortheilhaft sei, von ihnen reiche Schätze und kostbare Waaren zu erhalten. Ebenso fraglich erscheint es mir, dass der Chan äрÿр барур äркli «die Unabhängigkeit der Karluk» als eine kummerlose, quallose bezeichnen würde, da darin liegen würde, dass es eine Qual sei, diese Freiheit aufzugeben und dem Chane sich zu unterwerfen. Solche Theorien wird der

Chan gewiss nicht aufstellen. Auch in diesem Beispiel passt буңсыз = кäрäксiз besser, буңсыз äрӳр барур hiesse dann: «in seinem Sein und Wandel ganz unabhängig». Ueber die Bedeutung von буң (Ka 3,11) ist es schwer etwas Bestimmtes zu sagen, die Phrase ist sehr dunkel, der Satz lautet: улыматы (олматы) jaҕы jok (ajыҕ jok) тӳрк kaҕaн Ӳтӳкäн jыш уларсар (олурсар) äлрä (loc. oder Abl.) буң jok ilгäрӳ шандуң jазыкa тäri сӳлäдiм. Da der vorhergehende Satz mit äттiм schliesst, so beginnt hier ein neuer Satz. In meiner Uebersetzung habe ich von 3—11 als zwei selbständige Sätze aufgefasst und zwar: 1) улыматы jaҕы jok тӳрк kaҕaн ich bin der Türk-Chan, dem kein Feind sich nicht unterwirft (es ist doch unmöglich anzunehmen, dass sich der Chan selbst als ол маты ajыҕ jok der Türk-Chan «der ohne jene treffliche Einsicht seiende ist» bezeichnet, oder dass er sagt улыматы ajыҕ jok «der Türk-Chan, der ohne Einsicht [Bildung] ist, die sich nicht anschliesst»); 2) ӳтӳкäн jыш уларсар äлрä буң jok «es ist das Waldgebirge, wo die erstarkten Stämme keine Reichthümer (nach Thomsen: wo die wohnenden Stämme keine Qual, Sorge haben)». Diese Eintheilung ist sehr künstlich, ja unmöglich, da kein Satz derartig mit einem Substantivum kaҕaн abschliessen wird. Sind hier zwei Sätze, so müsste jeder von ihnen mit jok schliessen. Dann wäre zu übersetzen: «ein Feind der sich ihm nicht anschliesst, war nicht da, bei dem im Ütükän-Bergwalde erstarkendem (wohnendem) Volke des Türk-Chan ist keine Sorge», oder «es hat nicht jene treffliche Einsicht, bei dem im Uetükän wohnendem Volke des Türk-Chan ist keine Sorge». Da er darauf fortfährt: «nach Osten zog ich bis zur Ebene Schandung». So scheint mir die letzte Auffassung unmöglich, denn es ist doch keine Veranlassung, wenn man keine Qual, Sorge hat, mühevolle Kriegszüge zu unternehmen. So finde ich nur ein Mittel, einen erträglichen Sinn in diese Phrase zu bringen, dass ich (vergl. pag. 143) eine Reihe eingeschobener Sätze zu einem Vordersatz vereinigte: «ich, dem kein Feind widerstand, der Türk-Kagan, zog von dem im Ütügän-Bergwalde erstarkendem (wohnendem) Volke oft (ohne Zahl oder: «sehr weit, d. h. ohne Grenze), nach Osten bis nach Süden . . . nach Westen und nach Norden . . .»

Nach Thomsen müsste man bei dieser Auffassung übersetzen: «so zog in dem ohne Sorge (Qual)» u. s. w. Es scheint mir sehr fraglich, dass der Chan seine Züge als sorgelos, quallos bezeichnen wird, die vielen Schlachten, die er geliefert, waren ein gutes Stück Arbeit, und «sorgelos» würde seinen Verdienst nur herabsetzen. Wenn ich pag. 142 angedeutet habe, dass буң vielleicht ähnlich aus бу entstanden wäre, wie нä aus нäң, so ist das nur eine als möglich angenommene Hypothese, für deren Richtigkeit ich keineswegs einstehen will, denn ich bin mir durchaus nicht klar, woher das ɳ entstanden sein könnte.

Dass meine Auffassung und nicht die Deutung Thomsen's richtig ist, dafür habe ich in den Jenissei-Inschriften, mit deren Bearbeitung ich jetzt beschäftigt bin, einen unumstösslichen Beweis gefunden. Die in der finnischen Ausgabe, Inschrift XIX, Jénisséi Atchoura, Zeichen 208—233 aufgeführte Zeile ist zu lesen: [runic] kанкы äті буңсыз äрті кара сачым тäк «seine in den Säcken befindliche Habe war unbegrenzt (unzählig) wie seine schwarzen Haare».

[runic] (boṅgjoq) буңаҕ jok. Dieser Ka 8,12, Xb 6,19 auftretende Zeichen-Complex ist von mir falsch als буң jok gelesen, er ist unbedingt буңаҕ jok zu lesen, und буңаҕ hier durch «Sorge, Qual, Mühe» zu übersetzen. Буңаҕ ist ein Verbalnomen von буңа «sich qäulen, sorgen, abmühen», im uigurischen kommt sowohl муңа wie auch муңak (муnkak) vor. Der Satz аркыш тäркiш ысcap (= ыд-+-сар) ңäң буңаҕ jok ӱтукäн jыш ist zu übersetzen: «der Ütükän-Bergwald, in dem es keine Waaren, die man mit Karawanen aussendet und keine Sorgen (um dieselben) giebt», d. h. wo man Nichts hat, womit man Handelsunternehmungen ausführen könnte.

[runic] (boln) булуң. Тöрт булуң die vier Wechsel oder vier Himmelsgegenden bestimmen die Türken nach der Tageszeit. Osten heisst кӱн тоҕышыкы (Sonnenaufgang), Westen кӱн батышыкы (Sonnenuntergang), Süden кӱн ортусы (Mittag), Norden тӱн ортусы (Mitternacht). Die Richtung nach diesen vier Himmelsgegenden bezeichnen sie, indem sie mit dem Gesichte sich nach Osten wenden. Daher heisst nach Osten ilгäрӱ öңрä (vorwärts), nach Westen кäрӱ, курыҕару, кiсрä (nach hinten), nach Süden бäрiгäрӱ (nach rechts), nach Norden jырҕару (nach links). Тöрт булуңдакы будун oder kurz тöрт булуң, bezeichnet die Nachbarvölker der Türken, die nach den vier Himmelsgegenden rund um die Türken wohnen.

[runic] (bolčon). Ein ganz unverständliches Wort. Der Satzconstruction nach müsste man [runic] болзун erwarten. Тӱрк будун будун болзун тäjiн ist aber ein unmöglicher Satz, weil die Türken ja, so lange sie vorhanden sind (oder so lange sie nicht jok болды) immer ein будун, d. h. «Leute sein werden, die irgend Jemand unterthan sind (s. будун). Es müsste daher vor будун ein anderes Wort, wie ällir oder каҕанлыҕ, stehen. Will man den Satz, wie Herr Professor Thomsen verstehen, so müsste also nicht nur [runic] mit [runic] alterniren (ein solcher Wechsel ist aber eine vollkommen unbegründete Hypothese), sondern es müsste auch ein vor будун ausgelassenes Wort eingefügt werden. Meine Zusammenstellung

von булчун mit dem Kkir. булчуц ist natürlich nur ein Versuch, ein unbekanntes Wort zu erklären und ich will gern zugeben, dass dieser Versuch ein sehr gewagter ist und dass 𐰉𐰆𐰞𐰲𐰆𐰣 ob болчун oder булчун gesprochen, ein uns unbekanntes türkisches Nomen ist.

𐰉𐰆𐰇𐰓𐰴𐰀 (boöḍḳa) Ka 1,7. In der Textausgabe habe ich dieses Wort durch 𐰉𐰆𐰇𐰓𐰣𐰃 wiedergegeben und durch бу ӧдні umschrieben. An der entsprechenden Stelle von Xb 1,6 steht 𐰋𐰇𐰓𐰴𐰀. In Ka ist der untere Rand des fünften Buchstabens ledirt, so dass nur der obere Theil dieses Buchstabens zu sehen ist. Dieser ist aber dem oberen Theil eines 𐰣 sehr ähnlich, nun sehe ich aber, dass der Kopf von 𐰴 in 𐰃𐰚𐰴𐰇𐰚 Ka 1,10 genau in derselben Weise abgerundet geschrieben ist, so dass man auch hier 𐰉𐰆𐰇𐰓𐰴𐰀 = 𐰋𐰇𐰓𐰴𐰀 lesen kann. Ich möchte vorschlagen hier бу ӧдкä = бöткä als «Thron» aufzufassen. Ob wir es hier mit einem Schreibfehler zu thun haben, oder ob бöд aus бу+öд entstanden ist, vermag ist nicht zu entscheiden.

Die Schilderung ist sehr lebendig. «Ich, der himmelgleiche vom Himmel gewordene türkische Bilgä-Kagan habe mich auf den Thron erhoben (улартым) [oder gesetzt (олуртум)], meinen Ruhm hat der Himmel verbreitet. Auf dem Throne sitzend spricht nun der Fürst gleichsam zu dem versammelten Volke: höret (ihr beiden Schad) und neben ihnen (улыjу) meine Familie, meine Oglane und auch ihr meine Klienten und mein Volk, (ihr da) zur Rechten Schadapyt-Herren und (ihr da) zur Linken Tarkane und Beamten ihr dreissig . . . . ihr Herren und Volk der Tokus-Ogus vernehmet diese meine Rede gut und präget sie euch ein».

𐰉𐰆𐰽𐰍𐰆𐰺𐰆𐰺 (bošgoror) (Ka 7,8—7,18). Бушђур heisst wie im Glossar pag. 145 angegeben «erzürnen, aufregen, aufreizen, zum Kriege anstacheln, kriegerisch machen», ich will hier die betreffende Stelle, wie ich sie jetzt verstehe, anführen:

Ka 7,6—28 аjыђ кіші анча бшђурур äрміш ырак äрсäр jаблак ађы бäрӱр jађук äрсäр äдгӱ ађы бäрӱр тäп анча бушђурур äрміш білір білмäз кіші ол сабыђ алып jађру барып öкӱш кіші öлдӱг «die einsichtsvollen Leute (d. h. die Chinesen) reizten so (euch) zum Kriege. Die fernen Menschen geben schlechten Tribut, die nahen Menschen geben guten Tribut (ihrer Politik gemäss) meinend, reizten (sie euch) zum Kriege und da ihr, die ihr unwissende Leute (Leute, die kein Wissen kennen) seid, jenem Rufe folgend (ол сабыђ алып) gegen sie (jађру) zoget, so sind viele Leute von euch gestorben».

𐰉𐰆𐰑𐰣 (bodn), 𐰉𐰆𐰑𐰆𐰣 (bodon). Будун ist das Volk im Verhältnisse zum Fürsten. Тӱрк будун sind die Unterthanen der Türk-Dynastie. Ein будун kann untergehen (jok болды) wenn es getödtet (aufgerieben) wird, ebenso wie der einzelne Mensch. Будун ist aber nicht ein Volk als sociales Ganze, Volk in diesem Sinne heisst äl (die Stämme) oder каҕанлыҕ (das Chanthum). Darum würde будун болзун nicht bedeuten: «sie mögen ein Volk bilden», sondern: «sie mögen (ihm) unterthan sein». Der Chan regiert nicht die Unterthanen (будун), sondern: (K 1,22—26) будунуҥ äliн тӧрӱсін тута бäрміш ітӱ бäрміш. Die wörtliche Uebersetzung dieses Satzes ist unmöglich, da die deutschen Wörter «Volk und Stamm» nicht den türkischen Wörtern будун und äl entsprechen.

𐰋𐰾𐰓𐰃 (Kb 8,18) (bsdi). Habe ich durch «eroberte» übersetzt. Die eigentliche Bedeutung von басты ist «bedrückte, bedrängte». Es ist darum vielleicht besser zu übersetzen: Оҕуз јаҕы ордуҕ басты, Кӱl-Тäriн ӧрсӱз акын бініп токуз äрäн санчты ордуҕ бäрмäді «die feindlichen Ogus bedrängten die Ordu, da bestieg Kül-Tägin seinen Ögsüs-Schimmel, stach neun Mann nieder und übergab (ihnen) die Ordu nicht», (d. h. so lange er lebte). Darauf ist die Beschreibung des Todes des Kül-Tägin ausgelassen, ebenso wie die Eroberung der Ordu und es wird nur das Factum der Gefangennahme der weiblichen Verwandten des Chans mitgetheilt. Diese Uebersetzung hätte den Vorzug, dass hier nicht vor орду бäрмäді eine unbezeichnete Aenderung des Subjects angenommen werden müsste, die doch sehr auffallend ist. Da in jedem Falle eine absichtliche Auslassung der Niedermetzelung des Kül-Tägin angenommen werden muss, so ist es auch möglich, dass der Chan diese Niedermetzelung und zugleich auch die Eroberung der Ordu absichtlich ausgelassen hat, da diese beiden Ereignisse sich doch aus den folgenden Sätzen selbstverständlich folgern lassen.

𐰘𐰃𐰼𐰃:𐰾𐰇𐰋𐰃 (jiṛi subi). K 10,20—11,2. Тӱрк тäҥріcі тӱрк ыдук jäрі субі анча тäміш «der Gott der Türken, (oder wie ihn die Türken nennen) ihr Land und ihr Wasser sprach so». Der Ausdruck jäр сӱ oder jäрсӱ (=jäр суб) zur Bezeichnung Gottes, ist noch jetzt bei den Altaiern und Teleuten, die dem Schamanenthum ergeben sind, gebräuchlich. Hier eine Stelle aus meinen Proben der Volkslitteratur, die diesen Gebrauch veranschaulicht: (I, 150,18) піс камдаҕанда jäттон тӱ, jäрі сӱбіс тäн, парчаныҥ адазы Цаі-Ӱlгäн тäн паза Äрlікті кычырадук тäн (gefragt, was sie für einen Glauben haben, antworten sie): «wenn wir schamanisiren, so sagen wir: ihr unsere sechzig Berge! ihr unser Land und Wasser! du Vater Aller, du Bai-Ülgän! euch rufen wir an und auch den Erlik». Hier sind offenbar «die sechzig Berge» und «das Land und Wasser» vollkommen als Götternamen aufzufassen, ebenso wie Bai-Ülgän und Erlik. Es sind nicht den Türken heilige Berge, nicht ihnen geheiligtes Land und Wasser. Der Schamanenglaube ist eben ein Naturdienst, daher gelten ihm Berge, Erde und

Wasser, oder ihre Wirthe (äзi), d. h. die ihnen innewohnende dem Menschen Segen spendende Kraft, als Gottheit selbst.

𐰖𐰃𐰏 (jig), 𐰖𐰏 (jg)=jär. Das im Alttürkischen auftretende jär könnte zwei in anderen Dialekten auftretenden Wörtern entsprechen: 1) den uigurischen jäк Teufel, schlecht, jäк (V. Chiwa) schlecht, (Kom.) übel, jäкlä (Tar.) hassen, jäкliк (Uig.) das Übel, jäкciн (Alt.) Widerwillen haben; 2) dem uigurischen jäк vortrefflich, یك jär (Osm.) gut.

Bis jetzt hat man das osmanische jär als persisches Lehnwort erklärt, dagegen spricht dass Vorkommen des jäк im Uigurischen durchaus nicht, da ja auch der Verfasser des Kudatku-Bilik vielfach unter persischem Einflusse stand. Wohl aber würde ein Vorkommen im Alttürkischen diese Annahme unmöglich machen. Zur Klarlegung der Bedeutung des LT. jär will ich alle Stellen aufführen, in denen dieses Wort auftritt.

(X 24,6) ыҕар äллirдä kаҕанлыҕда jär кылдым. Da das Wort ыҕар uns unbekannt ist, so kann man hier übersetzen: 1) die sich überhebenden Stammgenossenschaften und die sich überhebenden Chanschaften habe ich herabgedrückt (schlecht gemacht); 2) die herabsinkenden Stammgenossenschaften und Chanschaften habe ich aufgerichtet (gut gemacht).

(Ka 4,16, Xb 3,24) Ӱтӱкäн jышта jär iл jok äрміш, äл тутсар jäр Утӱкäн jыш äрміш. Kann auch zweifach übersetzt werden: 1) wenn jäк «schlecht» bedeutet: «Im Ütügän-Bergwalde gab es keine schlechten Herren, das Land wo die Äl (von uns) regiert wurden, war der Ütügän-Bergwald»; 2) wenn jär «gut» bedeutet: «Im Ütügän-Bergwalde gab es keinen so guten Herrn (wie mich), das Land, wo die Äle (von mir) regiert wurden, war der Ütügän-Bergwald», oder «im Ütügän-Bergwalde gab es keine Vortrefflichen und Herren (Chane), das Land, das die Völker (ohne Chane) zusammen hielt, ist der Ütügän-Bergwald».

In diesem zweiten Beispiele scheint mir die Bedeutung von jär «gut» besser zu passen und zwar möchte ich die letzte Uebersetzung für die richtigere halten, denn im Gebirge ist die Flüssigkeit der Nomadenbewegung durch die die Thäler scheidenden Bergzüge geringer und die Festigkeit der einmaligen Stammscheidung durch die Natur des Landes unterstützt.

(Xa 8,3) Тӱркӱмä будунума järiн анча казҕану бäрдім (hier 𐰖𐰏𐰤 offenbar fehlerhaft für 𐰖𐰏𐰃𐰤 d. h.=järi+н), hier kann ich den Sinn nur verstehen, wenn 𐰖𐰏 «gut» heisst: «für meine Türken, für mein Volk ihr Gutes, so viel habe ich erworben», d. h. «meinen Türken, meinem Volke habe ich so viel Gutes erworben». «Meinem Volke habe ich so viel Schlechtes erworben», oder wenn man 𐰖𐰏𐰤 als Instrumental übersetzt:

«Meinem Volke, meinen Türken habe ich durch das Schlechte so viel erworben», ist doch auf jeden Fall zu verwerfen.

Es ist somit zu constatiren, dass Ꞓ٩ jär in der Bedeutung «gut» in den Inschriften vorkommt, ob auch jär in der Bedeutung «schlecht» vorkommt, ist erst dann zu beweisen, wenn die Bedeutung von ыҕар festgestellt ist.

ꞒΥΝꟻϒꟻɪԿХГ٩ (X 1,15) jidŋkṛkölg = jäдiнiк äр кӱlӱr. So lese ich jetzt, statt ϒꟻɪԿХΝ öдӱзкi äр (siehe die Korrektur von X 1 unter ΨΦ♁ΗD) es ist somit öдӱзкi im Glossar zu streichen. Jäдiнiк äр muss «die sich anschliessenden, die ihm anhängenden Helden» bedeuten, es ist offenbar von jäдiн (v) (mit sich führen, sich anschliessen)-+-к gebildet.

ГΦϒꞒ٩, ГΦϒꞒГ٩. Dieses Wort ist järipмi oder järäpмi, auf keinen Fall aber jiripмi zu lesen. Die Schreibung ГΦϒꞒГ٩ kommt nur zwei Mal in unseren Texten vor, während ГΦϒꞒ٩ elf Mal erscheint. Der Vocal ä in der ersten Silbe hat sich bis jetzt nur im nördlichen Theile des Altai erhalten, dort sprechen die Schwarzwald-Tataren järäpбi, die Schoren чäripбä und die Abakan-Tataren чäpбä. Der Uebergang des Stammvocals ä in diesem Worte ist sehr früh vor sich gegangen, denn im Kudatku-Bilik, wo der Vocal ä in jäтi durch viele Beispiele belegt werden kann, wird überall يكرمي jiripмi geschrieben, ebenso ist jiripмi in den mittelasiatischen, den West- und Süddialecten die allein angewendete Form.

ꓩꟻɪ>Υ (soңa) Суңа. Habe ich ganz eigenmächtig durch «dicht» übersetzt. K 35,18, wo das Wort auftritt, heisst es: каҕанiн бiрlä суңа јышта сӧңӱштiмiз «wir kämpften mit ihrem Chane (dem Kirgisen-Chane) im Sunga-Bergwalde». Es wäre doch sehr auffallend, wenn der Chan, nachdem er erzählt, dass er im Bergwalde Kögmän die Kirgisen besiegt, den Ort der späteren Schlacht mit dem Chane nicht genauer bezeichnen würde. Wir müssen also Суңа als den Namen eines Gebirges auffassen, das jenseits (westlich oder nördlich) vom Kögmän-Gebirge sich befindet.

ԃΥ (sb) саб. Dieses so oft in unseren Texten vorkommende Wort ist mir in der Form саб nur ein Mal im Kudatku-Bilik aufgestossen und zwar in pag. 29, v. 5, äшiттiм јырактын Älik чавыны — нiläjiн уҕужын сilik сабыны «ich habe aus der Ferne seinen Ruhm vernommen, jetzt möchte ich seinen Verstand und seinen reinen Ruf kennen lernen». Eine Fortbildung dieses Wortes сачы = саб-+-чы ist mir an vielen Stellen desselben Buches aufgestossen, es bezeichnet den Propheten Mohammed, hier entspricht es also dem arabischen رسول (der Bote). Letzteres Wort findet sich noch im Tobol-Dialekte in der Form саучы «der Hochzeitsbitter», an dessen Stelle im Kasan. јаучы, bei den Kirgisen џаушы gebraucht wird.

Im Dschagat. kommt noch das Zeitwort صاوچيلامق «einen Freiwerber schicken» vor. Wir sind also wohl berechtigt [runic] саб durch «Ruhm, Ruf, Einfluss, Botschaft» zu übersetzen, und zwar ist nach dem ältesten uns vorliegenden Denkmale die erste und zweite Bedeutung die ursprüngliche. Weshalb Herr Thomsen p. 26 die Bedeutung von сабы «sa renomée» so kurz vornehm zurückweist, ist mir unverständlich. [runic] (sbm = сабым) (X 1,7). In der unter [runic] aufgeführten Korrektur сабым акаџым «ist mein Ruhm und mein Vater», [runic] (X 34,5) ist vielleicht «ihre Botschaft» zu übersetzen (vergl. die Uebersetzung der ganzen Stelle unter [runic]).

Nachtrag zum Denkmal X.

Inschrift auf dem ersten Steinpfeiler vor dem Grabe des Mekilien-Chan (Bilgä-Kagan) (X d).

(Atlas der Alterthümer der Mongolei. Taf. XI, fig. 11 und Taf. XXVI, fig. 7).

[runic]

ṭöḷs šdṅ tš blbli bol

Töläс шадыџ таш балбалы болмыш.

Dies ist der Steinpfeiler (zu Ehren) des Schad der Töläs.

Das Denkmal am Ongin.

Das dritte grössere Denkmal, welches schon wegen der am Kopfe der Hauptinschrift angebrachten Tamga der Türk-Chane als das Grabmal eines Türk-Chanes angesehen werden muss, befindet sich am Taramel im Flusssystem des Ongin südlich vom Kökschün-Orchon. Es ist im Jahre 1891 von Jadrintzew aufgefunden worden. Jadrintzew beschreibt es folgendermassen (vorläufiger Bericht pag. 43): «Endlich erblickten wir in der Nähe des Berges Manat einen in der Ebene aufragenden Stein. Ich näherte mich ihm und überzeugte mich, dass es in der That der Gesuchte war. Das Denkmal bestand aus einer oben abgerundeten vierseitigen Säule oder Tafel mit einer runenartigen Inschrift vorn und auf einer Schmalseite, welche in ein tafelförmiges mit Erde verschüttetes Piedestal eingelassen war. Davor standen an der Ostseite granitene Löwen mit abgeschlagenen Köpfen und nach Westen in zehn Schritt Entfernung, vier aus demselben Material hergestellte Menschengestalten in sitzender Stellung mit untergeschlagenen

Beinen. Eine der Figuren hielt einen ovalen Gegenstand in den Händen, während zwei weitere die Arme auf der Brust zusammengelegt hatten und der letzte eine Hand auf der Hüfte stützte, das Grabmal hatte ungefähr 50 Schritt Länge, und davor zog sich eine Allee aufrechtstehender Steine auf über 500 Schritt Entfernung hin. Auf einer derselben zeigte sich eine Zeichnung, ähnlich jener von Koscho-Zaidam und dasselbe Zeichen wie auf dem Denkmal des Küc-Tägin (die Chanstamga) und auch in der allgemeinen Anlage liess sich viel Uebereinstimmung mit jenen Grabmälern erkennen. Nachdem wir einen Abklatsch der Runeninschriften genommen und eine photographische Aufnahme und den Plan des Denkmals angefertigt hatten, beendigten wir unsere Thätigkeit am Ongin».

Nach den sehr mangelhaften Photographien Jadrintzew's hat Herr Dudin die in dem «Atlas der mongolischen Alterthümer» Taf. XIV, Fig. 2 u. 3 entworfenen Zeichnungen angefertigt. Ebenso ist der Abklatsch der Inschriften Taf. XXVI, Fig. 2 reproducirt worden. Im Jahre 1893 besuchte Herr Klementz abermals dieses Denkmal und nahm eine Reihe recht guter Photographien auf, die ich später zu veröffentlichen gedenke. Ausserdem fertigte er zwei sehr gelungene Abklatsche der grossen Inschrift und von einer kleinen Inschrift, die sich auf dem ersten Steine der Stein-Allee befindet. Da der Stein, auf dem die Hauptinschrift ausgehauen ist, ein Granitblock ist; so hat die Inschrift sehr gelitten, trotzdem war der grösste Theil derselben schon auf dem Jadrintzew'schen Abklatsche zu entziffern. Durch den Vergleich der mir vorliegenden drei Abklatsche bin ich im Stande gewesen, alle nur irgend wie erhaltenen Schriftzeichen zu entziffern, doch bietet die Entziffe-rung viele Lücken, da am unteren Theil der Inschrift die Oberfläche des Steines ganz abgebröckelt ist.

Auf dem grossen Grabsteine befinden sich drei Inchriften: 1) die Frontinschrift, die ich «O» bezeichne, besteht aus 8 Längszeilen, von denen die ersten 7 Zeilen vom Anfang bis etwa $^2/_3$ erhalten sind, die achte Zeile bietet auch in der ersten Hälfte bedeutende Lücken. 2) Die rechte Seiten-Inschrift «Oa» besteht aus vier Längszeilen, die in der Höhe der Frontinschrift beginnen und mit Ausnahme der ersten Zeile besser erhalten sind, als die Zeilen der Frontinschrift. Hier sind ausser den Anfängen auch das Ende der letzten drei Zeilen sehr gut erhalten. 3) Oberhalb der Seiteninschrift, genau der Chanstamga gegenüber, ist eine Inschrift, die aus sieben kurzen Horizontalzeilen besteht und sehr gelitten hat. Diese Inschrift ist viel schlechter und unregelmässiger geschrieben, als die beiden ersten Inschriften, ich bezeichne sie durch «Ob».

Die kurze Inschrift auf dem ersten Steine der Stein-Allee will ich «Oc» bezeichnen.

Die beim Grabsteine befindlichen Figuren beweisen, dass auch bei Errichtung dieses Grabdenkmals chinesische Arbeiter Theil genommen haben, wenn auch das Fehlen einer chinesischen Inschrift und einer Schildkröte als Piedestal des Grabsteines darauf hindeutet, dass der Entwurf des Grabmals nicht von Chinesen geleitet wurde. Aller Wahrscheinlichkeit nach, waren es gefangene chinesische Arbeiter, die das Ganze, selbst den Grabstein und die Inschrift hergestellt haben. Dies beweist schon die Sauberkeit und Regelmässigkeit, mit der die die Zeilen trennenden perpendicularen Linien gezogen worden sind. Die Schriftzeichen sind von einer weniger geübten Hand geschrieben und ausgehauen worden, als die der Denkmäler von Koscho-Zaidam. Sie sind nicht nur von verschiedener Höhe, bald den ganzen Zwischenraum zwischen den trennenden Linien füllend, bald viel kleiner, ja manche fast nur von halber Höhe, sondern auch in der Form von einander abweichend. Die Zwischenräume zwischen den einzelnen Buchstaben sind nicht gleich und die Buchstaben selbst stehen nicht immer parallel, sondern recht häufig unter spitzen Winkel zu den Linien geneigt. Der Charakter der Schrift ist ein anderer als in den Denkmälern von Koschu-Zeidam. Die einzelnen Buchstaben sind mehr langgestreckt, die geschweiften Linien weniger ausgeprägt und viele Züge sind viel näher den Schriftzeichen der Inschriften am oberen Jenissei. Ich halte es für überflüssig diesen Schriftcharakter in der Druckschrift nachzuahmen, werde aber im nächsten Hefte des Atlas einen retouchirten Abklatsch herstellen lassen, der alle Eigenthümlichkeiten der Inschrift wiedergiebt. Einige Schriftzeichen weichen in der Form der Buchstaben ganz ab und habe ich diese zum Theil neu schneiden lassen. Dies sind folgende Buchstaben:

[illegible] = [illegible], [illegible] = [illegible], [illegible] = [illegible], [illegible] = [illegible], [illegible] [illegible] = [illegible], [illegible] = [illegible], [illegible] = [illegible], [illegible] = [illegible],
[illegible] = [illegible].

Alle diese Buchstaben gehören offenbar einer älteren Periode an, als die Buchstaben der Denkmäler von Koscho-Zaidam und bilden gleichsam Mittelglieder zwischen diesen Letzteren und den Buchstaben der Jenissei-Denkmäler. Ebenso wie die Form der Schriftzeichen deutet auch die viel weniger streng durchgeführte Orthographie des Denkmals von Ongin darauf hin, dass dasselbe älter sein muss, als die Denkmäler von Koscho-Zaidam. So werden im ersteren Denkmal häufig Consonanten, die nur mit palatalen Vocalen angewendet werden, zu gutturalen Vocalen gesetzt, z. B. [illegible] statt [illegible], [illegible] statt [illegible], was in den Denkmälern von Koscho-Zaidam durchaus vermieden wurde. Zuletzt zeigt die ganze Anlage und der Styl der Ongin-Inschrift, dass der Text derselben als Vorbild der Inschriften von Koscho-Zaidam gedient hat und nicht umgekehrt.

Da das Todesjahr des Ältäräs-Kagan nur nach dem Thiercyclus als lÿi-јыл (Drachenjahr) (Oa 4,4 und Ob 4,3) angegeben ist, so lässt sich das Datum desselben durch das Denkmal selbst nicht genau bestimmen. Da aber Kül-Tägin im Schafjahre gestorben ist, so kann unmöglich einer der Nachfolger des Bilgä Chan(-Mekelien) hier begraben sein, denn Ishan Chan, der Nachfolger desselben, starb 739 und 742 wurden die Türken schon von den Uiguren aus dem östlichen Theile ihres Reiches vertrieben, hatten also gewiss nicht die Möglichkeit, ihren Fürsten so bedeutende Grabmonumente zu errichten.

In dem Denkmal von Ongin wird der hier begrabene Chan [illegible] genannt, ein Wort, über dessen Bedeutung ich mir nicht klar bin, ich möchte es am Besten für einen Eigennamen halten. Auf Zeile O 4,4 lesen wir: [illegible] älтäpäc каҕан äliңä кыlыңдым «ich bin zum Ältäräs-Kagan deinem Volke geworden», und Oa 3,7 [illegible] älтäpäc каҕанка адырылмадук јаңылмадук тäңрi біlгä каҕанда адырылмалым, азмалым «wir, die wir uns nicht getrennt haben und gegen den Ältäräs-Kagan nicht vergangen haben, wollen uns (auch) vom himmlischen Bilgä-Kagan nicht trennen und nicht in die Irre gerathen». Diese beiden Stellen beweisen, dass der hier begrabene Chan sich zum Ältäräs-Chan aufwarf. Nun sagt der Bilgä-Chan in den Denkmälern von Koscho-

Frontinschrift (O).

[illegible] 1

[illegible] 2

[illegible] 3

---

1) Unser Vorfahr Jamy-Kagan hat die vier Winkel bedrängt, niedergeworfen, zerstreut, unterdrückt. Nachdem dieser Chan umgekommen war, ist das Volk untergegangen, zerstreut und nach (allen Seiten) entflohen . . . . . .

2) Seine herrschenden Chane hat es vertrieben, das türkische Volk

Zaidam (K 11,11 und X 10,15) akaцым kaђan Älтäpäc kaђаныђ öгäм Älбilgä катунуђ täцрi тöнäсiндä тутун jöрäрӳ кöтӳрмiш äрiнч was ich übersetzt habe: «Darauf erhob er meinen Vater den Ältäräs zum Chagan und meine Mutter Älbilgä-Katun, sie auf den Scheitel des Himmels haltend». Da ich Älтäpäc und Älбilgä als Eigennamen auffasste. Die hier aufgeführte Stelle des Denkmals von Ongin beweist nun auf's Deutlichste: 1) dass der am Ongin begrabene Fürst und der «mein Vater, der Chan» (akaцым kaђан) genannte Fürst in den Denkmälern von Koscho-Zaidam indentisch waren, 2) dass Ältäräs nicht der Name des Vaters war, sondern die Würde bedeutet, die dieser zuerst bei seiner Erhebung annahm.

Von den früheren Türk-Chanen wird das Todesjahr des Vaters des Mekilien, den die Chinesen Kutulu-Chan (= Кутлуђ kaђан) nennen, im ersten Jahre der Regierung Tsshan-Schen, also im Jahre 693 angegeben.

Nach den Denkmälern von Koscho-Zaidam ist der Vater des Bilgä-Chan gestorben, als der Chan acht Jahre alt war, also im Jahre 692. Da nun dieses Jahr das Drachenjahr ist, so ist wohl als ganz sicher anzunehmen, dass das im Drachenjahre errichtete Denkmal von Ongin zu Ehren des Vater's des Mekilien im Jahre 692 errichtet worden ist. Es ist also das Denkmal am Ongin das älteste datirte Denkmal türkischer Sprache, dass bis jetzt aufgefunden ist.

Transscription.

1) čömz pamz jmikgn ṭöṛṭ ḅolṅg qṣmṣ jigmṣ j̣jmṣ
Ӑчӳміз анамыз Jамы kaђан тöрт булуцыђ кысмыш jыђмыш jaiмыш
bṣmṣ olknjoq boltqda ḳṣṛa ḷj̣ṭmṣ ičgnmṣ kčšmṣ . . . . . .
басмыш ол кан jok болтукта кісрä äl jiтміш ычђымыш качышмыш . . .

2) kgnlḍq kgnṇ ičgni iḍmṣ ṭöṛḳbodn öṅṛa ḳöṇ togṣkṅa
kaђанладук kaђанін ычђыны ыдмыш тӳрк будун öцрä кӳн тођушыкыца
ḳṣṛa ḳöṇ btskṅa ṭgi ḅṛja tḅgčka jṛja jiš(ka ṭgi) . . . . . .
кісрä кӳн батышыкыца тäгі бäрijä Табђачка jырaja jышка тäгі . . . . . .

3) lp ṛṇ blbl qṣdi ṭöṛḳ bodn tijq bolo brmṣ ṛṭi ṭöṛḳ
алп äрін балбал кысды тӳрк будун аты jok болу бармыш äрті, тӳрк

---

nach vorn nach Sonnenaufgang, nach hinten nach Sonnenuntergang, nach rechts bis zu den Chinesen, nach links bis zum Bergwalde (zerstreuten sich) . . . . .

3) Ihre Helden stellten sie als Grabfiguren auf und des Türkenvolkes

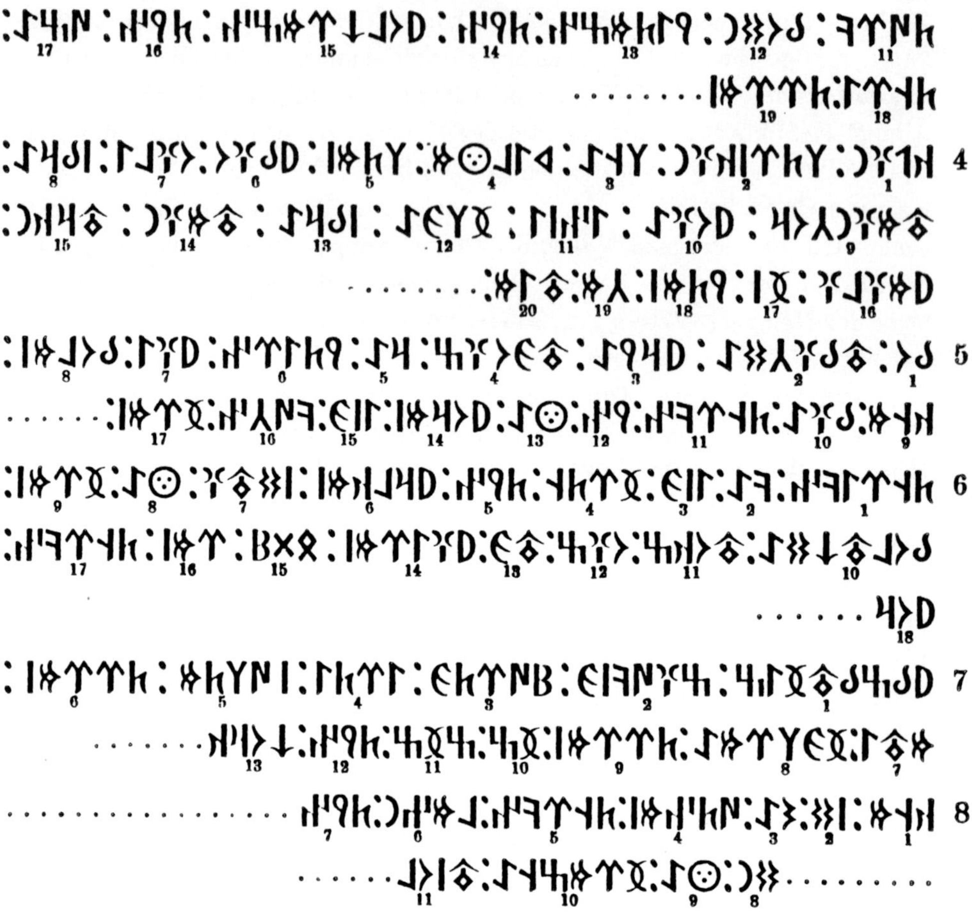

Name ging unter. Oben aber sprach der Himmel: das Türkenvolk möge nicht untergehen, es möge nicht ein Opfer werden . . . . . .

4) (Kap-g-n) Ältäräs-Kagan deinem Volke bin ich geworden, die das Volk gebildet haben, der Sohn des Jabgu, der Sabra Tamgantschur, der jüngere Bruder des Joga der weise Sabra Tamgan Tarkan, im Ganzen fünf und siebzig meiner älteren und jüngeren Verwandten . . . .

5) Von diesen Chinesen nach links unter den mächtigen (Berg ?) Oguz sieben Helden wurden (uns) Feinde. Mein Vater Baga-Tengriken sagend (oder: meines Vaters Volksabtheilung sich den Tengriken zuwendend) dort zog hin und weihte Sinn und Kraft . . . . . .

bodn jitmzn̩ t̩jn̩ jolqrmzn̩ t̩jn̩ öza t̩n̊r̩i t̩r̩r . . . .
будун jітмäзӳн тäjін jолук äрмäзӳн тäjін öзä тäңрі тäр äрміш . . . .

4) kpgn l̩t̩r̩s̩kgn l̩n̊a qilndm l̩t̩ms̩ jbgo ogli s̩bra
кан-ҕ-н (?) äлтäрäс каҕан äліңä кылындым. Äл äтміш Jабҕу оҕлы Сабра
tmgnčor joga in̩s̩i b̩il̩ga sbra tmgn trkn jmglg b̩s̩ j̩t̩ms̩
тамҕанчур, Jоҕа інісі білгä Сабра тамҕан таркан jумҕылыҕ бäш jäтміш
čm tim . . . .
äчім атым . . . . . .

5) bo tbgčda j̩r̩ja t̩gogz ra j̩t̩ir̩n̩ jgi bolms̩ kn̊m
бу табҕачда jірijä (таҕ? тың?) оҕуз ара jäті äрäн jаҕы болмыш акаңым
bga (i) t̩n̊r̩kn̩ jn̩ nda jorms̩ is̩g k̩öčn̩ b̩r̩ms̩ . . . .
баҕа (баҕы) тäңрікäн тäjін анда jорымыш äсіг кӳчін бäрміш . . . .

6) t̩n̊r̩ikn̩ k̩a is̩g brtn̊ t̩jn̩ jrlkmš s̩dtg nda b̩r̩ms̩ boltqda
тäңрікäнкä äсіг бäртің тäjін jарылкамыш шад атыҕ анда бäрміш, болтукта
tokz ogz tg̩ jgir̩ms̩ b̩d̩c r̩mš tn̩rkn jor . . . .
токуз оҕуз .. jаҕы äрміш, бäдӳк äрміш тäңрікäн jорымыш . . . .

7) jbzbtb̩iz zgök̩s̩g čör̩t̩g ir̩t̩i s̩öl̩at̩m t̩r̩ms̩ mti bgl̩r̩ma
jабыз бат біз азыҕ öкӳшіг кöртіг äрті сӳлäтім тäр äрміш маты бäгläрімä
t̩r̩ms̩ bz zb̩z t̩jn̩ qork . . . .
тäр äрміш біз аз біз тäjін коркмыш . . . .

8) kn̊m šd nča öt̩n̩ms̩ t̩n̊r̩kn lmzn . . . . dn
акаңым шад анча öтӳнміш тäңрікäн алмазун тäjін . . . . будун
nda b̩r̩mzn̊a ts̩ol [ts̩q (?)]
анда бäрмäзіңä ташулмыш [ташыкмыш (?)]

---

6) Den Tengriken hast du Sinn und Kraft gegeben, sagend war er ihm gnädig und gab ihm dort den Titel Schad, als dies geschah, wurden die Toguz-Oguz mächtige Feinde, der erhabene Tengriken zog aus . . . . . .

7) Schlecht und untauglich (?) sind wir, du hast die Wenigen für Viele gehalten, ich bin mit dem Heere ausgezogen, sprach er, so sprach er zu meinen trefflichen Begen, und fürchtete sich, weil sie Wenige waren . . . . .

8) Mein Vater, der Schad, bat ihn in solcher Weise, Tängrikän möge ihn nicht nehmen, sagend . . . . das Volk dort um nicht zu geben, erhob sich . .

Rechte Seiteninschrift (Oa).

1) Viele Städte griff ich an, machte Streifzüge, nahm sie ein. Ihre Heere kamen. Das gemeine Volk warf ich nieder und die Bege entflohen : . . das Chinesen-Volk . . . . . . ich griff an und besiegte . . . . . . bis sie zerstört waren,

2) kamen wir hin. Zwischen beiden war ein gewaltiger Krieg. Ich will sie nicht angreifen, sagend dachte ich. An den Tengri Bilgä-Chan denkend, hatte ich meinen Sinn und meine Kraft geweiht. Weil er angegriffen hatte . . . . . . ich warf nieder, sein Haus griff ich an, mich in einen Kampf einlassend,

3) und angreifend habe ich für meinen jüngeren Bruder und für meine Söhne gelebt (?). Wie wir im Zorne vom Älteres-Chan uns nicht getrennt

Transscription.

1) kmq blqa ṭgḍm qonl͡dm l͡tm ṣöṣi ḳḷṭi krṣṇ ,jgdm ḅgi
Камук балыkkа тäгдім акунладым алдым сӳсі кäлтi карасін јыҕдым бäгі
kčdi . . . . gṛṭi tbgč bodn . . . . tqidtm jgdm bṣdm
качды . . . . äрті, табҕач будун . . . . токыттым јыҕдым бастым
jjdm . . . . bozqonča
јаідым . . . . бузкунча

2) ḳḷṛṭmz ḳiṇra tg jgi bolmṣ ṭgmčimṇ ṭjṇ skn͡dm ṭṇṛi
кäліp äртiмiз äкін ара . . . јаҕы болмыш тäгмäчімäн тäjін сакындым тäңрi
ḅiḷga kgnka skno ṣg ḳöčg ḅṛṣgm bṛṃṣṛn͡č ṭgḍcṇ
білrä каҕанка сакыну äciг кӳчіг бäрсäгім бар äрміш äрінч. Тäгдӳкін
öčṇ . . . . gdm ḅka ṭgdcm orṡqlp
ӳчӳн . . . . јыҕдым äбкä тäгдӳкӳм уруш кылып

3) ṭgp iṇma oglma n͡ča ötl͡dm kljorp ḷṭṛṣ kgnka drlmdq
тäрін інімä оҕлыма анча öтlӓдім калјурун äлтäрäс каҕанка адырылмадук
jṅlmdq ṭṅṛi ḅiḷga kgn͡da drlmlm zmlm ṭjṇ n͡ča öṭḷḍm
јаңылмадук тäңрi білrä каҕанда адырылмалым азмалым тäjін анча öтлäдім
ḳri brgma brdi ḅḷga kgnṅ bodni . . . . brdi öḷgṇ tka
кäpi барыҕма барды білrä каҕаның будуны . . . . барды öлӳгін атка
ṣgḳöčg ḅṛṭi
äciг кӳчіг бäрті

4) öza ṭṅṛi kn ḷöi jilka ,jtin͡čj ḳöčḷg lpkgnmda drlo
öзä тäңрі кан лӳі јылка јäрінч аі кӳчлӳг алп каҕанымда адырылу
brdṅz ḅiḷga tčm jogṅ lorgṅn kzgn͡dm sobjrtṅri öd. .
бардыңыз білrä тачам јоҕың алур аҕыңын казҕандым суб јäр тäңрі . . .
. . . . č ḳiṛöṛrti
. . . . . . табҕа кірчӳр äрті.

---

hatten, gegen ihn nicht aufgestanden waren, so wollten wir auch nicht vom Bilgä-Chan uns trennen und treulos sein. Deshalb habe ich für sie so lange gelebt. Zurück ist er nun gegangen; des Bilgä-Chan Volk . . . . ist gestorben, die Leiche (banden sie) auf ein Pferd und sorgten für ihn.

4) Oben ist der Himmels-Chan. Im Drachen-Jahre im siebenten Monate seid ihr o starker Helden-Chan euch trennend fortgegangen. O weiser Tatscham, durch deinen Lohn, den ich bei dem Begräbnisse gewonnen, habe ich mich bereichert. Das Land und Wasser, der Himmel . . . . . . die Chinesen sind hergekommen (eingedrungen).

Horizontale Inschrift oberhalb der Seiteninschrift (Ob).

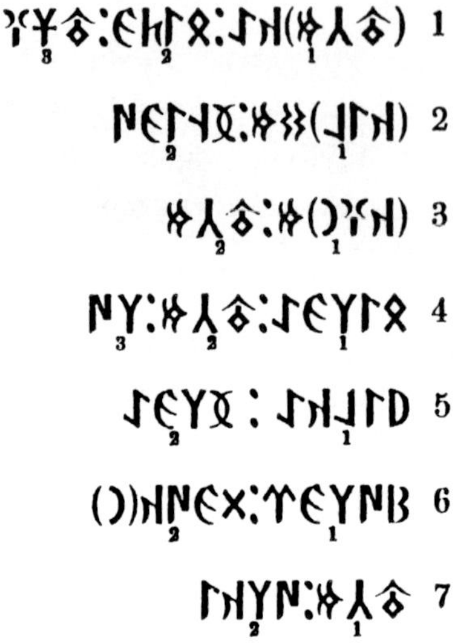

1) tčmka ḅiḷg tšg
Тачамка бітіг ташыҕ

2) . . . dm ḅṅigö
кылдым бäӈiгӱ

3) . . . . m tčm
каҕаным тачам

4) ḅiḷga tčm ḷö
білгä таџам лӱ

5) jilka ḅiḷga
jылка білгä

6) kölgr ḍgök
кӱлӱг äр äдгӱ кан

7) tčm öḷti
тачам öлтi.

1) Dem Tatscham einen Schriftstein
2) habe ich gemacht, einen Gedenkstein,
3) Mein Fürst Tatscham
4) der weise Tatscham im Drachen
5) Jahre, der weise,
6) der berühmte Held, der gute Chan
7) Tatscham ist gestorben.

Inschrift auf dem ersten Steine der vom Grabe ausgehenden Steinreihe (Oc).

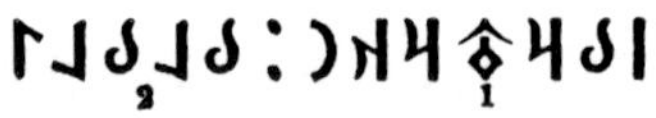

ṣbr trkn blbli
Сабра таркан балбалы.

Der Steinpfeiler des Sabra-Tarkan.

Bemerkungen.

a) Zur Frontinschrift (O).

Man vergleiche die gedrängte Darstellung in diesem Denkmale mit der ausführlichen und stylisirten Darstellung in den Denkmälern K und X.

1,3. Man sollte hier [runic] erwarten, es scheint mir aber ganz deutlich [runic] zu stehen. Vielleicht existirte eine alte türkische Legende vom Gründer der Türk-Dynastie Jami-Kagan, und erst in der Folge wurde dieser Name durch chinesischen Einfluss, durch Anpassung an das chinesische Wen-min, in Bumyn-Kagan verändert.

1,5. Im Texte steht [runic], da aber in unserem Denkmale beide Zeichen [runic], [runic] = ƥ abwechselnd vorkommen, so habe ich nicht für nöthig gehalten, beide Zeichen schneiden zu lassen, sondern setze für die Verkürzung [runic] überall [runic]. Man beachte die fehlerhafte Orthographie [runic] statt [runic].

1,10. Ich glaube nicht, dass die Schreibung [runic] statt [runic] auf einem Irrthum beruht, gewiss waren beide Formen im Gebrauch, vielleicht ist sogar [runic] die türkische Form, und [runic] nur durch chinesischen Einfluss in der Folge angenommen worden. Jedenfalls kann man nicht annehmen, dass [runic] einfach aus [runic] durch Ausfall des [runic] entstanden ist.

1,14. Man beachte, dass hier [runic] intransitiv gebraucht wird, in der Bedeutung «sich zerstreuen», während 2,3—4 ычҕыны ыдмыш unbedingt transitiv aufzufassen ist: «er hat seine Chane auseinander gejagt». Vergl. die Bedeutung von ычҕын (v) in den Denkmälern K und X.

1,15. Dieses Wort ist in der Mitte fast ganz zersšört, ich glaube aber, dass sich deutliche Spuren der Buchstaben [runic] erhalten haben.

2,1. Man achte auf die fehlerhafte Orthographie [runic] statt [runic].

2,2. [runic] ist offenbar каҕанін zu lesen und als Accusativ von каҕані (seine Fürsten) aufzufassen. Der Instrumental müsste unbedingt [runic] geschrieben werden. Die Auslassung des [runic] aus der Pronominal-Endung ist in diesem Denkmale fast durchgehend anzutreffen.

2,15. Hier ist wieder eine fehlerhafte Schreibweise [runic] jыраја, welches Wort in K und X überall [runic] geschrieben wird.

3,4. Ich hatte zuerst [runic] кылмыш gelesen, was dem [runic] (Xa 5,3—5) entspäche. Es ist aber hier keine Spur des unteren Hakens am [runic] zu sehen und ausserdem ist der Zwischenraum zwischen [runic] und [runic] so gering, dass der Haken in den folgenden Buchstaben hineinreichen würde. Der Ausdruck балбал кыс (v) «den Balbal einpressen» ist ebenso passend, wie балбал тік (v), da das unten in die Erde gepflanzte Ende des Gedenksteines immer zwischen Steinplatten eingepresst wird, damit er nicht durch seine Schwere beim Weichwerden des Bodens sich zur Seite neigen und umstürzen kann. Der Ausdruck алп äрін балбал кысмыш im Anfang der dritten Zeile lässt darauf schliessen, dass am Ende der zweiten Zeile gewiss die Kämpfe erwähnt werden, die die sich zerstreuenden Fürsten mit den Nachbarn zu bestehen hatten, so dass sie in allen verschiedenen Ländern die Balbale ihren Helden aufstellten. So ist nur verständlich, dass der Schreiber des Denksmals fortfährt (und nach allen diesen Kämpfen) ist der Name des Türkenvolkes untergegangen.

3,8—10. Am Ende der Zeile ist nur [runic] deutlich zu sehen, das Wort [runic] ist sehr beschädigt, nur von dem [runic] sind deutliche Spuren vorhanden. Die Phrase stimmt ganz zu K 11 und K 25.

4,1. [runic], das ganz deutlich zu sehen ist, ist mir ganz unverständlich. Es könnte der Instrumental von [runic] «Thor» sein, dies kann hier aber nicht in dem Sinne passen. Dann könnte es hier Participium perfecti von kan (v) und kana (v) sein, dies ist aber sehr unwahrscheinlich, da mir in den alten türkischen Texten das Participium auf kan (kän) bis jetzt nicht aufgestossen ist. Dann zuletzt könnte es ein Eigenname sein. Wenn [runic] ein Eigenname wäre, so müsste die vorhergehende Zeile mit мäн endigen, so dass die ganze Phrase lautete: мäн Кан-ŋ-ы Äлтäрäс каŋан äliŋä кылындым.

4,2. [runic] ist somit ein Titel und nicht ein Eigenname, wie ich in K übersetzt habe.

4,8. [runic] scheint Eigenname zu sein, während [runic] (4,9) und [runic] (4,14—15) Titel sind. Ich mache darauf aufmerksam, dass der Balbal neben dem Grabe ebenfalls den Namen Sabra-Tarkan trägt.

4,19—20. Auffallend ist hier die Zusammenstellung [runic] äчiм атым. Während sonst äчiм iнiм zusammengestellt werden. Die Lesung von [runic] = атым ist übrigens nicht sicher, da die Inschrift an dieser Stelle fast ganz zerstört ist. Der Chan spricht hier offenbar von seiner Erhebung gegen die Chinesen, die ausführlich K 11—14 geschildert wird. Die fünf und siebzig älteren und jüngeren Verwandten sind offenbar die von seinem Sohne K 12,9 erwähnten jäтмiш äр.

5,1—3. Бу Табŋачда jырaja «links von diesen Tabgatsch», d. h. im Norden von den Chinesen.

5,5. Der Ausdruck [runic] ist sehr auffallend. Nähme man an dass [runic] für [runic] steht, so müsste «Berg-Ogusen» übersetzt werden, dies ist aber gewiss zu verwerfen, da 6,11—15 [runic] und Oa 2,2—4 [runic] steht. Wo doch unmöglich übersetzt werden kann: «die neun Ogus waren ein Bergfeind» und «zwischen beiden war ein Bergfeind». Sollte nicht [runic] für [runic] тыŋ «heftig, stark» stehen? Dann wären alle Stellen verständlich: 1) «unter den mächtigen Ogusen»; 2) «die neun Ogusen waren ein mächtiger Feind»; 3) zwischen beiden entstand ein heftiger Krieg».

5,10—13. Sind die Worte [runic] deutlich zu lesen. Ob das vorhergehende Wort [runic] oder [runic] zu lesen ist, ist nicht deutlich zu unterscheiden. Xa 12,7 kommt ein Titel [runic] боiла баŋа тарkан vor, es könnte somit баҕа тäңрiкäн ebenfalls ein Titel sein. Der Titel [runic] kommt in den Denkmälern von Koscho-Zaidam nicht vor, er bildet aber einen Theil des Titels der Uiguren-Chane, der auf dem Schilde des grossen Uiguren-Denkmals бу тäңрiкäн тäңрiдä кут булмыш «dieser Tengrikän, der vom Himmel Glück gefunden hat» genannt wird. Da das hier erwähnte Ereigniss mit dem Vater des Chans durch die Lücken der Inschrift nicht klar zu verstehen ist, so ist es unbestimmt, wer hier баҕа тäңрiкäн genannt wird. Es wäre möglich, dass die Uiguren-Fürsten schon früher den Titel Tengrikän geführt haben, dann müsste man annehmen, dass der Vater des Chans sich diesen Uiguren angeschlossen hätte. Ist баҕы zu lesen, so wäre es in der Bedeutung «seine Volksabtheilung» (vergl. die Jenissei-Inschriften) aufzufassen und zu übersetzen: «meines Vaters Volksabtheilung wendete sich dem Tengrikän zu». Ich habe die ganze Phrase so übersetzt, als ob [runic] für [runic] stände, denn ich glaube, dass hier vor [runic] der Buchstabe [runic] ausgelassen ist.

5,17. Auffallend ist, dass statt des gewöhlichen [runic] hier [runic] steht, also ist an das erste Wort das Affix des Accusativs ohne Pronominal-Endung gefügt, während an das zweite Wort die Pronominal-Endung gehängt ist.

6,15, 16. Бäдўк äрмiш fasse ich als attributive Bestimmung zu тäңрiкäн auf

7,1. [runic] ist nur verständlich, wenn [runic] ein Synonym von [runic] ist, also etwa: «wir sind schlecht und untauglich». Das Wort [runic] ist mir ganz unbekannt.

b) Zur Seiteninschrift (O, a).

2,9. An dieser Stelle scheint der Chan sich nicht selbst Tengri-Bilgä-Chan zu nennen. Man kann annehmen, dass unter diesem Namen hier der chinesische Kaiser zu verstehen ist.

3,5. [runic] ist mir nicht recht klar, in meiner Uebersetzung fasse ich es als aus ör (Zeit) -+-lä entstanden. Es ist aber zu erwähnen, dass in den alttürkischen Texten überall «die Zeit» [runic] geschrieben wird.

3,26—28. Ist sehr auffallend, ich kann aber sonst keinen Sinn finden, wenn ich nicht hier äсiр кўчiр бäрдi mit «sie sorgten für ihn» übersetze. Es ist also nach dem Worte аrка ein Gerundium, wie салып, кöтўрўп, бiнiзiп (бiндўрўп), einzufügen, und dann wörtlich zu übersetzen: öлўрiн аrка äсiр кўчiр бäрдi «den Leichnam auf das Pferd (hebend?), weihten sie (ihm) Sinn und Kraft».

4,11—15. Diese Phrase ist schwer zu verstehen. Ich lese deutlich: [runic] [runic], was ich = бiлгä Тачам јоҕың алур аҕыңын казҕандым auffasse. Hier sind entweder joҕың und алур аҕыңын beide als Instrumentale aufzufassen, also = joҕыңын und алур аҕыңын. Also wörtlich: «durch deine (des weisen Tatschan) Leichenfeier (joҕың) und durch die deinetwegen empfangenen Geschenke (алур аҕыңын), habe ich (viel) erworben (казҕандым)», oder joҕың steht für den Locativ joҕыңда, dann ist zu übersetzen: «auf deiner (des weisen Tatscham) Leichenfeier habe ich durch die deinetwegen empfangenen Geschenke viel erworben», d. h. «ich habe bei der Leichenfeier viele Geschenke erhalten». Man vergleiche hiermit K 12,9, wo es bei der Leichenfeier des Kül-Tägin heisst: Табҕач канда Ісjі Лікі кälті бір тӯмäн аҕы алтун кӯмӯш кäргäксіз кälӯрті.

Die Inschrift am Iche-Asʿchete.

Während unseres Aufenthaltes am Koscho-Zaidam erhielten wir durch einen durchreisenden Mongolen Nachricht über einige Steine mit Inschriften am Asʿchete. In Folge dessen unternahm Herr Lewin einen kleinen Ausflug in die uns ziemlich genau bezeichnete Gegend und fand am Asʿchete ein Grabmal mit einem Steinsarcophage und einer Inschrifttafel. Ich beauftragte daher Herrn Jadrintzew auf seiner Rückreise nach Kiachta den Asʿchete zu berühren und einen Abklatsch von der Inschrift zu nehmen. Herr Jadrintzew machte einige Momentaufnahmen des Grabmals und stellte zwei sehr unvollkommene Abklatsche der Inschrift her. Nach Jadrintzew's Aufnahmen wurden von Herrn Dudin die Zeichnungen im Atlas der «Alterthümer der Mongolei», Taf. XV, Fig. 1 u. 2, angefertigt und nach seinen Abklatschen die Photographien auf Taf. XXVI, Fig. 3—5 hergestellt. Da diese Abklatsche sehr unvollkommen waren, so besuchte Herr Klementz im Jahre 1893 noch einmal die genannte Gegend und übersandte mir mehrere sehr gute Photographien und zwei treffliche Abklatsche beider Inschriften des mit Figuren in Bas-Relief verzierten grösseren Grabsteines, und ausserdem Abklatsche der Inschriften eines bei dem Grabe stehenden zweiten Steines. Während die Inschriften des ersten Steines sehr gut erhalten sind, haben sich von der Inschrift des zweiten mit einer Hirschzeichnung versehenen Steines nur wenige kaum lesbare Spuren erhalten. Ich werde in der dritten Lieferung des Atlas die mir von Herrn Klementz zugestellten Abklatsche reproduciren lassen. Die Schriftzeichen dieser Inschrift stehen den Schriftzeichen der Inschriften von Koscho-Zaidam sehr nahe, nur wird [illegible] statt [illegible] und [illegible] statt [illegible] angewendet.

1) Die Inschrift auf dem Rande der Frontseite des grossen mit drei Figuren verzierten Steines (A).

. . . . . [illegible] 1

[illegible] 2

[illegible] 3

1) ṭkš ḳöl todn iṇṣi. . . . . .
Täkäm Кўl тудун iнici . . . . .
2) jḳṇöṛ ḳn ḅḍzmṣ
jўкўнўр кўн бäдiзмiш
zgnzr gr ḅḍṣmṣ
3) Азђаназ äр аңар бäдiзмiш

1) Des Täkäsch, des jüngeren Bruders des Kül-Tudun (Denkmal). 2) Es ist am Tage der Verneigung ausgeführt. 3) Der Mann Azganaz hat es ausgeführt.

2) Die Inschrift auf der Rückseite des grossen Steines (Aa).

[illegible] 1

[illegible]

[illegible] 2

. . . . [illegible] 3

. . . . [illegible] 4

1) ḳölṭodn iṇṣi ltṇ tmgn trkn jogn omdq öcṇ drl͡tmz
Кўl-Тудун iнici алтун тамђан таркан јођын умдук ўчўн адырылтымыз,
kllm ölg ojrlg ṛmṣ klṣm ḳ
калалым, ölўг ојарлыђ äрмiш калмыш äкi
2) oglri torgol jlgḳ lkzn jl
ођуллары Торђул, Jälräк алказын јыл
3) brdṅz ṣz
бардыңыз сiз!
4) drlmṣča sknorṛṭmz drl(p)n
адырылмышча сакынур äртiмiз адырылыпан.

(1) Da wir der Begräbnissfeier des jüngeren Bruders des Kül-Tudun des Altun-Tamgan-Tarkan in Trauer gedenken (haben wir dieses Denkmal errichtet). Wir sind von ihm getrennt und müssen zurückbleiben. Der Verstorbene war einflussreich (?). Seine zurückgebliebenen zwei (2) Söhne Torgul und Jälgäk im Alkazyn-Jahre (3) seid ihr fortgegangen. (4) Seit wir (von Euch) getrennt sind, grämten wir uns, denn wir sind getrennt.

Zweiter Stein desselben Grabes von As'chete aus der Erde gegraben (Ab).

oder:

1) özaṭöri ṛkḷg m . . . . kmş
özä тäŋpi äpкlir . . . .

2) drlmş oḷgma . . . . ṭr . . . . . jgljo ḅrtm
адырылмыш ölÿгмä . . . . . : . . . . jaŋылаjу бäpгім

3) čṇṛ [1]) ḅḍ . mš
. . . äp бäдізміш

1) Oben der Himmel mächtig . . . . 2) er hat sich getrennt, sterbend . . . . feindete an. 3) . . . . . . der Mann hat dies ausgeführt.

---

1) Vielleicht ist statt [runic] hier [runic] . . zu lesen, dann stände auch hier «der Mann Azganaz».

Die Inschrift vom Ichi-Chanyn-Nor.

Diese Inschrift befindet sich auf der östlichen Grabplatte eines Steinsarcophages im Flussgebiete des Chanyn-Gol, das etwa 200 Faden westlich vom Ufer des Salzsees Ichi-Chanyn-Nor liegt. Eine genaue Beschreibung der Lage des Grabes und der Inschrift giebt D. A. Klementz in seinen erläuternden Bemerkungen zu den Tafeln LXXI—LXXIX des «Atlas der Alterthümer der Mongolei» № 1. Die Abbildungen des Steinsarcophags finden sich auf Taf. LXXI des Atlas und eine photographische Wiedergabe des Abklatsches der Inschrift zeigt Taf. LXXIII, Fig. 2 a und 2 b. Der Charakter der Schriftzeichen dieser Inschrift ist derselbe, wie der Schriftzeichen am As'chete. Die Wörter sind nicht durch Punkte (die ich fälschlich in der retouchirten Wiedergabe der Inschrift, Fig. 26, angebracht habe), sondern durch das Zeichen ʃ getrennt. Ich setze hier die Trennungszeichen in ( ), um sie von den Schriftzeichen zu unterscheiden. Diese Inschrift ist offenbar nur der Rest einer längeren Inschrift und daher ganz unverständlich. Der Anfang ist sehr undeutlich und daher in der Retouche gewiss falsch wiedergegeben.

Grabinschrift am Ichi-Chanyn-Nor (I).

5 4 3 2 1

zg şzkjṇ ḅḍzṅzṇ bon͡ča kzqno br ....

.....сӑзікӓjін бӓдӓзіңізін бунча казҕану бӓртіңіз ....

Ich will betrauern. Durch eure Arbeit so viel habt ihr erworben....

Die Inschriften am Choito-Tamir.

Im Jahre 1893 hat Herr Klementz in der Steppe am Choito-Tamir auf einem alleinstehenden Felsblock zehn alttürkische Inschriften entdeckt, die mit schwarzer Farbe an den Felsen geschrieben waren. Es ist ganz wunderbar, dass diese offen den Witterungseinflüssen ausgesetzten Inschriften sich bis jetzt erhalten haben. Herr Klementz hat einen Theil der Inschrift № 1 vom Felsen abgeschlagen und mir zugesandt, und ist selbiger auf Anordnung der historisch-philologischen Klasse dem Asiatischen Museum übergeben worden. Man kann hier die mit schwarzer Farbe geschriebenen Zeichen und zwischen ihnen die mit rother und grüner Farbe gezogenen Linien noch ganz deutlich sehen, jedoch erst nachdem der Stein einer gründlichen Reinigung unterworfen war. Mehrere Buchstaben sind ganz verwischt. Da es unmöglich war, die Inschriften zu photographiren, so hat Herr Klementz dieselben genau nachgezeichnet. Dies war mit grossen Schwierigkeiten verknüpft, besonders da die Steinflächen, auf denen sich die Inschriften befinden, nicht geglättet sind. Es sind deshalb die Inschriften nur zum Theil entzifferbar. Der Inhalt der Inschriften deutet zum Theil auf Feldzüge hin, die in den Denkmälern von Koscho-Zaidam erwähnt werden. Der Inhalt der Inschriften bietet, soweit sie entzifferbar sind, wenig Interessantes. Die Wichtigkeit dieser Inschriften besteht hauptsächlich darin, dass wir hier Specimina der alttürkischen Cursivschrift erhalten. Ich habe deshalb die Aufzeichnungen des Herrn Klementz in Zinkdruck wiedergeben lassen und gebe daneben meine Entzifferung mit den bei den anderen Inschriften angewendeten Buchstaben. Die Entzifferung bot grosse Schwierigkeiten und sind deshalb vielfache Irrthümer nicht ausgeschlossen.

№ 1 (Ch T. I).

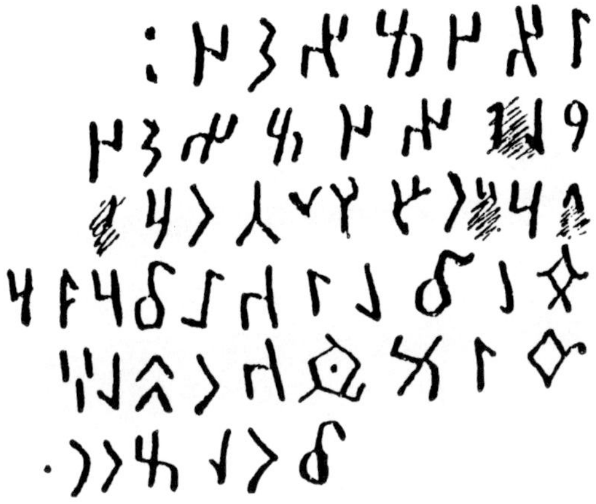

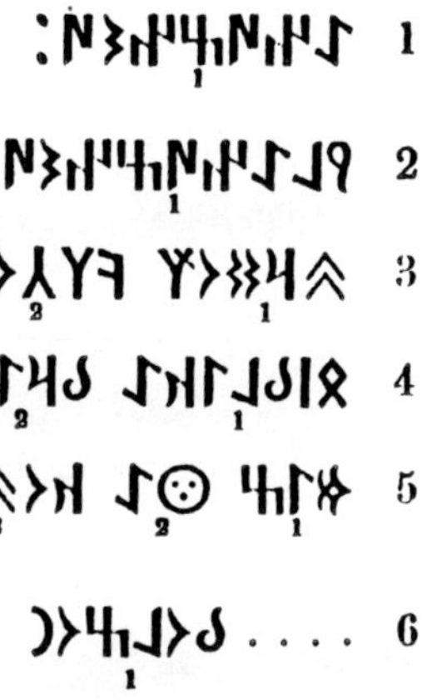

1) aṇözṇnčö	1) . . . .
2) jl aṇözṇnčö jыл	2) . . . .
3) trdoš kl̤čor тардуш кӱlчур (бiрlä)	3) (mit den) Kültschur der Tardusch
4) ḅṣblikabrir бäш балыkkа барыр-	4) nach Bäsch-Balyk gehen
5) miz nda kotlg мыз анда kутлуҕ	5) wir, dort glücklich
6) bolzon болзун	6) möge er sein.

№ 2 (Ch T. II).

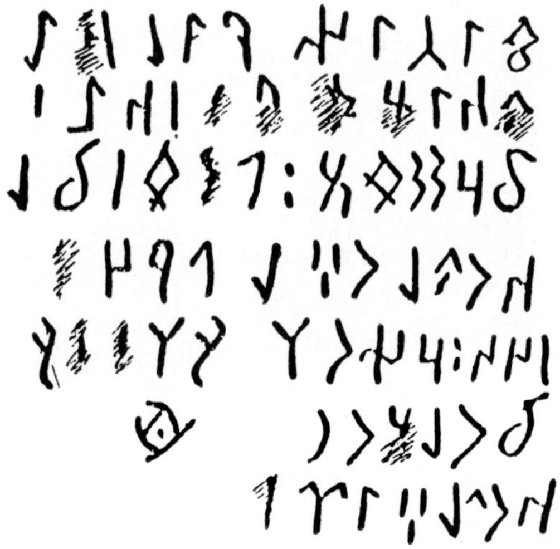

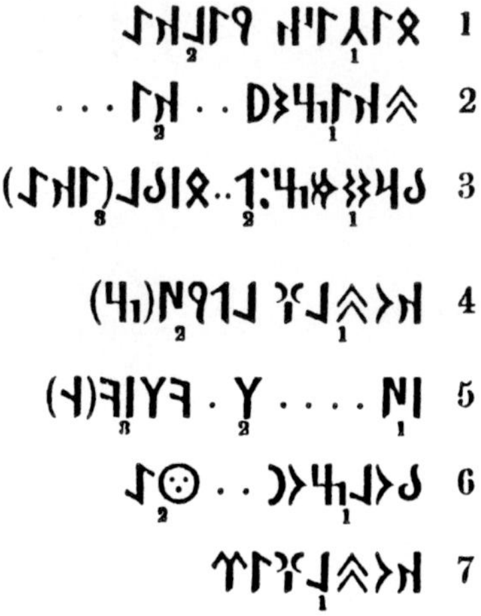

1) ḅičin jllka бäчin jылка	1) im Affenjahre
2) tkiz͡nčj ki токызынч аі	2) im neunten Monate . . . . . .
3) brdmz p . . ḅṣḅl бардымыз. . . . бäшбалыkka	3) wir gingen . . . . nach Bäsch-Balyk
4) kotlg lp jö кутлыҕ али jӳз(i)	4) das glückliche Heldenantlitz
5) sö . . . . rsol̥ ḳlsk(ṅ сӳ . . . . . äl кälcäкiң	5) das Heer . . . Volk, dein Kommen
6) bolzon . . . n͡da . . . болзун . . . анда . .	6) möge sein . . . dort . . .
7) kotlg iṛ кутлыҕ äр	7) der glückliche Mann . . . .

№ 3 (Ch T. III).

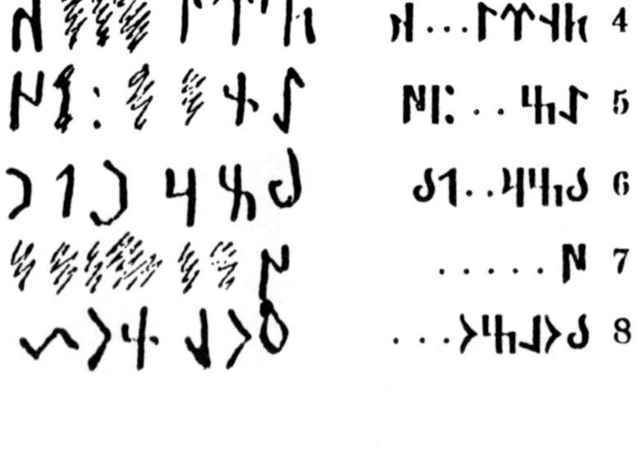

1) jöz lp jӳз али	1) hundert Helden
2) ṭöṛgṣl̥ тӳргäш äl	2) das Türgäsch-Velk

3) jor . . . jop(ын)	3) ausziehend . . . . .
4) ṭṅṛi . . . . k тäңрі jарылка	4) der Himmel möge gnä-
5) az sö азун сӳ	5) dig sein! das Heer
6) bzr . . . pn бузыр . . .	6) vernichtet . . . . .
7) ö . . . . . . öзі (кутлыҕ)	7) selbst glücklich
8) bolzon болзун	8) möge er sein!

№ 4 (Ch T. IV).

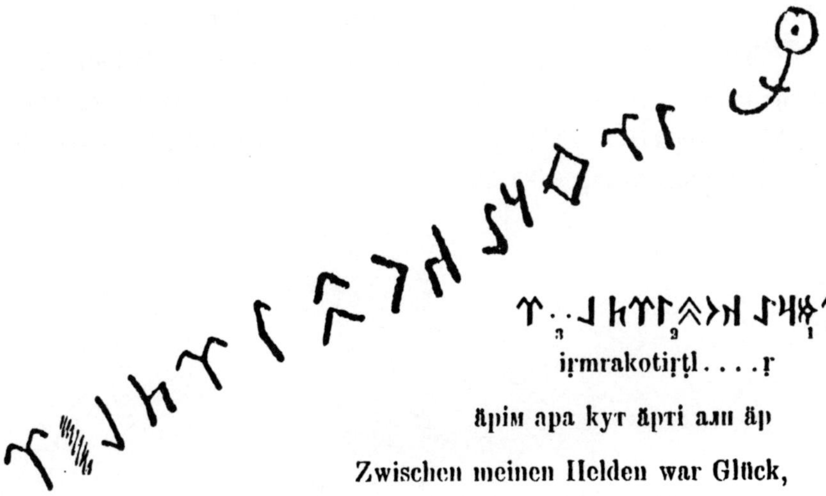

ịṛmrakotiṛṭl. . . . ṛ

äрiм ара кут äрті алп äр

Zwischen meinen Helden war Glück,
ein heldenmüthiger Mann

№ 5 (Ch T. V).

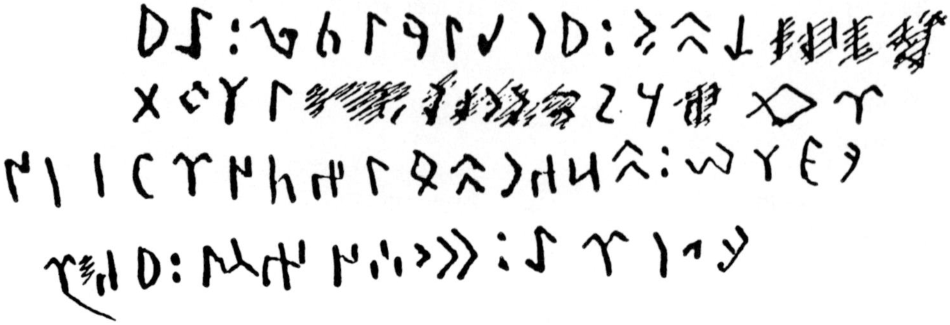

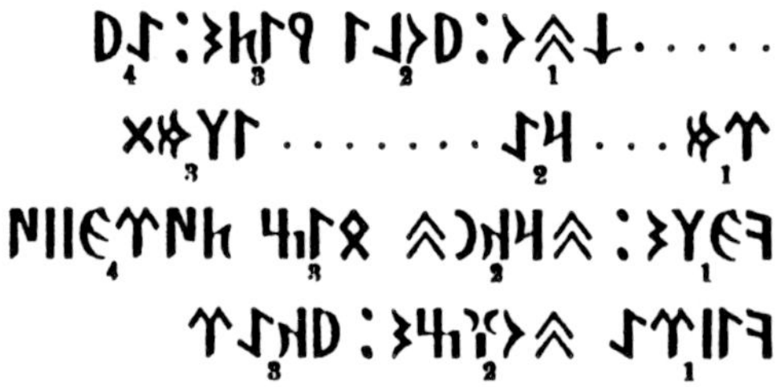

1)	. . . . koto ̦joli ̦jitinč ̦j . . . . куту jолы jäтiнч ai	1)	. . . . . sein Glück, sein Schicksal, im siebenten Monat
2)	rm ra . . . . ilmd äpiмiз apa . . . . . . äliмдä	2)	Unter unsern Helden . . . . . . von meinem Volke
3)	ḳg̦ln͡č trkn tbiz törgs sö кärliнч тарkаn аты, біз тӯргäш сӯ	3)	Käglintsch, der Tarkan, ist sein Name, wir, das Heer der Türgäsch
4)	. . . kisra togzn͡či aika r . . . кiсрä тоҕызынчы aika äpтi	4)	. . . . . . darauf im neunte Monate

№ 6 (Ch T. VI).

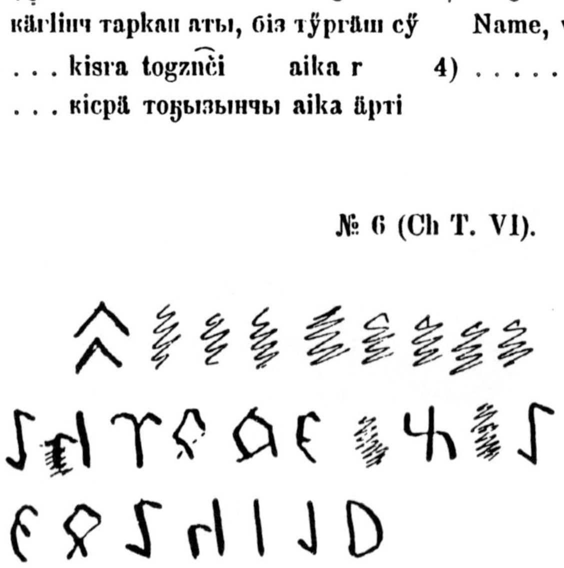

1) . . . . t	1) . . . .
2) a . . z . . g̦ n͡d ḅṛn̈a . . . . анда бірінä	2) . . . . . dort einen von ihnen
3) . . . . jlska ḅg̦ . . . . Јалсака бäг	3) . . . . . Jalsaka der Fürst

№ 7 (Ch T. VII).

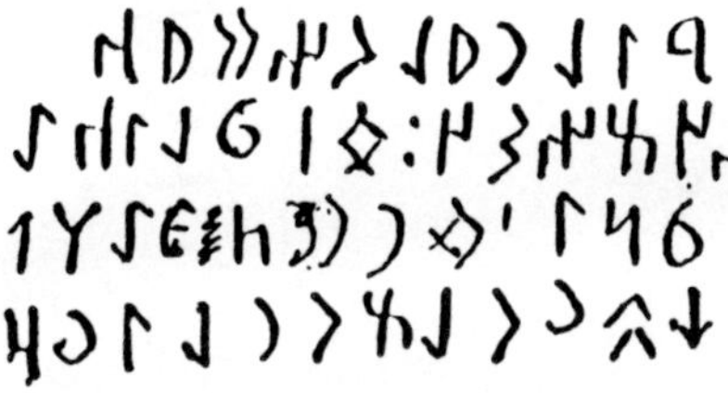

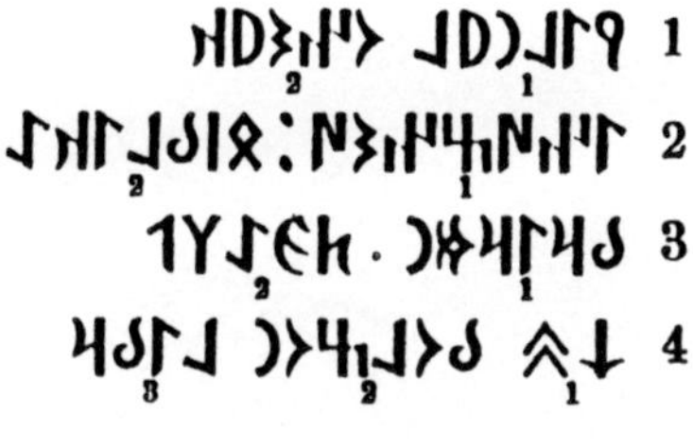

1) jilnjl on͡nč jk јылан јыл онынч аіка	1) Im Schlangen-Jahre den zehnten Monat
2) iṇözṇn͡čö ḅš blika . . . . . . бäш балыkka	2) . . . . . nach Bäsch-Balyk
3) bri . mn . . . . tg̦ aḷp барырмäн . . . тäг . . .	3) gehe ich . . . .
4) qot bolzon libr . . . . кут болзун алы бар(зун)	4) Glück möge sein, herbring(en . . möge er)

№ 8 (Ch T. VIII).

аркасыңа. . . . . тäңрім

Auf seinen Rücken . . . . . mein Himmel.

(№ 9 Ch T. IX).

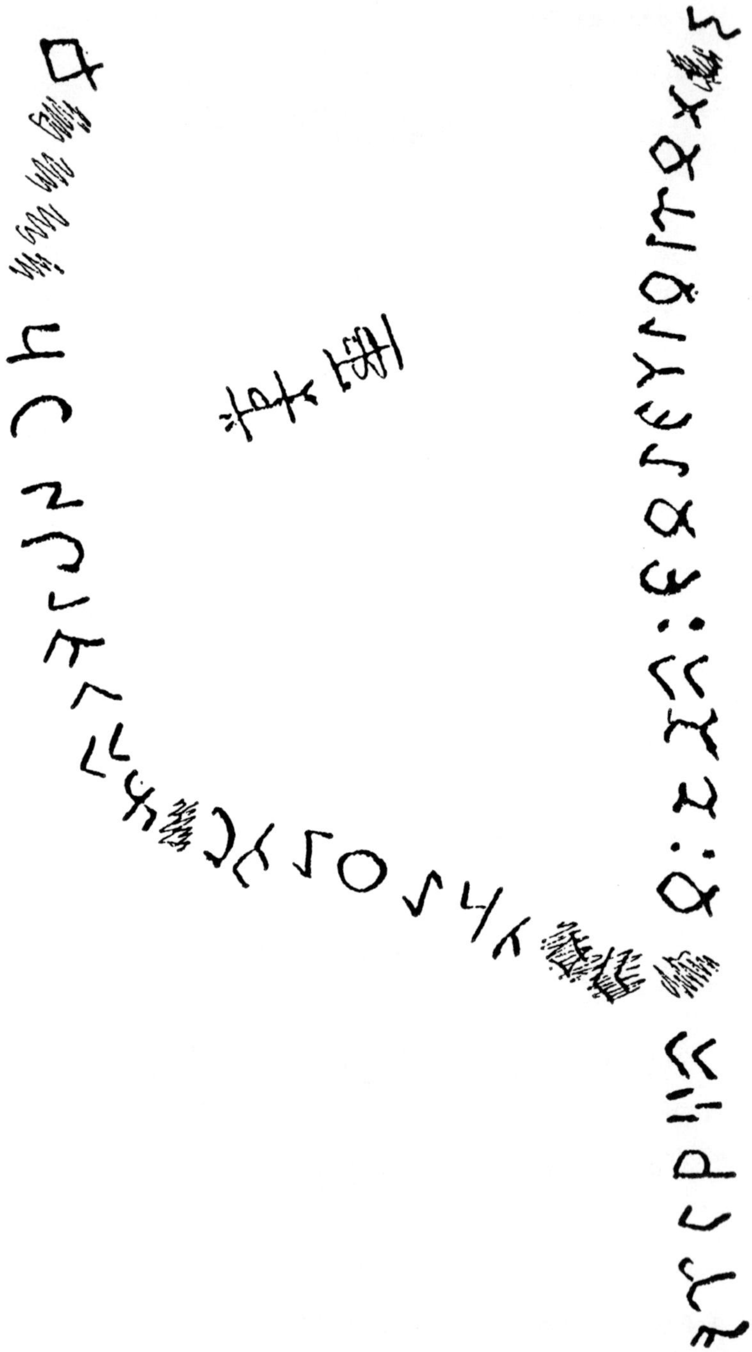

 1

 2

1) b. . . . . tn kbi ķotz . . . g̨ka nda tṅ
. . . . кабы äкi огуз . . . бäгкä анда тäңрi

2) n͡c dbri ḅiḷg̨a bg̨ t(čm) b . . . . tg ,jṛķ
анча äлдäбäрi бiлгä бäг тачам . . . . таҕ jäркä

1) . . . . . sein Sack . . . zwei und dreissig . . . . . dem, Fürsten, dort der Himmel

2) so viele Äldäbär der weise Fürst Tatscham . . . . . . zum Gebirgslande.

№ 10 (Ch T. X).

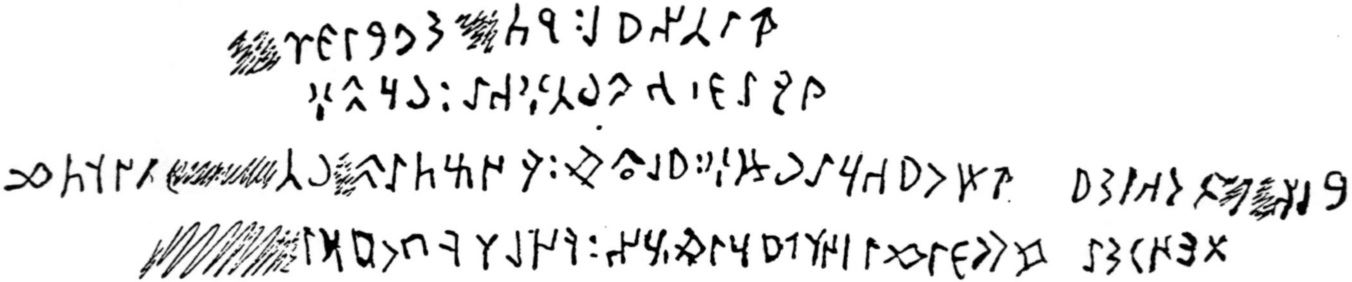

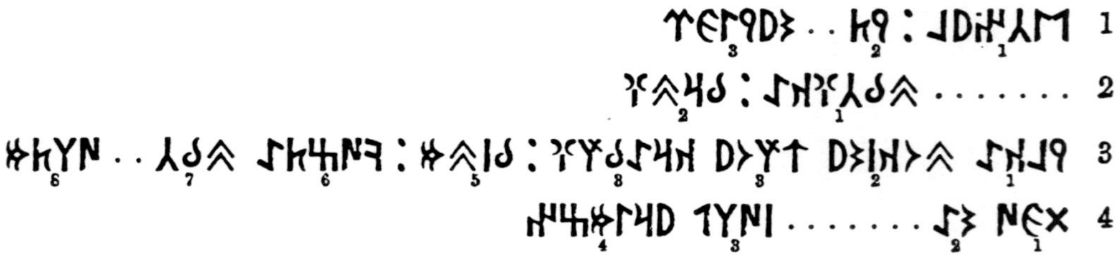

1) pičn̦ jl jt.n͡č jn̦gr̦ . . . .
пäчiн jыл jäтiнч ai jäгiрмä . . . . .

2) . . . tbčgka brtg
. . . табђачка (?) бартыђ

3) jlka toksn̦čj qšoj kra bšg
jылка токызынч ai кушуi кара башыђ
bștm ķözța tbč öl̦tm
бастым кӯзтä табђачта (?) öлтiмiз

4) d̦qö n͡ča . . . . sölp jrimzn̦. . . . . . .
äдгӯ анча . . . . сӯлäп jарымазун . . . .

1) im Affenjahre, im fünften Monate . . . .

2) . . . . . gingest du zu den Chinesen (?) . . . .

3) im Jahre, im neunten Monate . . . . . . drückte ich nieder die schwarzen Köpfe, im Frühling starben wir bei den Chinesen . . . .

4) so viele Gute . . . . mit dem Heere ausziehend möge er nicht leuchten (?) . . . . . .

Glossar zu den Inschriften am Ongin, As'chete, Ichi-Chanyn-Nor und Choito-Tamir[1].

A.

ai

[runic] (Ch T. V, 1,4); [runic] (Oa 4,4) jäтінч ai der siebente Monat; [runic] (Ch T. V 4,3) токызынч aika äрті; [runic] (Ch T. VII 1,2) онынч aika im zehnten Monate.

акаӊ

[runic] (O 5,9—8,1) акаӊым mein Vater.

*акунла (v) [von акун-ı-ла]

Streifzüge unternehmen; [runic] (Oa 1,4) акунладым ich unternahm Streifzüge.

аҕы

[runic] (Oa 4,14) алур аҕыӊын durch deinen Lohn, den ich nehme.

анда

[runic] (O 5,13-6, 8,9, Ch T. I 5,2, Ch T. II 6,2, Ch T. VI 2,1, Ch T. IX 1,6) анда dort.

анча

[runic] (O 8,3, Oa 3,4-3,17, Ch T. IX 2,1, Ch T. X 4,2) анча.

ара

[runic] (O 5,5) Оҕуз ара unter den Ogusen; [runic] (Ch T. IV 1); [runic] (Ch T. V 2,2) äрім ара.

арка

[runic] (Ch T. VIII 1) аркасыӊа.

ал (v)

[runic] (O 1,6) алмыш; [runic] (Oa 1,5) алтым ich habe genommen; [runic] (Oa 4,14) алур аҕыӊын durch deinen Lohn, den ich nehme; [runic] (O 8,6) алмазун er möge nicht nehmen.

алыбар (v)

[runic] (Ch T. VII 4,3) алыбарзун.

алказын [vergl. алҕазын]

[runic] (Aa 2,4) алказын јыл das Schweine(?)-Jahr.

алтун

[runic] (Aa 1,3) алтун тамҕан таркан ein Titel.

алп

[runic] (O 3,1) алп äрін seinen Helden; [runic] (Oa 4,8) алп каҕандымда von meinem Helden-Chane; [runic] (Ch T. II 4,2) алп јӱзі das Heldenantlitz; [runic] (Ch T. IV 3) алп äр.

ат

[runic] (O 3,5—8,10) аты jok ohne

1) Die mit * bezeichneten Wörter kommen in den Inschriften von Koscho-Zaidam nicht vor.

Namen; [runic] (O 6,7) шад атыг бäрміш er hat ihm den Titel Schad gegeben.

ат

[runic] (Oa 3,26) öljÿгін атка den Todten auf ein Pferd (setzten sie).

аты

[runic] (O 4,20) атым mein Neffe (jüngerer Verwandter).

***адырыл (v) [адыр (Uig.) + л]**

sich trennen, getrennt werden, Trennungsschmerz empfinden, trauern; [runic] (Ab 2,1) адырылмыш getrennt, getrennt, gesondert; [runic] (Aa 1,9) адырылтымыз wir trauerten; [runic] (Aa 4,1) адырылмышча seit wir getrennt sind; [runic] (Aa 4,3) адырылынан trauernd, uns trennend; [runic] (Oa 3,9) адырылмадук die sich nicht getrennt habenden; [runic] (Oa 3,14) тäңрі білгä каҕанда адырылмалым wir wollen uns nicht vom weisen Himmels-Chane trennen; [runic] (Oa 4,9) адырылу бардыңыз ihr habt euch getrennt.

аз

wenig; [runic] (O 7,2) азың öкÿнір wenige für viele (haltend); [runic] (O 7,11) біз аз біз wir sind wenige.

аз (v)

[runic] (Oa 3,15) азмалым wir wollen nicht abweichen.

***Азҕаназ**

ein Eigenname; [runic] Азҕаназ äр бäдізміш (A 3,1) der Mann Asganaz hat es gearbeitet.

ана

[runic] (O 1,2) äчÿміз анамаз unser Vorfahr.

äкі

[runic] (Aa 1,15) äкі оҕуллары seine beiden Söhne; [runic] (Ch T. IX 1,4) äкі отуз zwei und dreissig.

Ä.

äкін

[runic] (Oa 2,2) äкін ара zwischen beiden.

äр

[runic] (A 3,1) Азҕаназ äр der Mann Azganaz; [runic] (Ch T. IV 1) äрім ара unter meinen Helden; [runic] (Ch T. V 2,1) äрім; [runic] (O 3,1—2) алп äрін; [runic] (O 7,6) äр äрміш er ist ein Held; [runic] (Ob 6,1) кÿлÿг äр.

äр (v)

sein; [runic] (O 6,16—4,3, Aa 1,13) äрміш; [runic] (O 6,14) jaҕы äрміш sie waren feindlich; [runic] (O 3,19—7,6—7,9) тäр äрміш er hat gesagt; [runic] (Oa 2,14) бар äрміш äрінч; [runic] (Oa 4,19), [runic] (O 7,1) кöртÿг äрті du hast angesehen; [runic] . . . . . (Oa 1,12), [runic] (O 2,1) кälір äртіміз wir wären gekommen; [runic] (Aa 4,2) сакынур äртіміз wir haben getrauert; [runic] (O 3,15) јолук äрмäзÿн es möge nicht ein Opfer sein, geopfert werden.

äрäн

der Held; [runic] (O 5,6) jäті äрäн sieben Helden.

äрклір

mächtig; [runic] (Ab 1,2) äрклір mächtig.

äl

[runic] (Ch T. II 5,2) äl; [runic] (O 4,3) Älтäрäс каҕан äliңä кылындым ich

wurde zum Aelteres-Chan deinem Volke; |ꔮhY (O 4,5) äl ätміш die das Volk bildeten; |ꔮhΓ٩Y (O 1,13) äl jітміш das Volk ging unter; Y|ЄҮNh (Ch T. III 2) тӯргäш äl das Türgäsch-Volk; Xꔮ YΓ (Ch T. V 2,3) äliмдä bei meinem Volke.

Äl тäрäс

)ЎꞪ|ҮhY (O 4,2) Äl тäрäс каҕаи der Aelteres-Chan; |ҮhY (Oa 3,7).

äl тäбäр

ΓҮ𐰴X . . . (Ch T. IX 2,2).

äт (v)

|ꔮhY äl äтміш (O 4,5) die das Volk gebildet habenden.

äдгӯ

)ꞪNЄX äдкӯ каи (Ob 6,2); NЄX (Ch T. X 4,1) äдкӯ.

äчі

ꔮΓ⅄ (O 4,19) äчім атым meine älteren und jüngeren Verwandten.

äчӯ

ЧꔮN⅄ (O 1,1) äчӯміз анамыз unser Vorfahr.

äс

Є|Γ (O 5,15) äсір кӯчін; (6,3) äсір бäрдің du hast den Verstand geweiht; Є⅄NꟻЄ| (Oa 2,12—3,27) äсір кӯчір.

äб

ɈꟻⱦX (Oa 2,18) äбкä тäгдӯкім das Haus griff ich an.

O.

оҕул

ΓЧɅЎ> (Aa 2,1) оҕуллары seine Söhne; ɈꔮɅЎ> (Oa 3,3) оҕлыма meinen Söhnen; ΓɅЎ> (O 4,7) Jабҕу оҕлы der Sohn des Jabgu.

Оҕуз

ЧЧ>Є𐰾 (O 5,4) тың (?) Оҕуз die starken (?) Ogusen; ЧЎ> (O 6,12) токыз Оҕуз die neun Ogusen.

оныич

der Zehnte; ꞪD}Ꞁ> (Ch T. VII 1,2) оныич aika im zehnten Monate.

ол

ɫ>D)ꞪɅ> (O 1,10) ол каи jok болтукта als dieser Chan umgekommen war; ЧЎ (A 3,2) аҕар (аңар) ihm.

*ојарлыҕ

ЎɅЧD> (Aa 1,12) öлӯг ојарлыҕ äрміш der Todte hatte ein hohes Ansehen (?).

Ö.

öкӯш

Є|ꟻNЎЧ (O 7,2) азыҕ öкӯшіг кöргӯг wenige hast du für viele angesehen.

öңрä

nach vorn; ɈҮЧ|N (O 2,6) öңрä кӯн токышыкыңа nach vorn, d. h. nach Sonnenaufgang.

öл (v)

ΓhYN (Ob 7,2) öлті er ist gestorben; ꔮhYN (Ch T. X 3,8) öлтӯм ich bin gestorben.

öлӯг

ЄYN öлӯг (Aa 1,11); ɈꞪ𐰾ꞀЄYN (Oa 3,26) öлӯгіи атка den Todten auf das Pferd (setzend).

*öтӯн (v)

bitten; |ꔮꞪhN (O 8,4) акаңым шад аича öтӯиміш mein Vater, der Schad, hat so gebeten.

*öтлä (v) [von öт-+-лä]

die Zeit zubringen; ꔮXYhN (Oa 3,5—3,18) ініма, оҕлыма öтлäдім für meinen jüngeren Bruder und meine Söhne habe ich gelebt.

öзä

[runic] (O 3,17, Oa 4,1, Ab 1,1) öзä oben.

Ы.

ыд (v)

[runic] (O 2,3) ычђыны ыдмыш er hat vertrieben.

ычђын (v)

[runic] (O 1,14) äl jітміш ычђынмыш das Volk ging unter und zerstreute sich; [runic] (O 2,2) kaђанладук kaђаныn ычђыны ыдмыш es vertrieb seine herrschenden Chane.

I.

іні

[runic] (Oa 3,2) інімä meinem jüngeren Bruder; [runic] (O 4,11) Joђa ініці der jüngere Bruder des Joga; (A 1,4, Aa 1,2) Кӳl-Тудун ініці der jüngere Bruder des Kül-Tudun.

У.

*уруш

der Kampf; [runic] уруш кылыш (Oa 2,20) kämpfend.

ум (v)

[runic] (Aa 1,7) умдук ӳчӳн weil wir gedachten.

Ӳ.

ӳчӳн

[runic] (As 1,8) ӳчӳн wegen.

К.

kaђан

[runic] (O 4,3) Ältäpäc-kaђан; [runic] ([runic] ?) (O 1,3) Jамы-(Бумын)-Кађан; [runic] (Oa 2,10) тäңрі бiлгä kaђанka dem weisen Himmels-Chane; (Oa 3,8) Ältäpäc kaђанka; [runic] (Oa 3,13) kaђанда; [runic] (Ob 3,1) kaђаным; [runic] (Oa 4,8) алп kaђанымда von meinem Helden-Chane; [runic] (Oa 3,23) бiлгä kaђаның будуны das Volk des Bilgä-Chan; [runic] (O 2,2) kaђанiн seine Chane (acc.).

kaђанла (v)

[runic] (O 2,1) kaђанладук kaђанiн seine herrschenden Fürsten.

*kан [statt kaђан]

der Fürst; [runic] (Oa 4,3) öзä тäңрі kан oben der Himmels-Chan; [runic] (O 1,10) ол kан jok болтукта als dieser Chan gestorben war; [runic] (Ob 6,2) äдгӳ kан der treffliche Chan.

kара

[runic] (Oa 1,8) kарасын die gemeinen Soldaten; [runic] (ChT. X 3,4) kара башыђ.

kал (v)

bleiben; [runic] kалалым (Aa 1,10) wir wollen bleiben; [runic] statt [runic] kалмын (Aa 1,14).

*kалјур (v) [Alt.]

wüthen; [runic] (Oa 3,6) kалјурын im Zorne.

*kач (v)

[runic] (Oa 1,11) kачты sind geflohen.

*kачыш (v) [von kач-ı-ш]

zusammen fliehen; [runic] (O 1,18) kачышмыш es floh nach allen Seiten.

kазђан (v)

[runic] (Oa 4,15) kазђандым ich habe erworben; [runic] (I 4) бунча kазђану бäр(тіңіз) so viel habt ihr erworben.

*kаб

der Sack; [runic] (Ch T. IX 1,3) кабы sein Sack.

kамyk [vergl. камыҕ]
viele Mal; [runic] (Oa 1,1) камyk балыkkа тäрдім viele Städte habe ich angegriffen.

kорk (v)
. . . [runic] (O 7,13) kорk . . . er fürchtete sich (?).

kыл (v)
[runic] (Oa 2,20) урун kылын kämpfend; [runic] (Ob 2,1) kылдым.

kылын (v)
[runic] (O 4,4) kылындым ich bin geworden.

*kыс (v)
bedrängen, pressen, hineinzwängen; [runic] (O 1,6) тöрт булуңыҕ kысмын er hat die vier Winkel bedrängt; [runic] (O 3,4) балбал kысты sie haben Gedenksteine eingepresst, aufgestellt; [runic] (Oa 1,4) kыстым.

kут
das Glück; [runic] (Ch T. IV 2) kут äрті; [runic] (Ch T. VII 4,1) kут болзун; [runic] (Ch T. V 1,1) kуту sein Glück.

*kутлуҕ [von kут-+-луҕ]
glücklich; [runic] (Ch T. I 5,3) kутлуҕ болзун er möge glücklich sein; (Ch T. II 4,1) kутлуҕ der Glückliche; [runic] (Ch T. II 7,1) kутлуҕ äр der glückliche Mann.

K.

*Kärlinч
ein Eigenname; [runic] (Ch T. V 3,1).

кäрі [= кäрӱ]
[runic] (Oa 3,19) кäрі zurück.

кäl (v)
[runic] (Oa 1,7) сӱсі кälті ihr Heer kam herbei; [runic] (Oa 2,1) кälӱр äртімiз wir kamen herbei; [runic] (Ch T. II 5,3) кälсäкiң dein Kommen.

кöр (v)
[runic] (O 7,3) кöртӱг äрті du sahest, du hast gesehen.

кір (v)
[runic] (Oa 4,18) кірӱр äрті sie sind eingedrungen.

кісрä
1) darauf; [runic] (O 1,12, ChT. V 4,1) jok болтукта кісрä nachdem er gestorben war.

2) nach hinten; [runic] (O 2,9) кісрä кӱн батышыkыңа nach hinten, d. h. nach Sonnenuntergang.

кӱн
[runic] (O 2,7) кӱн тоҕышыkыңа nach Sonnenaufgang; (O 2,10) кӱн батышыkыңа nach Sonnenuntergang; [runic] (A 2,2) jӱкӱнӱр кӱн der Tag der Verneigung (des Gedächtnissmahles nach dem Tode).

кӱl
[runic] (A 1,2) Кӱl-Тудун; [runic] (Aa 1,1) Кӱl-Тудун; [runic] (Ch T. I 3,2) Кӱlчур.

кӱlӱг
[runic] (Ob 6,1) кӱlӱг äр.

кӱч
[runic] (O 4,16) äсir кӱчін бäрміш er hat Verstand und Kraft geweiht; [runic] (Oa 2,12—3,2) äсir кӱчir.

*кӱчlӱг [von кӱч-+-lӱг]
stark, mächtig; [runic] (Oa 4,7) кӱчlӱг алп kаҕан der mächtige Helden-Chan.

кӱз

der Herbst; [runic] (Ch T. X 3,6) кўстä im Herbste.

J.

jai (v)

[runic] (O 1,8) jaiмыш er hat zerstreut; [runic] (Oa 1,8) jaiдым ich zerstreute.

jaђы

[runic] (O 5,7) jaђы болмыш wurden Feinde; [runic] (Oa 2,5) тыҥ(?) jaђы ein heftiger Krieg; [runic] : [runic] (O 6,13) тыҥ (?) jaђы äрміш.

*jaђыла (v) [von jaђы+ла]

Krieg führen, anfeinden; [runic] (Ab 2,4) jaђылаjу бäртім ich feindete an.

jaҥыл (v)

[runic] (Oa 3,10) jaҥылмадук die sich nicht vergangen habenden.

jaрылка (v)

[runic] (O 6,6) jaрылкамыш er war ihm gnädig.

jaбыз

[runic] (O 7,1) jaбыз батбіз wir sind schlecht und untauglich.

*Jaбђу

ein Eigenname; [runic] (O 4,6) Jaбђу ођлы der Sohn des Jabgu.

*Jaмы

[runic] (O 1,3) Jaмы-Кађан. So wird im Denkmal der Vorfahr des Bestatteten genannt, der in den Denkmälern von Koscho-Zaidam Бумын-Кађан heisst. Die Schrift ist zwar sehr zerstört, dennoch scheint mir die obige Lesung als unbedingt richtig.

*jaры (v)

leuchten; [runic] (Ch T. X 4,4) jaрымазун er möge nicht leuchten.

*Jaлсака

ein Eigenname; [runic] (Ch T. VI 3,1) Jaлсака-Бäр.

jäр

[runic] (Oa 4,16) суб jäр тäҥрі.

*Jälräк

Eigenname des jüngeren Sohnes des Altyn-Tamgan-Tarkan; [runic] (Aa 2,3) Jälräк.

jäті

[runic] (O 5,6) jäті äрäн sieben Helden.

jäтінч

[runic] (Oa 4,6) jäтінч ai im siebenten Monate.

jäтміш

[runic] (O 9,18) бäш jäтміш fünf und siebzig.

jok

[runic] (O 1,10) ол кан jok болдукта кісрä nachdem dieser Chan gestorben war; [runic] (O 3,7–8,10) аты jok.

joђ

[runic] (Oa 4,13) joђыҥ; [runic] (Ac 1,6) joђын.

*Joђа

[runic] (O 4,10) Joђа ініcі der jüngere Bruder des Joga.

jоры (v)

[runic] (O 5,14) анда jорымыш er ist dort hingegangen; . . . [runic] (O 6,18) jор(ымыш); [runic] (Ch T. III 3) jорын.

jол

[runic] (Ch T. V 1,2) jолы sein Weg.

*jолук

das Opfer; [runic] (O 3,15) jолук äрмäзўн er möge nicht ein Opfer sein.

*jыђ (v)

umwerfen, niederwerfen; [runic] (O 1,7) er hat (die vier Winkel) niedergeworfen (gesammelt?); [runic] (Oa 1,9) карасын jыҕдым die Soldaten warf ich nieder; [runic] (Oa 1,16), [runic] (Oa 2,17) jыҕдым.

jырaja

[runic] (O 2,15) jырaja nach links (d. h. nach Norden); (O 5,3) табҕачта jырaja nördlich von den Chinesen.

jыл

[runic] (Aa 2,5) Алказын jыл; [runic] (Oa 4,5—Ob 5,1) lÿi jылka im Drachen-Jahre; (Ch T. II 1,2, Ch T. X 3,1) бäчiн jылka im Affen-Jahre; [runic] (Ch T. VII 1,1) jылан jыл im Schlangen-Jahre.

*jылан

die Schlange; [runic] (Ch T. VII 1,1) jылан jыл.

jыш

[runic] (O 2,16) jышka (täri) bis zum Bergwalde.

jiт (v)

[runic] (O 1,13) äl jiтмiш das Volk ging unter; [runic] (O 3,13) jiтмäзÿн täjiн sagend, sie möchten nicht untergehen.

*jумҕылыҕ

in's Gesammt; [runic] (O 4,16) jумҕылыҕ бäш jäтмiш in's Gesammt fünf und siebenzig.

*jÿкÿн (v)

[runic] (A 2,1) jÿкÿнÿр кÿн der Tag der Verneigung (des Gedächtnisses).

jÿз

[runic] (Ch T. III 1) jÿз алп hundert Helden.

L.

*lÿi

der Drache; [runic] (Oa 4,4), [runic] (Ob 5,1) lÿi jылka im Drachen-Jahre.

T.

таҕ

der Berg; [runic] (Ch T. IX 2,7) таҕ jäркä zum Gebirgslande.

тарkан

[runic] (Aa 1,5) алтун тамҕан тарkан; (O 4,15) бiлrä Сабра тамҕан тарkан; [runic] (Oc 1) Сабра Тарkан; [runic] (Ch T. V 3,2) Кärliнч-Тарkан аты Käglintsch der Tarkan ist sein Name.

Тардуш

[runic] (Ch T I 3,1) Тардуш Кÿl-Чур.

*Тачам

ein Eigenname; [runic] (Oa 4,12, Ob 3,2—4,2—7,1); [runic] (Ob 1,1) тачамka. Für Tatscham: [runic] (Ch T. IX 2,5) бiлrä бäг тачам.

таш

[runic] (Xd 2) таш балбалы der Gedenkstein; [runic] (Ob 1,3) ташыҕ einen Stein.

табҕач

[runic] (Oa 1,13) табҕач будун das chinesische Volk; [runic] (O 4,2) бу табҕачта jырaja nördlich von diesen Chinesen; [runic] (O 2,14) табҕачka bis zu den Chinesen; [runic] (Ch T X 2,1) табkачka (?).

*тамҕан

[runic] (Aa 1,4) алтун тамҕан тарkан; (O 4,14) Сабра тамҕан тарkан; (O 4,9) Сабра тамҕан чур.

тä (v)

[runic] (O 7,6) тäп äрміш sprach er; [runic] тäjін (O 3,14—3,16—6,5—7,12—8,7, Oa 2,6) sagend; [runic] (O 5,12), [runic] (Oa 3,16) тäjін.

***Тäкäш**

ein Eigenname; [runic] (A 1).

тäг

[runic] (Oa 2,16).

тäг (v)

[runic] (Oa 1,3) тäгдім ich habe angegriffen; [runic] (Oa 2,15) тäгдÿкін ÿчÿн da er angegriffen hatte; [runic] (Oa 2,19) тäгдÿкім; [runic] (Oa 3,1) тäгін angreifend; [runic] (Oa 2,5) тäгмäчі мäн ich will sie nicht angreifen.

тäгі

bis; [runic] (O 8,12) кÿн батышыкыңа тäгі bis nach Sonnenuntergang.

тäңрі

[runic] (O 3,18, Oa 2,8—3,11—4,2, Ab 1,2, Ch T. III 4) тäңрі; [runic] (Oa 4,16) суб jäр тäңрі; [runic] (Ch T. VIII 2) тäңрім.

***тäңрікäн**

ein Titel (des Uiguren-Fürsten ?); [runic] (O 5,11—6,17—8,5); [runic] (O 6,1) тäңрікäнкä äсіг бäрдіг dem Tengrikän hast du deinen Sinn geweiht.

токыт (v)

[runic] (Oa 1,15) токыттым ich warf nieder.

токыз

[runic] (O 6,11) токуз Оҕуз die neun Ogus.

токызынч

[runic] (Ch T. II 2,1, V 4,2, X 3,2) токызынч аі.

тоҕышык

[runic] (O 2,7) кÿн тоҕышыкыңа nach Sonnenaufgang.

***Торҕул**

Eigenname des Sohnes des Altyn-Tamgan-Tarkan; [runic] (Aa 2,2) Торҕул.

Тöлöс

ein türkischer Volksstamm; [runic] (Xd 1) Тöлöс Шадың балбалы der Gedenkstein des Schad der Tölös.

тöрт

[runic] (O 1,4) тöрт булуңың die vier Winkel.

***тудун**

eine Würde; [runic] (Aa 1,3) Кÿл-тудун; [runic] (Ac 1,1).

Тÿрк

[runic] (O 3,4—3,11) Тÿрк будун; [runic] (O 2,5) Тÿрк будун das türkische Volk.

Тÿргäш

[runic] (Ch T. III 2) Тÿргäш äл das Türgäsch-Volk; [runic] (Ch T. V 3,4) Тÿргäш сÿ.

Ч.

чур [vergl. Кÿл-чур (Xa 11,19)]

Сабра тамҕан чур (O 7,9); [runic] (Ch T. I 3,2) Кÿлчур.

С.

***саі** (v) oder [runic] jai (v).

[runic] (O 1,8) er hat gezählt (?).

сакын (v)

[runic] (Oa 2,7) сакындым ich gedachte; [runic] (Oa 2,11) тäңрі білгä каҕанка сакыну des weisen Himmels-Chans gedenkend; [runic]

(Aa 4,2) сакынур äртiмiз wir grämten uns.

*Сабра

[runic text] (O 4,8) сабра тамђан чур; (O 4,13) сабра тамђан таркан; [runic text] (Oc 1) сабра таркан.

*сäзiк (v)

trauern, Schmerz empfinden; [runic text] (I 2) сäзiкäjiн.

*сiз

ihr; [runic text] (Aa 3,2).

суб

[runic text] (Oa 4,16) суб jäр тäңрi.

сӱ

[runic text] (Ch T. II 5,1, III 5), [runic text] (Oa 1,6) сӱci ihr Heer; [runic text] (Ch T. V 3,4) Тӱргäш сӱ das Heer der Türgäsch.

сӱлä (v)

[runic text] (O 7,5) сӱлäдiм ich bin ausgezogen; [runic text] (Ch T. X 4,3) сӱлäн ausziehend.

Ш.

шад

der Schad (eine Würde); [runic text] (Xd 1) Тӧлӧс шадың таш балбалы der Gedenkstein des Schad der Tölös; [runic text] (O 6,7) шад атыђ бäрмiш er gab ihm den Titel Schad; [runic text] (O 8,2) акаңым шад mein Vater der Schad.

Б.

*бађа

[runic text] (O 5,10) акаңым бађа тäңрiкäн тäjiн mein Vater Baga-Tengrikän sagend (oder: акаңым бађы der Volksabtheilung meines Vaters).

бар

[runic text] (Oa 2,14) бäрсäгiм бар äрмiш äрiнч ich habe ihm geweiht.

бар (v)

[runic text] (Oa 3,21—3,25) барды; [runic text] (Ch T. X 2,2) бартыђ; [runic text] (Ch T. II) бардымыз; [runic text] (Aa 3,1) бардыңыз ihr seid davongezogen; [runic text] (Oa 4,10), [runic text] (Ch T. I 4,2) барырмыз wir gehen; [runic text] (Ch T. VII 3,1) барырмäн; [runic text] (O 3,9) бармыш; [runic text] (Oa 3,20) барыђма gehend.

балык

[runic text] (Oa 1,2) балыkka тäгдiм ich habe die Städte angegriffen.

балбал

[runic text] (O 3,3) алп äрiн балбал кысты sie haben ihren Helden zu Ehren Gedenksteine aufgestellt (eingepresst); [runic text] (Oc 2) Сабра-Таркан балбалы der Balbal des Sabra-Tarkan; [runic text] (Xd 3) таш балбалы бол(мыш) es ist ein Gedenkstein.

*бат [?]

[runic text] (O 7,1) jабыз бат бiз wir sind schlecht und untauglich (?).

батышык

[runic text] (O 2,11) кӱн батышыkыңа nach Sonnenuntergang.

бас (v)

[runic text] (Oa 1,17) бастым ich bedrängte; [runic text] (O 1,9) басмыш er hat unterdrückt; [runic text] (Ch T. X 3,5) бастым.

баш

[runic text] (Ch T. X 3,4) kара башыђ.

бäг

[runic text] (Ch T VI 3,2, IX 2,4) Jaлcaka бäг; [runic text] (Oa 1,10) бäгi ihre Führer; [runic text] (O 7,9) бäгläрi.

*бäңiгÿ [= бäңгÿ]
das Denkmal; [runic] (Ob 2,2).

бäр (v)
[runic] (Oa 3,28) бäртi; [runic] (O 6,4) бäртiң du hast gegeben; [runic] (O 5,17—6,8)) бäрмiш er hat gegeben (geweiht); [runic] (Oa 2,13) äсiг кÿчiг бäрсäгiм бар äрмiш äрiнч Sinn und Kraft habe ich ihm geweiht; [runic] (O 8,9) бäрмäзiңä für sein Nichtgeben, um nicht zu geben; . . . . [runic] (I 5) казҕану бäртiңiз ihr habt erworben.

бäрiјä
[runic] (O 2,12—5,4) бäрiјä nach rechts (d. h. nach Süden).

бäдiз
die (Sculptur-)Arbeit; [runic] (I 3) бäдiзiңiзiн durch eure (Sculptur-) Arbeit.

бäдiз (v)
[runic] (A 2,3), [runic] (Ab 3,3), [runic] (A 3,3) бäдiзмiш er hat gearbeitet.

*бäдÿк [Uig.]
hoch, erhaben; [runic] (O 6,15) бäдÿк äрмiш тäңрiкäн der erhabene Tengrikän.

бäчiн
der Affe; [runic] (Ch T. II 1,1) бäчiн јылка im Affenjahre; [runic] (Ch T. X 1,1) бäчiн јыл das Affenjahr.

бäш
[runic] (O 4,17) бäш јäтмiш fünf und siebenzig; [runic] (Ch T. I 4,1, II 3,3, VII 2,2) Бäш-балыкка nach Bäsch-Balyk.

бäшiнч
[runic] (Ob 5,2) бäшiнч ai.

бол (v)
[runic] (O 5,8) јаҕы болмыш wurden Feinde; (Oa 2,4) болмыш ist entstanden; [runic] (Xd 3) таш балбалы болмыш es ist sein Gedenkstein; [runic] (Ch T. I 6,1 — II 6,1— III 8, VII 4,2) болзун er möge sein; [runic] (O 1,11) јок болтукта als er nicht mehr war, als er gestorben war; (O 6,10) болтукта als dies geschehen war; [runic] (O 3,8) болу.

бiр
[runic] (Ch T. VI 2,2) бiрiңä einem von euch.

бiлгä
[runic] (O 4,12, Oa 3,22, Ob 5,2) бiлгä Сабра-Тамҕан-Таркан der weise Sabra-Tamgan-Tarkan; [runic] (Oa 2,9—3,12—4,11, Ob 4,1, Ch T. IX 2,3) бiлгä.

бiтiг
[runic] (Ob 1,2) бiтiг ташыҕ einen Schriftstein.

бiз
wir; [runic] (Ch T V 3,3) бiз; [runic] (O 7,1) јабыз бат бiз wir sind schlecht und untauglich; [runic] (O 7,10) бiз; [runic] (O 7,11) аз бiз.

бу
[runic] (O 5,1); [runic] (I. 4) бунча казҕану so viel erwerbend.

булуң
[runic] (O 1,5) тöрт булуңыҕ die vier Winkel (acc.).

будун
[runic] (Oa 1,14) табҕач будун; (O 3,5—3,12) тÿрк будун; (Oa 1,9) табҕач будун das chinesische Volk; [runic] (O 2,5) тÿрк будун

das türkische Volk; [runic] (Oa 3,24) будуны sein Volk.

буз (v)

[runic] (Oa 1,19) бузкунча bis sie zerstreut waren; [runic] (ChT. III 6) бузып er zerstörte.

M.

маты

[runic] (O 7,8) маты бäрläрimä meinen trefflichen Begen.

Verzeichniss der Buchstaben-Gruppen dieser Denkmäler in alttürkischer Schrift.

[runic]

[runic] сӱ.

[runic] сӱ.

[runic] сӱlä (v).

[runic] сӱlä (v).

[runic] siз.

[runic] cäзiк (v).

[runic] шад.

[runic] 1) шад, 2) ат.

[runic] Сабра.

[runic] саi (v).

[runic] 1) äс, 2) кӱч.

[runic] 1) äс, 2) кӱч.

[runic]

[runic] 1) алп, 2) äр.

[runic] 1) алп, 2) каҕан.

[runic] 1) алп, 2) jӱз.

[runic] алказып.

[runic] ал (v).

[runic] 1) ал(v), 2) аҕы.

[runic] алтун.

[runic]

[runic] äс.

[runic] äl.

[runic] äр (v).

[runic] 1) äр, 2) ара.

[runic] ыд (v).

[runic]

[runic] 1) бäчiн, 2) jыл.

[runic] ана.

[runic]

[runic] öңрä.

[runic] öтӱн (v).

[runic] örlä (v).

[runic] ӱчӱн.

[runic] öl (v).

[runic] öl (v).

[runic] ölӱг.

[runic] öl (v).

[runic] öзä.

[runic] 1) öзä, 2) тäңрi.

[runic]

[runic] тäңрi.

[runic] тäңрiкäн.

[runic] тäңрiкäн.

[runic] тä (v).

[runic] 1) Töläс, 2) шад.

[runic] тöрт.

[runic] тӱрк.

[runic] 1) тӱрк, 2) будун.

[runic] 1) тӱргäш, 2) äl.

[runic] Тäкäш.

[runic] 1) тä (v), 2) äр (v).

[runic] тäг.

[runic] тäгi.

[runic] тäг (v).

[runic] тäг (v).

[runic] тäг (v).

[runic] тäг (v).

[runic] тä (v).

[runic]

[runic] акаң.

[runic] кыл (v).

[runic] кал (v).

[runic] кал (v).

[runic] kал (v).
[runic] kалјур (v).
[runic] kара.
[runic] 1) kара, 2) баш.
[runic] kачыш (v).
[runic] kач (v).
[runic] kазђан (v).
[runic] kут.
[runic] 1) kут, 2) äр (v), 3) алп.
[runic] kутлуђ.
[runic] 1) kутлуђ, 2) äр.
[runic] kут.
[runic] kамук.
[runic] kаб.
[runic] kађан.
[runic] kађанла (v).
[runic] kађан.
[runic] kађан.
[runic] kађан.
[runic] kађан.

[runic]

[runic] арkа.
[runic] ара.

[runic]

[runic] ал (v).

[runic]

[runic] äчӱ.

[runic]

[runic] äl.
[runic] äl.
[runic] lӱi.
[runic] lӱi.
[runic] 1) ältäpäc, 2) kађан.
[runic] ältäpäc.
[runic] 1) äl, 2) äт (v).
[runic] 1) äl, 2) jiт (v).

[runic]

[runic] шад.

[runic]

[runic] kут.
[runic] 1) kут, 2) бол (v), 3) алыбар (v).

[runic]

[runic] äpkliг.
[runic] 1) äр, 2) äр (v).
[runic] äр.
[runic] äр (v).
. . [runic] kорk (v).

[runic]

[runic] äki.
[runic] kiсpä.
[runic] kiсpä.
[runic] 1) kiр (v), 2) äр (v).
[runic] 1) äkiн, 2) ара.
[runic] 1) kӱl, 2) тудун.
[runic] kӱlӱг.
[runic] kӱз.
[runic] kӱчlӱг.
[runic] kӱн.
[runic] käl (v).
[runic] käl (v).
[runic] Kӱl-чур.
[runic] 1) käl (v), 2) äр (v).
[runic] käpi.
[runic] kӱн.
[runic] 1) äki, 2) отуз.
[runic] Käгliнч.

[runic]

[runic] ai.

[runic] ([runic])

[runic] аз (v).
[runic] 1) аз, 2) біз.
[runic] 1) аз, 2) öкӱш.
[runic] 1) Азђаназ, 2) äр.

[runic]

[runic] 1) ол, 2) kан, 3) jok.
[runic] 1) уруш, 2) kыя (v).
[runic] 1) оныпч, 2) ai.
[runic] ум (v).
[runic] ојарлыђ.
[runic] ођул.
[runic] ођул.
[runic] ођул.

[runic]

[runic] анча.

[runic]

[runic] адырыл (v).
[runic] адырыл (v).
[runic] адырыл (v).
[runic] адырыл (v).
[runic] адырыл (v).
[runic] адырыл (v).
[runic] адырыл (v).

[runic]

[runic] äдгӱ.
[runic] 1) äдгӱ, 2) kап.

kыс (v).
kыл (v).
kылын (v).

маты.

Бäш-балыk.
1) бäшiнч, 2) аi.
бiтiг.
бäчiн.
бilгä.
1) бiз, 2) тӳргäш, 3) сӳ.
бilгä.
бiр.
... бäр (v).
бäр (v).
бäр (v).
бäр (v).
бäр (v).
бäрiјä.
äб.
бiз.
бäдiз (v).
бäдiз.
бäдiз (v).
бäдiз (v).
бäдӳк.
бäг.
бäг.
бäг.
бäг.

аты.
1) ат, 2) jok.
тарkан.
тарkан.
тардуш.
Тачам.
Тачам.
Тачам.
таш.
тоkыт (v).
1) тоkузынч, 2) аi.
1) тоkузынч, 2) аi.
Торђул.
тудун.
тођышык.
тоkызынч.
тамђан.
табђач.
табђач.
табђач.
1) тађ, 2) jäр.

Jалсаkа.
jыђ (v).
jацыл (v).
1) аi, 2) äр (v).
jарылkа (v).
jары (v).
jыраја.
1) jол, 2) jäтiнч.
1) jолуk, 2) äр (v).
jоры (v).
jођ.
Jођа.
Jамы.
jаi (v).
1) jабыз, 2) бат, 3) бiз.
Jабђу.
jађы.
jађыла (v).
1) jађы, 2) äр (v).
jыђ (v).

анда.

кöр (v).
1) Кӳl, 2) тудун.

бас (v).
бас (v).
бас (v).
балыk.
балбал.
балбал.
бар (v).
бар (v).
1) бар, 2) äр (v).
бар (v).
бар (v).
бар (v).
бар (v).
бар (v).
бар (v).
буз (v).
бу.
бол (v).
бол (v).
бол (v).
буз (v).
1) бу, 2) kазђан (v).
будун.

будун.
батышык.
баҕа.

јыл.
јыл.

јыл.
1) јылан, 2)
2) јыл.
јӱз.
1) jäті, 2) äрäн.
Jälгäк.
jäтміш.

јыш.
јӱкӱп (v).
тä (v).
јыҕ (v).

ол.

Das Uigurische Denkmal von Kara-Balgassun.

Etwa 250 Faden südlich vom Chansschlosse in Kara-Balgassun, zwischen Spuren von gewiss später errichteten Gebäuden, östlich von der Hauptstrasse der alten Stadt (siehe Atlas XXVII, Fig. 1) lagen die Trümmer eines riesigen aus Granit gefertigten Denkmals. Es bestand aus einem Piedestale, das einen liegenden Löwen darstellte, auf seinem Rücken war ein Grabstein 4 Arsch. 12 Wersch. Höhe, 2 Arsch. 8 Wersch. Breite und 1 Arsch. 6 Wersch. Dicke. Auf diesem Steine war ein Aufsatz, mit einem von zwei Drachen umgebenem fünfeckigen Schilde und auf diesem ein runder Kopf mit einem ringsum hervorragendem Rande (s. Atlas, Taf. XXX).

Auf der einen Seite, die jetzt bis auf wenige Stellen ganz zerstört ist, und die, wie alle unversehrt gebliebenen Stellen beweisen, sehr schön geglättet war, befand sich eine Inschrift in alttürkischen Charakteren, welche aus horizontalen Reihen von rechts nach links gestellten Zeichen bestand. Auf der anderen Seite befand sich rechts eine Inschrift in uigurischer Schrift (31 Perpendicular-Zeilen) und links eine chinesische Inschrift von 19 Perpendicular-Zeilen. Da diese beiden Inschriften auf der Frontseite nicht beendigt werden konnten, so wurden sie auf den abgestumpften Ecken (nach rechts die 32-ste Zeile der uigurischen Inschrift und nach links die 20-ste Zeile der chinesischen Inschrift) und auf den Seitenwänden fortgesetzt. Auf der linken (chinesischen) Seite sind 4 Zeilen zu sehen, während die rechte Seitenwand die uigurische fast ganz mit Schriftzeichen bedeckt war. Von diesen Inschriften ist am besten die chinesische Inschrift erhalten und zwar sind dies sechs grosse Stücke (s. Atlas Taf. XXI und XXXIV). Alle diese Stücke sind an derselben Stelle aufgefunden, zwei derselben befinden sich in St. Petersburg, sie sind von Herrn Koch in den «Записки восточнаго Отдѣленія» Томъ V, вып. 2, pag. 147—156 abgebildet und entziffert worden. Die übrigen Stücke habe ich an Ort und Stelle zurückgelassen. Ich habe die Abklatsche aller dieser Inschriften dem chinesischen Gesandten in St. Petersburg, Herrn Shu-King-Cheng, übergeben, der mir erklärte, dass alle Stücke zu demselben Denkmal gehören und dann es übernahm, die einzelnen Theile der Inschrift zusammenzufügen und zu entziffern. Die hier beiliegende Tafel ist das Resultat der Arbeit des Herrn Gesandten.

Ausserdem wurde von der Akademie der Atlas der Alterthümer der Mongolei durch Vermittelung des russischen Gesandten in Peking, der chinesischen Regierung zugestellt, die Regierung hat diese Zusendung nicht nur dankend empfangen, sondern auch durch den Dsungli-Jamun, der Akademie ein von chinesischen Gelehrten zusammengestelltes Mémoire über die grossen Inschriften vom Orchon zustellen lassen. Mein College W. P. Wassiljeff ist jetzt mit der Herausgabe der Orchon-Inschriften beschäftigt, der er auch eine Uebersetzung der chinesischen Abhandlung beigiebt. Da die chinesische Inschrift des uigurischen Denkmals am Besten erhalten ist, so halte ich für nöthig. die Entzifferung und Zusammenstellung der Inschrift des chinesischen Gesandten, hier in erster Linie aufzuführen, damit sie als Hülfsmittel für das Verständniss der wenigen Reste der türkischen Inschriften dienen kann. Mit Erlaubniss meines Collegen Wassiljeff füge ich dieser Inschrift seine Uebersetzung bei.

Aus seiner mir vorliegenden Einleitung will ich nur anführen, dass Herr Wassiljeff bezweifelt, dass zwei Stücke zu dem Denkmale gehören, und zwar das Stück rechts unten (Atlas XXXIV, Fig. 3), besonders deshalb, weil auf Zeile III Zeichen 60—61 (er gründete die Hauptstadt) sich auf Zeile IV Zeichen 8—9 wiederholen. Ich kann diesen Grund nicht für stichhaltig ansehen, denn Pei-lo, der Gründer der Uiguren-Dynastie, konnte sehl wohl zweimal eine Hauptstadt (Ordu) anlegen, erst an der Tola, vor der Besiegung der Türkfürsten und dann später nach Vertreibung der Letzteren in Kara-Bulgassun. Ebenso bezweifelt Herr Wassiljeff die Zugehörigkeit des Stückes (Atlas Taf. XXXIV, Fig. 1), weil die letzten Zeilen nicht recht zusammenhängen. An diese Beobachtungen schliesst Herr Wassiljeff folgende Bemerkung an: «Es ist schade, dass wir keine näheren Angaben über die Lage der Stücke besitzen. Ausserdem wäre es nöthig, die Grösse der Zeichen genau auszumessen, wie sie auf den verschiedenen Inschriften sich finden und sie paläographisch zu vergleichen, zuletzt scheinen mir die Zeilen mit 71 chinesischen Schriftzeichen zu lang». Trotz dieser Einwände hat Herr Wassiljeff sich nicht berechtigt gefühlt, die Zusammenstellung des Herrn Gesandten zu ändern, er hat aber die Uebersetzung der auf den ihm unpassend scheinenden Stücken befindlichen Schriftzeichen in Cursivschrift setzen lassen, damit jeder Leser selbst urtheilen kann. Ich bin diesem Vorbilde des Uebersetzers streng gefolgt.

Auf die den Inhalt betreffenden Einwendungen meines Collegen Wassiljeff will ich nicht näher eingehen, da hier jeder Leser selbst urtheilen kann. In Bezug auf die übrigen Einwände habe ich Folgendes zu bemerken:

1) Alle hier zusammengestellten Stücke habe ich genau auf derselben Stelle gefunden. Die Lage der Stücke ist gleichgültig, da das Denkmal

offenbar mit Gewalt zerstört ist, die Steintrümmer sind aber alle so umfangreich, dass ein Fortschaffen grosse Schwierigkeiten bereiten würde und an ein absichtliches Verrücken der einzelnen Stücke nicht zu denken ist. Alle Stücke bestehen aus vollkommen gleichartigem Granit. Zwischen ihnen befinden sich die Reste nur eines Piedestals.

2) Die Grösse der Schriftzeichen ist überall dieselbe, beträgt mit dem umliegenden freien Raum genau einen Quadrat Werschok und ihr Charakter ist nach Versicherung des Herrn Gesandten ganz genau derselbe.

4) Die Länge der Zeilen mit 71 Zeichen entspricht genau der Grösse des Denkmals, denn die Höhe des Steines bei einer solchen Länge der Perpendicular-Zeilen steht zu der Breite desselben, die wir genau messen konnten, im Verhältniss 1,9 : 1, was dem Längenverhältnisse des Steines des Kül-Tägin und anderer chinesischer Gedenksteine genau entspricht[1]).

Obgleich sich auf der Inschrift keinerlei Angabe des Datums findet, lässt sich die Zeit der Errichtung doch ziemlich genau bestimmen. Da alle Uigur-Chane, von denen die chinesische Geschichte berichtet, hier genannt sind. Auf den ersten drei Zeilen des Textes (d. h. bis V) ist vom Gründer der Dynastie Pei-lo die Rede (er stirbt 745). Auf Zeile VII 1—17 wird sein Sohn, den die Chinesen Go-le-k'o-han Mo-jen dsho genannt; Zeichen 27 und folgende, dessen Sohn Mou-jüi-k'o-han I-di-gien. Hierauf Zeile IX, 2. Der Dsaisang Dung-mo-ho, der als ho-gu-du-lu Bi-kie k'o-han im Jahre 780 den Thron bestieg. Hierauf auf derselben Zeile von Zeichen 16 an, dessen Sohn Pan-guan-de-le k'o-han und zuletzt von Zeichen 52 an, nach Auslassung des minderjährigen Sohnes desselben A-dshe mit seinem vollen Titel he-gu-du-lu Bi-kie k'o-han, der im Jahre 795 den Thron bestieg und bis zum Jahre 805 regierte. Der ganze Rest des Denkmals bespricht die Verdienste dieses Gu-du-lu Chan ihn immer nur unter dem Titel «Himmels-Chan» aufführend. Es lässt sich also annehmen, dass der Stein in der letzten Hälfte der Regierung des Gudulu, also von 800—805 errichtet worden ist.

1) Ich habe einen Abdruck des chinesischen Textes Herrn Professor Schlegel nach Leyden gesandt, um seine Meinung über die Zusammengehörigkeit der Steine zu erhalten. In Folge dessen hat Herr Professor Schlegel die Güte gehabt, mich zu benachrichtigen, dass seiner Ansicht nach die beiden Stücke nicht zum grossen Denkmal gehören. Einen anderen Abdruck habe ich an Herrn Parker nach Liverpool geschickt, der mir eine neue Uebersetzung des Denkmals und viele eingehende Bemerkungen zugestellt hat. Er bemerkt in Folge meiner Anfrage Folgendes: Your Chinese friend of the legation has put the words well together, and I think I can supply a few hiatuses. So far as I can see, it is *certainly all one* monument: in that I *am sure*.

a) Die chinesische Inschrift des zerstörten Denkmals von Kara-Balgassun nach der Zusammenstellung des Herrn Gesandten Shu-King-Cheng, übersetzt von W. P. Wassiljeff.

(Vergl. Atlas der Alterth. der Mong, Taf. XXXI Taf. u. XXIV, Fig. 1, 2, 3).

I Denkmal der heiligen bürgerlichen und göttlichen kriegerischen (Verdienste) des Chans der Uiguren Deng-li-lo-gu-mo-mi-ši-ho-bi-kie-k'o-han, mit Vorwort (Erklärungen).

(57—62). Ho I nan dshu Mo-ho.

II (6) ho, (10—14) kie-li-kie-si, (25—26) jüe-hia.

III (1—9). (Es ist) zu hören (dass, als) Himmel und Erde erschaffen (wurden) und Sonne und Mond erglänzten . . . . .

(10—26). Der Herrscher, empfangend den Willen (des Himmels), in der lichten Wohnung des Weltalls, den Einfluss der Tugenden manifestirte und alle vier Winkel herbeiströmten.

(33) sich vereinigten.

(56 — 61). (Untersuchend?) *das Aeussere und Innere gründete die Hauptstadt.*

IV (2—24). (Gründete) das Reich im Winkel des nördlichen Landes, errichtete die Hauptstadt in der Steppe des Wen (-Kun = Orchon) und verwaltete mit hellem Verstande das Reich im Laufe (vieler) Jahre. Sein Sohn der . . . . .

(30—38) erbte den Thron; von Naturell war er tapfer und energisch, (daher) die zehntausend Familien (unterwarfen sich ihm freiwillig ?)

(54—61). *Der Chan auf dem Throne regierte das Volk wie Kinder.*

V (1). Die Geschichte . . . . .

(3—9) das Schicksal erfüllte sich. Im Verlaufe mehrerer Jahre gewannen wir zurück . . . . .

(11—26) unser altes Reich. Da die neun Geschlechter der Uiguren, die vierzig Geschlechter der Basimi, die drei Geschlechter (der Karluk ?)

(29—40) (und ?) ausländische Geschlechter alle sagten: (das ist) eine mittlere Erhebung (Restauration) der früheren Dynastie. Der Chan zusammen . . .

(53—61). *Zur Zeit des Gao-dzu* (des Gründers der Uiguren-Dynastie) *des Küe-Bikie-k'o-han.*

VI (1—17). Lo-mi-mi-ši-hie-i-de-mi-ši Bi-kie k'o-han folgte auf dem Throne (er war) tapfer, weise . . . . .

(27—40). Deng-li lo-gu-mo-mi-ši hic tuh ([illegible]) deng-mi-ši-ho-gü-lu [1]).
(47—51) *gesondert und sich auszeichnend getrennt vom Gewöhnlichen; zu Hause* (im Innern des Reiches?)
(53—57) *alle Reiche unterwarfen sich.*
(67). Schi-sse-min.

VII (2—25). (Schi-sse-min schickte?) passende Geschenke und bat mit süssen Worten um ein Heer, um mit vereinten Kräften die Dynastie T'ang zu vernichten, aber der Chan, erzürnt über sein Vergessen der Gnade und seine räuberische Aneignung der heiligen Gefässe (d. h. des kaiserlichen Titels) selbst . . . . .
(27—44) (anführend?) ein auserwähltes und tapferes (Heer) zusammen mit dem kaiserlichen Heere vertrieb (ihn) mit vereinten Kräften und gab zurück die Hauptstadt. Lo(-jang. Der chinesische Hoang-di).
(46—52) (in Folge seiner Verdienste) *machte (das Uiguren-Reich) zum Brüderlichen Reiche, um ewig* . . . . .
(58—67). Deshalb blieb der Chan mit dem Heere in der östlichen Hauptstadt (Lo-jan) und betrachtend die Sitten (fen «Wind», wenn darauf su folgt, so heisst es «Sitten» oder wahrscheinlicher «Umstände»).

VIII (1—44). Nehmend Shui-si und die übrigen vier Geistlichen, führte sie in das Reich zum Predigen der zwei Opfer und zur Vertiefung in den drei Grenzen (際). Dabei hatte der Heilige, indem er trefflich eindrang durch das helle Thor (in die wahre Religion) und in Reinheit die sieben Abtheilungen erlangte, Anlagen, die tief waren wie das Meer und (hoch) wie Lanzen. Seine Betrachtungen strömten dahin, wie ein freigelassener Fluss und deshalb konnte er die wahre Lehre bei den Uiguren eröffnen [2]).
(47—53) *für den Glauben zeigte er hohe Verdienste und deshalb* . . . . .
(55—68) sind sie (ein Band? für) alle Tugenden. Da unter solchen Umständen die Dudu, Sse-schi die äusseren und inneren Dsai-sang . . . . .

IX (2—10) jetzt bereuten sie alle früheren Verirrungen, erhoben den Dienst für die wahre Lehre und erhielten
(12—25) den Befehl, diese Lehre zu verbreiten, (dass sie) sehr geheimnissvoll, schön (und) schwer erfüllbar (sei) und flehten oftmals
(28—41) (um Vergebung, dass die Ungläub)igen sie nicht kannten und den Teufel Buddha nannten; jetzt haben sie schon die Wahrheit verstanden und können nicht wieder
(43) (sie verlieren und werden?) sie halten . . . . .
(47—63) *so bald die aufrichtige Absicht vorhanden ist, so möge man eifrig (alles) einhalten*; man muss alle geschnitzten (ausgehauenen) und

1) Dass ist Mou-jü kohan. W.
2) Hier ist auf keinen Fall vom Buddhismus die Rede. W.

gezeichneten Abbildungen der Dämonen verbrennen lassen; die da anbeten die Geister und sich verneigen vor den Dämonen, und . . . . .

X (2—5) (befehlen?) die lichte Lehre anzunehmen, zu veredlen . . .

(7—12) fremde Sitten umändern in das Gebiet der (sittlichen) Speisung; die Herrschaft des Mordes umwandeln in das Reich der Ermahnung zum Guten. Deshalb . . . . .

(28) (Genitiv-Partikel).

(30—44) (wie?) die hochstehenden Leute handeln, so ahmen die Niedrigstehenden nach. Der Fürst des Glaubens (法 王 [1]) hört von der Annahme der wahren Lehre und hat die Aufrichtigkeit tief (sehr) gelobt . . .

(47—54) *und allen Geistlichen Mönchen (und Nonnen) befohlen in das Land einzudringen und zu predigen* . . . . .

(58—69). Die Anhänger von Mudshe (Mu-še? Mu-du?), schweiften im Osten und Westen umher und gingen um zu lehren und aufzuklären . . .

XI (2—7) K'o-han folgte auf dem Throne (er zeichnete sich) durch Tapferkeit und Anlagen (aus) . . . . .

(9—41) durch Einsicht; wie im Innern so auch im Aeussern war Alles klar eingerichtet. (Sein) Sohn Deng-li-lo-mo-mi-ši güi-lu-Bikie-kohan, folgte auf dem Throne, in der Einrichtung der Sitten (Gesetze) des Reiches war (unter ihm) Ordnung. Sein Sohn Gu-tschu-lu Pi-kie . . . . .

(46—55) *(war?) gelassen und von hohem Naturell (Charakter), nach seinem Tode Deng-li-lo-jüe* . . . . .

(57—71) mo-mi-ši-ho-gu-du-lu hu-lu bi-kie ko-han fuhr fort zu regieren.

XII (2—26). Bi-kie ko-han zur Zeit seiner Drachen-Verborgenheit (d. h. als er noch als Privat-Person lebte) war der älteste unter allen Wan (Fürsten), (als daher der frühere Chan starb) Dudu und Sse-shi die inneren und äusseren Dsai-sang . . . . .

(29—41) die Beamten und alle Uebrigen erklärten: (Du) Himmels-Fürst, sitzest mit herabgelassen Aermeln auf kostbarem Throne und musst einen Gehülfen erhalten (auswählen) . . . . .

(47—56) *(der) Talent zur Verwaltung nach Maass des Meeres und der Lanze hat;* in die Lage des Reiches (muss er eindringen?) . . . . .

(58—71) Gesetze und Befehle müssen erlassen werden, besonders muss man hoffen auf die Gnade und Zuneigung des Himmels, (das ist es) was wir Beamten bitten.

XIII (3—25). Zur Zeit seiner Herrschaft unterschied er sich von allen Uebrigen, (ebenso wie) am Tage seiner Geburt sich ganz ungewöhnliche

---

1) Dies beweist ebenfalls das alles Vorhergesagte sich nicht auf den Buddhismus bezieht. W.

glückliche Vorzeichen ereigneten. Von Jugend auf bis zur Mannbarkeit war er tapfer, muthig .....

(28—45) kriegerisch. Sitzend in seinem Zelte, entschied er die Angelegenheiten auf tausend Meilen; (er war) sanft, mitleidig, weich, gnädig, aufklärend und gebildet ...

(46—57) *um die Zeiten zu lenken. Man vermag nicht Alles aufzuzählen, was er für das Reich geleistet hat. Zu Anfang* (war)

(58—69) das Reich Gien-gun, welches mehr als 400,000 bogenspannender (Krieger) zählte. Es (erhob sich und?) .....

XIV (3—28) (aber der K'o-han war) klug, tapfer und kriegsgewandt (er brauchte nur) ein Mal abzuschiessen und traf (in's Ziel). Der Chan der Gien-gun fiel nach Verhältniss der Bogensehne (durch seinen Pfeilschuss), Kühe, Pferde, Brot

(31—47) und Waffen wurden bergehoch aufgehäuft. Die Staatsgeschäfte (des Reiches Gien-gun) hörten auf, auf der Erde blieben keine lebenden Menschen. Abermals die Go-lu (Karluken) mit dem Tufan (Tibetanern) .....

(49—60) *das Heer von der Flanke bei Yün-ho-hu*[1]) *traf* den Feind mit weiten und fernsichtigen Plänen .....

XV (3—25) (Bei?) T'ing zur Hälfte wurde eingenommen, zur Hälfte eingeschlossen. Darauf bestrafte (sie) der Himmels-Chan selbst ein grosses Heer anführend und vernichtete den Hauptschuldigen und nahm (ihnen alle?) Städte ab .....

(28—45) Im ganzen Lande wurde das gemeine Volk und alle lebenden Wesen, die Reinen und Guten beschützt, aber die Bösen vernichtet.

(46—54) *In Folge dieser trefflichen Thaten, wurden alle Reisenden willkommen geheisen und bewirthet.*

XVI (4—5). Zurückgelassen.

(7—25) (Als aber abermals) ein grosses Heer der Tibetaner Gui-tse (Kutscha) überfiel und einschloss, da schickte der himmlische Chan ein Heer (Gui-tse) zur Hülfe. Die Tibetaner

(28—54) entfliehend, geriethen in einen Hinterhalt; wurden von allen Seiten umringt und vernichtet. Der Gestank der Leichname, die Leute nicht *Hauptstadt beschauten* (*ertrugen*)[2]). *Er machte nieder alle Uebrigen.*

XVII (4—26). Die hundert Familien (Unterthanen?) vereinigten sich mit den untauglichen falschen Räubern und gaben nicht genügend Abgaben.

---

1) Dies scheint der Name einer Oertlichkeit in China zu sein.

2) Herr Parker übersetzt: Corpses stank the atmosphere, and a holocaust was maden of the villains.

Der himmlische Chan nahm selbst ein Heer und besiegte gänzlich die Bösewichte . . . . .

(28—50) verfolgte sie bis zum Flusse Tshen-dshu, nahm mehr als zehntausend Leute gefangen (und erbeutete) Kameele, Pferde, Vieh und Wagen; *alle übrigen (die verfolgt wurden?) ergaben sich* . . . . .

XVIII (5—26). Sie bekannten ihre Schuld, baten unter Thränen und flehten (ihn) an. Der himmlische Chan lobte (sie, da er) ihre Aufrichtigkeit (erkannte und) verzieh ihre Schuld. Darauf zugleich mit . . . . .

(28—39) (irgend einem?) Wang befahl er dann den hundert Familien (ihren gewöhnlichen) Beschäftigungen nachzugehen. Von dieser Zeit an der Wang selbst . . . .

(41—48) stellte sich dem Hofe vor, darbringend *seitlicher Lärm in der That*[1]) . . . . .

XIX (6—26) das Heer (?); mit allen eingesetzten Beamten, Alles selbst besichtigend, ging bis zu den Grenzen der Räuber (Feinde), drang schnell in das Innere (des feindlichen Landes) ein und führte selbst eine Reiterschaar . . . . .

(28—45) (gab?) den Befehl, unbedingt sie gefangen zu nehmen, zu besiegen und Alles fortzunehmen (?). Der Feind wurde wirklich besiegt, entfloh; ihn verfolgend gelangte er bis . . . . .

(47—48) *die Uebrigen*

XX (die Eckzeile) (6—25) Angreifend die Go-lu (Karluk) und Tufan (Tibetaner) entriss (er ihnen) die Fahne, schlug (ihnen) die Köpfe ab; verfolgend die Fliehenden, kam er bis zum Lande Ba-he-na (Fergana) . . . . .

(27—44) bemächtigte sich des Volkes mit (seinem) Vieh und (seiner) Habe. Da Sche-hu die Ermahnungen nicht annahm, so befahl er (ihm) sich aus jener Gegend zu entfernen.

XXI (Erste Zeile der Inschrift auf der linken Seite des Steines)

(10—19) Den Bi-kie ko-han von Neuem mit den sich unterworfen habenden Go-lu (Karluk) . . . . .

(21—24) (ging bis) Shen-shu durch Verstand und Gnade . . . . .

(27—32) wurde er Herrscher. Noch ein Pfeil, drei . . . . .

XXII (11). Die Wohnung . . . . .

(13—17) den Geistlichen grossmüthig und freigiebig hörte (er?) . . . . .

(22—25) Seit Einführung der Religion . . . . .

(29—31) überging er niemals.

XXIII (12). Ist . . . . .

---

1) Herr Parker meint in Betreff der vier letzten Zeichen «I think it means performed service in the imperial stable or mews».

Zur Seite 290.

III. Das Uiguren-Denkmal von Kara-Balgassun,

nach den Original-Abklatschen zusammengestellt von Shu-King-Cheng.

1 九姓迴鶻　登里囉汨沒蜜施合毗伽可汗聖文神武碑并序

2 　　　　　貫　　　紆伽哩伽思　　　　　　　　　　紆伽

3 開夫乾坤開闢日月照　受命之君光宅天下德化照明四方輻湊　　　　　　歸

4 　國於北方之隅建都於嗢　之野以明智治國積有歲年子　　　　　嗣位天生英斷萬姓賓

5 史　革命數歲之間復　我被國于時九姓迴鶻卌姓拔悉蜜三姓　　諸異姓僉曰前代中興可汗並

6 羅沒蜜施頡翳德蜜施毗伽可汗嗣位英智　　　　　　　　　登里囉汨沒蜜施頡咄登蜜施合俱錄　　　　　特異常字

7 　骿里言廿乞師仍力欲滅唐社　可汗忿彼孤恩竊弄神器親　驍雄與王師犄角合勢齊驅剋復京洛　皇帝　爲兄弟之邦

8 帥將猅息等四僧入國闡揚二祀洞徹三際況法師妙達明門精通七部才高海岳辯若懸河故能開正教於迴鶻　　爲法立大

9 　今悔前非祟事正教奉　旨宜示此法微妙難可受持再三懇　　往無識謂鬼爲佛今已悞真不可復　持　　　既有志誠

10 　受明教薰　異俗化爲　飯之鄉宰殺邪家變爲勸善之國故　　之　人上行下效　法王聞受正教深贊虔　　領諸僧尼

11 　可汗襲位雄才　略內外脩明子　登里囉沒蜜施俱錄毗伽可汗嗣位治化國俗頗有次序子　汨咄祿毗伽　姓康樂崩後

12 　合毗伽可汗當龍潛之時於諸王中最長都督刺史內外宰相　　官等奏曰　　天可汗垂拱寶位輔弼須得　　治之才海

13 　　宰衡之時與諸相殊異爲降誕之際禎祥可持自幼及長英　　武坐籌帷幄之下決勝千里之外溫柔惠化撫世作則爲國

14 　　英雄智勇神武威力一發便中堅昆可汗應弦殞落牛馬谷　　械山積國業蕩盡地無居人復爲祿與吐蕃　偏師於匀丹

15 　　庭半收半圍之次　　天可汗親統大軍討滅元兇却復城　　土黎庶含氣之類純善者撫育悖戾者屏除遂姻破凡諸行

16 　　　遣弃　吐蕃大軍攻圍龜茲　　天可汗領兵救援吐蕃　　奔入　術四面合圍一時撲滅尸骸臭穢非人京觀敗沒餘

17 　　　百姓與狂寇合從有虧職貢　　天可汗躬總師旅大敗賊　奔逐至真珠河俘掠人民萬萬有餘馳馬畜乘餘衆來歸

18 　　　　知罪各哀請祈斷　　天可汗矜其至誠赦其罪戾遂與　王合百姓復業自茲已降王自　朝覲進奉方庸齊竹功

19 　　　　　軍將供奉官並皆親覩至於賊境長驅橫入自將數騎　號施合取其必勝剋敵果擇追奔逐北直至　有餘

20 　　　　　攻伐葛祿吐蕃搴旗斬級追奔逐北西至拔賀那國　獲人民及其畜產葉護爲不受教令離其土壤

21 　　　　　　　　　毗伽可汗復與歸順葛祿　真珠智惠　　爲主又一箭三

22 　　　　　　　　　　宇　僧徒寬泰聽　　　自聞法來　　　　未得降

23 　　　　　　　　　　　　有　　　　　　　　中外國　　　委付　　黑

III. Das Uiguren-Denkmal von Kara-Balgassun,

nach den Original-Abklatschen zusammengestellt von Shu-King-Cheng:

	23	22	21	20	19	18	17	16	15	14	13	12	11	10	9	8	7	6	5	4	3	2	1	
51								微	人	尸	經	折		入	任	功	承	內						51
52									及	對	皆	之	斯	國	即	績	為							52
53									撫	敵	具	罪	里	闡	持	乃		階	至					53
54									育	智	莫	國	羅	揚	符			邦	高	汗				54
55										謀	能	家	羽		應			欽	祖	在	表			55
56										弘	紀	體			有	僕		伏		位	裏			56
57										遠	初		沒		刻	悉		自	闕	撫	山		合	57
58											北	法	蜜	慕	進	德	可		毗	育	河		伊	58
59											方	令	施	闍	魔	于	汗		伽	百	中		難	59
60											堅	須	合	徒	形	時	乃		可	姓	建		主	60
61											昆	明	汨	衆	悉	都	頓		汗	若	都		莫	61
62											之	特	咄	東	令	督	軍						賀	62
63											國	望	祿	西	焚	刺	東							63
64											控		胡	循	爇	史	都							64
65											弦	天	祿	環	祈	內	因	史						65
66											卌	恩	毗	往	神	外	觀	思						66
67											餘	允	伽	來	拜	宰	風	明						67
68											萬	臣	可	教	鬼	相								68
69											彼	等	汗	化	並									69
70												所	繼											70
71												請	承											71
	23	22	21	20	19	18	17	16	15	14	13	12	11	10	9	8	7	6	5	4	3	2	1	

(23—25) das innere und äussere Reich . . . . . .
(29—30) übertrug er . . . . .
(32) Li (Meile).

b) Die Inschriften in alttürkischer Schrift.

Von dieser Inschrift, die eine ganze Frontseite des Steines einnahm, hat sich nur ein kleiner Bruchtheil erhalten.

Die Schriftzüge dieser Inschriften sind in sehr elegant geschwungenen Linien geschrieben, die offenbar eine weitere Fortentwickelung der Schriftzüge der Denkmäler von Koscho-Zaidam darbieten. Die Buchstaben finden sich auf dem Steine in zwei Grössen: 1) eine sehr grosse und tief in den Stein eingeschnittene Schrift auf dem Schilde oberhalb der grossen Inschrift; 2) eine kleine verhältnissmässig auch tief eingegrabene Schrift der ganzen Inschrift. Zwischen dem oberen Schilde und dem Anfang der Inschrift war ein 3—4 Werschok breiter freiher Raum. Ebenso unterhalb der Inschrift, auf der eine einzelne von den übrigen Zeilen getrennte Zeile sich befand, die gewiss das Datum der Inschrift enthielt. Alle Zeilen sind wie ich schon oben erwähnt — horizontal und von rechts nach links zu lesen.

1) Die Inschrift auf dem Schilde (Ui, a).

(Atlas der Altth. Taf. XXXV, Fig. 1).

Nach dem Raumverhältnisse zu urtheilen, bestand die Inschrift auf dem Schilde aus sechs Horizontalzeilen, jede zu 8 Zeilen. Von diesen fehlen rechts alle Anfangsbuchstaben der Reihen und der untere Theil ist bis zur Hälfte der fünften Reihe abgebrochen. Ich setze die meiner Ansicht nach fehlenden Buchstaben in ( ).

o ṭṅṛịḳn.. tṅṛịḍa k..t bolmṣ l.. ḅiḷga ṭṅ..i oigor k
Бу тäңрікäніц тäңрідä кут булмыш алп білгä тäңрі Уіҕур ка(ҕаныц бітігі).

Dies ist (die Schrift?) des Tengrikän, des vom Himmel Glück gefnnden habenden heldenmüthigen weisen uigurischen Himmels-Chans.

2) Obere Hälfte der Front-Inschrift (Ui, b).

(Taf. XXXV, 5).

Diese befindet sich auf der Rückseite des grössten Bruchstückes der uigurischen Inschrift, bildet also die linke Seite des oberen Theiles der alttürkischen Inschrift. Die Oberfläche ist ganz zerstört, so dass nur noch die hier angeführten Buchstaben sich erhalten haben.

. . . . 1) . . . l ḅr . . . . .
. . . . бäр . . . .
. . . . . . 2) . . l . ṣḍp . . . . .
. . . äшідіп . . .
. . . . 7) . . brg̣ . . . . . .
. . барыг. . . . .
. . . . 8) . . . ḷ . . . . a . .
. . . äl . . . . . .
. . . . 9) . . . . g . .

3) Mitte der Inschrift.

Von der Mitte sind zwei grössere Stücke erhalten.

a) (Ui, c).

. . . . . . 1) . tn jrtp . . . .
атып јаратып . . . . .
. . . 2) ṭ . i ḍiṇ . . . .
тäңрі діп . . . .
. . . . . . 3) . . ma . . . dnk . . .
. . ма. . . . адынка. .
. . . . . 4) ṭṅ . i mṛ n. . . . . . .
тäңрі мäр. . . . .
. . . 5) . . g ṭọṛöṇ jj . . . . .
улуҕ тöрÿн јајып . . .

6) . . . öṇ j̣ma kol . . .
тöрўсўн jäмä колуп. .
7) bta dn at . . . . . .
бта адын ат . . . . . .
8) . . ṛgiṇṭa iṇ . . . . .
. . äргiнтä iнi . . . . .
9) . ṛḷa olog. . . . .
бiрлä улуҕ . . . .
10) . . ki ögrn͡č. . . . . . .
. . . . öгрäнч . . . . . .
11) . . i kmg . . . .
. . . камыҕ. . . . . . .
12) . . di n͡da . . . .
. . ды анда . . . .
13) . . ran͡č . . . .

b) (Ui, d).

1) ḳi ṣ . . . .
äкi сў . . .
2) iṛ iḷiṇ . . .
äp äliн . . .
3) . . ka nogoš . . . .
. . ka aнуҕуш . . .
4) ṛgma i . .
äpiгмä . . .
5) ḳiḍa j̣ig . . . . .
äкiдä jäгiрмi . . .
6) ḷgṛö ḳöṇ togšok. . . . . .
ilгäрў кўн тоҕушуk . . . .
7) iṣḍp jṅiljo olo. . . . .
äшiдiп jaңылajу улуҕ. . . .
8) ḳiṛö ḳöṇ btšik . . . . . .
кäрў кўн батышык . . .
9) lk.ḍa j̣i . . . .
älкiдä jäp . . .
10) . . ḍiṇ bran͡č. . . .
. . дiн баранч . . .
11) . . j̣ . . .

c) (Ui, e).

1) . . mka . .
. . мka . .

2) . . idgšz. . . .
. . ыдыҕсыз . .

3) . . kin kjo . . .
. . кын kajy . .

4) . . jma biz on . .
. . jäмä біз он . .

5) . . ķöčļög bolto. . .
. . кӱчlӱг болту . .

6) . . mz orogšz þilg. . .
. . міз уруҕсыз білгä . .

7) . mzka korkono juo innčlg. . . .
. мызka kopkyny jauy ынанчлыҕ. .

8) . . ir ki drl mgķşizņ þ.
. . біp äki адырыл . . äмгäксізін . .

9) . . rmk konošmk trtšmk . . . .
. . бармаk конушмаk тартышмаk .

10) . . ö šn ičgöņ mń. . .
. . . . ашын ічгӱн . . . . .

4) Unterer Theil der Frontinschrift (Ui, f).

1) . . ļms . . . .
. . білміш . .

2) . . ķöńļi . .
. . кöңlі . .

3) . . r ķözţ. . . .
. . біp кöзтä . . .

4) . . il özöm şigķ. . . . . .
. . jыл öзӱм äciг кӱчӱг. .

5) (Ui, g).

1) . . n igd . .

2) . . öči bol . .
. . öчі бул . .

3) . . iļigi . .
. . iliri . .

Diese wenigen abgerissenen Phrasen können natürlich nur eine ganz unbedeutende Ausbeute an sprachlichem Material bieten.

In phonetischer Beziehung lässt sich eine grössere Intensivität der Einwirkung der labialen Vocale bemerken, als in den Inschriften von Koscho-Zaidam. Man beachte: (Ui, 6) [runic] togšok = тоҕушук; (Ui, e 5) [runic] bolto = болту; (Ui, e 5) [runic] köčlök = кӱчлӱк; (Ui, e 9) [runic] konošmk = конушмак; (Ui, e 7) [runic] korkono = коркуну. Dies sind Wörter, in denen die alttürkischen Denkmäler keinen Labial in den Endungen aufführen, sondern [runic], [runic], [runic] schreiben. Es scheint aber, als ob die alttürkische Orthographie doch auch hier noch nachgewirkt hat, das beweisen Worte, wie: (Ui, a) [runic], (Ui, f 2) [runic], wo man auf jeden Fall [runic] erwarten müsste; ebenso [runic] öчi. Die einzige grammatische Form, die, wenn ich die Zeichen richtig gedeutet habe, auf einen Dialekt-Unterschied hindeutet, ist (Ui, c 2) [runic] тäңрiдiн «vom Himmel», dies wäre eine uigurische Ablativform تنكريدين, wie sie im Kudatku-Bilik überall auftritt. Vielleicht ist aber [runic] der Anfang eines ganz anderen Wortes. Das in Ui, a auftretende [runic] тäңрiдä ist aber auf jeden Fall eine Ablativform auf да. Es scheint fast, als ob der alttürkische Text dieses Denkmals nicht von einem Uiguren, sondern von einem schriftkundigen Türken (Tardusch oder Tölös) verfasst ist, von denen gewiss eine grosse Anzahl auch nach dem Sturze der Türk-Dynastie am Orchon zurückgeblieben war. Ist diese Annahme richtig, so würde dies darauf hindeuten, dass die Kenntniss der alten Schrift unter den nördlichen Uiguren wenig verbreitet war, worauf auch der Umstand hindeutet, dass im Gebiete des Baikal nirgends alttürkische Inschriften aufgefunden sind. Diese Unkenntniss macht es auch erklärlich, dass die Schrift der Süduiguren in so kurzer Zeit vollkommen die alttürkische Schrift verdrängen konnte.

GLOSSAR.

[runic] [Ui, f 4]. Da es auf öзӱм folgt, muss hier ein Wortanfang sein. Der Buchstabe hinter [runic] ist undeutlich, er scheint [runic] zu sein, ist dies richtig, so ist gewiss [runic] äcir кӱчir zu lesen, dann ist die Zeile: öзӱм äcir кӱчir ich selbst (habe) Sinn und Kraft (geweiht?).

[runic] [Ui, b 2], [runic] [Ui, d 7] ist gewiss äшiдiн zu lesen, also «hörend», von äшiд.

[runic] [Ui, a] aлп der Held, ein Titel des Chans.

[runic] [Ui, d 2] ist äliн «sein Volk», von äl+i+н.

[runic] [Ui, g 3] iliri (?) der erste. Vielleicht ist ein Buchstabe vorzusetzen, also etwa [runic] бiliri sein Wissen.

[runic] [Ui, d 6]. Obgleich der erste Buchstabe fehlt, so ist hier unbedingt il räрӱ zu lesen, d. h. «nach vorn»; dies

beweist der Zusammenhang ilгäрў кӱн тоӷушукыңа nach vorn, d. h. nach Sonnenaufgang.

[Ui, e 10] ist gewiss ічгӱн, von іч-+-гӱ-+-н, des Cas. adv. von ічгӱ das Trinken; dies beweist der Zusammenhang: ашын ічкӱн mit Essen und Trinken.

. . . . [Ui, c 8]. Gewiss der Anfang des Wortes іні jüngerer Bruder.

[Ui, e 2] ыдыӷсыз ohne ыдыӷ, d. h. ohne geweihtes Opfer, oder кыдыӷсыз grenzenlos.

[Ui, e 7] ынанчлыӷ, von ынанч -+-лыӷ «zuverlässig».

[Ui, g 2]. Da auf dieser Zeile hinter das Wort (finden) steht, so glaube ich, es muss öчі «seine Rache» gelesen werden und nicht ӱчі (drei von ihnen).

[Ui, f 4] öзӱм ich selbst.

[Ui, c 10] ist wohl unbedingt öрпäнч zu lesen und «die Lehre» zu übersetzen. Das vorherstehende deutet auf ein mit einem Eigennamen (?) zusammengesetztes Adjectivum, also vielleicht «die Lehre der Mani (?)».

[Ui, a, Ui, c 4] тäңрі der Himmel, himmlisch; [Ui, c 2] тäңрідін; [Ui, a] тäңрідä.

[Ui, a] тäңрікäн (vergl. O).

[Ui, c 5] тöрӱн, von тöрӱ-+-н; (улу)ӷ тöрӱн jaj(ын) mit der grossen Regel (Lehre) ausbreitend.

[Ui, c 6]. Gewiss = кол . . . bitten; тöрӱсӱн jäмä колун ihre Regel (Lehre) auch erbittend.

[Ui, c 7] kopkyny, von kopkyн-+-y sich fürchtend.

[Ui, a] кут das Glück; тäңрідä кут булмыш.

[Ui. e 3] kajy welcher (= Uigur. قايو).

[Ui, c 11] камыӷ alle.

[Ui, c 9] конушмak, von кон -+- ш -+- мak zusammen wohnen; (ба)рмak, коnушмak, тартышмak.

[Ui, a] каӷан der Chan.

[Ui, d 9] älкідä, von älік-+-і-+-да in seiner Hand.

[Ui, c 10] ашын mit Speise; ашын ічгӱн.

[Ui, c 8] äрrінтä, aus äрr -+-ін-+-тä nach seinem Willen, in seiner Kraft.

[Ui, d 4] äріrмä, von äріr-+-мä seiend.

[Ui, d 8] käрӱ zurück, nach hinten; als Gegensatz von ilгäрӱ statt AT. kіср̈а, курыӷару. Die Zeile also lautet: käрӱ кӱн батышыкыңа nach hinten, d. h. nach Sonnenuntergang.

[Ui, d 1; Ui, c 8] äкі zwei; äкі сӱ zwei Heere.

[Ui, d 5] äкідä zwei; äкідä jiгірмі zwei und zwanzig.

[Ui, f 2] köңлі sein Sinn.

[Ui, e 5] кӱчlӱг stark.

[Ui, d 6, Ui, d 8] кӱн der Tag; кӱн тоӷушук der Sonnenaufgang; кӱн батышык der Sonnenuntergang.

. . [Ui, f 3] (?) von köз das Auge, also entweder бір köзтä oder бір köзтär.

[Ui, c 7] ат der Name; [Ui, c 1] атын jаратын seinen Namen anerkennend.

[Ui, c 6] ол уруӷсыз бilгä dieser weise (Chan), der keine Nachkommen hatte oder олуруӷ-+-сыз ohne Sitz.

[Ui, c 9] улуҕ gross; ( ) [Ui, c 5] улуҕ тӧрӱ die erhabene Regel (Lehre); [Ui, d 7] = улуҕ (?).

[Ui, a] Уiҕур der Uigure; тäңрi уiҕур kаҕан.

[Ui, e 4] он zehn; jäмä біз он wir alle zehn.

. . [Ui, e 8] адырыл . . sich trennen.

[Ui, c 7] адын der Andere; адын ат ein anderer Name; . . . [Ui, c 3] адынка einem Anderen.

[Ui, c 4]. Den Ausdruck : тäңрі мäр möchte ich auffassen: die himmlische Мäр (= мäрјам ?).

[Ui, c 8] äмгäксізін ohne Qual, von äмгäк-+-сіз-+-н.

( ) [Ui, f 1] білміш wissen.

[Ui, a] білгä weise; білгä тäңрі Уiҕур kаҕан; entweder [Ui, e 6] zu білгä zu ergänzen oder = білік das Wissen.

( ) [Ui, c 9] бірлä mit.

[Ui, e 4] біз wir.

. . . . [Ui, b 1] бäр geben.

[Ui, e 9] тартышмаk, von тарт-+-ш-+-маk; ebenso wie kон-уш-маk, тарт ziehen, тартыш sich gegenseitig ziehen, kämpfen oder zusammen ziehen, zusammen kämpfen.

[Ui, d 6] тоҕушуk, von тоҕ -+-уш-+-k der Aufgang; кӱн тоҕушуk.

[Ui, d 3] ануҕун wohl Eigenname oder in аны-+-уҕун zu zerlegen.

[Ui, d 7] јаңылаjу erneuernd, von јаңы-+-ла-+-jу.

. . [Ui, c 1] јарат gut aufnehmen, Wohlgefallen haben an . . .

[Ui, e 7] јану, von јан-+-у zurückkehrend; мызка коркыну јану aus Furcht zu unserem . . . . zurückkehrend (der Zuverlässige).

. . . [Ui, c 5] јајын «sich ausbreiten», im Uigurischen müsste dieses Verbum unbedingt јад gelautet haben.

[Ui, c 12] анда dort.

[Ui, d 10]. Sehr auffallende Schreibung des zwischen Consonanten. Es kommt aber noch ein Mal vor (vergl. [Ui, c 13]). Ob dieses Wort in бар-+-анча oder бара-+-анча zu zerlegen ist oder ob es ein selbständiges Wort баранч ist, lässt sich nicht entscheiden.

( ) [Ui, c 9]. Wenn die Ergänzung richtig ist, so wäre es in бар-+-маk zu zerlegen; vielleicht ist auch турмаk zu ergänzen.

[Ui, b 7] ist gewiss in бар-+-ҕ zu zerlegen. Vielleicht ist es zu барыҕма zu ergänzen.

[Ui, a] булмыш gefunden habend; тäңрідä кут булмыш der vom Himmel das Glück gefunden.

[Ui, e 5] кӱчлӱг болту er war mächtig, stark; [Ui, g 2] öчі болту (oder булту) seine Rache war (er fand).

[Ui, d 8] батышык der Untergang; кӱн батышык.

[Ui, d 9] vielleicht = «das Land», dann wäre äлкідä јäр «in seiner Hand das Land» zu übersetzen.

. . . [Ui, d 5] järipмä (?) zwanzig; äкі дä järipмä zwei und zwanzig.

[Ui, e 4; Ui, c 6] jäмä alle.

c) Die Inschriften in uigurischer Schrift.

Die Inschriften in uigurischer Schrift sind so beschädigt, dass es mir bis jetzt nicht gelungen ist, die grösseren zusammenhängenden Stücke vollständig zu entziffern. Ich verschiebe daher die Herausgabe dieser Inschriften auf eine spätere Zeit. Eine selbstständige Bearbeitung der uigurischen Inschriften ist ausserdem wünschenswerth, da diese Inschriften offenbar im Dialekte der südlichen Uiguren verfasst sind und daher auch sprachlich sich von den Inschriften in alttürkischer Schrift unterscheiden.

Die alttürkischen Inschriften aus dem Flussgebiete des Jenissei.

Unter diesem Namen fasse ich alle diejenigen Inschriften zusammen, die im südlichen Theile des Jenisseischen Gouvernements und im nördlichen Theile der westlichen Mongolei am Jenissei und seinen Zuflüssen gefunden sind. Der grösste Theil dieser Inschriften ist von der finnischen archäologischen Gesellschaft schon im Jahre 1889 publicirt worden[1]. In der Einleitung zu diesem so verdienstvollen Werke giebt Herr Professor Aspelin eine Uebersicht der Geschichte der Auffindung dieser Inschriften und des Interesses, das europäische Gelehrte seit dem Anfange des vorigen Jahrhunderts diesen Inschriften zugewendet haben. Herr Professor O. Donner, der nach den von Professor Aspelin entworfenen Kopieen in dem oben erwähnten Werke 32 Inschriften veröffentlichte, hat in der Folge noch «ein Wörterverzeichniss[2] zu der Inscriptions de l'Iénissei» zusammengestellt und zugleich mit diesen neun weitere Inschriften veröffentlicht, von denen fünf auf einer dritten im Jahre 1889 ausgesandten Expedition der finnischen Gesellschaft gesammelt worden sind. Im Sommer 1891 beauftragte ich Herrn Klementz von Kara-Balgassun aus zum oberen Selenga sich zu begeben und von dort bis zum Jenissei vorzudringen um Nachrichten darüber zu sammeln, ob sich in diesem Gebiete ebenfalls Inschriften mit runenartigen Zeichen vorfinden. Herr Klementz fand Spuren von solchen Inschriften nicht weiter nach Westen, als am Chanyn-Gol, und stiess erst wieder auf solche Inschriften im Sojonen-Gebiete, bei den Zuflüssen des Jenissei. Hier nahm Herr Klementz Leinwandabklatsche von einer Zahl schon veröffentlichter Inschriften und ausserdem fand er am Barlyk vier neue Inschriften. Im Jahre 1892 bereiste

1) Inscriptions de l'Iénissei recueillies et publiées par la société Finlandaise d'Archéologie. Helsingfors, 1889.

2) Mémoires de la Société Finno-Ougrienne IV, Helsingfors, 1892.

Herr Oschurkoff von Irkutsk aus das Flustgebiet des Oberen Jenissei und übersandte mir, ausser Abklatschen schon früher veröffentlicher Inschriften, solche von zwei neuen Inschriften, von denen die Eine sich am Flusse Tschakul, die Andere sich am Begre befindet.

Im Laufe der Jahre 1892 und 1893 wurden mir von Minussinsk aus neue von den Herren Jewstufejeff und Martianoff gefertigte Abklatsche aller Inschriften des Minussinschen Kreises zugeschickt. So war ich denn im Stande, ausser den veröffentlichen Texten, neue, zum Theil vortreffliche Abklatsche aller wichtigsten Inschriften dieses Gebietes bei meiner Entzifferung zu benutzen. Durch diese trefflichen Hilfsmittel ist es mir gelungen, die meisten Inschriften gewiss richtig zu entziffern.

Die Entzifferung der Inschriften des Jenissei-Gebietes bot viel grössere Schwierigkeiten, als die des Orchonbeckens, denn nur wenige dieser Gedenksteine sind sehr unvollkommen bearbeitete Steine, die meisten sind ganz rohe Steinblöcke, auf denen die mit sehr unvollkommenen Instrumenten in den Stein gemeisselten Buchstaben sich häufig der Oberfläche des Steines anpassen mussten. Ausserdem aber standen die Verfasser dieser Inschriften auf einer sehr niedrigen Bildungsstufe, so dass nicht nur die Orthographie überall eine schwankende ist, und offenbare Versehen und Schreibfehler in Menge aufstossen, sondern auch der Styl ganz vernachlässigt ist, und manche Inschriften in der Wortstellung grosse Unregelmässigkeiten bieten und oft sogar nur aus unzusammenhängenden Wörtern bestehen.

Die Inschriften auf den Steinen sind mit Ausnahme der Felseninschrift von Kaja-Baschy (KB) und vielleicht die Felseninschriften von Kara-Jüs Sülek (KS) und Ak-Jüs Toksan (AT) alles Grabinschriften, die im Allgemeinen gleichen Inhaltes sind. In ihnen klagt der Verstorbene meist selbst, dass er von seinen Verwandten, Fürsten, Freunden, Untergebenen und seiner Habe getrennt ist und nicht bei ihnen länger verweilen könne, nennt sein Lebensalter, seinen Namen und Stand und theilt einige Daten seines Lebens mit. Bei dieser Uebereinstimmung des Inhalts vieler Inschriften ist es nicht wunderbar, dass die Ausbeute an Sprachmaterial eine verhältnissmässig geringe ist. Leider ist keine der Inschriften datirt, nicht einmal nach dem Thiercyclus, trotzdem scheinen mir die wenigen geschichtlichen Andeutungen, die sporadisch eingestreut sind, die Möglichkeit zu geben, annähernd das Alter einiger Inschriften zu bestimmen.

Das Volk, das diese Inschriften hinterlassen hat, sind offenbar zum grössten Theil Kirgisen (Hakas), die schon vor unserer Aera das Land nördlich vom Tangnu-Ola bewohnten. Die Bemerkung der Chinesen [1]), dass dieses

---

1) Bitschurin, Собраніе свѣдѣній о народахъ, обитавшихъ въ Средней Азіи. С.-Петербургъ, 1851 г. Th. I, p. 473.

Volk blondhaarig von rothen Gesichtern und blauen Augen gewesen, beweisen uns, dass die Kirgisen ursprünglich nicht ein türkischer, sondern gewiss ein Jenisseischer Stamm gewesen sind. In der Folge haben sie sich mit einigen türkischen Stämmen vermischt und sind gewiss schon sehr früh vollständig türkisirt worden. Dass die Kirgisen schon zur Zeit der T'ang-Dynastie türkisch gesprochen haben, ist schon aus Andeutungen der T'ang-Geschichte ersichtlich, die einzelne kirgisische Wörter aufführt. Als die Russen sie im XVI. Jahrhundert im südlichen Theile des Jenisseischen Gouvernements kennen lernten, waren die Kirgisen vollkommene Türken und noch jetzt bilden Nachkommen der Kirgisen einen grossen Theil der türkischen Bevölkerung desselben Gebietes, der Abakan-Tataren und Sojonen. Dass diese Hakas sich selbst Kyrgyz nannten, beweisen uns die Orchon-Inschriften, das «Kiä-kä-si» der Chinesen ist eben nur eine Verdrehung dieses Wortes, dafür spricht auch die Angabe der Chinesen, dass Cha-kian-sze, nach Angabe der Chinesen, der richtige Name der Kirgisen «mit rothem Gesichte» bedeutet, was unbedingt auf eine volksetymologische Herleitung des Wortes Kyrgyz von кырӈу-+-jÿз hindeutet.

Die Form der Buchstaben der Jenissei-Inschriften macht es unwahrscheinlich, dass diese alttürkische Schrift in der letzten Zeit der Herrschaft der Türk-Dynastie, d. h. am Ende des VII. oder zu Anfang des VIII. Jahrhunderts, von den Türk des Orchonthales zu den Kirgisen gedrungen ist, denn sonst müssten die Schriftzeichen als Fortentwickelungen des Schriftcharakters der Orchon-Inschriften erscheinen, sie bieten aber einen viel ursprünglicheren, d. h. älteren Charakter.

Der Annahme, dass die alttürkische Schrift vom Orchon nach Westen zu den Quellen des Jenissei gedrungen ist, widerspricht ebenfalls der Umstand, dass zwischen dem Chanui und dem Tangnu-Ola keine Spur von Inschriften sich vorfindet. Dahingegen erscheinen solche Inschriften am Kemtschick, welcher dem schwarzen Irtische viel näher liegt, wo im VI. Jahrhunderte die Orda der Türkfürsten sich befunden haben muss. Ich glaube daher, dass die Einführung der Türkschrift zu den Kirgisen vom Irtisch aus vor sich gegangen ist.

In der Inschrift vom Begre (Be d 1) heisst es: «als ich sieben Jahre alt war, bin ich zum chinesischen Kaiser gegangen». Da nun die Geschichte der T'ang-Dynastie uns folgende Mittheilung macht[1]): «die Kirgisen hatten früher keinerlei Beziehung zu dem Reiche der Mitte. Erst im zwei und zwanzigsten Jahre der Regierung Tscheng-Kuan, d. h. im Jahre 648, als sie die Nachricht erhielten, dass die Geschlechter der Te-le (d. h. offenbar das

1) **Bitschurin**, ebend., p. 448.

Türkvolk) sich der T'ang-Dynastie unterworfen hätten, schickten die Kirgisen einen Gesandten mit den Landeserzeugnissen zum Hofe.» Aus dieser Nachricht ist offenbar ersichtlich, dass der Stein von Begre nicht vor dem Jahre 648 errichtet sein kann, denn der am Begre begrabene Tör-apa (Törpä) starb gleich nach seiner Rückkunft vom chinesischen Kaiser. Es ist sogar wahrscheinlich, dass das Denkmal in diesem Jahre oder zwischen 650—683 errichtet ist, denn es werden in der T'ang-Geschichte nur noch sieben Gesandschaften der Kirgisen zum Hofe erwähnt: im Jahre 650—683 zwei Gesandschaften, zwischen 706—711 eine Gesandschaft und zwischen 749—755 zwei Gesandschaften. Da aber nach dem Jahre 683 die Macht der Türk-Chane unter Gudulu-Chan (Tatscham) erstarkt war und dann die Uiguren das Land zwischen dem Tangnu-Ola und dem gelben Flusse beherrschten, so hatten die letzten fünf Gesandschaften auf jeden Fall einen bestimmten politischen Zweck, der unbedingt auf dem Denkmale erwähnt worden wäre. Im Denkmal von Begre wird aber nur erwähnt, das Törpä aus China Gold und Silber gebracht hat.

Gesandschaften zu den benachbarten Fürsten werden noch zwei Mal in den Jenissei-Inschriften erwähnt. Auf dem von Klementz gefundenen Steine bei Tschirkow (Tch.Kl.) heisst es: «Wegen eurer Verdienste seid ihr aus der Mitte des Volkes als Gesandter zum Kara-Chan gegangen und seid nicht zurückgekehrt, ihr unser Herr!» und im zerbrochenen Steine vom Altyn Köl (MM III) findet sich die Bemerkung: «Um Gold zu holen ging ich wegen meiner Verdienste als Gesandter zum Chan der Tibetaner.»

Diese Angaben stimmen sehr gut zu den Nachrichten der Geschichte der T'ang-Dynastie[1]), die uns mittheilt, dass die Kirgisen mit den Duschi, den Tibetanern und den Karluken in freundschaftlicher Verbindung standen. Wenn auch bei dieser Bemerkung keine Zeit angegeben ist, so lässt sich doch voraussetzen, dass die Gesandschaft zu den Tibetanern nicht während der letzten Blüthe der Türk-Dynastie, d. h. zur Zeit des K'utulu-Chan, seines Bruders Mosho oder seines Sohnes Mekilien möglich war, sondern ebenfalls in der Zeit der Wirren des Türkreiches, d. h. in der zweiten Hälfte des VII. Jahrhunderts stattgefunden hat.

Auch der schon von Messerschmidt zu Anfang des vorigen Jahrhunderts aufgefundene Obelisk (Tsch.M) bietet einige Andeutungen, die auf die Zeit seiner Errichtung schliessen lassen. So heisst es auf der rechten Seiteninschrift (Tsch.M a 6): «wegen der Herrichtung dieses Gedenksteines (Balbal) des Türk-Chans» und auf der linken Seite (Tsch.M 8,4): «von dem trefflichen Tatscham habe ich mich getrennt». Dies scheint darauf hinzu-

---

1) Bitschurin, ebend., p. 499.

deuten, dass der hier begrabene Held dem Tatscham (Kudulu-Chan) bei seiner ersten Erhebung Hülfe geleistet hat und dass in Folge dessen der Tatscham, als er Türk-Chan geworden, demselben dieses Denkmal hat errichten lassen. Ist diese Voraussetzung richtig, so müsste dieses Denkmal im letzten Jahrzehnt des VII. Jahrhunderts errichtet worden sein.

Der Schriftcharakter der Inschriften ist ein sehr verschiedenartiger und alle Nüancen durch Typenschrift genau wiederzugeben, halte ich für ein unnützes Bemühen, ich will deshalb mich damit begnügen, die Inschriften hier durch die Typen der Orchon-Inschriften, zu deren Ergänzung ich eine Anzahl neuer Typen habe schneiden lassen, wiederzugeben. Um eine Einsicht in den Schriftcharakter der einzelnen Inschriften zu geben, will ich alle Inschriften, von denen ich mehrere gute Leinwandabklatsche besitze, in der dritten Lieferung des Atlas veröffentlichen, und zwar Photographien der besten Abklatsche ohne Retouche und daneben einen genau den Schriftcharakter wiedergebenden, auf der Leinwand retouchirten Abklatsch. Auf diese Weise gebe ich dem Leser die Möglichkeit, meine Lesungen genau zu verfolgen und falls er es nöthig findet, zu verbessern.

Die Ausgabe der Inschriften ist in derselben Weise hergerichtet, wie die Ausgaben der früheren Inschriften. Ich bezeichne jeden Stein durch grosse Buchstaben, die verschiedenen Theile (Seiten) grösserer Inschriften durch kleine Buchstaben, und nummerire die Zeilen und die Wörter der einzelnen Zeilen. Hierauf gebe ich eine doppelte Transscription in lateinischen und russischen Buchstaben und eine möglichst wortgetreue Uebersetzung. Hierauf folgt ein Glossar nach dem russischen Alphabete mit Angabe aller Stellen, wo die einzelnen Wörter oder Wortcomplexe sich vorfinden, ein Verzeichniss der Zeichengruppen und eine Zusammenstellung der verschiedenen grammatischen Formen aller Inschriften. Zuletzt folgt ein Index aller Eigennamen von Personen und Oertlichkeiten und dann ein alphabetisch geordnetes Verzeichniss der die Steine bezeichnenden Buchstaben.

Die mir vorliegenden Inschriften aus dem Jenissei-Gebiete habe ich in zwei grosse Gruppen getheilt: A) Inschriften südlich vom Hauptkamm des Sajanischen Gebirges, d. h. die Inschriften der nördlichen Mongolei, und B) Inschriften aus Süd-Sibirien, die bis jetzt im südlichen Theile des Jenisseischen Gouvernements in den Kreisen von Minussinsk und Atschinsk aufgefunden worden sind.

A) Die Inschriften aus dem Quellgebiete des Jenissei in der nördlichen Mongolei.

---

1. Die Inschriften am Ujuk.

An den Ufern des Flüsschens Ujuk, eines Nebenflusses des Ulug-kem, befinden sich drei Steine mit Inschriften.

a) Die Inschrift vom Ujuk-Tarlak (Uj Ta).

(Atlas LXXXV, Fig. 3. Inscr. de l'Ién. I).

Stein aus grauem Tonschiefer von 5 Fuss 6 Zoll Höhe und 3 Fuss 4 Zoll Umfang. Der Stein bildet ein vierseitiges Prisma von gleichen Seitenflächen. Die Inschrift befindet sich auf der östlichen Seite. Oberhalb der Inschrift sind drei schiefliegende parallele Streifen ziemlich tief eingehauen. Eine genaue Beschreibung der Lage des Steines giebt **Klementz** in seinen Erläuterungen zur zweiten Lieferung des Atlas. Ueber die Auffindung des Steines vergleiche *I. de l'I.* Einleitung pag. 16.

[illegible] 1

[illegible] 2

1) ṣiz ḅḷma koñčojma oglnma bodnma ṣiz ma ltmš jšm da
сіз бäлімä кунчујума оҕланыма будунума сізімä äлтмыш јашымда (адырылтым)

2) tm ḅḷtogn totq ḅṇ ṭịṇri ḅḷm ḳa ḅḷčiṣi ṛṭm lti bgbodn ka
атым Бäл-туҕан тутук бäн тäҥрі бäлімкä бäлчісі äртім алты баҕ будунка
ḅg ṛṭm
бäг äртім.

(1) Von euch, meinem Bäl, meinen Kuntschui, meinen Knaben (Soldaten ?), meinem Volke, von euch, den Meinen (habe ich mich) im sechzigsten Jahre (getrennt). (2) Meinem Namen nach bin ich Bäl-Tugan, der Tutuk. Meinem Himmels-Bäl war ich ein Hüter (бäлчісі), war ein Fürst (бäг) der sechs Stämme meines Volkes.

b) Die Inschrift vom Ujuk-Archan (Uj A).

(I. de l'I II).

Diese Inschrift befindet sich zwei Werst vom linken Ufer des Ujuk auf einem Steinpfeiler, einem vierseitigen nach oben verjüngten Prisma, an dessen Seitenflächen die oberen Theile glatt behauene Schilder bilden, die mit Figuren von Hirschen und Ebern verziert sind. Eine Abbildung des Steines und eine genaue Beschreibung der Oertlichkeit ist in der *I. de l'I.* pag. 16 gegeben. Die Inschrift bildet vier Horizontal-Zeilen, von denen die oberste auf dem Frontschilde sich befindet, die vier unteren aber unterhalb der Grenzlinie des Schildes. Die Inschrift macht den Eindruck, als ob sie erst in der Folge auf dem schon früher fertiggestellten Pfeiler angebracht ist. Die Entzifferung ist mir nach Abklatschen der finnischen Expedition gelungen.

1	1) ḅšm . . imzšdm бäш матымыз шадымыз
2	2) ḷmčṇḍm d äliм чäндäм дарылдым
3	3) ṛṛḍmm ḅmiz äpäpдäмiм äбiмiз
4	4) ačd ḅṇ ṛṛḍmm qn Ачда бäн äpäpдäмiм акун
5	5) ṛtim jšk ḅn äp атым jаш акун (?) бäн

(1) Von unseren fünf Trefflichen, unserem Schad, (2) von meinem Volke, von meinem Tschändäm trennte ich mich, (3) meine Mannes-Trefflichkeit, unser Haus 4) ist unter den Atsch, ich bin der verdienstvolle Akun, (5) meinem Helden-Namen nach Jasch-Akun (?) bin ich.

c) Die Inschrift vom Ujuk-Turan (Uj Tu).

(Atl. LXXV, Fig. 1 u. 2. I. de l'I. III).

Die Inschrift befindet sich in der Ujuk-Steppe am rechten Ufer des Flusses Turan, eines linken Nebenflusses des Ujuk. Der aus chokoladenfarbigem Kalkstein bestehende Steinblock ist 8 Fuss 5 Zoll hoch, 1 Fuss und 1 Zoll breit und 11 Zoll dick. Inschriften befinden sich auf den beiden Seiten, die nach Süden und Norden gerichtet sind. An der südlichen Seite des Steines ist unten ein Kreuz angebracht, das auf einem Halbkreise ruht. Das Kreuz befindet sich unten und der Halbkreis oben. Auf der nach Norden gerichteten Fläche ist oben ein vierfüssiges Thier abgebildet, mit hervorstehender

Schnauze und buckligem Halse, wahrscheinlich ein Wildschwein. In der Mitte der südlichen Seite ist ein tiefes Kreuz ausgehauen und in der nördlichen eine breite Rinne. Da diese in der Mitte befindlichen Vertiefungen die Schrift unterbrechen und die darauf fallenden Buchstaben nicht zu erkennen sind, so hat es allen Anschein, als ob sie erst in der Folge angebracht sind.

Die Vorderseite (Uj Tu. a):

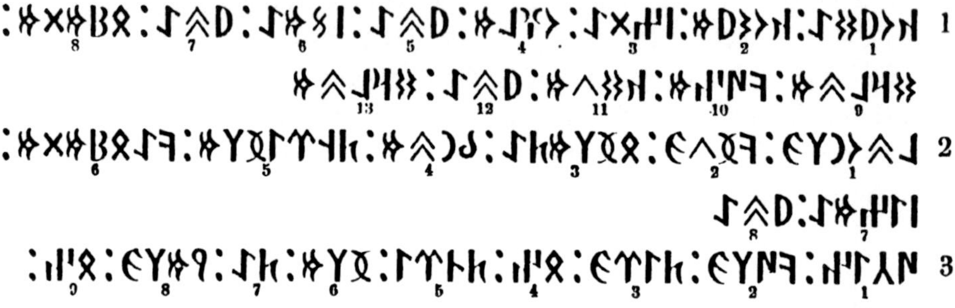

1

2

3

1) kojda končjm ṣzḍa oglm jta ṣzma jta ḅcmḍm drltm
куіда кунчуjым сіздä оҕлым jыта сізімä jыта бӱкмäдім адырылтым
ḳöṇm kdšm jta drltm
кӱнӱм кадашым jыта адырылтым

2) ltoṇḷg ḳḅšg ḅḷmṭa bntm (butm?) ṭṇṛiḅḷmḳa ḅcmḍm ṣizma jta
алтунлыҕ кӱмӱшlӱг бäлiмтä бутым тäңрi бäлiмкä бӱкмäдім сізімä jыта

3) öčiṇ ḳöḷg ṭiṛg ḅṇ ṭṇṛi ḅḷmḳa jṃḷg ḅṅ
Ӱчiн кӱlӱг тiрiг бäн тäңрi бäлiмкä jäмлiг бäн.

(1) Bei euch, meinen Kuntschui im Kui, meinen Söhnen, bei euch, den Meinen, konnte ich nicht verweilen, habe ich mich getrennt, von meinen Leuten, meinen Gefährten habe ich mich getrennt. (2) Bei euch, meinem mit Gold und Silber verzierten Bäl, meinem But (Bant, Bajat) Himmels-Bäl konnte ich nicht verweilen, von euch (habe ich mich getrennt). (3) Uetschin-Külüg war ich bei Lebzeiten, meinem Himmels-Bäl war ich angenehm (ein Speisebringer?).

Die Rückseite (Uj Tu. b):

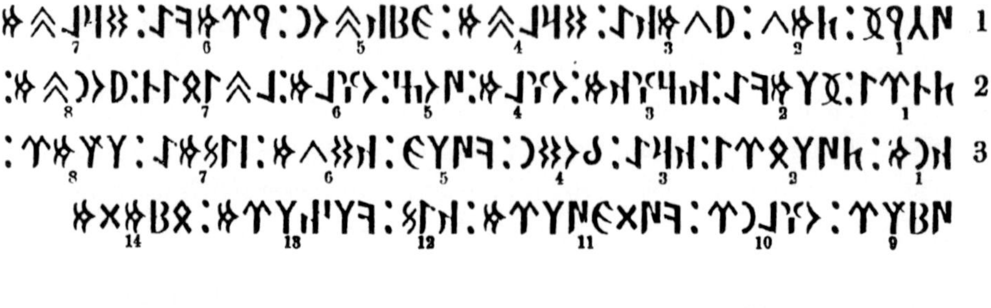

1

2

3

1) öčjḅ ṭmš jšmka drltm gekton ẹjṛmḳa drltm
ӱч jäтміш jашымka адырылтым Äгӱк-катун jäрімкä адырылтым

2) ṭṅṛi ḅḷmḳa kzgkm oglm ööz oglm ltiḅiṅ jontm
тäңрi бäлiмкä казҕакым[1]) оҕлым öз[1]) оҕлым алты бiң jонтым

3) knm ṭölḅṛikra bodn ḳöḷg kdšm ṣizma ḷšmṛ öčšṛ
каным тӱлбäрi кара будун кӱлӱг кадашым сiзiмä äл äшiм äр öкӱш äр

oglnṛ köḍgölrm kiz ḳḷnḷrm ḅcmḍm
оҕлан äр кӱдäгӱлäрiм кыз кäлiнлäрiм бӱкмäдiм.

(1) In meinem drei und siebzigsten Jahre habe ich mich getrennt, von meinem Lande Ägük-Katun habe ich mich getrennt. (2) Bei euch, meinem Himmels-Bäl, meinen angenommenen(?) Söhnen, meinen eigenen(?) Söhnen, bei meinen sechstausend Pferden, (3) bei meinem Chane, dem Tülbäri-Volke, den heldenmüthigen Gefährten, bei euch, den Meinen, meinen Volksgenossen, den Helden, den zahlreichen Helden, den Soldaten (Jünglingen)-Helden, meinen Schwiegersöhnen, meinen Töchtern und Schwiegertöchtern konnte ich nicht verweilen.

2. Die Inschrift am Ulug-kem Ottyk-Tasch (UO).

(I. de l'I. VI).

Befindet sich auf einem Steine, der auf einem flachen Steingrabe liegt, und zwar in der Steppe, nicht weit vom Berge Ottyk-Tasch (Feuerstein). Eine genaue Beschreibung der Lage des Steines ist auf Seite 15 der Einleitung zu den *I. de l'I.* angegeben. Herr Klementz hat vergeblich nach diesem Steine gesucht, Herr Oschurkoff hat ihn aber im folgenden Jahre gefunden und mir einen recht guten Abklatsch desselben zugeschickt. Nach dem Abklatsche ist die Länge des Steines 2 Fuss 11 Zoll.

ḳöč kijgn iċṛḳi
кӱч кыjаҕан iчрäкi.

Der innere (Beamte) der Kütsch-Kyjagan.

3. Die Inschriften am Barlyk.

Am Flüsschen Barlyk, das von links etwa 60 Werst unterhalb des Elegesch in den Ulu-kem fällt, fand Herr Klementz vier neue Inschriften, von deren Lage er in der Einleitung der zweiten Lieferung des Atlas eine genaue Beschreibung giebt.

1) In Betreff dieser Wörter vergl. Glossar.

a) Die erste Inschrift (Ba. I).

(Atlas LXXVI, Fig. 1 u. 2).

Befindet sich auf der Ostseite eines ganz rohen unbearbeiteten Steinpfeilers aus rothem Sandstein, von 5 Fuss 8 Zoll Höhe, 1 Fuss 11 Zoll Breite und 4½ Zoll Dicke. Unterhalb der Inschrift ist ein nach unten stehendes Kreuz auf einem Halbkreise.

1) ṛṛḍmi tim tbdın ṛḍmi
äр äрдäмі атым табдым äрдäмі(м) ӱчӱн

2) öz jigulptorn lti ogs bodnda öčjgiṛmi j.š.... drldm
öз Jäгiн-алп-туран алты оҕуз будунда ӱч jäгiрмі jашымка адырылдым

3) ḅgṛḳma ṣizma drldm
бäг äркiмä сiзiмä адырылдым.

(1) Meinen trefflichen Mannes-Namen habe ich gefunden meiner Trefflichkeit wegen. (2) Ich selbst der Jägin-Alp-Turan habe mich bei dem Volke der sechs Oguz in meinem drei und zwanzigsten Jahre getrennt. (3) Von meiner Beggewalt, von euch, den Meinen, habe ich mich getrennt.

b) Die zweite Inschrift (Ba. II).

(Atlas LXXVII).

Der Stein, auf dem sich diese Inschrift befindet, ist ebenfalls ein roher Steinpfeiler aus rothem Sandstein, dessen oberer Theil abgebrochen ist; seine Höhe ist jetzt 4 Fuss 8 Zoll und seine Breite 1 Fuss 11 Zoll; unterhalb der Inschrift ist ein eben solches Kreuz auf einem Halbkreise.

1) ķöṇitirg öčjšmda kṅsiz bol͡dm
кӳні тіріг ӳч јашымда акаңсыз булдым

2) ķöḷög totq ičm ķiši kil͡di
Кӳлӳг тутук äчім кіші кылды

3) kojdki končjmga drl͡dm
куідакы кунчујымҕа адырылдым.

(1) Als ich drei Jahre alt war (oder: als ich, Köni-tirig, drei Jahre alt war), blieb ich vaterlos nach, (2) mein älterer Bruder Külüg-Tutuk zog mich auf, (3) von meinen im Kui lebenden Kuntschui habe ich mich getrennt.

c) Die dritte Inschrift (Ba. III).

(Atlas LXXVIII).

Sie befindet sich auf einem Steinblocke aus demselben Material, wie die vorhererwähnte. Die Höhe des Steines beträgt 4 Fuss 8 Zoll und die Breite 1 Fuss 11 Zoll. Das Kreuz auf einem Halbkreise unterhalb der Inschrift steht ebenfalls umgekehrt.

[illegible] 1

[illegible] 2

[illegible] 3

[illegible] 4

1) bjnasṅon ogli ķöḷögčor
Баіна-Шаңун оҕлы Кӳлӳг-Чур.

2) boṅošuz ulgatm boṅboṛmš
Буңусуз улуҕ атым Буңу(суз) бу äрміш

3) ṭṅṛiḍki ķöṇka jṛdķi ḅḷmķa ḅcmḍm
тäңрідäкі кӳнкä јäрдäкі бäлімкä бӳкмäдім

4) kojda končjmgaka özḍa oglmka drldm
куіда кунчујым(ҕа)ка öздä оҕлымка адырылдым.

(1) Der Sohn des Baina-Schangun, der Külüg-Tschur. (2) Bungusuz ist mein hoher Name, Bungu(suz) dieser ist. (3) Ich konnte nicht verweilen bei der Sonne am Himmel und bei meinem Bäl auf der Erde. (4) Von meinen Kuntschui im Kui und von meinem eigenen Sohne bin ich getrennt.

d) Die vierte Inschrift (Ba. IV).

(Atlas LXXIX, Fig. 1).

Der Stein, auf dem diese Inschrift ausgehauen ist, befindet sich neben der ersten Inschrift; er ist 3 Fuss hoch und 2 Fuss 3 Zoll breit. Die schichtige Steinart (rother Sandstein) ist stark zersplittert, oben und unten sind die Schichten abgesprungen, so dass sich die Inschrift nur auf eine Länge von 2 Fuss 6 Zoll und einer Breite von 1 Fuss 3 Zoll erhalten hat. Der verwischte obere Theil der Inschrift ist leicht zu ergänzen.

1   1) (knmka) ḅḷmḳa ḅcınḍm
kanымka бäliмkä бўкмäдiм

2   2) (ko)jda kon͡čjmka drldm
kyiда кунчуjымka адырылдым

[1] 3   3) (k)ńsz kaldın
акаңсыз калдым.

(1) Bei meinem Chane, meinem Bäl verweilte ich nicht. (2) Von meinen Kunschui im Kui bin ich getrennt. (3) Ich bin vaterlos nachgeblieben.....

4. Die Inschrift am Ulug-kem-Karassug (UK).

(Atlas LXXV, Fig. 4. I. de l'I. IV).

Ueber den Stein, auf dem diese Inschrift sich befindet, berichtet Klementz Folgendes: «Er befindet sich in einem Thale, das im Sommer der Bach Karassug durchfliesst, welcher von rechts etwa zwei Werst von der Mündung des Elegesch in den Ulug-kem fliesst. Geht man am Karassug aufwärts, so gelangt man zu einer Stelle, wo das Thal sich in zwei Thäler spaltet. Die Stelle wird Ssaik genannt. Hier befindet sich an der Westseite des Berges, der das Thal in zwei Theile scheidet, ein schiefstehender Stein von 5 Fuss Höhe und 3 Fuss Umfang. Auf der östlichen Seite dieses Steines ist eine halbverwischte Inschrift, deren Verschwinden sich aus der Steinart, die zu diesem Pfeiler verwendet wurde, erklärt. Er besteht nämlich aus einem kalkhaltigen Jura-Sandstein. Die Schriftzeichen sind sehr schlecht erhalten. Angaben über die Auffindung des Steines finden sich in der *I. de l'I.* p. 15. Später erhielt ich noch Abklatsche der Inschrift von Herrn Oschurkoff. Die Angaben der *Inscr. de l'I.* bieten auch einzelne Zeichen auf der Westseite des Steines. Die Retouche von Klementz (LXXV, Fig. 46) bietet viele Fehler.

1) Diese Zeile ist Atlas LXXIX, Fig. 1 b falsch retouchirt.

Die Vorderseite:

..... 1 1) ....nma szma drldm
(оҕла)нымa сізімä адырылдым

...... 2 2) ....ṭogdm ḅn
.......тоҕдым (?) бäн

Die Rückseite:

.... 3 3) m...... ra ḅṇa ṣöjokṛmš
..........бäңä cў jok äрмиш

jlnd jözlgd
jылында jÿз äliгдä

.... 4 4) ..kmi ....öza
............бзä

... ... 5 5) ....ṛm..a....
.......äрімкä....

(1) Von meinem (Knaben), von euch habe ich mich getrennt (2)..... ich bin geboren (3)....in....mir kein Heer war, in jedem Jahre hundert und fünfzig (4) ....oben (5)....von meinen Helden.

5. Die Inschrift am Elegesch (UE).

(Atlas LXXIII u. LXXIV. I. de l'I. V).

Genaue Angaben über die Lage des Steines giebt Klementz in seiner Einleitung zur zweiten Lieferung des Atlas. Ich wiederhole hier die Beschreibung des Steines. Der mit Inschriften bedeckte Stein ist 10 Fuss 9 Zoll hoch und 2 Fuss 2 Zoll breit. Die grösste Dicke des Steines beträgt 10 Zoll, oben ist der Stein nur 6½ Zoll dick. Er ist aus grobkörnigen, braunrothen in's Graue spielenden Sandstein gefertigt. Die Form des Steines ist unregelmässig, nach oben verjüngt er sich und zeigt in halber Höhe die grösste Breite (siehe Tafel LII, Fig. 2). Von oben bis unten ist er mit tiefen Sprüngen und Spalten bedeckt und auf seiner Oberfläche sind bedeutende Vertiefungen zu sehen, die von der Zeit herrühren, als er benutzt wurde. Nirgends sieht man Spuren einer Bearbeitung. Mit der Breitseite ist er nach SSW und NNO gerichtet. An der südöstlichen Seite befinden sich in einer Höhe von 3 Fuss eine Querfurche, unterhalb derselben ist ein Kreuz ausgehauen. Unter der Querfurche des Kreuzes sind zu beiden Seiten Vertiefungen, in Form eines geschriebenen Γ eingehauen, die dem Kreuze gleichsam als Fundament dienen. Oberhalb der Querfurche sind vier, sehr grosse Zeichen tief eingehauen, ein fünftes Zeichen ist nicht deutlich erkennbar, da es von Spalten durchzogen ist. Das vierte Zeichen ist deutlich als die Abbildung eines in die Höhe steigenden vierfüssigen Thieres mit langgezogenem Leibe zu erkennen. An der südwestlichen Seite sind auch einige grosse Zeichen zu sehen, die der Form nach an den russischen Buchstaben Ч erinnern. Man sieht deutlich, dass die Verticalreihen der alttürkischen Schrift, die den Stein bedecken, erst eingehauen sind, als der Stein mit den grossen Zeichen fertiggestellt war, denn man sieht deutlich die Spuren dieser Schrift in den Vertiefungen der grossen Zeichen. Wären die grossen Bildzeichen später, als die türkische Inschrift in den Stein gehauen worden, so würden die Buchstaben an dieser Stelle natürlich ganz verwischt worden sein und viel deutlicher hervortreten. Man kann somit annehmen, dass der Stein schon früher hergestellt worden ist und erst später zu der türkischen Grabschrift benutzt wurde. Hätten die grossen Bildzeichen für die Verfertigung der türkischen Inschrift irgend welche Bedeutung gehabt, so hätten sie die betreffenden Stellen in ihrer Inschrift unberührt gelassen.

Meine im Atlas veröffentlichte Retouche ist vielfach ungenügend und fehlerhaft, da die von Klementz gefertigten Abklatsche auf einem für die Abklatsche mit Hülfe eines ganz ungenügenden Katun's hergestellt sind, in der Folge erhielt ich noch einen Abklatsch von Herrn Oschurkoff, der an vielen Stellen die Spuren der übrigen vielfach sehr verwischten Buchstaben deutlicher erkennen lies. Mit Hülfe der mir vorliegenden drei Abklatsche und der von der finnischen Expedition gefertigten Kopie, bin ich im Stande gewesen, den grössten Theil der Inschrift zu entziffern, wenn auch manche Stellen meiner Entzifferung noch sehr fraglich sind. Besonders viel Schwierigkeiten bereiten die sehr verwischten Zeilen 5—9, die auch an ganz gut lesbaren Stellen sprachlich fast unüberwindliche Schwierigkeiten bieten.

(UE.)

[illegible] 1

[illegible] 2

[illegible]

[illegible] 3

[illegible] 4

[illegible]

[illegible] 5

[illegible]

[illegible] 6

[illegible] 7

[illegible] 8

[illegible] 9

[illegible] 10

[illegible] 11

[illegible] 12

1) kojda kon͡čjma ṣzma jta özḍa oglm ṣzma drltm
Куiда kунчуjыма сiзiмä jыта öздä оҕлым сiзiмä адырылтым

2) j̣özṛ kdšm ojrn öčṇ j̣özṛṇ ḷģ öḳzṇ ṭḳḍcöčn
jӯз äр кадашым оjарын ӯчӯн jӯз äрäн äliг öкӯзiн тäгдӯк ӯчӯн
drltm
адырылтым

3) ḳöc ṭṅṛiḍa ḳöṇj̣iṛma jita ṣzm drltm
кöк тäңрiдä кӯн аi jäрiмä jыта сiзiмä адырылтым

4) knm ḅḷma ṣzma jita ḅcmḍ . . . . . knm ḅḷma jita drltm
каным бäliмä сiзiмä jыта бӯкмäдiм . . . каным бäliмä jыта адырылтым

5) ḳöṛṭḷkn lorṅo ltonlg ḳčģṇṇḷģṭm j̣ṛḍa ḅḷm tokz
кöрт äl кан али Уруңу алтунлыҕ кäчiгiн äнliгтiм jäрдä бäliм токыз
kirk jšm
кырк jашымта

6) orṅo ḳöḷģ tqḅöģöṭṛḳṅa kašn ḅģ ṛḍm öčṇ
Уруңу кӯlӯг ток бöгӯт äркiңä кашан (акаңым ?) бäг äрдäм ӯчӯн
ḅṇṛḳi b. . dim
бäн äркi бардым

7) kra bodnm ktglnṅ ḅḷ ṭöṛṣö idmš jita ṣzḷm knm
кара будуным катыҕланың! бäl тöр сӯ ыдмыш jыта сiз äliм каным

8) ƀ̣ḷm ogrnta ṣö bolṅ ṛḷrmḍcmjq čƀ̣ḷg̣ḍa ƀ̣ṛṭg̣ma ṣḳz
бäliм оӷурунта сӳ болуӊ äрläрiм äдгӳм jok Ач-бäliгдä бiр тäгмä сäкiз
rrdm
äр äрдiмiз

9) . . . lmn ƀ̣ṛja . . . . . . kilno drḷjn oš b . . s jilta r
. . . . . . бäрijä . . . . . кылыну адырылаjын ош барс (?) jылта äртi

10) bošboša (boṅboṅabṇ) ƀ̣ṛmṣ öḷg̣m jita ṣzma jlkajn
буша бушыбан (буӊ буӊабан) бäрмiш ölӳгӳм jыта сiзiмä jолукаjын

11) törtdk jilkm ṣkzdklg brmm bošm (boṅm) joq ṛṭm
тöрт адак jылкым сäкiз адаклыҕ бармадым бушым(да) (буӊым) jok äртiм

12) kdšma ḳƀ̣ima dktma jita kra bodnma drltm
кадашыма äкi äбiмä адак(лык) атыма jыта кара будуныма адырылтым.

(1) Von meinen Kuntschui im Kui, von euch, von meinen eigenen Söhnen, von euch habe ich mich getrennt, (2) wegen des Ansehens (?) der hundert Mann meiner Gefährten, weil ich hundert Helden und fünfzig Ochsen (?) angegriffen hatte, bin ich geblieben, (3) von Sonne und Mond am blauen Himmel, von meinem Lande, von euch bin ich getrennt. (4) Bei meinem Chan und meinem Bäl (konnte ich nicht verweilen), von meinem Chane und meinem Bäl bin ich getrennt. (5) Mit (für) Körtäl-Chan, ich, der Held Urungu, habe sein goldenes Glück erstrebt. Auf der Erde ist mein Bäl im neun und vierzigsten Jahre . . . . (6) (Ich) Uruschu-(Urungu-) Külüg, für die Macht des (der) Tok-Bögüt, wegen der Trefflichkeit des Kaschan (meines Vaters, des?) Beg bin ich freiwillig ausgezogen; (6) mein schwarzes Volk tröstet euch! (ich, der ich) Bäl, Ehrenplatz und Heer hergegeben, (bin) von euch, meinem Volke, meinem Chane (getrennt). (8) Zum Schutze meines Bäl seid ein Heer! ich habe keine Helden, keine Guten mehr, bei den Atsch-bälig im Gesammt waren wir acht Helden (9) . . . . . rechts (Süden) . . . . werdend will ich mich trennen. In diesem Bars-Jahre . . . . . (10) meine, im heftigen Zorne (Kummer) hingegebenen Todten, für euch will ich mich opfern. (11) Die vierfüssigen Pferde achtfüssig (machend) bin ich nicht gegangen, in meinem Zorne kam ich um (ich lebte kummerlos). (12) Von meinen Genossen, von meinen beiden Häusern (Familien), von meinen mit Füssen versehenen Pferden, von meinem schwarzen Volke habe ich mich getrennt.

6. Die Inschrift am Begre (Be).

Von dieser Inschrift ist mir ein sehr gelungener Abklatsch von Herrn Oschurkoff zugesandt worden. Nähere Angabe über den Stein war der

Zusendung nicht beigefügt. Aus dem Abklatsche ist zu ersehen, dass der Stein ein nach oben etwas verjüngtes, sehr unregelmässiges Prisma bildet und über 5 Fuss Höhe betragen musste. Die Inschrift ist 4 Fuss 5 Zoll lang. Alle vier Seiten sind mit verticalen Schriftreihen bedekt. Die Breite der Westseite (Vorderseite) beträgt unten 1 Fuss 3 Zoll, oben 9 Zoll, an der Ostseite (Hinterseite) unten 1 Fuss 6 Zoll und oben 1 Fuss 1 Zoll. Die beiden Seitenflächen sind nur 8 Zoll breit. Die Schriftzeichen sind sehr tief eingehauen und überall deutlich lesbar, so dass bei der Entzifferung der eine vorhandene Abklatsch vollkommen genügte. Ich habe die Fehler des Steines retouchirt, damit die Buchstaben auf der Photographie des Abklatsches deutlicher hervortreten. Die Buchstaben sind so deutlich zu sehen, dass diese Retouche keinerlei Einwirkung auf die Schrift haben konnte.

Die Vorderseite (Be. a):

[runic text] 1
6 5 4 3 2 1

[runic text] 2
7 6 5 4 3 2 1

[runic text] 3
5 4 3 2 1

1) ṭöṛpa ičrḳi ḅṇ ḅšjgṛmi jšmda lnmčm
Töp ана (Törпä) iчpäкi бäн бäш järipмi jашымда iнiм äчiм

2) kon͡čjma boṅa (boša) drldm ṣizma ḳöṇ j zdm
кунчуjыма буңа (буша) адырылдым сiзiмä кӳн ai аздым

3) öč oglma drldm jita ḅcmḍm ktglngl
ӳч оҕлыма адырылдым jыта бӳкмäдiм катыҕлаңҕыл

(1) Tör(ä)apa (Törpä), der Itschräki (innere Beamte) bin ich, in meinem fünf und zwanzigsten Jahre habe ich mich von meinen jüngeren und älteren Brüdern, (2) von meiner Kuntschui bin ich im Kummer (zürnend) getrennt, von euch, Sonne und Mond, bin ich in die Irre gegangen (bin ich Tage und Monate umhergeirrt), (3) von meinen drei Söhnen habe ich mich getrennt, ich konnte nicht verweilen, tröste dich!

Die linke Seite (Be. b):

[runic text]
8 7 6 5 4 3 2 1

[runic text]
12 11 10 9

ṣḳizdklg brmg öčṇ jilki ṭöḳṭi brdm n͡da ḅcmḍm jta
сäкiз адаклыҕ бармаҕ ӳчӳн jылкы тöкäтi бардым анда бӳкмäдiм jыта
öṛṅmg kramg zdm
öрӳңмäг карамаҕ аздым

Wegen des Reitens der Achtfüssigen sind meine Pferdeheerden zu Ende gegangen, ich bin gegangen, dort konnte ich nicht verweilen, ich habe nicht mehr die Möglichkeit mich zu freuen und mich umzuschauen.

Die Rückseite (Be. c):

[illegible] 1

[illegible] 2

[illegible] 3

[illegible] 4

[illegible] 5

1) jṛma jita sobma drldm boṅa (boša) ṣizma jita
jäрімä jыта субыма адырылдым буңа (буша) сізімä jыта

2) bodnma ḳöṅma kdšma drldm ḅcmḍm
будуныма кӱнімä kадашыма адырылдым бӱкмäдім

3) ḅḷma knma ḅcmḍm ḅṅgög ṭiḳṭm zdm
бäлімä kаныма бӱкмäдім бäңгӱк тiктiм аздым

4) jtda ṭöṅṛma drldm
jатда (?) тӱнӱрімä адырылдым

5) n͡dlgdnma n͡dṣizma ḍgöšma drldm
анда алыҕданыма анда сізімä äдгӱ äшімä адырылдым.

(1) Von meinem Lande, von meinem Wasser bin ich getrennt, in Kummer (zürnend, d. h. kämpfend) von euch, (2) von meinem Volke, von meiner Familie, von meinen Gefährten bin ich getrennt, konnte nicht verweilen. (3) Bei meinem Bäl, meinem Chane konnte ich nicht verweilen, das Denkmal habe ich errichtet, bin in die Irre gegangen. (4) Von meiner Schamanentrommel im Jat (?) bin ich getrennt. (5) Dort von meiner Habe (?), von euch, meinen guten Genossen, bin ich getrennt.

Die rechte Seite (Be. d):

[illegible] 1

[illegible]

[illegible] 2

1) ḅšj̣g̣ṛmi jšmda tbdčkaga brdm ṛṛḍmm öčṇ
Bäш jäгiрмi јашымда танђач канђа бардым äр äрдäмiм ӳчӳн
lpon lton ḳömšg̣ g̣ṛiṭm ḅḷḍa ḳöči kzgndm
алып он (алыпан?) алтун кӳмӳшiг äгрiтiм бäлдä кӳчi казђандым

2) j̣ṭi ḅöṛi öḷṛṭm brsg j̣cmḳg öḷṛmḍm
јäтi бöрi öлӳртӳм барсыђ јӳкмäкiг öлӳрмäдiм.

(1) In meinem fünf und zwanzigsten Jahre ging ich zum chinesischen Kaiser, empfangend (nehmend zehn) Gold und Silber, bin ich (reich geworden?) von dem Bäl habe ich seine Kraft erworben. (2) Sieben Wölfe habe ich getödtet, einen Tiger und einen Jükmäk habe ich nicht getödtet.

7. Die Inschrift am Ulug-kem-Kulikem (U Ku).

(Atlas LXXIX. I. de l'I. VII).

Befindet sich nach Angaben von Proffessor **Aspelin** auf einem Grabe nördlich im Ulug-kem, etwa zwei Werst von der Mündung des Kuli-kem (nähere Angaben finden sich in der *I. de l'I.* p. 15). Herr **Klementz** hat auch diesen Stein gefunden und beschreibt seine Lage genauer (s. Einl. zum Atlas № 13). Der Steinpfeiler ist nach Angabe des Hern **Klementz** 4 Fuss 7 Zoll hoch und aus grünem Schiefer mit Quarzadern gefertigt. Die südliche Seite ist mit sehr verdorbenen Buchstaben bedeckt, auf dem Abklatsche ist nur die zweite Hälfte der ersten Zeile zu sehen, während die Kopie der finnischen Gelehrten drei Zeilen auf dieser Seite bietet und eine Zeile auf einer anderen Seite des Steines.

1 1) čočq ḅöṛi šṅon
чочук бöрi шаңун

2 2) . . on kton trlgm
. . . . катун тарлыђым

3 3) . . . mtrlg j. . r . . . . .
. . . . Тарлыђ . . . .

4 4) ḳm ktonm . . . . . . j ṛḍ
öкäм катуным . . . . . . äрдi.

(1) Tschotschuk-Böri, der Schangun. (2) . . . . . . Katun, mein Tarlyg. (3) . . . . . Tarlyg . . . . . . (4) meine Mutter meine Katun . . . . . .

8. Die Inschriften am Tschakul.

Eine an Inschriften sehr reiche Gegend ist die des Flüsschen Tschakul, ein Nebenfluss des Ulug-kem, der von links etwa zwanzig Werst aufwärts von der Mündung des Kuntschik in diesen Fluss mündet.

a) Die erste Inschrift am Tschakul (Tsch O).

Diese Inschrift ist von Herrn Oschurkoff entdeckt. Die Inschrift ist in einen sehr harten unbehauenen Schieferblock, der an beiden Enden in eine Spitze ausläuft, eingeritzt, der Stein ist 5 Fuss lang und an der breitesten Stelle 9 Zoll breit. Inschriften finden sich auf zwei ziemlich glatten und breiten Flächen und auf der einen 6 Zoll breiten Seitenfläche. Auf der Frontseite ist die Inschrift auf einer in den Stein geritzten, sehr grob hergestellten menschlichen Figur angebracht und auf der Rückseite ebenfalls durch eingeritzte Linien begrenzt. Diese Inschrift befindet sich jetzt im Minussinskischen Museum.

Die Frontinschrift (Tsch O):

1) kdšm drldm ijo kojda kon͡čjm drldm ṣḳzoglm
кадашым адырылдым ыју kyiда кунчујым адырылдым сäкіз оҕлым
drldm ijo
адырылдым ыју

2) . . . m . . . . knm ḅḷmḳa tpdm ḅḷga ögm tpdm kdšm tpdm
. . . . каным бäлімкä тандым білгä öгäм тандым кадашым тандым
ṛdmm
äрдäмім

(1) Von meinen Genossen bin ich getrennt, sagend, von meiner Kuntschui im Kui bin ich getrennt, von meinen acht Söhnen bin ich getrennt, sagend. (2) . . . . . für meinen Chan und Bäl fand ich meine weise Mutter, fand ich meine Gefährten, fand ich meine Trefflichkeit.

Die Rückseite (Tsch O. a):

1

2

1) kṅm öčön ḅiḷga čiḳšṇ kniṅa tpdm bodnm
акаңым ӱчӱн бiлгä Чiкшäн каныңа тапдым будуным

2) ṛṛḍmn ḅḷmkä tpdm ṭṅṛig ....ḍgö kdšm drldm
äр äрдäмiм бäлiмкä тапдым тäңрiг ....äдгӱ кадашым адырылдым

(1) Wegen meines Vaters fand ich, der weise Tschikschän für deinen Chan, mein Volk. (2) Durch meine Männer-Trefflichkeit für meinen Bäl fand ich den Himmel .... von meinen guten Genossen bin getrennt.

Die Seitenfläche (Tsch O. b):

bonda či.sṇ bn bṅ öm ṛmš
бунда Чiкшiн (?) бäн бäңгӱм äрмiш.

Hier Tschikschin (?) bin ich, mein Gedenkstein ist es.

b) Die zweite Inschrift am Tschakul (U Tsch. I).

(Atlas LXXIX, Fig. 3. I. de l'I. VIII).

Der Stein befindet sich drei Werst von der Niederlassung des Bauern Paschin, etwa 300 Faden von dem am Ulug-kem aufwärts führenden Wege. Der Stein ist 4 Fuss 6 Zoll hoch. Die Abklatsche des Herrn Klementz sind sehr ungenügend und waren zum Theil retouchirt, daher bieten die im Atlas LXXIX 3 (a b c) befindlichen Nachbildungen der Abklatsche in 3a mehrere Fehler. Fig. 3c ist nur ein Theil der Inschrift auf der dritten Seite des Steines. Ich erhielt in der Folge neue bessere Abklatsche von Herrn Oschurkoff, die die Entzifferung ermöglichten.

1

2

3

1) ḅḷččor ḳöčbrš
Бäлчi-Чур Кӱч-барс

2) kojda ko͡nčjma czm oglmka ḅcmḍm
   куіда кунчујыма сізім оҕлымка бӳкмäдім
3) ṭṅṛi ḅḷm olsšda ṛimḳa drldm
   тäңрі бäлім улушда äрімкä адырылдым.

(1) Der Bältschi-Tschur Kütsch-Bars. (2) Bei meiner Kuntschui im Kui, bei euch, meinen Söhnen, konnte ich nicht verweilen. (3) Von meinem Himmels-Bäl, von meinen Helden beim Volke habe ich mich getrennt.

c) Die dritte Inschrift am Tschakul (U Tsch. II).

(Atlas Taf. LXXIX, Fig. 4. Wrtvz. XXXVI).

Dieser Stein befindet sich 8 Werst aufwärts vom Tschakul, am linken Ufer des Flusses, er ist aus feinkörnigem rothbraunem Sandstein und ist 6 Fuss hoch und 9 Zoll breit. Die Inschrift befindet sich auf der Südseite des Steines. Dieser Stein ist auch von Herrn Heikel aufgefunden.

[illegible] 1

[illegible] 2

[illegible] 3

1) ṛtm jrqṭgṇ ḅiṛ otz jšmda szma
   äр атым Јарук-тäгін бäн бір отуз јашымда сізімä
2) ḳiṭm ḅḷa togma rdi ogli ḅn ḍgöga ḅcmṃm ṣza
   кäттім Бäлä-туҕма äрді оҕлы бäн äдгӳгä бӳкмäдім сізä
3) bodnra bol öčön ḅḷg ojmga drltm aṣṇi
   будун ара болмышын(?) ӳчӳн білір ојымҕа адырылтым . . . .

(1) Meinem Heldennamen nach Jaruk-Tägin bin ich, in meinem ein und dreissigsten Jahre (2) bin ich gegangen. Bälä-Togma lebte, sein Sohn bin ich, bei euch, den Guten, konnte ich nicht verweilen. (3) Da ich unter dem Volke lebte (?) von Wissen und Verstand bin ich getrennt . . . .

d) Die vierte Inschrift am Tschakul (U Tsch. III).

(I. de l'I. XII).

Ueber die Lage des Steines vergl. *I. de l'I.* p. 15. Diese Inschrift habe ich nach den Abklatschen des Museums zu Helsingfors entziffert.

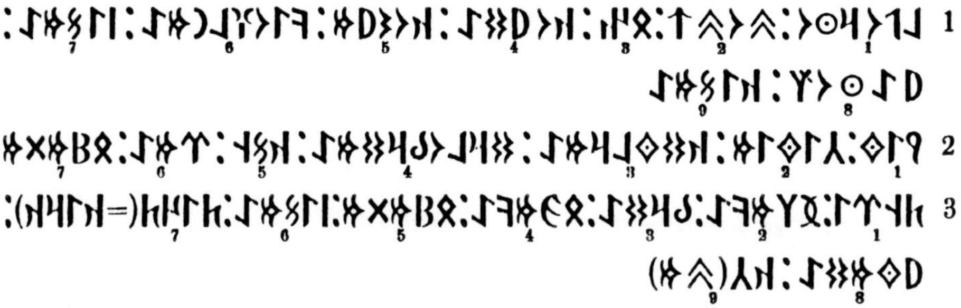

1) lporṅo totq ḅṇ kojda končjm ḳioglnma ṣizma jaṅos kizma
Али уруңу тутук бäн куіда кунчаjым äкі оҕланыма сізімä jаңуз кызыма

2) jiš čišim kdšlrma drlobrdm kzṅ ṛma ḅcmḍm
jыш äl äшім кадашларыма адырылу бардым казаң (?) (j)äрімä бўкмäдім

3) ṭṅṛi ḅḷma brda ḅgmḳa ḅcmdm ṣizma ṭirṭ jšmda kč
тäңрі бäлімä барда бäгімкä бўкмäдім сізімä кырк jашымда качтым.

(1) Der Held Urungu-Tutuk bin ich, von meiner Kuntschui im Kui, von meinen beiden Knaben, von euch, von meiner einzigen Tochter, (2) von meinen Gefährten des Bergwaldvolkes, von meinen Genossen habe ich mich getrennt, in meinem Lande (bei meinem Helden) Kazang (?) konnte ich nicht verweilen. (3) Bei meinem Himmels-Bäl, bei allen meinen Fürsten an der Spitze konnte ich nicht verweilen, von euch bin ich in meinem vierzigsten Jahre entflohen.

c) Die fünfte Inschrift am Tschakul (U Tsch. IV).

(I. de l'I. XIV).

Dieser Stein befindet sich im Süden der von Gebirgen umgegebenen Steppe dem Sojonen-Aul gegenüber. Die Entzifferung ist nach den *I. de l'I.* und den Abklatschen des Museums in Helsingfors ausgeführt.

2) ṭözbj ḳöčbrs kölg
Тӱз-баі кӱч барс кӱлӱг

2) ojrkdumčṇ öḳḍm jita ičim jopčmkaj
ојар кадыным ӱчӱн öкдäм (?) jыта äчім jунчымка jыта

3) ojrḅgimḳa drldm ojrkdšmka drltm
ајар бäгімкä адырылтым ојар кадашымка адырылтым

(1) Tüz-Bai, der starke Tiger-Held. (2) Von meinem angesehenen Schwiegervater dem tapferen (?), von meinen älteren Brüdern, von meinen . . . . . (3) von meinen angesehenen Begen habe ich mich getrennt, von meinen angesehenen Genossen habe ich mich getrennt

f) Die sechste Inschrift vom Tschakul (U Tsch. V).

(I. de l'I. IX).

Dieser Stein befindet sich in der Nähe des als erste Inschrift (U Tsch. I) bezeichneten Steines. Bei Entzifferung dieser Inschrift habe ich einen mir von Herrn Oschurkoff zugesandten Abklatsch benutzen können. Die ersten drei Zeilen dieser Inschrift sind rechtsläufig geschrieben.

1 . . . [runic text]

2 [runic text]

3 [runic text]

[runic text] 4

[runic text] 5

1) . . . tčor pasibror
. . . т-чур анасы барур

2) iņmčmjita drlobrdmz jita
iнiм ӓчiм jыта адырылу бардымыз jыта

3) kojda ķišma jita drlobrdmz
куiда кiшiмӓ jыта адырылу бардымыз

4) bš išm kdšm jita og tma
баш ӓшiм кадашым jыта оҕлым . . . .

5) bšda oglnm jita
банда оҕланым jыта.

(1) . . . t-tschur Apassy geht dahin. (2) Von meinen jüngeren und älteren Brüdern haben wir uns getrennt, (3) von meinen Leuten im Kui haben wir uns getrennt, (4) vor Allen von meinen Gefährten . . . . Söhnen . . . . (5) vor Allen von meinen Oglanen,

g) Die siebente Inschrift am Tschakul (U Tsch. VI).

(I. de l'I. X).

Dieser Grabstein befindet sich an derselben Stelle, wo sich U Tsch. I und U Tsch. V befinden. Bei der Entzifferung vermochte ich ausser dem Texte der *I. de l'I.* und dem Abklatsche der finnischen Gelehrten, noch einen Abklatsch des Herrn Oschurkoff von der Frontseite der Inschrift zu benutzen. Nach diesem Abklatsche beträgt die Länge des Steines 5 Fuss 3 Zoll. Daraus, dass die Frontseite nur 9 Zoll breit ist, kann man schliessen, dass die 3 Zeilen der Inschrift auf drei Seiten des Steines eingegraben sind. Diese Inschrift ist rechtsläufig geschrieben.

1	[illegible]	kotlog čigšiḅn kdr jgida Кутлуҕ чігіші бӓн кадыр јаҕыда
2	[illegible]	kra bodonma jita ṣizma кара будуныма јыта сізімӓ
3	[illegible]	ḅḷma ṣizma бӓлімӓ сізімӓ (адырылтым).

(1) Ich der glückliche Tschigischi, beim gewaltigen Feinde, (2) von meinem schwarzen Volke, (3) von euch, von meinem Bäl, von euch (habe ich mich getrennt).

h) Die achte Inschrift am Tschakul (U Tsch. VII).

(I. de l'I. XI).

Dieser Grabstein gehört zu der Gruppe der drei Steine U Tsch. I, V, VII, deren Lage bei der ersten Inschrift beschrieben ist. Mir lag zur Entzifferung derselben ein sehr schöner Abklatsch von Herrn Oschurkoff vor. Aus dem Abklatsche ersieht man, dass die Länge des Steines 6 Fuss 3 Zoll beträgt. Beide Zeilen der Inschrift befinden sich auf der Frontseite. Beim Kopfe der Inschrift ist ein Zeichen einem ЖС ähnlich. Das Ende der Inschrift ist abgebröckelt.

[illegible] 1 [illegible]	1)	tört oglom bröčn ḅṅḳömṇ тӧрт оҕлум бар ӱчӱн бӓңкӱмін ṭ тікті
[illegible] 2	2)	ḳöḷg̣pa ḅṇ Кӱlӱг апа бӓн

(1) Da ich vier Söhne habe, hat man meinen Gedenkstein aufgestellt. (2) Ich bin Külüg-Apa.

i) Die neunte Inschrift am Tschakul (U Tsch. VIII).

(I. de l'I. XIII).

Diese Inschrift befindet sich auf einem aufrecht stehenden Steine in der Nähe von U Tsch. IV. Zu seiner Entzifferung konnte ich den in der finnischen Ausgabe vorliegenden Text und die Abklatsche des Museums in Helsingfors benutzen.

Runen		Umschrift
[illegible]	1	1) kdšmka ḅöḳmḍm кадашымка бӱкмäдiм
[illegible]	2	2) . . . ml ḳiḷig jšm ḅöḳmdm . . . . . äкi äliг jашым(да) бӱкмäдiм
. . . . [illegible]	3	3) . . . sizm böcm . . . сiзiмä бӱкмäдiм.

(1) Bei meinen Gefährten verweilte ich nicht, (2) . . . . in meinem zwei und fünfzigsten Jahre verweilte ich nicht, (3) . . . . bei euch den Meinen, verweilte ich nicht.

k) Die zehnte Inschrift am Tschakul (U Tsch. IX).

(I. de l'I. XV).

Der Stein, auf dem diese Inschrift sich befindet, steht ganz in der Nähe des vorhergehenden (U Tsch. VIII), auch er ist nach der Wiedergabe in *I. de l'I.* und den Abklatschen des Museums in Helsingfors entziffert.

Runen		Umschrift
[illegible] . .	1	1) . . . kojda kon͡čojm kz oglm . . . куiда кунчуjум кыз оҕлым
[illegible]	2	2) ḅgmḳa kdšmka ḅöḳm бäгiмкä кадашымка бӱкмäдiм
[illegible]	3	3) öčḷg jšm drldm ḅ ӱч äliг jашым адырылдым бäн
[illegible] . .	4	4) . . nn͡dograč ḅz Ынандуҕрач, бiз

(1) Bei meinen im Kui befindlichen Kuntschui, meinen Töchtern, (2) bei meinen Begen, bei meinen Gefährten verweilte ich nicht, (3) in meinem drei und fünfzigsten Jahre habe ich mich getrennt, (5) Ynandugratsch (?) sind wir.

l) Die elfte Inschrift am Tschakul (U Tsch. X).

(I. de l'I. XVI).

Der Stein, auf dem diese Inschrift sich befindet, gehört zur Gruppe U Tsch. VI—IX (vergl. *I. de l'I.* pag. 15). Er ist auch nach den finnischen Kopien und Abklatschen entziffert.

1) tokzkirk jšmda ḅḷmöčöṇ
Toҕус кырк јашымда бäлім ӱчӱн

2) . . . . ḷḅṛ . . . čiṇ
. . . .

3) . . . . . öḷḍm
. . . . . ölдӱм

4) . . . . iṣg̣ij̣ ičmḳ(a) k . . mka
. . . . ai äчімкä кадашымка
ḅcm
бӱкмäдім

(1) In meinem neun und vierzigsten Jahre wegen meines Bäl (2) . . . . (3) . . . . . ich starb. (4) . . . . . im alten Monate bei meinen älteren Brüdern und Gefährten verweilte ich nicht.

9. Die Inschriften auf der Felswand Kemtschik-Kaja-Baschy (KK).

(Atlas LXXIX, Fig. 2. I. de l'I. XVII).

Diese Inschriften befinden sich am rechten Ufer des Flusses Kemtschik, an der Felswand Kaja-Baschy, an der Mündung des unteren, ersten Ischkem, einem linken Nebenflusse des Kemtschik. Die Felswand besteht aus hartem rothem Thonschiefer, der strichweise mit grünlichen Thonschiefern wechselt. Diese Schieferschichten dehnen sich von ONO nach WSW aus und stehen senkrecht. Einige dieser senkrechten Schichten treten bedeutend hervor und auf der norwestlichen Seite derselben sind an verschiedenen Stellen Figuren und alttürkische Buchstaben in den Stein geritzt. Inschriften bedecken auch die östliche Seite. Herr Klementz hat von den grössten Theil der Inschriften sehr gute Abklatsche hergestellt. In der Ausgabe der finnischen Gelehrten sind einige Inschriften mehr, die Herr Klementz gewiss übersehen hat. Die ersten fünf Inschriften sind rechtsläufig geschrieben. Ich behalte für die einzelnen Inschriften die Numeration der finnischen

Ausgabe bei. Die hier befindlichen Inschriften sind die einzigen Inschriften der westlichen Mongolei, die keine Grabschrift enthalten.

1) dgöṅz 2) ol knm ḅḷmṅ ḅṅgösi kra sṅr
ăдгўңiз ол каным бäлiмiң бäңгўсi кара сäңiртä

3) ni ḅṭgli nnšṇ ti 4) ḳširṣi isd
аны бiтiгli аншiн äртi кiшi арасы äшiд
kra ṣṅiṛ lčig
кара сäңiр äлчiг

5) inn͡čo ḳöḷg čigši ḅg ṛṛḍmmöčöṇ ṛṅṣarkd öḷḳni ltibg
ынанчу кўlўг чiгшi бäг äр äрдäмiм ўчўн кара сäңiрдä ўlкäнi алты баҕ
ḳšḍmḍa bṇ ,jgṛḍcm ol rč kra ṣṅṛg ,jṛḷḍm odor čgši
Кäшдiмдä бäн; jäг äрдўкўм ол äрiнч, кара сäңäрiг jäрlädiм удур чiгшi
ṣḳ ki da
сäкiз кырк jашда

6) ,jigon gä šṅou ḅöḍḅ . . ṇ totq ḅg arki ,jṛi
jäг он бilгä Шаңун Бöдб . . н тутук бäг аркы jäрi
. . . . kz kni ḅiṭmišiṇ
7) кыркыз каны бiтiмiшiн

(1) Wegen eurer Guten . . . (2) dies ist meines Chans und meines Bäls Denkmal am Kara-Sängir. (3) Der dies geschrieben hat, ist Anschin. (4) Ihr Leute, höret den Volksfürsten von Kara-Sängir. (5) Der Ynandschu-Held Tchigschi-Beg, wegen meiner Verdienste am Kara-Sängir der höchste unter den sechs Geschlechtern der Käschdim bin ich, dies ist meine Trefflichkeit. Kara-Sängir habe ich bewohnt (beherrscht). Der siegreiche Tschigschi im

acht und vierzigsten Jahre, (6) der gute weise(?) Schangun Bödb . . n Tutuk-Beg sein jenseitiges Land. (7) Durch die Schrift des Kirgisen(?)-Chans.

B) Die südsibirischen Inschriften.

Die südsibirischen Inschriften sind ebenso wie die Inschriften der Mongolei zum grössten Theil Grab-Inschriften. Felsen-Inschriften, die keine Grabschriften zu sein scheinen, sind nur an den Flüssen Ak-Jüs und Kara-Jüs entdeckt worden. Ausserdem finden sich Einritzungen von kleinen Inschriften auf chinesischen Spiegeln, Münzen und auf einem Riemenschmucke. Ich führe diese Inschriften in derselben Reihenfolge auf, wie in der finnischen Ausgabe. Bearbeitet habe ich diese Inschriften nach ausgezeichneten Abklatschen, die mir von Herrn Martianoff und Jewstifejeff zugestellt worden sind. Herr Martianoff hat sich durch die Aufstellung der südsibirichen Steine mit Inschriften im Minussinski-Museum ein hohes Verdienst erworben. Nur der aufopfernden Mühe und Sorgfalt, die er auf die Herstellung der Abklatsche verwendet hat, habe ich zu danken, dass mir die Entzifferung dieser interessanten Denkmäler gelungen ist.

---

1. Die Inschrift vom Osnatschennaja.

(I. de l'I. XVIII).

Diese Inschrift ist beim Dorfe Osnatschennaja, am linken Ufer des Jenissei, an der Stelle, wo dieser Fluss aus dem Sajanischen Gebirge hervorbricht, von Castrén im Jahre 1847 gefunden und nach dem Dorfe Schuscha transpotirt worden. Abklatsche liegen mir nur von der Front- und Hinterseite des Steines vor. Die Inschrift auf der Seitenfläche ist nach dem Texte der finnischen Ausgabe und den Abklatschen des Museums in Helsingfors entziffert.

Die Vorderseite (OC):

[illegible] 1
6 5 4 3 2 1

[illegible] 2
5 4 3 2 1

[illegible] 3
7 6 5 4 3 2 1

1) kon͡čjm kdšm drltm buša jgika ḳiṛdm
кунчуjум кадашым адырылтым буша jаҕыка кірдім

2) cö čḳöḷ totq ṣizma drldm
кӱч Кӱl-тутук сізімä адырылдым

3) ḅḷm knm ṣzma drldm ltou ḳḅš drldm
бäлім каным сізімä адырылдым алтун кӱмӱш адырылдым

(1) Von meiner Kuntschui, meinen Gefährten bin ich getrennt, zürnend bin ich gegen den Feind gezogen. (2) (Ich), der starke Kül-Tutuk, bin von euch getrennt. (3) Von meinem Bäl, meinem Chane bin ich getrennt, von Gold und Silber bin ich getrennt.

Die Seite OC. a:

ḅ ḅš kirkṛ jšṛ
бäн бäш кырк äр jаш äртім

Ich war sechs und vierzig Jahre alt.

Die Hinterseite (OC. b):

1) ḅḷinn͡či ḅḷn
бäl ынанчы біlін! (?)

2) knsz jqljor kdšlpsz krgnor öṇn̈z
кансыз jоклаjур кадаш алпсыз карҕанур ӱнӱңӱз

3) jagm n͡črmš drldm
jаҕым анча äрміш адырылдым

(1) Du Herzensfreund(?), wisse! (2) Seid ihr Chanlose, so jammert eure Stimme, seid ihr Gefährten- und Heldenlose, so flucht sie. (2) Da meine Feinde so zahlreich waren, habe ich mich getrennt.

2. Die Inschrift vom Atschura (Atsch).

(I. de l'I. XIX).

Dieser Stein ist im Jahre 1857 vom Fürsten Kostroff aufgefunden und nach dem Dorfe Schuscha transportirt worden. Jetzt befindet er sich im Museum zu Minussinsk. Sein Fundort it am linken Ufer des Abakan, in der Koibalischen Steppe, etwa 20 Werst vom Dorfe Atschura, 25 Werst vom

Dorfe Kala und 30 Werst vom Abakan. Der Stein bildet ein vierseitiges Prisma von 4 Fuss Länge. Die Schrift ist sehr verdorben. Zwei sehr gute Abklatsche haben mir die äusserst schwierige Entzifferung dieses Steines ermöglicht.

Die Vorderseite (Atsch):

..... [illegible] ... 1

..... [illegible] ... 2

..... [illegible] 3

... [illegible] 4

1) .... ịḷögsi inuĉo ḅịḷg̣a ịṛg̣ öḷg.........
.... äl öräci Ынанчу Білгä äpir öлÿr apa .....

2) .... ogli ti ḳöčori ogln tog.....
.... оҕлы аты Кÿч Уры оҕлан тоҕ(ды) ..

3) ...... ṛṇ........ ṛ ṣiz tńz orḅg ṣiz....
...... äрäн (кÿч алп) äр сіз атыңыз Уры бäг сіз....

4) .... a iḷṅzöčöṇ kzgno öz k.i jita ṣiz..........
.... äliңiз ÿчÿн казҕану öз kyi јыта сіз (адырылдыңыз)

(1) .... die Mutter des Volkes Ynantschu-Bilgä, den Mann unter den Leichen (als sie gesehen?), (2) .... ihres Sohnes Name Kütsch-Ury, als ein Knabe wurde er geboren ... (3) ... Held, (ein starker) Held seid ihr, euer Name ist Ury-Beg ..... (4) wegen eures Volkes erwerbend, von eurem eigenen Kui (?) (seid ihr getrennt).

Die linke Seite (Atsch. a):

[illegible] .. 1

... [illegible] 2

[illegible] 3

[illegible] .... [illegible] 4

1) ... jṭi jg̣ṛmi ṛḍmi jsinta ṛḍm öḷṭi
... järi järipмі äpдäмі јашынта äpдäм öлті

2) .... jṛḍḳi tmklg jlki boṅṣ r
.... jäpдäri тамкалыҕ јылкы буңсыз äpri

3) . . . . kbki ṭi boṅsiz ṛṭi kra sačinṭg
. . . . . . тär, канкы äті буңсыз äрті кара сачын-тäр

4) jg . . . ṭgmiš ṣö ṭṅi jṭiḅiṅ ogln ṛṭi
јаҕыҕа тäрмиш сӱ тäңі jäті біҥ оҕлан äрті.

(1) . . . in seinem sieben und zwanzigsten Jahre der Trefflichkeit, ist er, der Treffliche, gestorben. (2) . . . . . . die auf der Erde befindlichen, mit Tamga versehenen Pferdeheerden waren zahllos (3) wie . . . die in den Säcken befindliche Habe war zahllos wie die schwarzen Haare. (4) Die Menge des den Feind angreifenden Heeres betrug siebentausend Mann.

Die Rechte Seite (Atsch. b):

[runic text] 1

[runic text] 2

[runic text] 3

[runic text] 4

1) jözṛ jözi ḅgḷṛ ḅṅzi ḅgḷḳ kši
јӱз äр јӱзі бäҕлäр бäңзі бäрлік каңы

2) . . . ltmiṣṛ dṣṅz iḷgṛ ḍgöṣṅz özṅiṇ čiṅiz i . . .
. . . алтмыш äр адашыңыз äліг äр äдгӱ äшіңіз öзіңіи äчіңіз iніңіз

3) siz bgir ḳözṅiṇ onkiz ḳöṛmzṛṭṅz ṣčg
сіз баҕыр кöзіңін он кыз кöрмäз äртіңіз сачыҕ

4) . . . . . ökönmḍṅz j . . . . . . ḳöṛmḍṅz ḅötm . . . .
. . . . . öкӱнмäдіңіз . . . . кöрмäдіңіз бӱтмäдіңіз. . . .

(1) Die Gesichter der hundert Helden, die Antlitze der Bege, die Brauen der Herrschaft . . . (2) die sechzig Helden, eure Altersgenossen, die fünfzig Helden, eure guten Gefährten, mit euch selbst, eure ältern (und jüngeren) Brüder (Verwandte) . . . . (3) Mit schauendem Auge zehn Mädchen schautet ihr nicht mehr . . . die Haare (ausraufend?), (4) ihr grämtet euch nicht. . . . . . sahet ihr nicht, glaubtet nicht (?).

Die Hinterseite (Atsch. c):

[runic text] . . . .

. . . . ṣizṅ ṛt or ḷṅöz . . . .
. . . . сізің äр ат Уры äлің Öз . . . . . .

Euer Helden-Name ist Ury, euer Volk Ös . . . . .

3. Die Inschrift an der Oja.

(Atlas LXXX, Fig. 2. I. de l'I. XX).

Kostroff hat diesen Grabstein am linken Ufer des Jenissei, etwa 25 Werst von der Mündung der Oja, auf einem Grabhügel gefunden. Er bildet ein vierseitiges Prisma von 5 Fuss 7 Zoll Höhe und 10 Zoll Breite und 8 Zoll Dicke. Diese Angaben habe ich aus der Einleitung Aspelin's pag. 9, geschöpft. Nach den mir zugeschickten Abklatschen zu schliessen, ist nur ein Theil des ganzen Steines erhalten.

Die Vorderseite (MM. II a):

. . . . . . [runic text] (2, 1)	1	1) binčö ṣi. . . . быҥ äчӱ сiз . . .
. . . . . . [runic text] (2, 1)	2	2) kojda končoj . . . . . куiда кунчуjымка . .
[runic text] (2, 1)	3	3) drltm ṣizma . . . адырылтым сiзiмä . . .
. . . . [runic text] (3, 2, 1)	4	4) ḳiši kzgntm ḅ . . . . кiшi казҕантым бäн . . . .

(1) Ihr seid Byng-Ätschü. (2) Von meinen Kutschui im Kui . . . . . . (3) von euch, den Meinen . . . habe ich mich getrennt. (4) Menschen habe ich erworben, ich . . . .

Die Rückseite (MM. II. Atlas LXXX, 2 a. b):

. . [runic text] (3, 2, 1)	1	1) äḷimkä ḅcmdm ṣiziḷm äлiмкä бӱкмäдiм сiз äлiмä
. . [runic text] (3, 2, 1)	2	2) kdirjgida otz ṛöḷ . . кадыр jаҕыда отуз äр öлтi
[runic text] (3, 2, 1)	3	3) bgm bodnmka drltm баҕым будунымка адырылтым
[runic text] (2, 1)	4	4) ṛḅnḳöṣi boṛmš äр бäҥкӱсi бу äрмiш
. . . [runic text] . . . (2, 1)	5	5) . . . . onjta köl . . . . (он) аiта кӱл . . . .

(1) Ich verweile nicht bei meinem Volke, von euch, meinem Volke (bin ich getrennt). (2) Im heftigen Kriege sind dreissig Mann gestorben. (3) Von euch, meinem Geschlechte, meinem Volke, habe ich mich getrennt. (4) Das ist das Denkmal eines Helden. (5) . . . . . zehn Monat Kül (?) . . . . .

4. Die Inschriften vom Altyn-Köl.

Etwa eine Werst vom Altyn-Köl, einem kleinen See, rechts vom Abakan zwischen dem Gebirge, nicht weit von den Dörfern Judinaja und Monok, fand im Jahre 1878 der Bauer des Dorfes Judinaja E. T. Kortschakoff zwei Steine. Sie waren mit einer Erdschicht bedeckt und nur die Ecken der Steine ragten aus der Erde hervor und waren etwa 4 Faden von einander entfernt. Beide Steine bestehen aus braunem in's Gelbliche spielenden Sandstein und von gleicher Form, sind gut behauen und in ähnlicher Weise mit Inschriften bedeckt (vergl. die Abbildung pag. 10 Einl. *I. de l'I.*). Beide Steine wurden in demselben Jahre in das Minussinskische Museum gebracht, wo sie bis jetzt aufbewahrt werden, der eine ist unverletzt, während der andere in zwei Stücke zerbrochen ist.

a) Die erste Inschrift vom Altyn-Köl (AA).

(I. de l'I. XXI).

Diese befindet sich auf einem unverletzten Steine von 4½ Fuss Länge, 17 Zoll Breite und 8 Zoll Dicke. Die Inschrift ist gut erhalten (Fig. 16, *I. de l'I.* pag. 10).

Die Vorderseite (AA):

1) jṛḍḳi brsṭg̣ma ṛḍmḷg̣ma ḅcm
jäрдäкі барс тäгімä äрдäмlігімä бӱкмäдім

2) tšrlp ṛṭṇz i̇ṭotsrḳöč ṛṭṇz
ат ашар алп (атсар алп) äртіңіз äт ут ашар кӱч (äт утсар кӱч) äртіңіз
iṇḷg ḅöṛi oča brs drlmjiṭo
iнilir бöрi уча барс адырылмаі ітӱ,

3) botmz omjḅg̣ḅz ḅiz oja lpṛ öziṇ lṭi kilmdṅ özḷḳ at
бу атымыз умаі бäг біз. Біз уја алп äр öзін алтi кылмадың öзlӓк ат

özn̦ öčr̦g lmdn̈ jița zn͡čöma k̦özn͡čöma drlm̦a ičln̦mö ijö
öзін öчӳрӳг алмадың јыта äзäнчӳмä кӳзäнчӳмä адырылма! іч äliнмӳ ыју

r̦d̦mm
äрдäмiм.

(1) Bei meinem auf der Erde lebendem Tigergeschlechte, bei meinen mit Trefflichkeit Begabten, verweilte ich nicht. (2) Ihr waret ein Held, der Pferde verzehrte (ein schiessender Held), ihr waret ein Mächtiger, der Fleisch und Rinder verzehrte (der Habe gewann), (wenn auch) der jüngere Brüder habende Wolf entflieht (fliegt), so trennt sich doch der Tiger nicht (von den Seinen). (3) Dieser unser Name ist UmaiBeg, (der sind) wir. Uns folgend, hast du den Heldenmann selbst nicht erniedrigt (?), hast du sein Reitpferd (?) selbst nicht vernichtet, trenne dich nicht von meinen Gewohnheiten und Wünschen. Rühmt man meine Trefflichkeit beim inneren Volke?

Die rechte Seite (AA. a):

1

2

3

1) r̦r̦mčn̦ in̦mčm ojrn öčn b̦n̈göm̦n̦ țik̦a b̦r̦ți
äр äрдäм ӳчӳн інім äчім ојарын ӳчӳн бäңгӳмін тікä бäрті

2) țör̦țn̦lg̦ö r̦țm b̦izn̦i r̦k̦lg̦ drti jita
тöрт äнlігӳ äртім бізні äрклір адыртты јыта

3) lton šon͡da jš k̦jk̦i rtglto gltdčina bršm
алтун шунда јаш кäјікі артыђлату ађлатдачына(ђа ?) барсым

drlobrdi jța
адырылу барды јыта.

(1) Wegen meiner Trefflichkeit und wegen des Ansehens meiner jüngeren und älteren Brüder haben sie mein Denkmal aufgestellt, (2) die vier (Winkel) habe ich erstrebt, uns hat der Mächtige geschieden! (3) Sechzehn sind hier seine Jahre. Mein Tiger hat sich von denen, die das Wild heftig jammern machen (d. h. von den Jägern ?), getrennt.

Die linke Seite (AA. b):

[illegible] 1

[illegible] 2

[illegible] 3

1) onj iḷṭḍi ögam ḳḷṛṭi iḷmḳa ṛḍmöčṇ mṇ jṛḷḍm
он ai älтri öräм кälÿpri äliмкä äрдäм ÿчÿн мäн jäpläдiм

2) älim öku͡čn̈a kln jgka kjmtn ṭgpn drldm jiṭa
äliм öкÿнчÿңä калын jaҕыка кыiмыту тäriнäн адырылдым jыта

3) iṇn̈zḳa ičn̈zḳa iṇgṇ jci in̈z ṭöšrtn̈z
iнiңiзкä äчiңiзкä iнгäн (?) jÿкiңiз тÿшÿртiңiз.

(1) Zehn Monate hat meine Mutter mich getragen, hat mich meinem Volke gebracht, wegen meiner Vortrefflichkeit habe ich das Land beherrscht (bewohnt). (2) Zum Kummer meines Volkes habe ich mich auf die zahlreichen Feinde gestürzt und bin (so von euch) getrennt. (3) Euren jüngeren und älteren Brüdern habt ihr eure gewaltige Last aufgebürdet.

b) Die zweite Inschrift vom Altyn-Köl (MM. III).

(Atlas LXXXI, Fig. 1. I. de l'I. XXII).

Dies ist die Inschrift des zerbrochenen Steines, der im Ganzen 6½ Fuss lang, 16—18 Zoll breit und 7 Zoll dick ist. Die Inschrift ist viel schlechter erhalten, als die erste Inschrift am Altyn-Köl. Der Abklatsch der Inschrift der einen Seitenfläche wurde mir schon im Jahre 1892 zugestellt und ist daher schon in der zweiten Lieferung des Atlas reproducirt worden.

Die Frontseite (MM. III a):

[illegible] 1

[illegible] 2

[illegible] 3

[illegible] 4

1) ṛḍm bolšr bodong ṛḳ bodng ṛtm ṛṇ olg ṛḍmg
Äрдäм Болшар будунуҕ äрк будунуҕ äр атым Äрäн Улуҕ äрдäмlir
btormṇ
батурмäн

2) ṛṛḍmḷ bolṣar bodn iṣṛḳ jöṛmḍi ṛn͡čm iḳzma
äр äрдäм äliм Болшар будун äсрiк јӱрiмäдi äрiнчiм äкiзiмä
kojda kdšma kon͡čjma drlo brdm mṇ oglmka . . . .
куіда кадашыма кунчујыма адырылу бардым мäн оҕлымка . . . .
bodnmka ḅcmḍm
будунумка бӱкмäдiм

4) ṣḳz kirk jsma
сäкiз кырḳ јашыма.

(1) Das treffliche Bolschar-Volk, das mächtige Volk (beherrsche ich), mein Heldenname ist Äran-Ulug, ich bin ein mit Trefflichkeit begaber Batur. (2) Mein heldenmüthiger Stamm, das Volk der Bolschar lebte nicht in Erregung (d. h. lebte in Ruhe so lange ich lebte). Von meiner Ruhe, von meinen Zwillingen, (3) von meinen Gefährten, meinen Kuntschui im Kui habe ich mich getrennt, ich vermochte nicht bei meinen Söhnen . . . . meinem Volke zu verweilen. (4) In meinem acht und vierzigsten Jahre . . . . .

Die linke Seite (MM. III):

[illegible] 1

[illegible] 2

1) onj iḷṭḍi ögm ogln ṭogdm ṛiṇ olgatm
он ai älтті öräм оҕлан тоҕдым Äрäн-Улуҕ атым

2) iḷmḍa ṭöṛṭ ṭgzṇḍm ṛṛḍmnöčṇ inn͡čo lp͡čnd
äliмдä тöрт тäгзiндiм äр äрдäмiм ӱчӱн Ынанчу-алп iчiндä

(1) Zehn Monate hat sie mich getragen, meine Mutter, als Knabe bin ich geboren, Äran-Ulug ist mein Name. (2) Von meinem Volke bin ich in alle vier (Winkel) umhergezogen, wegen meiner Heldenhaftigkeit von dem Ynantschu-Helden.

Die rechte Seite (MM. III b):

[illegible] 1

[illegible] 2

1) ṛḍm bolsr ndg ṛmṣ ṣiṇ mṇ lton kprka ḳṛṭm
Ӓрдäм Болшар андаҕ ӓрміш ӓсін мäн алтун канарка кіртім

2) ṛḍmöčṇ ṭöpöṭ knka jlbč brdm ḳḷṛṭm
äрдäм ӱ̆чӱ̆н тӱ̆пӱ̆т канка јалабач бардым кäлӱ̆ртӱ̆м.

(1) Nach solchem Sinne meiner trefflichen Bolschar bin ich eingedrungen, um Gold zu erlangen. (3) Wegen meiner Trefflichkeit bin ich als Gesandter zu dem Chan der Tibetaner gegangen und habe (viel) herbeigebracht.

5. Die Inschriften vom Uibat.

In der Nähe des Flusses Uibat sind fünf Inschriften gefunden worden, und zwar nicht weit vom Tataren-Dorfe Tschirkoff entfernt.

a) Die erste Inschrift vom Uibat (Tsch K).

(I. de l'I. XXIII).

Der Grabstein, auf dem diese Inschrift sich befindet, ist von Herrn Klementz im Jahre 1886 endeckt worden. Derselbe befand sich zwei Werst rechts vom Ulus Tschirkoff entfernt und lag umgeworfen am Boden. Eine Abbildung dieses Steines ist in der finnischen Ausgabe auf Seite 4, Fig. 3, wiedergegeben. Der Stein ist gut bearbeitet, auf dem unteren Theile der einen Schmalseite ist ein menschliches Antlitz ausgehauen, von dessen Scheitel drei wellenförmige Linien sich bis zur Höhe des Steines emporschlängeln. Nach Aushölung dieser Wellenlinien ist eine Inschrift auf dieser Schalseite ausgehauen Ausserdem sind am Rande der beiden Breitseiten Inschriften angebracht. Die Inschrift ist gut erhalten und ihre Entzifferung bot fast keine Schwierigkeiten. Ausser der fast fehlerlosen Kopie der *I. de l'I.* standen mir bei der Entzifferung zwei vortreffliche Abklatsche zu Gebote.

Die Frontseite:

[illegible] 1

1) ṛḍm kṅ ltoga ḅṛmši
äрдäм акаң алтуҕа бäрмiшi.

(1) Dem trefflichen Vater Altu ist dies gewidmet.

Die linke Seite:

[illegible] 2

[illegible] 3

2) on ṇiṇṣi tokz ogli bröčöṇ
on inici токыз оҕлы бар ӱчӱн

3) čbotou trkn ḅnöṣi ṭika ḅrṭm
Ач будун таркан бäңӱсі тікä бäртім.

(2) Da er zehn jüngere Brüder und neun Söhne hatte, (3) habe ich dieses Denkmal dem Tarkan des Volkes Atsch errichtet.

Die rechte Seite:

[illegible] 4

[illegible] 5

1) ṛḍmṇ öčṇ iḷraḍa kara knka brpn
Äрдäмін ӱчӱн äl арада кара канка барыпан,

1) jlbč brpn ḳḷmḍńz ḅgmz
јалбач барыпан кäлмäдіңіз бäгіміз.

(4) Wegen seiner Trefflichkeit ist er aus der Mitte des Volkes zum Kara-Chan gegangen. (5) Hingehend seid ihr nicht zurückgekommen, ihr, unser Fürst.

b) Die zweite Inschrift vom Uibat (MM. I).

(Atlas LXXX, Fig. 1. I. de l'I. XXIV).

Der Grabstein, der diese Inschrift trägt, wurde im Jahre 1885 von dem Goldwäscherei-Besitzer Herrn I. P. Kusnezow, aufgefunden; er befand sich ebenfalls am rechten Ufer des Uibat, nicht weit vom Tataren-Dorfe Tschirkoff. Dieser Stein ist offenbar nur die obere Hälfte des Grabsteines, der untere Theil des Steines ist bis jetzt nicht aufgefunden. Herr Kusnezow übergab diesen Stein dem Minussinskischen Museum.

. . . . [illegible] 1

[illegible] . . . 2

[illegible] 3

[illegible] 4

[illegible] 5

1) ozḇiḷgačǹši ozṭ . . . .
öз Бilrä Чаңшы öз. . . . .

2) . . . . inöčṇ lpinöčṇ ṛdmiṇöčṇ
. . . . ын ӱчӱн алпын ӱчӱн äрдäмін ӱчӱн

3) . . . . . ṭöḳḍi ṭöṛṭ bolǹka ṭöḳḍi
. . . . . тöгдi тöрт булуңка тöгдi

4) . . . . . . pḍi öčkta ṭgẓṇṭi
. . . . ӱч ката тäгзiнтi

5) . . . . . . taṣizr iḳioglin ḇiṛḷa öḷṭi
. . . . сыз äр äкi оҕлын бiрlä ölтi.

(1) Er selbst, der weise Tschangtschy . . . . . (2) . . . . . wegen, seines Heldenmuthes wegen, seiner Trefflichkeit wegen (3) hat er . . . durchzogen, die vier Winkel durchzogen. (4) . . . . er ist . . . . drei Mal ist er in die Runde gezogen. (5) er . . . . . der Held mit seinen beiden Söhnen ist gestorben.

c) Die dritte Inschrift vom Uibat (Tsch M).

(I. de l'I. XXV).

Diese Inschrift befindet sich auf dem von Messerschmidt im Jahre 1721 aufgefundenen Obelisken. Herr Aspelin giebt in der Einleitung zur finnischen Ausgabe pag. 1 eine genaue Darstellung der Auffindung und der Veröffentlichung des Steines, der seit dem vorigen Jahrhundert ein lebhaftes Interesse der europäischen Gelehrten hervorrief. Der Stein wurde von Herrn Klementz von Neuem aufgefunden und zwar am linken Ufer des Uibat, etwa eine Werst vom Flusse entfernt. Er lag umgestürzt am Boden. Der Stein ist ungefähr 10 Fuss hoch, unten 1 Fuss 8 Zoll und oben 1 Fuss breit, und 18—20 Zoll dick. Die Inschrift war, nach der Abbildung von Strahlenberg zu urtheilen, schon im Anfang des vorigen Jahrhunderts in einem nicht besserem Zustande, als gegenwärtig.

Die Vorderseite oberhalb des Antlitzes (Tsch M):

[illegible] 1

[illegible]

2

3

4

1) ṛṛdmi öčö ima jto jqldi koli aṣtotšr köč öččma
äр äрдäмi ўчўн äчiмä jыта jоклады кулы аш тутушыр (тутсар) кўч ўч äчiмä

2) ḅgṛgča sbkbsr (?) čimiz
бäг äрiгчä Сабык-басар (?) äчiмiз

3) jgda . . . . . . kop bodon ṭiṅṇ ḅiḷiṛ ṛṭi
jаҕыда . . . . акун будун тäңiн бiлiр äртi

4) . . . . gṇ tokz
. . . . токуз.

(1) Wegen seiner Heldenhaftigkeit weinten sie, seine Sklaven haben Speise dargebracht meinen mächtigen drei Brüdern. (2) In seiner Fürstengewalt ist Sabyk-Basar (?) unserer älterer Bruder . . . (3) Im Kriege (neun Mal ?) ausziehend befehligte er die Schaaren seines Volkes. (4) . . . . neun (gehört gewiss zur vorhergehenden Zeile)..

Die linke Seitenfläche (Tsch M. a):

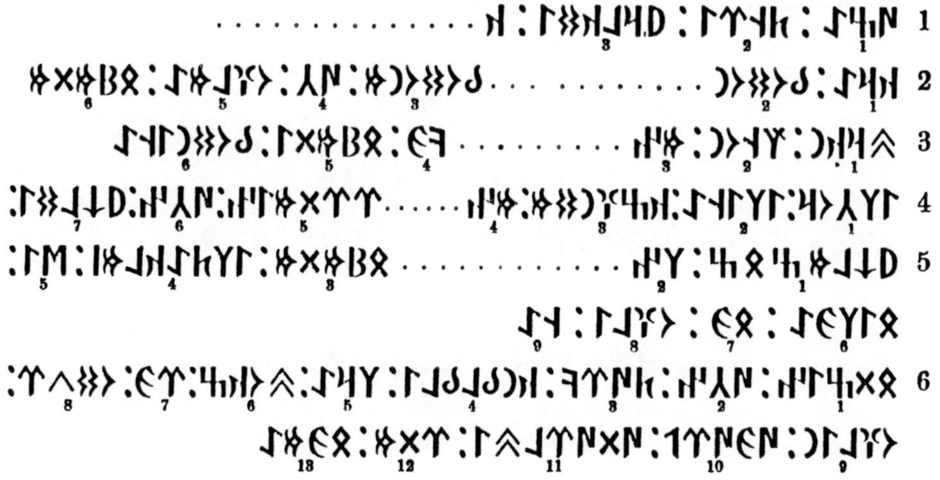

1

2

3

4

5

6

1) öza ṭṅṛi jrlkdi k . . . .
öзä тäңрi jарылкады . . . .

2) kra bodon . . . . bodonm öč oglma ḅcmḍm
кара будун . . . . будунымa ўч оҕлыма . . . . .

3) trkn šňon mn . . . . ḳg ḅcmḍi bodniṇa
таркан шаңун мäн . . . . бўкмäдi будуныңа

4) iḷčoṛ iḷiňa kzgndm mn . . . . ṛṛḍmin öčṇ jqldi
Äl-чур äliңä казђандым мäн . . . . äр äрдäмiн ўчўн jokлады

5) jqlmzḅz ḷṇ . . . . ḅcmḍm iḷṭaklmṣ l͡ti ḅiḷga ḅg ogli ňa
jokламаз бiз äliн . . . бўкмäдiм äлтä калмыш алты бiлгä бäг ођлыңа

6) ḅḍziṇ öčṇ ṭöṛḳ knblbli ḷra tokz ṛg odšṛ oglin ögöṛp
бäдäзiн ўчўн тўрк кан балбалы äл ара токуз äрiг . . . äр ођлын öгўрўп
öḍöṛlti ṛḍm ḅgma
öдўрä алты äрдäм бäгiмä.

(1) Oben war der Himmel gnädig . . . . . . (2) vom gemeinen Volke . . . . (habe ich mich getrennt?), bei meinem Volke, bei meinen drei Söhnen vermochte ich nicht zu verweilen. (3) Der Tarkan-Schangun bin ich . . . . verweilte nicht bei seinem Volke. (4) Für das Volk des Aeltschur habe ich erworben . . . . wegen seiner Trefflichkeit jammerten sie. (5) Wir jammern mit dem Volke . . . . . . ich verweilte nicht bei den beim Volke zurückgebliebenen sechs weisen Fürstensöhnen. (6) Wegen der Arbeit des Balbal, des Türken-Chans, hat man unter dem Volke neun Männer, die Söhne kunstreicher (?) Männer herbeigerufen und auserwählt für meinen trefflichen Fürsten.

Die rechte Seiteninschrift (Tsch M. b):

. . . . [illegible] 1
3 2 1

[illegible] 2
6 5 4 3 2 1

[illegible] 3
2 1

. . . [illegible] 4
6 5 4 3 2 1

[illegible] . . . .
8 7

[illegible] 5
4 3 2 1

1) . . . . ṭzgiṇp tn ṛg̣ḷg . . . .
. . . . тäзгiнiп атын äрклiг . . . .

2) otz ṛg bsljo totgk brdiṛn͡č
отуз äрiг башлаjу тутуђка барды äрiнч

3) . . . . öččma drndm
. . . . ўч äчiмä адырындым

4) . . . . bir mta tčmka drndma tokz ḅgṛ . . . .
. . . . бір маты тачамка дарындыма токуз бäг äр . . . . . .
. . . . ma d . r . m
. . . . ма адырындым

5) . . . . oršbši ṛṭm innči ṛṭm
. . . . уруш башы äртiм ынанчы äртiм.

(1) . . . . . . herumziehend seinen Namen mächtig . . . . . (2) dreissig Männer anführend ist er zum Kampfe ausgezogen . . . . (3) von meinen drei Brüdern habe ich mich getrennt. (4) . . . . von einem Trefflichen, dem Tatscham habe ich mich getrennt, von den neun Fürsten, den Helden . . . . habe ich mich getrennt. (5) Das Haupt des Kampfes war ich, ich war ihr Vertrauter (?) . . . . .

Die Rückseite (Tsch M. c):

1) lti jsmta kṅdrdm ḅiḷụmḍm öčičma jta drdm bč . . .
алты jашымта каңа адырдым біlінмäдім ӱч äчімä jыта адырдым . . . . .
öččma kṅmụ ṛḍm atm ṛṭi ḅṛla . . . .
ӱч äчімä Каңа-мäн-äрдäм атым äрті бірlä . . . .

2) iḷmḳa knmka ḅcmḍm . . . . nma iụma ičma mäụkm
älімкä каныmка бӱкмäдім . . . . оӈланма інімä äчімä мäн äм(г)äкім
cöṛa bcmdm
кöрä бӱкмäдім

(1) In meinem sechsten Jahre verlor ich den Vater, (damals) war ich meiner selbst unkundig, (jetzt) bin ich von meinen drei Brüdern getrennt . . . . . meinen drei Brüdern, Kanga-män-ärdäm war mein Name, zusammen . . . . (2) bei meinem Volke, meinem Chane konnte ich nicht verweilen . . . . bei meinen Knaben, meinen jüngeren Brüdern, wegen meiner Leiden konnte ich nicht verweilen.

d) Die vierte Inschrift vom Uibat (Us O).

(I. de l'I. XXVI).

Diese Inschrift ist von der finnischen Expedition aufgefunden, und zwar neben einem flachen mit Steinen umstellten Grabe, das die Tataren Usun-Oba nennen. Dieses Grab liegt 15 Werst nach Westen von der Mündung des Uibat. Der Inschriftstein steht an der nordwestlichen Seite des Grabes.

. . . . 1	1)	. . . . . . n
. . . . 2	2)	oḳoz lpn . . . . . . okyз алнын . . . .
3	3)	ḅṅgö ṛṭi бäңгӱ äртi

(1) . . . . . . (2) mit den Helden der Ogus. (3) Das Denkmal war . . .

e) Die fünfte Inschrift vom Uibat (Ka K).

(I. de l'I. XXVII).

Diese Inschrift ist im Jahre 1847 von Castrén aufgefunden und zwar am rechten Ufer des Uibat, etwa 12 Werst von seiner Mündung. Der Stein befand sich auf einem Grabe am Fusse des grossen Kara-Kurgan genannten Grabhügels. Die finnische Expedition entdeckte von Neuem das schon von Castrén kopirte Denkmal.

. . . čṭ jb nṅ jṛḍa kšqtš bl
. . . чiт jабаныҥ jäрдä кашуk таш балбалы.

Das Steindenkmal des Kaschuk (Akschuk) im Lande . . . . Jaba.

6. Die Inschriften von der Tuba.

In der Nähe des Dorfes Tes, welches an der Tuba liegt, befinden sich drei Inschriften, von denen die zwei kleineren Inschriften vom früheren Direktor des Lehrer-Seminars zu Krasnojarsk, Herrn I. T. Ssawenkow, aufgefunden sind, während die eine grössere im Sommer 1722 von Messerschmidt entdeckt wurde.

a) Die erste Inschrift von der Tuba (Te. I).

(I. de l'I. XXVIII).

Etwa drei Werst vom Dorfe Tes, auf dem Wege zum Dorfe Gross-Ninja, befinden sich etwa 30—50 Faden östlich am Wege, etwa 175 Meter von einander entfernt, zwei grosse Grabhügel und etwa 80 Meter weiter drei grosse aufrechtstehende Steine. Nördlich an dem dem Dorfe Tes näherliegenden Grabhügel war am Fusse des Grabhügels selbst der diese Inschrift tragende Stein aufgestellt. Die Inschrift ist in kleinen Schriftzeichen in den Stein gegraben.

1 1) r . öčn̤ jgika
. . ўчўн jaӈыka

2 2) k̤ön̤č totoq
Кöнч тутуk

(1) . . . . wegen zum Feinde (2) . . . . Köntsch-Tutuk.

b) Die zweite Inschrift von der Tuba (Te. II).

(I. de l'I. XXIX).

Die Inschrift ist auf einer Felswand, die dem Dorfe Tes am rechten Ufer der Tuba gegenüberliegt.

1 1) j̤öz jšjn̤a
jўз jamajiн (?)

2 2) tṅṛmčök̤ḃizk̤a
тäӊрiм чöк бiзкä

3 3) id̤l̤j̤ṛma ḃn̤g̤o bl . . . .
Äдil jäpiмä бäӊгў балбалы

(1) Möchte ich doch hundert Jahre leben (?) (2) mein Himmel sei uns gnädig (?). (3) . . . . meinem Aedil-Lande das Grabdenkmal (?).

c) Die dritte Inschrift von der Tuba (Te. III).

(I. de l'I. XXX).

Diese Inschrift ist zuerst von **Strahlenberg** veröffentlicht worden. Sie wurde von **Tabbert**, der im Auftrage **Messerschmidt's** zum Flusse Tes ging, etwa $1\frac{1}{2}$ Werst von demselben entdeckt und von der finnischen

Expedition wieder aufgefunden, sie befindet sich auf dem Rücken einer Steinfigur. Mir standen zwei sehr gute Abklatsche zu Gebote, die die Entzifferung der theilweise ganz verwischten Inschrift ermöglichten.

1 1) krakn iċŗgi ḅṇ zgṇa
kapakan iчpäri бäн Äзгäнä

2 2) ltotz jšma ŗṭi
алты отуз jaнымa äpтi

3 3) ḅṇ öḷṭm (?) ṭöŗgṣḷ ičnd ḅg
бäн öлтӱм тӱргäш äl iчiндä бäг
ḅṇ ḅiṭg
бäн бiтiг.

(1) Ich, Äsgänä, bin ein innerer Beamter des Kara-Kan. (2) In meinem sechs und dreissigsten Jahre, als ich (3) starb, beim Türgäsch-Volke, ich, der Fürst, die Schrift.

7. Die Inschrift vom Ak-Jüs (AJ).

(I. de l'I. XXXI).

Herr Proskuriakoff aus Krassnojarsk fand diese Inschrift bei der Untersuchung einer Höhle, die sich am rechten Ufer des Ak-Jüs, etwa 4 Werst jenseits des Tataren-Dorfes Toksas, in bedeutender Höhe über dem Flusse befindet. Die Inschrift ist an der Felswand mit schwarzer Farbe geschrieben und von der finnischen Expedition abgezeichnet worden.

1 1) ltošnda ḳḷp
Алту шунда кäliн

2 2) ḷm knm ṭŗṣ bot
äliм каnым Тäрс будун

3 3) boo(lg) ŗtm ögḍminlp
бу улуҕ äр атым Öгдäмiн алп

4 4) bgmḳḷp sniṇp ṅnlp
баҕым кäliн äсäн äнiн аҥланын

(1) Altu hierher kommend, (2) meinen Stamm, meinen Chan, das Tärs-Volk, (3) dieser mein hoher Männer-Name Oegdämin, der Held, (4) mein Geschlecht kommend, gesund da herabsteigend, verstehend

8. Die Inschriften vom Kara-Jüs (KJ).

(I. de l'I. XXXII).

Diese Inschriften befinden sich auf einer vorspringenden Felswand, in der Nähe des Dorfes Sulek, zerstreut zwischen zahlreichen Zeichnungen, von denen die Ausgabe der finnischen Expedition eine treffliche Abbildung enthält. Ich glaube nicht, dass diese Inschriften sich auf die Zeichnungen beziehen, sondern, dass die Zeichnungen später eingeritzt sind. Diese Inschriften sind so undeutlich, dass eine Entzifferung fast nicht möglich ist. Die beifolgenden Texte müssen als ein sehr gewagter Versuch einer Entzifferung angesehen werden.

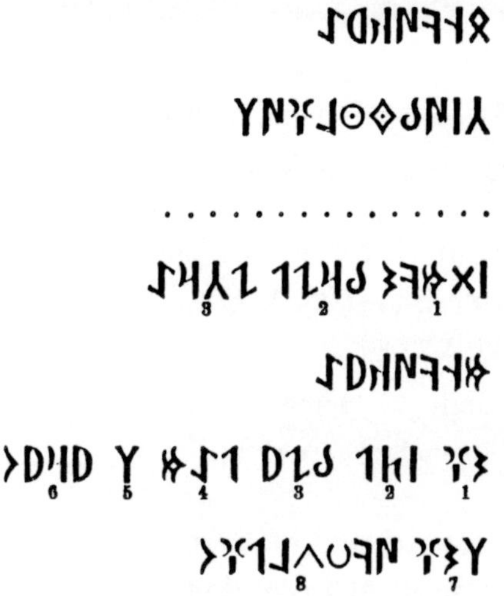

1 1) ḅṅḳökja
бäӊгӳ kaja

2 2) čsöbšlgöl
Ач сӳ башлыҕы ölтi

. . . . 3 3) . . . .

4 4) sdmnč brap ačra
äшiдмäкiнчä барын Ач ара

5 5) mṅkökja
мäӊкӳ kaja

6 6) nčg ṣṭp baj pam ḷ jṛjo
анчаҕ äштiн баi анам äl japajy
ḷnčg öḳšlpgo
äl анчаҕ öкӳш алпаҕу

(1) Gedenk-Felsen. (2) Der Anführer des Heeres der Atsch starb. (3) . . . . . . (4) Ehe er es gehört hatte, hingehend, unter den Tscha. . . . . (5) Gedenk-Felsen. (6) So Vieles hörend, mein Bai-Apa, dem Volke gefallend, das Volk, so viele Alpagu . . . . .

9. Die Inschrift von Tascheba (T).

(Wrtvz. p. 56. I. de l'I. XXXIII).

rdm nr t ḍgö ḅḷga tgi brlton
Äрдäм-Анар ат äдгӳ бälгä таҕы бар алтун.

Aerdäm-Anar ist sein Name; dem guten Bäl auch alles Gold

10. Inschriften auf verschiedenen aus Metall gefertigten Alterthümern.

a) Der von Strahlenberg veröffentlichte Metallspiegel mit türkischer Inschrift (St).

(Wrtvz. p. 56. I. de l'I. XXXVIII).

cödarokḅḳ kö . ösi
Кӱд-арук бäг кӱзкӱсі.

Der Spiegel der Küd-Aruk-Beg.

b) Die Schrift auf einem von Herrn Martin in Minussinsk erworbenen Metallspiegel (M).

(Wrtvz. p. 56. I. de l'I. XXXIX).

ṛṅks ṭöṣḳ ḳözḳöm özḳ
Äр Аңкас-тöшäк кӱзкӱм ӱзӱкі.

Der Mann Angkas-Töschäk, ein Stück meines Spiegels.

c) Die Inschrift auf einer chinesischen Münze aus der Zeit der Dynastie T'ang, vom Jahre 841 (Ch M. I).

(Wrtvz. p. 56. I. de l'I. XXXV).

bṅčjṅ ḅkča
Бäң-чајаң бір акча.

(Bäl) Bäng-Tschajang, eine Münze.

d) Die Inschrift auf einer chinesischen Münze des Minussinskischen Museums (Ch M. II).

(Wrtvz. p. 56. I. de l'I. XL).

(Mir unverständlich.)

c) Die Inschrift auf einer bronzenen Riemenzierde bei dem Dorfe Kopjan am Jenissei gefunden (Kp).

(Wrtvz. p. 65. I. de l'I. XXXIV).

. . . . . . no r
. . . ну äр

Der Mann . . . . . nu

Glossar zu den Inschriften am Jenissei [1].

A.

ai

1) der Mond; [illegible] (UE 3,2) кӧк тäңрідä кӱн ai jäрімä jыта von Sonne und Mond am blauen Himmel, von meinem Lande; [illegible] (Be. a 2,6) сізімä кӱн ai аздым «von euch, Sonne und Mond, bin ich in die Irre gezogen», oder, wenn man сізімä zum vorhergehenden zieht: von euch habe ich mich getrennt und bin Tage und Monate in die Irre gegangen; [illegible] (U Tsch. X 4,1) äcri ai der abnehmende Mond.

2) der Monat; [illegible] (AA. b 1,1—MM III 1,1) on ai ältri öräм zehn Monate hat mich meine Mutter getragen.

akaң

der Vater; [illegible] (Tsch K 1,2) äрдäм akaң Алтуђа dem trefflichen Vater Altu; [illegible] (Tsch M. c 1,3) akaң адырдым von meinem Vater trennte ich mich (auffallend ist die Schreibweise ◇ oder ⊙ für ң); [illegible] (Tsch O. a 1,1) scheint auch «mein Vater» zu bedeuten, vielleicht ist auch [illegible] (UE 6,4) каңам (?) zu lesen und dann каңам бäг äрдäм ӱчӱн «wegen der Verdienste meines Vaters, des Beg» zu verstehen. Ich möchte aber vorziehen [illegible] Каиан Бäг zu lesen.

***akaңсыз** [von akaн (?)+сіз]

vaterlos; Das Wort wird (Ba II 1,3 und Ba IV 3,1) [illegible] geschrieben, die Uebersetzung ist fraglos, die Lesung zweifelhaft, denn in Ba II heisst es: ӱч јашымда akaңсыз болдым «in meinem dritten Jahre war ich vaterlos (mein älterer Bruder hat mich auferzogen)» und Ba. IV: akaңсыз калдым «vaterlos blieb ich zurück» ([illegible] passt vortrefflich zu der Schreibung [illegible]).

aky (v)

ausziehen, Kriegszüge unternehmen; [illegible] (Tsch M 3,2) јађыда (тођуз) akyн im Kriege [oder bei dem Feinde (neun)] Ueberfälle machend.

akyн

ein Eigenname; [illegible] (Uj A 4,2) äр äрдäмім akyн; [illegible] (Uj A 5) јаш akyн (?) бäн ich bin der junge Akun.

1) Die mit * bezeichneten Wörter kommen in den Inschriften von Koscho-Zaidam nicht vor. Die mit ✠ bezeichneten Wörter sind rechtsläufig geschrieben.

*akча

das Geld, die Münze; [runic] (Ch M I) б(ір) akча eine Münze.

*aҕлат (v) [von aҕла-+-т]

schreien lassen, jammern lassen; [runic] (AA. a 3,6) кäjiкi артыҕлату aҕлаттачыма барсым адырылу барды jыта mein Tiger hat sich getrennt von denen, die das Wild immer heftig weinen machen (d. h. von meinen Jagdgenossen).

*aңлан (v) [von aң-+-ла-+-н]

verstehen; [runic] (AJ 4,3) aңланын verstehend.

*Aнар

ein Eigenname; [runic] (T 2) Äрдäм-Aнар.

андаҕ [von ол-+-тär]

ein solcher; [runic] (MM III. b 1,3) андаҕ äрміш äсін nach solchem Sinne (meiner Bolschar).

анчаҕ [von ол-+-чak]

so viel; [runic] (KJ 6,1) анчаҕ äшітін so Vieles hörend; [runic] (KJ 6,8) äл анчаҕ das Volk so viele.

*Аншiн

ein Eigenname; [runic] (KK 3,2).

ара

Zwischenraum, zwischen; [runic] (U Tsch. II 3,1) будун ара unter dem Volke; [runic] (Tsch M. a 6,5) äл ара unter dem Volke; [runic] (Tsch K 4,3) äл арада aus der Mitte des Volkes; [runic] (KK 4,1) кiшi арасы unter den Leuten.

*аркы

jenseitig; [runic] (KK 6,7) Тутук-бäг аркы jäpi das jenseitige Land des Tutuk-Beg.

*артыҕлат (v) [von артыҕ-+-ла-+-т]

vermehren, stärker machen; [runic] (AA. a 3,5) артыҕлату aҕлаттачы der (das Wild) sehr heftig weinen, jammern macht (der Jäger?).

ал (v)

nehmen; [runic] (AA 3,12) алмадың! du hast nicht genommen! [runic] (Tsch M. a 6,11) öдÿрÿ алты sie haben auserwählt; [runic] (Be. d 1,7) алын он алтун nehmend zehn Gold(sachen?). Ist nicht vielleicht richtiger anzunehmen, dass [runic] für [runic] алынан steht, dann wäre die Schwierigkeit von он алтун gehoben.

*алыҕдан (?)

unbekannte Bedeutung; [runic] (Be. c 5,1) анда алыҕданыма анда сiзiмä äдгÿ äшiмä адырылдым dort habe ich mich von meinen (Alygdanen), dort von euch, meinen guten Gefährten, getrennt.

*алтi [vergl. алды (Tel.) sein Untertheil]

unterhalb; [runic] (AA 3,8) алп äр öзiн алтi кылмадың die Helden-Männer selbst hast du nicht vernichtet (heruntergemacht).

алты

sechs; [runic] (Uj Ta 2,10), *[runic] (KK 5,7) алты баҕ die sechs Geschlechter; (Tsch M. c 1,1) алты jашымта in meinem sechsten Jahre; [runic] (Ba. I 2,3) алты Оҕуз будунда unter dem Volke der sechs Ogus; [runic] (Uj Tu. b 2,7) алты бiң sechs tausend; [runic] (Tsch M. a 5,5) алты бiлгä бäг sechs weise Bege; [runic] (AA. a 3,1) алты он шунда(?) jаш im sechzehnten Jahre; [runic] (Te. III 2,1) алты отуз sechs und dreissig.

*Алту
Eigenname eines Mannes; [runic] (Tsch K 1,3) акаң Алтуђа meinem Vater Altu; [runic] (AJ 1,1) Алту шунда кäliн Altu hierher kommend.

алтун
das Gold; [runic] (OC 3,5) алтун кӳмӳш адырылдым von Gold und Silber bin ich getrennt; [runic] (Be. d 1,8) алын он (алышан?) алтун кӳмӳшіг empfangend (zehn) Gold- und Silber-(Gegenstände); [runic] (MM. III b 1,7) алтун канарка кіртім ich bin hingegangen, um Gold zu holen; [runic] (T 7) бар алтун alles Gold.

*алтунлыђ [von алтун-+-лыђ]
mit Gold versehen, vergoldet; [runic] (Uj Tu. a 2,1) алтунлыђ кӳмӳшлiг бäliмтä von meinem vergoldeten und versilberten Bäl; [runic] (UE 5,3) алтунлыђ кäчiгiн sein goldenes Glück.

*алтмыш
sechzig; [runic] (Uj Ta 1,8) алтмыш јашымда in meinem sechzigsten Jahre; [runic] (Atsch. b 2,1) алтмыш äр sechzig Männer.

алп
1) der Held; [runic] (Us O 2,2) оҕуз алпын mit dem Ogus-Helden; [runic] (AA 2,1) ат ашар алп der Pferde verzehrende Held. Gewiss als Bestandtheil von Eigennamen: [runic] (Ba. I 2,2) Järiн Алп Туран der Jägin Alp Turan; [runic] (UTsch. III 1,1) Алп (Уршу? Урунду?) Уруңу Alp Urungu.

2) heldenmüthig; [runic] (MM. III 2,7) алп ічіндä aus der Mitte meiner Helden; [runic] (AA 3,6) алп äр heldenmüthige Männer.

3) der Heldenmuth; [runic] (MM. I 2,2) алпын ӳчӳн äрдäмiн ӳчӳн wegen seines Heldenmuthes und wegen seiner Trefflichkeit; [runic] (AJ 2,3) Öрдäмін алп der Held Oegdämin.

алпаҕу
der Alpagu, eine Würde; [runic] (KJ 6,8) анчаҕ öкӳш алпаҕа so viele Alpagu.

*алпсыз [von алп-+-сыз]
ohne Helden; [runic] (OC. b 2,3) кадаш алпсыз ohne Genossen und ohne Helden.

ат
das Pferd; [runic] (UE 12,3) адак(лыђ ?) атыма meinen Füsse habenden Pferden; [runic] (AA 2,1) ат ашар алп der Pferde verzehrende Held; [runic] (AA 3,9) öзлäк ат das eigene Reit(?)pferd.

ат
der Name; [runic] (T 3) ат; [runic] (Atsch. c 2) äр ат(ы) der Männername; [runic] (Tsch M. c 1,12), [runic] (Uj Ta 2,1), [runic] (Ba. I 1,2) атым mein Name; [runic] (MM. III a 1,6, UTsch. II 1,1, AJ 3,2) äр атым mein Heldenname; [runic] (Atsch 2,2) аты sein Name; [runic] (Atsch 3,4) атыңыз euer Name; [runic] (AA 3,1) бу атымыз dieser unser Name; [runic] (Ba. III 2,2) улуђ атым mein hoher Name; (MM. III 1,7) Äрäн Улуђ атым mein Name ist Aerän-Ulug, [runic] (Tsch M. b 1,2) атын seinen Namen (oder: mit seinem Namen, durch den Namen).

адак
der Fuss; [runic] (UE 11,1) тöрт адак(лыђ?) јылкым meine vierfüssigen Pferde; [runic] (UE 12,3)

адак(лыҕ?) атыма meinen Füsse habenden Pferden.

*адаклыҕ [von адак+лыҕ]
Füsse habend; [runes] (UE 11,3) тӧрт адак јылкым сӓкiз адаклыҕ барма(ды)м meine vierfüssigen Pferde achtfüssig (machend?), bin ich nicht geritten; [runes] (Be. b 1) сӓкiз адаклыҕ бармаҕ ӱчӱн јылкым тӧкӓтi um achtfüssig zu reiten, sind meine Pferde zu Ende gegangen. Der Ausdruck сӓкiз адаклыҕ бармаҕ (achtfüssig reiten) scheint also ein allgemein angewandter technischer Ausdruck zu sein. Ich glaube, es bedeutet eigentlich, mit einem Geleitpferde ausziehen, d. h. auf einem Pferde reitend ein zweites Pferd am Zaume mit sich führen, und dann im übertragenen Sinne: weite Fahrten, Streifzüge unternehmen. Ist dies richtig, so wäre UE 11,3 zu übersetzen: «ich bin nicht viel (nach Beute) herumgezogen» und Be. b 1 «wegen der Streifzüge sind meine Pferdeheerden zu Ende gegangen, (denn) ich bin (viel) geritten.

*адаш [адаш (Uig.)]
der Altersgenosse; [runes] (Atsch. b 2,2) адашыңыз eure Altersgenossen.

*адыр (v) [адыр (Uig.)]
sich trennen; [runes] (Tsch M. c 1,3) акаң адырдым ich trennte mich von meinem Vater; [runes] (Tsch M. c 1,7) ӱч ӓчiмӓ јыта адырдым von meinen drei Brüdern trennte ich mich.

адырыл (v) [von адыр+л]
getrennt sein; [runes] (Uj Tu. a 1,9 —1,13—b 1,4—1,7, MM. II. a 3,1, MM. II 3,3, U Tsch. IV 3,2—3,4, U Tsch. II 3,6, UE 1,6—3,5—12,7—4,8 2,9); [runes] (OC 1,3—2,5—3,4—3,7, OC. b 3,3, AA. b 2,7, Ba. I 2,8 —3,3, Ba. II 3,3, Ba. III 4,5, Ba. IV 2,3, Be. a 2,3—3,2, Be. c 1,4—2,4—4,3—5,4, Tsch O 1,2—1,6—1,8, Tsch O. a 2,7, U Tsch. I 3,5, U Tsch. IX 3,3, UK 1,3) адырылдым ich bin getrennt; [runes] (UE 9,5) адырылајын ich will mich trennen; [runes] (AA 3,16) адырылма! trenne dich nicht! werde nicht getrennt! [runes] (AA 2,11) адырылмаі sich nicht trennend; [runes] (U Tsch. III 2,5, AA. a 3,8, MM. III a 3,4); [runes] (U Tsch. V 2,3—3,4) адырылу бардым mich trennend bin ich gegangen. Das Verbum адырыл wird construirt: 1) mit dem Dativ: (UE 1,5—8) ӧздӓ оҕлым сiзiмӓ адырылтым von euch, meinen eigenen Söhnen, habe ich mich getrennt; (Ba. III 4,3—5) ӧздӓ ӓҕлымка адырылдым von meinen eigenen Söhnen habe ich mich getrennt; 2) mit dem Dativ und [runes] јыта: (UE 4,7—8) каным бӓлiмӓ јыта адырылтым von meinem Chan und meinem Bäl habe ich mich getrennt; 3) mit dem Nominativ: (Tsch O. a 2,5—7) ӓдгӱ кадашым адырылдым von meinen guten Genossen bin ich getrennt; 4) mit dem Nominativ und јыта (Uj Tu. a 1,10—13) кӱнiм кадашым јыта адырылтым von meiner Familie und meinen Gefährten bin ich getrennt.

*адырын (v) [von адыр+н]
sich trennen; [runes] (Tsch M. b 3,2 —4,4—4,8) адырындым ich habe mich getrennt.

*адырт (v) [von адыр+т]
trennen; [runes] (AA. a 2,6) бiзнi ӓрклiг адыртты јыта uns hat der

Mächtige (Gott) getrennt von einander.

Ач

Volksstamm der Kirgisen; [runic] (Aj A 4,1) Ачта бäн äр äрдäмiм Акун unter den Atsch bin ich der verdienstvolle Akun; [runic] (Tsch K 3,1) Ач будун таркаnы der Tarkan des Volkes Atsch; [runic] (UE 8,6) Ач-бäлiгдä bei den Atsch-Bälig (?); [runic] (KJ 2) Ач сӯ батлыӈы öлтi der Führer des Heeres der Atsch starb.

аз (v)

umherirren, in die Irre gehen; [runic] (Be. a 2,7, Be. c 3,6) сiзiма кӯн ai азлым von euch, Sonne und Mond, bin ich in die Irre gezogen; (Be. b 1,12) öрӯнмäк карамаӈ аздым vom freudigen Umherschauen bin ich in die Irre gegangen.

аш

die Speise; [runic] (Tsch M 1,6) кулы аш тутыныр (od. аш тутсар) seine Sklaven bringen Speise dar.

*аша (v)

speisen, essen; [runic] (AA 2,1) ат ашар алп der Pferde essende Held; [runic] (AA 2,4) äт ут ашар кӯч der Fleisch und Rinder essende Starke.

ана

der Grossvater, Vorahr; [runic] (U Tsch V 1,2) . . . тчур анасы барур der Grossvater des . . . ttschur geht dahin. Als Theil eines Eigennamens: [runic] (U Tsch VII 2,2) Кӯлӯг-ана бäнiч bin Külüg-Apa; [runic] (KJ. b 2,3) Бai-Анам; Тöр-ана (?), vergl. Тöрнä.

Ä.

äкi

zwei; [runic] (MM. I 5,2) äкi оӈлын бiрlä ölтi mit seinen beiden Söhnen ist er gestorben; [runic] (UE 12,2) äкi äбiмä von meinen zwei Häusern; [runic] (U Tsch. III 1,6) äкi оӈланыма сiзiмä von euch, meinen beiden Knaben; [runic] (U Tsch. VIII 1,2) äкi äлiг zwei und fünfzig.

*äкiз

die Zwillinge; [runic] (MM III. a 2,7) äрiнчiмä äкiзiмä von meinem Wohlbehagen, von meinen Zwillingen.

*Äгӯк

in der Verbindung [runic] Äгӯк катун scheint der Name einer Oertlichkeit zu sein: (Uj Tu. b 1,5) Äгӯк катун jäрiмкä адырылтым von meinem Lande Aegük-katun bin ich getrennt.

*äрpir (v)

Bedeutung fraglich, kommt nur ein einziges Mal vor. [runic] (Be. d 1,10) äр äрдäмiм ӯчӯн алынан (алын-он) алтун кӯмӯшiг äгрiттiм бäлдä казӈандым wegen meiner Männer Verdienstes empfangend (zehn) Gold und Silber, habe ich . . . . , von dem Bäl habe ich dasselbe erworben.

äн (v)

herabsteigen; [runic] (AJ 4,2) äсäн äнiн gesund herabsteigend.

äнlir (v)

erstreben, ersehnen; [runic] (UE 5,4) алтынлыӈ кäчiгiн äнlirтiм sein goldenes Glück habe ich erstrebt; [runic] (AA. a 2,2) тöрт äнlirӯ äртiм die vier (Winkel der Erde) erstrebend, war ich, d. h. ich zog in alle Länder, die rund um uns liegen.

äр

der Mann, Ehemann, Held; (Tsch M. b 4,6) бäр äр der Held; .... (Atsch 3,2) der Held...; (Atsch. b 1,1) öз äр der Held selbst; (Atsch. b 2,3) älir äр fünfzig Männer; (Uj Tu. b 3,8) äl äпім äр meine Gefährten des Volkes, die Männer; (Uj Tu. b 3,9) öкÿш äр viele Männer; (Uj Tu. b 3,10) оҕлан äр die jungen Männer, die Soldaten; (MM. I 5,1) ...та сыз äр Männer ohne...; (AA 3,6) алп äр der heldenmüthige Mann; (Tsch M. a 6,8) удуш äр; (Atsch. b 2,1) алтмыш äр sechzig Männer; (UE 2,1) jÿз äр hundert Männer; (Atsch. c 2) äр ат sein Heldenname; (U Tsch. II 1,1—AJ 3,2—MM. III a 1,6, AJ 3,2), (Uj A 5) äр атым mein Heldenname, Männername; (OC. a 3) äр jашы das Mannesalter; (Uj A 3,1—4,2), (Tsch O. a 2,1—MM III. a 2,1, Be. d 1,5) äр äрдäмім meine Männerverdienste; *(KB 5,4) äр äрдäмім ÿчÿн; (Ba. I 1,1—Tsch M 1,1) seiner Männer Verdienste; (Tsch M. a 4,5) äр äрдäмін; (MM. II 4,1) das Denkmal eines Helden; ..(UE 8,9) сäкіз äр äрдімiз wir waren acht Helden; ..(MM. II 2,3) äр öl(ri) der Held ist gestorben; (UE 8,5) äрläрiм äдкÿм jok keiner meiner Helden, meiner Guten ist da; (Atsch 1,4) den Ehemann; (Tsch M. a 6,7) тоҕуз äрiг neun Männer; (Tsch M. b 2,2) äрiг den Helden; (U Tsch. I 3,4) äрiмкä von meinen Helden; (UE 2,5) jÿз äрin seine hundert Helden.

äр (v)

sein; (Uj Ta 2,9—2,14, UE 11,7, AA. a 2,3, Tsch M. b 5,2—5,4, OC. a 4) äртім ich war, ich bin gewesen; (Atsch. a 3,4—4,6—Te. III 2,4, Tsch M 3,6, Tsch M. c 1,13, Us O 3,2); (U Tsch. II 2,4) äрті er war, ist gewesen; ..(UE 8,9) сäкiз äр äрдімiз wir waren acht Helden; (Atsch. b 3,5, AA 2,2, 2,6) äртiӊiз ihr seid gewesen; (MM. III b 1,4) андаҕ äрміш äсіп ihren so beschaffenen Sinn; (Tsch O. b 5) бäӊгÿм äрміш es ist mein Denkmal; (MM. II 4,2) бу äрміш dieser ist gewesen; (OC. b 3,2) анча äрміш ist so gewesen; (UK 3,3) сÿ jok äрміш kein Heer war; (Ba. III 2,3) буӊусуз (?) бу äрміш dies ist Bungusuz; (Tsch M. b 2,6) тутуҕка барды äрінч er war zum Kampfe gezogen; *(KK 5,10) jäр äрдÿкім ол äрінч das ist meine Trefflichkeit.

äрäн

der Held; (Atsch 3,1) äрäн. Als Theil eines Eigennamens: (MM. III. a 1,7), (MM. III 1,6) Äрäн Улуҕ Aerän-Ulug (der Grosse unter den Helden).

*äрінч [äрінч (Uig.)]

die Ruhe, das Wohlbehagen; (MM. III a 2,6) äрінчім äкізімä von meinem Wohlbehagen, meinen Zwillingen (habe ich mich getrennt).

äрк

1) die Macht, die freie Verfügung; [runic] (Ba I 3,1) бäр äркiмä сiзiмä адырылдым von meiner Fürstenmacht habe ich mich getrennt; [runic] (UE 6,3) Tok бöрӱт äркiңä für die Macht des Tok-Bögüt; [runic] (MM III. a 1,4) äрк будунуҕ das mächtige Volk; [runic] (Tsch M 2,1) бäр äргiнä in seiner Fürstenmacht.

2) äркi freiwillig; [runic] (UE 6,8) бäн äркi бардым ich bin freiwillig ausgezogen.

*äрклiг [von äрк+lir]

gewaltig, mächtig; [runic] (AA. a 2,5) бiзнi äрклiк аiрты der Mächtige hat uns getrennt; [runic] (Tsch M. b 1,3) äрклiг.

*äрдäм [äрдäм (Uig.)]

die Mannhaftigkeit, der Muth, die Trefflichkeit, das Verdienst, trefflich, tapfer; [runic] (UE 6,6 – MM. III b 1,1–2,1, Tsch K 1,1, Atsch. a 1,5, MM. III a 1,1, Tsch M. a 6,12, T 1) äрдäм; [runic] (AA. a 1,1) äр äрдäм ӱчӱн wegen seines Mannesmuthes; [runic] (AA. b 1,6) äрдäм ӱчӱн wegen der Trefflichkeit; [runic] (MM III. a 2,1) äрдäм äl das treffliche Volk; [runic] (Tsch K 4,1) äрдäмiн, [runic] (MM I 2,3) äрдäмiн ӱчӱн wegen seiner Trefflichkeit; [runic] (Tsch M. a 4,5) äр äрдäмiн wegen seiner Mannhaftigkeit; [runic] (Ba. I 1,5) äрдäмi seine Trefflichkeit; [runic] (Ba. I 1,1, Atsch. a 1,3) äр äрдäмi seine Trefflichkeit; [runic] (Tsch O 2,9—AA 3,19, MM. III 2,4) äрдäмiм; [runic] (MM. III a 2,1, Tsch O. a 2,1, Be. d 1,5), [runic] (Uj A 3,1—4,2) äр äрдäмiм, [runic] (KK 5,4) äр äрдäмiм ӱчӱн. In Tsch M. c 1,11 ist [runic] : [runic] каңа (канда oder каша) мäн äрдäм unbedingt als Männername aufzufassen.

*äрдäмlir [von äрдäм+lir]

Trefflichkeit habend, verdienstvoll; [runic] (AA 1,3) äрдäмliriмä бӱкмäдiм bei meinen mit Trefflichkeit begabten Leuten verweilte ich nicht; [runic] (MM. III a 1,8) äрдäмlir батурмäн ich bin der treffliche Batur.

äl

die Stammgenossenschaft, der Stamm, das Volk; [runic] : [runic] (Tsch K 4,3) äl арада aus der Mitte des Volkes; [runic] (Tsch M. a 6,5) äl ара unter dem Volke; [runic] (MM. III a 2,1) äр äрдäм äl das tapfere Volk; [runic] (Atsch 1,1) äl öräci die Mutter des Volkes); [runic] (U Tsch. III 2,2) äl äшiм mein Volksgefährte; [runic] (Uj Tu. b 3,7) äl äшiм äр mein Volksgefährte, der Held; [runic] (Te. III 3,3) Тӱргäш äl das Türgäsch-Volk; [runic] (Tsch M. a 5,2) äliн mit dem Volke; [runic] (Tsch M. a 5,4) älтä калмыш beim Volke zurückgeblieben; [runic] (AA. b 2,1, AJ 2,1) äliм mein Volk; [runic] (AJ 2,1), [runic] (Uj A 2,1) äliм чäндäм; [runic] (AA. b 1,5, Tsch M. c 2,1 – MM. II 1,1) äliмкä (von) meinem Volke; [runic] (MM. III 2,1) äliмдä von meinem Volke; [runic] (MM. II 1,3), [runic] (UE 7,7) сiз äliм ihr, mein Volk; [runic] (Atsch. c 4) äliң Ö . . . dein Volk sind die Oe . . .; [runic] (Tsch M. a 4,2) äliңä für sein Volk; [runic] (Atsch 4,2) äliңiз euer Volk; [runic] (ΛΛ 3,17) iч äliмÿ beim inneren Volke; In der Inschrift Tsch M. a 4,1 ist deutlich [runic], was als älчyp der Tschur (Beamter) des äl verstanden werden kann. Vielleicht ist aber der Anfang der Zeile verwischt und statt [runic] hier [runic] zu lesen, was eine in den Denkmälern von Koscho-Zaidam erwähnte Würde bezeichnen würde. Ich habe aber in der Transscription und Uebersetzung Älчyp beibehalten.

älir

fünfzig; [runic] (UE 2,6) älir; [runic] (UK 3,5) jÿз älirдä hundert und fünfzig; [runic] (Atsch. b 2,3) älir äp fünfzig Männer; [runic] (U Tsch. VII 2,2) äki älir zwei und fünfzig; [runic] (U Tsch. IX 3,1) ÿч älir drei und fünfzig.

älт (v)

fortbringen, mit sich führen, bei sich tragen; [runic] (ΛΛ. b 1,2, MM. III 1,2) он ai öräм älтri meine Mutter ist mit mir zehn Monate schwanger gegangen.

***älчi** [von äl-+-чi]

der Volksherr, Herrscher; [runic] (KK 4,5) Kapa-Cäңip älчir der Volksherr von Kara-Sängir.

äт

das Fleisch; [runic] (ΛΛ 2,3) äт yт aмap кÿч ein Starker, der Fleisch und Rinder verzehrt.

***äт**

die Habe; [runic] (Atsch. a 3,2) kaпkы äтi seine Habe in Säcken.

***Äдil**

Name einer Oertlichkeit; [runic] (Tc. II 3,1) Äдil jäpiмä zu meinem Lande Acdil (Fluss?).

äдгÿ

gut; [runic] (Be. c 5,3) äдгÿ äпiмä von meinen guten Gefährten; [runic] (Atsch. b 2,4) äдгÿ äпiңiз eure guten Gefährten; [runic] (Tc 4) äдгÿ; [runic] (Tsch O. a 2,5) äдгÿ кaдaшым mein guter Gefährte; (T 4) äдгÿ бäлгä von dem guten Bäl; [runic] (U Tsch. II 2,7) äдгÿгä bei den Guten; *[runic] (KK 1) äдгÿңiз die Guten von euch; [runic] (UE 8,5) äpläpiм äдгÿм jok ich habe keine Helden und keine Guten.

äчi

der ältere Bruder; [runic] (U Tsch IV 2,4), [runic] (Ba II 2,3) mein älterer Bruder; [runic] (Be. a 1,6), *[runic] (U Tsch. V 2,1), [runic] (ΛΛ. a 1,2) iпiм äчiм meine jüngeren und älteren Brüder; [runic] (Tsch M. c 2,6) äчiмä; [runic] (U Tsch. X 4,2) äчiмкä meinen älteren Brüdern; [runic] (Tsch M 1,8, Tsch M. b 3,1 — c 1,9), [runic] (Tsch M. c 1,5) ÿч äчiмä von meinen drei älteren Brüdern; [runic] (Tsch M 2,3) äчiмiз unsere älteren Brüder; [runic] (Atsch. b 2,6) eure älteren Brüder; [runic] (ΛΛ. b 3,2) äчiңiзкä von euren älteren Brüdern.

äс

der Geist, Gedanke, die Meinung; [runic] (MM. III b 1,5) aндaђ äpміш äciн ihren so beschaffenen Sinn.

***äсäн**

wohl, gesund; [runic] (AJ 4,8) äcäн äпiн gesund herabsteigend.

äсгi

alt; [runic] (U Tsch. X 4,1) äcri ai der abnehmende Mond.

*äcpiк

erregt, wüthend, berauscht; [runic] (MM. III a 2,4) будуи äcpiк jÿpiмäдi das Volk lebte nicht in Erregung.

*äзäнч [äзäн (v) (Tel.) sich gewöhnen]

die Gewohnheit; [runic] (ΛΛ 3,14) äзäнчiмä кÿзäнчiмä адырылма! sei nicht getrennt von meinen Gewohnheiten und Wünschen.

*Äзгäнä

ein Männername; [runic] (Tc. III 1,4).

*äш

der Genosse; [runic] (Uj Tu. b 3,8) äl äшiм äp meine Volksgenossen, die Helden; [runic] (U Tsch. III 2,2) äl äшiм mein Volksgenosse; [runic] (U Tsch. V 4,1) баш äшiм mein Hauptgenosse; [runic] (Bc. c 5,3) von meinen guten Genossen; [runic] (Atsch. b 2,4) äдгÿ äшiңiз eure guten Genossen.

äшiд (v)

hören; [runic] (KB 4,2) äшiд! höre! [runic] (KJ. b 2,2) äштiн, [runic] (KJ. a 4,1) äшiдмäкiнчä bevor er gehört hatte.

äб

das Haus; [runic] (UE 12,2) äкi äбiмä von meinen beiden Häusern; [runic] (Uj Λ 3,2) äбiмiз unser Haus.

äм(г)äк [äмäк (Osm.), äмгäк (Uig.)]

das Leiden, die Qual; [runic] (Tsch M. c 2,7) äм(г)äкiм кöрä wegen meiner Leiden, meiner Qualen (blieb ich nicht mit euch).

O.

*oi [oт (Uig.), oi (Dsch.)]

der Gedanke, das Gedächtniss, der Verstand; [runic] (U Tsch. II 3,5) бiлiг ојымђа адырылдым von meinem Wissen und Verstande bin ich getrennt.

*ођур [Dsch. Uig.]

das Glück, der Schutz; [runic] (UE 8,2) бäлiм ођурунта сÿ болың! seiet zum Schutze meines Bäl ein Heer!

ођул

das Kind, der Sohn; [runic] (U Tsch. VII 1,2) тöрт ођлум бар ÿчÿн da ich vier Söhne habe; [runic] (Uj Tu. a 1,4 —b 2,4—2,6, U Tsch. IX 1,4, UE 1,6) ођлум, [runic] (Tsch O 1,7) сäкiз ођлум meine acht Söhne; [runic] (Bc. a 3,1) ÿч ођлума meinen drei Söhnen; [runic] (Tsch M. a 2,5) bei meinen Söhnen; [runic] (Ba. III 4,4, U Tsch. I 2,4, MM. III a 3,7) meinen Söhnen; [runic] (Ba. III 1,2, U Tsch. II 2,5, Atsch 2,1—Tsch K 2,4) ођлы sein Sohn, seine Söhne; [runic] (MM. I 5,2) äкi ођлын бiрлä ölтi er starb mit seinen beiden Söhnen; [runic] (Tsch M. a 6,9) ођлын seine Söhne.

Ођуз

der Oguse; [runic] (Ba I 2,4) алты ођуз die sechs Ogus; [runic] (Us O 2,1) ођуз алпын mit den Ogus-Helden.

ођлан

der Knabe, Sohn, Soldat; [runic] (MM. III 1,4, Atsch 2,4) ођлан тођдым ich bin als Knabe geboren; [runic] (Atsch. a 4,5) jäтi бiң ођлан äрті es waren sieben tausend Soldaten; [runic] (Uj Tu. b 3,10) öкÿш ођлан äр die vielen Soldaten; [runic] (U Tsch. V 5,2) башда ођланым jыта zuerst von meinen Soldaten; [runic] (Uj Ta 1,4) ођланыма von meinen Söhnen; [runic] (U Tsch. III 1,6) äкi ођланыма сізімä von euch, meinen zwei Söhnen (Knaben).

*ојар

die Klugheit (?), klug (?), das Ansehen (?), angesehen (?); (UE 2,3) кадашым ојарын ӳчӳн wegen des Ansehens (?) meiner Gefährten; (АА. a 1,3) ініи äчім ојарын ӳчӳн wegen des Ansehens meiner jüngeren und älteren Brüder (hat man mir mein Denkmal errichtet); (U Tsch. IV 2,1) ојар кадыным ӳчӳн wegen meines angesehenen Schwiegervaters; (U Tsch. IV 3,3) ојар кадашымка von meinen angesehenen Genossen; (U Tsch. IV 3,1) ојар бäгімкä von meinen angesehenen Begen.

он

zehn; (Tsch K 2,1) он ініи meine zehn jüngeren Brüder; (АА. b 1,1 – MM. III 1,1, MM. II 5,1) он аі zehn Monate; (АА. a 3,1) алты он sechzehn; (Be. d 1,8) алын он oder алынан, vergl. unter алын; (Atsch. b 3,4) он кыз zehn Mädchen.

ол

* (KK 2,1) jener mein Chan; (KK 3,1) аны бітігli der dies geschrieben habende; * (KK 5,10) jäр äрдӳкім ол äрінч! dies ist meine Vortrefflichkeit! (Be. b 8) dort, auf; (Be. c 5,1—2) анда алыҕданыма анда сізімä dort von den ..., von meinen ... (OC. b 3,2) анча äрміш so ist es gewesen.

отуз

dreissig; (MM. II 2,2) отуз äр öлті dreissig Helden sind gestorben; (Tsch M. b 2,1) отуз äріг die dreissig Männer (Acc.); (Te. III 2,2) алты отуз јашыма in meinem sechsunddreissigsten Jahre; (U Tsch. II 1,5) бір отуз јашымда in meinem ein und dreissigsten Jahre.

Ö.

*öкін (v) [öкӳн (Kir.), öгӳн (Uig.)]

bereuen, Kummer haben; (Atsch. b 4,1) öкінмäдіңіз ihr hattet keinen Kummer.

*öкінч [von öкін+ч]

die Reue, der Kummer; (АА. b 2,2) äлім öкінчіңä zum Kummer meines Volkes.

*öкӳз

kommt nur einmal (UE 2,7) vor. Die Bedeutung ist aus dem recht unverständlichen Satze schwer zu ersehen: јӳз äрін äліг öкӳзін тäгдӳк ӳчӳн weil ich hundert Männer und fünfzig Oeküz angegriffen hatte. Ich kann es nur mit dem Worte öгӳз (Kir. Kom. Dsch.) «der Ochs» in Zusammenhang bringen.

öкӳш

viel; (Uj Tu. b 3,9) öкӳш äр viele Männer; (KJ 6,8) öкӳш алпаҕу viele Alpagu.

*öкдäм

das einmal (U Tsch. IV 2,2) auftretende kann nur mit öктäм (Kom. Dsch. Uig.) «tapfer, stark, stolz» in Zusammenhang gebracht werden. Die Wortstellung in diesem Satze ојар кадашымҕа öкдäм јыта ist, wenn man öкдäм durch «tapfer» übersetzt, mehr als auffällig. Ist hier nicht eine fehlerhafte Schreibung für [runic] кӳдäгӳм «Schwiegersohn»? Die Zusammenstellung von [runic] кадыи und [runic] кӳдäгӳ wäre sehr passend.

öгä

die Mutter; [runic] (Tsch O 2,5, AA. b 1,3, MM. III 1,3) öгäм meine Mutter; [runic] (Atsch 1,1) äl öгäсi die Mutter des Volkes; [runic] (UK 4,1) öкäм (?) = öгäм.

*öгӳр (v) [ӳгip (Tara)]

herbeirufen; [runic] (Tsch M. a 6,10) удыи äр оҕлыи öгӳpiн die Söhne von (kunstreichen ?) Männern herbeirufend.

*Öгдäмiн

ein Männername; [runic] (AJ. 3,3) Öгдäмiн алı.

öpӳң (v) [öpӳн (Küär.)]

sich freuen; [runic] (Be. b 10) jыга öpӳңмäг карамаҕ аздым habe ich sehr frei übersetzt, wörtlich: von dem Sichfreuen und von dem Schauen bin ich in die Irre gegangen.

öl (v)

sterben; [runic] (MM. I 5,4, Atsch. a 1,6) ölгi er ist gestorben; . . . [runic] (MM. II 2,3) отуз äр öl(гi) dreissig Männer sind gestorben; [runic] (Te. III 3,2) ölгiм; [runic] (U Tsch 4,3) ölдiм ich bin gestorben.

ölӳг

der Todte, die Leiche; [runic] (UE 10,5) буша бушыбан бäрмiн ölӳгӳн für meine im heftigen Zorne hingegebenen Todten; [runic] (Atsch 1,5) öliгiн ob «mit seiner Leiche» oder «seine Leiche» (acc.) zu übersetzen ist, ist wegen des Fehlens des darauf folgenden Zeitwortes nicht zu bestimmen.

ölӳр (v)

tödten; [runic] (Be. d 2,3) jäтi бöpi ölӳpдiм sieben Wölfe habe ich getödtet; [runic] (Be. d 2,6) ölӳpмäдiм ich habe nicht getödtet.

*öдӳр (v) [Uig.]

auswählen, aussuchen; [runic] (Tsch M. a 6,11) öгӳpӳн öдӳpӳ алты herbeirufend hat er ausgewählt.

*öчӳpiг [öчӳp (Alt.)]

das Auslöschen, die Vernichtung. Ob ich die einzige Stelle, wo dieses Wort meiner Ansicht nach auftritt, richtig gedeutet, ist noch sehr fraglich. (Aa 3,9—12) steht: [runic], ich lese: öзläк аг öзiн öчӳpiг алмадың «die Reitpferde selbst hast du nicht vernichtet». Da dieser Satz auch zum Vorhergehenden али äр öзiн алтi кылмадың «die Helden selbst hast du nicht erniedrigt» zu passen scheint. Man kann meiner Ansicht nach [runic] nicht = [runic] алты «sechs» auffassen und [runic] nicht als ӳчäр-ir «drei Männer», denn dann geben die Sätze absolut keinen Sinn.

öз

selbst; [runic] (Atsch 4,4, Ba. I 2,1) öз Jäгiн Алп-Туҕан ich selbst, der Jägin Alp-Tugan; [runic] (MM. I 1,1) möchte ich auch öз бilгä Чаңшы «er selbst, der weise Tschangschy» lesen; [runic] (Uj Tu. b 2,5) habe ich казҕакым оҕлым öз оҕлым gelesen und «die angenommenen und eigenen Söhne» übersetzt. Vielleicht steht [runic] fehlerhaft für [runic], dann wäre zu lesen: кызҕакы оҕлым уры оҕлым «meine Töchter und meine Söhne»; [runic] (Ba. III 4,3) öздä оҕлымка, [runic] (UE 1,5) öздä оҕлым von meinen eigenen Söhnen; [runic] (Atsch. b

2,5) öзÿңiн mit euch selbst; (AA 3,7) алп äр öзiн die Helden selbst; (AA 3,10) öзläк ат öзiн die Pferde selbst.

öзä

oben, oberhalb; (Tsch M. a 1,1) öзä тäңрi oben der Himmel.

öзläк

eigen (?); (AA 3,9) öзläк ат die eigenen Pferde (vergl. X. a 10,7—X. b 11,15).

Ы.

ыi (v)

sagen; (Tsch O 1,3) кадашым адырылдым ыjу von meinen Genossen bin ich getrennt, sagend; (Tsch O 1,9) сäкiз оҕлым. адырылдым ыjу von meinen neun Söhnen bin ich getrennt, sagend; (AA 3,16) iч äliн-мÿ ыjу (бäрiр) äрдäмiм? rühmt man beim inneren Volke meine Tugend.

Ынаидуҕрач

ein Eigenname; (U Tsch. IX 4,1).

*ынанч

das Vertrauen, der Vertraute (?); (Tsch M. b 5,3) ынанцы äрті er war ihr Vertrauen, ihr Vertrauter; (OC. b 1,1) бäl ынанчы der Herzensfreund.

ынанчу

zuverlässig (?); (KK 5,1) ынанчу кÿlÿг der zuverlässige Held. Zum Theil Eigennamen bildend: (Atsch 1,2) Ынанчу-Бilгä der Name der Mutter des Асгäн-Ulug; (MM. III 2,6) Ынанчу-Алп «Inantschu-Alp» oder «zuverlässigen Helden».

ыд (v)

schicken; (UE 7,5) бäl тöр сÿ ыдмыш (ich, der ich) Bäl, Ehrenplatz und Heer verloren (fortgestossen) habe (bin von euch, meinem Volke und meinem Chane getrennt).

I.

iнi

der jüngere Bruder; (AA. a 1,2), (U Tsch. V 2,1), (Be. a 1,6) iнiм äчiм meine jüngeren und älteren Brüder; (Tsch M. c 2,5) iнiмä äчiмä von meinen jüngeren und älteren Brüdern; (Tsch K 2,2) он iнiсi seine zehn jüngeren Brüder; (AA. b 3,1) iнiңiзкä äчiңiзкä auf eure jüngeren und älteren Brüder.

*iнilir [von iнi+lir]

jüngere Brüder haben; (AA 2,7) iнilir бöрi уча der jüngere Brüder habende Wolf entflieht.

iнгäн

ein unbekanntes Wort, es kommt nur an einer Stelle vor und zwar als Adjectivum vor jÿк «die Last». Es muss also der Zusammenhang «schwer, drückend, gross» bedeuten. (AA. b 3,3) iнiңiзкä äчiңiзкä iнгäн jÿкiңiз тÿшÿртiңiз auf eure jüngeren und älteren Brüder habt ihr eure schwere (?) Last (des Kummers? oder der Verwaltungsgeschäfte?) geladen (herabgelassen).

iч

das Innere; (AA 3,17) zerlege ich in iч (Inneres)+äliн (bei oder mit dem Volke) und +мÿ (Fragewort) und übersetze: iч äliнмÿ ыjу äрдäмiм? wird nicht beim inneren Volke meine Trefflichkeit gerühmt; [illegible] (Te. III 3,4) iчiндä innerhalb.

iчрäкi [von iчрä-+-кi]
der Innere (scheint ein Amt, eine Würde zu bedeuten); [illegible] (Be. a 1,2) Töрпä iчрäкi бäн ich bin Törpä, der Itschreki; (UO 3) кÿч Кыjаҕан iчрäкi der starke Kyjagan, der Itschreki; [illegible] (Te. III 1,2) Кара кан iчрäкi бäн Äзгäнä ich, Aesgänä, der Itschregi des Kara-Chan.

У.

*уi [ут (Uig.)]
folgen; [illegible] (AA 3,5) бiз уja; da der vorhergehende Satz mit бäр бiз «der Held sind wir» endet, so muss hier mit [illegible] ein neuer Satz anfangen, diesem folgen zwei Verba finita кылмадың und алмадың, es kann also das zu уja gehörige Subject nur «du» oder «ihr» sein und бiз muss als Accusativ aufgefasst werden, ich übersezte deshalb «uns folgend, habt ihr nicht u. s. w.»

уры
der Sohn (vergl. öз [illegible] [Uj Tu. b 2,5] unter öз). Als Eigenname auftretend: [illegible] (Atsch 2,3) кÿч Уры der starke Ury oder Kütsch-Ury; [illegible] (Atsch 3,5) Уры бäг; [illegible] (Atsch. c 3) Уры.

Уруңу
ein Männername; [illegible] (UE 6,1) Уруңу-Кÿlÿг; [illegible] (UE 5,2) statt [illegible].., also алп Уруңу der Held Urungu; [illegible] (U Tsch. III 1,1) Алп-Уруңу тутук бäн ich bin Alp-Urungu, der Tutuk.

*уруш
der Kampf; [illegible] (Tsch M. b 5,1) уруш башы das Haupt des Kampfes.

улуҕ
gross, hoch; [illegible] (Ba. III 2,2) улуҕ атым mein hoher Name; [illegible] (MM III. a 1,7, MM. III 1,7) Äрäн-Улуҕ der Name eines Helden; [illegible] (AJ 3,1) бу улуҕ äр атым dieser mein hoher Heldenname.

Улуш
das Volk, die Volksabtheilung; [illegible] (U Tsch. I 3,3) улушда äрiмкä адырылдым von meinen Helden beim Volke bin ich getrennt.

*ут
der Ochs, das Rind: [illegible] (AA 2,4) äт ут ашар кÿч der Gewaltige, der Fleisch und Rinder verzehrt.

ут (v)
besiegen; [illegible] (KK 5,13) удур besiegend, siegreich.

уч (v)
fliehen, entfliehen; [illegible] (AA 2,9) уча er entfliehend (ist).

удыш
seiner Herstammung und Bedeutung nach ein unbekanntes Wort, kommt nur einmal (Tsch M. a 6,8) [illegible] удыш äр vor, dem Zusammenhange nach ist es am Besten «kunstreiche, geschickte Männer» zu übersetzen.

*Умаi
ein Männername; [illegible] (AA 3,2) бу атымыз Умаi бäг бiз dies ist unser Name, wir sind der Umai-Bäg.

Ӳ.

*ÿн
die Stimme; [illegible] (OC. b 2,5) ка-

даш алысыз карђаныр ўніңіз! wenn ihr ohne Gefährten und Helden seid, so flucht eure Stimme!

*ўlкäн [Dsch. Kir.]

hoch, gross; *[runic] (KB 5,6) Кара-Сäңірдä ўlкäні der höchste unter ihnen am Kara-Sängir.

ўч

drei; [runic] (MM. I 4,2) ўч кара тäрзінті drei Mal ist er umhergezogen; [runic] (Ba. II 1,2) ўч јашымда in meinem dritten Jahre; [runic] (Bc. a 3,1) ўч ођлыма von meinen drei Söhnen; [runic] (Tsch M. c 1,5), [runic] (Tsch M 1,8—b 3,1 — c 1,9) ўч äчімä von meinen drei älteren Brüdern; [runic] (Ba. I 2,6) ўч јäрірмі drei und zwanzig; [runic] (Uj Tu. b 1,1) ўч јäтміш drei und siebzig; [runic] (U Tsch. IX 3,1) ўч äлір drei und fünfzig.

*Ўчін

ein Eigenname; [runic] (Uj Tu. a 3,1) Ўчін-Кўlўг.

ўчўн

wegen, um — willen; [runic] (Tsch O. a 1,2, U Tsch. II 3,3), [runic] (UE 2,4 —6,7, Bc. b 3—d 1,6, AA. a 1,4, MM. III 2,5—MM. III b 2,2, Tsch M. a 4,6, 6,2, Te. I 1,1) ўчўн; [runic] (MM. I 2,1) . . . . ын ўчўн wegen seiner . . . .; [runic] (MM. I 2,2) алпын ўчўн wegen seines Heldenmuthes; [runic] (U Tsch. X 1,3) бäлім ўчўн wegen meines Bäl; [runic] (MM. I 2,3, Tsch K 4,2) wegen seiner Trefflichkeit; [runic] (UE 3,8) тäрäдўк ўчўн da er angegriffen hat; [runic] (U Tsch. VII 1,3), [runic] (Tsch K 2,5) бар ўчўн die da vorhanden sind; [runic] (Atsch 4,2) äліңіз ўчўн wegen eures Volkes; [runic] (AA. a 1,1) äр äрдäмім ўчўн wegen meiner Mannhaftigkeit; [runic] (U Tsch. IV 2,1) ојар кадыным ўчўн wegen meines angesehenen (?) Schwiegervaters; [runic] (AA. b 1,6) äрдäм ўчўн wegen der Trefflichkeit; *[runic] (KK 5,4) äр äрдäмім ўчўн.

*ўзўк [Tel. Kir.]

das abgebrochene Stück; ([runic]) (M 3) кўзкўм ўзўкі ein Stück meines Spiegels.

K.

kaja

der Felsen; [runic] (KJ 1) бäңгў kaja der Gedenkfelsen; [runic] (KJ 5) мäңгў kaja id.

kan

der Chan, Fürst; [runic] (Te. III 1,1) кара кан ічрäгі der innere Beamte des Kara-Chan; [runic] (Tsch M. a 6,4) Тўрк кан балбалы die Grabstatue des Türk-Chan; [runic] (UE 5,1) Кöпрäл кан (vergl. köpräl); [runic] (Tsch K 4,5) Кара канка zum Kara-Chan; (MM. III b 2,4) тўпўт канка јалбач бардым ich ging zum Chane der Tibetaner als Gesandter; [runic] (Bc. d 1,3) табђач канђа zum chinesischen Kaiser; [runic] (OC 3,2, Uj Tu. b 3,1, UE 4,1—7,8, AJ 2,2) каным mein Chan; [runic] (UE 4,6) каным бäлімä; *[runic] (KK 2,1) ол каным; [runic] (Tsch O 2,2) каным бäliмкä von meinem Chan und meinem Bäle; [runic] (Bc. c 3,2) канымка; [runic] (Tsch M. c 2,2) канымка von meinem Chan; [runic] (Tsch O. a 1,5) каныңа таптым будун Volk habe ich für deinen Chan erhalten; [runic] . . (KK 7,1) Кырkыз (?) каны Chan der Kirgisen (?).

*kансыз [von кан-ı-сыз]
chanlos; [runic] (OC. b 2,1) кансыз jоклаjур ÿнÿңÿз wenn ihr ohne Chan seid, so klagt eure Stimme.

kара (v)
schauen; [runic] (Bc. b 1,11) карамаƃ das Schauen.

kара
schwarz, gemein, niedrig; [runic] (Atsch. a 3,5) кара сачын тäг wie die schwarzen Haare; [runic] (Tsch K 4,4) äl арада Кара канka aus der Mitte des Volkes zum Kara-Chan; [runic] (Te. III 1,1) Кара кан; [runic] (UE 7,1) кара будунум; [runic] (UE 12,5) кара будунума; [runic] (Tsch M. a 2,1, Uj Tu. b 3,3) кара будун das gemeine Volk; *[runic] (U Tsch. VI 2,1) кара будунына; [runic] (KK 4,3) Кара-Сäңip eine Oertlichkeit; [runic] (KK 5,4) Кара-Сäңipдä, * [runic] (KK 1,4) Кара-Сäңipтä am Kara-Sängir; *[runic] (KK 5,11) Кара-Сäңipir den Kara-Sängir.

*kарƃан (v)
fluchen; [runic] (OC. b 2,4) карƃанур ÿнÿңÿз eure Stimme flucht.

kал (v)
bleiben; [runic] (Ba. IV 3,2) калдым ich bin zurückgeblieben; [runic] (Tsch M. a 5,4) äлтä калмыш die beim Volke Zurückgebliebenen.

*kалын
dicht, zahlreich; [runic] (AA. b 2,3) калын jаƃыƃа die zahlreichen Feinde (überfiel ich).

kата
wiederholt,mals; [runic] (MM. I 4,2) ÿч ката тäгзiнтi drei Mal zog er in die Runde.

*kатыƃлан (v)
sich befestigen, fest sein, sich trösten; [runic] (UE 7,3) катыƃланың! tröstet euch! [runic] (Bc. a 3,5) катыƃланƃыл! tröste dich!

kатун
die Chanin, Fürstin; [runic] (Uj Tu. b 1,5) Äгÿк-катун eine Oertlichkeit; [runic] (U Ku 4,2) катуным meine Chanin.

*kадаш
der Genosse; [runic] (OC. b 2,3) кадаш алпсыз ohne Genossen und ohne Helden; [runic] (Uj Tu. a 1,11 — b 3,6 — Tsch O 1,1 — 2,7—a 2,6— U Tsch. V 4,2, OC 1,2) кадашым; [runic] (UE 2,2) кадашым mein Gefährte; [runic] (UE 12,1—Bc. c 2,3, MM. III a 3,2) кадашыма; [runic] (U Tsch. VIII 1,1, IX 2,2) кадашымка von meinen Genossen; [runic] (U Tsch. III 2,3) кадашларыма von meinen Gefährten; [runic] (U Tsch. IV 3,3) ојар кадашымка.

*kадын
der Schwiegervater; [runic] (U Tsch. IV 2,1) ојар кадыным ÿчÿн wegen meines angesehenen (?) Schwiegervaters.

*кадыр

heftig; [illegible] (MM. II 2,1) кадыр jaҕыда отуз äр öl(ri) beim grimmigen Feinde starben dreissig Mann; *[illegible] (UTsch. VI 1,3) кадыр jaҕыда.

*кач (v)

fliehen; . . . [illegible] (U Tsch. III 3,9) кач(тым) ich bin entflohen.

*Казаӊ

ein Name (ich glaube einer Oertlichkeit); [illegible] (U Tsch. III 2,6) Казаӊ jäрiмä von meinem Lande Kasang. Auf dem Abklatsche ist das [illegible] zwischen [illegible] und [illegible] nicht zu sehen, so dass man eigentlich казаӊ äрiмä lesen müsste.

*казҕак

[illegible] tritt nur einmal (Uj Tu. b 2,3) auf, ich möchte es mit казҕан (v) in Verbindung bringen und казҕак оҕлым, als «erworbene, angenommene Söhne» auffassen, dass gleich darauf öз оҕлым «die eigenen Söhne» genannt werden, scheint diese Ableitung zu stützen. Ist aber, wie ich unter öз erwähnte, statt öз оҕлым hier уры оҕлым zu lesen, dann müsste auch statt казҕак оҕлым hier кызҕак оҕлым gelesen werden und кызҕак оҕлым «meine Töchter» bedeuten.

казҕан (v)

erwerben; [illegible] (MM. II a 4,2), [illegible] (Be. d 1,13, Tsch M. a 4,3) казҕандым ich habe erworben; [illegible] (Atsch 4,3) казҕану erwerbend.

каш

die Augenbraue; [illegible] (Atsch. b 1,6) бäрлiк каш(ы) die Augenbraue, die Zierde der Herrschaft.

*кашан

ein Männername; [illegible] ([illegible]) (UE 6,4) Кашан (Кашам) бäг äрдäмiн ӱчӱн wegen der Tugend des Kaschan (Kascham)-Beg. Vielleicht ist auch [illegible] = каӊам zu setzen, dann wäre «wegen der Tugend meines Vaters, des Beg» zu übersetzen.

*Кашук

ein Männername; [illegible] (Ka K 4) Кашук таш бал(балы) der Stein zu Ehren des Kaschuk.

*каб

der Sack; [illegible] (Atsch. a 3,1) капкы äтi seine in den Säcken befindliche Habe.

*кана (v)

fassen, ergreifen, erlangen; [illegible] (MM. III b 1,8) алтун канарҕа кiртiм ich bin eingedrungen (hingegangen), um Gold zu erlangen.

*кыiмыт (v)

in Bewegung setzen, erschüttern; [illegible] (AA. b 2,5) кыiмыту тäрiнäн heftig angreifend (d. h. bei einem heftigen Angriffe) bin ich von euch getrennt (gestorben).

*Кыjaҕан

ein Männername; [illegible] (UO 2) Кӱч Кыjaҕан iчрäкi der Kütsch-Kyjagan, der innere Beamte.

кырк

vierzig; [illegible] (UE 5,8); [illegible] (U Tsch. X 1,1) тоҕус кырк neun und vierzig; (MM. III a 4,2) сäкiз кырк acht und vierzig; [illegible] (OC. a 2) бäш кырк fünf und vierzig; [illegible] (U Tsch. III 3,7) ist wohl nur ein Schreibfehler für [illegible] кырк jaшымда «in meinem vierzigsten Jahre.

кыл (v)

machen; [runic] (Ba. II 2,5) кіші кылды er hat (mich) zum Menschen gemacht, auferzogen; [runic] (AA 3,8) алті кылмадың du hast nicht heruntergebracht (vergl. алті).

кылын (v) [von кыл-+-н]
gemacht werden, werden; [runic] (UE 9,3) кылыну.

кыз
die Tochter, das Mädchen; [runic] (Uj Tu. b 3,12) кыз кäliнläpiм bei meinen Töchtern und Schwiegertöchtern (кыз кäliн umfasst alle jüngeren weiblichen Verwandten des Hauses: Töchter, Nichten, Schwiegertöchter, jüngere Schwestern); [runic] (U Tsch. III 1,9) кызыма von meiner Tochter; [runic] (U Tsch. IX 1,4) кыз оҕлым meine Tochter.

kyi
da dieses Wort immer im Locativ vor den weiblichen Verwandten steht, so bedeutet es offenbar: «das Haus, das Lager, der Haushalt»; in den Inschriften am Orchon ist mir dieses Wort nicht aufgestossen. Vielleicht ist es dasselbe Wort, welches sich in der Form kyi in den Abakan- und Altai-Dialekten in der Bedeutung «Höhle, Flussbett, Ufer» erhalten hat. Da ich die Bedeutung nicht näher bestimmen kann, so habe ich es als Fremdwort «der Kui» eingeführt und nicht übersetzt. [runic] (Uj Tu. a 1,1, MM. II a 2,1, BA. III 4,1, U Tsch. V 3,1, U Tsch. IX 1,1, Tsch O 1,4, MM. III a 3,1, U Tsch. I 2,1, U Tsch. III 1,4, Ba. IV 2,1, UE 1,1) куіда im Kui; [runic] (Ba. II 3,1) куідакы die im Kui Befindliche.

кунчуі
ich habe in den Zusätzen zu den Inschriften von Koscho-Zaidam (unter [runic]) darauf hingewiesen, dass meiner Ansicht nach dieses Wort nicht «Frau» bezeichnen kann. Weitere direkte Beweise für diese meine Annahme bieten die uns hier vorliegenden Inschriften nicht, da es überall zu Anfang der Personen auftritt, die der Todte bedauert verlassen zu haben. In den meisten Inschriften beginnt die Aufzählung der Zurückgelassenen mit den Worten: von meiner(n) Kuntschui (die im Kui ist) u. s. w. Sollte кунчуі «Frau» bedeuten, so wäre es auffallend, dass nie die Mutter vor und nach derselben genannt wird, auch nie Tanten, ältere und jüngere Schwestern, während von männlichen Verwandten fast überall die älteren und jüngeren Brüder genannt werden. Sollte dies nicht auch darauf hindeuten, dass кунчуі, auf das auch häufig сізімä (von euch, den Meinen) folgt, also als Plural aufgefasst werden muss, überhaupt ein Ehrentitel für Frauen des Hauses ist, also entsprechend dem Ausdruck «Beg»: «Herrin, Fürstin, Prinzessin» oder dergl. bedeutet? Um nicht eigenmächtig zu verfahren, will ich auch dieses Wort als Fremdwort einführen. [runic] (Uj Ta 1,3, MM. II a 2,2) кунчујыма; [runic] (Be. a 2,1, U Tsch. I 2,2, MM. III a 3,3, UE 1,2) кунчујыма; [runic] (Ba. IV 2,2) кунчујымка; [runic] (Ba. II 3,2), [runic] (Ba. III 4,2) ist offenbar ein Versehen für кучујымҕа oder кунчујымка; [runic] (Uj Tu. a 1,2, U Tsch. III 1,5—U Tsch. IX 1,2, Tsch O 1,5, OC 1,1).

кул
der Sklave, Diener; [runic] (Tsch M 1,5) кулы аш тутушар die Sklaven brachten Speisen dar, d. h. es wurde eine Todtesfeier mit Gastmahl gegeben.

***кутлуҕ** [von кут+луҕ]
glücklich; *[runic] (U Tsch. VI 1,1) кутлуҕ Чігіші бäн der glückliche Tschigischi bin ich. Vielleicht ist auch hier кутлуҕ ein Theil des Namens selbst.

К.

***кäјiк** [= кäјiк, кік]
das wilde Thier, das Wild; [runic] (АА. а 3,4) кäјiгi артыҕлату аҕлаттачыма von meinen das Wild sehr heftig jammern machenden, d. h. von meinen Jagdgenossen.

кäl (v)
kommen; [runic] (Tsch K 5,3) кälмäдiңiз бäгiмiз! ihr, unser Beg, seid nicht zurückgekommen; [runic] (АJ 4,1) баҕым кäliн mein Geschlecht kommend; [runic] (АJ 1,2) Алту шунда кäliн Altu hierher kommend.

***кäliн**
die Schwiegertochter; [runic] (Uj Tu. b 3,12) кыз кäliнläрiм von meinen Töchtern und Schwiegertöchtern.

кälÿр (v)
herbeibringen, herbeischaffen, herbringen; [runic] (АА. b 1,4) кälÿрi er brachte es herbei; [runic] (ММ. III. b 2,7) кälÿрiм ich brachte es herbei.

***кäт** (v)
gehen, fortgehen; [runic] (U Tsch. II 2,1) кäттiм ich bin fortgegangen.

***кäчiг** [кäҷiк (Uig.), кäжiк (Alt.)]
das Geschick, Glück; [runic] (UE 5,4) алтуплыҕ кäчiгiн äнliгтiм sein goldenes Glück habe ich erstrebt.

***Кäшдiм**
die Käschtim, ein türkisches Geschlecht, *[runic] (КК 5,8) алты баҕ кäшдiмдä unter den sechs Geschlechtern der Käschtim.

кöк
blau; [runic] (UE 3,1) кöк тäңрiдä кÿн аі јäрiмä von Sonne und Mond am blauen Himmel, von meinem Lande.

***кöнi**
grade, gerecht; [runic] (Ba. II 1,1), wenn hier [runic] кöнi zu lesen ist, so ist Кöнi-тірiг (der gerecht Lebende) der Eigenname des am Barlyk Begrabenen. Diese Lesung könnte deshalb als richtig angenommen werden, weil in dieser Inschrift sonst der Name des Begrabenen fehlt (vergl. кÿн).

кöнч [von кöн+ч]
nachgiebig (?); ein Eigenname; [runic] (Te. I 2,2) Кöнч-тутук.

кöр (v)
sehen; [runic] (Atsch. b 3,5) кöрмäз äргiңiз ihr habt nicht gesehen; [runic] (Atsch. b 4,3) кöрмäдiңiз ihr sahet nicht; [runic] (Tsch M. c 2,8) мäн äм(г)äкiм кöрä ich gemäss meiner Leiden.

***кöртäl**
[runic] (UE 5,1) kann nur als Eigenname Кöртäl kau aufgefasst werden. Das Wort кöртäl giebt keine Möglichkeit der Ableitung von einer türkischen Wurzel. Ist hier das initiale [runic] (das aber auf dem Abklatsche ganz deutlich zu sehen ist) nicht ein Schreibfehler für [runic] und statt кöртäl hier тöрт äl каны

«der Chan der vier Stämme» zu lesen? Da das Wort nur einmal auftritt, so lässt sich nichts Bestimmtes sagen. Was mich veranlassen könnte, hier eine Aenderung vorzunehmen, ist der Umstand, dass ich Кöртäl кап und Алп Уруңу zusammenfassen möchte, also: «ich, der Chan der vier Stämme, Alp-Urungu (habe sein [? vielleicht des Volkes] goldenes Glück erstrebt)».

кöз

das Auge; [runes] (Atsch. b 3,3) баңыр кöзіңін mit deinem schauenden Auge.

кір (v)

eintreten, hineingehen, eindringen; [runes] (OC 1,6) jaҕыка кіртім ich bin in den Feind eingedrungen; [runes] (MM. III. b 1,9) мäн алтуп капарҕа кіртім ich bin hingegangen (eigentlich: hineingegangen) um Gold zu holen.

кіші

der Mensch; [runes] (MM. II. a 4,1) кіші казҕантым ich habe Leute (Unterthanen) erworben; (Ba. II 2,4) äчім кіші кылды mein Onkel (?) hat mich zum Menschen gemacht (auferzogen); [runes] (KK 4,1) кіші арасы unter den Leuten; *[runes] (U Tsch. V 3,2) куіда кішімä jыта адырылу бардымыз wir haben uns von unseren Leuten im Kui getrennt.

кӱн

die Sonne, der Tag; [runes] (UE 3,2) кöк тäңрідä кӱн аі Sonne und Mond, die am blauen Himmel sind; [runes] (Be. a 2,5) die Sonne; [runes] (Ba. III 3,2) тäңрідäкі кӱнкä von der Sonne, die am Himmel ist; [runes] (Ba. II 1,1) кӱні тірiг ӱч jашымда bei meinen Lebzeiten (in den Tagen des Lebendigseins), im dritten Jahre (als ich drei Jahre alt war). Vielleicht ist hier Кöні-тірiг zu lesen und als Eigenname aufzufassen (vergl. кöні und тірiг).

кӱн [Uig.]

die Familie, das Geschlecht; [runes] (UjTu. a 1,10) кӱнӱм кадашым jыта адырылтым von meiner Familie und meinen Genossen habe ich mich getrennt; [runes] (Be. c 2,2) будуныма, кӱнӱмä кадашыма адырылдым ich habe mich von meinem Volke, meinem Geschlechte und meinen Gefährten getrennt.

кӱl

als Theil eines Namens; [runes] (OC 2,1—2) Кӱч Кӱl-Тутук.

кӱlӱг

der Berühmte, der Held; [runes] (Uj Tu. b 3,4) кӱlӱг кадашым meine heldenmüthigen (berühmten) Gefährten; *[runes] (KK 5,1) ышаңу кӱlӱг der zuverlässige Held; (UE 6,2) Уруңу кӱlӱг der Held Urungu; (U Tsch. IV 1,3) кӱч барс кӱlӱг der starke Tigerheld. Häufig als Theil von Eigennamen: [runes] (Ui Ty. a 3,2) Ӱчін-кӱlӱг; [runes] (Ba. II 2,1) Кӱlӱг-Тутук äчім mein Onkel Külüg-Tutuk; [runes] (Ba. III 1,3) Кӱlӱг-Чур; [runes] (U Tsch. VII 2,1) Кӱlӱг-ана.

Кӱд-арук

ein Männername; [runes] (St) Кӱд-арук бäг der Beg Küd-aruk.

*кӱдäгӱ

der Schwiegersohn; [runes]

(Uj Tu. b 3,11) кӱдäгӱläpiм meine Schwiegersöhne.

кӱч

die Kraft, der Starke, stark; [runic] (AA 2,5) äт ут ашар кӱч der Starke, der Fleisch und Rinder verzehrt; (Tsch M 1,7) кӱч ӱч äчiмä von meinen drei starken Brüdern; [runic] (Be. d 1,13) кӱчi seine Kraft. Als Theil von Eigennamen: [runic] (U Tsch. I 1,2) Кӱч-Барс; (U Tsch. IV 1,2) Кӱч-Барс кӱlӱк der starke Tigerheld; [runic] (UO 1) Кӱч-Кыjаҕаn; [runic] (Atsch 2,3) Кӱч-Уры; [runic] (OC 2,1) Кӱч-Кӱl-Тутук.

*кӱзäнч [кӱзäнц (Kom.)]

das Verlangen, der Wunsch; [runic] (AA 3,15) кӱзäнчiмä адырылма! trenne dich nicht von meinen Wünschen!

*кӱзкӱ [кӱзгӱ (Kir.)]

der Spiegel; [runic] (St 2) кӱзкӱсi sein Spiegel; [runic] (M) кӱзкӱм ӱзӱкi ein Stück meines Spiegels.

кӱмӱш

das Silber; [runic] (OC 3,6) алтун кӱмӱш адырылдым vom Golde und Silber habe ich mich getrennt; [runic] (Be. d 1,9) алтун кӱмӱшiг Gold und Silber (Acc.).

*кӱмӱшlir [von кӱмӱш-ı-lir]

mit Silber versehen, silbern, versilbert; [runic] (Uj Tu. a 2,2) (das Wort [runic] ist offenbar ein Schreibfehler für [runic]) алтунлыҥ кӱмӱшlir бäliмтä bei meinem mit Gold und Silber versehenen Bäl.

J.

jаҕы

der Feind, Krieg; *[runic] (U Tsch. VI 1,3) jаҕыда beim Feinde; [runic] (OC 1,5) jаҕыка кiртiм ich drang in den Feind; [runic] (OC. b 3,1) jаҕым mein Feind; [runic] (Tsch M 3,1) jаҕыда.

jаңуз [?]

einzig, allein; [runic] (U Tsch. III 1,8) jаңуз кызыма von meiner einzigen Tochter.

jара (v)

wohlgefallen; [runic] (KJ 6,6) äl jараjу dem Volke gefallend.

jарук

hell, leuchtend. Als Theil eines Namens: [runic] (U Tsch. II 1,3) Jарук-Тäрiн.

jарылка (v)

gnädig sein; [runic] (Tsch M. a 1,3) öзä тäңрi jарылкады oben war der Himmel gnädig.

jалабач

der Gesandte; [runic] (MM. III b 2,5) Тӱпӱт канҕа jалабач бардым ich bin als Gesandter zum Chan der Tibetaner gegangen; (Tsch K 5,1) jалабач барыпан als Gesandter gehend.

jаш

das Lebensjahr; [runic] (AA. a 3,3) алты он шунда jаш да (war er) sechzehn Jahre (alt); [runic] (U Tsch. VIII 2,3, U Tsch. IX 3,2); [runic] (OC. a 3) бäш кырк äр jашы äрті er war fünf und vierzig Jahre alt; [runic] (Te. III 2,3) алты отуз jашыма äрті es war in meinem sechs und dreissigsten Jahre; (MM. III a 4,3) сäкiз кырк jашыма in meinem acht und vierzigsten Jahre;

[runes] (Uj Tu. b 1,3) ӳч jäтмiш jашымка in meinem drei und siebzigsten Jahre; . . [runes] (UE 5,9) jaшым(да); [runes] (Uj Ta 1,9—10), [runes] (Ba. II 1,2) ӳч jaшымда; [runes] (Be. a 1,5—d 1,2), [runes] (U Tsch. III 3,8—II 1,6) jашымда; [runes] (U Tsch. X 1,2); [runes] (Tsch M. c 1,2) алты jaшымта in meinem sechsten Jahre; [runes] (Atsch. a 1,4) järipмi äpдäмi jашынта im zwanzigsten Jahre seiner Trefflichkeit.

*jaш

jung; [runes] (Uj A 5) äр атым jaш Akyн (?) бäн meinem Männernamen nach bin ich der junge Akun.

jaша (v)

leben; [runes] (Te. II 1,2) jӳз jaшajiн ich möchte hundert Jahre leben (?).

*jaбa(н)

Name einer Oertlichkeit; [runes] [runes] (Ka K 2) . . . чiт Jaбaның jäртä im Lande von . . . . tschit Jaba (Jaban).

jäр

gut, trefflich; [runes] (KK 5,10) jäр äрдӳкiм ол äpiнч! dies ist meine Trefflichkeit.

*järiн

ein Eigenname; [runes] (Ba. I 2,2) Järiн алп Туран.

järipмi

zwanzig; [runes] (Atsch. a 1,2) jäтi järipмi sieben und zwanzig; [runes] (Be. a 1,4—Be. d 1,1) бäш järipмi fünf und zwanzig; [runes] (Ba. I 2,6) ӳч järipмi drei und zwanzig.

jäр

die Erde, das Land; [runes] (Be. c 1,1) jäpiмä jыта субыма von meinem Wasser und meinem Lande; [runes] (Te. II 3,1) Äдil jäpiмä für mein Land Aedil; [runes] (KK 6,8) sein Land; [runes] (UE 3,2) кӳн ai jäpiмä von Sonne, Mond und meinem Lande; [runes] (UE 5,5, Ka K 3) jäpдä im Lande; [runes] (Uj Tu. b 1,6) jäpiмкä; [runes] (Ba. III 3,3, Atsch. a 2,1, AA 1,1) jäpдäкi in dem Lande (auf der Erde) befindlich.

*jäplä [von jäр + lä]

bewohnen, beherrschen; [runes] (KK 5,12) Kapa-Cäңiрiр jäplädiм ich bewohnte, beherrschte den Kara-Sängir.

jäтi

sieben; [runes] (Be. d 2,1) jäтi бöрi sieben Wölfe; (Atsch. a 1,1) jäтi järipмi sieben und zwanzig; [runes] (Atsch. a 4,4) jäтi бiң sieben tausend.

jäтмiш

siebenzig; [runes] (Uj Tu. b 1,1—2 für [runes]) ӳч jäтмiш drei und siebzig.

*jäмlir

tritt nur einmal auf und ist unbedingt ein durch die Endung lir gebildetes Adjectivum, man kann es entweder mit dem an der Wolga gebräuchlichem ijäмli «angenehm» zusammenstellen oder = aus jäм (Speise) + lir, d. h. «Speise habend» auffassen; [runes] (Uj Tu. a 3,7) тäңpi бäлтä jäмlir бäн «ich bin angenehm beim Himmels-Bäl» oder «ich habe Speise empfangen vom Himmels-Bäl.

jok

das Nichtsein, nicht; [runic] (UE 8,4) äpläpiм äдкÿм jok! meine Helden und meine Guten sind nicht da! ich habe keine Helden und Guten! [runic] (UK 3,3) бäңä сÿ jok äpмiн ich hatte kein Heer; [runic] (UE 11,6) jok äpтiм ich bin umgekommen.

*jokла (v)

weinen, jammern, trauern; [runic] (OC. b 2,2) akaңсыз jokлajyp (ÿнÿ-ңÿз)! wenn ihr ohne Chan seid, jammert eure Stimme! [runic] (Tsch M 1,4) jokлaды er jammerte; (Tsch M. a 4,7) äp äpдäмiн ÿчÿн jokлaды sie weinten wegen seiner Mannhaftigkeit; [runic] (Tsch M a 5,1) jokламаз бiз wir jammern nicht.

*jонт [Uig., يونت bei El-Bîrûni, يوند bei Ulug-Beg]

das Pferd; [runic] (Uj Tu. b 2,8) алты бiң jонтым meine sechs tausend Pferde.

*jолyk (v)

opfern; [runic] (UE 10,8) jолyкajыn ich will opfern.

jыл

das Jahr; [runic] (UE 9,6) jылта im Jahre; [runic] (UK 3,4) jылынта im Jahre.

jылkы

die Pferdeheerde; [runic] (Atsch. a 2,3) тамкалыҕ jылкы die mit Eigenthumszeichen versehenen Pferde; [runic] (Be. b 5) jылкы тöкäтi die Pferde sind zu Ende gegangen; [runic] (UE 11,2) тöрт адак(лыҕ) jылкым meine vierfüssigen Pferde.

*jыта

seiner Entstehung und Bedeutung nach ein sonst unbekanntes Wort; es tritt nicht ein einziges Mal in den Orchon-Dialekten auf, während es in vielen Denkmälern am Jenissei vorkommt. Offenbar ist es ein Gerundium auf a oder ein Locativ. Es wird als Postposition oder Adverbium gebraucht und meist mit dem Dativ, aber auch mit dem Casus indefinitus angewendet, und zwar meist beim Verbum адырыл (v) «getrennt sein», deshalb ist es klar, dass es in dieser Verbindung «getrennt sein von» bedeutet, z. B. (UE 1,2—8) кунчуjума сiзiмä jыта, öздä оҕлым сiзiмä адырылдым. Es steht aber jыта auch bei [runic] бÿкмäдiм (ich verweile nicht, konnte nicht verweilen), kann dann also nur durch «verweilen bei» übersetzt werden. Gewöhnlich steht es nach dem Worte, das es regiert, manchmal aber auch vor demselben (AA 3,13) jыта äзäнчÿмä кÿзäнчÿмä адырылма, oder von demselben durch das Verbum finitum getrennt: (UE 12,8) кара будуныма адырылдым jыта мäн. Es tritt in folgenden Schreibungen, die unsere Umschreibung rechtfertigen, auf. [runic] (UE 4,4—3,3—7,6—10,6—4,7—12,4—12,8, Be. a 3,3, c 1,2—1,7, U Tsch. IV 2,3, U Tsch. V 4,3—5,3, Atsch 4,5); [runic] (U Tsch. V 2,2—2,5—3,3, U Tsch. VI 2,3); [runic] (Uj Tu. a 1,5—1,7—1,12—2,8, UE 1,4, Be. b 9, AA. a 2,7, Tsch M. 1,3, Tsch M. c 1,6); [runic] (AA 3,13); [runic] (AA. a 3,10, AA. b 2,8). In AA. a 2,7 steht es adverbialisch ohne regierten Casus: бiзнi äрклiг адыргты jыта uns hat der Mächtige (Gott) getrennt.

jыш

der Bergwald; [runic] (U Tsch. III 2,1)

jыш äl äшiм кадашларыма адырылу бардым von meinen Gefährten des Bergwald-Volkes und meinen Genossen bin ich getrennt.

*јунчы

ein Verwandtschaftsgrad; (U Tsch. IV 2,5) јунчымка.

*јӳк

die Last; (AA. b 3,3) iмäн јӳкiңiз eure schwere Last.

*јӳкмäк

ein mir unbekanntes reissendes Thier. Diese Bedeutung ist aus dem Zusammenhange des Satzes ersichtlich: (Be. d 2,5) jäti бӧрӳ ӧлӳрдiм барсыҕ јӳкмäкiг ӧлӳрмäдiм sieben Wölfe habe ich getödtet, einen Tiger und einen Jükmäk habe ich nicht getödtet.

јӳр (v)

gehen, leben; (MM. III a 2,5) Болшар будун äсрiк јӳрмäдi das Bolschar-Volk lebte nicht in Erregung.

јӳз

hundert; (Te. II 1,1) јӳз; (UE 2,1, Atsch. b 1,1) јӳз äр hundert Helden; (UE 2,5) јӳз äрiн mit hundert Helden; (UK 3,5) јӳз äлiгдä hundert und fünfzig.

*јӳз

das Antlitz; (Atsch. b 1,2) јӳз äр јӳзi die Antlitze der hundert Helden.

T.

таҕы

auch; (T 6) таҕы бар алтун auch alles Gold.

Тарkан

der Tarkan; (Tsch K 3,2) Ач будун Тарkан der Tarkan des Atsch-Volkes; (Tsch M. a 3,1) Тарkан Саңун мäн! ich bin der Tarkan Sangun!

*Тачам

ein Eigenname (?); (Tsch M. b 4,3) Тачамka адырылдым von Tatscham habe ich mich getrennt. Wenn hier unter Tatscham der Vater des Bilgä-Chan gemeint ist (worauf auch Zeile a 6 hindeutet, vergl. das Wort тӳрк), so ist das Denkmal Tsch M aus dem Ende des VII. Jahrhunderts.

таш

der Stein; (Ka K 4) Кашук таш балбалы (?) das Steindenkmal des Kaschuk.

тап (v)

finden; (Ba. I 1,3) атым таптым meinen Namen habe ich gefunden; (Tsch O 2,3—2,6—2,8, Tsch O. a 1,6—2,3) таптым.

табҕач

chinesisch; (Be. d 1,3) табҕач kанҕа бардым ich ging zum chinesischen Kaiser.

*тамkалыҕ [von тамkа+лыҕ]

mit Tamga (Eigenthumszeichen) versehen; (Atsch. a 2,2) тамkалыҕ јылkы die mit Tamga versehenen Pferde.

*тäг [vergl. тäң]

das Geschlecht; (AA 1,2) барс тäгiм mein Tigergeschlecht.

тäг (v)

berühren, anrühren, angreifen; (AA. b 2,6) kалын јаҕыkа kыiмыту тäгiнäн die zahlreichen Feinde heftig angreifend; (Atsch. a 4,2) јаҕыkа тäгмiш сӳ das Heer, welches den Feind angriff; (UE

2,8) тäгдÿк ÿчÿн da ich angegriffen hatte.

тäгін

der Tägin. Als Theil eines Eigennamens: [runic] (U Tsch. II 1,2) Japyk-Tärin.

***тäгзін** [vergl. тäзгін]

umherschweifen; [runic] (MM. I 4,3) ÿчката тäгзінті drei Mal hat er durchzogen; [runic] (MM. III 2,3) тöрт тäгзіндім die vier (Winkel) habe ich durchzogen.

***тäгмä**

alle; [runic] (UE 8,6) бір тäгмäдä Alle in's Gesammt.

***тäң** [Uig.]

die Schaar, der Haufen; [runic] (Atsch. a 4,3) сÿ тäңі die Heerschaar; [runic] (Tsch M 3,4) будун тäңін біліп äрті er befehligte die Schaaren seines Volkes.

тäңрі

der Himmel; [runic] (Uj Ta 2,5, U Tsch. I 3,1, Uj Tu. b 2,1, Tsch M. a 1,2, U Tsch. III 3,1); [runic] (Uj Tu. a 2,5) тäңрі бäлім meinem Himmels-Bäl; [runic] (Uj Tu. a 3,5) тäңрі бäлімтä von meinem Himmels-Bäl; [runic] (Ba. III 3,1) тäңрідäкі am Himmel befindlich; [runic] (UE 3,1) кöк тäңрідä am blauen Himmel; [runic] (Tsch O. a 2,4) тäңрір den Himmel; [runic] (Te. II 2) тäңрім mein Himmel.

***Тäрс**

Name eines Volksstammes (?); [runic] (AJ 2,3) Тäрс будун das Tärs-Volk.

***тäзгін** (v) [= тäгзін]

herumschweifen; [runic] (Tsch M. b 1,1) тäзгінін umherschweifend.

***Tok**

ein Eigenname; [runic] (UE 6,3) Tok бöгÿт.

тokуз

neun; [runic] (UE 5,7); [runic] (U Tsch. X 1,1) тokуз кырk neun und vierzig; (Tsch K 2,3) тokуз оҕлы seine neun Söhne; [runic] (Tsch M 4,2) тokуз neun; (Tsch M. a 6,6) тokуз äрir neun Männer; (Tsch M. b 4,5) тokуз бäг äр neun Helden.

***тоҕ** (v)

geboren werden; ...[runic] (Atsch 2,5) оҕлан тоҕды er wurde als Knabe geboren; [runic] (UK 2,1, MM. III 1,5) оҕлан тоҕдым ich wurde als Knabe geboren; [runic] (U Tsch. II 2,3) бäлä тоҕма scheint ein Eigenname zu sein, dann ist die Stelle Бäлä-Тоҕма äрді оҕлы бäн «es lebte Bälä-Togma, dessen Sohn bin ich» zu übersetzen.

***Тоҕан**

ein Männername; [runic] (Uj Ta 2,2) Бäл-Тоҕан-Тутуk.

тöг (v)

«ausgiessen», wird aber hier in der Bedeutung «durchschweifen» gebraucht; [runic] (MM. I 3,1—3,4) тöрт булуңка тöгді die vier Winkel durchzog er.

***тöкä** (v)

zu Ende gehen; [runic] (Be. b 5) јылkы тöкäті seine Pferde gingen zu Ende.

тöр

der Ehrenplatz; [runic] (UE 7,4) бäл тöр сÿ Bäl, Ehrenplatz und Heer. Theil eines Eigennamens: [runic] (Be. a 1,1) Тöр ана, wenn hier nicht төрнä oder төрä ана zu lesen ist, dann ist төрä (Fürst) besonders aufzuführen.

тöрт
vier; […] (MM. I 3,2) тöрт булуңка in die vier Winkel; (U Tsch. VII 1,1) тöрт оӷлум meine vier Söhne; (AA. a 2,1) тöрт äнliгӱ äртім die vier (Winkel) erstrebte ich; (MM. III 2,2) тöрт тäгзіндім die vier (Winkel) bin ich durchzogen; […] (UE 11,1) тöрт адак(лыӷ) јылкым meine vierfüssigen Pferde.

*Тöрнä
ein Eigenname (vergl. тöр).

тік (v)
aufpflanzen, aufstellen; […] (Bc. c 3,5) бäңгӱг тіктім ich habe das Denkmal aufgestellt; […] (U Tsch. VII 1,5) бäңгӱмін тікті sie stellten mein Denkmal auf; […] (AA. a 1,6) бäңгӱмін тікä бäрті sie haben mein Denkmal aufgestellt; (Tsch K 3,4) бäңгӱсі тікä бäртім ich habe sein Denkmal aufgestellt.

тірiг
lebendig; […] (Uj Tu. a 3,3) Ӱчiн-кӱliг тірiг бäн Uetschin-Külüg war ich bei Lebzeiten (gehört vielleicht zum Eigennamen); […] (Ba. II 1,1) кӱні тірiг in den Tagen seines Lebens (vielleicht auch Кöні-тірiг zu lesen und als Eigenname aufzufassen).

*Туран
Name eines Mannes; […] (Ba. I 2,2) Јäрін алп Туран.

*Тутук
eine Würde (oder Eigenname); […] (Uj Ta 2,3, KK 6,5) Бäl-Тоӷан тутук der Tutuk Bäl-Togan; […] (Ba. II 2,2) Кӱlӱг-Тутук; (Tc. I 2,2) Кöнч-Тутук; […] (U Tsch. III 1,2) Алп-Уруңу тутук der Tutuk Alp-Urungu; (OC 2,3) Кӱч-Кӱl тутук der Tutuk Kütsch-Kül.

*тутуӷ
das Kämpfen, der Kampf; […] (Tsch M. b 2,4) отуз äрiг башлају тутуӷка бардi an der Spitze von zwei und dreissig Männern ging er in den Kampf.

*тутуш (v) [von тут-+-ш]
zusammen darbringen; […] (Tsch M 1,6) кулы аш тутушур seine Sklaven boten (ihm) Speise dar, richteten für ihn ein Gedächtnissmahl aus (vielleicht ist auch тутсар zu lesen, d. h. das Nomen verbale тут-+-сар).

*тӱңӱр
die Schamanentrommel; […] (Bc. c 4,2) јатда (= јыта?) тӱңӱрімä адырылдым ich bin von meiner Schamanentrommel (im) Jat (?) getrennt.

Тӱрк
die Türken; […] (Tsch M. a 6,3) Тӱрк кан балбалы der Gedenkstein des Türken-Chans. Man sieht aus diesen Worten, dass dieser Stein zu Ehren des Chans der Türken für den hier beerdigten Helden aufgestellt ist, da hier der Name Tatscham (Tsch M. b 4,3) erwähnt wird, so scheint der Stein zur Zeit des Vaters des Mekilien-Chans, also zu Ende des VII. Jahrhunderts, errichtet zu sein.

Тӱргäш
ein türkisches Volk; […] (Tc. III 3,2) Тӱргäш äl бäр бäн ich bin ein Beamter im Volke der Türgäsch.

*Тӱlбäрі
ein mir unbekanntes Wort, es ist vielleicht der Name eines Volksstammes. Nur

einmal kommt es in den Inschriften vor, und zwar (Uj Tu. b 3,2) [illegible] каным Тӳlбäрi кара будун кӳlӳг кадашым «bei meinem Chane, bei dem Volke Tülbäri (verweilte ich nicht)». Vielleicht ist es aber auch ein Epitheton ornans, wie «trefflich, herrlich».

*тӳз

grade, eben, billig. Tritt nur als Theil eines Eigennamens auf: [illegible] (U Tsch. IV 1,1) Тӳз-Баi кӳч-барс кӳlӳг ist entweder: «Tüz-Bai, der starke Tiger-Held» oder «der gerechte Herr Kütsch-Bars-Külüg» zu übersetzen. Ich halte die erstere Uebersetzung für wahrscheinlich richtiger.

*тӳшӳр (v) [von тӳш-+-р]

herabfallen lassen, umwerfen, herabsenken; [illegible] (AA. b 3,5) iнiңiзкä äчiңiзкä iнräн јӳкiңiз тӳшӳртiңiз auf eure jüngeren und älteren Brüder habt ihr eure gewaltige Last herabgewälzt.

Тӳпӳт

die Tibetaner; [illegible] (MM. III b 2,3) Тӳпӳт каңа јалабач бардым ich bin zum Chane der Tibetaner als Gesadter gegangen.

Ч.

*Чаңшы

ein Männername; [illegible] (MM. I 1,1) бilгä Чаңшы der weise Tschangschy (oder Tschangsy).

*Чочук

ein Eigenname; [illegible] (U Ku 1,1) Чочук-бöрi.

*чöк (v)

unbekanntes Wort, vielleicht mit чöк «niederknien, anflehen» in Verbindung zu bringen; [illegible] тäңрi чöк бiзкä (Tc. II 2) heisst wohl: mein Himmel sei uns gnädig.

Чiкшäн

ein Eigenname; [illegible] (Tsch O. a 1,1) бilгä Чiкшäн каныңа der weise Tschikschän für den Chan.

*Чiгшi

ein Männername; *[illegible] (U Tsch. VI 1,2) Чiгшi-бäн; *[illegible] (KK 5,2—5,14) Чiгшi-бäг ein Eigenname. Offenbar ist am Tschakul bei U Tsch. VI derselbe Tschigschi-Beg begraben, der in der Felsen-Inschrift von Kaja-Baschy erwähnt wird.

Чур

ist offenbar eine Würde; [illegible] (Ba. III 1,3) Кӳlӳг-Чур der Külüg-Tschur (der Sohn des Baina-Sangun); [illegible] (U Tsch. I 1,1) бälчi чур Кӳч-барс der Bältschitschur mit Namen Kütsch-Bars (vergl. бälчi-чур unter бälчi); *. . . [illegible] (U Tsch. V 1,1) . . . т-чур der . . . t-Tschur (der Name ist abgebrochen); [illegible] (Tsch M. a 4,1) Äl-чур äliңä казҕандым für das Volk des Ael-Tschur habe ich erworben. Da mit [illegible] die Zeile beginnt und dieselbe am Anfange beschädigt ist, so könnte vielleicht statt [illegible] hier [illegible] gestanden haben. Die Würde Kül-Tschur kommt in den Denkmälern von Koscho-Zaidam vor.

С.

саңун [= сäңӳн (K. X)]

der Sangun, eine Würde. Ist aus dem chinesischen Tsiang-kiün entlehnt; [illegible] (Tsch M. a 3,2) Таркан саңун мäн ich bin der Tarkan Sangun; [illegible] (Ba. III 1,1) Баiна саңун оҕлы der Sohn des Sangun mit Namens Baina; (KK 6,3) білгä Саңун der weise Sangun; (U Ku 1,3) Чочук-бöрі саңун.

сач

das Haar; [runes] (Atsch. a 3,6) буңсыз кара сачын-тäг zahllos, wie die schwarzen Haare; [runes] (Atsch. b 3,6) сачыҕ die Haare (ausraufend).

***Сабык (?)**

Theil eines Männer-Namens; [runes] (Tsch M 2,2) Сабык-басар.

сäкіз

acht; [runes] (UE 8,8) сäкіз äр äрдіміз wir waren acht Männer; [runes] (UE 11,3), [runes] (Be. b 1) сäкіз адаклыҕ achtfüssig; [runes] (Tsch O 1,7) сäкіз оҕлым meine acht Söhne; [runes] (MM. III a 4,1) сäкіз кырк acht und vierzig.

***сäңір**

der Bergvorsprung, das Vorgebirge; [runes] (KK 4,4) Кара-сäңір eine Oertlichkeit; [runes] (KK 2,4) Кара-Сäңірдä am Kara-Sängir; [runes] (KK 5,4) Кара-Сäңірдä; [runes] (KK 5,11) Кара-Сäңіріг.

***сіз**

ihr; [runes] (Uj Ta 1,1, Atsch 3,3—3,6—4,6, Atsch. b 3,1) сіз; [runes] (UE 7,7), [runes] (MM. II 1,3) сіз äлім ihr, mein Volk; [runes] (Uj Tu. a 1,3) сіздä оҕлым јыга! und von euch, ihr meine Söhne! [runes] (Atsch. c 1) сізің äр ат euer Männer-Name; [runes] (U Tsch. II 2,9) бўкмäдім сізä (= сізгä oder сіздä) ich verweilte nicht bei euch; [runes] (U Tsch. I 2,3) сізім оҕлымка ihr, die Meinen, d. h. meine Söhne; [runes] (Uj Tu. a 2,6—b 3,6, OC 2,4, Be. a 2,4—c 1,6—5,2, MM. II a 3,2, U Tsch. III 1,7—3,6, U Tsch. VI 3,2, U Tsch. VIII 3,1); [runes] (Uj Tu. a 1,6, Ba. I 3,2, UE 1,3—1,7—3,4—4,3—10,7, UK 1,2, U Tsch. VI 2,4—U Tsch. II 1,7, OC 3,3) сізімä von euch, den Meinen.

суб

das Wasser; [runes] (Be. c 1,3) јäрімä јыта субыма адырылдым von meinem Lande und meinem Wasser bin ich getrennt.

сў

das Heer; [runes] (UE 7,4) бäл тöр сў Bäl, Ehrenplatz und Heer; [runes] (UE 8,3) бäлім оҕурынта сў болуң! im Schutze meines Bäl seid ein Heer! [runes] (UK 3,3) сў јок äрміш ein Heer war nicht da; [runes] (Atsch. a 4,2) тäгміш сў тäңі alle seine angreifenden Heeresschaaren; [runes] (KJ 2) Ач сў башлыҕы öлті der Führer des Heeres der Atsch starb.

Ш.

Шаңун

[runes], [runes] sind саңун (s. d.) zu lesen und in der Transscripiion von Tsch M, Ba. III, KK und U Ku zu corrigiren.

шад

der Schad (eine Würde); [runes] (Uj A 1) шадым.

шунда

kommt zwei Mal vor; ich kann es nur als Locativ eines Demonstrativ-Pronomens шул (шол) auffassen, also in der Bedeutung: «an jenem Orte, zu jener Zeit»; [runes] (AJ 1,1) Алту шунда käliн als Altu hierher kam; (ΛΛ. a 3,2) алты он шунда jaш «seine Jahre waren damals sechzehn». Es ist sehr auffallend, dass sonst das Pronomen шол nirgends auftritt. Ist nicht vielleicht сонда, соңда oder соңа zu lesen und «nach, nachdem» zu übersetzen?

Б.

бai

reich, der Reiche, Besitzer, Eigenthümer; (U Tsch. IV 1,1) тӱз бai entweder ein Eigenname oder «der gerechte Herr» zu übersetzen; (KJ 6,3) бai анам mein Bai-Apa.

***Баiна**

ein Männer-Name; (Ba III 1,1) Баiна саңун der Sangun Baina.

***бағ (v)**

schauen; (Atsch. b 3,2) ciз бағыр көзiңiн! ihr, mit euren sehenden Augen (könnt nicht sehen)!

***бағ**

die Volksabtheilung (das Geschlecht); (Uj Ta 2,11) алты бағ будунka бäр äртiм über sechs Abtheilungen des Volkes war ich ein Beg; *(KK 5,7) алты бағ Кäмдiмдä unter den sechs Geschlechtern der Käschtim; (MM. II 3,1) бағым будуньмкa адырылтым von meiner Volksabtheilung (Geschlechte), meinem Volke bin ich getrennt; (AJ 4,1) бағым кäliн mein Geschlecht kommend.

бар

das Sein; (U Tsch. VII 1,3) төрт оғлум бар ӱчӱн da ich vier Söhne habe; (Tsch K 2,5) он iнiсi тоқыз оғлы бар ӱчӱн da er zehn jüngere Brüder und neun Söhne habe; (U Tsch. III 3,3) барда бäгiмкä von allen meinen Begen; (Te 7) бар алтун alles Gold.

бар (v)

gehen, reiten; (UE 6,9), (Be. b 7—Be. d 1,5,—MM. III a 3,5, MM. III b 2,6) бардым ich bin gegangen, fortgegangen; (U Tsch. III 2,1) адырылу бардым ich habe mich getrennt; (ΛΛ. a 3,9) барды er ging; (Tsch M. b2,5—6) барды äрiнч er war fortgegangen; *(U Tsch. V 2,4—3,5) адырылу бардымыз wir sind fortgegangen; (UE 11,4) бармадым (?) ich bin nicht geritten; *(U Tsch. V 1,2) анасы барур Apasy geht dahin; (Tsch K 4,6—5,2) барыпан hingehend; (Be. b 2) бармағ ӱчӱн da (ich) gegangen war.

***барс**

der Tiger; (Be. d 2,4) барсығ ӧлӱрмäдiм einen Tiger habe ich nicht getödtet; (U Tsch. I 1,2, U Tsch. IV 1,2) кӱч барс der starke Tiger (auch Eigenname); (ΛΛ 1,2) барс тäгiм mein Tigergeschlecht; (ΛΛ 2,10) барс дарылмаi (iтӱ) der Tiger trennt sich nicht; (ΛΛ. a 3,7) барсым mein Tiger.

балбал

der Gedenkstein; (Tsch M. a 6,1) Тӱрк-Кан балбалы der Gedenkstein des Türk-Chans; . . (Ka K 5, Te. II 3,3) балбалы sein Gedenkstein.

*батур

der Batur (Held?); [runic] (MM. a 1,9) äр атым Арäн-Улуҕ äрдäм(li)r батурмäн mein Männer-Name ist Acrän-Ulug, ein verdienstvoller Batur bin ich. Das Wort батур kann meiner Ansicht nach nur ein selbständiges Substantivum sein, das zufällig mit der Participial-Form батур, von бат «hineindringen» zusammenfällt. Ist die angegebene Bedeutung «Held» richtig (im Zusammenhange des Satzes passt sie sehr gut), so wäre das noch heute in mehreren türkischen Dialekten, z. B. im Kirgisischen auftretende батур (Kas. матур) keine Entlehnung vom pers. بهادر oder mong. ᠪᠠᠭᠠᠲᠤᠷ, sondern ein altes türkisches Wort, denn an eine Entlehnung aus dem Mongolischen im VII. Jahrhundert ist wohl kaum zu denken.

баш

der Kopf, das Haupt; [runic] (U Tsch. V 4,1) баш äшім meine Haupt-Gefährten; [runic] (U Tsch. V 5,1) башда оҕланыма јыта vor Allem von meinen Oglanen (Soldaten?); [runic] (Tsch M. b 5,1) уруш башы äртім ich war das Haupt des Kampfes, der Anführer des Kampfes.

башла (v)

anführen; [runic] (Tsch M. b 2,3) огуз äрір башлају тутуҕка бардым dreissig Männer anführend ging ich in den Kampf.

башлыҕ

der Anführer; [runic] (KJ 2) Ач сӱ башлыҕы ölті der Anführer des Heeres der Atsch starb.

бäг

der Beg, Herr, Beamte; [runic] (Uj Ta 2,13, UE 6,4, KK 6,6, Tsch M. a 5,7 —Te. III 3,5), *[runic] (KK 5,3) бäг; [runic] (Tsch M. b 4,6) бäг der Beg, Held; [runic] (Ba. I 3,1) бäг äркімä von der Beg-Gewalt; [runic] (Atsch b 1,3) бäгläр die Bege; [runic] (AA 3,3) Умаі-бäг біз wir sind Umai-Beg; [runic] (Tsch K 5,4) бäгіміз unser Beg (Herr); [runic] (Tsch M 2,1) бäг äркчä in seiner Beg-Gewalt; [runic] (Tsch M. a 6,13) бäгімä meinen Herrn; [runic] (U Tsch. III 3,4, U Tsch. IX 2,1) бäгімкä bei meinen Begen (verweilte ich nicht); [runic] (U Tsch. IV 3,1) ојар бäгімкä von meinen trefflichen Begen; [runic] (St) Кӱд-Арук бäг der Beg Küd-Aruk.

*бäгlіг

das Begthum; [runic] (Atsch. b 1,5) бäгlік кашы die Augenbraue (der Glanz), die Herrschaft.

*бäңіз [мäңіз (Uig.)]

das Antlitz; [runic] (Atsch. b 1,4) бäгläр бäңзі die Antlitze der Bege.

бäңгӱ

das Denkmal; *[runic] (KK 2,3) бäңгӱсі sein Denkmal; [runic] (Us O 3,1) бäңгӱ äрті dies ist das Denkmal; [runic] (Be. c 3,4) бäнгӱг тіктім das Denkmal habe ich aufgestellt; [runic] (Tsch O. b3) бäңгӱм äрті mein Denkmal; [runic] (MM. II 4,1) äр бäңгӱсі das Helden-Denkmal; [runic] (Tsch K 3,3) бäңгӱсі sein Denkmal; [runic] (AA. a 1,5—U Tsch. VII 1,4) бäңгӱмін тікті sie haben mein Denkmal aufgestellt; [runic] (KJ 1) бäңгӱ каја

Gedenk-Felsen; [runes] (Te. II 3,2) бäӊгӱ балбалы der Gedenkstein.

бäн

ich; [runes] (Uj Ta 2,4—Uj Tu. a 3,4—3,8—Be. a 1,3, UK 2,2, Tsch O. b 6,3, U Tsch. III 1,3, II 1,3—2,4, VII 2,3—Te. III 1,3—3,1—3,6), *[runes] (KK 5,9, U Tsch. VI 1,2) бäн ich; [runes] (Uj A 4,1) Ачта бäн unter den Atsch, ich; [runes] (Uj A 5) jaш Акун бäн; [runes] (UE 6,8) бäн äркі бардым ich bin freiwillig ausgezogen; [runes] (UK 3,2) бäӊä mir.

бäр (v)

geben; [runes] (Tsch K 3,5) тікä бäрдім ich habe aufgestellt; [runes] (AA. a 1,7) тікä бäрті er hat aufgestellt; [runes] (UE 10,4) бäрміш gegeben, dahin gegeben; [runes] (Tsch K 1,4) бäрміші das (ihm) Geweihte.

бäрijä

nach rechts (Süden); [runes] (UE 9,2).

*бäl

die Taille, das Kreuz, der Körper, der Bergrücken, der Berg; [runes] (OC. b 1,1) бäl ышаӊу des Herzens Freund; In allen übrigen Fällen ist die Bedeutung von бäl fraglich. Sehr häufig tritt die Zusammensetzung тäӊрі бäl «der Himmels-Bäl» auf, dann wird es der Sonne gegenübergestellt in dem Satze: «am Himmel die Sonne und auf der Erde der Bäl». Hieraus möchte ich schliessen, dass Bäl «Götzenbild zum Schutze des Hauses» bedeutet, etwa wie der Somo der Altajer. Diese Bedeutung von бäl schliesst sich vielleicht an die Bedeutung «Bergrücken» an, indem «Bergrücken» auch «den Wirth des Berges, den Schützer und Erhalter seiner Bewohner und sein Bildniss» bezeichnete. Trotz der Wahrscheinlichkeit dieser Hypothese will ich in meinen Uebersetzungen das Wort Bäl als Fremdwort einführen. [runes] (T 5) äдгӱ бälrä dem guten Bäl; [runes] (UE 8,1) бäli оӡурынта im Schutze meines Bäl; (OC 3,1, UE 4,2—4,6—5,6) бäliм каным сізiмä адырылтым von euch, meinem Bäl und Chan habe ich mich getrennt; (U Tsch. I 3,2) тäӊрі бäliм улушта äрiмкä адырылтым von meinem Himmels-Bäl, von meinen Helden beim Volke habe ich mich getrennt; *[runes] (U Tsch. VI 3,1) бäliмä сізiмä von meinen Bälen, von euch; [runes] (KK 2,2) бäliмiӊ meines Bäl; [runes] (Be. c 3,1) бäliмä каныма бӱкмäдiм bei meinem Bäl und Chane verweilte ich nicht; (Uj Ta 1,2) сіз бäliмä, кунчуjыма, оӡланыма von euch, meinem Bäl, den Kuntschui, den Jünglingen; [runes] (Uj Ta 2,6—7) бäн тäӊрі бäliмкä бälчісі äртiм ich bin für meinen Himmels-Bäl ein Beltschi (Bäl-Hüter) gewesen; [runes] (Tsch O 2,2) каным бäliмкä таптым für meinen Chan und meinen Bäl fand ich; (Tsch O. a 2,2) äр äрдäмiм бäliмкä таптым (wegen) meiner Mannhaftigkeit fand ich für meinen Bäl; [runes] (U Tsch. III 3,2) тäӊрі бäliмкä башта бäгiмкä бӱкмäдiм сізiмä vor Allem bei meinem Himmels-Bäl und dann bei euch, meinen Begen, konnte ich nicht verweilen; [runes] (Uj Tu. b 2,2, Uj Tu. a 2,5) тäӊрі бäliмкä bei meinem Himmels-Bäl; (Ba. III 3,4) тäӊрiдäкі кӱнкä jäрдäкі бäliмкä бӱкмäдiм bei der Sonne am Himmel, bei meinem

Bäl auf der Erde verweilte ich nicht; (Ba. IV 1,2) кaнымka бälімкä бӱ̆кмäдім bei meinem Chane, bei meinem Bäl verweilte ich nicht; [runic text] (Uj Tu. a 2,3 statt [runic text]) алтунлыҕ, кӱ̆мӱ̆шlir бälімтä бутым (баjатым, бантым) тäңрі бälімкä бӱ̆кмäдім bei meinem But (Bant, Bajat), der bei meinem gold- und silberverziertem Bäl sich befindet, bei meinem Himmels-Bäl verblieb ich nicht; (Uj Tu. a 3,6) тäңрі бälімтä jäмlir бäн ich bin bei meinem Himmels-Bäl angenehm (ein Speise Habender?); [runic text] (Be. d 1,11) бälдä казҕандым vom Bäl habe ich erworben; [runic text] (U Tsch. X 1,3) бälім ӱ̆чӱ̆н wegen meines Bäl; [runic text] (UE 7,4) бäl тӧп сӱ̆ Bäl, Ehrenplatz und Heer. — Als Theil eines Eigennamens: [runic text] (Uj Ta 2,2) Bäl-Тоҕан.

*бälä

Theil eines Eigennamens; [runic text] (U Tsch. II 2,2) Bälä-Тоҕма äрді оҕлы бäн.

Bälir

der Name eines Volksstammes (?); [runic text] (UE 8,6) Ач бälirдä bei den Atsch und Bälig.

*бälчі [von бäl-+-чі]

eine Würde (vielleicht Bäl-Hüter, Priester); [runic text] (Uj Ta 2,8) тäңрі бälімкä бälчісі äртім ich war meinem Himmels-Bäl ein Beltschi; [runic text] (U Tsch. I 1,1) Bälчі-чур entweder ein Eigenname oder eine Würde.

бäдіз

die Skulpturarbeit; [runic text] (Tsch M. a 6,1) бäдізім ӱ̆чӱ̆н wegen dieser meiner (für mich aufgestellten) Skulpturarbeit.

бäш

fünf; [runic text] (Be. a 1,4, d 1,1) бäш jäріpмі fünf und zwanzig; [runic text] (OC. a 1) бäш бäш кыpk fünf und vierzig; [runic text] (Uj A 1) бäш.

бол (v)

sein; [runic text] (Ba. II 1,4) акаңсыз болдым ich war vaterlos; [runic text] (UE 8,3) болың ihr möget sein; [runic text] (U Tsch. II 3,2) болмышін (?).

*Болшар

Name eines Volksstammes; [runic text] (MM. III a 1,2—2,2—b 1,2) Болшар будун das Bolschar-Volk.

*Бӧгӱ̆т

ein Eigenname; [runic text] (UE 6,3) Tok-Бӧгӱ̆т.

бӧрі

der Wolf; [runic text] (Be. d 2,2) jäті бӧрі ӧlӱ̆рдім ich habe sieben Wölfe getödtet; (AA 2,8) іnilir бӧрі уча ein Brüder habender Wolf entflieht. — Theil eines Eigennamens: [runic text] (U Ku 1,2) Чочуk-бӧрі.

*Быӊ

ein Eigenname; [runic text] (MM. II a 1,1) Быӊ äчӱ̆.

біӊ

tausend; [runic text] (Uj Tu. b 2,7) алты біӊ joнтым meine sechs tausend Pferde; [runic text] (Atsch. a 4,4) jäті біӊ сӱ̆ sieben tausend Soldaten.

біp

eins; [runic text] (U Tsch. II 1,4) біp отуз ein und dreissig; (Tsch M. b 4,1) біp маты ein Trefflicher; [runic text] (UE 8,6) біp тäгмäдä in's Gesammt.

бiplä

zusammen; [runic] (MM. I 5,3) äкi оҕлым бipлä mit seinen beiden Söhnen; [runic] (Tsch M. c 1,14) бipлä.

бil (v)

wissen, befehligen; [runic] (Tsch M 3,5) будун тäңiн бiлiр er befehligt die Schaaren des Volkes.

бilir

das Wissen; [runic] (U Tsch. II 3,4) бiлiр.

***бiliн (v)**

sich selbst kennen, zurechnungsfähig, mündig sein; [runic] (Tsch M. c 1,4) алты jашымта акаң адырды бiлiнмäдiм meinen Vater verlor ich im sechsten Jahre, da ich noch unzurechnungsfähig war.

бilrä

weise; [runic] (MM. I 1,1) öз бiлrä Чаңшы der weise Tschangschy; [runic] (Tsch O. a 1,3) бiлrä Чiкмäн; (Atsch 1,3) Ынанчу бiлrä; [runic] (O Tsch 2,4) бiлrä öрäм meine weise Mutter; [runic] (Tsch M. a 5,6) бiлrä бäр der weise Fürst.

бiтi (v)

schreiben; [runic] (KK 3,1) аны бiтiрлi der dies geschrieben hat; [runic] (KK 7,2) бiтiмiшiн durch das Geschriebene.

бiтir

die Schrift; [runic] (Te. III 3,6) бiтiр.

бiз

wir; [runic] (AA 3,5), [runic] (U Tsch. IX 4,2, AA 3,4) бiз; [runic] (AA. a 2,4) бiзнi äрклiк адырттьі uns hat der Allmächtige geschieden; [runic] Te. II 2) бiзгä uns.

бу

dieser; [runic] (AA 3,1) бу атымыз dieser unser Name; [runic] (AJ 3,1) бу улуҕ äр атым dieser mein hoher Heldenname; [runic] (MM. II 4,2) бу äрмiш dieser ist es gewesen; [runic] (Tsch O. b 1) бунда hier; (Be. c 1,5, a 2,2).

буң

die Qual, der Kummer. Vielleicht ist [runic] : [runic] : [runic] (UE 10,1—2) буңа буңапан zu lesen, d. h. Kummer empfindend; [runic] (UE 11,5) (vergl. буш).

буңа (v)

Kummar haben; [runic] (UE 10,1—2) буңа-бан, vielleicht statt бушыбан (vergl. буш).

***буңусуз**

ein Eigenname: [runic] (Ba. III 2,1) Буңусуз улуҕ атым, ([runic]) Буңусуз бу äрмiш Bungusuz ist mein hoher Name, Bungusuz ist dieser.

буңсыз

endlos, zahllos; [runic] (Atsch. a 3,3) буңсыз äртi кара сачын тäк war zahllos, wie die schwarzen Haare; . . [runic] (Atsch. a 2,4) буңсыз.

булуң

der Winkel, die Himmelsrichtung; [runic] (MM. I 3,3) тöрт булуңка zu den vier Winkeln.

будун

das Volk, die Unterthanen; [runic] (Uj Tu. b 3,8, MM. III a 2,3), [runic] (Tsch M. a 2,2), [runic] (Tsch K 3,1) Aч будун; [runic] (U Tsch. II 3,1) будун ара unter dem Volke; [runic] (MM. III a 1,3—1,5) будунын; [runic] (Uj Ta 2,11) алты баҕ будунка бäг äртім ich war Beg über sechs Volksabtheilungen; [runic] (Ba. I 2,5) Оҕуз будунда bei dem Volke der Oguz; [runic] (UE 7,2 — Tsch O. a 1,7) будуным mein Volk; [runic] (Uj Ta 1,5 — Be. c 2,1 — UE 12,6); *[runic] (U Tsch. VI 2,2), [runic] (Tsch M. a 2,3) будуныма; [runic] (MM. II 3,2, MM III. a 3,8) будунымka meinem Volke; [runic] (Tsch M. a 3,6) будуніңä bei seinem Volke.

*буш (v)

zornig sein, erregt sein; [runic] [runic] [runic] (UE 10,1—2) буша бушыбан zornig seiend; [runic] (OC 1,4) буша zürnend (vergl. буң und буңа).

*бушу

der Zorn; [runic] (UE 11,5) бушум mein Zorn (vergl. буң).

*бӳк (v)

verweilen; [runic] (U Tsch. IX 2,3, U Tsch. X 4,4, U Tsch. VIII 1,2—2,4), [runic] (Uj Tu. a 1,8—2,6—b 3,14, MM. II 1,2, Ba. III 2,5, Ba. IV 1,3, Be. a 3,4—b 8, c 2,5—3,3, U Tsch. I 2,5, III 2,7—3,5, II 2,8, MM. III a 3,9, Tsch M. a 2,6—5,3, c 2,3—2,9), [runic] (AA 1,4) бӳкмäдім ich verweilte nicht, konnte nicht verweilen; [runic] (Tsch M. a 3,5) бӳкмäді er verweilte nicht.

бӳт (v)

glauben; [runic] (Atsch. b 4,4) бӳтмäдіңіз (?).

M.

маты [?]

trefflich; [runic] (Tsch M. b 4,2); [runic] . . [runic] (Uj A 1) бäш матымыз unsere fünf Trefflichen.

мäңгӳ [= бäңгӳ]

ewig; [runic] (KJ 1) мäңкӳ kaja der Gedenkfelsen.

мäн [= бäн]

ich; [runic] (MM III. a 1,9—3,6—b 1,6 —UE 12,9, Tsch M. a. 3,3—4,4, c 2,7).

Die zwischen : auftretenden Buchstaben-Gruppen.

[runic]

[runic] сäңір.
[runic] сäңір.
[runic] сäңір.
[runic] äс.
[runic] сіз.
[runic] сіз.
[runic] 1) сіз, 2) äl.
[runic] сіз.
[runic] сіз.
[runic] сў.
[runic] 1) сў, 2) jok, 3) äр (v).
[runic] äшід (v).
[runic] 1) сач, 2) тäг.
[runic] сач.
[runic] 1) сäкіз, 2) адаклык.
[runic] сäкіз.
[runic] 1) äсäн, 2) äн (v).
[runic] 1) сäкіз, 2) оҕул.
[runic] 1) сäкіз, 2) адаклык.
[runic] 1) сіз, 2) äl.
[runic] сіз.
[runic] сіз.
[runic] сіз.
[runic] сіз.
[runic] äшід (v).

[runic]

[runic] аңлан (v).

[runic]

[runic] 1) алп, 2) ўчўн.
[runic] 1) алп, 2) іч.
[runic] 1) алп, 2) äр.
[runic] 1) алп, 2) Уруңу.
[runic] ал (v) [oder 1) ал (v), 2) он].
[runic] алп.
[runic] 1) алгі, 2) кыл (v).
[runic] 1) алп, 2) уруңу.
[runic] ал (v).
[runic] алты.
[runic] 1) алты, 2) Оҕуз.
[runic] 1) алты, 2) бің.
[runic] 1) алты, 2) баҕ.
[runic] 1) Алту, 2) шунда.
[runic] 1) алты, 2) он.
[runic] [runic] алтун.
[runic] алтунлыҕ.
[runic] алтунлыҕ.
[runic] Алту.
[runic] 1) алты, 2) отуз.
[runic] алтмыш.
[runic] 1) алтмыш, 2) äр.
[runic] 1) іні, 2) äчі.
[runic] алыҕдан (?).

[runic]

[runic] äсрік.
[runic] äшід (v).
[runic] 1) äсгі, 2) аі.
[runic] äт.
[runic] äчі.
[runic] äчі.
[runic] 1) іч, 2) äl.
[runic] ічрäкі.
[runic] ічрäкі.
[runic] äчі.
[runic] äчі.
[runic] äчі.
[runic] 1) іч, 2) бäг.
[runic] äl.

1) äl, 2) ӱчӱн.
äl.
1) äl, 2) öгä.
1) äl, 2) кал (v).
äлт (v).
1) äl, 2) чур.
1) äl, 2) ара.
al.
äl.
äl.
äр (v).
äр.
1) äкі, 2) 2) оҕул.
äкіз.
іні.
ікіlir.
ынанчу.
1) іні, 2) äчі.
іні.
1) іні, 2) äчі.
1) інгäн, 2) jӱк.
1) Äдil, 2) jäр.
ыд (v).
ынанчы.
ынанчу.
1) ынанчу, 2) кӱlӱг.
ыі (v).
ыі (v).

1

1) ана, 2) бар (v).

M

ал (v).

N

ӱч.
1) ӱч, 2) äчі.
ӱчін.
ӱчӱн.
1) ӱч, 2) äчі.
1) ӱч, 2) älir.
öчӱрir.
ӱчӱн.
1) ӱч, 2) ката, 3) тäгзін (v).
1) ӱч, 2) jaн.
1) ӱч, 2) оҕул.
1) ӱч, 2) jäтмін.
1) ӱч, 2) jäгірмі.
öl (v).
öl (v).
ölӱр (v).
ölӱр (v).
ӱlкäн.
öl (v).
ölӱг.
ölӱг.
öрӱң (v).
öкін (v).
öкӱз.
öкдäм.
öкӱнч.
1) öкӱш, 2) алпаҕу.
ӱн.
öз.
öз.
öз.
1) öзlӓк, 2) ат.
1) öз, 2) äр.
ӱзӱк.
öзä.
öз.
öз.
öз.
1) öкӱш, 2) äр.
öз (oder уры).
1) öдӱр (v), 2) ал (v).
öгӱр (v).
1) Öгдäмін, 2) алп.
öгä.

h

тäң.
тäңрі.
тäңрі.
тäңрі.
1) тäңрі, 2) бäl.
тäңрі.
тäңрі.
äт.
тäң.
кырк.
тірir.
тік (v).
тік (v).
тӱңӱр.
Тӱпӱт.
1) тӱlбäрі, 2) кара.
1) тöр, 2) ана (oder тöрнä).
тöрт.
1) тöрт, 2) адак.
тӱрк.

1) Тӯргäш, 2) äl.
тӯшӯр (v).
тöкä (v).
тöг (v).
1) тӯз, 2) бäi.
тäрс.
1) тäг (v), 2) ӯчӯн.
тäзгін, тäгзін (v).
jäтмiш.
тäг (v).
тäгзін (v).
тäгзін (v).
тäг (v).

kаң.
kал (v).
kал (v).
kалын.
kана (v).
kыл (v).
kылын (v).
kырk.
kыз.
kыз.
Кыjаҕан.
Аkун (?).
kара.
kара.
1) kара, 2) сäңір.
1) kара, 2) сäңір.
1) kара, 2) kан.
kара (v).
kарҕан (v).
kач (v).
kаш.
1) kашук, 2) таш.
kыз.
Казаң.
kазҕаk.
kазҕан (v).
kазҕан (v).
kазҕан (v).
kул.
аkу (v).
kунчуi.
kунчуi.
kунчуi.
kунчуi.
kунчуi.
kунчуi.
kутлуҕ.
kуi.
kуi.
1) kадыр, 2) jаҕы.
1) kадыр, 2) jаҕы.
kадаш.
kадаш.
1) kадаш, 2) алпсыз.
kадаш.
kадаш.
kадаш.
kатун.
kатыҕлан (v).
kатыҕлан (v).
kан.
kан.
kан.
kан.
kан.
1) kан, 2) бäl.
1) kан, 2) бäl.
kансыз.
1) kан, 2) балбал.
kыiмыт (v).
1) аkаң, 2) адыр (v).
аkаң.
аkаңсыз.
kандамäн.
kанан.
kаб.

артыҕлат (v).

1) Ач, 2) сӯ, 3) башлыҕ, 4) öl (v).
Чаңшы.
äчі.
äчі.
Чікшäн.
1) äl, 2) äш.
1) Чігші, 2) бäг.
1) кӯч, 2) кӯl.
1) Ач, 2) бäліг.
1) ач, 2) будун.

. . . 1) äl, 2) (?).
1) äl, 2) ара.
1) äl, 2) анчаҕ.

[runic] älчі.
[runic] 1) äl, 2) äш, 3) äр.
[runic] äl.
[runic] äl.
[runic] älir.
[runic] 1) älir, 2) äр.

[runic]

[runic] Сацун.
[runic] шунда.
[runic] суб.
[runic] Сацун.

[runic]

[runic] äр.
[runic] äр, äрäн.
[runic] äр.
.. [runic] 1) äр, 2) öl (v).
[runic] äр (v).
[runic] äр (v).
[runic] äр (v).
[runic] äр.
[runic] 1) äр, 2) äдгӳ, 3) jok.
[runic] 1) äр, 2) äр (v).
[runic] 1) äр, 2) äрдäм.
[runic] 1) äр, 2) äрдäм.
[runic] 1) äр, 2) äрдäм, 3) äl.
[runic] 1) äр, 2) äрдäм.
[runic] 1) äр, 2) äрдäм.
[runic] 1) äр, 2) äрдäм, 3) Акун.
[runic] 1) äр, 2) äрдäм, 3) ӳчӳн.
[runic] 1) äр, 2) äрдäм, 3) ӳчӳн.

[runic] äрк.
[runic] äрк.
[runic] äркlir.
[runic] äр, äрäн.
[runic] 1) äрäн, 2) улуҕ.
[runic] äр (v).
[runic] äрдäн.
[runic] äрдäм.
[runic] 1) äрдäм, 2) ӳчӳн.
[runic] 1) äрдäм, 2) ӳчӳн.
[runic] 1) äрдäм, 2) äl.
[runic] äрдäмlir.
[runic] äрдäм.
[runic] äрдäм.
[runic] äрдäмlir.
[runic] äр (v).
[runic] äрінч.
[runic] äр (v).
[runic] äр (v).
[runic] 2) äр, 2) ат.
[runic] 1) äр, 2) ат.
[runic] 2) äр, 2) ат.
[runic] 1) äр, 2) ат.
[runic] 2) äр, 2) бäңгӳ.
[runic] 2) äр, 2) ат, 3) jaш, 4) акун.
[runic] 2) äр, 2) jaш.
[runic] äр.

[runic]

[runic] кäт (v).
[runic] 2) äкі, 2) älir.
[runic] кір (v).
[runic] кіші.
[runic] 2) кіші, 2) ара.
[runic] кіші.
[runic] 1) äкі, 2) оҕлан.
[runic] кӳч.
[runic] кӳч.
[runic] 1) кӳч, 2) Кыjаҕан.
[runic] 1) кӳч, 2) уры.
[runic] 1) кӳч, 2) барс.
[runic] кӳlӳк.
[runic] 1) кӳlӳг, 2) чур.
[runic] кӳlӳг.
[runic] 1) кӳlӳг, 2) ана.
[runic] 1) Кöртäl, 2) кан.
[runic] 1) кöр (v), 2) äр (v).
[runic] кöр (v).
[runic] кӳн.
[runic] кӳн.
[runic] 1) кӳн (коні), 2) тіріг.
[runic] Кöнч.
[runic] кӳн.
[runic] кӳн.
[runic] кӳн.
[runic] 1) кӳн, 2) аі, 3) jäр.
[runic] кöз.
[runic] кӳзкӳ.
[runic] кӳзкӳ.
[runic] кӳзäнч.
[runic] 1) кöк, 2) тäңрі.
[runic] кӳдäгӳ.
[runic] кӳмӳш.
[runic] кӳмӳш, кӳмӳшlir.

1) kä-чіг, 2) äнlіг (v).
käl (v).
kälÿр (v).
kälÿр (v).
kälіп.
käl (v).
kір (v).
kÿн.
Кäшдім.
кіші.
öкäм.
1) äкі, 2) äб.
кÿмÿшlіг.
käjік.

1) аш, 2) тутуш (v).
аркы.
1) Ач, 2) бäн.
ат.
анда.

іпі.
äнlік (v).

äзäнч.
аз (v).
Äзгäнä.

1) кÿч, 2) тäңрі.
1) кÿч, 2) Кÿі.
кöр (v).
1) Кÿд-арук, 2) бäг.

1) ол, 2) кан.
улуш.
1) улуҕ, 2) ат.
уры.
1) уры, 2) бäг.
Уруңу.
1) уруш, 2) баш.
1) öз, 2) бilгä, 3) Чаңшы.
уч (v).
оҕуз.
ут (v).
1) удуш, 2) äр.
1) Умаі, 2) бäг.
1) ут, 2) аша (v).
отуз.
он.
1) он, 2) кыз.
1) он, 2) аі.
ojар.
1) ojар, 2) кадаш.
1) ojар, 2) кадын, 3) ÿчÿн.
1) ojар, 2) бäг.
ojар.
оі.
оҕул.
оҕул.
оҕул.
оҕул.
оҕул.
оҕул.
оҕул.
оҕул.
оҕлан.

2) оҕлан, 2) äр.
оҕлан.
оҕлан.
оҕур.
оҕуз.

äдгÿ.
1) äдгÿ, 2) äш.
äдгÿ.
1) äдгÿ, 2) äш.
äдгÿ.

1) анча, 2) äр (v).
анчаҕ.

адаш.
1) кара, 2) Сäңір.
адаклыҕ.
1) адак, 2) ат.
адырыл (v).
адыр (v).
адырыл (v).
адырыл (v).
адырыл (v).
адырыл (v).
адыр (v).
адырт (v).
адыр (v).
адырын (v).

1) мäңгÿ, 2) kаjа.

[runic] äмгäк.
[runic] мäн.
[runic] маты.

[runic] ([runic])

[runic] бäңгӳ.
[runic] бäңгӳ.
[runic] 1) бäңгӳ, 2) kaja.
[runic] бäңгӳ.
[runic] бäн.
[runic] бäңiз.
[runic] бäңгӳ.
[runic] бäңгӳ.
[runic] бäңгӳ.
[runic] бäңгӳ.
[runic] 1) бäң-гӳ, 2) äр (v).
[runic] бäңгӳ.
[runic] бäңгӳ.
[runic] бäңгӳ.
[runic] бiтi (v).
[runic] бiтiг.
[runic] бil (v).
[runic] бilrä.
[runic] бiр.
[runic] бiрlä.
[runic] бiliн (v).
[runic] бiз.
[runic] бiз.
[runic] 2) бiз, 2) yi (v).
. . . [runic] бӳт (v).
[runic] бöрi.
[runic] бӳк (v).
[runic] 1) бiр, 2) акча.
[runic] 2) бäl, 2) ынанчу.

[runic] 1) бäl, 2) тöр, 3) сӳ.
[runic] бälчi.
[runic] 1) бälчi, 2) чур.
[runic] 1) бäliм, 2) ӳчӳн.
[runic] бälä.
[runic] бäl.
[runic] бäl.
[runic] бäl.
[runic] бäl.
[runic] бäl.
[runic] 1) бäl, 2) Тоҕан.
[runic] biliг.
[runic] bilrä.
[runic] бäр (v).
[runic] бäр (v).
[runic] 1) бiр, 2) тäгмä.
[runic] бiрlä.
[runic] бäр (v).
[runic] бäр (v).
[runic] бäрijä.
[runic] бäн.
[runic] бäн.
[runic] 1) бäн, 2) äрк.
[runic] 1) бäн, 2) äркliг.
[runic] бiз.
[runic] бiз.
[runic] бӳк (v).
[runic] бӳк (v).
[runic] бӳк.
[runic] 1) бäш, 2) кырк.
[runic] 1) бäш, 2) jäгiрмi.
[runic] бäдiз.

[runic] äб.
[runic] 1) бäш, 2) кырк.
[runic] бäг.
[runic] бäг.
[runic] бäг.
[runic] бäгliг.
[runic] 1) бäг, 2) äр.
[runic] 1) бäг, 2) äрк.
[runic] 1) бäг, 2) äрк.
[runic] бäг.
[runic] бäг.
[runic] бäг.
[runic] бäг.
[runic] 1) бäг, 2) бiз.

[runic]

[runic] шад.

[runic]

[runic] ат.
[runic] ат.
[runic] ат.
[runic] ат.
[runic] таб (v).
[runic] ат.
[runic] таркан.
[runic] Тачам.
[runic] 1) ат, 1) аша (v), 3) алп.
[runic] 1) tok, 2) бöгӳт.
[runic] 1) ? 2) äр.
[runic] tokыз.
[runic] 1) tokыз, 2) кырк.
[runic] Туран.
[runic] тутук.
[runic] тутук.

тутуђ.
. . . тођ (v).
тођ (v).
тођ.
таш.
ат.
тамкалыђ.
ат.
аг.
таб (v).
1) таб-ђач, 2) kaн.
таӻы.

)

андаӻ.
1) ол, 2) біті (v).
Аншын.
Ынандуӻрач.

D

ai.
јаш.
јолуk (v).
јыл.
јалабач.
јылkы.
јылkы.
јыл.
јыта.
јыта.
јыта.
јыта.
јарылkа (v).
1) Јаруk, 2) тäгін.
јара (v).
јоkла (v).
јоkла (v).
јоkла (v).
јаш.
јаш.
јаш.
јаша (v).
јаңуз (?).
јаӻы.
јунчы.
јоk.
јопт.
јаш.
јаш.
јаш.
јаш.
јыта.
јаш.
јаш.
јаба, јабан.
јаӻы.
јаӻы.
јаӻы.

⊙ (⊙)

1) анда, 2) алыӻдан.
1) анда, 2) сіз.
анда.

ɗ

2) Быц, 2) чур.
балбал.
. . балбал.
бар (v).
1) бар, 2) алтун.
1) бар, 2) ӱчӱн.
1) бар, 2) ӱчӱн.
барс.
1) барс, 2) тäг.
барс.
барс.
бар (v).
бар (v).
бар.
бар (v).
бар (v).
бар (v).
бар (v).
1) баі, 1) апа.
. . . буңсыз.
буңсыз.
бол (v).
булуң.
Болшар.
бол (v).
1) бу, 1) äр (v).
1) бу, 2) улуӻ.
будун.
будун.
будун.
будун.
будун.
1) будун, 2) ара.
будун.
будун.
будун.
будун.
будун.
1) бу, 2) ат.
буңусуз.
1) буңусуз, 2) бу, 3) äр (v).
буң.
буш (v) [буңа (v)].
бу.
буш (v) [буңа (v)].

бушу (od. буң).

башла (v).

будун.

1) батур, 1) мäн.

1) баiна, 2) саңун.

баш.

1) баш, 2) äш.

баш.

баш.

баҕ (v).

баҕ.

1) баҕ, 2) käl (v).

2) баҕ, 2) будун.

Сабык-басар.

jылкы.

jыш.

2) jä-гiн, 2) алн, 3) Туран.

jӱр (v).

jӱкмäк.

jӱз.

jӱз.

1) jӱз, 2) äliг.

2) jӱз, 2) äр.

1) jӱз, 2) äр.

jäтi.

1) jäтi, 2) бiң.

jäр.

jäplä (v).

jäр.

jäр.

jäр.

jäр.

jäмliг.

1) jäг, 2) äр (v), 3) ол, 4) äр (v).

jäгiрмi.

äгрiт (v).

1) Äгӱк, 2) катун.

аҕлат (v).

Erste Beilage.

Materialien zum Verständniss der Morphologie des alttürkischen Dialektes.

1) Nominalstämme.

a) Unzerlegbare Nominalstämme.

Einsilbige vocalisch anlautende Stämme.

1) Auf weitem Vocal: Шa ein Stamm der Kirgisen.

2) Auf engem Vocal: кӳ Ton, Stimme, Ruf; cӳ Heer.

3) Auf Diphthong: ai Monat; koi Schaf; jai Sommer; тoi Gastmahl; бai reich; lӳi (chin.) Drache; (Jen.) oi Gedanke; (Jen.) kyi (chin.) Frauenabtheilung des Hauses.

Einsilbige auf einfache Consonanten auslautende Nominalstämme.

Auf k, к: ak weiss; yk Geschlecht; jok das Nichtsein; кöк Himmel; чiк ein Volksstamm; (Jen.) Tok Eigenname; (Jen.) jӳк Last; тöк viel, genau.

Auf ҕ, г: таҕ Berg; jär gut (schlecht); бäг Herr; joҕ Leichenfeier; маҕ Lob; (Jen.) тäг Geschlecht; (Jen.) баҕ Volksabtheilung.

Auf т: ат Name; ат Pferd; äт Reichthum; äт Fleisch; кут Glück; ыт Hund; jут Unglück; тат ein Verwandtschaftsgrad; от Feuer; бат schlecht.

Auf д: öд Zeit; мад Oberfürst; бöд Thron.

Auf ч: ач hungrig; iч das Innere; кӳч Kraft; сач Haar; Ач ein Stamm der Kirgisen.

Auf с: äс Geist.

Auf з: аз wenig; Аз ein Volk; öз selbst; кыз Mädchen; кöз Auge; jаз Frühling; тӳз eben; (Jen.) jӳз Antlitz; боз grau; баз Friede.

Auf ш: аш Speise; кыш Winter; кiш Zobel; jaш Thräne; jaш Lebensjahr; jыш Bergwald; Чуш eine Oertlichkeit; таш Stein; таш Aussenseite; (Jen.) äш Gefährte.

Auf б: äб Haus; (Jen.) kaб Sack; чуб Volksabtheilung (?); саб (chin.) Ruhm, Botschaft; суб Wasser.

Auf ң: аң Verständniss; кӱң Magd; нäң Habe, Ding; буң die Grenze (?); (Jen.) тäң Schaar.

Auf н: kaн Blut; kaн Fürst; тон Rock; тӱн Nacht; сан Zahl; (Jen.) ӱн Stimme; кӱн Tag; (Jen.) кӱн Familie.

Auf л, l: äl Volk; кул Knecht; köl See; joл Weg; jыл Jahr; Кӱl ein Eigenname; (Jen.) бäl.

Auf р: äр Mann: kyр Gürtel; jäр Land; төр Ehrenplatz, бар das Sein; чур eine Würde.

Einsilbige auf Doppelconsonanz auslautende Stämme.

барk Gebäude; äрк Macht; тӱрк Türke; jyрт Wohnsitz; барс Tiger; алп Held; (Jen.) joнт Pferd.

Zweisilbige vocalisch anlautende Stämme.

Mit weitem Vocale: kapa schwarz; боiла eine Würde; apa Zwischenraum; apka Rücken; ana Vorfahr; öрä Mutter; äкä Tante; тапа Richtung; Тоҕла Flussname; Тоңра Volksname; Тоңа Eigenname; тамҕа, тамка Eigenthumszeichen, Siegel; тöнä Gipfel; Joҕа Männername; Сабра Name oder Würde; Суңа Name eines Bergwaldes; (Jen.) тäрмä Alle; (Jen.) Баiна Eigenname.

Auf engem Vocal: аты Neffe; Jамы Eigenname; аҕы freigiebig; äчi älterer Bruder; орту Mitte; орду Orda; öмзi Ursache (?); iнi jüngerer Bruder; сiңлi jüngere Schwester; iнji Mitgift; iдi Herr; кiшi Mensch; jaҕы Feind; jaзы Ebene; тäңрi Himmel; тоҕу Name einer Stadt; төрӱ Gesetz; бöрi Wolf; маты trefflich; уры Sohn; jылкы Pferdeheerde; Маҕы eine Oertlichkeit; äтi bedeutend; (Jen.) Чаңшы Eigenname; (Jen.) Чiгшi Eigenname.

Auf у, ӱ ohne Veranlassung der Vocalharmonie: äчӱ Vorfahr; Jäнчӱ ein Flussname; Аҕу eine Oertlichkeit; Болчу eine Oertlichkeit; (Jen.) Алту Eigenname.

Auf ҕу, гӳ, кі, ҕы: ӓдгӳ gut; барҕу mächtig; Башҕу ein Pferdename; бӓңгӳ ewig; бӓlкі bekannt (Uig. бӓlгӳ); (Jen.) кӳзкӳ Spiegel; Jабҕу Eigenname; jумҕы alle.

Zweisilbige auf einen Diphtong auslautende Stämme.

Умаі weibliche Gottheit; Кытаі ein Volk; кунчуі die Prinzessin; кутаі Seide (?); талуі Meer; чыҕаі arm.

Zweisilbige consonantisch anlautende Stämme.

Auf ak, yk, äк, k, к: азук Mundvorrath; тапык Dienst; cilік rein; Чурак eine Oertlichkeit; Соҕдак ein Volksname; балык Stadt; сӳңӳк Knochen; кӓмӓк schnell (?); унук befreundet; камук = камыҕ; (Jen.) Кашук Eigenname; (Jen.) Äгӳк Ortsname; (Jen.) кӓjік das Wild.

Auf мак, мӓк: (Jen.) jӳкмӓк ein wildes Thier.

Auf лык, lік, лак: удлык Schenkel; Карлук ein Volksname; jаблак schlecht.

Auf kak, кӓк, ҕak, гӓк: кулкак Ohr; кӓргӓк Ende, Grenze; Jälгӓк Eigenname.

Auf шак: jымшак weich.

Auf ҕ, г: улуҕ gross; караҕ Räuber; Карлуҕ ein Volk; катыҕ, кадыҕ fest; камыҕ alle; äliг Hand; кічіг klein; jадаҕ Fussgänger; торуҕ braun; сӳчіг süss; тäбliг Feindschaft; кӳlӳг Held (von кӳ ?); köplӳг (?).

Auf ҕуҕ: jабҕуҕ ein Titel.

Auf т: Тӳпӳт der Tibetaner; Таңут der Tangute; сыҕыт Jammer; (Jen.) Бöгӳт Eigenname.

Auf д: iгiд Jüngling; соҕад Geschenk.

Auf ч: кылыч Schwert; ыҕач Baum; Макрач Eigenname.

Auf ҕач: Табҕач der Chinese.

Auf ш: Äртіш Flussname; öкӳш viel; öдӳш Tag und Nacht; кӳмӳш Silber; Тардуш ein Volksstamm; соңӳш Schlacht; Тäкäш Name; Тӳргäш ein Volk.

Auf кыш, кіш: аркыш, тäркіш Karawane.

Auf c: Тöläс ein Volksstamm; улус das das Volk.

Auf з: ӳгӳз Fluss; Кыркыз der Kirgise; Оҕуз der Oguse; jаҕыз braun; jабыз böse; jотаз (?); бäдіз Arbeit; äгіз hoch; (Jen.) öкӳз (?); (Jen.) бäңіз Antlitz.

Auf ң: akaң Vater; jалaң nackt; тijiң Eichhorn; Шандуң eine Oertlichkeit; булуң Winkel.

Auf н: карын Leib; каҕан der Chan; jылан Schlange; катун die Chanin; алтун Gold; тудун eine Würde; Äрсäн eine Oertlichkeit; Öрнäн eine Oertlichkeit; тäriн Prinz; шындан ein Baum; бäчiн Affe; бöлäн Würde; будун Volk; булчун (?); Бумын Eigenname; (Jen.) калын zahlreich; (Jen.) Кашан Name; сäңун, (Jen.) саңун eine Würde (chin.); (Jen.) кадын Schwiegervater; (Jen.) Чiкшäн Volksname.

Auf кан, ҕан, ҕун: курҕан Befestigung; jарҕан eine Würde; тарkан eine Würde; туiҕун (?); (Jen.) Järiн Eigenname; (Jen.) Туран Eigenname; тамҕан eine Würde; (Jen.) ўлкäн gross.

Auf ман, бан: Азман Pferdename; Кöгмäн Name eines Gebirges; Тарман, Тарбан eine Oertlichkeit; тўмäн zehn Tausend; таман eine Würde.

Auf р: удар (?); ўјўр dicht gehäuft; ыҕар (?); jыпар (?); Татар ein Volksstamm; (Jen.) Болшар Volksname; тäмiр; Тўңкäр Name eines Berges; (Jen.) оҕур der Schutz; (Jen.) ојар das Ansehen (?); (Jen.) кадыр heftig; (Jen.) тўңўр Schamanentrommel; (Jen.) сäңiр Vorgebirge; (Jen.) батур (?).

Auf ҕур: Уiҕур der Uigure.

Auf тар: Jамтар Pferdename.

Auf л, l: Iзгil Volk; оҕул Kind; jашыл blau; кöңўl Sinn; Басмал ein Volksstamm; Торҕул Eigenname.

Auf м: барым das Einkommen; Тачам Eigenname; (Jen.) Verdienst; (Jen.) öкдäм stark (?).

Dreisilbige Stämme.

Auf weitem Vocal: Ышбара Pferdename (?); Jалсака Eigenname; (Jen.) Äзгäнä Name; (Jen.) Сäläңä Flussname.

Auf engem Vocal: äртäңў Huldigung; Äзгäнтi eine Oertlichkeit; Татабы ein Volk; Батымы ein Kirgisen-Stamm; Андарҕу eine Oertlichkeit; бäңiгў = бäңгў; (Jen.) ынанчу eine Würde; (Jen.) кўдäгў Schwiegersohn; (Jen.) Тўlбäрi Volksname.

Auf k: Уңтутук (?); Кушлаҕак eine Oertlichkeit; тоңјукук eine Würde.

Auf c: кäңäрäс eine Oertlichkeit.

Auf з: Азђаназ Eigenname.

Auf н: алђазын, алказын ein Jahr des Cyclus (Schweinejahr); Ӯтӯкäн Name eines Waldgebirges; Кадыркан id.; Курыкан Name eines Volkes; јарађун Name einer Oertlichkeit; Бајырkун Pferdename; тäңрікäн eine Würde; (Jen.) Кыјађан Eigenname.

Auf р: Ынанчмур Eigenname; äлтäбäр eine Würde.

Auf л, l: Јäрäнсil ein Eigenname.

Auf м: Парпурым ein Volksname.

Auf ч: јалабач Gesandte, Bote.

b) Abgeleitete Nominalstämme.

Zusammensetzungen.

Аркагӯн	aus	арка + кӯн.
Інјігӯн	»	інјі + кӯн.
Кäліңӯн	»	кäлін + кӯн.
Äлтäрäс	»	äл + тöрä + сі.
Äлбілгä	»	äл + білгä.
отсуб	»	от + суб.
ісірäті	»	ісір + äті.
Јäріңјарку	»	јäрің + јарку.
Тадыксачураң	»	тадык + сачураң.
Боілабађа	»	боіла + бађа.
(Jen.) бäлчічур	»	бäлчі + чур.
кӯлчур	»	кӯл + чур.
äлчур	»	äл + чур.

Lebenskräftige Nomina bildende Affixe.

a) An Nominalstämme gehängt:

1) лыђ, lir. Wird an Nomina gehängt und hat 1) Adjectiv-Bedeutung (a), Etwas habend, mit Etwas versehen, 2) Substantiv-Bedeutung (s).

ађы	ађылыђ (a) Lohn habend.
äл	äллir (a) Stämme habend, aus Stämmen bestehend. (s) die Stammvereinigung.
äкіп	äкінлir (s) das Getreide.
äрк	äрклir mächtig.
äлтäбäр	äлтäбäрlir (a) Aeltäbäre habend.

ojap — ojарлыҕ (a) Ansehen habend (?).
kaҕан — kaҕанлыҕ (a) Chane habend.
(s) das Chanthum, die Chansherrschaft.
kул — kуллыҕ (a) Knechte habend.
(s) die Knechtschaft.
кöр — кöрlӱ̆г (s) (?).
кӱ̆ — кӱ̆lӱ̆г berühmt (?).
кiшi — кiшiliг (a) Menschen habend.
кӱ̆ң — кӱ̆ңlӱ̆г (a) Mägde habend.
(s) der Mägdedienst.
japak — japakлыҕ (a) bewaffnet.
тон — тонлыҕ (a) Kleider habend.
сӱ̆ңӱ̆к — сӱ̆ңӱ̆кliг (s) die Geschlechtseintheilung.
баш — башлыҕ (s) der Häuptling.
будун — будунлыҕ (a) (?) (fehlerhaft für будунлы).
iк — iкliг (a) mit Krankheit behaftet.
ӓтiз — ӓтiзliг (s) die Höhe, Erhabenheit.
kут — kутлуҕ (a) glücklich.
кӱ̆ч — кӱ̆чlӱ̆к (a) stark.
jумҕы — jумҕылыҕ (s) die Gesammtheit.
алтун — (Jen.) алтунлыҕ (a) mit Gold verziert.
адак — (Jen.) адаклыҕ (a) Füsse habend.
ӓрдӓм — (Jen.) ӓрдӓмliг (a) verdienstvoll.
iнi — (Jen.) iнiliг (a) einen jüngeren Bruder habend.
кӱ̆мӱ̆ш — (Jen.) кӱ̆мӱ̆шliг (a) silbern.
тамка — (Jen,) тамкалыҕ (a) mit Eigenthumszeichen versehen.

2) лык, liк. An Nomina gehängt bildet es Substantiva:

бӓк — бӓкliк das Herrenthum.
(koky) — kokылык die Wohlgerüche.

3) лы, li: an zwei coordinirt stehende Substantiva tretend in der Bedeutung sowohl das Eine wie das Andere. Ist zu übersetzen, indem man «und» zwischen beide Substantiva setzt:

ӓчi — ӓчili }
iнi — iнili } ältere und jüngere Brüder.
кӱ̆н — кӱ̆нli }
тӱ̆н — тӱ̆нli } Tag und Nacht.
бӓг — бӓгli }
будун — будунлы } Fürsten und Volk.

Es scheint mir, dass in dem zuletzt aufgeführten Beispiel das in der Inschrif (K 6,16) befindliche [runic] ein Fehler ist, der durch die Aehnlichkeit der Affixe лыҕ und лы veranlasst ist.

4) сыз, сiз. Wird an nomina gehängt mit privativer Bedeutung:

аш	[runic]	ашсыз ohne Speise.
ук	[runic]	укcыз ohne Geschlecht.
кäрҕäк	[runic]	кäрҕäксiз ohne Ende.
jаҕы	[runic]	jаҕысыз ohne Feinde.
тон	[runic]	тонсыз ohne Pelz.
тӯз	[runic]	тӯзсiз uneben, ungerecht.
сан	[runic]	сансыз zahllos.
суб	[runic]	субсыз ohne Wasser.
бiлiг	[runic]	бiлiгсiз ohne Wissen.
буң	[runic]	буңсыз endlos, zahllos.
акаң	[runic]	(Jen.) акаңсыз vaterlos.
алп	[runic]	(Jen.) алпсыз ohne Helden.
кан	[runic]	(Jen.) кансыз ohne Chan.
буңу	[runic]	(Jen.) буңусуз kummerlos.

5) чы, чi. Wird an Nomina gehängt zur Bezeichnung von Personen, die mit dem Grundworte sich beschäftigen:

тамҕа	[runic]	тамҕачы der Siegelbewahrer.
сыҕыт	[runic]	сыҕытчы der Klagende.
joҕ	[runic]	joҕчы der Leittragende.
(армак)	[runic]	армакчы der Betrüger.
бäдiз	[runic]	бäдiзчi der Sculpteur, Steinarbeiter.
бäl	[runic]	(Jen.) бälчi eine Würde.
äl	[runic]	(Jen.) älчi der Volksherr.

Diese Endung чi findet sich einmal an einer Verbalwurzel gehängt: (K. b 12,19) [runic] бäрчi-läр «die Ueberbringer» von бäр + чi. Ich halte dies aber für ein Versehen, da sonst diese Endung nur an ein sonst unbekanntes Verbalnomen auf та, тä gehängt wird, also hier бäртäчi heissen müsste. Vergl. die Endung тачы, тäчi.

6) саҕ, сäг. Dieses Affix wird an Nomina gehängt und bedeutet in den lebenden Türk-Dialekten, wo es angewendet wird (Nord-Dialekte), stets «liebend, gern habend». Im Alttürkischen ist die Bedeutung in dem einen Beispiele, wo es auftritt, eine etwas andere.

jыл (?)	[runic]	jылсаҕ Pferde- (Vieh-) reich.

7) кы, кі. Meist an Adverbia oder dem Casus locativus gehängt, um an einem solchen Orte befindlich zu bezeichnen:

ічрä	[runic]	ічрäкі innen befindlich.
кöңÿl	[runic]	кöңÿlтä-кі im Sinne befindlich.
балык	[runic]	балыкта-кы in der Stadt befindlich.
таҕ	[runic]	таҕдакы in den Bergen befindlich.
тäңрі	[runic]	(Jen.) тäңрідäкі am Himmel befindlich.
jäр	[runic]	(Jen.) jäрдäкі auf der Erde befindlich.
куі	[runic]	(Jen.) куідакы im Kui befindlich.
бір	[runic]	бірні (?).
токрак	([runic]) [runic]	токраккы ausserhalb befindlich.
каб	[runic]	кабкы in Säcken befindlich.

8) ҕы, гі. An Nominalstämme gehängt und Adjectiva bildend.

табҕач	[runic]	табҕачҕы chinesisch.

9) даҕ (дäг). An Pronominalstämme gehängt:

ол (ан)	[runic]	андаҕ ein solcher.

Nur an Pronominalstämme wird [runic] als volles Affix gehängt, an Nominalstämme tritt diese Endung als Postposition auf und regiert den Instrumental in der Form [runic] тäг:

äчі	[runic]	äчісін тäг wie ihre älteren Brüder.
акаң	[runic]	акаңін тäг wie ihr Vater.
сач	[runic]	(Jen.) сачын тäг wie die Haare.

10) чыҕ, чіг. An Pronominalstämme gefügt:

ол (ан)	[runic]	анчыҕ ein solcher.

11) аҕу. An Nominalstämme gehängt:

алп	[runic]	алпаҕу eine Würde.
	[runic]	jылпаҕу(ты) eine Würde.

12) ан, äн. An Nominalstämme gehängt:

äр	[runic]	äрäн der Mann, Held.
оҕул	[runic]	оҕл-ан der Oglan.

13) аш. An Nominalstämme gehängt:

ат	[runic]	(Jen.) адаш der Gefährte.
(кат)	[runic]	(Jen.) кадаш der Genosse.

b) Von Verbalstämmen gebildet:

1) ҕ, г:

öl	ölӱг der Todte, die Leiche.
(kап)	kапыҕ das Thor.
(kамаш)	kамашыҕ (?).
кöр	кöрӱг das Sehen, Schauen.
тірі	тірiг lebendig.
(?)	сӱчiг süss, milde.
біl	бiliг das Wissen.
бітi	бiтiг die Schrift.
буҥа	буҥаҕ
(öчӱр)	(Jen.) öчӱрiг die Vernichtung.
кäч	(Jen.) кäчiг das Geschick.
тут	(Jen.) тутуҕ das Kämpfen.

2) k, к:

бујур	буiрук der Beamte, Befehl.
äмгä	äмгäк die Qual.
(ыра)	ыраk weit.
(јаҕу)	јаҕук nah.
(јара)	јараk die Zurichtung.
јаз	јазук das Vergehen.
тур	турук der Standort.
(ат)	адаk der Fuss.
(біш)	бiшӱк erfahren.
(булҕа)	булҕаk verwirrt.
тут	(Jen.) тутук eine Würde.
(jäдiн)	jäдiнiк sich anschliessend.
(äсір)	(Jen.) äсрiк erregt.
ӱз	(Jen.) ӱзӱк ein abgebrochenes Stück.
(kазҕа)	(Jen.) kазҕаk (?).
(бäдӱ)	бäдӱк hoch.

3) ш:

(ak)	аҕыш die Ausgabe.
yk	уҕыш der Klient.
уд	удыш der Sieg.
ур	уруш der Kampf.

4) ышык, iшiк:

тоҕ	тоҕышык der Aufgang.
бат	батышык der Untergang.

5) ky, y:

тут — тутky (?) der Gefangene.

6) rä:

бil — бilrä wissend, weise.

7) ма:

(аiла) — аiлама die Umgegend.

8) мaђ, мäг:

бар — бармaђ das Reiten.

kара — kарамaђ das Schauen.

öрӳң — öрӳңмäг (?).

9) чу:

ыпан — Ыпанчу ein Eigenname.

10) н:

aky — akyн der Streifzug.

(äк) — (äкiн der Acker).

кäл — кäliн die Schwiegertochter.

11) ч:

(äрiн) — (Jen.) äрiнч das Wohlbehagen.

(äзäн) — (Jen.) äзäнч die Gewohnheit.

öкiн — (Jen.) öкiнч die Reue.

(ыпан) — (Jen.) ыпанч das Vertrauen.

(кӳзä) — (Jen.) кӳзäнч das Verlangen.

2) Pronominalstämme.

1) Pronomen personale:

1. Pers. sing. мäн [(Jen.) бäн] ich — plur. бiз wir
2. Pers. sing. — — plur. вы ihr
3. Pers. sing. (ол) — —

2) Pronomen possessivum (der Genitiv):

1. Pers. sing. мäнiң — plur. (бiзiң)

— —

3. Pers. sing. (аныц)

3) Pronomen demonstrativum:

бу dieser — ол jener.

4) Pronomen interrogativum:

кäм? wer? — нä? was?

каны? wo seiend?

3) Zahlwörter.

1) Cardinal-Zahlen:

бip eins.
äкi zwei.
ÿч drei.
тöрт vier.
бäш fünf.
алты sechs.
jäтi sieben.
сäкiз acht.
токуз neun.
он zehn.
11—15 kommen nicht vor.
(Jen.) алты он sechzehn.
17—19 kommen nicht vor.
järiрмi zwanzig.
äкi järiрмi zwei und zwanzig.
ÿч järiрмi drei und zwanzig.
бäш järiрмi fünf und zwanzig.
алты järiрмi sechs und zwanzig.
сäкiз järiрмi acht und zwanzig.
отуз dreissig.
бip отуз } ein und dreissig.
отуз артукы бip } ein und dreissig.
äкi отуз zwei und dreissig.
отуз артукы тöрт vier und dreissig.
бäш отуз fünf und dreissig.
алты отуз sechs und dreissig.
jäтi отуз sieben und dreissig.
отуз артукы сäкiз acht und dreissig.
кырк vierzig.
бip кырк ein und vierzig.
бäш кырк fünf und vierzig.
кырк артукы jäтi sieben und vierzig.
сäкiз кырк acht und vierzig.
älir fünfzig.
äкi älir zwei und fünfzig.
ÿч älir drei und fünfzig.

[Runen] (Jen.)	алтмыш fünfzig.
[Runen]	jätміш siebenzig.
[Runen] : [Runen]	ӳч jätміш drei und siebzig.
80	fehlt.
90	fehlt.
[Runen]	jӳз hundert.
[Runen]	jӳз älir hundert und fünfzig.
[Runen]	бäш jӳз fünfhundert.
[Runen]	jäті jӳз siebenhundert.
[Runen]	бің tausend.
[Runen]	алты бің sechstausend.
[Runen]	jäті бің siebentausend.
[Runen]	тӳмäн zehntausend.
[Runen]	ӳч тӳмäн dreissigtausend.

2) Ordinal-Zahlen:

[Runen]	iliкі der Erste.
[Runen]	äкінті } der Zweite.
[Runen]	äкін } der Zweite.
[Runen]	ӳчінч der Dritte.
[Runen]	тöртӳнч der Vierte.
[Runen]	бäшінч der Fünfte.
[Runen]	jäрінч der Siebente.
[Runen]	токзынч der Neunte.
[Runen]	онынч der Zehnte.
[Runen]	jäгірміҝі der Zwanzigste.
[Runen]	отузкы der Dreissigste.

4) Die possessiven Pronominal-Affixe.

1-te Person Singularis. Hier wird an die Nomina stets das Affix [Rune] angefügt. Der Bindevocal (ы, i, у, ӳ) wird nie bezeichnet. Bei Stämmen, die auf [Rune] i (ы) auslauten, wird sogar dieser Vocal manchmal weggelassen.

[Runen] акаң-ым.	[Runen] оҕлан-ым.
[Runen] ана-м.	[Runen] öгä-м.
[Runen] äчӳ-м.	[Runen] öгäläр-ім.
[Runen] äч-ім.	[Runen] öз-ӳм.
[Runen] äкäläр-ім.	[Runen] ini-м.
[Runen] оҕл-ым.	[Runen] injігӳн-ім.

[runic] тäңрі-м.

[runic] уҕыш-ым.

[runic] улартук-ым.

[runic] } ӱlӱгӱм.
[runic]

[runic] kаҕан-ым.

[runic] kут-ым.

[runic] тäгдӱк-ім.

[runic] кäliңӱн-ӱм.

[runic] кöз-ӱм.

[runic] тӱрк-ӱм.

[runic] саб-ым.

[runic] ыт-ым.

[runic] бäг-ім.

[runic] бäгläр-ім.

[runic] біliг-ім.

[runic] будун-ым.

[runic] (Jen.) ат-ым.

[runic] (Jen.) kунчуј-ым.

[runic] (Jen.) kадаш-ым.

[runic] (Jen.) kазҕаk-ым.

[runic] (Jen.) јонт-ым.

[runic] (Jen.) кӱдäгӱläр-ім.

[runic] (Jen.) баҕ-ым.

[runic] (Jen.) кіші-м.

[runic] (Jen.) kан-ым.

[runic] (Jen.) бäl-ім.

[runic] (Jen.) äш-ім.

[runic] (Jen.) сіз-ім.

[runic] (Jen.) äрк-ім.

[runic] (Jen.) суб-ым.

Die 1-te Person pluralis bildet das Affix [runic] мыз (міз), das ebenfalls ohne Bezeichnung des Bindevocals an den Nomina gehängt wird.

[runic] аkаңымыз.

[runic] арkашыд-ымыз (?).

[runic] ана-мыз.

[runic] äчӱ-міз.

[runic] äl-іміз.

[runic] äчі-міз.

[runic] тöрӱ-міз.

[runic] тӱрк-ӱміз.

[runic] (Jen.) бäг-іміз.

[runic] (Jen.) ат-ымыз.

Die 2-te Person Singularis bildet das Affix [runic] (ң) ebenfalls ohne den Bindevocal zu bezeichnen.

[runic] ігід-іҥ.

[runic] оҕл-ың.

[runic] ölсäк-іҥ.

[runic] kаҕан-ың.

[runic] kан-ың.

[runic] сӱңӱк-ӱң.

[runic] јаблак-ың.

[runic] (Jen.) öз-ӱң.

[runic] (Jen.) кöз-ӱң.

[runic] (Jen.) äl-іҥ.

Dem Worte [runic] im Denkmal K 24,12 entspricht X 20,10: [runic], woraus zu ersehen ist, dass das [runic] dieser Endung durch [runic] ausgedrückt wird.

Fernere Beispiele für Auftreten des [runic] für [runic]:

[runic] (K 24,7, X 20,5) statt [runic].

[runic] (Ka 7,5, Xb 5,23) statt [runic].

[runic] (X 20,17) statt [runic].

[runic] (X 19,4) statt [runic] (K 22,18).

2-te Person pluralis. Durch das Affix ңыз, ңiз ausgedrückt, ebenfalls ohne Bezeichnung des Bindevocals.

бäдiз-iңiз.
оҕлан-ыңыз.
туiҕун-ыңыз.
(Jen.) ат-ыңыз.
(Jen.) äl-iңiз.
(Jen.) адаш-ыңыз.
(Jen.) äш-iңiз.
(Jen.) äч-iңiз.
(Jen.) iнi-ңiз.
(Jen.) ӳн-iңiз.
(Jen.) jӳк-iңiз.

3-te Person. An consonantisch auslautende Stämme tritt die Endung (ы, i), an vocalisch auslautende Stämme die Endung сы, сi. Die an diese Affixe tretenden Consonanten () enthaltenden Endungen lassen darauf schliessen, dass der Vocal des Affixes sich nicht den Vocalen des Stammes unterordnete, sondern stets i gesprochen wurde.

1) артуk-i.
ат-i.
азуk-i.
äl-i.
оҕл-i.
öз-i.
уҕыш-i.
kаҕан-i.
kалмыш-i.
kаш-i.
kамыҕ-i.
kаб-i.
балбал-i.
kут-i.
кöз-i.
jадаҕ-i.
jäр-i.
јол-i.
тiрiг-i.
саб-i.
бäгläр-i.
бујуруk-i.
будун-i.
(Jen.) ат-i.
(Jen.) тäң-i.
(Jen.) äрдäм-i.
(Jen.) кӳн-i.
(Jen.) jӳз-i.
(Jen.) бäңз-i.

2) аҕы-сi.
аты-сi.
öлтäчi-сi.
(Aa 6,4, Ac 1,2).
iнi-сi. (two forms)
удачы-сi.
кiшi-сi.
кӳ-сi.
jаҕы-сi. (two forms)
јазы-сi.
тäңрi-сi.
сӳ-сi.
(Jen.) бälчi-сi.
(Jen.) бäңгӳ-сi.
(Jen.) öгä-сi.

5) Die Casus-Affixe.

Genitiv.

Der Genitiv bleibt gewöhnlich unbezeichnet, indem man sich damit begnügt, das Pron. poss. 3. pers. an das regierende Wort zu hängen, z. B.:

Das Genitiv-Affix (ҥ) findet sich nur sehr selten:

мäніҥ mein.
бізіҥ unser.
каҕаныҥ.
бäгіҥ des Herrn.
бäлiмiҥ meines Bäl.
будуныҥ (K 1,20) des Volkes.
Кÿl-тäгініҥ des Kül-Tägin.
(Jen.) euer.

Dativ.

Das Dativ-Affix ist (ka) und (kä), es tritt, ohne den Anlauts-Consonanten zu verändern, an alle consonantischen und vocalischen Stämme.

ai-ka.
jазы-ka.
талуі-ka.
маты-ka.
каҕан-ka.
Кäҥÿ-Тарман-ka.
Кäҥÿ-Тарбан-ka.
будун-ka.
бірка.
jыл-ka.
äб-кä.
кäм-кä.
öд-кä.
бöд-кä.
ат-ka.
тäҥрікäн-кä.
каныҕ-ka.
біз-кä.
таҕ-ka.
öдÿш-кä.
таш-ka.
табҕач-ka.
Тÿнÿт-кä.
Чурак-ka.
(Jen.) jаҕы-ka.

Die Gemination kk wird meist durch die Schrift nicht ausgedrückt:

тоҕышык(k)а.
, балык(k)а.

In den Jenissei-Inschriften findet sich die Dativendung und :

кан-ҕа.
(Jen.) алту-ҕа.
äдгÿгä.

Die an Pronominalstämme tretenden Dativ-Affixe zeigen Unregelmässigkeiten: bildet (маҥа oder мäҥä), бäҥä (Jen.), von ол lautet der Dativ аҕар.

Mit den Personal-Affixen verschmilzt das Affix ka folgendermaassen:

1. Person: ым + ka zu (…) ыма (імä):

оҕл-ыма meinem Sohne.
öз-ўмä mir selbst.
іні-мä.
улартук-ыма.
jаш-ыма.
jаш-ыма.
тўрк-ўмä.
будун-ыма.
(Jen.) ат-ыма.
(Jen.) бäl-імä.
(Jen.) кунчуj-ыма.
(Jen.) оҕлан-ыма.
(Jen.) äрк-імä.
(Jen.) jäр-імä.
(Jen.) оҕл-ыма.
(Jen.) суб-ыма.
(Jen.) тўңўр-імä.
(Jen.) алыҕдан-ыма.
(Jen.) äш-імä.
(Jen.) кіші-мä.
(Jen.) äрдäмlіг-імä.
(Jen.) тäг-імä.
(Jen.) äзäнч-ўмä.
(Jen.) кўзäнч-імä.

Auch die vollen Formen (ымkа, мkа) waren im Gebrauch. Dafür sprechen:

jашым-ka.
будуным-ka.
акаңым-ka.
(Jen.) бälім-кä.
(Jen.) jäрім-кä.
(Jen.) äliм-кä.
(Jen.) kаным-ka.
(Jen.) kунчуjым-ka.

Es kommt aber auch am Jenissei vereinzelt die Endung ымҕа vor, z. B. kунчуjым-ҕа und kунчуjымҕака für kунчуjымка oder kунчуjымҕа, gewiss ein Schreibfehler.

2-te Person: ың + ka zu (…) ыңа (іңä):

оҕл-ыңа.
kаҕан-ыңа.
біp-іңä.
(Jen.) öкўнч-іңä.
äl-іңä.

K 23,8 steht statt der letzten Form äliң offenbar aus Versehen für äliңä.

3-te Person: ін + ka zu (…) іңä:

аҕы-сіңä.
äб-іңä.
kыз-іңä.
kут-іңä.
jаз-іңä.
jаш-іңä u. jашыңа.
jäр-іңä.
тоҕушык-іңä.
бäрмäз-іңä.
саб-іңä.
батышык-іңä.
баш-іңä.
бішўк-іңä.

Die Form бајырkуниң (K 36,10) steht offenbar fehlerhaft für бајырkуниңä. An Stelle der allgemein gebräuchlichen Endung findet sich (K 33,22) iнä im Worte jäр-iнä (Kc 2,8) ыkа in jokыkа.

An die Pronominalendung der 1-ten und 2-ten Person Pluralis (мыз) und (ыңыз) scheint immer die volle Dativendung und zu treten:

(Jen.) бäгiмiз-кä.
(Jen.) äчiңiз-кä.
(Jen.) iнiңiз-кä.

Accusativ.

Zur Bildung des Accusativs werden drei verschiedene Affixe verwendet: 1) ыҕ, iг (уҕ, ӳг); 2) ын, iн; 3) ны, нi. Ersterer tritt an Nominalstämme:

ak-ыҕ.
ат-ыҕ.
уры-ҕ.
аз-ыҕ.
äр-iг.
äl-iг.
ällir-iг.
äс-iг.
кӳч-iг.
таш-ыҕ.
орду-ҕ.
баш-ыҕ.
ӳгӳзӳг.
kаҕан-ыҕ.
kаҕанлыҕ-ыҕ.
kатун-ыҕ.
kунчуј-уҕ.
булуң-уҕ.
кiшi-г.
јылkы-ҕ.
јыш-ыҕ.
јынар-ыҕ.
Кӳlтäriн-iг.
тој-уҕ.
тӧр-ӳг.
тӧрӳ-г.
тутkу-ҕ.
чыҕај-ыҕ.
саб-ыҕ.
Куҕсäңӳн-iг.
ӧкӳш-iг.
сӳ-г.
шад-ыҕ.
барk-ыҕ.
башлыҕ-ыҕ.
äтiзliг-iг.
бäгläр-iг.
бäдiз-iг.
бäдiзчi-г.
буkа-ҕ.
будун-ыҕ.
(Jen.) бäңгӳ-г.
(Jen.) барс-ыҕ.
(Jen.) јӳкмäк-iг.
(Jen.) кӳмӳш-iг.
(Jen.) сач-ыҕ.
(Jen.) тäңрi-г.
(Jen.) Кара-сäңiрi-г.
älчi-г.

Die zweite Endung [runic], [runic] ([runic], [runic]) tritt an mit Pronominal-Affixen versehene Nominalstämme:

1-te Person: [runic], [runic] мыn, мin:

[runic] öз-ӳмiн.
[runic] kыз-ымыn.

[runic] } саб-ымыn.
[runic]
[runic] (Jen.) бäңгӳ-мiн.

2-te Person: [runic], [runic] ңыn, ңiн:

[runic], [runic] äl-iңiн.
[runic] оӷл-ыңын.
[runic] кöрӳг-ӳңiн.
[runic] jаблак-ыңын.

[runic] kаӷаn-ыңыn.
[runic] тöрӳ-ңӳн.
[runic] тутсак-ыңын.
[runic] (Jen.) öз-iңiн.

3-te Person: [runic], [runic] ([runic], [runic]) iн, сiн:

[runic] ak-iн.
[runic] армакчы-сiн.
[runic] joӷ-iн.
[runic] ат-iн.
[runic] акаң-iн.
[runic] аӷыш-iн.
[runic] алыбäртäчi-сiн.
[runic] ат-iн.
[runic] äкiнлiг-iн.
[runic] äр-iн.
[runic] } äl-iн.
[runic]
[runic] äчi-сiн.
[runic] äб-iн.
[runic] оӷл-iн.
[runic] удлык-iн.
[runic], [runic], [runic] kаӷан-iн.
[runic] kарп-iн.
[runic] kара-сiн.
[runic] kыз-iн.
[runic] кулkак-iн.
[runic] кутаi-сiн.
[runic] кöртäчi-сiн.
[runic] (O) кӳч-iн.
[runic] кöрlӳг-iн.
[runic] кӳмӳш-iн.

[runic] кiшiliг-iн.
[runic] jаңылтук-iн.
[runic] jазындук-iн.
[runic] jарылkадук-iн.
[runic] jаңылтачы-сiн.
[runic] jäг-iн.
[runic] jäр-iн.
[runic] jотаз-iн.
[runic] jылkы-сiн.
[runic] таш-iн.
[runic] тöр-ӳн.
[runic] тöрӳ-сiн.
[runic] тijiң-iн.
[runic] сач-iн.
[runic] суб-iн.
[runic] } сӳ-сiн.
[runic]
[runic] шад-iн.
[runic] } барым-iн.
[runic]
[runic] барk-iн.
[runic] болтачы-сiн.
[runic] будун-iн.
[runic] (Jen.) кäчiг-iн.
[runic] (Jen.) ölӳг-iн.

Die dritte Endung [runic] ([runic], [runic]) erscheint nur bei folgenden Pronominalstämmen: [runic] aus мäн-+-i und [runic] aus сäн-+-i (dieses i scheint ursprünglich kein Accusativ-Affix gewesen zu sein, sondern eine Stammerweiterung, wie [runic] каны? wo = кан-+-i). In der Folge wurden durch Analogie aus ол und бу die Accusative [runic] аны und [runic] буны gebildet und dann durch fehlerhafte Silbentrennung ні als Affix-Endung aufgefasst und an andere Pronomina gehängt, wie uns [runic] біз-ні (Jen.) beweist.

Instrumentalis.

Der Instrumental wird durch das Affix [runic], [runic] gebildet, welches sowohl an Nominalstämme, wie auch an Nomina mit angehängten Pronominal-Affixen tritt:

[runic] аҕы-н.
[runic] аҥ-ын.
[runic] äliг-ін.
[runic] кöз-ін.
[runic] jaj-ын.
[runic] кыш-ын.
[runic] jалаҥ-ын.
[runic] jадаҕ-ын.
[runic] jаз-ын.
[runic] кыш-ын.
[runic] ölсäкäҥ-ін.
[runic] біліг-ін.
[runic] jаблакыҥ-ын.
[runic] саб-ын.
[runic] кулкак-ын.
[runic] бäдізіҥіз-ін.
[runic] (Jen.) ојар-ын.
[runic] (Jen.) сач-ын.
[runic] (Jen.) кöзіҥ-ін.
[runic] (Jen.) äl-ін.
[runic] (Jen.) алт-ын.
[runic] (Jen.) äрдäм-ін.

Wenn in den Orchon-Inschriften beim Instrumental vor dem [runic] ein [runic] erscheint, so gehört dieses stets zum Personal-Affix der 3-ten Person:

[runic] тäгдӱк-і-н.
[runic] білмäдӱк-і-н.
[runic] булҕак-і-н.
[runic] öлтäчіс-і-н.
[runic] улартачыс-і-н.
[runic] кäкшӱртӱк-і-н.
[runic] јоҥшуртук-і-н.
[runic] алмат-і-н.
[runic] тäнliг-і-н.

Locativ und Ablativ.

Der Locativ und Ablativ werden durch ein Affix [runic], [runic] да, дä (selten durch [runic], [runic] та, тä) gebildet, und zwar tritt [runic], [runic] (да, дä) an alle auf Vocale und Consonanten auslautende Nominalstämme. An auf [runic] und [runic] auslautende Stämme treten stets die Affixe [runic] та, [runic] тä. Trotz der so gleichmässig auftretenden Schreibweise ist es mir unwahrscheinlich, dass die hier in der Schrift dargestellte Schreibweise eine streng phonetische ist, und ich bin überzeugt, dass die Doppelconsonanten [runic], [runic], [runic], [runic] wie in allen übrigen Dialekten кт, кт, тт gesprochen wurden.

Ађу-да.
für ät-тä.
äб-дä.
улартук-та.
учдук-та.
кӱз-тä.
болтук-та.
кондук-та.
кылындук-та.
Кытаі-да.
кышладук-та.
Кушлађак-та.
кöз-дä.
jаш-да.
(Jen.) jыл-та.
jыш-да.
jурт-та.
ганђач-та.
тäгдӱк-тä.
тäңрі-дä.
тођушык-та.
тöрӱ-дä.
тутмыш-та.
балык-та.
батышык-та.
баш-да.
кӱн-дä.
кађан-да.
ан-да.
бу-н-да.
бар-да.
jäр-дä.
булуң-да.
äl-тä.
кöңӱl-тä.
кöl-тä.
jол-та.
(Jen.) kуі-да.
(Jen.) jађы-да.
(Jen.) будун-да.
(Jen.) бäl-дä.

Das Affix , tritt ebenfalls an die mit Pronominal-Affixen der 1-ten und 2-ten Person versehenen Nomina:

саб-ым-да.
кађан-ым-да.
кађан-ың-да.
(Jen.) јашым-да.
(Jen.) бäliм-тä.

An Nomina, die mit dem Pronominal-Affix der 3-ten Person versehen sind, tritt die Endung ында, ындä:

äмгӱк-і-ндä.
ођл-і-ндä.
улартук-і-ндä.
кіші-сі-ндä.
јарак-і-ндä.
јалма-сі-ндä.
јођ-і-ндä.
тöнä-сі-ндä.
болтук-і-ндä.
баш-і-ндä.
(Jen.) каны-нда.
(Jen.) ођуры-нта.
(Jen.) јаш-ында.

Eine eigene Ablativendung дан zeigt nur das Adverbium кандан (woher?), welches vier Mal in unseren Texten auftritt (K 23,14—23,18, X 19,21—19,25).

Casus quantitativus.

Dieser Casus wird aus [runic] ча, чä gebildet:

[runic] ора-ча.
[runic] jӱз-чä.
[runic] ота-ча.
[runic] ӱгӱз-чä.
[runic] кäмäк-чä.
[runic] äрк-чä.
[runic] суб-ча.
[runic] таҕ-ча.
[runic] ан-ча.
[runic] адырылмыш-ча.
[runic] бу-н-ча.

Die mit den Pronominal-Affixen der 3-ten Personversehenen Nomina bilden diesen Casus auch durch die Endung [runic] нча, нчä:

[runic] äрсäр-i-нчä.
[runic] jäр-i-нчä.
[runic] тöрӱ-сi-нчä.

Casus directivus.

Dieser Casus ist ursprünglich aus dem Dativ durch Anhängung des Affixes [runic], [runic] ру, рӱ gebildet.

An Nomina ohne Pronominal-Affixe treten die Affixe [runic] ҕару und [runic] гäрӱ:

[runic] оҕуз-ҕару.
[runic] jäр-гäрӱ.
[runic] бäртӱк-гäрӱ.
[runic] табҕач-ҕару.

An Nomina mit den Pronominal-Affixen der 3-ten Person tritt die Endung [runic] цару, [runic] цäрӱ:

[runic] орту-сы-цару.
[runic] jäр-i-цäрӱ.
[runic] суб-ы-цару.

Wahrscheinlich ist der Dativ der 3-ten Person [runic] ацар (Jen. [runic]) aus diesem Casus entstanden.

Viele Adverbia, die die Richtung «woher» ausdrücken, sind gewiss ursprünglich auf diesen Casus zurückzuführen. In unseren Texten treten folgende derartige Adverbien auf, deren Ableitung zum Theil unklar ist:

[runic] ilгäрӱ.
[runic] курыҕару.
[runic] бäрiгäрӱ.
[runic] jырҕару.
[runic] jöгäрӱ.

6) Adverbia bildende Affixe.

Eine Reihe Adverbia bildender Affixe sind entweder auf frühere Casus-Affixe oder Gerundial-Endungen zurückzuführen. Diese Affixe sind:

1) ла, lä:

бір-lä.

2) ру, рӱ:

удыш-ру.

тірiг-рӱ.

јаҕ-ру.

јоҕ-ру.

3) ра, рä:

ас-ра.

öц-рä.

iч-рä.

кіс-рä.

таш-ра.

4) ja, jä:

куры-ja.

јыра-ja.

бäрі-jä.

5) тi:

äдгӱ-тi.

кадыз-ды.

јаракlыҕ-ды.

тöк-тi.

6) ä:

öз-ä.

јыт-а.

7) Plural-Affixe.

Die Plural-Affixe bilden Pluralstämme, an welche auch das Pronominal- und auch das Casus-Affix treten. Der Plural wird in den Denkmälern von Koscho-Zaidam sehr selten bezeichnet, es findet sich aber eine Anzahl von Wörter, die das noch jetzt gebräuchliche Plural-Affix лар, läр aufweisen.

äкä-läр-iм.

öгä-läр-iм.

оҕул-лар-ы.

бäг-läр.

бäг-läр-iг.

бäг-läр-i.

бäг-läр-iн.

кунчуі-лар-ым.

(Jen.) кӱдäгӱ-läр-iм.

(Jen.) кäliн-läр-iм.

(Jen.) äр-läр-iм.

(Jen.) кадаш-лар-ым.

Es scheint, als ob in folgenden Wörtern dss auslautende т ein altes, nur in einzelnen Fällen gebräuchliches Alural-Affix ist:

тapkaн	тapkaт.
оҕул	оҕлыт.
(шад-апа ?)	шадапыт.
(јалпаҕу)	јылпаҕут.

8) Verbalstämme.

a) Uunzerlegbare Verbalstämme.

Einsilbige vocalisch auslautende Verbalstämme.

Mit weichem Vocal: тä sagen.

Auf Diphtong: ыi sagen; jai ausbreiten; сыi hineingehen; (Jen.) yi folgen.

Einsilbige auf einfache Consonanten auslautende Verbalstämme.

Auf k, к: ak fliessen; , yk verstehen; тiк aufpflanzen; сöк schelten; (Jen.) бӱк verweilen.

Auf ҕ, г: аҕ fliessen; ыҕ (?); тäг berühren; јыҕ umwerfen; (Jen.) тоҕ geboren werden; (Jen.) баҕ schauen; тöг ausgiessen.

Auf ҥ: сыҥ eindringen.

Auf н: кон sich niederlassen; јан zurückkehren; бiн besteigen.

Auf р: ар überragen; (Jen.) äр sein; ур schlagen; кöр sehen; кiр eintreten; тäр sammeln; тур stehen; сӱр treiben; бар gehen; бäр geben.

Auf л, l: ал nehmen; öl sterben; кал bleiben; кыл (Jen.) machen; кäл kommen; jäl traben; јул ausreissen; бол sein; бil wissen.

Auf т: ат schiessen; äт machen; јат liegen; jiт vergehen; тут halten.

Auf д: ыд schicken; уд besiegen; кыд beschneiden; тод satt werden; код legen.

Auf ч: ач hungern; кач fliehen; уч fliegen; кäч übersetzen; сач ausstreuen.

Auf с: бас drücken; кыс pressen.

Auf ш: (Jen.) буш zornig sein.

Auf з: оз vorübergehen; jӱз schwimmen; тäз enteilen; буз zerstören.

Auf ш: тӯш fallen.
Auf п, б: сäб lieben; (Jen.) таб finden; (Jen.) тап id.
Auf м: ум hoffen.

Einsilbige auf Doppelconsonanz auslautende Verbalstämme.

Auf lт: älт bringen.
Auf нч: санч stechen.

Zweisilbige auf Vocale auslautende Verbalstämme.

Auf weitem Vocal: асра nähren; jара passen; тоста hervorstehen; аiла umwenden; опла angreifen; (Jen.) капа fassen.

Auf engem Vocal: аҕры krank sein; jоры gehen; токы stossen; бiтi schreiben; улы folgen; уды schlafen; тiрi leben; оку lesen; аку angreifen.

Zweisilbige auf Consonanten auslautende Verbalstämme.

Auf k, ҕ, к, г: корыҕ sich fürchten; (Jen.) јолук opfern; сäзiк trauern; äulir wünschen.

Auf н: öкӯн bereuen; öтӯн bitten; ычҕын sich auflösen (gehen); јазын fehlen; сакын denken; (Jen.) карҕан fluchen; (Jen.) тäрзин umherschweifen; (Jen.) тäзгин id.

Auf ӊ: (Jen.) öрӯӊ sich freuen.

Auf л: јаӊыл sich irren.

Auf р: олур sitzen; јӯгӯр laufen; калјур wüthen; (Jen.) адыр sich trennen; (Jen.) öгӯр herbeirufen; (Jen.) öдӯр auswählen.

Auf т: јабрыт zerstreuen; толҕат sich winden; äгрiт (?).

Auf д: äгiд gross machen; äшiд hören.

Auf ш: сöӊӯш kämpfen.

Auf лт: кысылт bedrängen.

Auf рт: (Ui) тарт ziehen.

Dreisilbige Verbalstämme.

јарылка gnädig sein.

b) Abgeleitete Vervalstämme.

1) Genera-Verbi.

Verbum negativum auf ма und мä.

ӓшідмä(дўк).
ыдма(јын).
уларма(дым), олурма (дым).
улыма(ды).
удыма(дым).
kалма(зун).
kылма(дым).
кöр-мä(дўк).
јäl-мä(ді).
тапыkлама(ды).
тäкмä(дім).
тiläнмä(сäр).
сыіма(ды).
барма(ды).
бilмä(дўк).
кыдма(з).
кälмä(з).
турма(з).
јорытма(з).

Verbum passivum auf л.

ары-л(тыђ).
тäр-il(ін).
тöг-ўl(тiң).
тiк-il(ін).
тäрі-l(ін).
тўзä-l(тім).
адыр-ыл(дым).

Endet der Stamm auf л, so wird das Passivum auf н gebildet:

kыл-ы-н(мыш).

Verbum reciprocum.

алkы-н.
јарат-ун(у).
ӓт-н(ў).
јўкўн.
јäдін.
тilä-н-мäсäр.
сäб-ін-ін.
(Jen.) адыр-ын.
(Jen.) kатыђла-н.

Verbum cooperativum.

алуш(у).
јара-ш.
kачы-ш.
(Ui) kон-уш.
сöң-ўш.
сöзlä-ш.
(Jen.) тут-уш.
(Ui) тарт-ыш.

Verbum factitivum.

1) auf тур, тӳр:

ар-т-тур(ын).
äр-тӳр(ӳ).
ур-тур(тым).
kон-дур(мыш).
jiт-тӳр(ӳ).
jӳкӳн-тӳр(ӳ).

2) auf т:

аk-ыт(тымыз).
аҕ-ыт(тым).
ар-т(ты).
kоб-ар-т(мыш).
тоkы-т(тым).
kаҕансыра-т.
älcipä-т.
асра-т.
(Jen.) аҕла-т.
(Jen.) артыҕла-т.
(Jen.) адыр-т.
(Jen.) kыiмы-т.

3) auf ур, ӳр:

öl-ӳр.
käl-ӳр.
тӳш-ӳр.

4) auf ар: kоб-ар(тым).

5) auf ҕур: буш-ҕур.

6) auf гӳр: ki-гӳр statt kiр-гӳр.

7) auf тыз: ал-тыз(ды).

2) Verba denominativa.

1) das Affix ла:

öд — öт-lä.
jаҕы — jаҕы-ла.
аkун — аkун-ла.
kылыч — kылыч-ла.
kыш — kыш-ла.
jазуk — jазуk-ла.
jоҕ — jоҕ-ла.
jäр — jäр-lä.
jok — (Jen.) jok-ла.
(таныk) — таныk-ла.
(тың) — тың-ла.
(сöз) — сöз-lä-ш.
сӳ — сӳ-lä.
баш — баш-ла.
(артыҕ) — артыҕ-ла.

2) das Affix да:

kул — kул-да.
kӳң — kӳң-дä.

3) das Affix а:

сыҕыт — сыҕыт-а.
буң — буңа.
аш — аш-а.
тöк-ä.

4) das Affix сыра:

кађан [runic] кађан-сыра. äl [runic] äl-сірä.

5) das Affix k, к:

таш [runic] таш-ык. іч [runic] іч-ік (ічкä ?).

6) das Affix ар:

ул(уђ) [runic] улар.

7) das Affix шур:

(јоц) [runic] јоцшур. (кäк) [runic] кäк-шӳр.

9) Conjugations-Affixe.

a) Das Verbum finitum.

Imperativus.

Die 1-te Person Singularis wird durch das Affix [runic] ([runic]) ајым, [runic] ([runic]) äјін (јін) gebildet:

[runic] ат-ајін. [runic] äт-äјін.
[runic] äгід-äјін. [runic] кон-ајін.
[runic] ölӳр-äјін. [runic] (Jen.) адырыл-ајым.
[runic] ыдма-јін. [runic] (Jen.) јолыка-јын.
[runic] асрат-ајін.

2-te Pers. Sing.:

a) der Verbalstamm: [runic] äшід.

b) das Affix [runic] ríl:

[runic] äшід-ríl. [runic] (Jen.) катыђлан-ђыл.

3-te Pers. Sing.:

a) das Affix [runic] зу: [runic] јарылка-зу.

b) das Affix [runic] зун:

[runic] калма-зун. [runic] јітмä-зӳн.
[runic] болма-зун. [runic] алма-зун.
[runic] јарыма-зун. [runic] äрмä-зӳн.

1-te Pers. Plur.: das Affix [runic] алым, лым:

[runic] кал-алым. [runic] азма-лым.
[runic] адырылма-лым.

2-te Pers. Plur.: das Affix ыц:

äшiд-iц.
сакын-ыц.
бiл-iц.
(Jen.) катыӈлан-ыц.
(Jen.) бол-ыц.

Das Imperfectum.

Die 1-te Person bildet das Affix тым, дым, тiм, дiм.

уларма-дым (олурма-дым).
удыма-дым.
кыл-дым.
кылма-дым.
jai-дым.
jоры-дым.
тäгмä-дiм.
токы-дым.
сӳлä-дiм.
бiтi-дiм.
казӈан-дым.
казӈанма-дым.
(Jen.) казӈан-тым.
сакын-дым.
алыбäр-тiм.
бäр-тiм.
äр-тiм.
äртӳр-тiм.
öлӳр-тiм.
iчкäр-тiм.
ур-тым.
уртур-тум.
улар-тым (олур-тым).
акунла-дым.
öл-тiм.
öтlä-дiм.
кылын-дым.
кыс-тым.
jai-дым.
сӳlä-тiм.
jаңылма-дым.

jыӈ-дым.
тäг-дiм.
токыт-тым.
(Jen.) адырыл-тым.
(Jen.) адырыл-тым.
(Jen.) бӳкмä-дiм.
(Jen.) äр-тiм.
äр-дiм.
(Jen.) тантым.
(Jen.) бол-дым.
(Jen.) кал-дым.
(Jen.) äнliг-тiм.
(Jen.) аз-дым.
(Jen.) äгрiт-тiм.
(Jen.) ölӳр-дiм.
(Jen.) ölӳрмä-дiм.
кобар-тым.
кöр-тiм.
кiр-тiм.
(Jen.) кiр-дiм.
jӳгӳндӳр-тiм.
сöкӳр-тiм.
кыл-тым.
ал-тым.
тӳзäl-тiм.
кал-тым.
бас-дым.
бас-тым.
буз-дым.

[runic] сöңӳш-дім.
[runic] jokkыш-дым.
[runic] бäдіз-тім.
[runic] [runic] санч-тым.
[runic] кäч-тім.
[runic] тік-тім.
[runic] äгіт-тім.
[runic] äт-тім.
[runic] кобарт-тым.
[runic] jабрыт-тым.
[runic] jорыт-тым.
[runic] токыт-тым.
[runic] аҕыт-тым.

2-te Pers. Sing.: das Affix [runic], [runic], [runic], [runic] ([runic], [runic]) дыҕ (дың), діг (дің):

[runic] алкын-дыҕ.
[runic] [runic] äр-тіг.
[runic] кігӳр-тіг.
[runic] бар-дыҕ.
[runic] бар-тыҕ.
[runic] арыл-тыҕ.
[runic] öl-тіг.
[runic] кыл-тыҕ.
[runic] jаңыл-тыҕ.
[runic] (O) кöр-тӳг.
[runic] тöгӳl-тің.
[runic] (Jen.) алма-дың.
[runic] (Jen.) кылма-дың.

3-te Pers. Sing.: das Affix [runic], [runic], [runic], [runic] ты, ды, ті, ді:

[runic] ічкä-ді (ічік-ті).
[runic] улыма-ды.
[runic] улы-ды.
[runic] jарылка-ды.
[runic] jälмä-ді.
[runic] сыіма-ды.
[runic] кылычла-ды.
[runic] тапыклама-ды.
[runic] бaрма-ды.
[runic] бäрмä-ді.
[runic] äшіт-ті.
[runic] казҕан-ды.
[runic] кон-ды.
[runic] öl-ті.
[runic] кач-ды.
[runic] [runic] кыл-ты.
[runic] (Jen.) кыл-ды.
[runic] кäl-ті.
[runic] jаңыл-ты.
[runic] тäріl-ті.
[runic] бол-ты.
[runic] äр-ті.
[runic] ур-ты.
[runic] кälӳр-ті.
[runic] кöр-ті.
[runic] кöтӳр-ті.
[runic] кір-ті.
[runic] jӳгӳр-ті.
[runic] бар-ты.
[runic] бäр-ті.
[runic] бас-ды.
[runic] алтыз-ды.
[runic] оз-ды.
[runic] jӳз-ді.
[runic] [runic] камаш-ты.
[runic] кыс-ды.
[runic] уч-ты.
[runic] санч-ты.
[runic] сач-ты.
[runic] тöкä-ті.
[runic] тäг-ді.
[runic] äг-ті.

ыт-ты.

älт-ті.

уларт-ты (олур-ты).

jат-ты.

тут-ты.

арт-ты.

äгiт-ті.

тäгзiн-ті.

1-te Pers. Plur.: das Affix , , , тымыз, дымыз, тімiз, дімiз:

адырыл-тымыз.

jоры-дымыз.

сÿлä-дімiз.

ал-тымыз.

кäl-тімiз.

äр-тімiз.

ölÿр-тімiз.

кälÿр-тімiз.

jÿкÿндÿр-тімiз.

jÿкÿндÿр-тімiз.

кондур-тымыз.

сöкÿр-тімiз.

бäр-тімiз.

бас-дымыз.

буз-дымыз.

сöңÿш-дімiз.

сöзlÿш-дімiз.

адырыл-тымыз.

барды-мыз.

jokkыш-дымыз.

ташык-ты-мыз.

акыт-тымыз.

älсiрäт-тімiз.

äт-тімiз.

каҕансырат-тымыз.

ыт-тымыз.

2-te Pers. plur.: , тыҕыз, дыҕыз (тыңыз), , тігiз, дігiз (тіңiз).

бар-дыңыз.

äр-тігiз.

äртiз = äртігiз.

бäр-дыҕыз.

(Jen.) äр-тіңiз.

(Jen.) öкÿнмä-діңiз.

(Jen.) кöрмä-діңiз.

Praesens auf нч:

äрінч.

b) Gerundialbildungen.

1) *Gerundium auf* п:

аҕры-п.

ар-ып.

арттур-ып.

ал-ып.

äт-iп.

öкÿн-iп.

ölÿр-iп.

улар-ып (олур-ып).

казҕан-ып.

кäl-iп.

кälÿр-iп.

кöр-iп.

кiр-iп.

jaj-ып.

jaңыл-ып.
jарат-ып.
jоры-п.
тä-п.
тäг-iп.
тäр-iп.
тäрil-iп.
кыл-ып.
тiкil-iп.
тäз-iп.
тур-ып.
тут-ып.
сäбiп-iп.
тäг-iп.
сӱlä-п.
бар-ып.
аку-п.
аку-п, оку-п, ук-уп.
бол-ып.
бiп-iп.
буз-ып.
калjур-ып.

2) Gerundium auf пап, пäп:

улар-ыпап.
адырыл-ыпап.
кäl-iпäп.
тут-ыпап.
сӱlä-пäп.
(Jen.) тäг-iпäп.
(Jen.) бар-ыпап.
(Jen.) буш-ыпап (буңа-пап).

3) Gerundium auf iп:

тä-jiп.
тä-jiп.

3) Gerundium auf а:

оз-а.
уд-а.
уч-а.
кысылт-а.
кäч-ä.
jaj-а.
jaп-а.
тоҕ-а.
тiк-ä.
тут-а.
сӱр-ä.
бас-а.
(Jen.) буш-а.
(Jen.) уj-а.

Das Verbum negativum bildet dieses Gerundium auf ai (= a + a):

(Jen.) адырылмаi.

4) Gerundium auf у (jу), ӱ (jӱ):

алуш-у.
адырыл-у.
äртӱр-ӱ.
äт-ӱ.
äтiп-ӱ.
öl-ӱ.
ычҕып-у.
казҕап-у.
jаҕыла-jу.
сакып-у.

äнліг-ӳ.
корҕ-у.
кыл-у.
кылын-у.
(Jen.) артыҕлат-у.
(Jen.) кыімыт-у.
кӧр-ӳ.
јаратун-у.
јат-у.
јокад-у.

јіт-ӳ.
јіттӳр-ӳ.
тур-у.
сыј-у.
онла-ју.
улы-ју.
сӳlä-јӳ.
бол-у.
башла-ју.

5) Gerundium auf ы:

ычҕын-ы.

алы(бäр).

6) Gerundium auf , ҕма, гмä:

ӧlӳ-гмä.
ічкä-гмä (ічік-ігмä).
кäl-ігмä.
кӧр-ӳгмä.
кӧтӳр-ігмä.

јарат-ыҕма.
сакын-ыҕма.
бар-ыҕма.
бäр-ігмä.
біті-гмä.

c) Participialbildungen (nomina verbalia).

Participium praesentis: Auf . , , ур, ӳр (ыр, ір), , јур, јӳр. Nur als Verbum finitum zur Bezeichnung des Praesens gebraucht:

јӳкӳн-ӳр.
сакын-ур.
äгід-ӳр.
äр-ӳр.
кäl-ір.
улар-ур (олур-ур).
кызҕан-ур.
јаҕут-ур (ыр).
сакын-ур.
кір-ӳр.
бар-ур.

ал-ур.
бäр-ӳр.
біl-ӳр.
бушҕур-ур.
јаша-јур.
јоры-јур.
(Jen.) баҕ-ыр.
(Jen.) јокла-јур.
(Jen.) карҕан-ур.

Auf ар:

таб-ар.
сыҥ-ар.
јаша-р.

тä-р.
(Jen.) аша-р.

Um das Verbum finitum zu ersetzen, werden in der ersten und zweiten Person die Praedicativ-Affixe angehängt:

казҕан-ур-мäн.
сакын-ур-мäн.
барыр-мäн.
бäр-ӯр-мäн.
барыр-мыз.
біl-ӯр-сіз.

Part. praes. negat. auf маз, мäз:

кыд-маз.
кäl-мäз.
кöр-мäз.
тур-маз.
біl-мäз.
јорыт-маз.
бäр-мäз(іңä).
(Jen.) кöр-мäз.

Part. praes. тук, дук, тӯк, дӯк. Wird nicht als Verbum finitum, sondern nur substantivisch und adjectivisch gebraucht:

äшідмä-дӯк.
каҕанла-дук.
кыльшма-дук.
кышла-дук.
кöрмä-дӯк.
јарылка-дук.
біlмä-дӯк.
кон-дук.
кылын-дук.
бол-тук.
ум-дук.
казҕан-дук.
јазын-дук.
јаңыл-тук.
улар-тук (олур-тук).
кäкшӯр-тӯк.
бар-дук.
бäр-тӯк.
јоңшур-тук.
уч-дук.
тäг-дӯк.
тут-тук.

Part. perfecti auf мыш, міш wird als Verbum finitum, substantivisch und adjectivisch gebraucht:

адырыл-мыш.
ал-мыш.
äгід-міш.
äн-міш.
äр-міш.
älсірä-міш.
älсірäт-міш.
äт-міш.
оз-мыш.
ölӯр-міш.
ыдмыш.
(Jen.) ыдмыш.
алыбäр -міш.
ычҕын-мыш.
ічкä-міш (ічік-міш).
улар-мыш (олур-мыш).
каҕансыра-мыш.

kaҕансырат-мыш.
kал-мыш.
казҕан-мыш.
kондур-мыш.
kобарт-мыш.
kыл-мыш.
kылын-мыш.
köр-міш.
köтӱр-міш.
kӱңдä-міш.
jарат-мыш.
jоҕла-мыш.
kачыш-мыш.
jаі-мыш.
jыҕ-мыш.
jӱкӱндӱр-міш.
ташык-мыш.

тä-міш.
тäг-міш.
тäр-міш.
тоста-мыш.
тік-міш.
тірі-міш.
тут-мыш.
сöкӱр-міш.
сöңӱш-міш.
сыҕыта-мыш.
сӱлä-міш.
бäдіз-міш.
бар-мыш.
бäр-міш.
бол-мыш.
бушҕур-мыш.-

Part. praes. ҕлы, rli, nur adjectivisch gebraucht:

ал-ыҕлы.
öl-ӱrli.
уk-ыҕлы.
јул-ыҕлы.
сöңӱш-irli.

Participium auf сар, сäр:

ач-сар.
äр-сäр.
улар-сар (олур-сар).
käl-сäр.
јаңыл-сар.
тä-сäр.
тод-сар.
ыс-сар (= ыд-сар).
tilähмä-сäр.
бар-сар.
басма-сар.

Nomen verbale auf , cak, сäк:

ач-сak.

öl-сäк.

то(д)-сak.

тут-сak.

бäр-сäг(iм).

Nomen verbale auf маҕ, мäг:

(Jen.) бар-маҕ.

(Jen.) kара-маҕ.

(Jen.) öрӱц-мäг.

Nomen agentis auf чi:

тäгмä-чi(мäн).

бäр-чi (?).

Nomen agentis auf ҕучы, гӱчi:

äткӱ-чi.

Nomen agentis auf тачы:

алыбäр-тäчi.

öl-тäчi.

улар-тачы.

уд-(т)ачы.

kал-тачы.

köр-тäчi.

jацыл-тачы.

бол-тачы.

аҕлат-тачы.

Zweite Beilage.

Chronologische Angaben und Verzeichnisse der in den Inschriften auftretenden Eigennamen.

Die nachfolgenden Angaben und Verzeichnisse sind nicht das Resultat einer eingehenden wissenschaftlichen Untersuchung, sondern einfach Auszüge aus den Denkmälern, die dem Forscher die nähere Untersuchung aufstossender Fragen erleichtern sollen. Aber ich hoffe, dass sie auch in diesem einfachen Gewande die Wichtigkeit dieser neuentdeckten geschichtlichen Dokumente klar darlegen.

1) Zusammenstellung der Ereignisse, die in den Orchon-Inschriften erwähnt werden und welche durch die Denkmäler selbst chronologisch sich bestimmen lassen[1]).

Jahr p. Ch. n.	Jahr des Thiercyclus.		Angabe der Inschrift.	Alter des Bilgä-Chan.	Alter des Kül-Tägin.
684	Affe.	Die Geburt des Mekilien (Bilgä-Chan) . . .	X		
		Kriegszug des Tatscham (des Vaters des Bilgä-Chan) gegen die Chinesen	Ch T. X		
685	Huhn.	Geburt des Kül-Tägin	K		
692	Drache.	Tod des Tatscham (des Vaters des Bilgä-Chan)	O. K. X	8	7
694	Schlange.	Zug nach Bäschbalyk	Ch T. VII		
696	Affe.	Zug nach Bäschbalyk	Ch T. II		
708	Affe.	Mekilien wird Schad der Tardusch	X	24	
711	Schwein.	Kriegszug mit dem Onkel gegen die Tangut	X	27	
712	Maus.	Kriegszug mit dem Onkel gegen die Sogdak	K. X	28	27
713	Rind.	Kriegszug mit dem Onkel gegen den Ydykut der Basmal	X	29 (?)	

1) In diesem Verzeichnisse sind alle diejenigen Thatsachen ausgelassen, über die in den Dokumenten selbst keine sicheren Zeitangaben gemacht sind.

Jahr p. Ch. n.	Jahr des Thiercyclus.		Angabe der Inschrift.	Alter des Bilgä-Chan.	Alter des Kül-Tägin.
714	Tiger.	Kriegszug mit dem Onkel nach Bäschbalyk.	X	30	
715	Hase.	Kämpfe des Onkels mit den Karluk	X	31	30
716	Drache.	Zug des Bilgä-Chan nach China und Kämpfe mit dem Tschatscha-Sängün (Sünki) ...	K. X	32	31
718	Pferd.	Die Oguz gehen nach China, Bilgä-Chan besiegt sie und zwingt sie zur Rückkehr	X	34	
720	Affe.	Kriegszug gegen die Tschik	X	36	
721	Huhn.	Kriegszug gegen die Kirgisen und Türgäsch	X	37	
722	Hund.	Kriegszug gegen die Kytai	X	38	
726	Tiger.	Kämpfe mit den Az	K		41
730	Pferd.	Vier Mal Kämpfe mit den Oguzen	K. X		
731	Schaf.	Kämpfe mit den Oguzen und Tod des Kül-Tägin	K		47
732	Affe.	Begräbnissfeierlichkeiten zu Ehren des Kül-Tägin	K		
734	Hund.	Kämpfe gegen die Tatabi	X	50	
		Tod des Bilgä-Chan	X	50	
735	Schwein (Algazyn).	Begräbnissfeierlichkeiten zu Ehren des Bilgä-Chan	X		

2) Verzeichniss der Namen türkischer Völker und Stämme.

Aedüd? [runic] Ӓдӱд. Wahrscheinlich eine Abtheilung der Karluk. Leider ist die Stelle, wo dieser Name auftritt, zerstört, so dass die Angabe ungewiss bleibt.

Basmal [runic] Басмал. Ein türkischer Stamm, der vielleicht zu den Karluk gehört, da der Chan in X 29 geradezu von den Basmal-Karluken spricht; der Fürst dieser Basmal wird Ydykut genannt und als ein Vasall des Modscho bezeichnet. Gegen ihn zieht derselbe im Jahre 713. Der Chan nennt ihn seinen Arkaschyd oder Arkyschydy (= аркыш + ıдı Karawanen-Herrn?).

Batymy [runic] Батымы. Ein Kirgisen-Geschlecht (?) (s. Kirgisen).

Izgil [runic] Iзril. Gewiss ein türkischer Stamm. Gegen ihn zog Kül-Tägin als der Stamm des Modscho in Verwirung gerahten war, also im Todesjahr desselben, d. h. im Jahre 716 (nach Angabe der Chinesen) und besiegte ihn.

Oguz 𐰆𐰍𐰔 Оҕуз. Der Bilgä-Chan nennt die Tokuz Oguz (neun Oguzen) ausdrücklich seine Unterthanen, seine Türken. Trotzdem waren vielfach Kämpfe mit den Oguzen, die offenbar der Oberherrschaft des Chans sich nur unwillig fügten. Der Wohnsitz der Oguz ist offenbar an der Selenga und Tola, also nordöstlich vom Orchon. In den letzten Kämpfen vor dem Siege der Togus-Oguz und ihrer Einnahme der Ordu werden die Uetsch-Oguz (drei Oguzen) genannt. Das Denkmal am Ongin nennt sie auch Teg (𐱅𐰏?) Oguz und erwähnt von Kämpfen mit dem Vater des Bilgä-Chan.

Karluk 𐰴𐰺𐰞𐰸 od. 𐰴𐰺𐰞𐰆𐰍 Карлуҕ, Карлук. Ein bedeutendes Türken-Volk, das im Anfang des 8. Jahrhunderts gewiss im eigentlichen Altai wohnte. Kül-Tägin zog gegen die Karluk im Jahre 715. Bei dieser Gelegenheit werden die Karluk als selbstständiges und mächtiges Volk erwähnt, sie werden beim Berge Tamag besiegt. Bei dieser Gelegenheit werden mehrere Abtheilungen der Karluk genannt: die Basmal-Karluk, die Aedüd-Karluk(?); leider ist die Stelle der Inschrift zerstört, so dass die Eintheilung nicht verständlich ist. Zuletzt wird erwähnt, dass ein Heerführer Tudun-Jamtar gegen die südlich wohnenden Karluk mit einem Heere geschickt wird.

Kirgisen 𐰶𐰃𐰺𐰴𐰔 (K 4,14) Кыркыз. Sehr interessant ist, dass die Kirgisen schon im VII. Jahrhundert Кыркыз genannt werden. Dieser Umstand beseitigt jede etymologische Heerleitung dieses Wortes. Aus mehreren Stellen des Denkmals ist ersichtlich, dass die Kirgisen schon damals im Flussgebiete des oberen Jenissei wohnten. Sie wurden zwar unter die fremden Völker gezählt, da sie bei der Aufzählung der Nachbarvölker zwischen den Par-Purym oder Kurikan genannt werden. Dies scheint darauf hinzudeuten, dass die Chinesen recht haben, wenn sie behaupten, die Kirgisen seien kein türkisches Volk gewesen. Wenn sie auch im 8. Jahrhundert gewiss turkisirt waren, so sahen die Türken sie dennoch als Fremde an, sonst hätte der Bilgä-Chan sie gewiss nicht unter den fremden Völkern aufgezählt. Der Vater des Bilgä-Chan hatte zwar schon die Kirgisen seiner Botmässigkeit unterwofen, doch müssen sie wieder abgefallen sein, denn Modscho und seine Neffen hatten mit ihnen eine Reihe von Kämpfen zu bestehen. Zur Zeit des Modscho-Chan wird ein Führer der Kirgisen Bars-Bäg genannt, dem der Chan seine jüngere Schwester zur Gemahlin gegeben und den Titel Chan verliehen hatte. Dieser machte einen Aufstand und wurde getödtet, worauf ein Theil der Kirgisen in türkisches Gebiet und viele Türken in kirgisisches Gebiet übergesiedelt wurden. Erst durch diese Maassregel ist die volle Unterwerfung der Kirgisen als beendigt anzusehen, denn in der Folge wird der Kirgis-Chan als Trauermarschall bei der Beerdigung des Modscho erwähnt, ebenso werden trotz der bösen Lage des Chans ein Vertreter des Kirgisen-Chans zur Bestattung des Kül-Tägin entsendet und bei der Thronbesteigung des Bilgä-Chans werden die Fürsten und Beamten der Kirgisen hinter den Fürsten und Beamten der Tardusch und Tölös genannt. Trotzdem wird im Jahre 721 ein Kampf mit den Kirgisen erwähnt und zwar mit der merkwürdigen Angabe «ich zog gegen den Kirgisen: сӱңӱг батымы караҕ сӧкiнäн (K 35, X 26—27) die Knochen (das Geschlecht) Batymy Räuber scheltend». K 35 gab der Chan diesen Kirgisen den Beinamen Yschbara (?) Kirgisen und sagt, er habe den Chan im Sunga-Bergwalde getödtet, nachdem er über den Kögmän gegangen war. Es lässt sich aus dieser Darstellung nicht ersehen, ob es sich hier um einen Aufstand handelt oder ob, was vielleicht wahrscheinlicher, nur der westliche Theil der Kirgisen (die Scha s. d.), die im Kögmän-Bergwalde wohnten, ganz unterworfen waren und hier einen Angriff auf die Yschbara (?) Kirgisen und die Batymy (?) unternommen wird, die räuberische Einfälle in das Gebiet der den Türken unterworfenen Kirgisen gemacht hatten. Ist das Letzte richtig, so sind es wahrscheinlich die in dem jetzigen Minussinskischen Kreis, d. h. nördlich vom Sajanischem Gebirge lebenden Kirgisen gewesen, die sich ihre Selbständigkeit gewahrt hatten.

Scha 𐱁𐰀 Ша. Wird eine Abtheilung der Kirgisen genannt. Das Gebirge Kögmän wird als das Land der Scha-Kirgisen bezeichnet. Es wird berichtet, Modscho-Chan habe nach der Besiegung der Kirgisen viele Scha-Leute in das Gebiet der Türken übersiedelt und sie den Türken zugetheilt.

Tardusch 𐱃𐰺𐰑𐰆𐱁 Тардуш. Der Stamm der Türkchane, deren Anführer Schad oder Jabgug-Schad als der höchste Würdenträger nach dem Chane angesehen wird. Im Jahre 708 wird der vier und zwanzigjährige Neffe des Modscho, der spätere Bilgä-Chan (Mekilien) zum Schad der Tardusch ernannt. Bei der Leichenfeier des Kül-Tägin wird als Vertreter des Kirgisen-Chans der Ynantschmur vom Stamme der Tardusch genannt. Die Tardusch werden auch in der Inschrift am Choito-Tamir (Ch T. I erwähnt).

Tongra 𐱃𐰆𐰭𐰺𐰀 Тоңра. Gewiss ein Stamm, der zu den Oguzen gehörte, dies sieht man aus X 31: Тоңра јылпаҕуты бiр уҕышык токыдым ich warf mich auf einen Vasallen der Jylpagu der Tongra. K. 87 steht statt dafür: Тоңра уҕыш алпаҕу der Vasall der Tongra, ein Alpagu.

Tölös 𐱅𐰇𐰠𐰾 od. 𐱅𐰇𐰠𐰃𐰾 Töläc. Türkischer Stamm, der neben den Tardusch die Hauptstütze der Herrschaft der Türk-Chane war. Es wird ausdrücklich erwähnt, dass der Vater des Mekilien bei seiner Uebernahme der Chanswürde diese beiden Geschlechter fest ordnet und über sie einen Jabgug-Schad einsetzt. In der Rangordnung der Fürsten folgen unmittelbar auf die Tarduschfürsten die Fürsten der Töläs.

Türgäsch 𐰾𐰏𐰼𐰇𐱅 Тӱргäш (die frühere Lesung Тӱргäс ist zu corrigiren). Eine grosse Abtheilung der Türken, die in ihrer Hauptmasse westlich vom Irtisch wohnt. Mit ihnen haben die Türkfürsten mehrere Kämpfe zu bestehen. Es wird ein Kriegszug gegen den sich auflehnenden Türgäsch-Chan zur Zeit des Modscho erwähnt. Ferner ein Kriegszug gegen dieselben im Jahre 721, in beiden wird der Chan der Türgäsch getödtet. Da später erwähnt wird, dass der Bilgä-Chan seine Tochter dem Türgäsch-Chan und seinem Sohne eine Tochter desselben zur Frau gegeben hat, so ist dies offenbar ein neuer vom Bilgä-Chan eingesetzter Fürst. Er nennt ihn seinen lieben Sohn, der beim Begräbniss des Kül-Tägin sich durch den Siegelbewahrer Makratsch vertreten liess. Kara-Türgäsch ist ein von den Türgäsch westlich wohnendes Türkenvolk, das Kül-Tägin im Jahre 721 besiegt. Die Türgäsch werden auch in den Inschriften vom Choito-Tamir (Ch T. III, Ch T. V) erwähnt.

Tschik 𐰲𐰃𐰴 Чiк. Ein in der Nähe der Kirgisen wohnender türkischer Volksstamm. Es wird angegeben, dass die Tschik und Kirgisen sich gegen den Bilgä-Chan erheben, und dass er im Jahre 720 gegen dieselben auszieht und sie besiegt, darauf sich im nächsten Jahre gegen die Kirgisen wendet.

Uiguren 𐰆𐰖𐰍𐰺 Уiҕур. Auffallenderweise werden die Uiguren, die schon in der Mitte des VIII. Jahrhunderts die Herrschaft der Türk-Chane vernichten, in beiden Denkmälern nirgends als Feinde erwähnt, so dass ich zu Anfang geneigt war, die Oguzen für identisch mit den Uiguren zu halten. Das Auftreten des Wortes Uigur in der ganz beschädigten Stelle X 37,16 beweist uns aber, dass Oguz und Uigur verschiedene Türkvölker sind. Ich kann nur das Nichterwähnen der Uiguren mir dadurch erklären, dass die Uiguren zu dieser Zeit sehr hoch im Norden wohnten, also etwa in der Gegend des Baikal und den Nachbarvölkern (vielleicht den Tatar und den Oguz) unterworfen waren und somit als ein Bestandtheil dieser Völker galten. Der Zusammenhang von X 37 ist gewiss Folgender: Abwärts an der Selenga ziehend, zerstört der Chan die Ansiedelungen der Oguzen, so dass die Ueberreste ihres fliehenden Heeres sich über den nördlichen Bergwald (d. h. die Berge um den Baikal) ergossen, dort hatte vor Kurzem der Aeltäbär (ein Fürst der Uiguren) von etwa 100 Männern (Anführern) ein selbständiges Ael gebildet und schlug den Chan zurück, so dass das Türkenvolk in Noth gerieht. Da dies sich etwa im Jahre 733 ereignet haben muss, so muss man annehmen, dass der neue Uiguren-Herrscher in diesem und dem folgenden Jahre mit der Befestigung der eigenen Herrschaft und Unterwerfung der übrigen Uigurenstämme zu thun hatte, daher seinen Sieg nicht weiter verfolgte und bis zum Jahre

735 (d. h. bis zur Errichtung des Denkmals des Bilgä-Chans) sich jeder Beunruhigung der Türken enthielt. Auf dem Denkmal von Kara-Balgassun (Ui) wird der Chan der Uiguren Уіҕур-Каҕан ([runic]) genannt.

3) Kirgisische Stämme nach der Angabe der Jenissei-Inschriften.

Atsch [runic] u. [runic] (Tsch K) Ач. Ein bedeutender kirgisischer Volksstamm, der bei Tschirkoff begrabene Held wird Tarkan des Atsch-Volkes genannt. In der Felsen-Inschrift am Kara-Jüs wird zwei Mal das Volk der Atsch erwähnt. Im Denkmal am Elegesch der Stamm Atsch-Bälig genannt.

Bälig [runic] (UE) Бäliг. Ein kirgisischer Volksstamm. Ач Бäliгдä bei den Atsch und Bälig.

Bolschar [runic] (MM. III) Болшар. Der am Altyn-Köl begrabene Aerön-Ulug nennt so sein Volk.

Käschdim [runic] (KK) Кäшдiм. Алты баҕ Кäшдiм die sechs Geschlechter der Käschdim nennt in der Felseninschrift am Kaja-Baschy Tschigschi-Bäg sein Volk.

Tülbäri [runic] (Uj Tu) Тÿlбäрі. Scheint der Name eines kirgisischen Volksstammes zu sein, das der am Ujuk begrabene Held als sein Tülbäri gemeines Volk, bezeichnet.

4) Verzeichniss der nichttürkischen Völker.

Az [runic] Аз. Das Volk der Az (Аз будун), ein Volk, das nördlich von den Karluk wohnt (s. p. 223) und das von Kül-Tägin am Kara-Köl im Jahre 726 besiegt wird. Der Anführer der Az wird als Aeltäbär bezeichnet.

Kurykan [runic] Курыкан. Dieses Volk wird ÿч Курыкан «die drei Kurykan» genannt, es wird bei der Aufzählung der Nachbar-Völker zwischen den Kirgisen und den dreissig Tatar (Mongolen?) genannt. Die Kurikan wohnten nach Angabe der Chinesen nördlich von den Kirgisen.

Kytai [runic] Кытаі. Die Kytai, ein tungusisches Volk (die Kidan der Chinesen), das östlich von den Türk wohnt und gewöhnlich mit den Tataby zusammen genannt wird. — Kriegszüge gegen die Kytai werden 722 und 734 erwähnt.

Chinesen [runic] Табҕач. Den Namen Tabgatsch hatte ich ursprünglich als eine Ehrenbenennung (die Berühmten, Verehrten) aufgefasst, jetzt scheint mir dies unwahrscheinlich, und ich bin überzeugt, dass Tabgatsch ein Eigenname ist, mit dem alle Türken die T'ang-Leute, d. h. die Chinesen der T'ang-Dynastie nennen.

Par Purym [illegible] Пар-Пурым. Es ist offenbar dasselbe Volk, das die Chinesen Fo-fu nennen. Der Anlaut P, der sonst nirgends in türkischen Wörtern auftritt, deutet schon darauf hin, dass der Name mit einem dem türkischen fremden Anlaut F beginnt. In der Aufzählung stehen sie zwischen den Kirgisen und Tibetanern, wohnten also gewiss südwestlich von den Türken.

Sogdak [illegible] Соҕдак. Das Volk Sogdak wird bei einem Feldzuge des Modscho (des Onkels des Bilgä-Chan) im Jahre 712 genannt, den auch der Bilgä-Chan als Jüngling von 28 Jahren mitmachte. Sie werden dabei die sechs Abtheilungen (чуб) der Sogdak genannt. Nach dem Kampfe gegen die Türgäsch zieht Kül-Tägin noch einmal gegen die Sogdak und geht deshalb über den Fluss Jäntschü bis zum Eisernen Thore.

Tangut [illegible] Таңут. Ein Feldzug gegen die Tanguten wird im Jahre 711 erwähnt.

Tataby [illegible] Татабы. Ein tungusisches Volk, das stets in Gemeinschaft mit den Kytai genannt war. Da die Chinesen in den Annalen des T'ang stets die Kidan und Hi zusammen nennen, so sind gewiss die Letzteren und die Tataby identisch. Im Jahre 734 wird ein Feldzug gegen die Tataby erwähnt.

Tatar [illegible] отуз Татар. Die dreissig Tataren wohnen, wie man aus der Aufzählung der fremden Völker ersehen kann, nördlich von den Kytai, also etwa am oberen Laufe des Amur. Es werden gewiss unter diesem Namen mongolische Stämme verstanden. X 35 wird von Kämpfen mit den den Oguz verbundenen «neun Tatar» gesprochen.

Tibetaner [illegible] Тӱпӱт. Der Tibetaner erwähnt der Chan nur in der Aufzählung der fremden Völker, die zum Begräbniss des Bumyn-Chan und des Vaters des Chan erschienen. Sonst sagt er in Ka, dass er zwar bis zum Toguz Aersin nach Süden gekommen, aber nicht zu den nahewohnenden Tibetanern. Zur Begräbnissfeier des Kül-Tägin schickte der Chan der Tibetaner Gesandte.

5) Verzeichniss der Ortsnamen.

Aedil [illegible] (Te. II) Äдil. Wird ein Land in der Felseninschrift von Tes genannt.

Aegük-Katun [illegible] (Uj Tu) Äгӱк-Катун. Ist der Name des Landes, das der am Ujuk-Turan begrabene Held als sein eigenes Land bezeichnet. (Eine andere Lesung des sehr auffälligen Wortes ist nicht möglich).

Aezgänti [illegible] Äзгäнти. Örtlichkeit, bei welcher der fünfte Kampf mit den Oguz im Jahre 730—731 stattfindet (K. b 17, X 31,20). Es muss wohl ein Berg sein, weil es hier heisst: Äзгäнтi кадындä unterhalb des Aezgänti. Ist es ein Fluss, so kann nur der Dshirmantai gemeint sein.

Agu [runic] Аҕу. Name einer Örtlichkeit (Berges oder Flusses), wo Bilgä-Chagan mit den mit den neun Tatar verbundenen Oguzen zwei Schlachten lieferte (X 34,12).

Altun-Jysch [runic] Алтун-јыш. Der goldene Bergwald, ein Gebirge, welches Bilgä-Chan im Jahre 721 östlich vom Irtisch auf seinem Zuge gegen die Türgäsch durchzieht (X 27,22).

Andargu [runic] Андарҕу. Örtlichkeit, wo Bilgä-Chan im Jahre (729—730) mit den Oguzen kämpft und dieselben besiegt (X 30,19).

Bäschbalyk [runic] Бäш-балык. Eine Stadt, gegen die der Onkel des Bilgä-Chan im Jahre 714 zieht. Auf den Inschriften am Choito-Tamir werden mehrmals Züge gegen Bäsch-Balyk erwähnt (Ch T. I, Ch T. II, Ch T. VII).

Boltschu [runic] Болчу. Örtlichkeit im Lande der Türgäsch westlich vom Irtisch, wo der Chan der Türgäsch und sein Jabgug-Schad im Jahre 721 getödtet werden.

Irtisch [runic] Äртiш. Fluss, über den Bilgä-Chan im Jahre 721 setzt, um zu den Türgäsch zu ziehen. Dieser Uebergang fand gewiss oberhalb des Nor-Saisan statt, da der Chan vom goldenen Waldgebirge (dem Kin-Schan) kam.

Jaschyl-Uegüz [runic] Јашыл-ÿгÿз der blaue Fluss. Ein Fluss in der Ebene Schandung an den östlichen Grenzen der Mongolei, er wird als das äusserste Gebiet bezeichnet, zu dem der Bilgä-Chan mit seinem Onkel Kriegszüge unternahm.

Jaba(n) [runic] (Ka K) Јаба(н). Name einer Gegend am Uibat.

Jäntschü [runic] od. [runic] Jäнчÿ. Ein Fluss in den westlichsten Gegenden, die der Chan erreicht hat, nach dem er über diesen Fluss gesetzt, gelangt er zum Tämir-Kapyg (dem eisernen Thor(e).

Järing-jarku [runic] Jäрiң-jаркy. Das nördlichste Land (jäp), das der Bilgä-Chan auf seinen Kriegszügen erreichte.

Jyschsap [runic] Јышсап-јазысы. Die Ebene nicht weit von der Stadt der Türken (am Orchon), in der Kül-Tägin mit den Oguzen im Jahre 730 kämpfte, worauf die Oguz die Ordu bedrängten und einnahmen, wobei Kül-Tägin umkam.

Kadyrkan [runic] Кадыркан-јыш. Dieses Waldgebirge bildete die Grenze des Gebietes den Bumyn-Chan und des Bilgä-Chan im Osten.

Kängäräs [runic] Кäңäрäс. Eine Örtlichkeit im fernen Westen, wo das Kara-Türgäsch-Volk den Bilgä-Chan im Jahre 721 angreift.

Kängü-Tarban Кäңÿ-Тарбан. Kängü-Tarman Кäңÿ-Тарман. Örtlichkeit im westlichen oder nördlichen Theile des Kirgisengebietes, die äusserste Grenze dieses Landes vom Orchon aus gerechnet.

Kara-köl Кара-кöl. d. h. der schwarze See. Ein See, an dessen Ufern der Kül-Tägin im Jahre 726 das Az-Volk besiegt.

Kara-Sängir (KK) Кара-Сäңір. In der Felseninschrift am Kaja-Baschy nennt Tschigschi-Beg sein Land Kara-Sängir.

Kazang (U Tsch. III) Казаң. Bezeichnet der am Tschakul begrabene Held Alp Urungu der Tutuk sein Land.

Kögmän Кöрмäн. Waldgebirge im Lande der Kirgisen (vielleicht der Tagnu-Ola oder das Sajanische Gebirge). Es muss einen bedeutenden Theil des Kirgisenlandes einnehmen, denn es wird der Kögmän, das Land der Scha-Kirgisen, genannt, und zwar befindet es sich am östlichen oder südlichen Theile dieses Gebietes, da der Chan erst den Kögmän übersteigt, ehe er die Schlacht mit dem Kirgisen-Chan im Sunga-Bergwalde liefert.

Kuschlagak Куmлаҕак. Oertlichkeit, wo im Jahre 730—731 der zweite Kampf mit den Oguzen stattfindet.

Magy Kurgan Маҕы-Курҕан. Eine Befestigung der Türken westlich vom Aezgänti, wo der Bilgä-Chan mit seinem Heere im Jahre 730 überwintert und von wo er im Frühjahre wieder gegen die Oguzen zieht.

Örpän Öрпäн. Oertlichkeit, wo der Bilgä-Chan im Jahre 720 mit den Tschik kämpft und sie besiegt.

Schandung Шандуң. Eine Ebene auf tungusischem Gebiete, also im Osten des Reiches, die von Bilgä-Chan auch Јашыл ÿгÿз шандуң «Schandung des blauen Flusses» genannt wird. Sie muss nicht weit vom Stillen Ocean liegen, da der Chan erwähnt, er sei nach Osten wohl bis zur Ebene Schandung, aber nicht bis zum Meere gekommen.

Selenga Сäлäңä. Der Fluss wird erwähnt, als Bilgä-Chan eine feindliche Befestigung (der Oguzen?) einnimmt (X 37,9).

Sunga Суңа. Ein Bergwald im Lande der Kirgisen, in dem der Kül-Tägin, nachdem er den Kögmän überschritten, den Kirgisen-Chan im Jahre 721 besiegt.

Tamag Тамаҕ. Ein Berggipfel im Lande der Karluk, in dessen Nähe der Bilgä-Chan im Jahre 715 die Karluk besiegte.

Tämir-Kapyg Тäмір-капыҕ das Eiserne Thor. Oertlichkeit, die als der östlichste Punkt bezeichnet wird, zu dem Bilgä-Chan gezogen. Er liegt östlich vom Flusse Jäntschü.

Togu [runic] Тоҕу-балык. Eine Stadt (offenbar nicht weit von der Tola), bei der der erste Kampf mit den Oguz (729—730) stattfand.

Togla [runic] Тоҕла. Der noch jetzt Tola genannte Nebenfluss des Orchon. Er wird bei Gelegenheit des ersten Kampfes mit den Oguz im Jahre 729—730 erwähnt, wo das Heer des Bilgä-Chan schwimmend über diesen Fluss setzen musste.

Tokuz-Aersin [runic] Токуз-Äрсін (die neun Aersin). Eine Oertlichkeit oder Fluss nördlich vom Gebiete der Tibetaner, wird als der südlichste Punkt bezeichnet, zu dem Bilgä-Chan gezogen.

Tschusch [runic] Чуш. Fluss (oder Berg), bei dessen Quelle (auf dessen Gipfel) der vierte Kampf mit den Oguz im Jahre 730 stattfand.

Tünkär [runic] Тӱңкäр. Berg im Gebiete der Tataby (also im Lande der Tungusen), bei dem der Bilgä-Chan in Gemeinschaft mit den Chinesen unter Führung des Kung-Sängün die Tataby im Jahre 734 besiegt.

Türgi-Jaragun [runic] Тӱргі-јараҕун. Name eines See's, wo ein aufrührerischer Beamter, der Uluk-Erkin, vernichtet wird.

Uetükän [runic] od. [runic] Ӳтӱкäн. Ein Waldgebirge, das gewöhnlich ӱтӱкäн јыш genannt wird. Es ist gewiss das ganze Gebirge zwischen der Orchon-Quelle und dem Kossogol, der Ursitz der Tardusch und des letzten Zweiges der Türk-Dynastie, vergl. Glossar und die Zusätze, pag. 211—213.

Yduk [runic] Ыдук. Name eines Berges, wo Kül-Tägin die Chinesen besiegt.

6) Verzeichniss der Personen-Namen.

Aelbilgä [runic] Äлбілгä-катун. Aelbilgä-Katun, die Mutter des Bilgä-Chan.

Aeltäräs-Chan [runic] Äлтäрäс-каҕан. So nennt sich Tatscham, der Vater des Bilgä-Chan, als er die Chanswürde annimmt.

Aerän-Ulug [runic] (MM 1,7) Äрäн-Улуҕ. Ein am Altyn-Köl begrabener Held, er nennt sich selbst einen Batur, sein Volk bezeichnet er als Bolschar. Wegen seiner Verdienste ist er zum Chan der Tibetaner geschickt worden, um Gold zu holen.

Aerdäm-Anar [runic] (T) Äрдäм-Анар. Dies ist offenbar der Name eines bei Tascheba begrabenen Mannes.

Aezgänä [runic] (Te) Äзгäнä. Ein am Tes begrabener Held, er nennt sich innerer Beamte des Kara-Chan. Er ist beim Türgäsch-Volke gewiss im Kampfe gestorben.

Alp-Urungu (Uruschu?) der Tutuk [runic] Алп-Уруңу тутук. Der Held Alp-Urungu ist am Tschakul begraben. Er nennt sein Land Kasang und seine Unterthanen Bergwald-Volk.

Altu (Tsch K) Алту. Ist am Uibat begraben, wird als der Tarkan des Volkes Atsch bezeichnet. Seiner Verdienste halber ist er zum Kara-Chan als Gesandter geschickt worden. In der Inschrift am Ak-Jüs wird auch ein Held Altu erwähnt.

Angkas-Töschäk (M) Аңкас-Тöшäк. War der Besitzer des von Herrn Martin aufgefundenen Spiegels.

Azgakaz Азҕаказ. Der Künstler, der das Denkmal des Täkäsch am As'chete gearbeitet hat (A).

Baina-Sangun (Ba. III) Баина-Саңун. Wird der Vater des Külük-Tschur Bungusus genannt. Sangun ist jedenfalls die Bezeichnung seines Amtes. Sangun ist = Sängün in den Orchon-Denkmälern. Der Name des Helden ist also Baina.

Bars-Bäg Барс-бäг. Der Tiger-Herr. Der Oberfürst der Kirgisen. Der Mann der jüngeren Schwester des Bilgä-Chan, dem der Bilgä-Chan den Titel Chan verliehen hatte, er macht einen Aufstand und wird von Modscho besiegt und getödtet. Vielleicht ist er am Tschakul begraben (vergl. U Tsch. I und U Tsch. VII).

Baz-Chan Баз-каҕан. Wahrscheinlich der Oberfürst der Oguz, er wird als Feind des Vaters des Bilgä-Chan bezeichnet. In der Folge wird Baz-Chan als erster Trauermarschall bei der Beerdigung dieses Chans genannt.

Bäl-Togan Tutuk (Uj Ta.) Бäл-Тоҕан тутук. Ein am Ujuk begrabener Held. Dieser die Tutuk-Würde erlangt habende Held nennt sich den Beg der sechs Stämme und ausserdem Beltschi für seinen Himmels-Bäl.

Bälä-Togma (U Tsch. II) Бäлä-Тоҕма. Der Vater des am Tschakul begrabenen Helden.

Bilgä-Chan Бiлгä-кан. Der Chan der Türk, den die chinesischen Annalen Mekilien-Chan nennen. Er hat die Inschrift auf dem Denkmal des Kül-Tägin anfertigen lassen und ihm zu Ehren ist das zweite Grabdenkmal (X) errichtet. Bilgä-Chan ist keineswegs der Name des Chans, sondern der Titel, den die Türkchane seit langer Zeit führten und in der Folge auch die Uiguren-Chane annahmen.

Bilgä-Tshangtschy (MM. I) Бiлгä-Чаңчы. Ob Bilgä zum Namen gehört oder nur ein Epitheton ornans ist, ist nicht zu entscheiden. Er ist am Uibat begraben. Sein Heldenmuth wird besonders hervor gehoben. Er muss an vielen Kriegen Theil genommen haben, denn er ist drei Mal in den vier Winkeln umhergezogen. Er ist mit seinen beiden Söhnen gestorben, also gewiss im Kampfe.

Bökli-ätschü Бöклi-äчÿ. Ist gewiss der Herrscher über ein im

Osten wohnendes Tungusen-Volk. Das Volk wird Бöкli-äчÿlir äl genannt. Später wird er Бöкli-каҕан Bökli-Chan genannt und erwähnt, dass die Chinesen diesen im Osten wohnenden Chan in Gemeinschaft mit den ihnen unterworfenen Türk mit Krieg überzogen hätten.

Bumyn-Chan [runic] Бумын-каҕан. Wird als Vorfahr des Türkfürsten, der zuerst das Reich der Türk gründete, in beiden Denkmälern K und X genannt, das Denkmal am Ongin nennt diesen Vorfahr Jami-Chan. Vielleicht ist Bumyn aus dem chinesischen Wen-myn entstanden, der als Vorfahr des Hiung-nu gilt.

Byng-Aetschü [runic] (MM. II) Быҥ-äчÿ. Ein an der Oja begrabener Held. Von ihm wird angegeben, dass er im Kriege umgekommen ist.

Isji-Liki [runic] Iсji-liкi. Gesandter des Kaisers von China, der ihn bei der Leichenfeier des Kül-Tägin vertritt.

Jabgu [runic] Jабҕу. Ein türkischer Beg, dessen Sohn an der Erhebung des Tatscham Theil nimmt (O).

Jäginsil-Beg [runic] Järiнсil-Бäр. Ein Beg, dessen Pferd Kül-Tägin in der Schlacht gegen die Chinesen unter Tschatscha-Sünki besteigt.

Jägin-alp Turan [runic] (Ba. I) Järiн-алп туран. Wird ein am Baryk begrabener Held genannt, der im 23. Lebensjahre im Kampfe gegen die sechs Oguz umkam. Ob Turan ein Titel ist und Jägin-alp als Name aufgefasst werden muss, oder ob alle drei Wörter die Namen des Helden bilden, vermag ich nicht zu entscheiden.

Jälgäk [runic] Jälräк. Der zweite Sohn des Täkäsch, der am As'chete begraben ist (A).

Jaruk-Tägin [runic] (U Tsch. II) Јарук-тäriн. Ein am Tschakul begrabener Held, der Sohn des Bälä-Togma.

Joga [runic] Joҕа. Ein türkischer Beg, dessen jüngerer Bruder an der Erhebung der Tatscham Theil nimmt (O).

Jollyg-Tägin [runic] Јоллыҕ-тäriн. Ein Neffe ([runic] аты) des Kül-Tägin, der die beiden Inschriften am Koscho-Zaidan verfasst und auf den Stein geschrieben hat. Zur Herstellung der Inschrift auf dem Denkmal des Kül-Tägin brauchte er 20 Tage, während er zur Abfassung der Inschrift des Bilgä-Chan 1 Monat und 4 Tage bedurfte.

Kanga-min ärdäm [runic] (Tsch M). Ist offenbar der Name des am Uibat begrabenen Helden (vielleicht ist Kaschamin-Ärdäm oder Kandamin ärdäm zu lesen). Er giebt seine Würde als Tarkan-Sangun an theilt mit, dass er dem Ael-tschur gedient habe. Er stand gewiss in Diensten des Türk-Chans Tatscham, weshalb ihm derselbe auch den Gedenkstein hat errichten lassen.

Kangy [runic] Каңы. Einer der Gesandten des Kaisers von China bei der Begräbnissfeier des Bilgä-Chan.

Kara-Kan [runic] (Te. III) Кара-кан. Der am Tes begrabene Held Aczgänä nennt sich selbst Кара-Кан iчрäгi innerer Beamter des Kara-Chan. In Tsch K wird erwähnt, dass der Held Altu zum Kara-Chan als Gesandter gegangen ist. Ist unter Kara-Chan nicht der Chan der Karluk gemeint?

Kaschan [runic] (UE) Кашан. Ein im Denkmal von Elegesch erwähnter Held (vielleicht falsche Lesung für акаңам mein Vater).

Kaschuk [runic] (Ka K) Кашук. Am Uibat begraben. Sein Land wird Jaba(n) genannt.

Käglintsch [runic] Кäглiнч. Ein türkischer Tarkan, der in einer Inschrift am Choito-Tamir (Ch T. V) erwähnt wird.

Köni-Tirig [runic] (Ba. II) Кӧнi-тiрiг. Gewiss der Name des am Baryk (II) begrabenen Helden.

Köntsch der Tutuk [runic] (Te. I) Кӧнч тутук. Der Name eines am Tes begrabenen Helden.

Körtäl-Chan [runic] (UE) Кӧртäл-кан. Der Fürst, dem der am Elegesch begrabene Held Dienste geleistet. Vielleicht ist Körtäl-Chan in Tört-äl Chan zu ändern. Dies würde der Chan der vier Stämme bedeuten. Vielleicht nennt sich der am Elegesch begrabene Held. selbst: Chan der vier Stämme.

Kung-Sängün [runic] Куң-Сäңӱн. Anführer der vier Heerhaufen der Chinesen, der zusammen mit Bilgä-Chan die Tataby beim Berge Tüngkär besiegt hat. Er wird später als Trauermarschall bei der Leichenfeier des ältesten Sohnes des Bilgä-Chan erwähnt.

Küd-aruk [runic] Кӱд-арук. Küd-aryk Bäg nennt sich der Besitzer des von Strahlenberg veröffentlichten Spiegels.

Kül [runic] Кӱл. Ein Männername. 1) Kül-Tägin (Кӱл-Тäгiн), der jüngere Bruder des Bilgä-Chan, dem ein Denkmal bei Koscho-Zaidam errichtet ist. 2) Kül-Tudun [runic] (Кӱл-Тудун), ein türkischer Beg, dessen jüngerer Bruder am As'chete begraben ist (A). Vergl. auch Kül-tschur und Kütsch-Kül.

Külüg-Apa [runic] (U Tsch. VII) Кӱлӱг-апа. Der Name eines am Tschakul begrabenen Helden.

Külüg-Tutuk [runic] Ba. II Кӱлӱг-тутук. Külüg ist hier offenbar der Name und Tutuk das Amt, welches er bekleidete, es wird in Ba. II erwähnt, dass er der ältere Bruder des Köni-Tirig sei, der diesen letzteren auferzogen hat. Er ist gewiss bei Ba III begraben, wird aber dort Külüg der Tschur [runic] Кӱлӱг-чур genannt.

Kütsch-Bars [runic] (U Tsch. I) Кӱч-барс der starke Tiger. Ist am Tschakul begraben. Ihm wird der Titel Bältschi-tschur [runic] бäлчі-чур (Oberpriester?) beigelegt. Ist dieser Bars nicht der in den Denkmälern von Koscho-Zaidam erwähnte Bars-Bäg.

Kütsch-Kül der Tutuk [runic] (OC) Кӱч-кӱл тутук. Ein Held, der im Denkmal von Osnatschennaja erwähnt wird. Gewiss ist er der dort begrabene Held.

Kütsch-Ury [runic] (Atsch) Кӱч-уры. Der nicht weit vom Dorfe Atschura am Abakan begrabene Held. Seine Mutter heisst Ynantschu-Bilgä. Sein Reichthum und die Menge seines Heeres (7000 Mann) wird besonders hervorgehoben.

Kütsch-Kyjagan [runic] (UO) Кӱч-Кыjаҕан. Ein am Ulu-Kem, nicht weit vom Ottuk-Tasch begrabener Held. Das auf diesen Namen folgende ічрäкі bedeutet «der Innere» gewiss «der innere Beamte».

Lisün [runic] Лісӱн. Einer der Gesandten des chinesichen Kaisers bei der Begräbnissfeier des Bilgä-Chan.

Makratsch [runic] Макрач. Der Siegelbewahrer des Türgäsch-Chan, der der Leichenfeier des Kül-Tägin beiwohnt.

Nängän-Sängün [runic] Нäҥäн-Сäҥӱн. Anführer der drei und vierzig Ulusse im Westen, der seinen Sohn, den Tarkan, zur Leichenfeier des Kül-Tägin schickt.

Oegdämin [runic] (AJ) Öгдäмін. In der Felseninschrift am Ak-Jüs, wird ein Held Oegdämin-alp erwähnt.

Sabra [runic] Сабра. 1) Der Sohn des Jabgu, der die Würde eines Tamgantschur bekleidete und an der Erhebung des Tatscham Theil nimmt (O). 2) Der jüngere Bruder des Joga, der auch an der Erhebung des Tatscham Theil nimmt.

Tai-Sänyän [runic] Таі-Сäҥӱн. Einer der Gesandten des chinesischen Kaisers bei der Begräbnissfeier des Bilgä-Chan.

Tatscham [runic] Тачам. Der Name des Vaters des Bilga-Chan (O). Der Fürst Tatscham wird in der Inschrift am Choito-Tamir (Ch T. IX) erwähnt. Ebenso wird Tatscham auf dem am Uibat errichteten Denkmale (Tsch M.) erwähnt.

Täkäsch [runic] Тäкäш. Der Name des jüngeren Bruders des Kül-Tutun, der am As'chete begraben ist (A).

Tängrikän [runic] Тäҥрікäн. Der Name oder Ehrentitel des Bilgä-Chan der Uiguren (Ui). Auch im Denkmale von Ongin wird der Tängrikän mehr mals erwähnt.

Tok-Bögüt [runic] (UE) Ток-Бӧгӱт. Ich habe Tok-Bögüt als Eigenname (entweder eines Mannes oder eines Volkes übersetzt). Gehört das auslautende t zum nächsten Worte, so ist Tok-Bögü, der Name der Frau des Helden und der Ausdruck Tok-Бöгÿ тäркінä zu über setzen: für die Heimath der Tok Bögü.

Tonga-Tägin Тоңа-Тäгін. Ein Oguzen-Fürst, bei dessen Beerdigung Kül-Tägin die Oguzen überfällt.

Torgul Торђул. Der ältere Sohn des Täkäsch, der auch am As'chete begraben ist (A).

Törpä oder Tör-apa oder Törä-Apa Тöрпä (Тöр-Апа, Тöрä-Апа). Der am Begre begrabene Held, welcher in seinem 25-ten Jahre als Gesandter zum chinesischen Kaiser geht und reiche Geschenke heimgebracht hat.

Tschatscha-Sängün Чача-Сäңÿн. Ein chinesischer Heerführer, den Kül-Tägin im Jahre 716 besiegt.

Tschäng-Sängün Чäң-Сäңÿн. Gesandter des Kaisers von China, der den Auftrag hatte, das Denkmal des Kül-Tägin zu errichten.

Tschänkan Чäн-кан. Gesandter, den der Kaiser von China zur Errichtung des Denkmals des Kül-Tägin abgesandt hatte.

Tschigschi (KK, U Tsch. VI) Чігші. Gewiss in beiden Inschriften derselbe Held. In KK nennt er sich selbst «Beg von Kara-Sängir» und «Höchster von den sechs Stämmen der Käschdim». Auf der Grabschrift U Tsch. VI wird er Kutlug (der Glückliche) Tschigschi genannt und erwähnt, dass er im Kampfe mit dem gewaltigen Feinde gefallen sei.

Tchikschän (O Tsch) Чікшäн. Name eines am Tschakul begrabenen Fürsten.

Tschotschuk-Böri (U Ku) Чочук-Бöрі. Name eines am Ulug-Kem Kuli-Kem begrabenen Helden.

Tudun-Jamtar Тудун-Јамтар. Ein Heerführer der Türken, den der Bilgä-Chan gegen die Karluken aussendet.

Tüz-Bai (U Tsch. I) Тÿз-бai. Er ist am Tschakul begraben. Führt den Namen Tiger-Held.

Udar-Sängün Удар-Сäңÿн. Der Führer der Gesandtschaft, die der Kytai und Tataby zur Leichenfeier des Kül-Tägin geschickt hatten.

Ulug-Aerkin Улуђ-Äркін. (Landverwalter јäр бујурукы) des Bilgä-Chan, der gegen den Bilgä-Chan aufsteht, aber beim See Türgi-Jaragun mit seinen Anhängern vernichtet wird.

Umai-Bäg (AA) Умаі-Бäг. Er ist am Altyn-Köl begraben. Sein Geschlecht wird das Tigergeschlecht genannt. Ob hier Bars Stammname ist oder nur ein Ehrenname des Geschlechtes, ist nicht zu entscheiden.

Urungu-Külüg (UE) Уруңу-Кÿлÿг. Der am Elegesch begrabene Held hat dem Körtäl-Chan Dienste geleistet.

Uetschin-Küliig ϾΥΝꟼ:ИΓΛΝ (Uj Tu) Ӱчін-Кӱлӱг. Ist am Ujuk begraben, erwähnt seines Landes Aegük-Katun und seines Tülbäri-Volkes.

Ynandugratsch ⅄ЧϽϚ>⊙)(Γ) (U Tsch. IX) Ынандуҕрач. So nennt sich ein am Tschakul begrabener Held.

Ynantschu-Bilgä ⅃ϾΥΓϘ:>})Γ (Atsch) Ынанчу-Бiлгä. Die Mutter des Kütsch-Ury, der am Abakan begraben ist.

Ynantschmur Ч>ϟ})Γ Ынанчмур. Ein Held von den Tardusch, den der Kirgisen-Chan als Abgesandten zur Leichenfeier des Kül-Tägin schickt.

Dritte Beilage.

Neue Uebersetzung der Inschriften von Koscho-Zaidam.

Damit diejenigen Gelehrten, für die nur der Inhalt der Denksteine Interesse hat, die Resultate meiner letzten Forschungen benutzen können, ohne die gemachten Veränderungen mühsam zusammensuchen zu müssen, habe ich mich entschlossen, hier noch einmal eine Uebersetzung der wichtigen Inschriften von Koscho-Zaidam zusammenzustellen. Bei dieser neuen Uebersetzung bin ich abermals tiefer in das Verständniss einzelner schwieriger Stellen eingedrungen und habe einige Verbesserungen vorgenommen.

I.

Das Denkmal zu Ehren des Prinzen Kül-Tägin.

Hauptinschrift.

[Auf der Frontseite K]. Nachdem oben der blaue Himmel und unten die dunkle Erde entstanden waren, sind zwischen beiden die Menschensöhne entstanden. Ueber die Menschensöhne erhob sich als Herrscher mein Vorfahr Bumyn-Chan, der berühmte (mächtige) Chan, er hielt die Stämme und die Gesetze des Türkenvolkes in Ordnung und verbesserte sie. (2) Wenn die vier Winkel (d. h. die rund herum wohnenden Nachbarvölker) feindliche Einfälle machten, so zog er mit seinen Heeren aus, unterwarf die Völker der vier Winkel und stellte, sie überfallend, den Frieden her, beugte die Häuptlinge und machte sich die Hoheit unterthan. Nach vorn (d. h. nach Osten) bis zum Bergwalde Kadyrkan, rückwärts (d. h. nach Westen) bis zum Eisernen Thore siedelte er sie an. Zwischen beiden lebten (3) (dann) die herren- und geschlechtslosen zahlreichen (blauen?) Türken lange Zeit (in Frieden, denn) er war ein weiser Chan, ein heldenmüthiger Chan, alle seine Beamten waren weise, waren Helden, alle seine Fürsten und Unterthanen

waren gerecht. Deshalb vermochte er die Stämme zu regieren, bereitete sich den Ehrenplatz (4) und verschied. Als Trauernde und Leidtragende kamen das im Osten wohnende Volk des Bökli-Aetschü, die Chinesen, die Tibetaner, die Par-Purym, die Kirgisen, die drei Kurykan, die dreissig Tatar, die Kytai und die Tataby, wehklagten und trauerten, denn er war ein sehr tapferer Chan gewesen. Darauf wurden seine jüngeren Brüder (5) Chane, und seine Söhne wurden Chane. Da aber die jüngeren Brüder nicht wie ihr älterer Bruder beschaffen waren, und seine Söhne nicht wie ihr Vater beschaffen waren, so gelangten unwissende Fürsten zur Gewalt, feige Fürsten. Ihre Beamten waren alle unwissend und feige. (6) Da ihre Fürsten und Unterthanen ungerecht waren, und sie der Feindschaft (?) der Chinesen ausgesetzt waren, da bei ihnen Lug und Trug war, da die jüngeren und älteren Brüder sich anfeindeten und Volk und Beamte sich beeinträchtigten, so löste das Türkenvolk seine Stämme auf und vernichtete (7) seine herrschenden Chane. Die Söhne ihrer Fürsten[1]) wurden Knechte der Chinesen, und ihre reinen Töchter[1]) wurden Mägde derselben. Die türkischen Fürsten gaben ihre türkischen Namen auf und nahmen als chinesische Beamte chinesische Namen an. (8) Sie unterwarfen sich dem chinesischen Kaiser und weihten ihm Sinn und Kraft fünfzig Jahre lang. Nach Osten zogen (die Chinesen) bis zum Bökli-Chan, nach Westen zogen sie bis zum Eisernen Thore. Da sprach alles gemeine Volk der Türken, das seine Stammeintheilung und Gesetze dem chinesichen Kaiser untergeordnet hatte, Folgendes: (9) «Ich war ein stammweise lebendes Volk, wo sind (jetzt) meine trefflichen Stämme? für wenn soll ich (neue) Stämme erwerben? Ich war ein von Chanen regiertes Volk, wo sind (jetzt) meine Chane? welchem Chane sollen wir Sinn und Kraft weihen?» So sprechend, waren sie dem chinesichen Kaiser feindlich, (10) und da sie ihm feindlich waren, zogen sie wieder (in ihre alten Wohnsitze) zurück, indem sie (dort) zu gedeihen und vorwärts zu kommen hofften. (Die Chinesen aber sprachen:) «Sie denken, nicht ferner (uns) ihren Sinn und ihre Kraft zu weihen, wir wollen (daher) das Türkenvolk tödten und ihre Söhne ernähren (d. h. bei uns ansiedeln)!» und zogen aus, um sie zu vernichten. Da sprach oben der Gott der Türken, den die Türken ihr Land (11) und Wasser nennen, Folgendes: «Das Türkenvolk möge nicht zu Grunde gehen, das Türkenvolk ist lebenskräftig (?)» und hob meinen Vater, den Aeltäräs-Chan, und meine Mutter die Aelbilgä-Chatun, empor, sie auf dem Scheitel des Himmels haltend. Mein Vater, der Chan, zog (zuerst) mit sieben und zwanzig Helden aus. Da sich das Gerücht verbreitete, dass er in den Bergen (12) umherschweife, zogen die Städtebewohner aus und

1) Aus Versehen stehen beide Wörter im Accusativ, vergl. X 7.

stiegen die Bergbewohner (zur Ebene) herab; sich sammelnd, wurden sie siebzig Helden. Da ihnen der Himmel Kraft verlieh, war das Heer meines Vaters, des Chans, (tapfer) wie Wölfe und seine Feinde (feige) wie Schafe, nach vorn und hinten ziehend, sammelte (mein Vater Leute), reizte zum Aufstande, so dass (sein Heer) (13) auf sieben hundert Helden anwuchs. Als sie sieben hundert Helden waren, ordneten sie sich in Stämme, und er (mein Vater) nahm die Chanswürde an. Das Volk, das zu Knechten und Mägden gewordene Volk, das seine türkischen Sitten aufgegeben habende Volk ordnete er wieder nach den Gesetzen meines Vorfahren, machte es kriegerisch, stellte die Stämme der Töläs und Tardusch her und gab ihnen einen Jabgug-Schad. (14) Im Süden war (ihm) das chinesische Volk feindlich, im Norden waren Baz-Chan und das Volk der Oguz (ihm) feindlich, und die Kirgisen, die Kurykan, die dreissig Tatar, die Kytai und die Tataby machten feindliche Einfälle. Mein Vater, der Chan............, (15) er unternahm sieben und vierzig Mal Kriegszüge, lieferte zwanzig Schlachten, und da ihm der Himmel gnädig war, fügte er die (früher) in Stämmen lebenden wieder stammweise zusammen, befestigte die Chanswürde, zwang seine Feinde zum Frieden, unterwarf die Hoheit und beugte die Häuptlinge. Mein Vater, der Chan.........., (16) den Ehrenplatz erwerbend, starb. Zu Ehren meines Vaters, des Chans, errichtete man an der Spitze (der Steinreihe) den Baz-Chan als Balbal. Auf diesen seinen Ehrenplatz setzte sich nun mein Onkel, der Chan, (17) als mein Onkel, der Chan, zur Macht gelangt war, hielt er das Türkenvolk zusammen und verbesserte (seine Lage). Die Armen machte er reich, die Wenigen machte er zahlreich. Als mein Onkel, der Chan, zur Macht gekommen, wurde ich selbst Schad über das Volk der Tardusch. Mit meinem Onkel, dem Chane, zogen wir zusammen nach Osten bis zur Ebene Jaschyl-ügüs-Schandung, nach Westen zogen wir bis zum Eisernen Thore, zogen bis zum Kögmän, dem Lande der Scha-Kirgisen. (18) Im Ganzen unternahmen wir fünf und dreissig Kriegszüge, lieferten drei und zwanzig Schlachten, ordneten die stammweise Lebenden in Stämme, befestigten die Chanswürde, unterwarfen die Hoheit und beugten die Häuptlinge. Der Chan der Türgäsch war von unseren Türken, von unserem Volke, da er thöricht war (19) und gegen uns sich verging, starb ihr Chan, starben alle seine Beamten und das ihm anhängende Volk erlitt Qualen. «Das Land und Wasser, das unsere Vorfahren inne hatten, möge nicht herrenlos sein, sagend, brachten wir das wenige Volk (oder das Volk der Az) in Ordnung......... (20) Da war (auch) Bars-Bäg. Dem hatten wir den Chanstitel verliehen, dem hatten wir meine jüngere Schwester, die Prinzessin, (zur Frau) gegeben. Er selbst verging sich (gegen uns), da starb ihr Chan und seine Unterthanen wurden (unsere) Knechte und Mägde.

«Das Land und Wasser Kögmän möge nicht herrenlos sein!» sagend, brachten wir das wenige Volk der Kirgisen in Ordnung, kamen dorthin und machten einen Kriegszug . . . . (21) kehrten zurück. Nach Osten bis zum Bergwalde Kadyrkan siedelten wir einen Theil des Scha-Volkes an, und reihten (sie den hier wohnenden Stämmen) ein, nach Westen bis zum Kängü-Tarman siedelten wir einen Theil des Türkvolkes an und reihten (sie den dortigen Stämmen) ein. In jener Zeit hatten (unsere) Knechte ihre Knechte und (unsere) Mägde ihre Mägde, (22) so viel Volk und Gesetze hatten wir erworben und (unserem Staate) eingefügt. Ihr Fürsten und Volk der Türken und Oguzen höret! O du Türkenvolk, das von oben der Himmel nicht drückt und unten die Erde nicht verschlingt (wörtl.: nicht wünscht)! Wer hat deine Stämme und deine Gesetze vermehrt? Du warst das siegreiche Türkenvolk, (23) Bereue! gegen den Bilgä-Chan, den du durch deine Anhänglichkeit erhoben hast, gegen deinen in Sein und Wandel guten Stamm hast du dich vergangen und hast schlecht gehandelt. Von wo sind dir Ordnung und Ruhe gekommen, wer hat sie verbreitet? Von wo ist dir die feste Geschlechtseintheilung gekommen? wer hat sie durchgeführt? Du, welches das Volk des Bergwaldes Uetükän genannt wird, bist ausgezogen, nach Osten bist du (24) gegangen, nach Westen bist du gegangen, überall bist du umhergezogen und alles Gute, was du in den Ländern, die du durchzogen (gefunden) hast, ist, dass dein Blut dort wie Wasser floss, dass deine Knochen sich dort wie Berge aufthürmten, dass (deiner) Fürsten Söhne Knechte wurden, und (ihre) reinen Töchter Mägde wurden. Weil du thöricht warst, so ist wegen deiner Schlechtigkeit mein Onkel, der Chan, umgekommen. (25) Ich errichtete an der Spitze (der Steinreihe) den Kirgisen-Chan als Balbal. Auf dass des Türkenvolkes Ruf und Name nicht vergehe, hat der Himmel, der meinen Vater, den Chan, und meine Mutter, die Chatun, erhoben hat, hat er, der Himmel, der Volksspender, um des Türkenvolkes Name und Ruf nicht verschwinden zu lassen, er, der Himmel, uns selbst (26) zum Chan eingesetzt. Ich wurde nicht Chan über ein habe- und viehreiches Volk, ich wurde Chan über ein elendes, heruntergekommenes Volk, das innen ohne Speise war und aussen ohne Kleidung war. (Daher) berietheu wir uns mit meinem jüngeren Bruder Kül-Tägin und sprachen: «des von unserem Vater und unserem Onkel erworbenen Türkenvolkes Name und Ruf möge nicht vergehen!» (27) So habe ich wegen des Türkenvolkes in der Nacht nicht geschlafen, am Tage nicht gesessen. Zusammen mit meinem Bruder habe ich, da wir zwei Schad waren, bis zur völligen Erschöpfung Erwerbungen gemacht. So viel erwerbend, habe ich die betreffenden Völker nicht ausgesogen . . . . (28) Das in alle Länder ausgezogene Volk war sterbensmüde, zu Fuss und nackt (zu mir) gekommen, und um des Volkes Lage zu verbessern, zogen wir nach Norden gegen das Oguzen-Volk, nach Osten gegen das Kytai- und Tataby-Volk, nach Süden gegen die Chinesen. Mit grossen Heeren haben wir zwei und zwanzig Feldzüge unternommen, (29) haben .... Schlachten geliefert. Möge nun der Himmel uns gnädig sein! Da Glück und ein günstiges Schicksal auf meiner Seite war, habe ich das sterbende Volk wieder zum Leben gebracht, das nackte Volk mit Kleidung versehen, das arme Volk reich gemacht, das wenige Volk zahlreich gemacht, die herabgesunkene (?) Stammeintheilung und die heruntergekommene (?) Chanswürde wieder zu Ansehen gebracht. (30) Das Volk der vier Winkel habe ich mit bewaffneter Macht zur Ruhe gebracht, und ohne Feindschaft hingen meine Chane aus Ueberzeugung mir an. Er, der mir Sinn und Kraft geweiht hat, und sich einen solchen Ehrenplatz erworben hat, mein jüngerer Bruder Kül-Tägin ist nun dahin. Als mein Vater, der Chan, starb, blieb Kül-Tägin sieben Jahre alt zurück. (31) Zum Glück meiner, der Umai gleichen, Mutter, der Chatun, reifte mein jüngerer Bruder Kül-Tägin zum Manne. In seinem sieben und zwanzigsten Jahre, als mein Onkel (schon) so viel Volk und Gesetze erworben hatte, zogen wir zu den sechs Stämmen des Sugdak und vernichteten sie. Als (darauf) das Heer des chinesischen Ungtudyk (?), die fünf Heerhaufen herbeikamen, griff (32) Kül-Tägin sie im Bergwalde Yduk an, sich auf die Fusstruppen stürzend, fasste er den Jortschyn (?) des Ungtuduk mit bewaffneter Hand, bewaffnet vereinigte er sich mit dem Chane, und so vernichteten wir dort jenes Heer. Als er ein und dreissig Jahre alt war, kämpften wir mit dem Tschatscha-Sünki. Seinen Grauschimmel Tadyksatschurang bestieg er und griff an. Dieses Pferd (33) starb dort. Zweitens bestieg er den Yschbara-Jamtar Grauschimmel und griff an, auch dieses Pferd starb. Drittens bestieg er das braune Pferd Kädimlik des Jäginsil-Bäg und griff an, (auch) dieses Pferd starb. Bei ihrer Befestigung und deren Umgegend machte er mehr als hundert Ueberfälle und für jeden Kopf (nahm er den Werth eines Tümän). (34) Wenn ihr dieses leset, ihr türkischen Fürsten, so werdet ihr wissen, was für Angriffe er gemacht hat. Dieses Heer haben wir dort vernichtet. Darauf wurde der Landverwalter Ulug-Aerkin uns feindlich, ihn warfen wir nieder und vernichteten wir beim See Türgi-Jaragun, Ulug-Aerkin entfloh (zwar) mit wenigen Männern, aber Kül-Tägin griff (ihn) an (und tödtete ihn). (35) Dann zogen wir gegen die Yschbara (?) Kirgisen; (ihr) Geschlecht Batymy (?) Räuber scheltend, stiegen wir in das Waldgebirge Kögmän und besiegten das Volk der Kirgisen. Mit ihrem Chane kämpften wir darauf im Waldgebirge Sunga. Kül-Tägin bestieg seinen Bajyrkun, (36) und griff (den Feind) an. Er fasste einen Helden, schlug ihn nieder, und stach sich mit der Lanze wieder durch. Bei (seinem) Angriffe drückte er dem Bajyrkun gewaltig den Schenkel ein. Wir tödteten den Kirgisen-Chan und unterwarfen sein Volk. In jenem Jahre zogen wir (auch) gegen den Türgäsch-Chan, erstiegen das goldene Waldgebirge, (37) setzten über den Irtisch-Strom und überfielen (unerwartet) das Türgäsch-Volk. Da kam das Heer des Türgäsch-Chan am Boltschu von allen Seiten herbei, und wir kämpften mit ihm. Kül-Tägin bestieg seinen Grauschimmel Baschgu und griff an. Der Grauschimmel Baschgu . . . . (38) wurden beide dort ergriffen, und er selbst umringt, er stürzte sich (aber wieder auf den Feind) und nahm einige Beamten des Türgäsch-Chan mit eigener Hand gefangen. Den Chan tödteten wir dort und unterwarfen sein Volk. Darauf zog sich das Volk der Kara-Türgäsch zurück, um dieses Volk aufzufinden . . . . (39) Um das Sogdak-Volk einzurichten, waren wir über den Fluss Jäntschu gegangen und bis zum Eisernen Thore vorgedrungen. Darauf bekriegte uns das Volk der Kara-Türgäsch und ging bis zum Kängäräs vor. Wir hatten damals keine Standplätze und keinen Mundvorrath für (unser) Heer und seine Pferde. Es waren aber feige Menschen . . . . (40) an der Tochter eines Helden vergriffen hatten. Zu dieser Zeit bereuend, schickten wir den Kül-Tägin mit einigen Helden dorthin, und sie hatten dort einen heftigen Kampf. Er bestieg seinen Schimmel Alp-Tschaltschi und griff an. Dort tödtete er das Volk der Kara-Türgäsch, unterwarf es und ging dann zurück[1]) . . . . [*Fortsetzung auf der linken Seitenfläche K. b*] (1) . . . . zusammen fassten sie sich und kämpften und ihre Helden angreifend, tödtete er. Ihre Häuser und ihre Gebäude zerstörte er und ihr Heer überfallend, brachte er hierher. (Dies geschah als) Kül-Tägin sieben und dreissig Jahre alt war. Das unabhängige Volk der Karluk überzog uns (auch) mit Krieg und wir kämpften mit ihm auf dem Gipfel des Tamag. Zur Zeit dieser Schlacht war Kül-Tägin dreissig Jahre alt. Er bestieg seinen Schimmel Alp-Tschaltschi und griff an und stach sich mit der Lanze wieder durch. Wir tödteten die Karluk und unterwarfen sie. (Dann) wurde uns das Volk der Az feindlich und wir kämpften (mit ihnen) beim See Kara-köl, (in dieser Zeit) war Kül-Tägin ein und vierzig Jahre alt. Er bestieg seinen Schimmel Alp-Tschaltschi und griff an, er nahm aber nicht den Aeltäbär der Az gefangen, da wurde das Az-Volk ganz vernichtet. Als der Stamm meines Onkels, des Chans, in Verwirrung gerathen war und ganz darnieder lag[2]), kämpften wir mit dem Volke der Isgil. Da bestieg Kül-Tägin seinen Schimmel Alp-Tschaltschi und (4) drang heftig in (den Feind). Dieses Pferd stürzte dort. Das Volk der Isgil starb.

1) In der zerstörten Stelle fehlen, wie die auf der folgenden Zeile angeführten Jahre des Kül-Tägin beweisen, die einleitenden Worte über den Kriegszug gegen die Kytai.

2) Also nach den chinesischen Annalen im Jahre 816, wo bei diesen Kämpfen und Aufständen Modscho-Chan getödtet wurde.

Das Volk der Neun-Oguzen war mein eigenes Volk, da Himmel und Erde in Verwirrung gerathen waren, wurden sie (unsere) Feinde. In einem Jahre kämpften wir (mit ihnen) fünf Mal. Zum ersten Male kämpften wir bei der Stadt Togu. (5) Kül-Tägin bestieg den Schimmel Azman und stürzte sich (auf den Feind). Er stach sechs Helden nieder, von den Kriegsleuten machte er den siebenten Mann mit dem Schwerte nieder. Zum zweiten Male kämpften wir mit den Oguz am Kuschlagak. Kül-Tägin bestieg seinen Braunen von den Az, stürzte sich auf den Feind, stach einen Helden nieder und warf sich auf neun Helden, dort starben (viele) von den Oguz. Zum dritten Male kämpften wir mit den Oguz am Bol . . . n. Kül-Tägin bestieg den Schimmel Azman und griff (den Feind) mit der Lanze an. Wir stachen ihr Heer nieder und unterwarfen ihr Volk. Zum vierten Male kämpften wir auf dem Gipfel des Tschusch. (7) Des Türkenvolkes Fuss ermattete, und da es feige war, zog es sich nach Süden zurück. Kül-Tägin liess sein Heer los und wir tödteten zehn Mann eines Alpagu-Vasallen der Tongra, indem wir bei der Begräbnissfeier des Tonga-Tägin eindrangen. Zum fünften Male kämpften wir mit den Oguzen unterhalb des Aezgänti. Kül-Tägin (8) bestieg seinen Braunen von den Az, griff an und drang (mit der Lanze) stechend ein. Zur Stadt ging er nicht. Wir tödteten dort (viele) Oguzen. Dann zogen wir mit dem Heere nach Westen zur Ebene Jyschsap gegen die (herbeiziehenden) Oguz und liessen Kül-Tägin an der Spitze der Fürsten hervorbrechen. Die feindlichen Oguz überfielen aber die Ordu. Kül-Tägin bestieg (9) seinen Schimmel Oegsüs und stach neun Helden nieder, die Ordu aber übergab er nicht[1]). So wurden von meiner Mutter, der Chatun, und mit ihr von meinen Tanten, meinen älteren Schwestern, meinen Schwiegertöchtern, (d. h.) von allen Prinzessinnen die am Leben Gebliebenen zu Mägden gemacht, die Getödteten aber blieben in den Jurten und auf den Wegen liegen. Als ihr nun vernahmt, dass Kül-Tägin umgekommen war, da waret ihr (Alle wie) gestorben. Mein jüngerer Bruder Kül-Tägin ist nun dahin! So bin ich selbst gramerfüllt. Mein sehendes Auge ist wie blind geworden, all mein Wissen ist mir entschwunden. Ich gräme mich. Ewig lebt nur der Himmel, der Menschensohn lebt aber, um im Kriege zu sterben. (11) Sehr gräme ich mich! In meine Augen kommen Thränen, Körper und Seele empfinden Schmerzen. Immer von Neuem gräme ich mich, heftig gräme ich mich. Da der höchste Schmuck[2]) der beiden Schad und nach ihnen der meiner Familie, meiner Oglane, meiner Fürsten und meines Volkes verdorben ist, so bin ich gramerfüllt. Als Leidtragende und Wehklagende ist an der Spitze der

---

1) Hier ist offenbar absichtlich der Tod des Kül-Tägin und die Uebergabe der Ordu ausgelassen.

2) Im Texte steht «ihre Augen und ihre Brauen».

Kytai und Tataby (12) der Udar-Sängün gekommen, vom chinesischen Kaiser ist Isji-Liki gekommen und hat Gold und Silber ohne Ende im Werthe eines Tümän gebracht. Vom tibetanischen Chane ist ein Bölän gekommen. Von dem Volke der im Westen, nach Sonnenuntergang lebenden drei und vierzig Stämme ist als Geschenkespender der Sohn des Nängsängün, der Tarkan, gekommen; (113) Von meinem geliebten Sohne, dem Türgäsch-Chan, ist Makratsch, der Siegelbewahrer und der weise Siegelbewahrer der Oguz gekommen, vom Kirgisen-Chane ist Inantschmur, der Tardusch, gekommen. Die Gebäude aufzuführen, die Skulpturarbeiten und den Schriftstein herzustellen, sind Tschänkany und Tschäng-Sängün gekommen.

Kleinere Seiteninschrift.

[Inschrift der linken Seite K. a] (1) Ich, der himmelsgleiche, vom Himmel gewordene türkische Bilgä-Chan, habe den Thron bestiegen, vernehmet meine Rede genau (ihr beiden Schad?) und nach ihnen meine Familie und meine Oglane und mit ihnen meine Vasallen und mein Volk, rechts ihr Schadapyt-Herren, links ihr Tarkane und Beamte, ihr dreissig .... (2) Ihr Fürsten und Volk der Neun-Oguz vernehmet diese meine Rede gut und höret aufmerksam zu! Im Osten nach Sonnenaufgang, im Süden nach Mittag, im Westen nach Sonnenuntergang und im Norden nach Mitternacht, überall hängt das innere Volk treu an mir, denn ich habe so viel (3) Kriege führend gewirkt. Ich, der türkische Chan, dem kein Feind sich nicht untergeordnet hat, bin von dem im Waldgebirge Uetükän wohnenden Volke unzählige Male (oder: sehr weit) nach Osten bis zur Ebene Schandung gezogen, fast bis zum Meere bin ich gelangt, bin nach Süden bis zum Tokuz-Aersin gezogen, um ein Weniges habe ich die Tibetaner nicht erreicht, bin nach Osten, über den Jäntschü-Strom (4) setzend, bis zum Eisernen Thore gezogen, bin nach Norden bis zum Lande Järing-Jarku gezogen, bis zu so viel Ländern habe ich (meine Heere) vorgeschoben. Im Uetükän-Bergwalde gab es keinen vortrefflichen Herrn (ausser mir), denn das Land, wo ich die Stämme regierte, war der Uetükän-Bergwald. In diesem Lande wohnend, bin ich mit dem Chinesenvolke (5) in Verbindung getreten. Das Chinesenvolk, welches (uns) Gold, Silber, Wohlgerüche (?) und Kutai (Seide?) ohne Zahl giebt, ist milde an Machtäusserungen und mässig in Tributforderungen, durch Milde und mässige Tributforderungen sich auszeichnend, haben sie die fern wohnenden Völker nahe gebracht. In Folge ihres dichten Zusammenwohnens haben sie Einsicht und Wissen aufgehäuft. (6) Sie haben kenntnissreiche Leute, gute, heldenmüthige Leute nicht vertrieben, sie haben, wenn auch ein Mensch (Fürst) Unrecht beging, (diesen wohl bestraft, aber) die Tüchtigen unter

seinen Vasallen und seinem Volke nicht in Mitleidenschaft gezogen, da du aber dich von ihnen an Milde und mässiger Tributforderung hast übertreffen lassen, so sind viele von dir, Türkenvolk, gestorben, und nachdem viele von dir gestorben waren, ergossest du dich (?) über den dichten Bergwald. (7) Da die, welche von dir, Türkenvolk, in der Ebene sich niederlassen wollten, gestorben waren, so reizten (dich) die einsichtsvollen Leute (d. h. die Chinesen) zum Kriege. Die fernen Menschen geben schlechten Tribut, die nahen Menschen geben guten Tribut, sagend, reizten sie zum Kriege und da ihr, die unwissenden Leute, jener Rede folgend, gegen sie zogt, so sind viele von euch gestorben. (8) Da nun das Türkenvolk nach jenen Ländern gezogen war und (viele von ihnen) gestorben waren und da, während die ewigen Stämme vom Bergwalde Uetükän, der keine für Karawanen passenden Waaren und Sorgen hat, sich aufhielten, die diese Stämme Regierenden im Uetükän-Bergwalde wohnend erstarkten, da das Türkenvolk von feindlichen Nachbaren umgeben war, da es durch Hunger gezwungen sich Sättigung schaffte und wenn es sich gesättigt hatte, (bald wieder) Hunger und Noth sich einstellten, so bist du mit deinen unter solchen Umständen (9) erhöhten Chanen, wegen ihres Einflusses und ihrer Trefflichkeit nach allen Ländern ausgezogen, dort Streifzüge machend, bist du ermattet und müde geworden und die Zurückgebliebenen von dir sind nach verschiedenen Seiten ausgezogen und umhergeschweift, bis sie todesmatt waren. Weil der Himmel sich (endlich) erbarmt hat, und mir ein (solcher) Bruder und Glück zu Theil wurde, habe ich mich zum Chan erhoben. Mich zum Chan erhebend (10) habe ich das elende arme Volk reich gemacht, das wenige Volk zahlreich gemacht. Höret dies, ihr türkischen Herren und Volk, die ihr durch diesen meinen Einfluss gross geworden seid! Wie du das türkische Volk sammelnd die Stämme zusammengehalten hast, habe ich hier aufgezeichnet, wie du, wenn du dich vergingst, gestorben bist, habe ich (11) hier aufgezeichnet, auf welche Dinge meine Macht sich gründet, habe ich auf den Denkstein aufgezeichnet. Diesen anschauend wisset, wie das Türkenvolk und die Fürsten sich gegen die dem Throne treu anhängenden Fürsten[1]) vergangen haben (, habe ich auf den Gedenkstein aufgezeichnet). Von dem chinesischen Kaiser habe ich Arbeiter kommen lassen und (das Denkmal) hergerichtet, meine Rede konnte es nicht fassen[2]). (12) Der chinesische Kaiser hat Arbeiter aus dem Innern gesandt. Von ihnen liess ich das Steinwerk herstellen, auf seinem hohen Steine habe ich solche Skulpturen anbringen lassen, habe den Stein errichten lassen. Damit ihr, dieses

1) Gewiss sind hier «der Onkel, der Chan» und «Kül-Tägin» gemeint, die Beide in Kämpfen mit den Oguzen umkamen.

2) d. h. ich habe mich wegen Raummangel des Steines kurz fassen müssen.

schauend, meinen (und den meines Bruders Kül-Tägin) Ruhm bis auf Söhne und Enkel erkennen möget, habe ich ihn (13) errichten lassen. Für den mir nahestehenden Trefflichen, da er an mächtiger Stelle gestanden, habe ich auch an mächtiger Stelle diesen Gedenkstein aufstellen lassen, habe (die Schrift darauf) geschrieben, dass, wer ihn sieht, Alles wissen möge, (nähmlich) dass ich diesen Stein........... Diese Schrift schreibend hat sein Neffe (?) Jollyg-Tägin verfasst.

Die Inschriften auf den Ecken.

(I) Des Kül-Tägin Gold, Silber, Habe und Besitz haben wir zur Sättigung der armen Türken........... mein Fürst der Tägin, oben der Himmel............. Den (Schrift)-Stein habe ich, Jollyg-Tägin, geschrieben. (II) Alle diese Schrift schreibend habe ich, des Kül-Tägin Neffe (?), Jollyg-Tägin, verfasst. Zwanzig Tage mich aufhaltend diese Schriftzeichen ablesend habe ich sie auf diesen Stein geschrieben, beide, eure herabsinkenden Oglane, sowohl wie auch eure Toigune, habt ihr erhöht und seid gestorben, der Himmel ist der Lebenserwecker. (III) Kül-Tägin verschied im Schafjahre am 27. Tage des neunten Monats auf dem sieben und dreissigsten (Feldzuge?). Wir hielten die Begräbnissfeier ab, und liessen das Gebäude, die Skulpturarbeiten und den Schriftstein im siebenten Monate des Affenjahres herrichten. Als er zum sieben und dreissigsten Male in's Feld zog, starb unser jüngerer Bruder Kül-Tägin sieben und vierzig Jahre alt. Die das Steinwerk ausführenden so vielen Arbeiter haben die Toigune und Aeltäbäre hergebracht.

Die Inschrift, die neben der chinesischen Inschrift sich befindet (K. c).

(1) Inantschu-Apa Jargan-Tarkan dein Name. (2) Mein Bruder Kül-Tägin ist gestorben............... Da er mir Sinn und Kraft geweiht hat, so habe ich, der Bilgä-Chan, bei seinem Begräbnisse meinen Bruder Kül-Tägin am Tage erhöhend...........

II.

Das Denkmal zu Ehren des Bilgä-Chan.

Die Hauptinschrift (X).

(1) Meine, des himmelsgleichen, vom Himmel wohlgefällig aufgenommenen (oder eingesetzten) türkischen Bilgä-(Chans) Rede ist dies: «Als mein Vater als türkischer Bilgä(-Chan den Thron bestiegen hatte), haben die trefflichen [Helden], die trefflichen (Türken) und die von den Toguz-Oguz (ihm) anhängenden Helden, seine berühmten Bege und sein Volk, (meinem Vater, dem Chan, ihre Huldigung und ihr hohes Lob dargebracht)[1]). Da der türkische .... Himmel (2) so habe ich mich über sie zum Chan erhoben. Bei meiner Thronbesteigung eilten die türkischen Bege und das Volk herbei, indem sie daran dachten, wie so viele (bei den früheren Unruhen) gestorben waren und sich freuten (, dass sie nun wieder einen Chan hatten), schauten sie mit hervorstehenden Augen nach oben. Nachdem ich den Thron bestiegen, habe ich wichtige Gesetze dem in den vier Winkeln wohnenden Volke gegeben. Nachdem oben der blaue Himmel und unten die dunkle Erde entstanden waren, sind zwischen Beiden die Menschensöhne entstanden. (3) Ueber die Menschensöhne erhob sich als Herrscher mein Vorfahr, der Bumyn-Chan, der berühmte (mächtige) Chan, er hielt die Stämme und die Gesetze des Türkenvolkes in Ordnung und verbesserte sie. Wenn die vier Winkel feindliche Einfälle machten, so zog er mit seinen Heeren aus, unterwarf die Völker der vier Winkel und stellte, sie überfallend, den Frieden her, beugte die Häuptlinge und machte sich die Hoheit unterthan. Nach vorn (d. h. nach Osten), bis zum Bergwalde Kadyrkan, rückwärts (d. h. nach Westen) (4) bis zum Eisernen Thore siedelte er sie an. Zwischen beiden lebten dann die herren- und geschlechtslosen zahlreichen (blauen? Türken lange Zeit (in Frieden, denn) er war ein weiser Chan, ein heldenmüthiger Chan gewesen. Alle seine Beamten waren weise, waren Helden, alle seine Fürsten und Unterthanen waren gerecht. Deshalb vermochte er die Stämme zu regieren, bereitete sich den Ehrenplatz und verschied. (5) Als Trauernde und Leidtragande kamen das im Osten wohnende Volk, des Bökli-Aetschü, die Chinesen, die Tibetaner, die Par-Parym, die Kirgisen, die drei Kurykan, die dreissig Tatar, die Kytai und die Tataby, wehklagten und trauerten,

1) Hier enden offenbar die einleitenden Worte des Sohnes des Mekilien und beginnt die Rede des verstorbenen Bilgä-Chan selbst.

denn er war ein sehr tapferer Chan gewesen. Darauf wurden seine jüngeren Brüder Chane und seine Söhne wurden Chane. Da aber seine jüngeren Brüder nicht wie ihr älterer Bruder (6) beschaffen waren, und seine Söhne nicht wie ihr Vater beschaffen waren, so gelangten unwissende Fürsten zur Gewalt, feige Füsten. Ihre Beamte waren alle unwissend und feige. Da ihre Fürsten und Unterthanen ungerecht waren, und sie der Feindschaft (?) der Chinesen ausgesetzt waren, da bei ihnen Lug und Trug war, die jüngeren und älteren Brüder sich anfeindeten, und Volk und Beamte (7) sich beeinträchtigten, so löste das Türkenvolk seine Stämme auf und vernichtete seine herrschenden Chane. Es machte die Söhne (seiner) Fürsten zu Knechten der Chinesen und ihre reinen Töchter zu Mägden derselben. Die türkischen Fürsten gaben ihre türkischen Namen auf und nahmen als chinesische Beamten chinesische Namen an. Sie unterwarfen sich dem chinesischen Kaiser und weihten ihm Sinn und Kraft (8) fünfzig Jahre lang. Nach Osten zogen (die Chinesen) bis zum Bökli-Chan, nach Westen zogen sie bis zum Eisernen Thore. Da sprach alles gemeine Volk der Türken, das seine Stammeintheilung und seine Gesetze dem chinesischen Kaiser untergeordnet hatte, Folgendes: «Ich war ein stammweise lebendes Volk, wo sind meine trefflichen Stämme? für wen soll ich (neue) Stämme erwerben? (9) Ich war ein von Chanen regiertes Volk, wo sind (jetzt) meine Chane? welchem Chane soll ich Sinn und Kraft weihen?» So sprechend, waren sie dem chinesischen Kaiser feindlich, und da sie ihm feindlich waren, zogen sie wieder (in ihre alten Wohnsitze) zurück, indem sie hofften, dort zu gedeihen und vorwärts zu kommen. (Die Chinesen aber sprachen:) «Sie denken nicht ferner uns ihren Sinn und ihre Kraft zu weihen, wir wollen daher das Türkenvolk tödten und die Söhne ernähren (d. h. bei uns ansiedeln) und zogen aus, um sie zu vernichten. (10) Da sprach oben der Gott der Türken, den sie «ihr Land und Wasser» nennen, so: Das türkische Volk möge nicht zu Grunde gehen, das Volk ist lebenskräftig (?), und hob meinen Vater, den Aeltäräs-Chan, und meine Mutter, die Aelbilgä-Chatun, empor, sie auf dem Scheitel des Himmels haltend. Mein Vater, der Chan, zog (zuerst) mit sieben und zwanzig Helden aus. Da man das Gerücht vernahm, dass er in den Bergen umherschweife, zogen die Städtebewohner aus und stiegen die Bergbewohner zur Ebene herab. (11) Sich sammelnd wurden sie siebzig Helden. Da ihnen der Himmel Kraft verlieh, war das Heer meines Vaters, des Chans, (tapfer) wie Wölfe und seine Feinde (feige) wie Schafe. Nach vorn und hinten ziehend sammelte (mein Vater Leute), reizte zum Aufstande, so dass (sein Heer zuletzt) zu sieben hundert Helden anwuchs. Als sie sieben hundert Helden waren ordneten sie sich in Stämme und er (mein Vater) nahm die Chanswürde an.

Das Volk, das zu Knechten und Mägden gemachte Volk, das seine türkischen Sitten aufgegeben habende Volk (12) ordnete er wieder nach den Gesetzen meines Vorfahren, machte es kriegerisch, stellte die Stämme der Töläs und Tardusch her und gab ihnen einen Jabgug-Schad. Im Süden war (ihm) das chinesische Volk feindlich, im Norden waren Baz-Chan und das Volk der Oguz (ihm) feindlich, und die Kirgisen, die Kurykan, die dreissig Tatar, die Kytai und Tataby machten feindliche Einfälle. Mein Vater, der Chan, soviel.........., er unternahm (13) sieben und vierzig Mal Kriegszüge, lieferte zwanzig Schlachten, und da ihm der Himmel gnädig wär, fügte er die (früher) in Stämmen Lebenden wieder stammweise zusammen, befestigte die Chanswürde, zwang die Feinde zum Frieden, unterwarf die Hoheit und beugte die Häuptlinge. Mein Vater, der Chan,......... den Ehrenplatz erwerbend starb. Zu Ehren meines Vaters, des Chans, errichtete man an der Spitze (der Steinreihe), den Baz-Chan als Balbal. Als mein Vater, (14) der Chan, gestorben war, blieb ich selbst acht Jahre alt zurück. Auf diesen seinen Ehrenplatz setzte sich nun mein Onkel, der Chan, als er zur Macht gelangt war, hielt er das Türkenvolk zusammen und verbesserte (seine Lage). Die Armen machte er reich, die Wenigen machte er zahlreich. Als mein Onkel, der Chan, zur Macht gekommen, hatte ich die Tägin-Würde........... der Himmel war mir gnädig.........(15)...... In meinem vier und zwanzigsten Jahre wurde ich Schad über das Volk der Tardusch. Mit meinem Onkel, dem Chane, zogen wir zusammen nach Osten bis zur Ebene Jaschyl-ügüz-Schandung, nach Westen bis zum Eisernen Thore, zogen bis zum Kögmän, dem Lande der Scha-Kirgisen. Im Ganzen unternahmen wir fünf und dreissig Kriegszüge, lieferten drei und zwanzig Schlachten, ordneten die stammweise Lebenden in Stämme, befestigten die Chanswürde, unterwarfen die Hoheit (16) und beugten die Häuptlinge. Der Chan der Türgäsch war von meinen Türken, von meinem Volke, da er thöricht war und gegen uns sich verging, starb ihr Chan, starben alle seine Beamten, und das ihm anhängende Volk litt Qualen. «Das Land und Wasser, das unsere Vorfahren inne hatten, möge nicht herrenlos bleiben!» sagend, brachten wir das wenige Volk in Ordnung und........ Da war auch Bars-Bäg. (17) dem hatten wir den Chanstitel verliehen, dem hatten wir meine jüngere Schwester, die Prinzessin (zur Frau) gegeben. Er selbst verging sich (gegen uns), da starb ihr Chan und seine Unterthanen wurden (unsere) Knechte und Mägde. «Das Land und Wasser Kögmän möge nicht herrenlos sein!» sagend, brachten wir das wenige Volk der Kirgisen in Ordnung, kamen dorthin und kämpften .... kehrten zurück. Nach Osten bis zum Bergwalde Kadyrkan siedelten wir einen Theil des Scha-Volkes an und reihten sie (den hier wohnenden Stämmen) ein, nach Westen (18) bis zum Kängü-Tarban siedelten wir einen

Theil des Türkvolkes an und reihten sie (den dortigen Stämmen) ein. In jener Zeit hatten (unsere) Knechte ihre Knechte, und (unsere) Mägde ihre Mägde, die jüngeren Brüder kannten nicht ihre älteren Brüder (mehr), die Söhne kannten nicht ihre Väter mehr, so viel Volk und Gesetze hatten wir erworben, nnd (unserem Staate) eingefügt. Ihr Fürsten und Volk der Türken und Oguzen höret! O du Türkenvolk, das von oben der Himmel nicht drückt und unten die Erde nicht verschlingt! (19) Wer hat deine Stämme und deine Gesetze vermehrt? Du warst das siegreiche Türkenvolk. Bereue! gegen den Bilgä-Chan, den du durch deine Anhänglichkeit erhoben hast, gegen deinen in Sein und Wandel guten Stamm hast du dich vergangen und hast schlecht gehandelt. Von woher ist dir Ruhe und Ordnung gekommen? wer hat sie verbreitet? Von wo ist dir die feste Geschlechtseintheilung gekommen? wer hat sie durchgeführt? Du, welches das Volk des Bergwaldes Uetükän genannt wird, bist ausgezogen, nach Osten bist du gegangen, nach Westen bist du gegangen, (20) überall bist du umhergezogen und alles Gute, was du in den Ländern, die du durchzogen, (gefunden) hast, ist, dass dein Blut dort wie in Ströme dahinfloss, dass deine Knochen sich dort wie Berge aufthürmten, dass du die Söhne (deiner) Fürsten zu Knechten machtest, und ihre reinen Töchter zu Mägden machtest. Weil du thöricht warst, so ist wegen deiner Schlechtigkeit mein Onkel, der Chan, umgekommen. Ich errichtete an der Spitze (der Steinreihe) den Kirgisen-Chan als Balbal. Auf dass des Türkenvolkes Ruf und Name nicht vergehe, hat der Himmel, der meinen Vater, den Chan, und (21) meine Mutter, die Chatun, erhoben hat, hat er, der Himmel, der Volksspender, um des Türkenvolkes Namen und Ruf nicht verschwinden zu lassen, er, der Himmel uns selbst zum Chan eingesetzt. Ich wurde nicht Chan über ein habe- und viehreiches Volk, ich wurde Chan über ein elendes, heruntergekommenes Volk, das innen ohne Speise war, und aussen ohne Kleidung war. Daher berietlien wir uns mit meinem Bruder Kül-Tägin und sprachen: «Des von unserem Vater (22) und unserem Onkel erworbene Türkenvolkes Name und Ruf möge nicht vergehen». So habe ich wegen des Türkenvolkes in der Nacht nicht geschlafen, am Tage nicht gesessen. Zusammen mit meinem Bruder Kül-Tägin habe ich, da wir zwei Schad waren, bis zur völligen Erschöpfung Erwerbungen gemacht. So viel erwerbend, habe ich die betreffenden Völker nicht ausgesogen . . . .
Das in alle Länder ausgezogene Volk war sterbensmüde, zu Fuss und nackt (zu mir) gekommen, (23) und um des Volkes Lage zu verbessern, zogen wir nach Norden gegen das Oguzen-Volk, nach Osten gegen das Kytai- und Tataby-Volk, nach Süden gegen die Chinesen. Mit grossen Heeren haben wir zwanzig Feldzüge unternommen und haben . . . . Schlachten geliefert. Da nun der Himmel mir gnädig war, da das Glück und ein gün-

stiges Schiksal auf meiner Seite war, habe ich das sterbende Volk wieder zum Leben gebracht, habe ich das nackte Volk mit Kleidung versehen, das arme Volk reich gemacht (24) und das wenige Volk zahlreich gemacht, die herabgesunkene (?) Stammeintheilung und heruntergekommene (?) Chanswürde habe ich zu Ansehen gebracht. Das Volk der vier Winkel habe ich mit bewaffneter Macht zur Ruhe gebracht, und ohne Feindschaft hingen meine Chane aus Ueberzeugung mir an. In meinem sieben und zwanzigsten Jahre bin ich gegen die Tangut gezogen und habe das Tangut-Volk vernichtet. Ihre Söhne habe ich niedergemacht, ihr Vieh und ihre Habe habe ich dort genommen. In meinem acht und zwanzigsten Jahre bin ich gegen die sechs Abtheilungen der Sogdak (25) ausgezogen. Das Volk habe ich da vernichtet. Als darauf das Heer des chinesischen Ungtuduk (?), die, fünf Heerhaufen herbeikamen, habe ich auf dem Berge Yduk gekämpft. Dieses Heer habe ich dort vernichtet. In meinem (neun?) und zwanzigsten Jahre waren die Basmal das Volk des Ydykut meines Vasallen. Er ist unser Arkaschyd (?) sagend, zog ich (gegen ihn) aus.............. zwang ich ihn zum Rückzuge (?)............. brachte (ihn) her. In meinem zwei und dreissigsten Jahre bin ich gegen die Chinesen (26) gezogen und habe mit den acht Heerhaufen des Tschatscha-Sängün gekämpft. Sein Heer habe ich da niedergemacht. In meinem sechs und dreissigsten Jahre empörten sich gegen uns das Tschik-Volk und die Kirgisen. Ohne Verzug (?) zog ich gegen die Tschik und kämpfte mit ihnen am Oerpän. Ihr Heer habe ich niedergemacht, das Az-Volk tödtete ich............war ich. In meinem sieben und dreissigsten Jahre zog ich gegen die Kirgisen, das Geschlecht Batymy (?) (27) Räuber scheltend. Zum Bergwalde Kögmän emporsteigend, habe ich die Kirgisen besiegt, mit ihrem Chane kämpfte ich im Bergwalde Sunga, ihren Chan tödtete ich und ihr Volk unterwarf ich dort. In demselben Jahre zog ich gegen die Türgäsch. Das goldene Waldgebirge (ersteigend) und über den Fluss Irtisch setzend, zog ich aus. Das Türgäsch-Volk überfiel ich (unerwartet). Das Heer des Türgäsch-Chan kam von allen Seiten herbei. (28) Wir kämpften bei Boltschu, und ich tödtete dort ihren Chan und seinen Jabgug-Schad und unterwarf sein Volk. In meinem dreissigsten Jahre zog ich mit dem Heere gegen Bäsch-Balyk und lieferte sechs Schlachten, ich griff ihr Heer an und drang (in die Stadt), (rührte aber) das Innere der Stadt von Bäsch-Balyk, den Besitz der Leute (nicht an).......... Da ich (Alles) unberührt gelassen hatte, so kamen die Leute aus der Stadt zu mir und unterwarfen sich, deshalb ist Bäsch-Balyk unversehrt geblieben. In meinem ein und dreissigsten (29) Lebensjahre trat das Volk der Karluk, das in seinem Leben und Wandel frei und ungehindert ist, feindlich gegen uns auf, bei dem Tamag genannten Berggipfel kämpfte ich, das Karluk-Volk tödtete ich und unterwarf es dort, ihre Häuser und Herrichtungen vernichtete ich dort. Die Basmal-Karluk und Aedüd............. Karluk sammelten sich, und ihr Heer griff ich an, vernichtete es. Die Toguz-Oguz waren mein Volk. Weil Himmel und Erde in Verwirrung geriethen und da zu (jener) Zeit... (30) ihr Heer angegriffen hatte, wurden sie (uns) Feinde; in einem Jahre kämpfte ich vier Mal. Das erste Mal kämpfte ich bei Togu-Balyk, sie schwammen über den Flus Togla, über (den Fluss) setzend (lies) ich unter ihren Kriegsleuten den siebenten Mann mit dem Schwerte niederhauen und besiegte sie. Zum zweiten Male kämpfte ich am Andargu besiegte ihr Heer und das Oguz-Volk starb. Zum dritten Male kämpfte ich auf dem Gipfel des Tschusch, des Türkenvolkes Fuss ermattete und sie waren feige (31) und zerstreuten sich nach allen Seiten, da liess ich ihr zerstreutes Heer (noch einmal) anstürmen (?) und viele Sterbende wurden dort gesammelt. Ich warf mich bei der Bestattung des Tonga-Tägin auf einen Vasallen der Jylpagu der Tongra und seine Helden. Zum vierten Male kämpfte ich unterhalb des Aesgänti und warf mich auf ihr Heer und vernichtete es. Zur Stadt ging ich aber nicht, nach rüchwärts (Westen) ziehend überwinterte ich in Magi-Kurgan. Da trat ein Viehsterben[1]) ein. Im Frühjahr darauf (32) zog ich gegen die Oguz. Das erste Heer war ausgezogen, das zweite Heer war aber zu Hause geblieben. Das Heer der drei Oguz sprach: «Ihr Vieh (ihre Häupter) sind gestorben, da sie zu Fuss sind, sind sie für den Kampf unfähig (friedlich) und kam plündernd. Das Heer der Oguz zog aus, die Häuser und Herrichtungen beraubend. Ihr eindringendes (?) Heer kam kämpfend, wir waren nur Wenige und schlecht (ausgerüstet), die Oguz......... der Feinde..... da der Himmel (ihnen ?) Kraft verliehen hatte, kämpfte ich dort und (33) breitete mich aus (zerstreute mich?). Da der Himmel gnädig war, und da ich (so viel) erworben hatte, war das Türkenvolk sehr reich geworden. Aus Habsucht habe ich so oft (das Volk) anführend nicht Erwerbungen gemacht, (sondern nur dann, wenn) das Türkenvolk sterbend war und herunter gekommen war. Daran denket, ihr türkischen Fürsten und Volk, dies wisset! Des Oguz-Volk............. und da ich sie nicht loslassen wollte, zog ich aus (34) und zerstörte ihre Häuser und Herrichtungen. In diesem Jahre verband sich das Volk der Oguz mit den Neun-Tatar und kam herbei. Da kämpfte ich am Agu zwei grosse Schlachten, zerstörte ihre Heere und unterwarf dort ihr Volk. Dort erwerbend....... Da der Himmel gnädig war, ich................ in meinem (drei) und dreissigsten Lebensjahre........... war.......... Kraft.........

1) Im Texte steht jyт, es ist dies plötzlicher Frost nach Thauwetter im Frühling, der zum Theil geschmolzene Schnee bedeckt sich dann mit einer Eiskruste und das Vieh kann das Gras nicht aus dem Schnee scharren. Dann sterben die Heerden ganzer Bezirke.

(35) (Obgleich) ich sie (?) erhöht hatte, machten sie einen Aufstand..... ..... Oben der Himmel, d. h. der Jär-Sub, unten (?) das Glück des Chans (sagend) ehrten sie nicht. Das Volk der Toguz-Oguz ihren Jär-Sub anrufend, zog zu den Chinesen .... das Volk ...... bis zu diesem Lande kamen sie. Da ich sie erhöhen wollte........ das Volk (acc.)......... (36) sie sündigten .... im Süden bei den Chinesen ging ihr Name und Ruhm unter. An diesem Orte wurde mir ein (hoher) Rang. Weil ich selbst zum Chan mich erhoben hatte, das Türkenvolk (acc.)......... .... ich machte nicht. Unterhalb des Himmels auf der Erde habe ich erworben....... dem Bergwalde ergossen sie, (37) ich kämpfte, ihr Heer schlug ich, die sich Zurückziehenden zogen sich zurück, blieben am Leben (waren meine Unterthanen), die Sterbenden starben. Abwärts an der Selenga ziehend, bedrängte ich die Festung und zerstörte daselbst ihre Häuser und Herrichtungen .... über den Bergwald ergossen sie sich. Der Aeltäbär der Uigur hatte aus etwa hundert Männern ein (selbstständiges) Volk gebildet............. (38) ...... das Türkenvolk war hungrig, diese (Pferde)-Heerden nehmend, richtete ich es auf. In meinem vier und dreissigsten Jahre entflohen die Oguz und drangen bei den Chinesen ein, ich zürnte und zog mit einem Heere (ihnen nach)........... ihre Söhne, ihre Jotaz (?) nahm ich dort, das Volk mit zwei Aeltäbär.... (39)...... Volk ist dem Chan der Chinesen unterworfen, von dort kommt nicht ihr Gesandter und ihre gute Botschaft, sagend, zog ich mit dem Heere im Sommer aus, zerstörte das Volk dort (und nahm ihre) Pferde .... des .... Volkes Heer versammelte sich und kam (herbei) im Kadyrkan-Bergwalde .... (40) .... nach ihrem Lande und Wasser hin liessen sie sich nieder, nach Süden gegen das Volk der Karluk ziehe mit dem Heere aus! sagend, schickte ich den Tudun-Jamtar (?), er ging ...... der Aeltäbär kam um, sein jüngerer Bruder erhielt einen (hohen) Rang... .... (41) sein Arkasch (?) trabte nicht, um ihn zu treffen (?), zog ich aus, aus Furcht ging er eilig zwei bis drei Kislig (vielleicht ein Wegemaass?). Das gemeine Volk sagend, mein Chan ist gekommen, lobte (?) .... gab ich Pferde (od. einen Namen) beinahe bis zu den Chinesen ....

Die linke Seiteninschrift (X. a).

(1) Das Reiterheer der Chinesen, ein Heer von 17,000 Mann tödtete ich am ersten Tage. Ihre Fusstruppen machte ich am zweiten Tage zu Knechten .... sich sammelnd gingen sie .... (2) Mal zog ich mit dem Heere aus. In meinem acht und dreissigsten Jahre im Winter zog ich gegen die Kytai....... in meinem neun und dreissigsten

Jahre im Frühling zog ich gegen die Tataby........ (3) ich .... tödtete ihre Söhne und Jotaz (3), ihr Vieh und ihre Habe............. (4) das Volk.......... ihre Söhne und Jotaz vernichtete ich......... (5) gab ich, ihre Helden tödtend, richtete ich Steinpfeiler her, in meinem fünfzigsten Jahre das Tataby-Volk bei den Kytai............ am Berge Tüngkär. (6) Unter Anführung des Kung-Sängün kamen vier Heerhaufen. Beim Berge Tüngkär sie treffend warf ich sie nieder, drei Heerhaufen habe ich dort getödtet, ein......... der Tataby. (7) Ich hatte (?) drei Söhne (?), mein ältester Sohn starb an einer Krankheit und ich stellte dem Kung-Sängün zu Ehren den Steinpfeiler auf neun und zwanzig Jahre lang war ich Schad, neun und zwanzig Jahre lang war ich Chan, das Volk regierte ich, ein und dreissig .... (8) für meine Türken, für mein Volk habe ich so viel Gutes erworben. So viel erwerbend.......im Hunde Jahre, im neunten Monate......... am sechs und dreissigsten starb (der Chan). Im Algazin-Jahre, im fünften Monate, am sieben und dreissigsten richtete ich das Begräbsniss her .... (9) Unter Kangy, Lisün, Tai-Sängün Anführung kamen fünf hundert Helden .... Gold und Silber ohne Ende brachten sie, die Grab-Ornamente (?) herbeibringend, stellten sie auf, Tchyndan-Holz herbeibringend........... (10) So viel Volk, ihre Haare und Ohren........... streuten aus, ihre Reit-Pferde (?), ihre schwarzen Zobel und blaue Eichhörnchen ohne Zahl bringend, (Gebete) lesend legten sie nieder.

[Nachschrift]. (11) Meine, des himmelsgleichen, vom Himmel wohlgefällig aufgenommenen (eingesetzten) türkischen Bilgä-Chans Rede ist dies. Als mein Vater sich zum türkischen Bilgä-Chan erhoben hatte, kamen die türkischen Oberfürsten, darauf die Fürsten der Tardusch, unter Anführung des Kültschur und in seinem Gefolge die Schadapyt-Herren, vorn die Töläs-Fürsten, der Apa-Tarkan .... unter Anführung des .... in seinem Gefolge die Schadapyt Herren.......... der Taman-Tarkan, der Tonjakuk, der Boila-Baga-Tarkan, in ihrem Gefolge der Boila .... die inneren Beamten an der Spitze der Kirgisen, im Gefolge die (übrigen) Beamten. So viele treffliche Beamte brachten meinem Vater, dem Chane, ihre Huldigung............ (13) ihre Huldigung und hohes Lob. Der Schad........mit seinen Fürsten und seinem Volke brachten Huldigung und hohes Lob dar........... der Chan .... die türkischen Fürsten und das Volk........... war. Für mich selbst so viele....

Die kleinere Seiteninschrift (X. b).

(1) Ich, der himmelsgleiche, vom Himmel gewordene türkische Bilgä-Chan, habe den Thron bestiegen, vernehmet meine Rede genau (ihr beiden Schad?) und nach ihnen meine Familie und meine Oglane und mit ihnen meine Vasallen und mein Volk, rechts ihr Schadaput-Herren, links ihr Tarkane und Beamte, ihr dreissig .... ihr Fürsten und Volk der neun Oguz, vernehmet meine Rede gut und höret aufmerksam zu! Im Osten (2) nach Sonnenaufgang, im Süden nach Mittag, im Westen nach Sonnenuntergang und im Norden nach Mitternacht, überall hängt das innere Volk treu an mir, denn ich habe so viel Kriege führend, gewirkt. Ich, der türkische Chan, dem kein Feind sich nicht untergeordnet hat, bin von dem im Waldgebirge Uetükän wohnendem Volke unzählige Male (sehr weit) nach Osten bis zur Ebene Schandung gezogen, bin fast bis ans Meer gelangt, bin nach Süden bis zum Tokuz (3) Aersin gezogen, habe fast die Tibetaner erreicht, bin nach Osten über den Jäntschü-Strom setzend bis zum Eisernen Thore gezogen, bin nach Norden bis zum Lande Järing-jarku gezogen, bis zu so viel Ländern habe ich (meine Heere) vorgeschoben. Im Bergwalde Uetükän gab es keinen vortrefflichen Herren (ausser mir), denn das Land, wo ich die Stämme regierte war der Bergwald Uetükän. In diesem Lande wohnend bin ich mit den Chinesen in Verbindung getreten. Das Chinesen-Volk, welches (uns) Gold, Silber, Wohlgerüche (?), Kutai (Seide?) (4) ohne Zahl giebt, ist milde in Machtäusserung und mässig in Tributforderung, durch Milde und mässige Tributforderung sich auszeichnend, haben sie die fern wohnenden Völker nahe gebracht. In Folge ihres dichten Zusammenwohnens haben sie Einsicht und Wissen aufgehäuft. Sie haben kenntnissreiche Leute, gute, heldenmüthige Leute nicht vertrieben, sie haben, wenn auch ein Mensch (Fürst) Unrecht beging, (diesen wohl bestraft, aber) die tüchtigen unter seinen Vasallen und seinem Volke nicht in Mitleidenschaft gezogen. (5) Da du dich aber von ihnen an Milde und mässiger Tributforderung hast übertreffen lassen, so sind viele von dir, Türkenvolk, gestorben, und nachdem viele von dir gestorben waren, ergossest (?) du dich über den dichten Bergwald. Da die, welche von dir Türkenvolk in der Ebene sich niederlassen wollten, gestorben waren, so reizten die einsichtsvollen Leute (Chinesen dich) zum Kriege. Die fernen Menschen geben schlechten Tribut, die nahen Menschen geben guten Tribut, sagend, reizten sie zum Kriege und da ihr, (6) die unwissenden Leute, jener Rede folgend, gegen sie zoget, so sind viele von euch gestorben. Da nun das Türkenvolk nach jenen Ländern ge-

zogen war, und da nun, während die ewigen Stämme im Bergwalde Uetükän, der keine für Karawanen passende Waaren und Sorgen hat, sich aufhielten, die diese Stämme Regierenden im Bergwalde Uetükän sitzend erstarkten, da das Türkenvolk von feindlichen Nachbaren umgeben war, da es durch Hunger gezwungen wurde sich Sättigung zu verschaffen und wenn es gesättigt war, bald wieder Hunger (und Noth) sich einstellten, so bist du mit deinen, unter solchen Umständen, erhöhten Chanen, wegen ihres Einflusses und ihrer Trefflichkeit nach allen Ländern ausgezogen, dort Streifzüge machend bist du ermattet und müde geworden, und die Zurückgebliebenen von dir sind nach verschiedenen Seiten ausgezogen und umhergeschweift, bis sie todesmatt waren. Weil der Himmel sich endlich erbarmt hat, und mir ein (solcher) Bruder und Glück zu Theil wurde, habe ich mich zum Chan erhoben. Mich zum Chan erhebend, habe ich das elende, arme Volk reich gemacht, das wenige Volk zahlreich gemacht. Höret dies, ihr (8) türkischen Herren und Volk, die ihr durch meinen Einfluss gross geworden seid. Wie du das türkische Volk sammelnd die Stämme zusammen gehalten hast, habe ich hier aufgezeichnet; wie du, wenn du dich vergingst, gestorben bist, habe ich hier aufgezeichnet; auf welche Dinge meine Macht sich gründet, habe ich auf diesen Gedenkstein aufgezeichnet. Dieses anschauend wisset, wie das Türkenvolk und die Fürsten sich gegen die dem Throne anhängenden Fürsten vergangen haben . . . . mein Vater, (9) der Chan, und mein Onkel, der Chan, zur Macht gelangt waren, über die in den vier Winkeln wohnenden Völker . . . . über das gemeine Volk mich erhebend . . . . ordnete ich das Volk, richtete es auf . . . . machte . . . . dem Türgäsch-Chan meine Tochter . . . . seinen durch Huldigung hohen Ehrenplatz übergab ich ihm. (Der) Tür(gäsch-Chan), ... (10) seine Tochter seinen durch Huldigung hohen Ehrenplatz übergab ich meinem Sohne . . . . richtete ich ein . . . . die Häuptlinge beugte ich, die Hoheit machte ich unterthan. Da oben der Himmel in Allem, worauf mein Einfluss sich erstreckte, mir gnädig war, ... (11) so habe ich mein Volk, das mit den Augen nicht zu sehen vermag, und mit den Ohren nicht zu hören vermag, nach Osten . . . . nach Süden . . . . nach Westen (geführt) und habe . . . . als . . . . gewichtigen Lohn (Tribut) Seide (?), Getreide, gute Pferde, Andagyr (?), schwarze Zobel . . . . (12) und blaue Eichhörnchen habe ich für mein Türkenvolk erworben und vertheilt . . . . (Alles) wurde in unbegrenzter Menge hergestellt . . . . war stark . . . . . so viel . . . . . . sein Sohn . . . . von dem starken Volke . . . . (13) . . . . in Schmerzen möget ihr euch nicht winden, denn ich bin Chan geworden. Die türkischen Bege und mein Türkenvolk habe ich wie Chane angesehen (?) erwerbend für mein Volk . . . . erwerbend, ... das Tataby-Volk (acc.) . . . . von diesen deinen Chanen . . . . diese Fürsten . . . . (14) . . . . . wer von ihnen treu mir anhing, wer seinem Hause Vortheil (?) brachte, wer viel besass, (?) . . . . habe ich darauf Arbeiter vom chinesischen Kaiser (kommen lassen und die Arbeit ausführen lassen), meine Rede fasst (der Stein) nicht; (Der chinesiche Kaiser) schickte Arbeiter aus dem Innern, von ihnen habe ich . . . . verrichten eine solche Arbeit auf dem hohen Stein . . . . das Volk (acc.) . . . . (15) bis zu deinen geliebten Söhnen und Enkeln möget ihr alle diesen Stein anschauend wissen, dass ich das Steindenkmal habe aufstellen lassen . . . . habe aufstellen lassen, und habe (die Schrift) geschrieben, das Volk (acc.) . . . . dieser Stein . . . .

Die Inschriften auf den Ecken.

(I) . . . . ich, Jollyg-Tägin, habe geschrieben, so viele Gebäude und Skulpturarbeiten . . . . ich, Jollyg-Tägin, habe einen Monat und vier Tage hier verweilend, geschrieben und ausgeführt . . . . (II) . . . . zu der Leichenfeier mit dem Heere ziehend Tag und Nacht sieben Tage durchzog ich die wasserlose (Wüste) bis zum Tschoruk (Orchon?), dem Jollyg-Tägin . . . . bis sieben Abende (?) . . . .

Die Inschrift auf dem Schilde (X. c).

(1) . . . . . auf . . . . (2) der Bilgä-Chan . . . . (3) wenn Sommer wird. . . . . (4) die Verbreitung der Nachricht (кӯ бäрӯсi?) Zu versammeln (тäрчi?) so viele (анча?) . . . (5) auf dem Berge Schygun (?) sagend . . . . . . (6) ich denke an meinen Vater, den Chan, (deshalb habe ich) (7) seinen Stein, ich selbst, der Chan, (aufgestellt).

Die Inschrift auf dem ersten Balbal (X. d).

Dieses ist der Stein-Balbal des Schad der Tölös.

Vierte Beilage.

Nachträge zum Glossar der alttürkischen Inschriften.

[runic] (K. a 1,10—X. b 1,9) тöкті. Dieses Wort ist als ein Adverbium auf ті aufzufassen, das den in der Folge auftretenden Adverbien äдгўті und катыңды entspricht. Das Adjectivum [runic] ist mir auch im Kudatku-Bilik aufgestossen: [Arabic script] = viel, zahlreich, alle, genau. [runic] : [runic] тöкті äшідгіl! höre genau (aufmerksam) zu!

[runic] kyнчуі ist aus dem Chinesischen entlehnt. 公主 kung-dshu (Mandsch. [Mandschu script]) nach Popoff (I, p. 131): «Dame von hohem Adel, Prinzessin, Fürstin, Kaisertochter». Mein College Wassiljeff theilte mir mit, dass dieses Wort schon seit dem II. Jahrhundert v. Chr. im Gebrauch ist und ursprünglich «die Prinzessinnen» bedeutet, die den Chanen der Hiung-nu zu Gemahlinnen gegeben wurden. Es ist also gewiss sehr früh bei den Türken eingeführt. Diese Herleitung bestätigt die Richtigkeit der auf p. 218 und 363 gefolgerten Bedeutungen.

[runic] kyi. Ist ein aus dem Chinesischen entlehntes Wort, nämlich: 閨 kui (Popoff I, 125) «Thor im Innern des Palastes, der zur weiblichen Hälfte führt, die Abtheilung des Hauses, die die Damen bewohnen». Es bedeutet also im Türkischen: die Frauen-(Familien-)Jurte.

[runic] јаратмыш. Ist p. 232—233 falsch erklärt. Es bezieht sich, wie meine letzte Uebersetzung zeigt, nicht auf den verstorbenen Chan, sondern auf den Nachfolger des Bilgä-Chan.

[runic] саб. Ist ebenfalls ein aus dem Chinesischen entlehntes Wort, und zwar entweder 詔 dshao «allerhöchster Befehl, verkünden, veröffentlichen», oder 教 dsao «lehren, Befehl, (zur Zeit der T'ang) Erlass eines Prinzen». Somit ist die ursprüngliche Bedeutung in den alttürkischen Denkmälern: Alles was vom Chane für das Volk ausgeht, d. h. Rede, Befehl, Manifest, Regierungsakt, Machtäusserung, Ruhm, z. B. [runic] (X. b 6,3, K. a 7,23) ол сабың алыш jener Rede folgend.

Lightning Source UK Ltd.
Milton Keynes UK
UKOW02n1022111115

262484UK00004B/49/P